C11

i COMPENDI d'AUTORE

C1 - Compendio di Diritto Civile
C2 - Compendio di Diritto Penale
C3 - Compendio di Diritto Processuale Civile
C4 - Compendio di Diritto Processuale Penale
C5 - Compendio di Diritto Amministrativo
C6 - Compendio di Diritto Internazionale privato e processuale
C7 - Compendio di Diritto dell'Unione Europea
C8 - Compendio di Diritto Costituzionale
C9 - Compendio di Diritto Ecclesiastico
C10 - Compendio di Diritto del Lavoro, Sindacale e della Previdenza Sociale
C11 - Compendio di Diritto Commerciale
C12 - Compendio di Diritto Tributario
C13 - Elementi di Diritto Romano
C14 - Compendio di Ordinamento giudiziario
C15 - Compendio di Ord. forense e Deontologia
C16 - Compendio di Contabilità pubblica
C17 - Compendio di Istituzioni di Diritto Pubblico
C18 - Compendio di Diritto Fallimentare
C19 - Compendio di Istituz. di Legislazione Scolastica
C20 - Compendio di Diritto Processuale Amministrativo
C21 - Compendio di Economia Aziendale
C22 - Compendio di Scienze
C23 - Compendio di Diritto delle Assicurazioni
C24 - English for Law
C25 - Compendio di Diritto dell'Ambiente
C26 - Compendio di Informatica Giuridica
C27 - Compendio di Diritto dell'Urbanistica
C28 - Compendio di Diritto delle Regioni e degli Enti Locali
C29 - Compendio di Econometria
C30 - Compendio di Sociologia
C31 - Compendio di Diritto Agrario
C32 - Compendio di Diritto Minorile
C33 - Compendio di Diritto Penitenziario
C34 - Compendio di Diritto Internazionale Pubblico
C35 - Compendio di Sociologia
C36 - Compendio di Diritto della Navigazione
C37 - Compendio di Contabilità degli Enti locali
C38 - Compendio di Previdenza Sociale

C39 - Compendio di Normativa sulla Privacy
C40 - Compendio di Diritto Bancario
C41 - Compendio degli Appalti Pubblici
C42 - Compendio di Legislazione Farmaceutica
C43 - Compendio di Diritto Doganale
C44 - Compendio di Diritto di Economia
C45 - Compendio Dei Reati contro la PA
C46 - Compendio di Diritto di Famiglia
C47 - Compendio di Diritto Parlamentare
C48 - Compendio di Economia Politica
C49 - Compendio di Politica Economica
C50 - Compendio di Diritto dell'Amministrazione pubblica digitale
C51 - Compendio di Diritto Consolare
C52 - Compendio di Legislazione Universitaria
C53 - Compendio di Diritto Sindacale
C54 - Compendio di Ragioneria Generale

Valentino BATTILORO - Giulia BASILE

COMPENDIO di
DIRITTO COMMERCIALE

Aggiornato a:

- **D.lgs. 10 ottobre 2022, n. 149**, "*Attuazione della legge 26 novembre 2021, n. 206, recante delega al Governo per l'efficienza del processo civile e per la revisione della disciplina degli strumenti di risoluzione alternativa delle controversie e misure urgenti di razionalizzazione dei procedimenti in materia di diritti delle persone e delle famiglie nonché in materia di esecuzione forzata (c.d. Cartabia)*";

- **D.lgs. 17 giugno 2022, n. 83**, "*Modifiche al codice della crisi d'impresa e dell'insolvenza di cui al decreto legislativo 12 gennaio 2019, n. 14, in attuazione della direttiva (UE) 2019/1023 del Parlamento europeo e del Consiglio del 20 giugno 2019, riguardante i quadri di ristrutturazione preventiva, l'esdebitazione e le interdizioni, e le misure volte ad aumentare l'efficacia le procedure di ristrutturazione, insolvenza ed esdebitazione, e che modifica la direttiva (UE) 2017/1132*";

- **ultimissima giurisprudenza.**

XII Edizione
2023

FINITO DI STAMPARE NEL MESE DI MARZO 2023 DA:
Torgraf
Galatina (LE)

© NELDIRITTO EDITORE srl, Via del Lillo 2/B - Zona industriale - Molfetta (BA)
La traduzione, l'adattamento totale o parziale, con qualsiasi mezzo (compresi i microfilm, i film, le fotocopie), nonché la memorizzazione elettronica, sono riservati per tutti i paesi.

ISBN 979-12-5470-268-0

L'elaborazione dei testi, anche se curata con scrupolosa attenzione, non può comportare specifiche responsabilità per eventuali involontari errori o inesattezze.

L'autore e l'editore declinano, pertanto, ogni responsabilità, anche in relazione all'elaborazione dei testi normativi e per eventuali modifiche e/o variazioni degli schemi e delle tabelle allegate.

L'autore, pur garantendo la massima affidabilità dell'opera, non risponde di eventuali danni derivanti dai dati e delle notizie ivi contenute.

L'editore non risponde di eventuali danni causati da involontari errori o refusi di stampa.

I lettori che desiderano essere informati sulle novità di Neldiritto Editore possono visitare il sito **web shop.ennedittore.it** o scrivere a **info@neldiritto.it**

PREMESSA

Il volume si inserisce nella collana **"I Compendi d'Autore"**, ideata e strutturata appositamente per tutti coloro che si apprestano alla **preparazione degli esami orali per l'abilitazione alla professione forense** e delle **prove dei principali concorsi pubblici**.

L'opera è frutto di una felice combinazione tra gli aspetti caratteristici, da un lato, della **tradizionale trattazione manualistica**, di cui conserva la struttura e l'essenziale impostazione nozionistica, e, dall'altro, della più moderna **trattazione "per compendio"**, di cui fa proprie la capacità di sintesi e la schematicità nell'analisi degli istituti giuridici. Al contempo, si è avuto cura nell'evitare sia l'eccessivo appesantimento teorico e dogmatico della manualistica classica, controproducente per chi deve comprendere e memorizzare "in fretta", sia l'estrema sintesi dei vecchi modelli di compendio, spesso "nemica" di un'agevole e chiara comprensione delle questioni trattate e quasi sempre causa di lacune nella preparazione.

Ne è derivato un **modello di "terza generazione" di testi per la preparazione alle prove d'esame**, destinato inevitabilmente a prevalere nel futuro scenario della formazione di studi, in cui l'imperativo è possedere **tutte le conoscenze necessarie e sufficienti** per raggiungere brillantemente l'obiettivo finale.

A tal fine, le direttrici lungo cui si è sviluppata la collana sono state **chiarezza nella forma** e **completezza nella sostanza**.

Nella forma, l'opera coniuga, infatti, semplicità ed eleganza espositiva, cercando di soddisfare l'aspirazione di quanti ambiscono a memorizzare velocemente, attraverso l'ausilio di espedienti grafici quali l'utilizzo di **grassetti e corsivi per i concetti-chiave** di ogni singolo istituto o ancora tramite l'**esposizione "per punti"** delle principali tesi emerse in dottrina e in giurisprudenza sulle questioni più problematiche.

Nella sostanza, la chiara comprensione degli istituti è agevolata da una **trattazione esaustiva, ma allo stesso tempo sintetica**, delle nozioni giuridiche di base e degli aspetti più "sensibili" in prospettiva concorsuale.

I problemi giuridici sono stati inquadrati equilibrandoli tra la loro profondità storica (tramite un contenuto richiamo ai principali **orientamenti dottrinari**) e la loro attualità concreta (tramite un'attenta selezione delle decisioni della **giurisprudenza**, segnalate in appositi **"Focus" giurisprudenziali**).

Infine, non sembra inutile ricordare, a chi si appresta ad affrontare le prove d'esame, che sempre *homo faber fortunae suae*, perché la fortuna, oltre a dipendere dalle favorevoli "stelle" del destino, risiede anche e soprattutto nel munirsi degli strumenti giusti per procurarsela. Strumenti che siamo certi di aver fornito – con questa nuova collana di compendi – per aiutare la "fortuna" di molti aspiranti avvocati e di molti concorsisti!

Il volume di **"Diritto Commerciale"** analizza la disciplina dell'*impresa individuale*, delle *società*, dei *titoli di credito* e delle *procedure concorsuali*, dedicando ampio spazio anche alle principali tipologie di *contratti* conclusi in ambito imprenditoriale.

Il volume è aggiornato agli ultimi interventi normativi e, in particolare al **D.lgs. 10 ottobre 2022, n. 149** (c.d. **Cartabia**) e al **D.lgs. 17 giugno 2022, n. 83**, che ha modificato il Codice della crisi d'impresa e dell'insolvenza.

Roma, marzo 2023   Gli Autori

GLI AUTORI

Valentino BATTILORO, Sostituto Procuratore della Repubblica presso il Tribunale di Napoli.

Giulia BASILE, Sostituto Procuratore della Repubblica presso il Tribunale di Napoli Nord.

Valentino Battiloro
Parte I, Parte II, Parte III

Giulia Basile
Parte IV, Parte V

SOMMARIO

PARTE I
L'IMPRENDITORE INDIVIDUALE

CAPITOLO I
L'IMPRENDITORE E GLI IMPRENDITORI. DAL «GENERE» ALLE «SPECIE»   3

SEZIONE I
L'IMPRENDITORE   3

1. L'attuale assetto normativo.   3
2. La nozione generale di imprenditore.   4
2.1. L'attività produttiva.   4
2.2. L'attività economica.   5
2.3. La professionalità.   6
2.4. L'organizzazione e la linea di confine tra l'imprenditore ed il lavoratore autonomo.   6
2.5. La distinzione tra l'imprenditore ed il professionista intellettuale.   7
3. Questioni controverse: l'«impresa illecita» e l'«impresa per conto proprio».   7

SEZIONE II
L'ACQUISTO E LA PERDITA DELLA QUALITÀ DI IMPRENDITORE   10

1. L'inizio e la fine dell'impresa.   10
2. Requisiti di capacità necessari ai fini dell'acquisto della qualità d'imprenditore.   13
3. L'imputazione degli atti d'impresa. Il "principio della spendita del nome" e la teoria dell'imprenditore occulto.   14

SEZIONE III
TIPOLOGIE DI IMPRENDITORI   18

1. Premessa.   18
2. La distinzione basata sull'oggetto dell'attività: l'imprenditore agricolo e l'imprenditore commerciale.   18
2.1. L'imprenditore agricolo: le attività agricole essenziali e per connessione.   19

2.2.	L'imprenditore commerciale.	21
3.	La distinzione basata sulla dimensione dell'attività economica esercitata: il piccolo imprenditore e l'imprenditore medio-grande.	22
3.1.	Il piccolo imprenditore, tra codice civile e legge fallimentare. L'impatto delle recenti riforme.	23
3.2.	Le figure tipizzate dall'art. 2083 c.c. e, in particolare, l'impresa artigiana.	24
4.	La distinzione basata sulla natura del soggetto che esercita attività d'impresa.	25
5.	L'impresa familiare.	28
6.	Lo svolgimento di attività imprenditoriale da parte di associazioni e fondazioni.	29
7.	L'impresa sociale. Il Codice del Terzo settore.	31

SCHEDA DI SINTESI 33
QUESTIONARIO 34
MAPPA CONCETTUALE 36

CAPITOLO II
LO «STATUTO DELL'IMPRENDITORE COMMERCIALE» 37

1.	Lo statuto dell'imprenditore commerciale. Premessa.	37
2.	La pubblicità delle imprese commerciali. Il registro delle imprese: nozione, soggetti obbligati e procedimento d'iscrizione.	37
2.1.	L'efficacia dell'iscrizione. Dall'originario progetto codicistico all'attuale assetto normativo.	39
3.	Gli ausiliari dell'imprenditore. La rappresentanza commerciale.	41
3.1.	Gli institori.	42
3.2.	I procuratori.	43
3.3.	I commessi.	44
4.	Il sistema delle scritture contabili. Funzione ed ambito di applicazione *soggettivo* e *oggettivo*.	44
4.1.	La tenuta delle scritture contabili e l'efficacia probatoria.	46
4.2.	L'inadempimento degli obblighi di tenuta delle scritture contabili.	47

SCHEDA DI SINTESI 47
QUESTIONARIO 48
MAPPA CONCETTUALE 49

Capitolo III
L'AZIENDA — 50

1. L'azienda. Nozione. — 50
2. Il trasferimento d'azienda. Nozione. — 51
2.1. Le «forme» del negozio di trasferimento d'azienda. — 52
3. Gli effetti del trasferimento d'azienda: il divieto di concorrenza dell'alienante. — 53
3.1. La successione nei contratti aziendali. — 54
3.2. La successione nei crediti e nei debiti aziendali. — 56
4. Usufrutto e affitto dell'azienda. — 56

Scheda di sintesi — 58
Questionario — 58

Capitolo IV
LA DISCIPLINA DEI SEGNI DISTINTIVI DELL'IMPRESA — 60

1. I segni distintivi dell'impresa. Introduzione. — 60
2. La ditta. — 61
3. L'insegna. — 62
4. Il marchio. Funzione e quadro normativo. — 63
4.1. Le tipologie di marchio ed i c.d. requisiti di liceità. — 64
4.2. Il marchio registrato. Profili di tutela. — 67
4.3. Il marchio di fatto. — 69
4.4. Il trasferimento del marchio. — 70

Scheda di sintesi — 70
Questionario — 71

Capitolo V
LE OPERE DELL'INGEGNO E LE INVENZIONI INDUSTRIALI — 72

1. Le creazioni intellettuali. Introduzione. — 72
2. Il diritto d'autore. L'oggetto della tutela. — 72
2.1. L'acquisto, il contenuto ed il trasferimento del diritto d'autore. — 73
2.2. La gestione collettiva del diritto d'autore e dei diritti connessi. — 75
3. Le invenzioni industriali. Oggetto della tutela e requisiti di validità. — 77
3.1. I diritti dell'inventore. Efficacia costitutiva del brevetto. — 78
3.2. La tutela dell'invenzione brevettata ed i residui spazi di rilevanza giuridica dell'invenzione non brevettata. — 79
3.3. Le invenzioni del prestatore di lavoro. — 79

4. Il diritto al brevetto per i modelli di utilità e la registrazione di modelli e disegni. 80

Scheda di sintesi 81
Questionario 81

Capitolo VI
LA CONCORRENZA E LA DISCIPLINA DELL'ATTIVITÀ D'IMPRESA 82

1. La libertà d'iniziativa economica privata. Interessi tutelati ed eventuali limitazioni. Premessa. 82
2. Le limitazioni della concorrenza. 83
2.1. I limiti legali nell'interesse generale e, in particolare, i monopoli legali. 83
2.2. I limiti *legali* nell'interesse dei *privati*. 85
2.3. I limiti convenzionali. 85
3. La disciplina della concorrenza in funzione di tutela degli imprenditori concorrenti: la concorrenza sleale. 86
4. La disciplina della concorrenza in funzione di tutela del mercato: la legislazione antimonopolistica. 89
4.1. Le intese restrittive della concorrenza. 90
4.2. L'abuso di posizione dominante. 91
4.3. Il risarcimento del danno antitrust. 92
4.4. Le concentrazioni. 93
5. La disciplina della concorrenza in funzione di tutela dei consumatori: le pratiche commerciali scorrette. 94

Scheda di sintesi 96
Questionario 97

Capitolo VII
FORME DI COOPERAZIONE TRA IMPRENDITORI 98

1. I consorzi. 98
1.1. I consorzi con attività interna ed esterna. Disciplina comune. 98
1.2. I consorzi con attività esterna. 100
1.3. Le società consortili. 100
2. Il Gruppo Europeo di Interesse economico. 101
3. L'associazione temporanea d'imprese. 102
4. L'associazione in partecipazione. 103
5. Il contratto di rete. 103

Scheda di sintesi	104
Questionario	105
Mappa concettuale	107

Capitolo VIII
LO STATUTO DELLE IMPRESE — 108

1. La valorizzazione delle piccole e medie imprese nel contesto comunitario. Dallo *Small Business Act* allo Statuto delle Imprese. — 108
2. Lo Statuto delle Imprese. Finalità e principi. — 109
3. I contenuti dello Statuto. I rapporti tra le imprese e le istituzioni. — 110
4. Disposizioni in materia di micro, piccole e medie imprese e di politiche pubbliche. — 110
5. La legge annuale per le micro, piccole e medie imprese. — 111

Scheda di sintesi	112
Questionario	112

PARTE II
LE SOCIETÀ

Capitolo I
LE SOCIETÀ: NOZIONI INTRODUTTIVE — 115

1. Nozione e principio di tipicità. — 115
2. Il contratto di società. — 116
3. Patrimonio sociale e capitale sociale. Differenze. — 119
4. Autonomia patrimoniale e personalità giuridica. — 120
5. Società e comunione. Differenze. — 121
6. Classificazione delle società. — 122
7. Una particolare evoluzione dell'impresa societaria: la c.d. *start-up* innovativa. — 124
8. Le società tra professionisti. — 125
   8.1. La società tra avvocati. — 128
9. La società di fatto, la società occulta e la società apparente: questioni interpretative. — 130

Scheda di sintesi	133
Questionario	134
Mappa concettuale	136

Capitolo II
LA SOCIETÀ SEMPLICE 137

1. La costituzione della società. 137
2. La disciplina dei conferimenti. 139
3. La partecipazione agli utili e alle perdite. 140
4. L'amministrazione. 141
5. La rappresentanza. 144
6. La responsabilità dei soci per le obbligazioni sociali. 145
7. I creditori particolari dei soci. 146
8. Lo scioglimento della società. 146
9. Il procedimento di liquidazione. 147
10. L'estinzione della società. 148
11. Lo scioglimento del rapporto sociale limitatamente ad un socio. 149

SCHEDA DI SINTESI 151
QUESTIONARIO 152

Capitolo III
LA SOCIETÀ IN NOME COLLETTIVO 153

1. La costituzione della società. 153
2. La società in nome collettivo regolare. 155
2.1. La disciplina dei conferimenti. 155
2.2. La partecipazione agli utili e alle perdite. 155
2.3. L'amministrazione e la rappresentanza. 156
2.4. La responsabilità dei soci per le obbligazioni sociali. 157
2.5. I creditori particolari dei soci. 157
3. La società in nome collettivo irregolare. 158
4. Il divieto di concorrenza. 158
5. Le norme a tutela del capitale sociale. 159
6. Scioglimento, liquidazione ed estinzione della società. 160
7. Il fallimento della società estinta e dei soci a responsabilità illimitata. 162

SCHEDA DI SINTESI 163
QUESTIONARIO 163

Capitolo IV
LA SOCIETÀ IN ACCOMANDITA SEMPLICE 165

1. La costituzione della società. 165
2. I soci accomandatari e l'amministrazione della società. 166

- 3. I soci accomandanti e il divieto di immistione. — 167
- 4. Il trasferimento della partecipazione sociale. — 168
- 5. Scioglimento, liquidazione ed estinzione della società. — 168
- 6. La società in accomandita irregolare. — 169

SCHEDA DI SINTESI — 169
QUESTIONARIO — 170

CAPITOLO V
LA SOCIETÀ PER AZIONI — 171

- 1. Nozione e caratteristiche principali. — 171
- 2. La costituzione della società. — 172
- 2.1. La stipulazione dell'atto costitutivo. — 172
- 2.2. L'iscrizione dell'atto costitutivo nel registro delle imprese. — 173
- 3. La società per azioni unipersonale. — 175
- 4. La nullità della società: una nullità dal regime «peculiare». — 176
- 5. I patti parasociali. — 177
- 6. La disciplina dei conferimenti. — 178
- 6.1. I conferimenti in denaro. — 179
- 6.2. I conferimenti di beni in natura e di crediti. — 180
- 7. I patrimoni destinati ad uno specifico affare. — 182

SCHEDA DI SINTESI — 184
QUESTIONARIO — 185
MAPPA CONCETTUALE — 187

CAPITOLO VI
LE AZIONI E LE OBBLIGAZIONI — 188

- 1. Le azioni. Nozione e caratteri. — 188
- 2. Partecipazione sociale e diritti connessi. — 190
- 2.1. I diritti patrimoniali. — 191
- 2.2. I diritti amministrativi. — 193
- 3. Le categorie speciali di azioni. — 194
- 4. Gli strumenti partecipativi finanziari. — 196
- 5. La circolazione delle azioni. — 197
- 5.1. I limiti alla circolazione. — 199
- 6. I vincoli sulle azioni: pegno, usufrutto e sequestro. — 200
- 7. Le operazioni della società sulle azioni proprie. — 201
- 8. Le partecipazioni reciproche. I gruppi di società. — 203
- 8.1. Società controllate e società collegate. Nozione e disciplina. — 205
- 8.2. Il fenomeno del gruppo. La *holding* e la direzione e coordinamento di società. — 206

9.	Le obbligazioni. Nozione e tipi.	209
9.1.	Il procedimento di emissione: modalità e limiti.	210
9.2.	L'organizzazione degli obbligazionisti.	211

SCHEDA DI SINTESI 212
QUESTIONARIO 213

CAPITOLO VII
GLI ORGANI SOCIALI 214

SEZIONE I
IL SISTEMA TRADIZIONALE 214

1.	Premessa: le recenti innovazioni legislative.	214
2.	L'assemblea dei soci. Nozione e competenze.	215
2.1.	Il procedimento assembleare: convocazione, presidenza, verbalizzazione, *quorum* costitutivi e deliberativi.	217
2.2.	Il diritto di intervento in assemblea e il diritto di voto: rappresentanza e conflitto di interessi.	219
2.3.	L'invalidità delle delibere assembleari.	222
3.	Gli amministratori.	225
3.1.	Il consiglio di amministrazione e gli amministratori delegati.	228
3.2.	Il conflitto di interessi e la responsabilità degli amministratori.	229
4.	Il collegio sindacale.	234
4.1.	Poteri e doveri dei sindaci.	235
4.2.	La responsabilità dei sindaci.	236
5.	I controlli esterni: la revisione legale dei conti e la denuncia di irregolarità al tribunale.	237

SEZIONE II
IL SISTEMA DUALISTICO 240

1.	Il consiglio di gestione.	240
2.	Il consiglio di sorveglianza.	241

SEZIONE III
IL SISTEMA MONISTICO 244

1.	Il consiglio di amministrazione.	244
2.	Il consiglio di controllo sulla gestione.	244

SCHEDA DI SINTESI 246
QUESTIONARIO 247

Capitolo VIII
LE SCRITTURE CONTABILI ED IL BILANCIO 248

1.	I libri sociali.	248
2.	Il bilancio di esercizio. Nozione e principi fondamentali.	249
3.	La struttura del bilancio.	250
3.1.	Lo stato patrimoniale.	250
3.2.	Il conto economico.	251
3.3.	La nota integrativa.	251
3.4.	Il rendiconto finanziario.	252
3.5.	Gli allegati al bilancio.	252
4.	I criteri di valutazione.	253
5.	I procedimento di formazione ed approvazione del bilancio.	254
6.	Le riserve e la distribuzione degli utili.	255
7.	Il bilancio in forma abbreviata ed il bilancio consolidato di gruppo.	256

SCHEDA DI SINTESI 258
QUESTIONARIO 259

Capitolo IX
LE MODIFICAZIONI DELLO STATUTO 260

1.	Le modificazioni dell'atto costitutivo: nozione e procedimento.	260
1.1.	La tutela dei soci di minoranza: il diritto di recesso.	261
2.	L'aumento reale del capitale sociale.	262
2.1.	Il diritto di opzione.	263
3.	L'aumento nominale del capitale sociale.	264
4.	La riduzione reale del capitale sociale.	265
5.	La riduzione del capitale sociale per perdite.	265

SCHEDA DI SINTESI 266
QUESTIONARIO 267

Capitolo X
LA SOCIETÀ IN ACCOMANDITA PER AZIONI 268

1.	Nozione e caratteristiche principali.	268
2.	Le differenti categorie di soci. Analogie e differenze rispetto alla società in accomandita semplice.	268
3.	La disciplina applicabile: costituzione, conferimenti e azioni.	269
4.	Gli organi sociali.	270

SCHEDA DI SINTESI 272
QUESTIONARIO 273
MAPPA CONCETTUALE 274

CAPITOLO XI
LA SOCIETÀ A RESPONSABILITÀ LIMITATA 275

1. Nozione e caratteristiche principali. 275
2. La costituzione della società. 276
2.1. La stipulazione dell'atto costitutivo. 276
2.2. L'iscrizione dell'atto costitutivo nel registro delle imprese. 277
3. La società a responsabilità limitata unipersonale. 277
4. La s.r.l. semplificata. 278
5. La disciplina dei conferimenti. 279
5.1. I conferimenti in denaro. 279
5.2. I conferimenti di beni in natura e di crediti. 280
5.3. I conferimenti d'opera o di servizi. 280
6. I finanziamenti dei soci ed i titoli di debito. 281
7. Le quote sociali. 282
8. Gli organi sociali: l'assemblea dei soci. 284
8.1. L'organo amministrativo. 287
8.2. Il sindaco ed il revisore legale dei conti. 290
9. Le scritture contabili e il bilancio. 290
10. Le modifiche dell'atto costitutivo. 292
11. Recesso ed esclusione del socio. 294

SCHEDA DI SINTESI 295
QUESTIONARIO 296
MAPPA CONCETTUALE 297

CAPITOLO XII
LO SCIOGLIMENTO E LA LIQUIDAZIONE 298

1. Le cause di scioglimento delle società di capitali. 298
2. Lo stato di liquidazione. 299
2.1. Il procedimento di liquidazione. 300
2.2. La revoca dello stato di liquidazione. 303
3. L'estinzione della società. 303

SCHEDA DI SINTESI 304
QUESTIONARIO 305

Capitolo XIII
LE OPERAZIONI STRAORDINARIE   306

1.	La trasformazione.	306
1.1.	La trasformazione omogenea.	307
1.2.	La trasformazione eterogenea.	309
2.	La fusione.	310
2.1.	Il progetto di fusione.	311
2.2.	La deliberazione di fusione.	312
2.3.	L'atto di fusione.	313
3.	Le fusioni semplificate.	314
4.	La fusione a seguito di acquisizione con indebitamento.	314
5.	La fusione transfrontaliera.	315
6.	La scissione.	316

SCHEDA DI SINTESI   317
QUESTIONARIO   318

Capitolo XIV
LE SOCIETÀ COOPERATIVE E MUTUALISTICHE   319

1.	Le società cooperative. Nozione e caratteristiche principali.	319
1.1.	Le società cooperative a mutualità prevalente.	320
1.2.	La disciplina applicabile.	321
2.	La costituzione della società.	322
2.1.	La stipulazione dell'atto costitutivo.	322
2.2.	L'iscrizione dell'atto costitutivo nel registro delle imprese.	322
3.	La disciplina dei conferimenti.	323
4.	Il rapporto sociale. Quote e azioni.	323
4.1.	Soci sovventori e soci finanziatori.	324
5.	Gli organi sociali: l'assemblea.	326
5.1.	L'organo amministrativo.	328
5.2.	L'organo di controllo.	329
6.	I controlli esterni: la vigilanza governativa ed il controllo giudiziale.	329
7.	Bilancio, utili e ristorni.	330
8.	Lo scioglimento della società cooperativa.	332
9.	Lo scioglimento del singolo rapporto sociale.	333
10.	Il gruppo cooperativo paritetico.	334
11.	Il gruppo bancario cooperativo.	334
12.	Le mutue assicuratrici.	336

SCHEDA DI SINTESI   336

QUESTIONARIO   338
MAPPA CONCETTUALE   339

PARTE III
I CONTRATTI DELL'IMPRENDITORE

CAPITOLO I
I CONTRATTI FINALIZZATI ALLO SCAMBIO O ALLA DISTRIBUZIONE DEI BENI   343

SEZIONE I
LA COMPRAVENDITA   343

1. La compravendita. Nozione e caratteristiche fondamentali.   343
2. Le obbligazioni derivanti dalla vendita. Gli obblighi
   del venditore.   344
2.1. La garanzia per evizione.   344
2.2. La garanzia per vizi della cosa venduta.   345
2.3. La garanzia per mancanza delle qualità promesse
     e delle qualità essenziali.   347
3. Gli obblighi del compratore.   347
4. La vendita obbligatoria.   348
5. La vendita con patto di riscatto.   350
6. Altre peculiari tipologie di vendita.   351
6.1. Vendita di cose mobili.   352
6.2. Vendita di beni immobili.   353
7. La vendita di beni di consumo.   353

SEZIONE II
GLI ALTRI CONTRATTI FINALIZZATI ALLO SCAMBIO O ALLA DISTRIBUZIONE DI BENI   356

1. La permuta.   356
2. Il contratto estimatorio.   356
3. La somministrazione.   357
4. La concessione in vendita.   358
5. Il *franchising*.   359

SCHEDA DI SINTESI   360
QUESTIONARIO   361

Capitolo II
I CONTRATTI FINALIZZATI ALL'ESECUZIONE DI OPERE O DI SERVIZI — 362

- **1.** L'appalto. Nozione e caratteristiche. Differenze con figure affini. — 362
- **1.1.** Le obbligazioni delle parti. Le obbligazioni dell'appaltatore. — 363
- **1.2.** Le obbligazioni del committente. — 365
- **1.3.** Estinzione dell'appalto. — 365
- **1.4.** Il subappalto. — 366
- **2.** La subfornitura. — 367
- **3.** Il trasporto. Nozione, caratteristiche fondamentali, tipologie e disciplina comune. — 368
- **3.1.** Il trasporto di persone. — 369
- **3.2.** Il trasporto di cose. — 370
- **3.3.** Il trasporto cumulativo. — 371
- **4.** Il deposito. Nozione e caratteristiche fondamentali. — 371
- **4.1.** Il deposito alberghiero. — 372
- **4.2.** Il deposito nei magazzini generali. — 373
- **5.** L'assicurazione. Nozione, funzione e caratteristiche fondamentali. — 374
- **5.1.** Gli elementi essenziali del contratto: il rischio ed il premio. — 375
- **5.2.** La stipulazione del contratto di assicurazione. — 376
- **5.3.** Le tipologie di assicurazione. L'assicurazione contro i danni. — 378
- **5.4.** L'assicurazione della responsabilità civile. — 378
- **5.5.** L'assicurazione sulla vita. — 380
- **5.6.** La riassicurazione e la retrocessione. — 381

SCHEDA DI SINTESI — 381
QUESTIONARIO — 382

Capitolo III
I CONTRATTI FINALIZZATI ALLA PROMOZIONE O ALLA CONCLUSIONE DI AFFARI — 384

- **1.** Il mandato. Nozione, caratteristiche fondamentali e tipologie. — 384
- **1.1.** Il mandato con e senza rappresentanza. — 385
- **1.2.** Le obbligazioni delle parti. — 387
- **1.3.** L'estinzione del mandato. — 388
- **2.** La commissione. — 389
- **3.** La spedizione. — 389
- **4.** L'agenzia. Nozione e funzione. — 390
- **4.1.** La disciplina del contratto. Obblighi delle parti. — 390

5.	La mediazione. Nozione e funzione.	392
5.1.	Diritti ed obblighi del mediatore.	394

SCHEDA DI SINTESI — 395
QUESTIONARIO — 396

CAPITOLO IV
L'INTERMEDIAZIONE FINANZIARIA — 398

1.	Il *leasing*. Premessa.	398
1.1.	Il *leasing* finanziario.	398
1.2.	Il *leasing* operativo.	400
1.3.	Il *leasing* di ritorno (o *lease-back*).	400
1.4.	Il *rent to buy*.	401
2.	Il *factoring*. Premessa.	402
2.1.	La disciplina.	402
3.	La cartolarizzazione dei crediti.	403
4.	Il pegno mobiliare non possessorio e il finanziamento alle imprese garantito da trasferimento di bene immobile sospensivamente condizionato.	404

SCHEDA DI SINTESI — 405
QUESTIONARIO — 406

CAPITOLO V
I CONTRATTI BANCARI — 407

1.	Impresa ed attività bancaria.	407
2.	La disciplina generale dei contratti bancari.	408
3.	Le operazioni passive. Il deposito bancario.	409
4.	Le operazioni attive.	410
4.1.	L'apertura di credito bancario.	410
4.2.	L'anticipazione bancaria.	411
4.3.	Lo sconto bancario.	412
5.	Operazioni in conto corrente e conto corrente bancario.	412
6.	Le garanzie bancarie.	413
7.	I servizi di custodia.	415
7.1.	Il deposito di titoli in amministrazione.	415
7.2.	Le cassette di sicurezza.	415
8.	I servizi di pagamento.	416

SCHEDA DI SINTESI — 417
QUESTIONARIO — 418

Capitolo VI
L'INTERMEDIAZIONE MOBILIARE 419

Sezione I
I SERVIZI DI INVESTIMENTO 419

1. L'oggetto dell'intermediazione mobiliare. Nozioni introduttive. 419
2. Le società di intermediazione mobiliare. 420
3. La disciplina generale dei servizi di investimento. 420
4. La gestione di portafogli individuali. 421

Sezione II
GLI ORGANISMI DI INVESTIMENTO COLLETTIVO 423

1. Organismi di investimento e gestione collettiva del risparmio. 423
2. Le società di gestione del risparmio. 424
3. I fondi comuni di investimento. 424
4. Le società di investimento a capitale variabile. 426

Sezione III
L'APPELLO AL PUBBLICO RISPARMIO 428

1. L'appello al pubblico risparmio. 428
2. L'offerta al pubblico di prodotti finanziari. 428
3. Le offerte pubbliche di acquisto e di scambio. 430
3.1. Le offerte pubbliche di acquisto volontarie. 431
3.2. Le offerte pubbliche di acquisto obbligatorie. 433

Scheda di sintesi 435
Questionario 436

Capitolo VII
IL MERCATO MOBILIARE ED I CONTRATTI DI BORSA 437

1. Il mercato mobiliare. Premessa. 437
2. I contratti di borsa. Nozione e disciplina comune. 438
3. Contratti a mercato fermo e contratti a premio. Contratti a contanti e contratti a termine. 440
4. Gli strumenti finanziari derivati. 441
5. Il riporto. 442
6. L'*insider trading*. 443
7. La gestione accentrata di strumenti finanziari. 444

SCHEDA DI SINTESI	447
QUESTIONARIO	447

PARTE IV
I TITOLI DI CREDITO

CAPITOLO I
I TITOLI DI CREDITO — 451

1.	Nozione e funzione dei titoli di credito.	451
2.	Le caratteristiche fondamentali dei titoli di credito.	452
3.	La circolazione dei titoli di credito. Il rapporto fondamentale ed il rapporto cartolare.	453
4.	Titoli astratti e titoli causali. Titoli rappresentativi di merci e titoli di partecipazione. Titoli individuali e titoli di massa.	454
5.	La circolazione dei titoli di credito.	455
6.	La legge che regola la circolazione dei titoli di credito.	456
6.1.	Titoli al portatore.	457
6.2.	Titoli all'ordine.	457
6.3.	Titoli nominativi.	459
7.	Legittimazione all'esercizio del diritto cartolare ed il regime delle eccezioni cartolari.	460
8.	L'ammortamento dei titoli di credito.	462
9.	I documenti di legittimazione ed i titoli impropri.	463

SCHEDA DI SINTESI	464
QUESTIONARIO	465

CAPITOLO II
LA CAMBIALE — 467

1.	La cambiale. Nozione, funzione, struttura e caratteristiche.	467
2.	I requisiti formali della cambiale.	468
3.	La cambiale in bianco.	470
4.	La pluralità di obbligazioni cambiarie. Caratteristiche.	471
5.	Le singole obbligazioni cambiarie.	472
5.1.	L'accettazione della cambiale tratta da parte del trattario.	472
5.2.	La circolazione della cambiale: la girata.	474
5.3.	L'avallo.	475
6.	Il pagamento della cambiale.	475
7.	Il mancato pagamento. L'azione di regresso ed il protesto.	477
8.	Il processo cambiario ed il regime delle eccezioni.	478

9.	Le azioni extracambiarie.	479
10.	Le cambiali finanziarie.	479

Scheda di sintesi 480
Questionario 481

Capitolo III
GLI ASSEGNI 482

1.	L'assegno bancario. Struttura, disciplina e funzione.	482
2.	I requisiti dell'assegno.	483
3.	La circolazione dell'assegno ed eventuali limiti della stessa.	483
4.	La posizione della banca trattaria. Il pagamento dell'assegno e l'azione di regresso per mancato pagamento.	484
5.	L'assegno circolare.	485

Scheda di sintesi 486
Questionario 487

PARTE V
LE PROCEDURE CONCORSUALI

Capitolo I
LE PROCEDURE CONCORSUALI. IL FALLIMENTO 491

1.	La crisi dell'impresa e le procedure concorsuali.	491
2.	Il fallimento: finalità.	492
2.1.	I presupposti indefettibili del fallimento. Il presupposto soggettivo.	493
2.2.	Il presupposto oggettivo: lo stato d'insolvenza.	494
3.	La dichiarazione di fallimento. Aspetti procedurali.	495
3.1.	L'iniziativa per la dichiarazione di fallimento.	495
3.2.	L'istruttoria prefallimentare.	496
3.3.	I provvedimenti del tribunale.	497
4.	Gli organi preposti allo svolgimento della procedura fallimentare.	497
4.1.	Il tribunale fallimentare.	498
4.2.	Il giudice delegato.	498
4.3.	Il curatore fallimentare.	499
4.4.	Il comitato dei creditori.	500
5	Gli effetti del fallimento.	501
5.1.	Gli effetti del fallimento nei confronti del fallito.	501

5.2.	Gli effetti del fallimento nei confronti dei creditori.	503
5.3.	Gli effetti sugli atti posti in essere dal fallito in pregiudizio ai creditori.	505
5.4.	Gli effetti del fallimento sui contratti in corso nel momento della dichiarazione di fallimento e della cessazione dell'attività d'impresa. Regole peculiari in caso di esercizio provvisorio dell'impresa.	509
6.	La procedura fallimentare.	511
6.1.	L'apposizione dei sigilli e la presa in consegna dei beni del fallito da parte del curatore.	511
6.2.	L'accertamento del passivo.	511
6.3.	La liquidazione e la ripartizione dell'attivo.	513
6.4.	La chiusura del fallimento. L'eventuale riapertura del fallimento.	515
7.	L'esdebitazione.	516
8.	Il concordato fallimentare.	517
8.1.	La proposta di concordato.	518
8.2.	L'approvazione del concordato.	518
8.3.	L'omologazione del concordato.	519
9.	Il fallimento della società.	520
10.	L'azione di responsabilità del curatore nei confronti degli amministratori, sindaci, liquidatori e soci di s.r.l.	521
11.	Il fallimento dei patrimoni destinati ad uno specifico affare.	522

SCHEDA DI SINTESI	523
QUESTIONARIO	526
MAPPA CONCETTUALE	527

CAPITOLO II
IL CONCORDATO PREVENTIVO   528

1.	Il concordato preventivo. Finalità ed effetti della procedura.	528
2.	I presupposti della procedura.	529
3.	Il procedimento.	529
3.1.	La proposta di ammissione alla procedura.	530
3.1.1.	Gli effetti della proposta di concordato rispetto ai terzi.	531
3.1.2.	Gli effetti della proposta di concordato sui contratti pendenti.	532
3.2.	L'approvazione dei creditori.	532
3.3.	L'omologazione del tribunale.	533
4.	Il concordato con continuità aziendale.	534
5.	La disciplina dei finanziamenti.	535
6.	Gli accordi di ristrutturazione dei debiti.	536
7.	La transazione fiscale.	538

Scheda di sintesi	539
Questionario	540

Capitolo III
LA LIQUIDAZIONE COATTA AMMINISTRATIVA — 541

1. La liquidazione coatta amministrativa. Presupposti e finalità della procedura. — 541
2. Il provvedimento di liquidazione e l'eventuale accertamento dello stato di insolvenza. Effetti. — 542
3. Il procedimento. — 543

Scheda di sintesi	544
Questionario	545

Capitolo IV
L'AMMINISTRAZIONE STRAORDINARIA DELLE GRANDI IMPRESE IN STATO DI INSOLVENZA — 546

1. L'amministrazione straordinaria delle grandi imprese insolventi. Presupposti e finalità della procedura. — 546
2. La struttura dell'amministrazione straordinaria e le fasi procedurali. — 547
3. Il gruppo insolvente. — 549
4. La ristrutturazione industriale delle grandi imprese in crisi. — 551

Scheda di sintesi	553
Questionario	554

Capitolo V
LE CRISI DA SOVRAINDEBITAMENTO — 555

1. La crisi da sovra indebitamento. Finalità ed ambito di applicazione dell'istituto. — 555
2. La struttura della legge. — 556
3. Le procedure di composizione della crisi da sovra indebitamento. L'accordo di composizione della crisi del debitore non consumatore: procedimento. — 557
3.1. La proposta del debitore. Requisiti sostanziali e di ammissibilità. — 557
3.2. Il vaglio giurisdizionale di fattibilità della proposta di accordo. Forme ed effetti. — 559
3.3. L'accordo con i creditori. — 559

3.4.	L'omologazione dell'accordo. La risoluzione e l'annullamento dell'accordo omologato.	560
4.	Il piano del consumatore.	561
5.	La liquidazione del patrimonio.	563
6.	L'eventuale esdebitazione all'esito della procedura liquidatoria.	565

SCHEDA DI SINTESI 566
QUESTIONARIO 566

CAPITOLO VI
IL CODICE DELLA CRISI D'IMPRESA E DELL'INSOLVENZA 568

1.	I principi generali della riforma.	568
2.	La composizione negoziata della crisi.	570
2.1.	Il procedimento: l'avvio, la trattativa, gli esiti. Le misure protettive e cautelari.	571
3.	Le procedure di regolazione della crisi e dell'insolvenza.	576
4.	Gli strumenti negoziali stragiudiziali di regolazione della crisi.	578
5.	Le procedure di composizione delle crisi da sovraindebitamento.	581
6.	Il concordato preventivo.	583
7.	La liquidazione giudiziale.	585
8.	Il concordato nella liquidazione giudiziale.	591
9.	L'esdebitazione.	591
10.	La disciplina della crisi nei gruppi di imprese.	592
11.	Entrata in vigore e profili di diritto intertemporale.	593

SCHEDA DI SINTESI 594
QUESTIONARIO 596

INDICE ANALITICO 598

PARTE PRIMA
L'IMPRENDITORE INDIVIDUALE

Capitolo I
L'imprenditore e gli imprenditori. Dal «genere» alle «specie»

SEZIONE I – L'IMPRENDITORE

SOMMARIO:
1. L'attuale assetto normativo. – **2**. La nozione generale di imprenditore. – **2.1**. L'attività produttiva. – **2.2**. L'attività economica. – **2.3**. La professionalità. – **2.4**. L'organizzazione e la linea di confine tra l'imprenditore ed il lavoratore autonomo. – **2.5**. La distinzione tra l'imprenditore ed il professionista intellettuale. – **3**. Questioni controverse: l'«impresa illecita» e l'«impresa per conto proprio».

1. L'attuale assetto normativo.

Nel nostro ordinamento la disciplina delle attività economiche ruota attorno alla figura dell'imprenditore, definito in via generale all'art. 2082 c.c.
L'**imprenditore**, in quanto tale, è sempre assoggettato (indipendentemente dall'oggetto, dalle dimensioni o dalla natura dell'attività esercitata) ad uno specifico **Statuto professionale**, da cui scaturiscono peculiari diritti ed obblighi. In particolare, dalla soggezione allo **Statuto generale dell'imprenditore** discende l'applicabilità della disciplina dell'azienda (artt. 2555-2562 c.c.) (*infra*, Parte I, Cap. II), dei segni distintivi (artt. 2563-2574 c.c.) (*infra*, Parte I, Cap. IV), della concorrenza e dei consorzi artt. 2595-2620 c.c.) (*infra*, Parte I, Cap. VI e VII), del mercato concorrenziale, di cui alla legge n. 287/1990 (*infra*, Parte I, Cap. VII).
Nell'ambito della nozione generale di imprenditore, il codice civile delinea poi ulteriori distinzioni:

- in base all'**oggetto** dell'attività, tra «imprenditore agricolo» (artt. 2135-2187 c.c.) ed «imprenditore commerciale» (artt. 2188-2221 c.c.);

- in base alla **dimensione** dell'impresa, tra «piccolo imprenditore» (art. 2083 c.c.) e, conseguentemente, imprenditore medio-grande;
- in base alla **natura** del soggetto che esercita l'impresa, tra impresa individuale, impresa pubblica e impresa organizzata in forma societaria.

Soltanto l'**imprenditore commerciale non piccolo** è assoggettato, oltre che allo Statuto generale dell'imprenditore, ad un'ulteriore specifica disciplina legislativa, lo **Statuto dell'imprenditore commerciale**, che regola il sistema di pubblicità legale e di iscrizione nel registro delle imprese (artt. 2188-2202 c.c.), la rappresentanza commerciale (artt. 2203-2213 c.c.), la tenuta delle scritture contabili (artt. 2214-2220 c.c.), la sottoposizione al fallimento ed alle altre procedure concorsuali.

2. La nozione generale di imprenditore.

L'art. **2082** del c.c. definisce l'**imprenditore** come colui che «*esercita professionalmente un'attività economica organizzata al fine della produzione o dello scambio di beni o di servizi*». Tale norma indica analiticamente i requisiti necessari ai fini della sussistenza della qualità di imprenditore e, quindi, sufficienti ai fini dell'applicazione dello **Statuto generale dell'imprenditore**.
I requisiti che qualificano l'imprenditore vanno rinvenuti:

- nell'esercizio di un'attività finalizzata alla produzione o allo scambio di beni o di servizi, ossia nell'esercizio di un'**attività produttiva**;
- nell'esercizio di un'attività **economica**;
- nella **professionalità** di tale attività;
- nell'**organizzazione** dei fattori produttivi.

Dall'art. 2082 c.c., inoltre, può agevolmente essere desunta la definizione di **impresa**, da intendersi come l'attività economica esercitata professionalmente dall'imprenditore.

2.1. L'attività produttiva.

Affinché possa essere assunta la qualità di imprenditore, è innanzitutto necessario che venga svolta un'attività produttiva, cioè **un'attività finalizzata alla**

produzione o allo scambio di nuova ricchezza, indipendentemente dalla natura dei beni e dei servizi prodotti o scambiati, nonché dal tipo di bisogno che gli stessi sono destinati a soddisfare.
L'art. 2082 c.c. non richiede requisiti particolari circa la natura dell'attività svolta, ben potendosi considerare imprenditoriali anche attività di tipo assistenziale, ricreativo, culturale. Viceversa, non costituisce attività d'impresa il **mero godimento di beni**, poiché privo del *quid pluris* necessario per potersi qualificare come attività produttiva.

2.2. L'attività economica.

L'art. 2082 c.c. definisce quella svolta dall'imprenditore come **attività economica**.

- Secondo una parte della dottrina (ASCARELLI, FERRARA, GRAZIANI), per «attività economica» dovrebbe intendersi un mero sinonimo di «attività produttiva» (volta cioè, come visto, alla produzione o allo scambio di beni e servizi).
- Secondo altra parte della dottrina, viceversa, l'economicità dell'attività imprenditoriale tenderebbe ad identificarsi con il «**metodo economico**» con cui tale attività deve essere gestita: si tratterebbe, cioè, di una gestione orientata a realizzare, quantomeno, la copertura dei costi sostenuti con i ricavi dall'attività (CAMPOBASSO).

Altro, rispetto all'economicità dell'attività esercitata, è lo **scopo di lucro**.
Sulla necessità che l'attività imprenditoriale sia connotata da uno scopo lucrativo e, invero, sulla stessa portata dello scopo di lucro, la dottrina è divisa.

- Secondo alcuni autori è necessario uno **scopo di lucro**, **inteso in senso soggettivo**: la gestione dell'attività di impresa deve essere finalizzata ad ottenere un lucro, un'eccedenza dei ricavi sui costi sostenuti e non una mera copertura dei secondi con i primi (BUONOCORE, FERRI).
- Secondo altri autori lo **scopo di lucro va inteso in senso oggettivo** ed è oggettivamente lucrativa l'attività imprenditoriale gestita con modalità tali da ottenere, almeno potenzialmente, un profitto (FERRARA-CORSI, GENOVESE).
- Altra parte della dottrina, e la giurisprudenza maggioritaria, infine, dopo aver evidenziato che l'art. 2082 c.c. non fa menzione di uno

scopo lucrativo, considerano del tutto **irrilevante** lo stesso, ritenendo viceversa **sufficiente** che l'imprenditore agisca con **metodo economico** e, cioè, secondo modalità volte alla copertura dei costi di gestione con i ricavi dell'attività svolta. In tale direzione, si sottolinea l'esistenza di imprese, quali le società cooperative e le imprese pubbliche, che sono *ex lege* sprovviste dello scopo di lucro (CAMPOBASSO).

2.3. La professionalità.

L'art. 2082 c.c. richiede che l'attività imprenditoriale sia svolta in modo professionale, intendendosi, per professionalità, l'**abitualità** e la **non occasionalità** dell'attività svolta. Va evidenziato che la professionalità non si identifica né con l'unicità dell'attività imprenditoriale, né con la continuatività della stessa. L'abitualità, infatti, non implica né che l'imprenditore non svolga altre attività, né che l'attività imprenditoriale sia svolta in modo «principale», né, infine, che la stessa non subisca interruzioni (così è imprenditore chi gestisce un impianto di risalita, benché lo stesso sia attivo soltanto nei mesi invernali. Analoghe conclusioni valgono, in genere, per le c.d. **attività stagionali**). Del pari, il compimento di un **unico affare** non è incompatibile con il requisito della professionalità, allorché lo svolgimento di tale affare implichi un'attività non occasionale, protratta nel tempo e implicante un'organizzazione, seppur minima, di fattori produttivi (CAMPOBASSO).

2.4. L'organizzazione e la linea di confine tra l'imprenditore ed il lavoratore autonomo.

L'attività d'impresa deve essere, infine, un'**attività organizzata** che implica, cioè, l'impiego di un apparato strumentale e, quindi, il coordinamento di fattori della produzione, quali lavoro altrui e capitale, fisso e circolante. L'art. 2555 c.c., in particolare, definisce l'azienda come «*il complesso organizzato di beni organizzati dall'imprenditore per l'esercizio dell'impresa*», mentre gli artt. 2086 e 2094 c.c. attribuiscono all'imprenditore i poteri di direzione e di gerarchia nei confronti dei lavoratori inseriti nel complesso imprenditoriale (artt. 2086 e 2094 c.c.).

Per l'acquisto della qualità di imprenditore è necessario e sufficiente un coefficiente, seppur minimo, di «*etero-organizzazione*», cioè di organizzazione di fattori produttivi che si differenzino dal solo lavoro personale.

In effetti, è proprio l'**organizzazione dell'attività produttiva** che segna la

linea di demarcazione tra imprenditore e **lavoratore autonomo** (artt. 2222 ss. cc.); quest'ultimo, infatti, si limita ad auto-organizzare il proprio lavoro, senza far ricorso all'utilizzazione di alcun fattore produttivo.

2.5. La distinzione tra l'imprenditore ed il professionista intellettuale.

Dalla figura dell'«**imprenditore**» va distinta anche quella del «**professionista intellettuale**» (artt. 2229 ss. cc.). Mentre il *discrimen* tra imprenditore e lavoratore autonomo va rinvenuto in un elemento oggettivo, e cioè nella sussistenza o meno di un'etero-organizzazione (di un'organizzazione, cioè, anche di fattori produttivi differenti rispetto al lavoro personale), **la contrapposizione tra imprenditore e professionista intellettuale si fonda su una scelta legislativa**: quella di assoggettare i professionisti ad una disciplina diversa rispetto a quella dettata per gli imprenditori, quand'anche i primi dovessero presentare tutti i requisiti postulati dall'art. 2082 c.c.

L'art. 2238 c.c., in particolare, stabilisce che **si applicano le disposizioni in materia di impresa soltanto** «*se l'esercizio della professione costituisce elemento di un'attività organizzata in forma d'impresa*» e, quindi, soltanto se il professionista svolge un'attività ulteriore rispetto a quella professionale, che integri di per sé le caratteristiche richieste dall'art. 2082 c.c.

3. Questioni controverse: l'«impresa illecita» e l'«impresa per conto proprio».

Occorre soffermarsi, infine, su alcuni profili delicati che hanno richiamato l'attenzione della dottrina.

Ci si è interrogati, in particolare, sulla possibilità di sussumere nel paradigma normativo dell'art. 2082 c.c. l'«impresa illecita» e l'«impresa per conto proprio».

A) L'impresa illecita

L'impresa è illecita quando svolge un'**attività contraria a norme imperative, all'ordine pubblico o al buon costume** (si pensi alla produzione e allo spaccio di sostanze stupefacenti, oppure al traffico di armi).

La dottrina si interroga sulla possibilità di **applicare anche all'impresa illecita lo statuto dell'imprenditore.**

- Alcuni autori, proprio **in ragione dell'illiceità dell'attività svolta, tendono a negare la possibilità di qualificare in termini di impresa giuridicamente rilevante la c.d. «impresa illecita»**. Tale impostazione dottrinale muove da un'esigenza di giustizia sostanziale: quella, cioè, di evitare che l'attribuzione della qualifica imprenditoriale in capo a chi svolge un'attività illecita conduca all'applicazione di norme, come quelle in materia di concorrenza sleale, che tutelano l'imprenditore nei confronti dei terzi. L'illiceità dell'attività, dunque, determinerebbe l'inesistenza giuridica dell'impresa e, quindi, l'inapplicabilità di norme di tutela previste per l'imprenditore e per i terzi che con esso vengono in contatto (BONFANTE-COTTINO, FERRARA-CORSI).
- Di contrario avviso, invece, è quella parte della dottrina secondo cui **l'illiceità dell'attività svolta non inficerebbe la qualificazione, in termini di imprenditore**, di un soggetto che presenti tutti i requisiti richiesti dall'art. 2082 c.c. Soltanto tale qualificazione, d'altra parte, consentirebbe l'applicazione, nei confronti di chi agisce contro la legge, della rigorosa normativa prevista per la responsabilità patrimoniale dell'imprenditore commerciale e, in particolare, l'assoggettamento alle procedure concorsuali. Tale impostazione dottrinale, inoltre, chiarisce che l'imprenditore "illecito" non potrebbe comunque mai invocare l'applicazione di norme di tutela a proprio favore, in virtù del generale principio secondo cui nessuna protezione giuridica può essere accordata a chi opera illecitamente (CAMPOBASSO).
- Altra dottrina, infine, distingue le attività contraddistinte da **illiceità in senso forte** o imprese immorali (ad esempio, attività vietate dal codice penale quali il contrabbando) e quelle dotate di una **illiceità in senso debole** o imprese illegali (esercizio di talune attività senza la necessaria autorizzazione preventiva quali l'esercizio di giochi e scommesse), considerando imprenditoriali solo le prime onde evitare che l'applicazione indistinta dello statuto dell'imprenditore possa arrecare dei vantaggi a soggetti che non sono meritevoli di alcuna tutela (SACCÀ).

B) L'impresa per conto proprio

L'impresa dovrebbe essere definita «**per conto proprio**» quando l'**attività produttiva svolta non** sia **destinata al mercato, ma allo stesso imprenditore**

(è il caso, ad esempio, di chi costruisce un edificio non allo scopo di rivenderlo, ma allo scopo di farne un uso personale).
È controversa la possibilità di ricondurre una siffatta ipotesi nel paradigma normativo tracciato dall'art. 2082 c.c.

- Parte della dottrina ha osservato che tale norma non richiede la destinazione al mercato dell'attività produttiva per cui non può escludersi che, quando ricorrono i requisiti di cui all'art. 2082 c.c., sia imprenditore anche chi produce beni o servizi destinandoli ad un consumo personale (CAMPOBASSO).
- Di contrario avviso la dottrina maggioritaria, secondo cui l'«impresa per conto proprio» non è impresa; la stessa, in sostanza, non potrebbe mai essere ricondotta al paradigma normativo tracciato dall'art. 2082, dal momento che difetterebbero dei requisiti essenziali richiesti dalla norma. In particolare, secondo alcuni Autori mancherebbe il requisito della professionalità (BUONOCORE, FERRARA-CORSI, FERRI, GRAZIANI); secondo altri, invece, il requisito dell'economicità dell'attività svolta (BONFANTE-COTTINO).

SEZIONE II – L'ACQUISTO E LA PERDITA DELLA QUALITÀ DI IMPRENDITORE

SOMMARIO:
1. L'inizio e la fine dell'impresa. – **2.** Requisiti di capacità necessari ai fini dell'acquisto della qualità d'imprenditore. – **3.** L'imputazione degli atti d'impresa. Il "principio della spendita del nome" e la teoria dell'imprenditore occulto.

1. L'inizio e fine dell'impresa.

A) L'acquisto della qualità di imprenditore

L'art. 2082 c.c., come chiarito, ricollega l'**acquisto della qualità di imprenditore** all'**esercizio di un'attività economica organizzata svolta professionalmente**.

L'acquisto della qualità di imprenditore (dal quale discende la soggezione al relativo statuto), come si desume dallo stesso art. 2082 c.c., va verificata in ragione del **principio dell'effettività: l'inizio dell'impresa coincide perciò con l'inizio effettivo dell'attività**, cioè con l'effettivo esercizio di un'attività economica organizzata.

Problematico risulta stabilire se in presenza di meri **atti preparatori o organizzativi** (ad esempio, richiesta di finanziamenti e successivo acquisto di macchinari o di locali ove svolgere l'attività), si possa parlare o meno di inizio di attività imprenditoriale.

La dottrina, a tale proposito, distingue due ipotesi:

> - ove un soggetto abbia effettivamente posto in essere un'**organizzazione imprenditoriale** che si concretizzi in un apparato esteriore aziendale (si pensi, ad esempio, alla realizzazione di uno stabilimento industriale), la qualifica di imprenditore si acquista anche a seguito del **compimento di un solo atto ricollegabile a quell'organizzazione** (si parla, in tal caso di «*atto dell'organizzazione*», da distinguere rispetto ai c.d. **atti di organizzazione**, questi ultimi comprensivi di quelle attività preparatorie e organizzative, sopra richiamate, che intervengono prima dell'effettivo compimento di un atto di gestione e ne sono prodromiche);

- viceversa, **ove sia mancata la preventiva predisposizione di un apparato aziendale esteriore**, soltanto la **reiterazione di atti suscettibili di essere qualificati come atti d'impresa** consente di comprendere che ci si trova dinanzi ad un'attività esercitata professionalmente (si parla, in tal caso, di «*atti di esercizio*»).

Tanto chiarito, occorre tener presente che di norma l'esercizio dell'attività d'impresa è preceduto da una fase preparatoria ed organizzativa, in cui rientrano, ad esempio, l'acquisto di locali e macchinari, l'assunzione di dipendenti, il contatto con i fornitori, e così via (si parla, in tal caso, di «*atti di organizzazione*», concettualmente distinti rispetto agli «*atti dell'organizzazione*» in quanto, a differenza di questi ultimi, intervengono prima dell'effettivo compimento di un atto di gestione).

In dottrina è disputata la **possibilità di anticipare** già **a tale fase**, di fatto solo **prodromica** all'effettivo esercizio dell'attività imprenditoriale, **l'acquisto della qualità di imprenditore**.

In particolare, due sono le posizioni emerse sul punto:

- **contro l'anticipazione dell'acquisto della qualità di imprenditore**, viene argomentato che la predisposizione di un determinato complesso aziendale non ha necessariamente come sbocco l'esercizio dell'impresa. A fortiori, si osserva che lo stesso art. 2082 c.c. riconnette l'acquisto della qualità di imprenditore all'effettivo esercizio di un'attività economica organizzata (COTTINO, MINERVINI);
- **a favore dell'anticipazione dell'acquisto della qualità di imprenditore al momento del compimento di un'attività preparatoria**, viceversa, si obietta che già nella fase organizzativa e prima del compimento di singoli atti di gestione, viene posta in essere un'attività che, ove connotata dal requisito della «non occasionalità», è a tutti gli effetti imprenditoriale. Ne consegue che un singolo atto organizzativo non è sufficiente, mentre una pluralità di atti organizzativi reiterati ben possono essere tali da integrare il requisito della professionalità e da determinare, perciò, l'acquisto della qualità di imprenditore, con tutto ciò che ne consegue in termini di disciplina (BUONOCORE, CAMPOBASSO, FERRI, GALGANO).

Secondo l'opinione dottrinale maggioritaria, quindi, **l'inizio dell'impresa può coincidere con lo svolgimento di atti economici soltanto preparatori** quando questi, da un lato, siano connotati da abitualità e, dall'altro, siano tali da consentire di individuare l'oggetto dell'attività imprenditoriale.

A diverse conclusioni, tuttavia, si perviene in caso di **impresa esercitata in forma societaria**. In particolare, si ritiene che l'**acquisto della qualità di imprenditore**, in capo alle società, prescinda dall'effettivo svolgimento di attività economica e coincida con la stessa **costituzione dell'organismo societario**.

Una simile conclusione viene motivata in ragione del fatto che lo svolgimento di attività imprenditoriale costituisce la stessa ragion d'essere delle società.

B) La perdita della qualità di imprenditore

Anche la perdita della qualità d'imprenditore, al pari dell'acquisto della stessa, **è informata al principio di effettività**.

La cancellazione da albi o registri, o la stessa cancellazione dal registro delle imprese, pur costituendone indici presuntivi, non sono sufficienti a segnare la **fine dell'impresa**, che coincide, invece, **con l'effettiva e definitiva cessazione della relativa attività**.

Occorre tener presente che la fine dell'impresa è preceduta da una fase di liquidazione dell'azienda, durante la quale l'imprenditore definisce i rapporti pendenti, procede alla vendita delle giacenze di magazzino o al licenziamento dei dipendenti.

Ebbene, è ormai pacifico che in tale fase vi sia continuazione dell'**esercizio dell'impresa**, che si protrae **fino al momento della chiusura della liquidazione**; momento in cui sopravviene l'irrevocabile ed irreversibile disgregazione del complesso aziendale (CAMPOBASSO).

Soltanto in tale momento potrà ritenersi raggiunto un apprezzabile grado di certezza circa le intenzioni dell'imprenditore (GALGANO).

L'esatta individuazione del momento in cui si verifica la perdita della qualità di imprenditore assume particolare importanza per l'imprenditore commerciale, in quanto l'art. 10 della legge fallimentare prevede che lo stesso possa essere dichiarato fallito fino ad un anno dalla cessazione dell'impresa (*infra*, *amplius* Parte V, cap. I, par. 3.1.).

La fine dell'impresa ed il *dies a quo* per la dichiarazione di fallimento solo presuntivamente coincidono con la cancellazione dal registro delle imprese, in quanto il creditore o il pubblico ministero – in caso di impresa individuale o di cancellazione d'ufficio dell'imprenditore collettivo dal Registro delle imprese – possono dimostrare che la cancellazione dell'impresa non coincide con l'effettiva cessazione dell'attività d'impresa. Ne consegue, in tal caso, lo spostamento in avanti, a partire dal giorno in cui si è concretamente verificata la fine dell'impresa, del termine iniziale per la dichiarazione di fallimento.

2. Requisiti di capacità necessari ai fini dell'acquisto della qualità d'imprenditore.

L'acquisto della qualità d'imprenditore presuppone la **piena capacità di agire**. Ne consegue che il **minore**, l'**interdetto** e l'**inabilitato**, in quanto privi di capacità di agire, **non potranno** in nessun caso *iniziare* **l'esercizio di un'impresa commerciale** (artt. 320, comma 5 c.c.; 371, comma 2 c.c.; 424-425 c.c.). L'intero sistema di norme a tutela degli incapaci è preordinato a garantire la conservazione e l'integrità del patrimonio degli stessi, mediante un sistema di autorizzazione, da parte dell'autorità giudiziaria, degli atti di straordinaria amministrazione (ossia gli atti che modificano la consistenza del patrimonio su cui incidono: cfr. art. 320, comma 3 c.c.) compiuti in nome e per conto degli incapaci assoluti (minori e interdetti), ovvero di consenso del curatore – previa autorizzazione, di regola, dell'autorità giudiziaria – per i medesimi atti compiuti personalmente dagli incapaci relativi.

L'attività d'impresa è, per sua stessa natura, un'attività rischiosa e dagli esiti imponderabili, che potrebbe riverberarsi negativamente sul patrimonio degli incapaci: è per questa ragione che il legislatore pone un **divieto assoluto di iniziare un'impresa commerciale** per il minore, l'interdetto e l'inabilitato (CAMPOBASSO).

A diverse conclusioni, invece, deve pervenirsi con riferimento alla continuazione, da parte di un'incapace, di un'**impresa commerciale già avviata**. In tal caso il legislatore ha ritenuto che il rischio di un rilevante danno patrimoniale per l'incapace sarebbe maggiore se si interrompesse l'attività commerciale già iniziata (si pensi, ad esempio, ad un minore che eredita l'attività d'impresa del genitore).

Per questa ragione, valutato l'interesse dell'incapace, il Tribunale, su parere del giudice tutelare, può autorizzare *la continuazione* di un'**impresa commerciale preesistente** (senza, dunque, necessità di autorizzazione per singoli atti), sia se **pervenuta all'incapace a titolo derivativo** (a titolo, per esempio, di donazione o di successione ereditaria), sia se **iniziata prima dell'interdizione**.

In ipotesi del genere **è l'incapace a rivestire la qualità d'imprenditore**; è a nome dell'incapace, infatti, che **viene esercitata attività d'impresa**, **per il tramite di un rappresentante legale** (genitore o tutore), nel caso del minore o dell'interdetto **o con l'assistenza di un curatore**, nel caso dell'inabilitato.

Peculiare è la situazione in cui versa **l'inabilitato**.
Quest'ultimo, infatti, è parzialmente capace di agire.
Per cui, fermo il divieto di cominciare *ex novo* l'esercizio di un'attività commerciale, parte della dottrina ritiene che, intervenuta l'autorizzazione alla continuazione dell'impresa, l'inabilitato, a differenza del minore e dell'interdetto, possa compiere autonomamente atti di ordinaria amministrazione, necessitando dell'assistenza del curatore solo per gli atti di straordinaria amministrazione (CAMPOBASSO, COTTINO, FERRARA).
Occorre evidenziare, infine, che il divieto assoluto di iniziare un'attività commerciale, dettato dal legislatore con riferimento al minore, all'interdetto e all'inabilitato, soffre di un'importante eccezione nel caso del **minore emancipato**, che potrà essere **autorizzato dal Tribunale non solo a continuare un'attività commerciale preesistente, ma anche ad iniziare una nuova attività imprenditoriale**, potendo, in questi casi, compiere da solo gli atti che eccedono l'ordinaria amministrazione, anche se estranei all'esercizio dell'impresa (art. 397, comma 3, c.c.).
Tutti gli atti di autorizzazione finora esaminati dovranno essere iscritti nel registro delle imprese ai sensi dell'art. 2198 c.c.
Per il caso, infine, dell'amministrazione di sostegno, occorrerà verificare, caso per caso, il contenuto del decreto di nomina (art. 405, comma 5 c.c.), in ragione del principio di flessibilità che connota l'istituto *de quo*.

3. L'imputazione degli atti d'impresa. Il «principio della spendita del nome» e la teoria dell'«imprenditore occulto».

A) L'imprenditore "palese"

Imprenditore è colui che esercita professionalmente un'attività economica organizzata. Nel nostro ordinamento vige il **principio generale secondo il quale gli effetti**, positivi e negativi, **degli atti giuridici ricadono sul soggetto il cui nome è speso nei traffici giuridici**.
Quando l'impresa è esercitata per il tramite di un rappresentante, volontario o legale, ma in nome del rappresentato, la qualità di imprenditore è acquistata da quest'ultimo (si pensi, a titolo esemplificativo al caso dell'incapace autorizzato alla continuazione dell'impresa commerciale, visto *supra*, par. 2).
In tale situazione, anche se la gestione dell'impresa è interamente affidata al rappresentante legale, imprenditore sarà l'incapace, dal momento che gli atti d'impresa vengono posti in essere in suo nome. Proprio da questo rilievo

occorre prendere le mosse: **imprenditore è solo colui il cui nome è speso nell'esercizio dell'impresa, indipendentemente dal fatto che la gestione dell'impresa possa, in fatto, essere affidata ad un soggetto differente.** *Nulla quaestio* quando questa dissociazione soggettiva viene realizzata nel perseguimento di scopi leciti.

Può accadere, tuttavia, che tale dissociazione venga sfruttata nel perseguimento di intenti fraudolenti. Può accadere, in sostanza, che si contrappongano, da un lato, il soggetto che nel compimento di atti d'impresa spende il proprio nome (**imprenditore palese**) e, dall'altro, il soggetto che, dietro lo schermo dell'imprenditore palese, gestisce effettivamente l'attività d'impresa, dirigendola, orientandone le scelte, percependone i guadagni e sottraendosi, tuttavia, ad ogni forma di responsabilità patrimoniale, proprio in quanto gli atti di impresa sono imputati all'imprenditore palese.

Quest'ultimo, d'altra parte, sarà il più delle volte un **prestanome** nullatenente o una **società di comodo** sottocapitalizzata.

B) L'imprenditore "occulto"

Rimane esente da ogni responsabilità patrimoniale colui che, senza spendere il proprio nome, ha effettivamente gestito ed orientato le scelte imprenditoriali: si tratta del *dominus* **sostanziale** dell'impresa e, cioè, del c.d. **imprenditore occulto**. Proprio al fine di evitare tali conseguenze, la dottrina ha proposto il superamento del principio della spendita del nome, ai fini dell'imputazione degli atti d'impresa. Varie impostazioni sono emerse sul punto. In particolare:

- Parte della dottrina ha sostenuto la c.d. **teoria del potere d'impresa**, che **collega la responsabilità alla direzione dell'attività di impresa**. Secondo tale impostazione **benché solo il prestanome acquisti la qualità d'imprenditore** (con la conseguenza che solo quest'ultimo sarà soggetto al fallimento), **sorge una ineludibile responsabilità cumulativa per debiti d'impresa anche in capo al** *dominus* (FERRI).
- Altra parte della dottrina, spingendosi oltre, ha ritenuto sanzionabile il *dominus* occulto dell'impresa non solo con una responsabilità patrimoniale che si aggiunge a quella dell'imprenditore palese, ma anche con il fallimento in caso di insolvenza (BIGIAVI, COTTINO, PAVONE LA ROSA). Si tratta della **teoria dell'imprenditore occulto**. Tale impostazione dottrinale trova il proprio referente normativo nell'art. 147 della legge fallimentare che contempla il *fallimento del*

socio occulto di società palese. Si ritiene che tale disposizione sia applicabile analogicamente anche all'ipotesi in cui sia stata occultata l'esistenza della società di persone, in quanto chi ha agito si è presentato ai terzi come imprenditore individuale, pur avendo alle spalle un'organizzazione societaria. Si perviene, in tal modo, al *fallimento del socio occulto di società occulta*. Sulla base di un'ulteriore argomentazione analogica, inoltre, si ritiene che se fallisce il socio occulto, allora ben può profilarsi anche il *fallimento dell'imprenditore occulto*, e cioè di colui che effettivamente gestisce un'attività d'impresa, avvalendosi di un prestanome nei rapporti con i terzi. Tale impostazione dottrinale giunge, infine, a sanzionare con il fallimento ogni forma di dominio di un'impresa formalmente altrui. Si afferma, in tal modo, la responsabilità patrimoniale personale anche del *socio tiranno* (che, pur non essendo titolare dell'intero pacchetto azionario, viola le regole del diritto societario ed utilizza il patrimonio societario come proprio) e del *socio sovrano* (che, pur formalmente rispettoso delle regole societarie, è di fatto il padrone della società, possedendo il pacchetto azionario di controllo).

- Parte della dottrina, infine, pur riconoscendo le evidenti esigenze di giustizia sostanziale sottese alle due teorie fin qui esposte, ha sottoposto entrambe ad un'importante revisione critica (Campobasso). In particolare, **alla «teoria del potere d'impresa» si obietta l'assenza di un legame inscindibile tra potere di gestione e responsabilità per i debiti d'impresa**. Nelle società in nome collettivo, ad esempio, tutti i soci sono sempre illimitatamente responsabili per debiti sociali, quand'anche la gestione sociale fosse affidata soltanto ad alcuni di essi (art. 2291 c.c.). **Alla «teoria dell'imprenditore occulto», inoltre, si obietta l'inestensibilità analogica dell'art. 147, comma 4, l. fall.** Tale norma, infatti, nel sancire il fallimento anche del socio occulto di società palese, presuppone l'esistenza di un contratto di società tra soci palesi e soci occulti, che assolutamente difetta nel caso in cui reale *dominus* dell'impresa sia un imprenditore individuale. È solo il contratto di società che da rilevanza giuridica ad un rapporto, quello tra socio occulto e società dichiarata fallita che, altrimenti, sul piano del diritto, rimarrebbe irrilevante. Ulteriormente, si argomenta che **la teoria dell'imprenditore occulto, pur orientata a tutelare i creditori dell'imprenditore palese, finisce con il danneggiare irrimediabilmente i creditori per-

sonali dell'imprenditore occulto. Questi ultimi, infatti, in caso di fallimento dell'imprenditore occulto, vedrebbero aggredito il patrimonio del proprio debitore dai creditori dell'imprenditore palese dei quali inevitabilmente ignoravano l'esistenza.

SEZIONE III – TIPOLOGIE DI IMPRENDITORI

SOMMARIO:

1. Premessa. – **2.** La distinzione basata sull'oggetto dell'attività: l'imprenditore agricolo e l'imprenditore commerciale. – **2.1.** L'imprenditore agricolo: le attività agricole essenziali e per connessione. – **2.2.** L'imprenditore commerciale. – **3.** La distinzione basata sulla dimensione dell'attività economica esercitata: il piccolo imprenditore e l'imprenditore medio-grande. – **3.1.** Il piccolo imprenditore, tra codice civile e legge fallimentare. L'impatto delle recenti riforme. – **3.2.** Le figure tipizzate dall'art. 2083 c.c. e, in particolare, l'impresa artigiana. – **4.** La distinzione basata sulla natura del soggetto che esercita attività d'impresa. – **5.** L'impresa familiare. – **6.** Lo svolgimento di attività imprenditoriale da parte di associazioni e fondazioni. – **7.** L'impresa sociale. Il Codice del Terzo settore.

1. Premessa.

L'art. 2082 c.c., come evidenziato (*supra*, Sez. I, par. 2), detta una nozione generale di «Imprenditore» che, in quanto tale, è sempre assoggettato all'applicazione di uno specifico Statuto Professionale. Si tratta di una nozione onnicomprensiva, volta ad accomunare ogni genere di attività imprenditoriale, indipendentemente dall'oggetto o dalle dimensioni della stessa, nonché dalla natura del soggetto che la esercita. Si è evidenziato, inoltre, che all'interno dell'**unico** *genus* «imprenditore», è possibile distinguere, in ragione di una pluralità di indici, **varie categorie di «imprenditori»**, con importanti ricadute in termini di disciplina applicabile all'attività esercitata.

2. La distinzione basata sull'oggetto dell'attività: l'imprenditore agricolo e l'imprenditore commerciale.

In ragione **dell'oggetto** dell'attività imprenditoriale è possibile tracciare la linea di confine tra **imprenditore agricolo** (2135 c.c.) e **imprenditore commerciale** (2195 c.c.). Si tratta di una distinzione particolarmente rilevante dal momento che **soltanto** all'**imprenditore commerciale** è applicabile lo **Statuto dell'imprenditore commerciale** e, quindi, la specifica e rigorosa disciplina da cui discende, in particolare, l'obbligo di iscrizione nel *Registro delle* *imprese*, l'obbligo della tenuta delle *scritture contabili* e l'assoggettamento, in caso di insolvenza, al *fallimento* e alle altre *procedure concorsuali* (*infra*, Cap. II). All'**imprenditore agricolo**, viceversa, si applica **esclusivamente** lo **Statuto generale dell'imprenditore**: di conseguenza l'impresa agricola non è obbligata alla tenuta delle scritture contabili né può essere sottoposta al fallimento. Diverso discorso vale per l'iscrizione nel Registro delle imprese con funzione di pubblicità legale, resa obbligatoria, anche per l'imprenditore agricolo, dall'art. 2 del D.lgs. 18 maggio 2001, n. 228.

2.1. L'imprenditore agricolo: le attività agricole essenziali e per connessione.

L'art. 2135 del c.c. definisce l'imprenditore agricolo e opera una distinzione tra attività agricole **principali** ed attività agricole **per connessione**.

A) Le attività agricole principali
Sono **attività agricole principali** quelle dirette alla *coltivazione del fondo, alla selvicoltura, all'allevamento di animali*.
Il secondo comma dell'art. 2135 c.c., interessato da un'importante riscrittura ad opera del D.lgs. 18 maggio 2001, n. 228, chiarisce che «*per coltivazione del fondo, per selvicoltura e per allevamento di animali si intendono le attività dirette alla cura e allo sviluppo di un* **ciclo biologico** *o di* **una fase necessaria del ciclo stesso***, di carattere vegetale o animale, che* **utilizzano o possono utilizzare** *il fondo, il bosco o le acque dolci, salmastre o marine*».
La definizione di imprenditore agricolo è stata adeguata alle esigenze di *un'agricoltura* ormai *industrializzata* che non sempre e non necessariamente utilizza il fondo, ben potendo realizzarsi determinate *coltivazioni* «**fuori terra**», **in serre** o **in vivai**, ovvero in **allevamenti «in batteria»**.

B) Le attività agricole per connessione
Ai sensi del terzo comma dell'art. 2135 c.c., sono **attività agricole per connessione** quelle esercitate dal **medesimo imprenditore agricolo che realizza le attività principali:**

- dirette alla **manipolazione, conservazione, trasformazione, commercializzazione** e **valorizzazione** di prodotti ottenuti *prevalentemente* da un'attività agricola principale;
- dirette alla **fornitura di beni o servizi** mediante l'utilizzazione *prevalente* di attrezzature o risorse dell'azienda normalmente impiega-

te nell'attività agricola esercitata, ivi comprese le attività di valorizzazione del territorio e del patrimonio rurale e forestale, ovvero di ricezione ed ospitalità come definite dalla legge.

Si tratta di attività intrinsecamente commerciali che, tuttavia, non determinano la soggezione dell'imprenditore che le esercita all'applicazione dello statuto dell'imprenditore commerciale, purché ricorrano due requisiti di ordine soggettivo e oggettivo.

In particolare, si ha **connessione soggettiva** quando le attività indicate dal terzo comma dell'art. 2135 c.c. sono *esercitate da chi già svolge un'attività agricola principale*, e quando, inoltre, le attività connesse siano coerenti con l'attività agricola esercitata in via principale.

Ricorre, inoltre, la **connessione oggettiva** quando le attività indicate dal terzo comma dell'art. 2135 c.c. hanno ad oggetto prodotti ottenuti *prevalentemente* da un'attività agricola principale o mediante l'utilizzazione *prevalente* di attrezzature o risorse dell'azienda.

Il criterio della **prevalenza** (riferito, nei termini appena visti, tanto alla provenienza dei prodotti dell'attività principale, quanto alternativamente, agli strumenti impiegati per le attività connesse, che devono essere, appunto, in prevalenza, gli stessi utilizzati per l'attività principale) sostituisce, a seguito della riscrittura dell'art. 2135 c.c. da parte del D.lgs. 18 maggio 2001, n. 228, il criterio della **normalità** previsto dal codice del 1942, secondo cui l'imprenditore restava agricolo se avesse svolto attività connesse che avrebbero rientrato "*nell'esercizio normale dell'agricoltura*".

C) L'imprenditore agricolo professionale

L'art. 1. D.lgs. 29 marzo 2004, n. 99 definisce imprenditore agricolo professionale colui il quale, in possesso di conoscenze e competenze professionali ai sensi dell'art. 5, Reg. (CE) n. 1257/1999 del Consiglio del 17 maggio 1999, dedichi alle attività agricole di cui all'art. 2135 c.c., direttamente o in qualità di socio di società, almeno il cinquanta per cento del proprio tempo di lavoro complessivo e che ricavi dalle attività medesime almeno il cinquanta per cento del proprio reddito globale da lavoro. Analogamente, l'art. 4 del medesimo decreto, introduce la figura della società agricola, ossia della società che ha per oggetto sociale esclusivo le attività di cui all'art. 2135 c.c.

In più occasioni la giurisprudenza di merito ha rammentato che entrambe le qualifiche (imprenditore agricolo professionale o società agricola) hanno rilievo al solo fine di consentire al titolare di fruire di provvidenze di natura fiscale, previdenziale e assistenziale. In tal senso, le norme speciali che, in vista di particolari scopi, considerano determinate attività d'impresa come agricole anziché commerciali, non incidono sulla qualificazione di un'attività d'impresa come commerciale o agricola. La natura giuridica dell'attività d'impresa espletata deve essere desunta esclusivamente dalle norme del codice civile che definiscono i due tipi di impresa.

2.2. L'imprenditore commerciale.

Ai sensi dell'art. 2195 c.c., è imprenditore commerciale colui che esercita:

- «*un'attività* **industriale** *diretta alla produzione di beni o servizi*»;
- «*un'attività* **intermediaria** *nella circolazione dei beni*»;
- «*un'attività di* **trasporto**», per terra, per acqua o per aria;
- «*un'attività* **bancaria**», volta alla raccolta del risparmio e all'erogazione del credito;
- «*un'attività* **assicurativa**»;
- «*altre attività ausiliarie delle precedenti*».

La circostanza che l'art. 2195 c.c. individui positivamente ed analiticamente quali attività debbano ritenersi commerciali, così come l'art. 2135 c.c. fa, sempre con riguardo alla natura dell'attività svolta, per l'imprenditore agricolo, ha indotto parte minoritaria della dottrina ad ammettere la configurabilità di attività che, pur essendo qualificabili come d'impresa ai sensi dell'art. 2082 c.c., non risultino comprese in quelle due definizioni positive; ciò che darebbe luogo ad un *tertium genus* di impresa (quanto alla natura dell'attività svolta): la c.d. **impresa civile**.

Questi, in sostanza, i termini del dibattito dottrinale:

- secondo un primo orientamento, invero minoritario, il concetto di attività «industriale» dovrebbe essere inteso secondo quella che è l'**accezione** corrente e, soprattutto, **economica** del termine «**industriale**». Di conseguenza, **sarebbe tale soltanto l'attività** che, **mediante l'utilizzo di** *materie prime*, **realizza un** *nuovo bene*, **attraverso la** *trasformazione* **delle stesse.** Non sarebbero pertanto ricomprese nella categoria in esame le c.d. imprese civili quali aventi ad oggetto, ad esempio l'attività di estrazione mineraria o le imprese di caccia o di pesca, non agricole ma prive anche del requisito "commerciale" della industrialità. Le **conseguenze applicative** di tale tesi sarebbero significative, derivandone la

> sottrazione di un gran numero di imprese, oltre a quelle piccole o agricole, all'applicazione dello statuto dell'imprenditore commerciale, ed in particolare alle procedure concorsuali e all'obbligo di iscrizione nel registro delle imprese. (OPPO, RIVOLTA, SALIS, SPADA, VALERI);
> - secondo il prevalente orientamento dottrinale, invece, in considerazione della gravità delle conseguenze, nel nostro ordinamento non vi sarebbe spazio per l'«impresa civile»; la distinzione degli imprenditori in ragione dell'oggetto dell'attività esercitata si esaurisce nella contrapposizione tra «impresa agricola» ed «impresa commerciale». Ne deriva che **tutte le attività esercitate in forma d'impresa** (secondo, cioè, i parametri dell'art. 2082 c.c.), **ove non siano «agricole»** (secondo i parametri dell'art. 2135 c.c.), **sono necessariamente commerciali, ai sensi dell'art. 2195 c.c.** (BONFANTE, BUONOCORE CAMPOBASSO, COTTINO, GRAZIANI).

3. La distinzione basata sulla dimensione dell'attività esercitata: il piccolo imprenditore e l'imprenditore medio-grande.

In ragione del criterio *dimensionale*, occorre distinguere il *piccolo imprenditore* dall'*imprenditore medio-grande*.
Il codice civile, all'art. 2083 c.c., definisce e perimetra la nozione di «piccolo imprenditore»; in via residuale va individuata l'impresa medio-grande. È tale, quindi, l'impresa commerciale non piccola, secondo i parametri fissati dall'art. 2083 c.c.
Il fine di tali distinzioni è quello di favorire talune categorie, come quella dell'imprenditore agricolo o del piccolo imprenditore, evitando l'applicazione di talune norme che, invece, si applicano all'imprenditore commerciale non piccolo. In particolare, il piccolo imprenditore (anche commerciale):

> - non è obbligato alla tenuta delle scritture contabili (art. 2214, comma 3, c.c.);
> - non era assoggettato, in caso di insolvenza, alle procedure concorsuali (art. 2221 c.c.) (ma sul punto, *infra*, par. 3.1.);
> - è tenuto all'iscrizione nel Registro delle Imprese, ma soltanto con funzione di pubblicità notizia (legge 29 dicembre 1993, n. 580).

3.1. Il piccolo imprenditore, tra codice civile e legge fallimentare. L'impatto delle recenti riforme.

L'art. 2083 c.c. stabilisce che «*Sono piccoli imprenditori i coltivatori diretti del fondo, gli artigiani, i piccoli commercianti e coloro che esercitano un'attività professionale organizzata prevalentemente con il lavoro proprio e dei componenti della famiglia*».
La categoria del piccolo imprenditore è, quindi, **una categoria aperta**, volta a ricomprendere non solo le tre categorie professionali specificamente indicate dalla norma, ma anche tutte le altre attività imprenditoriali caratterizzate da:

- la **prestazione del lavoro proprio**, da parte dell'imprenditore;
- la **prestazione**, **eventualmente**, anche del lavoro **dei componenti della famiglia dell'imprenditore**;
- la **prevalenza del lavoro dell'imprenditore** e, eventualmente, di quello dei suoi familiari, sugli altri fattori produttivi (capitale e lavoro altrui);

La prevalenza del lavoro personale richiesta dall'art. 2083 c.c. deve essere tale da rendere il lavoro del piccolo imprenditore (e, eventualmente, quello dei suoi familiari), il connotato essenziale dell'impresa: si tratta, quindi, di una **prevalenza** intesa in senso **qualitativo-funzionale**, **non** in senso **quantitativo** e **numerico**. La nozione codicistica di piccolo imprenditore, fondata su una prevalenza qualitativa del lavoro proprio e familiare, fino ad un recente passato doveva essere coordinata con una diversa nozione di piccolo imprenditore, fornita dalla legge fallimentare e fondata su criteri differenti rispetto a quelli utilizzati dal codice civile.
Ai fini della legge fallimentare (R.D. 16 marzo 1942, n. 267), il **piccolo imprenditore** andava **individuato**, anche in seguito alla riforma delle procedure concorsuali – operata con D.lgs. 9 gennaio 2006, n. 5 – in ragione di specifici **criteri quantitativi e reddituali**.
Il problema del coordinamento delle due definizioni di «piccolo imprenditore» è stato eliminato dal D.lgs. 12 settembre 2007, n. 169, che ha nuovamente riformato la legge fallimentare, eliminando dalla stessa ogni riferimento al piccolo imprenditore.
In conclusione, l'unica definizione di piccolo imprenditore oggi contemplata dal nostro ordinamento è quella dettata dall'art. 2083 c.c.

3.2. Le figure tipizzate dall'art. 2083 c.c. ed, in particolare, l'impresa artigiana.

L'art. 2083 c.c. prevede specificamente tre categorie di «piccoli imprenditori»: il coltivatore diretto, il piccolo commerciante e l'artigiano.
Il **coltivatore diretto**, ai sensi dell'art. 1647 c.c., è colui che coltiva un fondo con il lavoro prevalentemente proprio o di persone della propria famiglia; il **piccolo commerciante** è colui che svolge attività d'intermediazione nella circolazione dei beni avvalendosi del lavoro prevalentemente proprio o familiare.
La categoria del piccolo imprenditore **artigiano** è la più rilevante tra quelle specificamente tipizzate dall'art. 2083 c.c.
In particolare, occorre precisare che la figura dell'artigiano è espressamente disciplinata dalla Legge 8 agosto 1985, n. 443 (*Legge quadro per l'artigianato*) che prevede, a fronte dell'iscrizione dell'impresa artigiana all'apposito albo, l'attribuzione delle provvidenze economiche previste dalla legislazione (regionale) di sostegno.
La legge speciale, ai fini della definizione dell'artigiano e dell'impresa artigiana, che ai sensi dell'art. 3 può essere svolta anche da società (purché non da società per azioni e società in accomandita per azioni) e sempreché la maggioranza dei soci eserciti la propria attività nel rispetto dei requisiti previsti dall'art. 2), detta criteri sensibilmente differenti rispetto a quelli previsti dall'art. 2083 c.c.
In particolare:

- è necessario che il lavoro dell'artigiano, *anche* manuale, sia prestato in misura prevalente nel processo produttivo, mentre **non è necessaria la prevalenza del lavoro proprio** dell'artigiano sugli altri fattori produttivi (art. 2);
- **è possibile che l'impresa lavori in serie**, purché il processo produttivo non sia del tutto automatizzato (art. 4, comma 1, lett. b);
- è ammessa «*la prestazione d'opera di personale dipendente diretto personalmente dall'imprenditore artigiano*», purché contenuta entro limiti dimensionali fissati dalla stessa legge (art. 4, comma 1).

Occorre, tuttavia, evidenziare che i criteri utilizzati dalla Legge n. 443/1985 sono finalizzati a definire la natura artigiana di un'impresa esclusivamente ai fini dell'ammissione alle provvidenze economiche.
Tali criteri, pertanto, non si sovrappongono alla definizione codicistica prevista dall'art. 2083 c.c. con la conseguenza che soltanto a quest'ultima occorre

far riferimento al fine di comprendere se un artigiano possa o meno essere ricompreso nella categoria dei piccoli imprenditori, con tutte le conseguenze che ne derivano in termini di disciplina. Da ciò deriva che,

4. La distinzione basata sulla natura del soggetto che esercita l'attività d'impresa.

La **natura** del soggetto che esercita l'attività d'impresa consente di tracciare, all'interno dell'unico *genus* «Imprenditore», due ulteriori categorizzazioni.
In particolare, a seconda dell'esercizio, singolo o da parte di più soggetti, dell'attività imprenditoriale, occorre distinguere tra **impresa individuale ed impresa collettiva**. L'impresa individuale tende a coincidere con la persona fisica dell'imprenditore, mentre l'impresa collettiva si sostanzia nell'esercizio associato, da parte di più persone, di attività d'impresa.
Si sottolinea che il **Codice della Crisi di Impresa e dell'Insolvenza** (D.lgs. 12 gennaio 2019 n. 14, pubblicato in G.U. il 14 febbraio 2019) ha novellato l'art. 2086 c.c., ora rubricato *"Gestione dell'impresa"*, stabilendo che *"L'imprenditore, che operi in forma societaria o collettiva, ha il dovere di istituire un assetto organizzativo, amministrativo e contabile adeguato alla natura e alle dimensioni dell'impresa, anche in funzione della rilevazione tempestiva della crisi dell'impresa e della perdita della continuità aziendale, nonché di attivarsi senza indugio per l'adozione e l'attuazione di uno degli strumenti previsti dall'ordinamento per il superamento della crisi e il recupero della continuità aziendale"*.
Tale disposizione è tratta da un principio già presente in materia di S.p.A., secondo cui l'organo amministrativo deve valutare l'adeguatezza dell'assetto organizzativo amministrativo e contabile dell'impresa e l'organo delegato ne deve curare l'adeguatezza (cfr. art. 2381, terzo e quinto comma, c.c.). Con la riforma, tali doveri vengono estesi a tutti le società (incluse le società di persone) e viene specificato l'obbligo dell'organo amministrativo (già implicito) di attivarsi per la rilevazione tempestiva della crisi e l'adozione degli strumenti previsti dall'ordinamento per il suo superamento.
Il nostro ordinamento disciplina le società quali forme tipiche di *«esercizio in comune di attività economica»* (art. 2247 c.c. Sulla tipologia delle società e sulla relativa disciplina, *infra*, Parte II, Cap. I). Inoltre, a seconda della natura – privatistica o pubblicistica – dell'imprenditore, è possibile distinguere **l'impresa privata e l'impresa pubblica**.
Con specifico riferimento all'impresa pubblica, va evidenziato che l'intervento

dello Stato nel sistema economico può realizzarsi in tre diverse forme: l'azienda autonoma, l'ente pubblico economico e l'azionariato di Stato.
La più tradizionale e risalente forma di intervento pubblico nell'economia è rappresentata dall'**azienda autonoma**.
Si tratta di un'«impresa» che svolge un'attività secondaria rispetto a quella dello Stato o degli altri enti pubblici territoriali che la costituiscono, e servente rispetto agli scopi ed ai fini istituzionalmente perseguiti da questi stessi.
Tali aziende, pur dotate di ampi margini di autonomia finanziaria, contabile, organizzativa e gestionale, sono prive di autonoma soggettività giuridica ed operano, invece, come organo dell'amministrazione di appartenenza.
Le stesse, pertanto, non assumono in proprio il rischio d'impresa, dal momento che è la stessa amministrazione alla quale fanno capo a ripianarne i bilanci.
Per quanto specificamente concerne il regime giuridico delle imprese-organo, si rileva che:

- secondo quanto disposto dall'art. 2093 c.c., risulta applicabile la disciplina generale dell'impresa e quella dell'imprenditore commerciale, «*salve le diverse disposizioni di legge*»;
- proprio con riferimento alle disposizioni normative derogatorie rispetto allo statuto dell'imprenditore, non è obbligatoria l'iscrizione nel Registro delle Imprese (*ex* art. 2201 c.c.) e non è prevista l'operatività, in caso di insolvenza, della disciplina fallimentare (*ex* art. 2221 c.c.).

Gli **enti pubblici economici** sono quegli enti che, analogamente ad un comune imprenditore, operano nel campo della produzione o dello scambio di beni e servizi e che hanno come fine, prevalente o esclusivo, lo svolgimento di un'attività economica. Non è necessario che gli E.P.E. perseguano uno scopo di lucro, ma è essenziale che gli stessi operino con metodo economico e, quindi, che assicurino la copertura dei costi sostenuti con i ricavi derivanti dalle prestazioni erogate. Con specifico riferimento al regime giuridico cui sono assoggettati tali enti, occorre rilevare che:

- operano in regime di **concorrenza** con le imprese private;
- agiscono in **regime di diritto privato**, stipulando con l'utenza i contratti disciplinati dal codice civile;
- sono soggetti all'**iscrizione nel registro delle imprese**, ai sensi dell'art. 2201 c.c.;
- in caso di insolvenza, in ragione della peculiare natura pubbli-

cistica, sono sottoposti alla **liquidazione coatta amministrativa** o alle **altre procedure** previste dalle leggi speciali, mentre non possono essere assoggettati al fallimento ed al concordato preventivo, per espressa disposizione di legge (artt. 2221 c.c. e art. 1 l. fall.).

Gli E.P.E., in sintesi, sono assoggettati allo Statuto generale dell'imprenditore e, se l'attività svolta è commerciale, anche allo Statuto dell'imprenditore commerciale, eccezion fatta per la sottoposizione al fallimento.

Quanto, infine, alle **società di capitali a partecipazione dello Stato o di altri enti pubblici**, si tratta di un fenomeno assai variegato e complesso, retto in linea di massima dal principio per cui – pur se in presenza di numerose deroghe – la disciplina comune della società deve applicarsi anche alle società con partecipazione dello Stato o di enti pubblici senza eccezioni, salvo che norme speciali non dispongano diversamente (così, la Relazione al Codice civile del 1942).

Il **D.lgs. 19 agosto 2016, n. 175** (Testo unico in materia di società a partecipazione pubblica) stabilisce all'art. 1, comma 3, che *"per tutto quanto non derogato dalle disposizioni del presente decreto, si applicano alle società a partecipazione pubblica le norme sulle società contenute nel codice civile e le norme generali di diritto privato"* e detta un'ampia disciplina che tocca numerosi aspetti, quali, a titolo esemplificativo: l'individuazione dei tipi di società che possono essere partecipate dallo Stato o dagli enti pubblici (cfr. l'art. 3, che individua le società, anche consortili, costituite in forma di società per azioni o di società a responsabilità limitata, anche in forma cooperativa); le finalità che possono essere perseguite dai poteri pubblici mediante la partecipazione in società; i principi fondamentali in tema di organizzazione e gestione, nonché di gestione e alienazione delle partecipazioni; le regole che presiedono al funzionamento degli organi amministrativi e di controllo, nonché alla disciplina della responsabilità dei loro componenti; la soggezione a fallimento e ad altre procedure concorsuali (affermata, a chiare lettere, oggi, dal comma 1 dell'art. 14, superando così i dubbi manifestati in passato da una parte della giurisprudenza, la quale, nel silenzio della legge, aveva ritenuto si potesse applicare analogicamente alle società a partecipazione pubblica l'esenzione dal fallimento viceversa prevista espressamente dall'art. 2221 c.c. per gli enti pubblici economici).

▸ LA GIURISPRUDENZA PIÙ SIGNIFICATIVA
LA NATURA DELLA RESPONSABILITÀ DEGLI AMMINISTRATORI DI UNA SOCIETÀ *IN HOUSE.*

Le Sezioni Unite (Sez. U, n. 19676/2016) hanno affermato che la controversia riguardante l'impugnazione della deliberazione della giunta comunale, recante la nomina del rappresentante del comune nel consiglio di amministrazione di una s.p.a. interamente partecipata da enti locali, appartiene alla giurisdizione del giudice ordinario, stante la natura di diritto soggettivo della posizione coinvolta oggetto di contestazione e l'assenza di una specifica attribuzione al giudice amministrativo, per tale fattispecie, di una giurisdizione su diritti. Sempre le Sezioni Unite hanno precisato che non è configurabile la responsabilità contabile degli amministratori nei confronti delle società in *house* per l'assenza di un rapporto di servizio con gli enti pubblici azionisti, risolvendosi il pregiudizio patrimoniale derivante dall'eventuale loro *mala gestio* in un *vulnus* gravante, in via diretta, solo sul patrimonio della società stessa, soggetta a regole privatistiche e dotata di autonoma e distinta personalità giuridica rispetto ai soci, mentre è ipotizzabile a carico dei sindaci dei comuni stessi che non abbiano esercitato i poteri ed i diritti spettanti al socio pubblico al fine di indirizzare correttamente l'azione degli organi sociali o di reagire opportunamente ai loro illeciti, in relazione ai quali non vale la distinzione tra danno diretto ed indiretto per l'ente locale, occorrendo fare riferimento al danno concretamente imputabile agli enti di cui sono rappresentanti (Sez. U, n. 21692/2016).

5. L'impresa familiare.

La riforma del diritto di famiglia, del 1975, ha introdotto nel nostro ordinamento, all'art. 230-*bis* c.c., un istituto di grande rilevanza: l'impresa familiare. Tale istituto ha **natura suppletiva e residuale**, in quanto finalizzato ad **apprestare una tutela minima ed inderogabile a quei rapporti che si svolgono all'interno di un aggregato familiare e che non siano direttamente riconducibili ad uno specifico rapporto giuridico**, quale quello, ad esempio, di lavoro subordinato, di associazione in partecipazione, di società. I familiari presi in considerazione dall'art. 230-*bis* c.c. sono il coniuge, i parenti entro il terzo grado e gli affini entro il secondo grado dell'imprenditore.
A costoro, ricorrendo i presupposti richiesti dalla norma, vengono riconosciuti una serie di diritti patrimoniali e gestori. Ai fini della *costituzione* di un'impresa familiare è sufficiente il fatto giuridico dell'esercizio continuativo di attività economica da parte di un gruppo familiare.
Il familiare che presta la sua **attività di lavoro** in modo **continuativo** (nel senso di attività non saltuaria, ma regolare e costante, anche se non a tempo pieno) nella famiglia o nell'impresa familiare ha *diritto*:

- al **mantenimento**, proporzionato alla condizione patrimoniale della famiglia;
- alla **partecipazione agli utili** dell'impresa familiare e ai beni acquistati con essi, nonché agli incrementi dell'azienda, in proporzione alla quantità ed alla quantità del lavoro prestato;
- alla **liquidazione del diritto di partecipazione** spettante nell'impresa, in caso di cessazione della prestazione lavorativa e in caso di alienazione dell'azienda. Sul punto, si evidenzia che il diritto di partecipazione in questione non è liberamente cedibile a meno che non sia ceduto a uno dei soggetti che potrebbero partecipare all'impresa e col consenso di tutti gli altri partecipanti;
- alla **prelazione** sull'azienda, in caso di divisione ereditaria o di trasferimento d'azienda;
- all'esercizio di **poteri gestori**, quali il diritto di voto, spettante a ciascun familiare, nelle decisioni – che devono essere adottate a maggioranza (cfr. art. 230-*bis*, comma 1 c.c.; per il trasferimento della partecipazione ad altri familiari il comma 3 stabilisce invece la regola dell'unanimità) – relative all'amministrazione straordinaria dell'impresa, agli indirizzi produttivi, all'impiego degli utili, agli incrementi e alla cessazione dell'impresa.

Nonostante la rilevanza dei diritti attribuiti ai familiari, l'impresa familiare conserva, secondo l'opinione maggioritaria in dottrina e in giurisprudenza (da ultimo, Cass., 13 ottobre 2015, n. 20552), **natura individuale e non collettiva**: i diritti dei familiari operano esclusivamente sotto un profilo interno, nei confronti dell'imprenditore (BONFANTE-COTTINO, CAMPOBASSO; *contra* BIANCA, GRAZIANI). **Soltanto a quest'ultimo, che ha la gestione ordinaria dell'impresa, spetta la qualifica di imprenditore**. La natura individuale dell'impresa familiare, infine, consente di tracciare una netta linea di demarcazione tra l'istituto di cui all'art. 230-*bis* e **l'azienda cogestita dai coniugi in regime di comunione legale**, ai sensi dell'art. 177 c.c.

In quest'ultimo caso, infatti, **entrambi i coniugi assumono la qualifica di imprenditore** (con tutte le conseguenze che ne derivano) e la collaborazione si realizza, appunto, attraverso la gestione comune dell'impresa.

6. Lo svolgimento di attività imprenditoriale da parte di associazioni e fondazioni.

Anche le associazioni, le fondazioni e, in generale, le organizzazioni private che operano a fini solidaristici o ideali (fornendo, ad esempio, servizi assistenziali o culturali) possono svolgere un'attività d'impresa, con conseguente assoggettamento allo Statuto dell'Imprenditore.

Ai fini del riconoscimento della qualifica di «imprenditore» non è necessario, secondo l'opinione dottrinale e giurisprudenziale maggioritaria, agire nel perseguimento di uno scopo di lucro (sicuramente assente nel caso degli enti *no profit*), essendo sufficiente condurre la gestione con «**metodo economico**», atto cioè ad assicurare la copertura dei costi sostenuti con i ricavi dell'attività realizzata.

Inoltre, anche le associazioni e le fondazioni possono agire nel perseguimento di uno scopo lucrativo; si pensi, ad esempio, ad un'associazione che organizza, a pagamento, spettacoli teatrali.

Ciò che è incompatibile con l'attività propria delle associazioni, infatti, non è il perseguimento di un **lucro oggettivo**, inteso come ricavo di un profitto dall'attività esercitata, bensì il **lucro soggettivo**, inteso come ripartizione degli utili tra gli associati.

Ed allora, *nulla quaestio* ove l'eventuale profitto ricavato dall'associazione, a fronte dello svolgimento di un'attività imprenditoriale, venga «reinvestito», utilizzato cioè per il miglior perseguimento dei fini propri dell'associazione stessa. Analoghe considerazioni valgono per l'attività delle fondazioni.

Ciò premesso, ci si chiede in quale «misura» debba essere svolta attività d'impresa dalle associazioni, dalle fondazioni o, in generale, dagli enti *no profit* affinché gli stessi possano assumere la qualifica di «Imprenditore» commerciale, con tutte le conseguenze che ne derivano.

Se l'esercizio di **attività imprenditoriale e commerciale** da parte di tali enti, ancorché finalizzato al perseguimento di specifici scopi istituzionali, costituisce l'**oggetto esclusivo o principale dell'attività esercitata**, dottrina e giurisprudenza pacificamente riconoscono la qualifica di imprenditore commerciale agli enti in questione, anche ove si tratti di associazioni non riconosciute, con il conseguente assoggettamento, ove ne ricorrano i presupposti, non solo allo Statuto dell'imprenditore in generale, ma anche a quello dell'imprenditore commerciale. Tali enti, quindi, saranno obbligati all'iscrizione nel registro delle imprese, alla tenuta delle scritture contabili e saranno assoggettati al fallimento, in caso di insolvenza.

- Parte della dottrina ritiene che debba pervenirsi ad analoghe conclusioni anche per il caso in cui tali enti svolgano un'**attività imprenditoriale e commerciale in via soltanto accessoria e strumentale** rispetto all'attività principale (CAMPOBASSO).
- Tale soluzione, tuttavia, è avversata da un diverso orientamento

secondo cui, in analogia a quanto disposto dall'art. 2201 c.c. per gli enti pubblici, l'iscrizione nel registro delle imprese (e, di conseguenza, la sottoposizione all'intero Statuto dell'imprenditore commerciale) è necessaria soltanto quando oggetto principale o esclusivo dell'attività svolta sia, appunto, un'attività commerciale (GALGANO). Secondo tale impostazione, quindi, ove l'attività imprenditoriale e commerciale non sia svolta dagli enti in via principale, gli stessi saranno assoggettati soltanto allo Statuto dell'Imprenditore in generale, ma non a quello dell'Imprenditore commerciale.

7. L'impresa sociale. Il Codice del Terzo settore.

Ai sensi dell'art. 118, comma 5, Cost. «*Stato. Regioni, Città Metropolitane, Province e Comuni favoriscono l'autonoma iniziativa dei* **cittadini**, *singoli o* **associati**, *per lo svolgimento di* **attività di interesse generale**, *sulla base del principio di sussidiarietà*». In questa norma e, quindi, nella «sussidiarietà orizzontale», va rinvenuta l'esigenza di predisporre legislativamente una specifica forma giuridica volta a favorire l'attività di organizzazioni di diritto privato, con forma imprenditoriale, preordinate al perseguimento di finalità sociali. Il D.lgs. 24 marzo 2006, n. 155, in attuazione della Legge delega, n. 118 del 2005, ha introdotto la nuova disciplina dell'impresa sociale, nella quale viene consacrato il riconoscimento della qualifica imprenditoriale, in capo a soggetti di diritto privato, anche in assenza di uno scopo lucrativo.
La disciplina dell'impresa sociale è stata modificata e ricondotta ad organicità dal D.lgs. n. 112/2017 – **Codice del Terzo Settore**, emanato in attuazione della legge delega 106/2016. Per Terzo settore si intende il complesso degli enti privati costituti con finalità civiche, solidaristiche e di utilità sociale che, senza scopo di lucro, promuovono o realizzano attività di interesse generale, mediante forme di azione volontaria e gratuita o di mutualità o di produzione e scambio di beni e servizi, in coerenza con le finalità stabilite nei rispettivi statuti o atti costitutivi.
L'**impresa sociale**, infatti, è un'impresa che:
1. in **settori di grande rilevanza sociale**, indicati dall'art. 5 del D.lgs. 112/2017 (quali, ad esempio, l'assistenza sociale e sanitaria, la tutela dell'ambiente, l'istruzione ed ampliati rispetto alla normativa previgente), «esercita in via stabile e principale un'attività economica organizzata al fine della produzione o dello scambio di beni e servizi di utilità sociale» (art. 5, comma 1, D.lgs. 112/2017);

Giova evidenziare che proprio il carattere stabile dell'attività imprenditoriale svolta vale a distinguere l'impresa sociale dalla generica categoria dell'ente no profit. Inoltre, il carattere principale dell'attività di impresa di interesse generale è soddisfatto quando generi almeno il 70% dei ricavi complessivi;

2. **agisce senza scopo di lucro**. È vietata qualsiasi distribuzione, anche indiretta, degli utili conseguiti che, invece, vanno destinati allo svolgimento dell'attività statutaria o ad incremento del patrimonio. La nuova disciplina, invero, consente che le imprese costituite in forma di società possano destinare parte degli utili (fino ad un massimo del 50%) per aumentare gratuitamente il capitale sociale o distribuire dividendi ai soci. Inoltre, sempre entro il suddetto limite del 50%, è oggi ammessa la possibilità per le imprese sociali di deliberare erogazioni gratuite finalizzate alla promozione di specifici progetti di utilità sociale, in favore di enti del Terzo settore diversi dalle imprese sociali, che non siano fondatori, associati, soci dell'impresa sociale o società controllate.

Proprio in ragione della finalità di interesse generale perseguita e dell'assoluta assenza di interessi lucrativi, il legislatore ha inteso assicurare una serie di **«privilegi» in termini di disciplina** e, in specie, di responsabilità patrimoniale, all'impresa sociale, qualsiasi sia la forma assunta dalla stessa.

Possono conseguire, infatti, la qualifica di imprese sociali tutte «le organizzazioni private, ivi compresi gli enti di cui al libro V del c.c.» (art. 4, comma 1, d.lgs. 112/2017).

Si tratta, quindi, di:

- associazioni, riconosciute o meno, fondazioni e comitati;
- società, di persone e di capitali, cooperative e consorzi.

Viceversa, non possono assumere tale forma «Le amministrazioni pubbliche di cui all'art. 1, comma 2, del d.lgs. 30 marzo 2001, n, 16, e successive modificazioni, e le organizzazioni i cui atti costitutivi limitino, anche indirettamente, le erogazioni dei beni e dei servizi in favore dei soli soci, associati o partecipi» (art. 4, comma 2, d.lgs. 112/2017).

Ebbene, qualsiasi sia la forma assunta dall'ente del Terzo settore, proprio in ragione della meritevolezza dello scopo perseguito e dell'utilità sociale dell'attività svolta, **il legislatore ne limita sempre la responsabilità patrimoniale**, quand'anche l'impresa sia costituita in una forma che implicherebbe la responsabilità personale e illimitata dei partecipanti come, ad esempio, una società in nome collettivo.

Tali enti devono essere **costituiti con atto pubblico**, che dovrà indicare espressamente l'oggetto sociale e l'assenza dello scopo di lucro. L'atto costitutivo deve essere depositato entro 30 giorni, a cura del notaio e degli amministratori, presso l'ufficio del registro delle imprese nella cui circoscrizione è stabilita la sede legale dell'impresa, per la registrazione in apposita sezione.

Dal momento della iscrizione nella apposita sezione del Registro delle Imprese, delle obbligazioni assunte risponde solo l'organizzazione col suo patrimonio, purché superi i ventimila euro.

Ove il patrimonio diminuisca di oltre un terzo, delle obbligazioni risponderanno personalmente e solidalmente anche coloro che hanno agito in nome e per conto dell'impresa.

La maggioranza dei componenti delle cariche sociali non può essere riservata a soggetti esterni all'organizzazione dell'impresa sociale.

Per le imprese sociali maggiormente rilevanti e di maggiori dimensioni è prevista la nomina di uno o più sindaci che vigilano sulla osservanza della legge e dello statuto e sul rispetto dei principi di corretta amministrazione, adeguatezza dell'assetto organizzativo, amministrativo e contabile.

La connotazione «sociale» della tipologia imprenditoriale in esame determina, inoltre, delle **deviazioni rispetto allo Statuto dell'imprenditore commerciale**.

Fermo, infatti, al pari di qualsiasi altro imprenditore commerciale, l'obbligo della regolare tenuta delle scritture contabili, a differenza degli imprenditori commerciali, l'impresa sociale:
- è tenuta non alla generica iscrizione nel registro delle imprese, bensì all'iscrizione in un apposito albo;
- in caso di insolvenza non è assoggettata al fallimento, bensì alla liquidazione coatta amministrativa.

SCHEDA DI SINTESI

L'**imprenditore** è colui che «*esercita professionalmente un'attività economica organizzata al fine della produzione o dello scambio di beni o di servizi*».
I requisiti che qualificano l'imprenditore vanno rinvenuti:
- nell'esercizio di un'attività finalizzata alla produzione o allo scambio di beni o di servizi, ossia nell'esercizio di un'**attività produttiva**;
- nell'esercizio di un'attività **economica**;
- nella **professionalità** di tale attività;
- nell'**organizzazione** dei fattori produttivi.

L'acquisto della qualità di imprenditore va verificata in ragione del **principio dell'effettività**: **l'inizio dell'impresa coincide perciò con l'inizio effettivo dell'attività**, cioè con l'effettivo esercizio di un'attività economica organizzata.
Anche la perdita della qualità d'imprenditore, al pari dell'acquisto della stessa, è **informata al principio di effettività**.
La cancellazione da albi o registri, o la stessa cancellazione dal registro delle imprese, pur costituendone indici presuntivi, non sono sufficienti a segnare la **fine dell'impresa**, che coincide, invece, **con l'effettiva e definitiva cessazione della relativa attività**.
In ragione **dell'oggetto** dell'attività imprenditoriale è possibile tracciare la linea di confine tra **imprenditore agricolo** (2135 c.c.) e **imprenditore commerciale** (2195 c.c.).
In ragione del criterio *dimensionale*, occorre distinguere il *piccolo imprenditore* dall'*imprenditore medio-grande*.
Il codice civile, all'art. 2083 c.c., definisce e perimetra la nozione di «piccolo imprenditore»; in via residuale va individuata l'impresa medio-grande. È tale, quindi, l'impresa commerciale non piccola, secondo i parametri fissati dall'art. 2083 c.c.
Soltanto all'impresa commerciale non piccola si applica lo Statuto dell'Imprenditore commerciale.
L'impresa familiare, invece, ha **natura suppletiva e residuale**, in quanto finalizzata ad **apprestare una tutela minima ed inderogabile a quei rapporti che si svolgono all'interno di un aggregato familiare e che non siano direttamente riconducibili ad uno specifico rapporto giuridico**, quale quello, ad esempio, di lavoro subordinato, di associazione in partecipazione, di società.

QUESTIONARIO

1. Quali sono le caratteristiche tipiche dell'attività imprenditoriale? (**Sez. I, 2**)
2. L'impresa può avere per oggetto un unico affare? (**Sez. I, 2.3**)
3. Ai fini dell'attribuzione della qualifica imprenditoriale, è necessario lo scopo di lucro? (**Sez. I, 2.2.**)
4. Qual è il *discrimen* tra l'attività imprenditoriale ed il lavoro autonomo? (**Sez. I, 2.4.**)
5. È configurabile, nel nostro ordinamento, l'impresa «illecita»? E l'impresa «per conto proprio»? (**Sez. I, 3**)
6. Come si identificano l'inizio e la fine dell'impresa? (**Sez. II, 1**)
7. Quali sono i requisiti di capacità necessari ai fini dell'acquisto della qualità d'imprenditore? (**Sez. II, 2**)
8. Cosa si intende per "principio della spendita del nome" e chi è il prestanome? (**Sez. II, 3**)
9. L'imprenditore occulto può fallire? (**Sez. II, 3**)
10. L'attività di artigianato può essere svolta in forma societaria? (**Sez. III, 2.1**)
11. L'attività agricola può svolgersi in forma societaria? (**Sez. II, 3.2**)
12. In che cosa consistono le attività agricole per connessione? (**Sez. III, 2.1.**)

13. In cosa consiste l'impresa agricola professionale?
14. Quali sono le attività che consentono di affermare il carattere commerciale dell'attività d'impresa? (**Sez. III, 2.2.**)
15. In considerazione dell'oggetto dell'attività imprenditoriale, è configurabile un *tertium genus* d'impresa, diversa da quella agricola e commerciale? (**Sez. III, 2.2.**)
16. Quante nozioni di piccolo imprenditore è possibile enucleare all'interno del nostro ordinamento? Esiste il piccolo imprenditore agricolo? (**Sez. III, 3.1.**)
17. A quali condizioni un soggetto rientra nella definizione di piccolo imprenditore tracciata dall'art. 2083 c.c.? (**Sez. III, 3.1.**)
18. Il piccolo imprenditore, oggi, può fallire? (**Sez. III, 3.1.**)
19. Quale rapporto intercorre tra la L. 443/1985 e l'art. 2083 c.c., ai fini della definizione dell'artigiano? (**Sez. III, 3.2.**)
20. Qual è la funzione dell'istituto dell'impresa familiare, disciplinata dall'art. 230 bis c.c. e quali sono i soggetti che possono parteciparvi? (**Sez. III, 5**)
21. Il diritto di partecipazione all'impresa familiare è cedibile? (**Sez. III, 5**)
22. Le associazioni e le fondazioni possono svo lgere attività imprenditoriale? (**Sez. III, 6**)
23. Quali sono le forme attraverso le quali lo Stato e gli enti pubblici possono realizzare un intervento nell'economia? (**Sez. III, 4**)
24. Che cos'è l'impresa sociale? (**Sez. III, 7**)

MAPPA CONCETTUALE

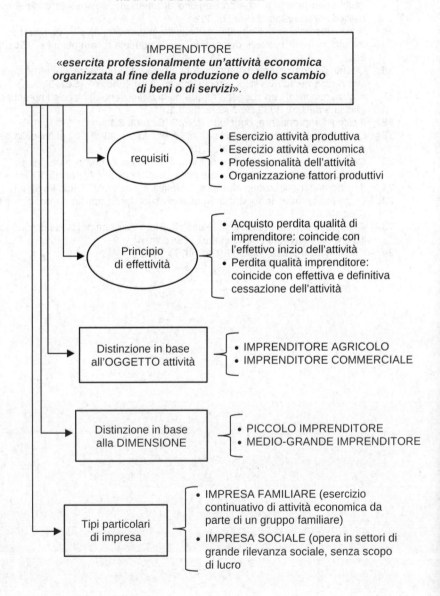

Capitolo II
Lo «statuto dell'imprenditore commerciale»

Sommario:
1. Lo statuto dell'imprenditore commerciale. Premessa. – **2.** La pubblicità delle imprese commerciali. Il registro delle imprese: nozione, soggetti obbligati e procedimento d'iscrizione. – **2.1.** L'efficacia dell'iscrizione. Dall'originario progetto codicistico all'attuale assetto normativo. – **3.** Gli ausiliari dell'imprenditore. La rappresentanza commerciale. – **3.1.** Gli institori. – **3.2.** I procuratori. – **3.3.** I commessi. – **4.** Il sistema delle scritture contabili. Funzione ed ambito di applicazione *soggettivo* e *oggettivo*. – **4.1.** La tenuta delle scritture contabili e l'efficacia probatoria. – **4.2.** L'inadempimento degli obblighi di tenuta delle scritture contabili.

1. Lo Statuto dell'imprenditore commerciale. Premessa.

In ragione della rilevanza – soprattutto economica – dell'attività svolta dall'impresa commerciale, il legislatore ha predisposto soltanto per le imprese che svolgano una delle attività di cui all'art. 2195 c.c. uno specifico regime giuridico di cautele e di tutele.
Tale regime giuridico viene comunemente designato come lo «**Statuto dell'imprenditore commerciale**», da cui scaturiscono:

- **obblighi pubblicitari**, attuati attraverso l'iscrizione nel registro delle imprese;
- l'applicazione della disciplina della «**rappresentanza commerciale**»;
- obblighi di tenere le **scritture contabili**;
- l'assoggettabilità al **fallimento** ed alle **altre procedure concorsuali**.

2. La pubblicità delle imprese commerciali. Il registro delle imprese: nozione, soggetti obbligati e procedimento d'iscrizione.

Il registro delle imprese è l'istituto attraverso il quale le imprese assolvono

specifici **obblighi pubblicitari** imposti dalla legge, portando a conoscenza dei terzi i fatti più rilevanti per la vita dell'impresa. Tale registro è istituito presso le Camere di Commercio e sulla sua regolare tenuta vigila un giudice delegato dal Tribunale territorialmente competente (ovvero quello del capoluogo di provincia).
La **funzione** della **pubblicità legale**, attuata attraverso l'iscrizione nel registro delle imprese, è **duplice**. Tale iscrizione, da un lato, consente ai soggetti che entrano in contatto con un'impresa commerciale di disporre, relativamente a tale impresa, di **informazioni affidabili e non contestabili** (*funzione di pubblicità-notizia*); d'altro lato, attraverso l'assolvimento degli obblighi pubblicitari, l'imprenditore potrà **opporre ai terzi tutti i fatti che hanno costituito oggetto di iscrizione** (**funzione dichiarativa**), indipendentemente dall'effettiva conoscenza che i terzi abbiano avuto dei fatti iscritti.
Con specifico riferimento ai **soggetti obbligati alla registrazione**, occorre tener presente che il registro delle imprese è diviso in una sezione ordinaria ed in sezioni speciali. L'iscrizione nella **sezione ordinaria** è prescritta per:

- imprenditori commerciali non piccoli;
- società – ad eccezione delle società semplici – e cooperative, anche ove le stesse non svolgano attività commerciale;
- consorzi fra imprenditori, solo allorché gli stessi svolgano anche attività esterna, e società consortili;
- i gruppi europei di interesse economico con sede in Italia (GEIE);
- società estere che abbiano in Italia la sede legale o l'oggetto principale dell'attività esercitata;
- enti pubblici che abbiano per oggetto principale o esclusivo l'esercizio di un'attività commerciale.

L'iscrizione nella prima **sezione speciale** (non prevista nell'originario sistema codicistico, ma istituita dall'art. 8 della L. 580/1993) è imposta per:

- piccoli imprenditori;
- imprese agricole;
- società semplici.

Le ulteriori sezioni speciali sono dedicate alla pubblicità delle società tra professionisti, dei rapporti e dei legami societari all'interno di un «gruppo» e, infine, all'iscrizione delle imprese sociali.
Costituiscono **oggetto di registrazione** tutti i fatti e gli atti specificamente pre-

scritti dalla legge (artt. 2196, 2197, 2198 e 2200 c.c.) e relativi, sostanzialmente, ai dati che, da un lato, consentono l'individuazione dell'impresa e dell'imprenditore e, dall'altro, segnalano le più importanti modificazioni intervenute nell'esercizio dell'attività imprenditoriale. L'iscrizione avviene su domanda dell'interessato (2189 c.c.), ovvero d'ufficio, su ordine del Giudice del Registro, nei casi in cui si tratti di iscrizione obbligatoria (art. 2190 c.c.).
L'inosservanza dell'obbligo di iscrizione è sanzionata in via amministrativa (artt. 2194, 2626, 2635 c.c.), mentre è **preclusa la possibilità di iscrivere atti o fatti non specificamente previsti dalla legge**.
Al momento dell'iscrizione, l'ufficio del registro delle imprese deve compiere un controllo di corrispondenza dell'atto alla regola legale, che non può sconfinare in una sua valutazione di merito; allo stesso modo, anche il sindacato del Giudice del Registro deve esaurirsi nell'accertare la sussistenza o meno di quelle condizioni formali richieste dalla legge per l'iscrizione camerale del fatto o dell'atto. Il decreto del Giudice del Registro che abbia disposto l'iscrizione o abbia rigettato la relativa richiesta o, ancora, abbia disposto la cancellazione d'ufficio dell'iscrizione, è impugnabile con ricorso al Tribunale del luogo da cui il registro dipende, ai sensi dell'art. 2192 c.c. In conclusione, i poteri di detti organi sono limitati alla verifica delle condizioni formali prescritte dalla legge per quell'atto (verifica della competenza dell'ufficio, provenienza e certezza giuridica delle sottoscrizioni, riconducibilità dell'atto iscrivendo al tipo giuridico previsto dalla legge, legittimazione alla presentazione dell'istanza di iscrizione, etc.), con esclusione dell'indagine sulla relativa legittimità sostanziale.

2.1. L'efficacia dell'iscrizione. Dall'originario progetto codicistico all'attuale assetto normativo.

A) Efficacia dichiarativa

Occorre, a questo punto, analizzare l'efficacia, invero plurima, dell'iscrizione nel registro delle imprese. Secondo l'originario progetto codicistico, la funzione propria dell'iscrizione nel registro delle imprese si sostanzia nella **pubblicità dichiarativa**. In particolare, dall'iscrizione nel registro delle imprese deriva l'immediata **opponibilità** a terzi **degli atti o dei fatti iscritti, indipendentemente** da ogni ulteriore adempimento e **dall'effettiva conoscenza** che i terzi abbiano avuto degli stessi (art. 2193, comma 2, c.c.).
Parallelamente, la mancata registrazione impedisce l'opponibilità del fatto o dell'atto ai terzi (c.d. **efficacia negativa**), salvo che l'imprenditore non sia in grado di assolvere all'onere di provare che il terzo abbia avuto comunque

effettiva conoscenza di un determinato atto, nonostante la mancata iscrizione (art. 2193, comma 1, cc.). **L'efficacia dichiarativa** dell'iscrizione nel registro delle imprese è attualmente riservata alle imprese iscritte nella **sezione ordinaria**, ad eccezione delle società, per le quali si impongono alcune precisazioni.

B) Efficacia costitutiva
In alcune ipotesi tassative l'iscrizione nel registro delle imprese riveste una funzione di **pubblicità costitutiva**, necessaria, cioè, non ai fini della mera opponibilità di un atto o di un fatto ai terzi, bensì ai fini della stessa **esistenza e produttività di effetti di un atto**, sia fra le parti (**efficacia costitutiva totale**), sia esclusivamente nei confronti dei terzi (**efficacia costitutiva parziale**). **L'efficacia costitutiva totale dell'iscrizione nel registro delle imprese è prevista per le società di capitali e per le società cooperative**, le quali, prima dell'iscrizione, giuridicamente non esistono né per le parti del «contratto sociale», né per i terzi (artt. 2331, 2463, 2523 c.c.).

C) Efficacia normativa
Parzialmente differente è l'efficacia prodotta dall'iscrizione, nel registro delle imprese, delle **società in nome collettivo e delle società in accomandita semplice**: si parla, in tal caso, di **efficacia normativa** dell'iscrizione.
In mancanza della stessa, pur esistendo giuridicamente la società, alla stessa non sarà applicabile il regime normativo proprio del regime sociale prescelto, bensì il più sfavorevole regime previsto per le *società irregolari*.

D) Efficacia di pubblicità notizia
L'iscrizione nel registro delle imprese può rivestire, infine, la funzione di **pubblicità notizia e di certificazione anagrafica**. In tal caso, l'iscrizione è solo finalizzata a consentire ai terzi di prendere conoscenza dell'atto o del fatto iscritto, ma non determina automaticamente, e cioè in mancanza di conoscenza effettiva, l'opponibilità di tutto ciò che costituisce oggetto di iscrizione.
Parallelamente, inoltre, ove manchi l'iscrizione, non è escluso che un atto o un fatto, portato a conoscenza dei terzi con mezzi «idonei», sia comunque opponibile agli stessi, senza che vi sia bisogno, diversamente da quanto previsto dall'art. 2193 c.c., di provarne l'effettiva conoscenza (FERRI).
Per **l'imprenditore agricolo e per le società semplici esercenti attività agricola** l'iscrizione nella sezione speciale del registro delle imprese non svolge più una funzione solo di pubblicità notizia, ma ha assunto **efficacia dichiarativa**.

E) Efficacia probatoria.

È **controverso** se e in quale misura i dati risultanti dal registro delle imprese abbiano qualche efficacia probatoria. In particolare:

- secondo parte della dottrina, l'iscrizione assume il valore di un mero principio di prova per iscritto, in grado di fondare **una presunzione semplice**, come tale rimessa all'apprezzamento del giudice, avente circa l'esistenza della dichiarazione e della sua veridicità, ma solo se questa sia stata appurata in sede di controllo, rilevando se l'iscrizione sia avvenuta d'ufficio o in seguito a reclamo anziché su mera domanda dell'interessato (GHIDINI, PAVONE LA ROSA);
- secondo altra interpretazione, l'iscrizione assume il valore di **presunzione di verità e validità del fatto iscritto**, addossando al titolare della situazione iscritta l'onere di provare l'inesistenza o l'invalidità della situazione stessa (FERRI).

3. Gli ausiliari dell'imprenditore. La rappresentanza commerciale.

L'imprenditore, nell'esercizio dell'attività d'impresa, normalmente si avvale della collaborazione di altri soggetti.

Può accadere che questi ultimi si collochino in posizione di **indipendenza** rispetto all'imprenditore e di **estraneità** rispetto all'impresa, fondando la propria collaborazione all'attività di quest'ultima su rapporti contrattuali di varia natura, quali, ad esempio, il mandato, l'agenzia o la mediazione. Si parla, in tal caso, di *ausiliari esterni o autonomi*.

Può altresì accadere che l'imprenditore si avvalga di soggetti stabilmente inseriti nell'organizzazione aziendale, che operano perciò in posizione di subordinazione e rispetto ai quali si esplicano i poteri, gerarchici e disciplinari, propri dell'imprenditore-datore di lavoro (artt. 2104 e 2106 c.c.). Si parla, in tal caso, di *ausiliari interni o subordinati*. La rappresentanza, regolata in via generale dagli artt. 1387 ss. c.c., è assoggettata a regole peculiari allorché, nelle imprese commerciali, riguardi specifiche categorie di ausiliari interni e, specificamente, *institori, procuratori e commessi*. Rispetto a questi ultimi, in particolare, opera la c.d. **rappresentanza commerciale** (artt. 2203 – 2213 c.c. Si tratta di un sistema in cui **institori, procuratori e commessi**, senza necessità di specifica procura, sono investiti *ex lege* di **un potere di rappresentanza** dell'imprenditore; tale potere è commisurato, quanto alla sua ampiezza, al ruolo affidato dall'imprenditore ai propri collaboratori.

All'imprenditore è riconosciuta soltanto la **possibilità di limitare** (ma non di

escludere) **il potere rappresentativo dei propri ausiliari, attraverso apposita procura** depositata per l'iscrizione presso il registro delle imprese.
In mancanza dell'iscrizione, **la rappresentanza si reputa generale** e le limitazioni di essa non sono opponibili ai terzi (si veda, però, quanto precisato per i commessi al par. 3.3.).

3.1. Gli institori.

Institore è colui che è **preposto** dal titolare all'esercizio di un'*impresa commerciale* o all'esercizio di una *sede secondaria* o di un *ramo particolare* della stessa (art. 2203, comma 1 e 2 c.c.).
La preposizione institoria si articola in un duplice ordine di poteri rappresentativi, sostanziale e processuale.

A) Rappresentanza sostanziale
In particolare, sotto il profilo della **rappresentanza sostanziale e dei conseguenti poteri gestori**, secondo quanto stabilito dall'art. 2204 c.c., l'institore può compiere «*tutti gli atti pertinenti all'esercizio dell'impresa*» alla quale è preposto, senza alcuna distinzione fra atti di ordinaria e di straordinaria amministrazione. D'altra parte, com'è dato ricavare con argomentazione a contrario dallo stesso art. 2204 c.c., **i poteri institori si esauriscono nel compimento di atti pertinenti all'esercizio dell'impresa**.
Sono fatte salve, in ogni caso, le limitazioni eventualmente contenute nella procura o stabilite dalla legge.
Quanto a quest'ultimo profilo, l'institore non può alienare o ipotecare beni immobili del preponente, se a ciò non è stato espressamente autorizzato (art. 2204, comma 1, c.c.).

B) Rappresentanza processuale
All'institore sono altresì riconosciuti ampi poteri di *rappresentanza processuale*.
Si tratta di **rappresentanza processuale attiva e passiva** che concerne tutte le obbligazioni scaturenti dallo svolgimento dell'attività d'impresa, ancorché queste ultime siano state contratte dall'imprenditore o da un altro institore.
I **poteri** dell'institore, così come delineati in via legislativa, possono essere **ampliati o ristretti dall'imprenditore** sia all'atto della preposizione institoria, sia successivamente, attraverso procura con sottoscrizione autenticata del preponente, depositata per l'iscrizione presso il competente ufficio delle imprese. È quindi imposto un regime di **pubblicità legale**.

«*In mancanza dell'iscrizione, la rappresentanza si reputa generale e le limitazioni di essa non sono opponibili ai terzi, se non si prova che questi le conoscevano al momento della conclusione dell'affare*» (art. 2206 c.c.). Analogo regime di pubblicità legale opera per le successive modificazioni e revoca della procura (art. 2207 c.c.).

Come accennato, agli ampi poteri institori corrispondono pregnanti **obblighi**. Ai sensi dell'art. 2205 c.c., infatti, per le imprese o le sedi secondarie alle quali è preposto, l'institore **è tenuto**, insieme all'imprenditore, all'osservanza delle disposizioni riguardanti l'**iscrizione nel registro delle imprese** e la **tenuta delle scritture contabili**.

In caso di fallimento dell'imprenditore, inoltre, fermo restando che solo quest'ultimo sarà esposto alle conseguenze personali e patrimoniali del fallimento, si applicheranno anche nei confronti dell'institore le **sanzioni penali a carico del fallito** (art. 227, l. fall.).

L'institore, infine, **è tenuto a far conoscere ai terzi che egli tratta per il preponente**: è tenuto, cioè, a spenderne il nome, nel compimento di atti pertinenti all'esercizio dell'impresa. In mancanza, sarà personalmente obbligato per gli atti compiuti.

Tuttavia, a tutela dei **principi generali dell'apparenza giuridica e dell'affidamento**, ai terzi è sempre riconosciuta la possibilità di agire non solo nei confronti dell'institore, ma anche nei confronti del preponente, allorché il primo abbia comunque posto in essere atti pertinenti all'esercizio dell'impresa, che potevano, cioè, indurre i terzi a ritenere che l'institore agisse per l'imprenditore (c.d. "*contemplatio domini*": cfr. art. 2208 c.c.).

3.2. I procuratori.

I procuratori sono collaboratori interni dell'imprenditore i quali, in base ad un rapporto continuativo, hanno il potere di compiere per l'imprenditore **atti pertinenti all'esercizio dell'impresa**, pur **non essendo**, a differenza degli institori, **preposti ad essa** (art. 2209 c.c.).

Si tratta di soggetti normalmente preposti al settore operativo dell'impresa o ad una serie specifica di operazioni, che hanno un potere di rappresentanza generale, limitato, però, al settore cui i procuratori sono preposti, ovvero alle operazioni il cui compimento è demandato al procuratore (cfr., per la dottrina, CAMPOBASSO, che riporta l'esempio del direttore vendite, il quale potrà compiere in nome dell'imprenditore tutti gli atti che tipicamente rientrano in tale funzione, ma non ha potere decisionale o di rappresentanza per quanto riguarda, a titolo esemplificativo, la pubblicità o la gestione del personale).

In ogni caso, i procuratori non hanno i poteri che la legge attribuisce all'institore (difettano ad esempio della rappresentanza processuale attiva e passiva, che deve essere quindi specificamente conferita), né i relativi obblighi (ad esempio quella di tenuta delle scritture contabili).
Allo stesso modo, i terzi nei confronti dei quali il procuratore abbia agito senza spendere il nome dell'imprenditore, non possono agire per fare valere la responsabilità anche di quest'ultimo, laddove l'atto sia oggettivamente pertinente all'impresa, come viceversa avviene per gli institori ai sensi dell'art. 2208 c.c.
L'imprenditore può tuttavia ulteriormente limitare (ma non escludere del tutto), i poteri del procuratore, previo assolvimento degli obblighi pubblicitari previsti dagli artt. 2206 e 2207 c.c. per l'institore e richiamati, con riguardo alla figura in esame, dall'art. 2209 c.c.

3.3. I commessi.

I commessi sono ausiliari dell'imprenditore con **mansioni** più modeste, **di tipo** essenzialmente **materiale ed esecutivo**, e con **poteri di rappresentanza sostanziale molto più limitati** rispetto a quelli dell'institore e del procuratore.
Il potere di rappresentanza, infatti, riguarda soltanto **le operazioni delle quali essi sono** *specificamente* **incaricati** (art. 2210 c.c.).
Anche il commesso, come il procuratore, **non ha rappresentanza processuale** dell'imprenditore. Tuttavia, e conformemente a quanto previsto dall'art. 77 c.p.c., egli è legittimato a richiedere provvedimenti cautelari nell'interesse di quest'ultimo (art. 2212 c.c.).
All'imprenditore è riconosciuta la possibilità di ampliare o di restringere ulteriormente i poteri dei propri ausiliari in funzione di commessi.
Occorre però evidenziare che, per i poteri dei commessi, **non vige un sistema di pubblicità legale** analogo a quello contemplato del codice per institori e procuratori (artt. 2206, 2207 e 2209 c.c.).
Ne deriva che le **limitazioni** del potere rappresentativo dei commessi saranno **opponibili** a terzi **soltanto** se **portati** a **conoscenza** degli stessi con mezzi idonei, o se si prova l'effettiva conoscenza da parte di questi.

4. Il sistema delle scritture contabili. Funzione ed ambito di applicazione *soggettivo* e *oggettivo*.

La tenuta delle scritture contabili assolve ad una duplice **funzione**.

Da un lato consente all'imprenditore di disporre di uno **strumento di controllo interno**, sull'andamento degli affari e sull'operato dei propri dipendenti (FERRI).
Dall'altro lato, è funzionale alla predisposizione di uno **strumento di controllo esterno** sull'attività dell'imprenditore, a tutela di interessi alieni, sia pubblici (in particolare quelli del fisco) che privati (quali, *in primis*, quelli della massa dei creditori) (GALGANO).
A norma dell'art. 2214 c.c., **l'imprenditore** (non piccolo) **che svolge attività commerciale** è *obbligato*, personalmente, alla regolare tenuta dei libri e delle **scritture contabili** nella propria azienda.
Si tratta di un obbligo cui sono, inoltre, sempre assoggettate **tutte le società** (artt. 2302, 2421, 2478 c.c.), ad eccezione della società semplice (*infra*, Parte II, Cap. II), anche ove le stesse non svolgano attività commerciale (CAMPOBASSO, FERRARA, GALGANO, NIGRO).
Anche le **imprese sociali**, indipendentemente dalla natura dell'attività esercitata, sono obbligate alla tenuta delle scritture contabili (art. 10, D.lgs. 24 marzo 2006, n. 155).
Inoltre, in quanto funzionali alla razionale gestione dell'impresa, indipendentemente dagli obblighi legislativamente imposti soltanto per determinate categorie di soggetti, **tutti** gli imprenditori (e, quindi, anche quelli che per legge non vi siano tenuti) *possono* decidere di **tenere** le **scritture contabili**.
Tanto premesso sotto il versante *soggettivo*, le **scritture contabili che devono essere obbligatoriamente tenute** sono indicate dall'art. 2214 c.c. Si tratta:

- del **libro giornale**, che indica analiticamente, giorno per giorno, le operazioni relative all'esercizio dell'impresa (2216 c.c.);
- del **libro degli inventari** (art. 2217 c.c.), che indica, sistematicamente, le attività e le passività dell'impresa e dell'imprenditore, anche ove estranee all'esercizio dell'impresa. Deve essere redatto ogni anno e si chiude con il bilancio, nelle cui valutazioni l'imprenditore deve attenersi ai criteri stabiliti per i bilanci delle s.p.a. (cfr. Parte II, cap. VIII), in quanto applicabili;
- della **corrispondenza commerciale** (art. 2214 c.c.).

Occorre, inoltre, tener presente che lo stesso codice civile (per le società di capitali) e talune leggi speciali (per alcune categorie di imprese, come ad esempio le banche), prescrivono scritture contabili ulteriori rispetto a quelle di cui all'art. 2214 c.c. Tale ultima disposizione, non a caso, pone il principio secondo cui, accanto alle scritture contabili in ogni caso obbligatorie (ossia il libro giornale, il libro degli inventari), l'imprenditore deve tenere **tutte le scritture contabili che siano richieste dalla natura e dalle dimensioni dell'impresa** (ad es. il libro cassa e il libro magazzino, relativi a entrate e uscite, rispettivamente, di danaro e di merci).

Tutte le scritture obbligatorie devono essere **conservate**, anche sotto forma di registrazioni su supporti di immagini, **per dieci anni** dalla data dell'ultima registrazione (art. 2220 c.c.).

4.1. La tenuta delle scritture contabili e l'efficacia probatoria.

La legge non si limita a prescrivere l'obbligo di tenere le scritture contabili, ma impone, per la tenuta delle stesse, il rispetto di determinate **formalità**, *intrinseche ed estrinseche*, volte a salvaguardare la veridicità, l'affidabilità e la regolarità.

Le **formalità estrinseche** attengono all'esteriorità delle scritture: gli artt. 2215, 2216 e 2217 c.c. prevedono che i libri contabili siano numerati progressivamente in ogni pagina.

Le **formalità intrinseche** attengono, invece, alle modalità attraverso le quali vengono compiute le annotazioni.

L'art. 2213 c.c. dispone che «*Tutte le scritture contabili devono essere tenute secondo le norme di un'ordinata contabilità, senza spazi in bianco, senza interlinee e senza trasporti in margine. Non vi si possono fare abrasioni e, se è necessaria qualche cancellazione, questa deve eseguirsi in modo che le parole cancellate siano leggibili*».

La regolare tenuta delle scritture contabili incide notevolmente sull'efficacia probatoria delle stesse.

L'art. 2710 c.c., infatti, derogando al principio secondo il quale nessuno può costituire prove a proprio favore, consente all'imprenditore l'utilizzo delle scritture contabili come **prova a sé favorevole**, ma soltanto previo accertamento della sussistenza di talune condizioni:

- è, innanzitutto, necessario che si tratti di scritture contabili **regolarmente tenute**;
- è, inoltre, possibile l'utilizzazione processuale delle scritture contabili, da parte dell'imprenditore, soltanto ove si tratti di un **giudizio tra imprenditori, per rapporti inerenti all'esercizio dell'impresa**.

Diverso, invece, è il regime dell'efficacia probatoria delle scritture contabili, ove queste vengano invocate **contro l'imprenditore**.

L'art. 2709 c.c., indipendentemente da ogni formalità relativa alla tenuta dei documenti contabili, prevede che i libri e le scritture contabili delle imprese soggette a registrazione possano sempre fare **prova contro l'imprenditore**. L'unico limite contemplato dalla norma è rappresentato dall'**inscindibilità del contenuto** delle scritture medesime.
La parte che intenda trarne vantaggio, in sostanza, non può scinderne il contenuto a proprio esclusivo favore, dovendo le scritture stesse, una volta invocate ed esibite, essere valutate nella loro interezza, quale che sia la parte a cui favore o a cui carico depongono.

4.2. L'inadempimento dell'obbligo di tenuta delle scritture contabili.

L'omessa o irregolare tenuta delle scritture contabili comporta *sanzioni eventuali ed indirette*, che operano soprattutto in ambito penale.
Ai sensi degli artt. 216 e 217 della l. fall., (ora artt. 322 e 323 del Codice della crisi di impresa) in particolare, l'omessa o irregolare tenuta delle scritture contabili integrerà, a seconda delle circostanze, il reato di *bancarotta*, semplice o fraudolenta.

SCHEDA DI SINTESI

L'impresa commerciale che svolga una delle attività di cui all'art. 2195 c.c. soggiace allo «**Statuto dell'imprenditore**», da cui scaturiscono:
- **obblighi pubblicitari**, attuati attraverso l'iscrizione nel registro delle imprese;
- l'applicazione della disciplina della «**rappresentanza commerciale**»;
- obblighi di tenere le **scritture contabili**;
- l'assoggettabilità al **fallimento** ed alle **altre procedure concorsuali**.

Il registro delle imprese è l'istituto attraverso il quale le imprese assolvono specifici **obblighi pubblicitari** imposti dalla legge, portando a conoscenza dei terzi i fatti più rilevanti per la vita dell'impresa.
L'imprenditore, nell'esercizio dell'attività d'impresa, normalmente si avvale della collaborazione di altri soggetti.
Institore è colui che è **preposto** dal titolare all'esercizio di un'*impresa commerciale* o all'esercizio di una *sede secondaria* o di un *ramo particolare* della stessa (art. 2203, comma 1 e 2 c.c.).
La preposizione institoria si articola in un duplice ordine di poteri rappresentativi, sostanziale e processuale.
I procuratori sono collaboratori interni dell'imprenditore i quali, in base ad un rapporto continuativo, hanno il potere di compiere per l'imprenditore **atti pertinenti**

all'esercizio dell'impresa, pur non essendo, a differenza degli institori, preposti ad essa (art. 2209 c.c.).
I commessi sono ausiliari dell'imprenditore con mansioni più modeste, di tipo essenzialmente materiale ed esecutivo, e con poteri di rappresentanza sostanziale molto più limitati rispetto a quelli dell'institore e del procuratore.
Il potere di rappresentanza, infatti, riguarda soltanto le operazioni delle quali essi sono *specificamente* incaricati (art. 2210 c.c.).
La tenuta delle scritture contabili assolve ad una duplice funzione.
Da un lato consente all'imprenditore di disporre di uno strumento di controllo interno, sull'andamento degli affari e sull'operato dei propri dipendenti.
D'altro lato, è funzionale alla predisposizione di uno strumento di controllo esterno sull'attività dell'imprenditore, a tutela di interessi alieni, sia pubblici (in particolare quelli del fisco) che privati (quali, *in primis,* quelli della massa dei creditori).

QUESTIONARIO

1. Quali sono i soggetti obbligati all'iscrizione nel registro delle imprese e qual è l'efficacia di tale iscrizione? **(2)**
2. Dove si trova il Registro delle imprese? **(2)**
3. Chi richiede l'iscrizione nel Registro delle imprese e quali sono le conseguenze nel caso di mancata iscrizione? **(2)**
4. Quali sono gli atti soggetti a iscrizione? **(2)**
5. Quante forme di pubblicità esistono? **(2.1)**
6. I provvedimenti del Giudice del registro sono impugnabili? **(2.1)**
7. Quali sono gli ausiliari dell'imprenditore commerciale? **(3)**
8. Quali sono i caratteri tipici della rappresentanza commerciale e come viene conferita? **(3)**
9. L'institore deve necessariamente essere legato all'imprenditore da un rapporto di lavoro subordinato? **(3.1.)**
10. Quali sono gli atti vietati all'institore? **(3.1)**
11. Quali sono i soggetti obbligati alla tenuta delle scritture contabili e quali sono le scritture contabili che devono essere obbligatoriamente tenute? **(4)**
12. Le scritture contabili possono costituire prova contro o a favore dell'imprenditore? A quali condizioni? **(4.1.)**

CAPITOLO II | LO «STATUTO DELL'IMPRENDITORE COMMERCIALE»

MAPPA CONCETTUALE

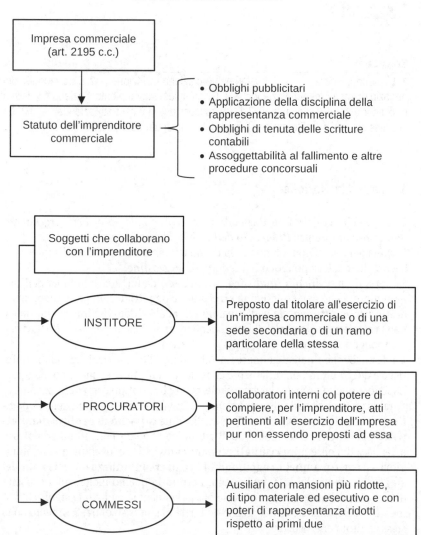

Capitolo III
L'azienda

Sommario:
1. L'azienda. Nozione. – **2.** Il trasferimento d'azienda. Nozione. – **2.1.** Le «forme» del negozio di trasferimento d'azienda. – **3.** Gli effetti del trasferimento d'azienda: il divieto di concorrenza dell'alienante. – **3.1.** La successione nei contratti aziendali. – **3.2.** La successione nei crediti e nei debiti aziendali. – **4.** Usufrutto e affitto dell'azienda.

1. L'azienda. Nozione.

L'art. 2555 c.c. definisce l'azienda come «*il complesso di beni* **organizzati** *dall'imprenditore* **per l'esercizio** *dell'attività* **d'impresa**».

I beni aziendali si connotano per la destinazione all'esercizio dell'impresa, rispetto alla quale si pongono in rapporto di **mezzo-fine**.

Si tratta di un «*vincolo finalistico*» – impresso da un atto di volontà dell'imprenditore – che deve tradursi in **circostanze oggettive** e, in particolare, nella **destinazione strumentale** dell'apparato aziendale all'attività imprenditoriale e nella *relazione strutturale*, di interdipendenza, di ciascun bene con gli altri che compongono l'azienda.

La destinazione finalistica impressa dall'imprenditore ai beni aziendali conferisce a questi ultimi, unitariamente considerati, un valore economico maggiore rispetto a quello proprio dei singoli elementi che confluiscono nell'azienda.

A tal proposito si parla di **avviamento**. L'avviamento (inteso in senso *oggettivo*) va definito, nei suoi termini generali, come **capacità di profitto di un'attività produttiva**, ossia come quell'attitudine che consente ad un complesso aziendale di conseguire **risultati economici** diversi – e, eventualmente, **maggiori – rispetto a quelli raggiungibili attraverso l'utilizzazione isolata dei singoli elementi** che lo compongono. Proprio in quanto incide sulla capacità di profitto dell'attività imprenditoriale, l'avviamento condiziona significativamente la determinazione del prezzo dell'azienda, in caso di trasferimento della stessa a titolo oneroso.

Diversa, invece, è l'accezione di avviamento inteso in senso *soggettivo*. In tal caso l'avviamento tende ad identificarsi con le capacità personali dell'imprenditore di affermarsi sul mercato e di formare e conservare una propria *clientela*. Relativamente alla **natura giuridica dell'azienda**, invero, due sono gli orientamenti dottrinali sul tappeto:

- i sostenitori della c.d. **concezione universalistica** considerano **l'azienda** come un bene non solo economicamente, ma anche *giuridicamente unico*, nuovo rispetto ai singoli elementi che lo costituiscono, di natura immateriale, venendo a coincidere con la stessa organizzazione *lato sensu* considerata (BONFANTE-COTTINO, FERRARA). In questa prospettiva l'imprenditore vanterebbe sull'azienda un generale **diritto di proprietà, ancorché egli non sia**, eventualmente, **proprietario di tutti i beni che confluiscono nel complesso aziendale**. Il fondamento normativo della concezione universalistica è rinvenibile nell'art. 2555 c.c., che considera l'azienda come complesso di beni e nell'art. 670 c.p.c., ove si prevede il sequestro giudiziario dell'azienda e delle altre universalità di beni;
- i sostenitori della c.d. **concezione atomistica** considerano l'azienda come una pluralità di beni, funzionalmente collegati, sui quali l'imprenditore vanta diritti diversi. In quest'ottica, dunque, **si esclude che esista un unico bene immateriale «azienda», oggetto di autonomo diritto di proprietà** (AULETTA, CAMPOBASSO, COLOMBO, FERRARI, GALGANO). Tale teoria deriva dall'art. 2556 c.c. che imponendo, in caso di trasferimento di azienda, l'osservanza delle forme stabilite per il trasferimento dei singoli beni, induce a ritenere che la frammentazione di disciplina voluta dal legislatore ispiri anche la concezione dell'azienda.

2. Il trasferimento d'azienda. Nozione.

L'azienda può formare oggetto di atti dispositivi di varia natura, volti, ad esempio, a trasferirne la titolarità ad un altro soggetto (*inter vivos* o *mortis causa*; a titolo oneroso o a titolo gratuito), oppure a volti costituire sul complesso aziendale diritti reali o diritti di godimento. Del pari, possono formare oggetto di specifici negozi traslativi soltanto taluni dei singoli beni che compongono l'azienda. È di importanza fondamentale la fissazione del *discrimen* **tra trasferimento d'azienda e trasferimento dei singoli beni che la compongono**. Deve intendersi come «*trasferimento d'azienda*» il trasferimento di un'unità economica organizzata in maniera stabile, la quale, in occasione del trasferi-

mento, conservi la sua identità e consenta, secondo una valutazione effettuata *ex ante*, l'esercizio di un'attività imprenditoriale, anche diversa da quella esercitata dal cedente.
Si qualifica, invece, «*trasferimento di ramo d'azienda*» la cessione di una parte dell'azienda potenzialmente dotata di autonomia operativa.

2.1. Le «forme» del negozio di trasferimento d'azienda.

L'art. 2556 c.c. fissa le forme attraverso le quali deve realizzarsi il trasferimento d'azienda.
Con specifico riferimento alla **forma necessaria ai fini della validità del trasferimento**, l'art. 2556 c.c. prevede «*l'osservanza delle forme stabilite dalla legge per il trasferimento dei singoli beni che compongono l'azienda o per la particolare natura del contratto*» (ad es., atto pubblico a pena di nullità *ex* art. 1350, comma 1, n. 1, c.c. per gli immobili, ove compresi nell'azienda).
Con riguardo, invece, alla **forma richiesta ad *probationem*** , l'art. 2556 c.c., *per le sole imprese soggette a registrazione,* richiede che i contratti aventi ad oggetto il trasferimento della proprietà o del godimento dell'azienda siano **provati per iscritto**.
Ne deriva che, ai fini del trasferimento d'azienda, **la forma scritta non è richiesta ad *substantiam***, a meno che la forma scritta non sia imposta per il trasferimento del singolo bene aziendale, come accadrebbe, ad esempio, per il trasferimento di un immobile.
Regole differenti valgono per i **terzi estranei al contratto**, per i quali **la prova del trasferimento non è soggetta ad alcun limite** e ben potrà essere fornita attraverso testimonianze o presunzioni.
Sempre con riferimento alle sole imprese soggette a registrazione, il secondo comma dell'art. 2556 c.c. prevede specifici requisiti di **forma**, **necessari ai fini dell'opponibilità a terzi**. A tal fine, i contratti aventi ad oggetto il trasferimento della proprietà o del godimento dell'azienda devono essere depositati per l'**iscrizione presso il registro delle imprese** entro il trentesimo giorno dalla loro stipulazione. Per poter essere iscritti, i contratti di cessione devono rivestire la forma di atto pubblico o di scrittura privata autenticata.
Va, infine, chiarito che gli effetti della pubblicità prevista dall'art. 2556 c.c., secondo comma, sono esclusivamente quelli propri della pubblicità dichiarativa.
Pertanto, **qualora una medesima azienda abbia formato oggetto di una pluralità di atti di trasferimento**, non prevale il trasferimento che è stato trascritto per primo, dovendosi invece aver riguardo alla semplice **priorità del titolo d'acquisto** (Ferri).

CAPITOLO III | L'AZIENDA

3. Gli effetti del trasferimento d'azienda: il divieto di concorrenza dell'alienante.

Gli atti di trasferimento dell'azienda producono *ex lege* effetti ulteriori, dispositivi o inderogabili, rispetto a quelli pattuiti dalle parti (CAMPOBASSO). Tra questi effetti rientra, innanzitutto, il **divieto di concorrenza** in capo all'alienante. In particolare, ai sensi dell'art. 2557 c.c., «*chi aliena l'azienda deve astenersi, per il periodo di cinque anni dal trasferimento, dall'iniziare una nuova impresa che per l'oggetto, per l'ubicazione o altre circostanze, sia idonea a sviare la clientela dell'azienda ceduta*». Se l'azienda è **agricola**, il divieto opera «*solo per le attività connesse, quando rispetto a queste sia possibile uno sviamento di clientela*» (art. 2557, comma 5, c.c.). Il **divieto** sancito dall'art. 2557 c.c., tuttavia, ha **carattere relativo**.

Le parti, pertanto, se da un lato possono **escluderne l'operatività**, d'altro lato possono pattuire un'astensione dalla concorrenza in **termini più ampi** rispetto a quelli previsti dal primo comma dell'art. 2557 c.c.

Il divieto di concorrenza in nessun caso può eccedere la durata di **cinque anni** dal trasferimento e se nel patto è indicata una durata maggiore, oppure se non è indicata alcuna durata, il divieto di concorrenza vale comunque per un quinquennio (art. 2557, comma 3 e 4, c.c.).

▶ LA GIURISPRUDENZA PIÙ SIGNIFICATIVA

AMBITO DI OPERATIVITÀ DEL DIVIETO DI CUI ALL'ART. 2557 C.C.

La giurisprudenza è ormai incline nel riconoscere un ambito di operatività particolarmente ampio al divieto di concorrenza. La S.C. ha, a tale proposito, chiarito che «*La giurisprudenza di legittimità in tema di divieto di concorrenza, è ormai costante nel ritenere che la disposizione contenuta nell'art. 2557 c.c., (secondo cui chi aliena l'azienda deve astenersi, per un periodo di cinque anni dal trasferimento, dall'iniziale una nuova impresa se sia idonea a sviare la clientela dell'azienda ceduta, appropriandosi nuovamente dell'avviamento) **non ha il carattere dell'eccezionalità**, in quanto con essa il legislatore non ha posto una norma derogativa del principio di libera concorrenza, ma ha inteso disciplinare nel modo più congruo la portata di quegli effetti connaturali al rapporto contrattuale posto in essere dalle parti. Pertanto, non è esclusa l'estensione analogica del citato art. 2557 c.c., all'ipotesi di cessione di quote di partecipazione in una società di capitali*, ove il giudice del merito, con un'indagine che tenga conto di tutte le circostanze e le peculiarità del caso concreto, accerti che tale cessione abbia realizzato un "caso simile" all'alienazione d'azienda, producendo sostanzialmente la sostituzione di un soggetto ad un altro nell'azienda*» (Cass., 23 settembre 2011, n. 19430).

La **violazione** del divieto di concorrenza non è specificamente sanzionata dal legislatore.
Troveranno, quindi, applicazione le regole generali operanti in caso di inadempimento contrattuale: il cessionario sarà legittimato a richiedere la **risoluzione del contratto di cessione** ed il **risarcimento** del danno (1455 c.c.).
La giurisprudenza di merito, inoltre, in ipotesi di concorrenza sleale per sviamento della clientela, riconosce il pericolo di un danno non agevolmente recuperabile e ritiene ammissibile, pertanto, l'**inibitoria alla prosecuzione dell'attività concorrenziale**, con **provvedimento d'urgenza** emanato ai sensi dell'art. **700 c.p.c.** (*contra* FERRI).

3.1. La successione nei contratti aziendali.

Ulteriore effetto connaturato al trasferimento d'azienda è quello contemplato dall'art. 2558 c.c.
Tale norma prevede in termini inequivoci la **successione automatica del cessionario di azienda in tutti i contratti stipulati** dal cedente per l'esercizio dell'azienda, con la sola **eccezione di quelli aventi carattere strettamente personale** e di quelli rispetto ai quali le parti abbiano, con espressa pattuizione, escluso che si verifichi l'effetto successorio.
La **finalità della norma** è quella di garantire, in caso di trasferimento, il **mantenimento della funzionalità economica dell'azienda**.
Gli **effetti** del contratto trasferito si producono **di diritto**, **nel momento** stesso in cui diviene efficace il **trasferimento d'azienda**, obbligando il terzo a prescindere dall'accettazione e senza bisogno di comunicazione.
Questa, infatti, si configura solo come un onere delle parti del contratto di trasferimento dell'azienda, finalizzato al decorso del termine di **tre mesi** previsto per il **recesso del terzo**, motivato da **giusta causa**.
Una **giusta causa di recesso** si determina allorquando, per effetto del subingresso del cessionario al cedente, si verifica **una situazione nella quale**, oggettivamente, **il contraente ceduto non avrebbe stipulato il contratto o lo avrebbe stipulato a condizioni differenti**.
Sul terzo, peraltro, graverà l'onere di provare tale giusta causa; sarà il contraente ceduto a dover motivare le ragioni per le quali ritiene di non poter fare affidamento sulla regolare esecuzione del contratto.
La disciplina esposta **non trova applicazione** per i contratti a **carattere personale**, ossia per quei contratti *intuitu personae*, in cui, cioè, ha rilievo la persona dell'altro contraente.
Rispetto a tali contratti, si riespande l'operatività della disciplina generale, dettata dall'art. 1406 c.c.

Nella cessione del contratto di cui agli artt. 1406 ss., la parte ceduta deve acconsentire al subingresso nel contratto del cessionario in luogo del cedente, a differenza di quanto accade nella cessione di azienda, dove, come visto, il contraente ceduto ha l'onere, ove non voglia proseguire il rapporto contrattuale, di recedere entro tre mesi. Il recesso presuppone altresì la ricorrenza di una giusta causa, in difetto della quale il recedente sarà tenuto a risarcire il danno subìto dall'altro contraente.

Il legislatore ha specificamente disciplinato la cessione dei **contratti di locazione di immobili** ad uso commerciale e dei **contratti di lavoro**, in caso di trasferimento d'azienda.

Per quanto riguarda i **contratti di locazione**, l'art. 36 della L. n. 392 del 1978, per gli immobili diversi da quelli ad uso abitativo, deroga all'art. 1594 c.c., che vieta al conduttore di cedere il contratto di locazione senza il consenso del locatore.

La L. n. 392/1978, infatti, prevede la cessione del contratto di locazione, oppure la sublocazione, ad opera del solo conduttore e senza il consenso del locatore, purché venga contestualmente ceduta anche l'azienda.

Per quanto concerne, invece, **i contratti di lavoro**, i rapporti preesistenti proseguono con il nuovo titolare senza necessità di consenso da parte dei lavoratori (cfr. l'art. 2112, comma 5, c.c., il quale definisce, ai fini della propria applicazione, il trasferimento d'azienda come *qualsiasi operazione che, in seguito a cessione contrattuale o fusione, comporti il mutamento nella titolarità di un'attività economica organizzata, con o senza scopo di lucro, preesistente al trasferimento e che conserva nel trasferimento la propria identità a prescindere dalla tipologia negoziale o dal provvedimento sulla base del quale il trasferimento è attuato ivi compresi l'usufrutto o l'affitto di azienda*).

In sostanza, la cessione d'azienda non può costituire motivo di licenziamento: l'acquirente subentra in tutte le posizioni giuridiche attive e passive facenti capo al cedente e ogni lavoratore può far valere nei confronti del nuovo titolare tutti i diritti maturati in precedenza.

> ## LA GIURISPRUDENZA PIÙ SIGNIFICATIVA
> L'AUTOMATICO SUBENTRO NEI CONTRATTI IN CORSO.
>
> *"Il conferimento di un'azienda o di un ramo di essa ad una società, così come – secondo un'interpretazione analogica – ogni operazione che abbia a oggetto un'azienda e che produca il risultato finale di "sostituzione" di un imprenditore a un altro, rientra nella più ampia e generale figura della cessione d'azienda, realizzando*

il trasferimento e, quindi, la successione a titolo particolare della stessa. Ne consegue l'applicazione della disciplina posta dagli artt. 2557 e ss. c.c. e, in particolare, dell'art. 2558 c.c., in forza del quale, se non pattuito diversamente, il cessionario subentra nei contratti stipulati per l'esercizio dell'azienda non aventi carattere personale" (Cass. civ. sez. II, 14/10/2022, n.30296).

3.2. La successione nei crediti e nei debiti aziendali.

Ulteriore effetto del trasferimento d'azienda è rappresentato dall'applicabilità della speciale disciplina, prevista dagli artt. 2559 e 2560 c.c., per la successione nei crediti e nei debiti aziendali.

L'art. 2559 c.c., a proposito dei **crediti relativi all'azienda ceduta**, stabilisce che la cessione degli stessi abbia **effetto**, nei confronti dei terzi, dal momento **dell'iscrizione** del trasferimento d'azienda nel **registro delle imprese**, anche ove la cessione del credito non sia stata notificata al debitore ceduto, oppure non sia stata dallo stesso accettata (e ciò in deroga all'art. 1264 c.c., anche al fine di evitare tanto al cedente quanto al cessionario, l'onere di notificare la cessione d'azienda a tutti i debitori ceduti). Tuttavia, il debitore ceduto è liberato se paga in buona fede all'alienante. Per quanto concerne la sorte dei **debiti relativi all'azienda ceduta**, l'art. 2560 c.c. dispone che «*L'alienante non è liberato dai debiti inerenti all'esercizio dell'impresa ceduta anteriori al trasferimento, se non risulta che i creditori vi hanno consentito*».

Al fine di rafforzare, tuttavia, la posizione creditoria dei terzi, in deroga alle norme di diritto comune, e **soltanto per le imprese commerciali**, il secondo comma dell'art. 2560 c.c., stabilisce che dei debiti aziendali risponda anche l'acquirente dell'azienda, ove tali debiti risultino dalle scritture contabili obbligatorie.

4. Usufrutto e affitto dell'azienda.

L'usufrutto dell'azienda è regolato dall'art. 2561 c.c., ai sensi del quale «*1. L'usufruttuario dell'azienda deve esercitarla sotto la ditta che la contraddistingue. 2. Egli deve gestire l'azienda **senza modificarne la destinazione e in modo da conservare l'efficienza dell'organizzazione e degli impianti e le normali dotazioni di scorte**. 3. Se non adempie a tale obbligo o cessa arbitrariamente dalla gestione dell'azienda, si applica l'articolo 1015* [disposizione relativa agli "abusi" dell'usufruttuario, consistenti nell'alienazione, ovvero nel deterioramento dei beni, che può determinare la cessazione dell'usufrutto]. *4.*

La differenza tra le consistenze dell'inventario, all'inizio e al termine dell'usufrutto, è regolata in danaro, sulla base dei valori correnti al termine dell'usufrutto». La disciplina dettata dall'art. 2561 c.c. va integrata con quella prevista da alcune delle norme, fin qui esaminate, volte a regolare l'alienazione del complesso aziendale.
Si tratta di norme che, per espressa previsione, si applicano anche in caso di usufrutto dell'azienda. In particolare:

- per le imprese soggette a registrazione, troverà applicazione l'art. 2556 c.c., relativo alla necessità (a fini probatori) della **forma scritta** del contratto e della **forma dell'atto pubblico o della scrittura privata autenticata**, per l'iscrizione nel registro delle imprese;
- troverà inoltre applicazione l'art. 2557 c.c., in ragione del quale, per tutta la durata dell'usufrutto, graverà sul nudo proprietario un **divieto di concorrenza**;
- secondo quanto disposto dall'art. 2558, comma terzo, c.c., anche all'usufrutto si applica la disciplina relativa alla **successione nei contratti aziendali**; la **successione nei crediti aziendali**, di cui all'art. 2559 c.c., invece, opererà soltanto ove espressamente pattuita.

Nulla è previsto, viceversa, con riferimento all'applicabilità dell'art. **2560** c.c. Ne deriva che, in caso di usufrutto, non c'è trasferimento dei **debiti aziendali**. Tanto premesso con riferimento all'usufrutto d'azienda, l'art. 2562 c.c. regola, invece, una diversa forma di concessione in godimento del complesso aziendale: si tratta dell'**affitto d'azienda**.
La cessione in affitto dell'azienda è il contratto attraverso il quale il cedente, dietro pagamento di un canone, attribuisce all'affittuario un titolo autonomo relativo al godimento dell'azienda, intesa come organizzazione di beni preordinati al perseguimento di un fine produttivo.

▶ LA GIURISPRUDENZA PIÙ SIGNIFICATIVA

IL *DISCRIMEN* TRA L'AFFITTO E LA LOCAZIONE D'AZIENDA.

La giurisprudenza di legittimità ha chiarito che: "Per distinguere una locazione di immobile da un affitto di azienda (o di ramo di essa) occorre, in primo luogo, verificare la preesistenza di una organizzazione in forma di azienda dei beni oggetto del contratto, mancando la quale non si può dire che sia stato ceduto il godimento di un'azienda o di un suo ramo; in secondo luogo, ove si accerti che i beni erano al momento del contratto organizzati per l'esercizio dell'impresa già dal dante causa, occorre verificare se le parti abbiano inteso trasferire o concedere il godimento del complesso organizzato, oppure semplicemente di un bene immobile, rispetto al quale gli altri beni e servizi risultano strumentali al godimento del bene, restando poi libero l'avente causa di organizzare *ex novo* un'azienda propria". (Cassazione civile sez. III, 17/02/2020, n.3888).

SCHEDA DI SINTESI

L'azienda è il complesso di beni **organizzati** dall'imprenditore **per l'esercizio** dell'attività **d'impresa**. In merito alla forma necessaria per il trasferimento d'azienda l'art. 2556 c.c. prevede «*l'osservanza delle forme stabilite dalla legge per il trasferimento dei singoli beni che compongono l'azienda o per la particolare natura del contratto*» (ad es., atto pubblico a pena di nullità *ex* art. 1350, comma 1, n. 1, c.c. per gli immobili, ove compresi nell'azienda).
Gli atti di trasferimento dell'azienda producono *ex lege* effetti ulteriori, dispositivi o inderogabili, rispetto a quelli pattuiti dalle parti. Tra questi effetti rientra, innanzitutto, il **divieto di concorrenza** in capo all'alienante.
Ulteriore effetto connaturato al trasferimento d'azienda è la **successione automatica del cessionario di azienda in tutti i contratti stipulati** dal cedente per l'esercizio dell'azienda, con la sola **eccezione di quelli aventi carattere strettamente personale** e di quelli rispetto ai quali le parti abbiano, con espressa pattuizione, escluso che si verifichi l'effetto successorio.
Per quanto concerne i **crediti relativi all'azienda ceduta**, la cessione degli stessi abbia **effetto**, nei confronti dei terzi, dal momento **dell'iscrizione** del trasferimento d'azienda nel **registro delle imprese**, anche ove la cessione del credito non sia stata notificata al debitore ceduto, oppure non sia stata dallo stesso accettata (e ciò in deroga all'art. 1264 c.c., anche al fine di evitare tanto al cedente quanto al cessionario, l'onere di notificare la cessione d'azienda a tutti i debitori ceduti).
In caso di usufrutto dell'azienda l'usufruttuario dell'azienda deve esercitarla sotto la ditta che la contraddistingue e deve gestire l'azienda **senza modificarne la destinazione e in modo da conservare l'efficienza dell'organizzazione e degli impianti e le normali dotazioni di scorte.**

QUESTIONARIO

1. Che cosa si intende per azienda e quali sono i parametri per individuare i beni aziendali? **(1)**
2. Che cos'è l'avviamento? **(1)**
3. Che cosa si intende per trasferimento d'azienda e qual è la forma per esso prevista? **(2)**

4. In cosa consiste il divieto di concorrenza in caso di cessione di azienda? In che modo può essere modulato dalle parti? (**3**)
5. Quali effetti comporta il trasferimento d'azienda sui contratti in corso d'esecuzione? (**3.1.**)
6. Cosa accade, a fronte del trasferimento d'azienda, con riferimento ai crediti ed ai debiti aziendali? (**4**)
7. Qual è il *discrimen* tra locazione ed affitto d'azienda, secondo il prevalente orientamento della giurisprudenza di legittimità? (**4**)

Capitolo IV
La disciplina dei segni distintivi dell'impresa

Sommario:
1. I segni distintivi dell'impresa. Introduzione. – **2.** La ditta. – **3.** L'insegna. – **4.** Il marchio. Funzione e quadro normativo. – **4.1.** Le tipologie di marchio ed i c.d. requisiti di liceità. – **4.2.** Il marchio registrato. Profili di tutela. – **4.3.** Il marchio di fatto. – **4.4.** Il trasferimento del marchio.

1. I segni distintivi dell'impresa. Introduzione.

L'ordinamento disciplina i c.d. *segni distintivi dell'impresa* per soddisfare, da un lato, l'esigenza – in capo a ciascun imprenditore – di contraddistinguere la propria impresa rispetto a quella di altri imprenditori concorrenti; d'altro lato, l'esigenza – in capo ai consumatori, in generale – di individuare e distinguere i vari operatori economici, operando scelte consapevoli (CAMPOBASSO, FERRI, VANZETTI-DI CATALDO).
I segni preordinati all'individuazione dell'impresa sono:

- la *ditta*, che costituisce il nome commerciale dell'imprenditore;
- l'*insegna*, che individua i locali nei quali viene svolta l'attività d'impresa;
- il *marchio*, che contraddistingue i prodotti dell'impresa, operando, quindi, come vero e proprio «collettore di clientela».

Tanto premesso, dalle tre differenti discipline è possibile desumere taluni principi ispiratori comuni.
Questi, in particolare, vanno ravvisati:

- nella **libertà** dell'imprenditore nella formazione dei segni distintivi (salva la previsione di specifici limiti che verranno di volta in volta esaminati);
- nel **diritto all'uso esclusivo** degli stessi;
- nella **libertà di trasferire i segni distintivi**, monetizzandone, quin-

di, il relativo valore (fatte salve talune limitazioni volte ad evitare che vengano tratti in inganno i consumatori).

2. La ditta.

La **ditta** rappresenta il nome sotto cui l'imprenditore esercita l'impresa e coincide, perciò, con il **nome commerciale dell'imprenditore**.
La dottrina ha chiarito le importanti **differenze tra ditta e nome civile**; in particolare, mentre quest'ultimo è un attributo della personalità (e come tale è tutelato ai sensi delle relative norme civilistiche), il nome commerciale è tutelato come bene immateriale con valore patrimoniale.
Il codice civile impone il rispetto di due ineludibili principi:

- **il principio della verità della ditta**;
- **il principio di novità della stessa**.

A) Principio della verità della ditta
Per quanto specificamente concerne il c.d. «**principio della verità della ditta**», l'art. 2563 c.c. stabilisce che «*La ditta, comunque sia formata, deve contenere almeno il cognome o la sigla dell'imprenditore (...)*».
Si tratta di un principio che, tuttavia, subisce **un'eccezione** in caso di **ditta derivata**, ossia la ditta trasferita insieme all'azienda, sia *inter vivos* che *mortis causa*: in questi casi, **chi subentra nella titolarità dell'azienda** (poiché, ai sensi dell'art. 2565 c.c., comma 1, c.c., la ditta non può essere trasferita separatamente dall'azienda), a seguito del trasferimento, **non è tenuto a modificare la ditta originaria**.

B) Principio di novità della ditta
L'art. 2564 c.c. sancisce il c.d. «**principio di novità della ditta**», in ragione del quale «*Quando la ditta è **uguale o simile** a quella usata da un altro imprenditore e **può creare confusione** per l'oggetto dell'impresa e per il luogo in cui questa è esercitata, **deve essere integrata o modificata** con indicazioni idonee a differenziarla*».
Ne consegue che l'imprenditore che per primo adotta una certa ditta per lo svolgimento della sua attività, automaticamente acquista il **diritto al suo uso esclusivo**, con il conseguente **obbligo di differenziazione** per chi successivamente adotti una ditta uguale o simile, **a condizione**, però, **che la seconda ditta sia tale da ingenerare confusione** con la prima.

C) Il diritto all'uso esclusivo della ditta

Occorre evidenziare che il **diritto all'uso esclusivo della ditta**, ed il conseguente obbligo di differenziazione in capo a chi, successivamente, adotti una ditta che potrebbe ingenerare confusione con quella di altra impresa, sussistono **anche nel caso** in cui la ditta utilizzata per seconda corrisponda al nome civile dell'imprenditore (*ditta patronimica*) **o quando altro imprenditore abbia, per lungo tempo, tollerato l'utilizzo**, da parte di altri, di una ditta confondibile.

L'art. 2564 c.c. dispone che «*Per le imprese commerciali, l'obbligo di differenziazione o di modificazione spetta a chi ha iscritto la propria ditta nel registro delle imprese in epoca posteriore*».

D) Il trasferimento della ditta

Tanto premesso in ordine alla ditta, alla sua formazione ed alla sua tutela, occorre evidenziare che il legislatore ne ha espressamente disciplinato anche il **trasferimento**. La relativa disciplina è dettata dall'art. **2565 c.c.** ai sensi del quale (e diversamente da quanto si dirà a proposito del marchio) la ditta può essere trasferita soltanto unitamente all'azienda.

La norma in parola, quindi, sancisce il **divieto di trasferimento della ditta separatamente dall'azienda**; occorre tuttavia evidenziare che, secondo il prevalente orientamento dottrinale e giurisprudenziale, il trasferimento della ditta può avere luogo anche quando sia trasferita non l'intera organizzazione aziendale, ma soltanto un ramo della stessa, suscettibile di costituire un'organica unità.

Con riguardo al *trasferimento dell'azienda per atto tra vivi*, **il trasferimento della ditta non è automatico**, dovendo, invece, formare oggetto di una specifica manifestazione di volontà negoziale in tal senso.

Viceversa, in caso di *successione mortis causa nella titolarità dell'azienda*, **la ditta si trasmette ai successori unitamente al complesso aziendale**, in mancanza di una disposizione testamentaria che disponga diversamente.

3. L'insegna.

L'insegna è il segno, nominativo o emblematico, che distingue i locali nei quali si esercita un'attività imprenditoriale.

L'art. 2568 c.c. stabilisce che si applichi anche all'insegna la disposizione di cui all'art. 2564 c.c., primo comma, c.c.

Ne consegue che, data la funzione concorrenziale che è propria anche dell'in-

segna, l'imprenditore avrà diritto alla **tutela dell'uso esclusivo** anche della stessa, oltre che della ditta, con il conseguente **obbligo di differenziazione in capo a chi adotti**, successivamente, **un'insegna suscettibile di creare confusione** con quella di un'altra impresa che eserciti attività concorrente.
In considerazione del richiamo operato al primo comma dell'art. 2564 c.c., il conflitto tra insegne confondibili è risolto dal criterio della **priorità dell'uso**, avuto riguardo all'oggetto ed al luogo di esercizio dell'impresa, mentre per l'insegna **non** opera (nemmeno con riferimento alle imprese commerciali) il criterio della priorità **della registrazione. L'esclusivo richiamo** – contenuto nell'art. 2568 c.c. – al solo art. 2564 c.c. e, quindi, **al solo principio della novità dettato per la ditta, e non a quello di verità**, consente di formare l'insegna in base a criteri di pura fantasia (BUONOCORE) salvo, come per tutti i segni, il requisito della originalità.

4. Il marchio. Funzione e quadro normativo.

Il marchio è il segno con il quale l'imprenditore presenta sul mercato i prodotti o i servizi dell'impresa. Le funzioni assolte dal marchio sono molteplici.
Tale segno distintivo, in particolare, è tutelato per la sua **funzione di individuazione dei prodotti**, siccome diretto a garantire l'autenticità e la provenienza di questi; lo stesso, inoltre, è **finalizzato a richiamare l'attenzione dei consumatori, in funzione pubblicitaria**, in considerazione della rinomanza che l'impresa titolare del marchio ha acquistato sul mercato.
La **disciplina del marchio al livello nazionale**, oltre che nel codice civile, è contenuta nel **Codice della proprietà industriale**, emanato con D.lgs. 10 febbraio 2005, n. 30. Il marchio, oltre che in ambito nazionale, è **regolato anche in ambito comunitario**.
La disciplina comunitaria, introdotta con il regolamento CE, n. 40/94 e rivisitata dal regolamento CE n. 207/2009, è finalizzata al riconoscimento di un marchio comunitario, inteso quale marchio unico, regolato e tutelato in maniera unitaria in tutti i paesi dell'Unione Europea. Con l'emanazione del D.lgs. 20 febbraio 2019 n. 15 (che ha riformato alcune disposizioni del D.lgs. 10 febbraio 2005, n. 30), il nostro legislatore ha dato inoltre attuazione alla Direttiva (UE) 2015/2436 del Parlamento europeo e del Consiglio, del 16 dicembre 2015, sul ravvicinamento delle legislazioni degli Stati membri in materia di marchi d'impresa, nonché per l'adeguamento della normativa nazionale alle disposizioni del regolamento (UE) 2015/2424 del Parlamento europeo e del Consiglio, del 16 dicembre 2015, recante modifica al regolamento sul marchio comunitario.

Esiste, infine, una **disciplina internazionale del marchio**, dettata dalla *Convenzione d'Unione di Parigi del 1883* per la protezione della proprietà industriale, e dall'*Accordo di Madrid del 1891*, sulla registrazione internazionale dei marchi.

▶ LA GIURISPRUDENZA PIÙ SIGNIFICATIVA
IL PRINCIPIO DI TERRITORIALITÀ DEL MARCHIO.

Le Sezioni Unite hanno affermato che il principio di territorialità, vigente in tema di protezione di un marchio, comporta che l'accertamento giudiziale della contitolarità di quest'ultimo è, di regola, insuscettibile di estensione in uno Stato diverso da quello – nella specie, l'Italia – in cui è avvenuto, salvo che si tratti di marchio comunitario (registrato, cioè, per la prima volta in sede comunitaria, oppure nascente dalla registrazione ivi di un marchio già registrato in uno Stato membro, con conseguente estensione della protezione per tutti i paesi dell'Unione) o internazionale (la cui procedura di rilascio, ai sensi dell'Accordo di Madrid, sfocia nel conferimento di una pluralità di distinti marchi nazionali che producono, in ciascuno Stato ad esso aderente, gli stessi effetti della domanda di registrazione di un marchio nazionale che fosse lì direttamente depositato), per i quali, però, quell'effetto estensivo non deriva immediatamente dalla sentenza, ma dal suo successivo avvalimento che le parti riterranno di fare innanzi agli organismi comunitari o internazionali competenti (Sez. Un., n. 13570/2016, Ragonesi, Rv. 640219).

4.1. Le tipologie di marchio ed i c.d. requisiti di liceità.

A) Tipologie di marchio

Il marchio è un segno distintivo idoneo a distinguere il prodotto sul mercato. In particolare, il marchio può assumere **diverse forme**:

- può essere costituito da parole. Si parla, in tal caso, di **marchi denominativi**;
- può essere costituito da figure. Si parla, in tal caso, di **marchi figurativi o emblematici**;
- può essere costituito dalla stessa forma del prodotto o dalla sua confezione, purché si tratti di forme preordinate ala distinzione del prodotto, e non imposte dalla natura stessa del prodotto. Si parla, in tal caso, di **marchi di forma o tridimensionali**;
- può essere costituito da parole e figure. Si parla, in tal caso, di **marchi misti**.

- Sono ravvisabili diverse **tipologie di marchio**. In particolare, il marchio:
- può essere **di fabbrica**, se apposto sul prodotto dal fabbricante, oppure di **commercio**, se apposto dal rivenditore sui prodotti altrui;
- può essere **speciale o generale**, a seconda che sia destinato a distinguere un solo prodotto oppure tutti quelli provenienti da un determinato produttore (ad esempio, il marchio «Lancia» è un marchio generale; costituisce, viceversa, un marchio speciale il marchio «Lancia Ypsilon»);
- può essere **di servizio**, se destinato a contraddistinguere non un bene prodotto o commercializzato, bensì un servizio reso dall'imprenditore (come accade, ad esempio, nel caso di imprese di trasporti, comunicazione, pubblicità, costruzioni, assicurazioni, credito ecc.);
- può essere **individuale o collettivo**, a seconda che sia utilizzato da un solo imprenditore oppure da più imprenditori, anche riuniti in un'associazione rappresentativa o comunque in un ente esponenziale. Il marchio collettivo, disciplinato dall'art. 2570 c.c. e dall'art. 11 Cod. Pr. Ind., svolge la funzione di garantire la natura, l'origine e la qualità del prodotto. Questa tipologia di marchio (come ad esempio «Pura Lana Vergine» o «Prosciutto di Parma») è utilizzata, di norma, in aggiunta al marchio individuale e può, diversamente dallo stesso, consistere anche in una mera indicazione geografica che designa la provenienza del prodotto o del servizio. I marchi collettivi si distinguono anche dai **marchi di qualità**, che sono soggetti ad una disciplina pubblicistica e riconosciuti dallo Stato per la valorizzazione di determinati prodotti agro-alimentari e per la tutela del consumatore. I marchi collettivi, infine, presentano analogie con le «**denominazioni di origine protetta**»; si tratta di nomi geografici utilizzati per contraddistinguere prodotti con caratteristiche qualitative proprie di una data zona. Le indicazioni geografiche e le denominazioni d'origine (artt. 29 e 30 Cod. Pr. Ind.), tuttavia, non sono marchi, proprio in quanto fruibili da tutti gli imprenditori di una determinata zona, i cui prodotti si conformino a determinate caratteristiche prefissate, di norma, in via amministrativa o legislativa;
- possono costituire oggetto di registrazione come marchio d'impresa **(c.d. marchi non tradizionali)** tutti i segni, in particolare le parole, compresi i nomi di persone, i disegni, le lettere, le cifre, i suoni, la forma del prodotto o della confezione di esso, le combinazioni o le tonalità cromatiche, purché siano atti: a distinguere i prodotti o i

servizi di un'impresa da quelli di altre imprese; ad essere rappresentati nel registro in modo tale da consentire alle autorità competenti ed al pubblico di determinare con chiarezza e precisione l'oggetto della protezione conferita al titolare.

Una delle ulteriori principali novità introdotte dal D.lgs. 20 febbraio 2019 n. 15 è sicuramente rappresentata dal **marchio di certificazione** previsto dal nuovo art. 11 bis Cod. Pr. Ind. Il marchio di certificazione è definito dall'art. 27 della Direttiva (UE) 2015/2436 come il marchio d'impresa idoneo a distinguere i prodotti o servizi certificati dal titolare del marchio in relazione al materiale, al procedimento di fabbricazione dei prodotti o alla prestazione dei servizi, alla qualità, alla precisione o ad altre caratteristiche da prodotti e servizi che non sono certificati. I marchi di certificazione sono pertanto dei segni che hanno lo scopo di certificare determinate caratteristiche dei prodotti o dei servizi (ad esempio la qualità).

B) Requisiti di liceità del marchio
Il marchio, per poter essere valido e per poter, quindi, trovare tutela giuridica, deve presentare i seguenti caratteri fissati dalla legge:

- *liceità*. Il marchio non deve contenere segni contrari alla legge, all'ordine pubblico o al buon costume, né stemmi o segni protetti da convenzioni internazionali, o segni lesivi di un altrui diritto d'autore o di proprietà industriale, o dell'altrui diritto all'immagine o al nome (artt. 14, 10, 8, Cod. Pr. Ind.);
- *verità*. Il marchio deve essere non decettivo, cioè tale da non trarre in inganno i consumatori interessati circa l'origine, la provenienza e le qualità di un prodotto (art. 14, comma 1, lett. b, Cod. Pr. Ind.);
- *originalità*. Il marchio deve essere idoneo a distinguere il prodotto contrassegnato da altri prodotti affini presenti sul mercato. Occorre evidenziare che – a seconda della maggiore o della minore capacità distintiva dello stesso – si parla di *marchi deboli o forti*. In particolare, sono **marchi forti** sia quelli di pura fantasia, sia quelli che adottano parole del linguaggio comune che, tuttavia, non hanno alcuna aderenza concettuale con il prodotto che il marchio va a contraddistinguere. Sono, invece, **marchi deboli** quelli che presentano scarsi elementi di fantasia ed hanno un carattere descrittivo del prodotto che vanno a contraddistinguere, affidando la loro originalità a modificazioni o combinazioni di parole. La differenza tra marchi deboli e

marchi forti si ripercuote sotto il profilo della **tutela giuridica** che agli stessi viene riconosciuta. Nel caso di marchio debole, infatti, anche lievi aggiunte o modificazioni sono sufficienti ad escludere la confondibilità con altri marchi, mentre, nel caso di marchio forte, devono ritenersi illegittime tutte le modificazioni e variazioni, anche se rilevanti ed originali, che lascino sussistere, però, il *"cuore"* del marchio, ovvero il nucleo in cui si manifesta la spiccata attitudine individualizzante del segno distintivo. L'esigenza di assicurare l'effettiva originalità del marchio è tutelata anche attraverso l'istituto della *«volgarizzazione»* del marchio, che ne implica la decadenza quando il segno sia divenuto, nel commercio, denominazione generica di un prodotto o di un servizio, o comunque abbia perduto la sua capacità distintiva (artt. 13, comma 4 e 26, lett. a, Cod. Pr. Ind). Si tratta, ad esempio, di quanto si è verificato per il marchio «Aspirina», che con il tempo si è volgarizzato ed è divenuto una denominazione generica di una determinata categoria di medicinali);
- **novità.** Il marchio, infine, deve essere dotato del requisito della novità ed essere, quindi, diverso rispetto a segni distintivi già registrati o utilizzati da altri imprenditori, per prodotti identici o affini (art. 12 Cod. Pr. Ind.).

Il **marchio privo** dei predetti **requisiti di liceità** è **nullo**, secondo quanto previsto dall'art. 25 Cod. Pr. Ind., salvo due **eccezioni**. Si tratta di:

- *secondary meaning*, in ragione del quale non può essere dichiarata la **nullità del marchio per difetto del requisito dell'originalità** se, prima della domanda principale o dell'eccezione di nullità del marchio, il segno che ne forma oggetto – pur essendone *ab origine* sprovvisto – ha acquistato carattere distintivo in seguito all'uso che ne è stato fatto (art. 13, comma 3, Cod. Pr. Ind.);
- *convalida del marchio*, in ragione della quale è preclusa la dichiarazione di **nullità del marchio per difetto del requisito della novità**, quando chi ne ha chiesto la registrazione era in buona fede ed il titolare del marchio anteriore abbia tollerato per cinque anni l'utilizzo del marchio confondibile (art. 28 Cod. Pr. Ind.).

4.2. Il marchio registrato. Profili di tutela.

Il **marchio** può essere **registrato** o meno; in caso di marchio non registrato si parla di **marchio di fatto**, il quale gode di una tutela giuridica minore rispetto a quella prevista per il primo. La **registrazione del marchio** si effettua, su richiesta del soggetto legittimato, **presso l'Ufficio italiano brevetti e marchi, che verificherà la presenza dei requisiti di liceità del marchio**. La **registrazione**, una volta effettuata, **dura dieci anni** e può essere rinnovata senza limitazioni (artt. 15 e 16 Cod. Pr. Ind.). Dalla registrazione del marchio **si decade**, ai sensi dell'art. 26 Cod. Pr. Ind., **per volgarizzazione** del segno distintivo, **per sopravvenuta ingannevolezza** dello stesso e **per mancata utilizzazione** del marchio entro cinque anni dalla registrazione (o per sospensione dell'utilizzazione per il medesimo periodo), salvo che non sussista un motivo legittimo a giustificare l'inerzia del titolare.

Il titolare di un **marchio registrato** vanta il diritto all'**utilizzo esclusivo** del segno distintivo **su tutto il territorio nazionale, indipendentemente dalla diffusione del marchio stesso** (art. 2569 c.c.)

Il diritto di esclusiva del marchio registrato non impedisce che altro imprenditore registri lo stesso marchio per prodotti completamente diversi (CAMPOBASSO). È in tal modo sancito il principio della c.d. relatività della tutela del marchio (o principio di specialità): la tutela del marchio opera se e in quanto sussista una effettiva possibilità di confusione dei segni distintivi.

Costituiscono un'eccezione rispetto al principio di relatività della tutela del marchio, i c.d. **marchi celebri,** la cui tutela è più ampia, in quanto svincolata dal principio dell'affinità merceologica.

In tal caso, infatti, il **diritto all'uso esclusivo** del marchio registrato vale anche **per prodotti o servizi non affini**, «*se il marchio registrato goda nello Stato di rinomanza e* **se l'uso del segno senza giusto motivo consente di trarre indebitamente vantaggio dal carattere distintivo** *o dalla rinomanza del marchio o reca pregiudizio agli stessi*» (art. 20, comma 1, lett. c, Cod. Pr. Ind.).

Al marchio registrato è riconosciuta un'ampia tutela giudiziale, attraverso:

- **l'azione di contraffazione**, finalizzata ad ottenere l'accertamento della violazione del diritto all'**uso esclusivo** del marchio e la successiva **inibitoria** della fabbricazione, del commercio e dell'uso delle cose costituenti violazione del diritto, nonché l'ordine di ritiro definitivo dal commercio delle medesime cose nei confronti di chi ne sia proprietario o ne abbia comunque la disponibilità (artt. 124 ss. Cod. Pr. Ind.);
- **l'azione di rivendicazione**, che opera ove il marchio altrui sia stato abusivamente registrato (artt. 118 e 133 Cod. Pr. Ind.);
- **l'azione di concorrenza sleale** (su cui si tornerà *infra*, Cap. VI, par. 3);

- **l'azione di risarcimento del danno** derivante dall'illecito, nella forma del **danno emergente e del lucro cessante**, se sussiste il dolo o la colpa grave del contraffattore.

Sono previste, inoltre, tre **misure cautelari tipiche** a tutela del marchio (artt. 128, 129 e 131 Cod. Pr. Ind.). Si tratta:

- **della descrizione** degli oggetti ritenuti lesivi del diritto all'uso esclusivo del marchio, finalizzata a precostituire una prova della contraffazione;
- **del sequestro** degli oggetti contraffatti;
- **dell'azione inibitoria**, finalizzata ad ottenere l'immediata cessazione di qualsiasi violazione imminente del diritto di uso esclusivo del marchio e del proseguimento o della ripetizione delle violazioni in atto.

Il marchio registrato, infine, oltre che civilmente, è tutelato anche in sede penale (artt. 473, 474, 514 1 517 c.p.).

4.3. Il marchio di fatto.

Il diritto all'uso esclusivo del marchio, invero, è limitatamente riconosciuto dall'ordinamento **anche in mancanza di registrazione**.
Il marchio di fatto, tuttavia, gode di una tutela sicuramente meno incisiva rispetto a quella riconosciuta al marchio registrato.
Ai sensi dell'art. 2571 c.c., l'imprenditore che ha utilizzato il marchio non registrato può continuare ad avvalersi dello stesso soltanto:

- a condizione che provi **il preuso del segno distintivo** rispetto alla registrazione effettuata da altri (mentre, in caso di registrazione, vige una presunzione assoluta di titolarità esclusiva del diritto);
- esclusivamente nei **limiti territoriali e merceologici** in cui lo utilizzava prima che un altro imprenditore lo registrasse (mentre il marchio registrato avrà tutela sull'intero territorio nazionale).

L'**uso esclusivo** del marchio non registrato, inoltre, è **limitato ai prodotti identici** e **non** si estende anche ai **prodotti affini**.
Va precisato, infine, che a tutela del marchio non registrato (tutela che si realizza esclusivamente entro i limiti appena esposti) potranno essere esperite

esclusivamente **azioni di concorrenza sleale** e non le azioni previste, a tutela del solo marchio registrato, dal Codice della proprietà industriale.

4.4. Il trasferimento del marchio.

Il marchio può essere oggetto di **circolazione separata rispetto all'azienda** e può essere trasferito definitivamente o in via solo temporanea, attraverso la c.d. **licenza di marchio** (artt. 2573 c.c. e 23 Cod. Pr. Ind.).

L'art. 2573 c.c., infatti, prevede che «*Il marchio può essere trasferito o concesso in licenza per la totalità o per una parte dei prodotti o servizi per i quali è stato registrato*»; la norma impone, come unico limite, che «***dal trasferimento o dalla licenza non derivi inganno in quei caratteri dei prodotti o servizi che sono essenziali nell'apprezzamento del pubblico***».

L'art. 23, comma 3, Cod. Pr. Ind. prevede che il licenziatario non esclusivo del marchio deve espressamente obbligarsi ad usare il marchio per contraddistinguere prodotti o servizi eguali (per caratteristiche qualitative) a quelli corrispondenti messi in commercio o prestati nel territorio dello Stato con lo stesso marchio dal titolare o da altri licenziatari. Il comma 4 del medesimo articolo dispone, come norma di chiusura, che in ogni caso, dal trasferimento e dalla licenza del marchio non deve derivare inganno in quei caratteri dei prodotti o servizi che sono essenziali nell'apprezzamento del pubblico. Il marchio può essere temporaneamente trasferito anche a più soggetti. Si tratta della c.d. **licenza di marchio non esclusiva**, in virtù della quale il marchio può essere utilizzato contemporaneamente sia dal titolare originario, che da uno o più concessionari, a condizione che i licenziatari si obblighino ad utilizzare il marchio per prodotti con **caratteristiche qualitative uguali rispetto a quelle dei corrispondenti prodotti messi in commercio dal concedente o dagli altri licenziatari**.

La licenza di marchio non esclusiva ha grande importanza economica in quanto consente, attraverso i contratti di *franchising* e di *merchandising*, lo sfruttamento dei marchi celebri.

SCHEDA DI SINTESI

La **ditta** rappresenta il nome sotto cui l'imprenditore esercita l'impresa e coincide, perciò, con il **nome commerciale dell'imprenditore**.
L'**insegna** è il segno, nominativo o emblematico, che distingue i locali nei quali si esercita un'attività imprenditoriale.

CAPITOLO IV | LA DISCIPLINA DEI SEGNI DISTINTIVI DELL'IMPRESA

Il **marchio** è il segno con il quale l'imprenditore presenta sul mercato i prodotti o i servizi dell'impresa. Tale segno distintivo, in particolare, è tutelato per la sua **funzione di individuazione dei prodotti**, siccome diretto a garantire l'autenticità e la provenienza di questi; lo stesso, inoltre, è **finalizzato a richiamare l'attenzione dei consumatori, in funzione pubblicitaria**, in considerazione della rinomanza che l'impresa titolare del marchio ha acquistato sul mercato.
Il marchio, per poter essere valido e per poter, quindi, trovare tutela giuridica, deve presentare i caratteri della liceità, verità e originalità.
Il **marchio** può essere **registrato** o meno; in caso di marchio non registrato si parla di **marchio di fatto**, il quale gode di una tutela giuridica minore rispetto a quella prevista per il primo.
Il marchio può essere infine oggetto di **circolazione separata rispetto all'azienda** e può essere trasferito definitivamente o in via solo temporanea, attraverso la c.d. **licenza di marchio**.

QUESTIONARIO

1. Quali sono i segni distintivi dell'impresa ed a quale funzione assolvono? **(1)**
2. Che cos'è la ditta? **(2)**
3. La ditta può essere ceduta? **(2)**
4. Che cos'è l'insegna? **(3)**
5. Che cos'è il marchio? **(4)**
6. È possibile registrare il marchio a livello europeo e internazionale? Se sì, come? **(4)**
7. Quali sono i requisiti di liceità del marchio? **(4.1.)**
8. Qual è la differenza tra marchio forte e marchio debole? E tra marchio collettivo e individuale? **(4.1)**
9. Esistono marchi che identificano una particolare qualità di un bene? **(4.1)**
10. Che cosa significa *secondary meaning*? **(4.1)**
11. In che modo viene tutelato il marchio registrato? **(4.2)**
12. Cos'è l'azione inibitoria? **(4.2)**
13. Che cos'è il marchio di fatto? È possibile riconoscere un margine di tutela anche al marchio non registrato? **(4.3.)**
14. È possibile trasferire il marchio? Se sì, in che modo? **(4.4.)**

Capitolo V
Le opere dell'ingegno e le invenzioni industriali

Sommario:
1. Le creazioni intellettuali. Introduzione. – **2.** Il diritto d'autore. L'oggetto della tutela. – **2.1.** L'acquisto, il contenuto ed il trasferimento del diritto d'autore. – **2.2.** La gestione collettiva del diritto d'autore e dei diritti connessi. – **3.** Le invenzioni industriali. Oggetto della tutela e requisiti di validità. – **3.1.** I diritti dell'inventore. Efficacia costitutiva del brevetto. – **3.2.** La tutela dell'invenzione brevettata ed i residui spazi di rilevanza giuridica dell'invenzione non brevettata. – **3.3.** Le invenzioni del prestatore di lavoro. – **4.** Il diritto al brevetto per i modelli di utilità e la registrazione di modelli e disegni.

1. Le creazioni intellettuali. Introduzione.

Il nostro ordinamento disciplina e tutela due diverse tipologie di creazioni intellettuali. Si tratta delle opere dell'ingegno e delle invenzioni industriali.

Le **opere dell'ingegno** sono le *creazioni in campo culturale e scientifico*; può trattarsi, ad esempio, di opere letterarie, cinematografiche, teatrali, architettoniche o scientifiche, oggetto del diritto d'autore.

Le **invenzioni industriali,** tutelate attraverso l'attribuzione del brevetto, costituiscono, le *creazioni nel campo della tecnica*, che hanno un'attitudine ad un'applicazione industriale e consentono di ottenere un risultato produttivo.

2. Il diritto d'autore. L'oggetto della tutela.

Il Titolo nono del Libro quinto del c.c., al Capo primo, disciplina «*Il diritto d'autore sulle opere dell'ingegno letterarie ed artistiche*».

Gli art. 2575 ss. c.c. delineano i tratti essenziali della materia, rinviando, poi alla legislazione speciale. Il testo normativo fondamentale va rinvenuto nella Legge del 22 aprile 1941, n. 633, oggetto di numerosi interventi di modifica (attuati, da ultimo, con D.lgs. 2 febbraio 2001, n. 95).

L'art. 2575 c.c. dispone che «*formano **oggetto del diritto d'autore** le **opere dell'ingegno di carattere creativo*** che appartengono alle scienze, alla lettera-

*tura, alla musica, alle arti figurative, all'architettura, al teatro ed alla cinematografia, **qualunque sia il modo o la forma di espressione**».*
Analogamente dispone la Legge n. 633/1941.
L'art. 2 della stessa, in particolare, estende la tutela anche ai «*programmi per elaboratore, in qualsiasi forma espressi purché originali quale risultato di creazione intellettuale dell'autore*» (si tratta, quindi, dei **software**, ai quali non si applica più, a differenza del passato, la normativa prevista per i brevetti e le invenzioni); alle «***banche di dati*** *(...), intese come raccolte di opere, dati o altri elementi indipendenti sistematicamente o metodicamente disposti ed individualmente accessibili mediante mezzi elettronici o in altro modo*» ed alle «***opere del disegno industriale*** *che presentino di per sé carattere creativo e valore artistico*». Si tratta, in ogni caso, di un'elencazione che non va intesa in senso tassativo, bensì solo esemplificativo; come chiarito in *incipit* dall'art. 2575 c.c., infatti, **costituisce oggetto di tutela tutto ciò che rappresenti** «***un'opera dell'ingegno di carattere creativo***», connotata, cioè, da «*originalità oggettiva rispetto anche preesistenti opere dello stesso genere*» (CAMPOBASSO; nello stesso senso, ASCARELLI).

2.1. L'acquisto, il contenuto ed il trasferimento del diritto d'autore.

A) Acquisto
L'art. 2576 c.c. dispone che **il diritto d'autore si acquista a titolo originario**, in conseguenza della stessa creazione dell'opera, quale espressione del lavoro intellettuale. La registrazione dell'opera presso gli appositi registri tenuti dalla **SIAE** (Società Italiana degli Autori ed Editori) non ha, quindi, carattere costitutivo, ma soltanto probatorio: «*la **registrazione fa fede**, sino a prova contraria, della **esistenza dell'opera** e del fatto della sua **pubblicazione**. Gli autori e i produttori indicati nel registro sono reputati, sino a prova contraria, autori o produttori delle opere che sono loro attribuite*» (art. 103, L. 633/1941).

B) Contenuto
Ai sensi dell'art. 2577 c.c. il diritto d'autore gode di una tutela complessa, di tipo sia patrimoniale che morale.
Con specifico riferimento al **diritto morale**, l'autore ha – **indipendentemente dai diritti di esclusiva utilizzazione economica dell'opera, che possono anche essere ceduti** – il diritto di «*rivendicare la paternità dell'opera e di opporsi a qualsiasi deformazione, mutilazione od altra modificazione, ed a ogni atto a danno dell'opera stessa, che possano essere di pregiudizio al suo onore o alla sua reputazione*» (art. 20, L. 633/1941); lo stesso, inoltre, può decidere

se pubblicare o meno un'opera (*diritto di inedito*) e se pubblicarla con il proprio nome oppure in forma anonima e pseudonima (*diritto di anonimo*), fermo, in questo caso, il diritto di rivelarsi e di far conoscere in giudizio la sua qualità di autore (art. 21, L. 633/1941).
Nell'ambito del diritto morale d'autore, inoltre, rientra anche il c.d. *diritto di pentimento*, cioè il diritto di ritirare l'opera dal commercio, qualora ricorrano gravi ragioni morali e salvo l'obbligo di indennizzare coloro che hanno acquistato i diritti di riprodurre, diffondere, eseguire, rappresentare o mettere in commercio l'opera medesima (art. 2582 c.c.).
I diritti a carattere morale sono **inalienabili** (art. 23, L. 633/1941), **irrinunciabili** e **trasmissibili** agli eredi (ad eccezione del «diritto di pentimento», definito dall'art. 2582 c.c. come diritto personale ed intrasmissibile).
Il diritto d'autore ha, inoltre, un **contenuto patrimoniale**.
L'autore, in particolare, ha «*il diritto esclusivo di pubblicare l'opera. Ha altresì il diritto esclusivo di utilizzare economicamente l'opera in ogni forma e modo originale, o derivato*» (art. 12, l. 633/1941).
A differenza del diritto morale, il **diritto patrimoniale d'autore** e, in particolare, il diritto di utilizzazione economica dell'opera, **può formare oggetto di trasferimento, a titolo temporaneo o definitivo** (artt. 2581 c.c. e 107, L. 633/1941). Il trasferimento per atto tra vivi deve essere provato per iscritto.

C) Trasferimento

Il trasferimento del diritto d'autore può essere realizzato attraverso negozi tipici o atipici. Contratti tipici previsti per la circolazione del diritto d'autore sono il contratto di edizione ed il contratto di rappresentazione e di esecuzione.
Il **contratto di edizione** (artt. 118-135 L. 633/1941) è il contratto con il quale «*l'autore concede ad un editore l'esercizio del diritto di pubblicare per la stampa, per conto e a spese dell'editore stesso, l'opera dell'ingegno*».
Il **contratto di rappresentazione e di esecuzione** (artt. 136-141 L. 633/1941) è il contratto con il quale **l'autore concede la sola facoltà di rappresentare in pubblico** un'opera drammatica, drammatico-musicale, coreografica, pantomimica o qualunque altra opera destinata alla rappresentazione. Salvo patto contrario, la concessione di detta **facoltà non è esclusiva** e non è trasferibile ad altri.
Ulteriore differenza tra il diritto morale ed il diritto patrimoniale d'autore risiede nella durata temporalmente limitata di quest'ultimo.
Il diritto patrimoniale, consistente nello sfruttamento economico esclusivo dell'opera, infatti, dura per tutta la vita dell'autore e per settanta anni dopo la sua morte (art. 25, L. 633/1941), salve eccezioni specificamente contemplate dalla legge. Trascorso questo termine, quindi, l'opera sarà suscettibile di

sfruttamento economico da parte di chiunque, salvi, ovviamente, i limiti imposti dal diritto morale d'autore.

D) Forme di tutela

Il diritto d'autore, nei limiti suesposti, è **tutelato** con specifiche **sanzioni civili** (artt. 156 ss. L. 633/1941), **amministrative pecuniarie** (artt. 174-bis e ss. L. 633/1941) e **penali** (artt. 171 ss. L. 633/1941).
Per quanto specificamente concerne le **sanzioni civili**, la L. 633/1941 prevede che «*Chi ha ragione di temere la violazione di un diritto di utilizzazione economica a lui spettante* (...) *oppure intende impedire la continuazione o la ripetizione di una violazione già avvenuta* (...) *può* **agire in giudizio per ottenere che il suo diritto sia accertato e sia vietato il proseguimento della violazione**. *Pronunciando l'inibitoria, il giudice può fissare una somma dovuta per ogni violazione o inosservanza successivamente constatata o per ogni ritardo nell'esecuzione del provvedimento*» (art. 156 L. 633/1941).
Chi venga leso nell'esercizio di un diritto di utilizzazione economica a lui spettante, inoltre, può agire in giudizio per ottenere che, a spese dell'autore della violazione, sia **distrutto o rimosso lo stato di fatto da cui risulta la violazione** (art. 158 L. 633/1941).
Si tratta di una tutela che può essere azionata anche dal titolare del solo diritto morale (art. 168 L. 633/1941).

2.2. La gestione collettiva del diritto d'autore e dei diritti connessi.

Il D.lgs. n. 35/2017, dando esecuzione alla direttiva 2014/26/UE, ha introdotto nel nostro ordinamento una serie di disposizioni volte a tutelare la libertà degli autori e di altri titolari di diritti d'autore nella scelta del gestore collettivo e delle opere e delle categorie di diritti da affidare a tale gestione. Il decreto, inoltre, garantisce il buon funzionamento di organizzazioni senza fini di lucro, quali la Società Italiana degli Autori ed Editori (SIAE) in Italia, obbligandole ad amministrare i diritti e i relativi proventi secondo criteri rigorosi di prudenza, efficienza e trasparenza e permettendo ai propri membri un'effettiva partecipazione alle attività dell'organizzazione, anche mediante deleghe e strumenti di comunicazione elettronica.
Le nuove disposizioni sono introdotte a beneficio tanto dei titolari dei diritti, il cui potere negoziale è rafforzato, sia degli utilizzatori di opere protette, che potranno contare su una gestione efficiente, moderna e non discriminatoria e su una valutazione obiettiva e trasparente del valore di mercato dei diritti acquistati, anche per ciò che riguarda gli usi digitali in rete.

In dettaglio, il D.lgs. n. 35/2017 contiene disposizioni che tendono a garantire l'efficienza, la trasparenza e la sana e prudente amministrazione di enti la cui finalità unica o principale sia la gestione collettiva di diritti d'autore o di diritti connessi. Il decreto definisce tali organismi quali enti senza scopo di lucro che siano controllati dai propri membri e amministrino i diritti per conto di più di un titolare e a vantaggio collettivo di questi (art. 2, comma 1). Il decreto tiene ben distinti tali organizzazioni no-profit dalle "entità di gestione indipendenti" che – pur amministrando gli stessi tipi di diritti, a vantaggio collettivo di una pluralità di titolari – perseguono fini di lucro e non sono né detenute né controllate, direttamente o indirettamente, dai titolari dei diritti. A tali entità di tipo commerciale il decreto non consente l'attività d'intermediazione nella gestione dei diritti d'autore, che resta riservata in via esclusiva alla SIAE in virtù dell'art. 180 LDA. Alle entità di gestione indipendenti è invece permessa l'intermediazione nella gestione dei diritti connessi, a condizione che adottino una forma giuridica, italiana o di altro Paese dell'UE, che consenta l'effettiva partecipazione e controllo da parte dei titolari dei diritti e tengano i libri e le altre scritture contabili richieste dal codice civile agli imprenditori commerciali (art. 8).

È previsto anche che tali entità di gestione segnalino l'inizio delle proprie attività all'Autorità per le garanzie nelle comunicazioni (AGCOM), cui spetta il compito di accertare il possesso dei predetti requisiti di forma e contabili così come l'osservanza, da parte di tali entità, di obblighi di buona fede e trasparenza che il decreto fissa tanto per gli organismi di gestione collettiva senza scopo di lucro quanto per le imprese commerciali che svolgano attività analoghe.

Fatta eccezione per le disposizioni sopra menzionate, l'ambito di applicazione del D.lgs. n. 35/2017 è circoscritto essenzialmente agli organismi di gestione collettiva senza scopo di lucro quali, in Italia, la SIAE e il Nuovo IMAIE, e al rapporto tra queste organizzazioni e, da un lato, i titolari di diritti (d'autore e connessi), dall'altro gli utilizzatori delle opere e altri materiali protetti, licenziatari dei diritti gestiti collettivamente.

In attuazione della normativa europea, il legislatore ha trasfuso nel decreto tutte le disposizioni previste nella citata direttiva per quanto riguarda l'organizzazione e gli organi degli organismi di gestione collettiva (Capo II; Sezione 2); la gestione dei proventi dei diritti da parte di tali organismi (Sezione 3); la gestione dei diritti per conto di altre organizzazioni e le relazioni con gli utilizzatori (Sezione 4); gli obblighi di trasparenza e comunicazione che tali organismi sono ora obbligati a rispettare (Sezione 5). Le altre parti del decreto legislativo in esame riguardano la concessione di licenze multiterritoriali per l'esercizio di diritti su opere musicali utilizzate su reti di comunicazione elettronica (Capo III); la risoluzione di controversie, la vigilanza e le sanzioni per il mancato rispetto delle disposizioni in oggetto (Capo IV) e la possibilità di riduzioni ed esenzioni dall'obbligo del pagamento di diritti d'autore a beneficio di organizzatori di spettacoli dal vivo in luoghi con capienza inferiore ai cento partecipanti o per la rappresentazione di opere di artisti esordienti (Capo V).

3. Le invenzioni industriali. Oggetto della tutela e requisiti di validità.

Le invenzioni industriali sono **idee creative nel campo della tecnica** e consistono nell'individuazione di una **soluzione nuova**, inventiva, **per un problema tecnico industriale** (DI CATALDO, LUZZATO).

A) Tipologie
A seconda dell'oggetto, le invenzioni si distinguono in *invenzioni di prodotto*, *di procedimento* (vi rientra anche il cd. Know How ovvero l'insieme di esperienze e conoscenze specifiche acquisite dall'impresa nel corso della propria attività e che accompagna l'invenzione vera e propria aggiungendovi un *quid pluris* che, al ricorrere dei presupposti di legge, può costituire oggetto di brevetto di per sé) o in *invenzioni derivate*, che derivano, cioè, da una precedente invenzione, perfezionandola, consentendone una nuova utilizzazione, o infine, combinandola ingegnosamente con altre invenzioni.

B) Requisiti di validità
È necessario, perché un'invenzione possa essere brevettata, che la stessa presenti alcuni indefettibili **requisiti di validità**. Si tratta, in particolare:

- della *liceità*, da intendersi come non contrarietà dell'invenzione all'ordine pubblico o al buon costume;
- della *novità*, da intendersi come **non divulgazione dell'invenzione tra il pubblico**, prima della presentazione della domanda di brevetto (si tratta della c.d. **novità estrinseca**);
- della *originalità*. L'invenzione, cioè, non solo deve costituire un *quid* di diverso rispetto alle conoscenze già diffuse tra il pubblico (novità estrinseca), ma deve anche rappresentare, rispetto al generale patrimonio di cognizioni, un **contributo creativo ed inventivo** (**c.d. novità intrinseca**);

- dell'*industrialità*, da intendersi come idoneità dell'invenzione a trovare concreta applicazione industriale; ai sensi dell'art. 49 Cod. Pr. Ind., l'invenzione è tale «*se il trovato può essere fabbricato o utilizzato in qualsiasi genere di industria, compresa quella agricola*».

3.1. I diritti dell'inventore. L'efficacia costitutiva del brevetto.

Dall'invenzione industriale discendono diritti morali e patrimoniali.

A) Diritti morali
Il **diritto morale d'inventore**, vale a dire il **diritto di essere riconosciuto dalla generalità dei consociati come autore dell'invenzione**, deriva *ipso iure* dalla realizzazione della stessa, è imprescrittibile ed intrasferibile (art. 62 Cod. Pr. Ind.).

B) Diritti patrimoniali
Dall'invenzione industriale nascono, inoltre, **diritti patrimoniali** e, in particolare, il diritto a conseguire il brevetto (**diritto al brevetto**), **ossia il diritto di chiedere la registrazione del ritrovato**, riconosciuto all'inventore o a colui che a titolo derivativo acquista la completa descrizione dell'invenzione (art. 63 Cod. Pr. Ind.). Soltanto dopo aver ottenuto la concessione del brevetto per invenzioni industriali, nasce poi il **diritto all'utilizzazione economica esclusiva** dell'invenzione industriale (**diritto sul brevetto**).
L'art. **2584** c.c., rubricato «*Diritto di esclusività*», sancisce, infatti, il riconoscimento del diritto esclusivo di attuare l'invenzione industriale e di disporne secondo le modalità previste dalla legge **soltanto in capo a chi ha ottenuto un apposito brevetto. Il diritto patrimoniale sull'invenzione è liberamente trasferibile** (artt. 2589 c.c. e art. 63 Cod. Pr. Ind.).
Sul brevetto possono essere costituiti **diritti reali di garanzia** e lo stesso può formare oggetto di espropriazione per pubblica utilità e di esecuzione forzata.
Il titolare del **brevetto** può trasferire a terzi anche soltanto **il diritto di utilizzare** lo stesso, con un corrispettivo che può essere rappresentato anche da una percentuale sui prodotti venduti o sugli utili realizzati. Si ha, in tal caso, la c.d. **licenza di brevetto, con o senza esclusiva a favore del licenziatario**.
Un brevetto autonomo ed unitario è il **brevetto comunitario (ora europeo)**, che è stato regolato dalla Convenzione di Lussemburgo del 1975 (CBE), ratificata dall'Italia nel 1993. Si tratta di un brevetto che può essere rilasciato un'unica volta e secondo un'apposita procedura per tutti i paesi dell'Unione Europea.

3.2. La tutela dell'invenzione brevettata ed i residui spazi di rilevanza giuridica dell'invenzione non brevettata.

L'invenzione brevettata gode di un'ampia tutela giuridica, che si realizza sia in sede civile, sia in sede penale. Il titolare del brevetto, in particolare, può esperire l'**azione di contraffazione** nei confronti di chi sfrutti abusivamente l'invenzione; la sentenza che accerti la violazione può disporre che ne venga inibita la prosecuzione (artt. 124-132 Cod. Pr. Ind.).
Oltre l'**inibitoria**, la medesima sentenza potrà disporre l'**ordine definitivo di ritiro dal commercio** dei prodotti derivanti da un'utilizzazione indebita dell'invenzione, il **risarcimento del danno** e la **pubblicazione della decisione**.
Per l'**invenzione non brevettata** l'art. 68 del Cod. Pr. Ind., al terzo comma, dispone che «*Chiunque, nel corso dei dodici mesi anteriori alla data di deposito della domanda di brevetto o alla data di priorità, abbia fatto uso nella propria azienda dell'invenzione può continuare ad usarne nei limiti del preuso. Tale facoltà è trasferibile soltanto insieme all'azienda in cui l'invenzione viene utilizzata. La prova del preuso e della sua estensione è a carico del preutente*».

3.3. Le invenzioni del prestatore di lavoro.

L'art. 2590 c.c. sancisce il **diritto – irrinunciabile ed intrasferibile** – del prestatore di lavoro di essere riconosciuto **autore dell'invenzione** fatta nello svolgimento del rapporto di lavoro. Il Cod. Pr. Ind., all'art. 64, contempla tre diverse tipologie di invenzioni del prestatore di lavoro:

- l'**invenzione di servizio**, cioè un'invenzione realizzata «nell'esecuzione o nell'adempimento di un contratto o di un rapporto di lavoro o d'impiego, in cui l'**attività inventiva è prevista come oggetto del contratto o del rapporto e a tale scopo retribuita**». In tal caso, i diritti derivanti dall'invenzione stessa appartengono al datore di lavoro, salvo il diritto spettante all'inventore di esserne riconosciuto autore;
- l'**invenzione aziendale**, ovvero l'invenzione fatta **in esecuzione o in adempimento di un contratto o di un rapporto di lavoro o di impiego, senza che**, tuttavia, per la stessa fosse stata prevista e stabilita una retribuzione e senza che, in sostanza, l'**attività inventiva formasse oggetto del contratto di lavoro**. In tal caso, i diritti derivanti dall'invenzione appartengono al datore di lavoro, ma all'in-

ventore, salvo sempre il diritto di essere riconosciuto autore, spetta, qualora il datore di lavoro o suoi aventi causa ottengano il brevetto o utilizzino l'invenzione in regime di segretezza industriale, un **equo premio**;
- l'**invenzione occasionale** che – pur non ricorrendo gli estremi per considerarla «di servizio» oppure «aziendale» – **rientra** comunque **nel campo di attività del datore di lavoro**. In tal caso, malgrado l'invenzione non sia stata realizzata nell'esecuzione di un contratto di lavoro, bensì fuori dallo stesso, il datore di lavoro ha comunque il diritto di opzione per l'uso, esclusivo o non esclusivo, dell'invenzione o per l'acquisto del brevetto. Il corrispettivo dovuto dal datore di lavoro dovrà, inoltre, essere calcolato «con deduzione di una somma corrispondente agli aiuti che l'inventore abbia comunque ricevuti dal datore di lavoro per pervenire all'invenzione».

4. Il diritto al brevetto per modelli di utilità e la registrazione di modelli e disegni.

I **modelli industriali** sono «*invenzioni atte a conferire a macchine (...), strumenti od oggetti maggiore efficacia o maggiore comodità d'impiego*» (art. 2592 c.c.; nello stesso senso dispone l'art. 82 Cod. Pr. Ind.). Mentre l'invenzione industriale consiste in un prodotto nuovo che fornisce una soluzione originale ad un problema tecnico, il modello di utilità presuppone un prodotto o conoscenze già esistenti, cui conferisce però **maggiore efficacia o comodità di applicazione o d'impiego** (Guglielmetti).
La tutela dei modelli di utilità si realizza con la concessione del **brevetto**.
I modelli di utilità sono **brevettabili ove presentino gli stessi requisiti di brevettabilità richiesti per le invenzioni** e, in particolare, l'**industrialità**, la **novità** (cioè la mancata divulgazione prima della domanda di brevetto) e l'**originalità**.
I modelli industriali vanno, infine, distinti dai **modelli e disegni**, per la cui tutela non è previsto il brevetto, bensì la **registrazione** presso l'**Ufficio Italiano Brevetti e Marchi**.
La registrazione ha una durata di **cinque anni**, ma è **prorogabile fino** ad un massimo di **venticinque anni**, fermo che comunque ogni proroga non potrà superare la durata quinquennale.

CAPITOLO V | LE OPERE DELL'INGEGNO E LE INVENZIONI INDUSTRIALI

SCHEDA DI SINTESI

Le **opere dell'ingegno** sono le *creazioni in campo culturale e scientifico*; può trattarsi, ad esempio, di opere letterarie, cinematografiche, teatrali, architettoniche o scientifiche, oggetto del diritto d'autore.
Il diritto d'autore si acquista a titolo originario, in conseguenza della stessa creazione dell'opera, quale espressione del lavoro intellettuale. Ai sensi dell'art. 2577 c.c. il diritto d'autore gode di una tutela complessa, di tipo sia patrimoniale che morale.
Le **invenzioni industriali**, tutelate attraverso l'attribuzione del brevetto, sono le *creazioni nel campo della tecnica*, che hanno un'attitudine ad un'applicazione industriale e consentono di ottenere un risultato produttivo. È necessario, perché un'invenzione possa essere brevettata, che la stessa presenti i **requisiti di validità** della liceità, novità, originalità e industrialità. Anche dall'invenzione industriale discendono diritti morali e patrimoniali.
I modelli industriali sono «*invenzioni atte a conferire a macchine (...), strumenti od oggetti maggiore efficacia o maggiore comodità d'impiego*».
Mentre l'invenzione industriale consiste in un prodotto nuovo che fornisce una soluzione originale ad un problema tecnico, il modello di utilità presuppone un prodotto o conoscenze già esistenti, cui conferisce però **maggiore efficacia o comodità di applicazione o d'impiego**.

QUESTIONARIO

1. Cosa si intende per invenzioni industriali? **(1)**
2. Qual è l'oggetto della tutela del diritto d'autore? **(2)**
3. È possibile il trasferimento del diritto d'autore? **(2.1.)**
4. Quali sono i principi posti a fondamento della gestione collettiva dei diritti d'autore? **(2.2.)**
5. Quali sono i requisiti di validità delle invenzioni industriali? **(3)**
6. Il Know How può essere oggetto di brevetto? **(3)**
7. Quali diritti sono riconosciuti all'inventore? **(3.1.)**
8. In che modo viene tutelata l'invenzione brevettata e quali spazi di tutela residuano per l'invenzione non brevettata? **(3.2.)**
9. Qual è il regime giuridico previsto per le invenzioni del prestatore di lavoro? **(3.3.)**
10. In che modo vengono giuridicamente tutelati i modelli di utilità e le invenzioni industriali? **(4)**

Capitolo VI
La concorrenza e la disciplina dell'attività d'impresa

Sommario:
1. La libertà d'iniziativa economica privata. Interessi tutelati ed eventuali limitazioni. Premessa. – **2.** Le limitazioni della concorrenza. – **2.1.** I limiti legali nell'interesse generale e, in particolare, i monopoli legali. – **2.2.** I limiti *legali* nell'interesse dei *privati*. – **2.3.** I limiti convenzionali. – **3.** La disciplina della concorrenza in funzione di tutela degli imprenditori concorrenti: la concorrenza sleale. – **4.** La disciplina della concorrenza in funzione di tutela del mercato: la legislazione antimonopolistica. – **4.1.** Le intese restrittive della concorrenza. – **4.2.** L'abuso di posizione dominante. – **4.3.** Il risarcimento del danno antitrust. – **4.4.** Le concentrazioni. – **5.** La disciplina della concorrenza in funzione di tutela dei consumatori: le pratiche commerciali scorrette.

1. La libertà d'iniziativa economica privata. Interessi tutelati ed eventuali limitazioni. Premessa.

L'art. 41 della Costituzione, al primo comma, sancisce che «*l'iniziativa economica privata è libera*». A ciascuno, quindi, è riconosciuta la possibilità di creare un'impresa e di orientarne il funzionamento. Dal momento che all'iniziativa dei singoli normalmente corrisponde l'iniziativa di altri, gli imprenditori operano sul mercato in regime di concorrenza.

Il legislatore predispone strumenti normativi finalizzati a garantire che il mercato sia caratterizzato da un sufficiente grado di concorrenza effettiva.

E lo fa tendendo conto del fatto che la predisposizione e la **disciplina di un sistema concorrenziale** ordinato è necessaria per la **tutela di tre differenti ed importanti interessi**.

> - Va avvertito, infatti, che la disciplina della concorrenza è finalizzata, in una logica codicistica (artt. 2598-2601 c.c.), alla **tutela degli imprenditori concorrenti** ed alla repressione, quindi, degli atti di **concorrenza sleale** (*infra*, par. 3).

- La tutela della concorrenza, d'altra parte, è imprescindibilmente legata anche alla **tutela del corretto funzionamento del mercato nel suo complesso** (*infra*, par. 4).
- La disciplina della concorrenza, infine, sotto una diversa prospettiva, riconosce **tutela anche ai consumatori** (*infra*, par. 5).

2. Le limitazioni della concorrenza.

Tanto premesso in ordine al sistema concorrenziale ed agli interessi tutelati dall'ordinamento, occorre avvertire che il modello teorico descritto, nella pratica, subisce una serie di adattamenti e di limitazioni di varia natura.
Si tratta di **limitazioni** che derivano, talvolta, dal perseguimento di **interessi pubblici** di rilievo pari o superiore rispetto alla libertà di iniziativa economica privata; talaltra, dallo stesso riconoscimento della libertà di iniziativa economica privata dalla quale, in linea di principio, scaturisce anche la possibilità di limitare **convenzionalmente** l'attività concorrenziale.

2.1. I limiti legali nell'interesse generale ed, in particolare, i monopoli legali.

Le **limitazioni legali** della concorrenza possono essere preordinate al perseguimento di un **interesse generale** o di un **interesse patrimoniale e privato**. Nel primo caso ci si trova dinanzi a norme che, proprio in quanto finalizzate alla tutela di un interesse generale, hanno carattere **inderogabile**; nel secondo caso, viceversa, le norme hanno carattere meramente **dispositivo** e sono **derogabili** dall'autonomia delle parti. Per quanto specificamente concerne le **limitazioni legali della concorrenza poste nel perseguimento di un interesse generale, occorre evidenziare che** le stesse trovano il proprio fondamento normativo proprio nell'art. 41 della Costituzione. Tale norma, infatti, dopo aver sancito al primo comma, che l'**iniziativa economica privata** è libera, al secondo comma chiarisce che la stessa «*non può svolgersi in contrasto con l'utilità sociale, o in modo da arrecare danno alla sicurezza, alla libertà, alla dignità umana*». Il terzo comma della norma, inoltre, chiarisce che la libertà d'iniziativa economica può essere **limitata dalla legge**, che determina programmi e controlli opportuni perché l'attività economica pubblica e privata possa essere indirizzata e coordinata.
Il codice civile, analogamente, all'art. **2595** c.c., impone che la **concorrenza**

si svolga in modo tale da **non ledere** gli interessi **dell'economia nazionale e nel rispetto dei limiti stabiliti dalla legge**.
Sulla scorta di queste premesse normative, nel perseguimento dell'utilità generale, le norme primarie (conformemente alla *riserva di legge* contenuta nel terzo comma dell'art. 41 Cost.) intervengono, in diverso modo, a limitare la libertà di concorrenza e di accesso al mercato.

- La legge, talvolta, interviene a limitare a monte e direttamente, la **libertà d'impresa**, prevedendo la necessità che l'esercizio di determinate categorie d'imprese sia subordinata ad autorizzazione o a concessione amministrativa (art. 2084 c.c.). Si tratta, ad esempio, di quanto si verifica con riferimento alle imprese bancarie o assicurative.
- Altre volte, invece, la legge interviene a limitare la **libertà nell'impresa**, riconoscendo – durante lo svolgimento di un'attività d'impresa già avviata – ampi poteri di indirizzo e controllo alla pubblica amministrazione, rispetto ad imprese che operano in settori di particolare rilievo economico. Così avviene, ad esempio, nel caso della fissazione di prezzi d'imperio di beni o di servizi fondamentali (quali i servizi pubblici essenziali, o i medicinali).
- Alcune volte, infine, la legge può eliminare del tutto la libertà di iniziativa economica privata e la concorrenza, riservando esclusivamente allo Stato determinati settori di attività. È ciò che accade nel caso dei **monopoli legali**. Si tratta, cioè, di situazioni nelle quali, per legge, l'esercizio di una determinata attività economica viene riservato esclusivamente ad un determinato soggetto (normalmente tale riserva opera a favore dello Stato), in presenza delle condizioni costituzionalmente richieste. Ai sensi dell'art. 2597 c.c., il monopolista legale è tenuto a rispettare l'obbligo a contrarre non potendo "scegliere" se e quando stipulare il contratto con la clientela; inoltre, deve assicurare la parità di trattamento ovvero deve offrire a tutti i richiedenti il medesimo servizio/bene alle stesse condizioni contrattuali; ciò al fine di garantire l'accesso a beni e servizi, a condizioni economiche vantaggiose, pur in assenza di concorrenza. Nel caso di inosservanza di tali obblighi, diverse sono le soluzioni prospettate in dottrina e in giurisprudenza: secondo un primo orientamento possono trovare applicazione rimedi cd. "costitutivi" ai sensi degli artt. 2932 c.c. o 2908 c.c. (al ricorrere dei rispettivi presupposti di legge) al fine di dare esecuzione in forma specifica all'obbligo di contrarre; secondo altro

orientamento, invece, il contraente leso dall'inerzia del monopolista potrebbe agire solo per ottenere il risarcimento del danno.

L'art. 43 della Costituzione, in particolare, prevede che **la legge, a fini di utilità generale** possa «*riservare originariamente, o trasferire... allo Stato, ad enti pubblici o a comunità di lavoratori o di utenti determinate imprese o categorie di imprese, che si riferiscono a servizi pubblici essenziali o a fonti di energia o a situazioni di monopolio, ed abbiano **carattere di preminente interesse generale***». Occorre evidenziare che oggi si assiste ad una riduzione dei monopoli pubblici, difficilmente conciliabili con i principi fondamentali dell'Unione Europea. Alla luce della normativa comunitaria, invero, **le misure pubbliche che derogano al diritto civile** (e, in specie, alla libertà di concorrenza) a favore di determinate imprese sono **ammissibili solo in quanto giustificate dallo svolgimento da parte di queste ultime di servizi di interesse generale** (come, ad esempio, accade in Italia per il monopolio dei tabacchi o per le lotterie nazionali).

2.2. I limiti *legali* nell'interesse dei *privati*.

Come anticipato, la libertà di concorrenza subisce una serie di ulteriori limitazioni, pure imposte dalla legge, ma a tutela di **interessi patrimoniali e privati**. Si tratta di limitazioni finalizzate ad impedire che, a fronte di determinati rapporti contrattuali (per lo più destinati a svilupparsi nel tempo), una parte si ponga in concorrenza rispetto all'altra.
Proprio in quanto finalizzate alla tutela di interessi privati, le limitazioni in parola sono liberamente derogabili dalle parti.
Ne costituisce un esempio l'art. 2105 c.c. che – imponendo al **lavoratore l'obbligo di fedeltà** nei confronti del datore di lavoro – si specifica nel divieto di concorrenza illecitamente svolta durante il servizio, attraverso lo sfruttamento di conoscenze tecniche e commerciali acquisite nel corso del rapporto.

2.3. I limiti convenzionali.

La concorrenza e la libertà di iniziativa economica, infine, possono, a determinate condizioni, essere convenzionalmente limitate dall'autonomia privata. La possibilità riconosciuta ai privati di autolimitarsi è, in realtà, un corollario della stessa libertà di iniziativa economica.
L'art. 2596 c.c. detta la disciplina relativa ai **patti limitativi della concorrenza**, disponendo che:

- il patto deve essere **provato per iscritto**;
- deve essere **circoscritto ad una determinata zona o ad una determinata attività**, in maniera tale da non impedire lo svolgimento di qualsiasi attività economica da parte di chi si obbliga. È viziato da *nullità* il patto che non sia soltanto volto a limitare l'iniziativa economica privata altrui, ma sia finalizzato a precludere del tutto alla parte la possibilità di impiegare la propria capacità professionale;
- **non deve eccedere la durata di un quinquennio**. Ove la durata del patto non sia stata stabilita, oppure sia stata stabilita per un periodo superiore a cinque anni, il patto è valido per la durata di un quinquennio.

Costituiscono, invece, **contratti autonomi** che hanno come funzione esclusiva la limitazione della concorrenza i *cartelli o intese*; a questi ultimi, quindi, sarà sicuramente applicabile l'art. 2596 c.c.

I **cartelli** sono accordi bilaterali o plurilaterali, attraverso i quali gli imprenditori stipulanti stabiliscono **limitazioni reciproche**. Possono, così, essere divise le zone di distribuzione spettanti a ciascun contraente (*cartelli di zona*), o ancora più produttori dello stesso bene possono accordarsi sulla quantità totale da produrre e sulla quota spettante a ciascuno di essi (*cartelli di contingentamento*) o, infine, sul prezzo da imporre (*cartelli di prezzo*).

La caratteristica dei cartelli è, dunque, quella di imporre, in capo agli imprenditori, delle obbligazioni di non fare.

I patti stipulati ai sensi dell'art. 2596 c.c., pertanto, per essere validi, non devono né ricadere nell'ambito di applicazione delle norme antimonopolistiche comunitarie, né porsi in contrasto con la legge n. 287 del 1990, che vieta – in ambito nazionale – intese anticoncorrenziali, abusi di posizione dominante e concentrazioni (*infra*, par. 4).

3. La disciplina della concorrenza in funzione di tutela degli imprenditori concorrenti: la concorrenza sleale.

La **violazione delle limitazioni** – convenzionali o legali – della concorrenza, costituisce concorrenza **illecita**.

Diverso, invece, è il fondamento della disciplina della **concorrenza sleale**.

Il legislatore tutela la libertà di iniziativa economica e la libertà di concorrenza. A tal fine, è stato predisposto un articolato sistema normativo, volto a sanzio-

CAPITOLO VI | LA CONCORRENZA E LA DISCIPLINA DELL'ATTIVITÀ D'IMPRESA

nare comportamenti che non siano conformi alle regole di correttezza professionale e che siano, pertanto, idonei a danneggiare gli imprenditori concorrenti, indipendentemente dagli effetti che possono prodursi sul funzionamento del mercato concorrenziale nel suo complesso o dal fatto che sia arrecato o meno un pregiudizio ai consumatori.

Al fine dell'applicazione della disciplina della concorrenza sleale, di cui agli artt. 2598 ss. cc., devono sussistere due presupposti indefettibili:

- è innanzitutto necessaria la **qualità di imprenditore**, sia del soggetto che pone in essere l'atto di concorrenza sleale, sia di chi subisce la stessa;
- è inoltre necessario che tra i due imprenditori sussista un **rapporto di concorrenza economica, anche solo potenziale**.

Ove non ricorrano, congiuntamente, tali presupposti, chi è leso nella propria attività d'impresa potrà soltanto invocare la tutela verso la responsabilità civile, secondo lo schema generale dell'art. 2043 c.c.

L'art. 2598 c.c. tipizza taluni comportamenti atti di concorrenza sleale.

In particolare, compie di **atti concorrenza sleale** chiunque:

- «*usa nomi o segni distintivi idonei a* **produrre confusione** *con i nomi o con i* **segni distintivi** *legittimamente usati da altri, o* **imita servilmente i prodotti di un concorrente**, *o compie con qualsiasi altro mezzo* **atti idonei a creare confusione con i prodotti e con l'attività di un concorrente**» (c.d. **atti di confusione**);
- «*diffonde notizie e apprezzamenti sui prodotti e sull'attività di un concorrente, idonei a determinare il* **discredito o si appropria dei pregi** *dei prodotti o dell'impresa di un concorrente*». Costituiscono, pertanto, atti di concorrenza sleale tutti quelli volti ad alterare la valutazione comparativa dei consumatori, attraverso **la denigrazione e la diffusione di notizie menzognere** sui prodotti e sull'attività di un concorrente, oppure attraverso **l'appropriazione dei pregi altrui e la vanteria**.

L'art. 2598 n. 3, c.c., infine, con una formula «aperta», qualifica come atto di concorrenza sleale il ricorso ad «*ogni altro mezzo* **non conforme ai principi di correttezza professionale** *e* **idoneo a danneggiare l'altrui azienda**».

▶ LA GIURISPRUDENZA PIÙ SIGNIFICATIVA

GLI ATTI DI CONCORRENZA SLEALE «ATIPICI». LE IPOTESI PIÙ FREQUENTI NELLA PRASSI GIURISPRUDENZIALE.

Benché, trattandosi di una categoria aperta, non sia possibile tipizzare gli atti contrari alla correttezza professionale, la prassi giurisprudenziale ha individuato le ipotesi più frequenti. Tra queste rientrano: **1) lo storno dei dipendenti**, inteso come «*assunzione di personale altrui, avvenuta con modalità tali da non potersi giustificare alla luce dei principi di correttezza professionale, se non supponendo nell'autore l'intenzione di danneggiare l'impresa concorrente*» (Cass., 22 luglio 2004, n. 13658); **2) il *dumping*, cioè la vendita sottocosto, o comunque a prezzi non immediatamente remunerativi**, posta in essere da «*un'impresa in posizione di dominio che, in tal modo, frapponga barriere all'ingresso di altri concorrenti sul mercato o comunque indebitamente abusi della sua posizione, non avendo alcun interesse a praticare simili prezzi, se non quello di eliminare i propri concorrenti per poi rialzare i prezzi approfittando della situazione di monopolio così venutasi a determinare*» (Cass., 26 gennaio 2006, n. 1636); **3) il boicottaggio**, inteso come accordo tra produttori e rivenditori che consenta la distribuzione del prodotto soltanto ai rivenditori prescelti, con l'assoluta esclusione dalle relazioni economiche di altri soggetti (Cass., Sez.Un., 15 marzo 1985, n. 2018); **4) la concorrenza parassitaria**, intesa quale «*pluralità di atti succedentesi nel tempo, diretti tutti ad una continua e ripetuta imitazione delle iniziative del concorrente ovvero lo sfruttamento sistematico del lavoro e della creatività altrui*» (Cass., n. 9387, del 10 novembre 1994).

Colui che viene leso da un comportamento qualificabile in termini di concorrenza sleale ha il diritto di ottenere sia un **provvedimento inibitorio**, che impedisca la prosecuzione della violazione, sia un **rimedio restitutorio** che, nei limiti del possibile, elimini gli effetti della lesione.
Tali provvedimenti, peraltro, possono essere adottati anche soltanto in via cautelare.
Se gli atti di concorrenza sleale sono compiuti con dolo o colpa grave, l'autore è anche tenuto al **risarcimento dei danni**. Accertati gli atti di concorrenza, la colpa si presume (art. 2600 c.c.).
Legittimati a reagire agli atti di concorrenza sleale sono gli **imprenditori lesi** e, ove vengano pregiudicati gli interessi di una categoria professionale, anche gli **enti che rappresentano la categoria** (art. 2601 c.c.).

4. La disciplina della concorrenza in funzione di tutela del mercato: la legislazione antimonopolistica.

Il Trattato CE, agli art. 81 e 82 (ora 101 e 102 T.F.U.E.), dettava disposizioni a tutela della concorrenza e del mercato.
Successivamente, i Regolamenti CE n. 1 del 2003 e n. 139 del 2004, hanno introdotto una specifica normativa, volta a reprimere, in ambito comunitario, pratiche anticoncorrenziali idonee a pregiudicare e ad ostacolare il commercio tra gli Stati membri. A tutelare il regime concorrenziale **all'interno del mercato nazionale**, è invece intervenuta la Legge del 10 ottobre 1990, n. 287, recante «*Norme a tutela della concorrenza e del mercato*».
Tale legge, finalizzata a colmare una vistosa lacuna del nostro ordinamento, detta una disciplina antimonopolistica che si affianca a quella comunitaria e a quella nazionale contemplata, in precedenza, soltanto per specifici settori (in particolare, per il settore dell'editoria e per quello radiotelevisivo).
La disciplina nazionale, conformemente a quella comunitaria, rivolge l'attenzione a tre diverse tipologie di fattispecie suscettibili di turbare l'assetto concorrenziale del mercato.
Si tratta, in particolare, delle **intese restrittive della concorrenza**, dell'**abuso di posizione dominante** e delle **concentrazioni**.
Il soggetto istituzionalmente deputato a vigilare sul rispetto della normativa antimonopolistica nazionale, con competenze estese a tutti i settori economici, è **l'Autorità Garante della concorrenza e del mercato** i cui provvedimenti sanzionatori, in specie le sanzioni amministrative pecuniarie, possono essere impugnati dinnanzi al giudice amministrativo ex art. 133 lettera l comma 1 del Codice del processo amministrativo.
Con specifico riferimento all'**ambito soggettivo di applicazione** della normativa nazionale *antitrust*, l'art. 8 della L. n. 287/1990 dispone che «*1. Le disposizioni contenute nei precedenti articoli si applicano sia alle* **imprese private** *che a quelle* **pubbliche o a prevalente partecipazione statale**. *2. Le disposizioni di cui ai precedenti articoli* **non si applicano** *alle imprese che, per disposizioni di legge, esercitano la* **gestione di servizi di interesse economico generale ovvero operano in regime di monopolio sul mercato**, *per tutto quanto strettamente connesso all'adempimento degli specifici compiti loro affidati*», con la precisazione che la normativa e la giurisprudenza comunitaria, alla luce delle quali va letta ed interpretata la legge in parola, forniscono una nozione particolarmente ampia di imprenditori, ricomprendendovi anche i professionisti intellettuali.

4.1. Le intese restrittive della concorrenza.

L'art. 2 della L. n. 287 del 1990, al primo comma, dispone che «*1. Sono considerati intese gli accordi e/o le pratiche concordati tra imprese nonché le deliberazioni, anche se adottate ai sensi di disposizioni statutarie o regolamentari, di consorzi, associazioni di imprese ed altri organismi similari*». Si tratta in sostanza di **comportamenti paralleli**, consapevolmente adottati da più imprese e **non necessariamente formalizzati in un accordo**, volti a ostacolare l'accesso o la permanenza sul mercato di altri operatori economici.
Non sono **vietate** tutte le intese, ma soltanto quelle che «*abbiano per oggetto o per effetto di impedire, restringere o falsare in maniera consistente il gioco della concorrenza all'interno del mercato nazionale o in una sua parte rilevante*» (art. 2, comma 2, L. n. 287/1990).
Il legislatore, al secondo comma dell'art. 2 della L. n. 287/1990, elenca – a titolo meramente esemplificativo – talune tipologie di intese espressamente vietate.
Si tratta di quelle volte a **fissare direttamente o indirettamente i prezzi** d'acquisto o di vendita ovvero altre condizioni contrattuali; ad **impedire o limitare la produzione, gli sbocchi, o gli accessi al mercato**, gli investimenti, lo sviluppo tecnico o il progresso tecnologico; **a ripartire i mercati o le fonti di approvvigionamento**; ad **applicare**, nei rapporti commerciali con altri contraenti, **condizioni oggettivamente diverse per prestazioni equivalenti**, così da determinare per essi ingiustificati svantaggi nella concorrenza; **a subordinare la conclusione di contratti all'accettazione da parte degli altri contraenti di prestazioni supplementari** che, per loro natura o secondo gli usi commerciali, non abbiano alcun rapporto con l'oggetto dei contratti stessi.
Costituiscono oggetto di divieto non solo le «intese orizzontali» (intercorse, cioè, tra imprese che svolgono lo stesso tipo di attività), ma anche le «intese verticali», tra imprese che operano, cioè, in diversi livelli del ciclo produttivo (come accade, ad esempio, nel caso di accordi tra produttori e fornitori).
Le intese vietate sono nulle ad ogni effetto.
Sono, tuttavia, ammesse delle **possibilità di derogare temporaneamente al divieto di intese anticoncorrenziali**.
Ai sensi dell'art. 4, infatti, l'Autorità può autorizzare, con proprio provvedimento, per un periodo limitato, intese o categorie di intese vietate, a condizione però che le stesse **diano luogo a miglioramenti nelle condizioni di offerta sul mercato e che tali miglioramenti abbiano, a loro volta, effetti tali da comportare un sostanziale beneficio per i consumatori.**

▶ LA GIURISPRUDENZA PIÙ SIGNIFICATIVA

LA NULLITÀ DELLE INTESE ANTICONCORRENZIALI "A MONTE" E LA SORTE DEI CONTRATTI "A VALLE", TRA NULLITÀ TOTALE E PARZIALE DEL CONTRATTO.

In materia di intese anticoncorrenziali e, più in generale, di illecito antitrust, con specifico riferimento al rapporto tra tutela meramente risarcitoria ovvero caducatoria del contratto che recepisca intese vietate dalla normativa europea e nazionale, si segnala l'importantissima sentenza delle Sezioni Unite della Corte di Cassazione secondo cui: "i contratti di fideiussione a valle di intese dichiarate parzialmente nulle dall'Autorità Garante, in relazione alle sole clausole contrastanti con gli artt. 2, comma 2, lett. a) della legge n. 287 del 1990 e 101 del Trattato sul funzionamento dell'Unione Europea, sono parzialmente nulli, ai sensi degli artt. 2, comma 3 della legge succitata e dell'art. 1419 cod. civ., in relazione alle sole clausole che riproducano quelle dello schema unilaterale costituente l'intesa vietata, salvo che sia desumibile dal contratto, o sia altrimenti comprovata, una diversa volontà delle parti" (Sezioni Unite 30 dicembre 2021 n. 41994).

La Suprema Corte ha così accolto l'orientamento giurisprudenziale "mediano" volto a contemperare l'interesse delle parti alla conservazione del contratto, che resta pertanto valido una volta espunte le clausole nulle, e l'interesse collettivo alla trasparenza e correttezza del mercato, leso dalle intese anticoncorrenziali e dal loro recepimento nei singoli contratti.

4.2. L'abuso di posizione dominante.

L'art. 3 della L. n. 287/1990 individua un'altra fattispecie vietata, in quanto potenzialmente idonea ad incidere negativamente sulla struttura concorrenziale del mercato, nell'**abuso di posizione dominante**.

Occorre, preliminarmente, chiarire cosa deve intendersi per *«posizione dominante»*. Secondo il costante orientamento dottrinale e giurisprudenziale, è tale la posizione di **potenza economica acquisita sul mercato**, grazie alla quale l'impresa che la detiene è in grado di *ostacolare l'effettiva persistenza di altre imprese concorrenti sul mercato rilevante* ed è in grado di tenere comportamenti sostanzialmente indipendenti rispetto a quelli tenuti dalle imprese concorrenti (ad esempio, imponendo prezzi significativamente più bassi rispetto a quelli imposte da queste ultime), dai suoi clienti ed, in ultima analisi, dai consumatori.

Ad essere **vietata non è l'acquisizione della posizione dominante in quanto tale** (si tratta, infatti, di un dato oggettivo), **bensì l'abuso della potenza economica da parte dell'impresa che la detiene**.

L'art. 3 della L. n. 287/1990 indica, a titolo meramente esemplificativo, taluni comportamenti che – traducendosi in abusi – sono vietati alle imprese in posizione dominante. Si tratta, ad esempio, dell'**imposizione diretta o indiretta di prezzi** di acquisto, di vendita o di altre condizioni contrattuali ingiustificatamente gravose; o ancora, **dell'applicazione** – nei rapporti commerciali con altri contraenti – **condizioni oggettivamente diverse per prestazioni equivalenti**, così da determinare per essi ingiustificati svantaggi nella concorrenza.

Il divieto di abuso di posizione dominante, diversamente rispetto al divieto di intese restrittive della concorrenza, non ammette eccezioni.

L'Autorità, accertata la violazione, adotta i provvedimenti necessari alla rimozione ed irroga sanzioni pecuniarie. In caso di reiterata violazione, può essere sospesa fino a trenta giorni l'attività d'impresa.

4.3. Il risarcimento del danno antitrust.

Con il recentissimo d.lgs. n. 3/2017, di attuazione della direttiva 2014/104/UE, è oggi disciplinata, sotto il profilo sostanziale e procedurale, la tutela risarcitoria per le violazioni delle disposizioni in materia di diritto della concorrenza, sia con riferimento alle azioni c.d. *follow on* (che fanno seguito alla decisione di accertamento della violazione da parte di un'autorità antitrust), sia con riguardo a quelle *stand alone* (proposte al di fuori di una previa decisione di un'autorità antitrust).

La legittimazione ad agire spetta alle persone, fisiche o giuridiche, professionisti o consumatori che abbiano subito un danno per effetto delle violazioni degli artt. 101 e 102 TFUE e degli artt. 2, 3 e 4 della legge 287/1990 (dedicate alle intese restrittive della concorrenza e all'abuso di posizione dominante), nonché di ogni altra disposizione, nazionale od europea, volta a perseguire le medesime finalità di tali disposizioni, ad eccezione delle "*disposizioni che impongono sanzioni penali a persone fisiche, salvo qualora tali sanzioni penali costituiscano gli strumenti tramite i quali sono attuate le regole di concorrenza applicabili alle imprese*". Il risarcimento sarà comprensivo di lucro cessante, danno emergente e di interessi (con l'espresso divieto delle sovracompensazioni e, dunque, di risarcimenti che superino il valore dei danni effettivamente patiti).

Il danno, ai sensi dell'art. 14 del citato decreto, sarà determinato dal giudice (che potrà chiedere l'assistenza dell'AGCM su quesiti specifici) in base agli artt. 1223, 1226 e 1227 c.c.

In tema di mezzi istruttori e di onere della prova si segnala l'art. 7 in base al quale "*ai fini dell'azione per il risarcimento del danno si ritiene definitivamente accertata, nei confronti dell'autore, la violazione del diritto della concorrenza constatata da una decisione dell'autorità garante della concorrenza*

e del mercato ... non più soggetta ad impugnazione davanti al giudice del ricorso, o da una sentenza del giudice del ricorso passata in giudicato".
Grava, invece, sul danneggiato l'onere di dimostrare la sussistenza del nesso di causalità tra l'accertata violazione e i danni da essa scaturiti.

4.4. Le concentrazioni.

La terza fattispecie vietata dalla Legge n. 287/1990, infine, è costituita dalla **concentrazione di imprese**, laddove le stesse siano lesive della libera concorrenza e, in particolare, siano idonee a determinare «*la costituzione o il rafforzamento di una posizione dominante sul mercato nazionale,* **in modo tale da eliminare o ridurre in modo sostanziale e durevole la concorrenza**» (art. 6).
Ai sensi dell'art. 5, l'operazione di concentrazione si realizza «*a) quando due o più imprese procedono a* **fusione***; b) quando uno o più soggetti in posizione di controllo di almeno un'impresa ovvero una o più imprese acquisiscono direttamente od indirettamente, sia mediante acquisto di azioni o di elementi del patrimonio, sia mediante contratto o qualsiasi altro mezzo, il* **controllo dell'insieme o di parti di una o più imprese***; c) quando due o più imprese procedono, attraverso la costituzione di una nuova società, alla* **costituzione di un'impresa comune**».
Le concentrazioni, evidentemente, rispondono all'esigenza di **accrescere le competitività** delle imprese e costituiscono un utile **strumento di ristrutturazione**. Per questa ragione, le stesse non sono automaticamente illecite e vietate, ma postulano – per poter essere realizzate – un controllo da parte dell'Autorità garante, che ne valuta, in considerazione di indici economici e di fatturato, l'incidenza sulla struttura concorrenziale del mercato di riferimento.
Il **controllo** in parola **si differenzia rispetto a quello svolto in caso di intese restrittive** della concorrenza e **di abusi** di posizione dominante, in quanto non è successivo e repressivo, ma **preventivo e valutativo**. È infatti stabilito che le operazioni di concentrazione che superano determinate soglie di fatturato, a livello nazionale o comunitario, siano preventivamente comunicate all'Autorità (art. 16) che, al termine di un'apposita istruttoria, deciderà se vietare l'operazione, oppure se consentirla, talvolta previa adozione di misure necessarie ad evitare effetti distorsivi sulla struttura concorrenziale del mercato.
Ai sensi dell'art. 25, «*Il Consiglio dei Ministri (...) determina in linea generale e preventiva i criteri sulla base dei quali* **l'Autorità può eccezionalmente autorizzare, per rilevanti interessi generali dell'economia nazionale** *nell'ambito dell'integrazione europea,* **operazioni di concentrazione vietate** *(...), sempreché esse non comportino la eliminazione della concorrenza dal mercato o*

restrizioni alla concorrenza non strettamente giustificate dagli interessi generali predetti. In tali casi l'Autorità prescrive comunque le misure necessarie per il ristabilimento di condizioni di piena concorrenza entro un termine prefissato».

Ove le concentrazioni vietate siano ugualmente eseguite, oppure ove non siano rispettate le direttive impartite dall'Autorità al fine di evitare gli effetti anticoncorrenziali delle concentrazioni, **sono previste importanti sanzioni pecuniarie**.

5. La disciplina della concorrenza in funzione di tutela dei consumatori: le pratiche commerciali scorrette.

Nel gioco della concorrenza assumono rilievo anche le esigenze di tutela dei consumatori.

La tutela della libertà di scelta degli stessi, infatti, impone di non alterare e di non falsare i risultati della competizione fra gli operatori economici.

A tal fine, il legislatore ha inserito, nel Codice del Consumo, ad opera del D.lgs. 2 agosto 2007, n. 146, la disciplina delle **pratiche commerciali scorrette**.

L'ambito soggettivo di applicazione di tale normativa va limitato ai soli rapporti che intercorrono tra professionisti e consumatori (come definiti dall'art. 3 del D.lgs. 6 settembre 2005, n. 206).

Premesso che la pratica commerciale è, in senso lato, qualsiasi condotta del professionista finalizzata alla promozione e alla vendita dei propri prodotti ai consumatori, una pratica commerciale è **scorretta quando** la stessa si pone come «*contraria alla diligenza professionale, ed è falsa o idonea a falsare in misura apprezzabile il comportamento economico, in relazione al prodotto, del consumatore medio che essa raggiunge o al quale è diretta o del membro medio di un gruppo qualora la pratica commerciale sia diretta a un determinato gruppo di consumatori*».

Le pratiche commerciali scorrette sono vietate (art. 20, comma 1 e 2, D.lgs. 206/05).

La legge individua e tipicizza due categorie di pratiche commerciali scorrette. Si tratta delle **pratiche ingannevoli** e delle **pratiche aggressive**.

Sono **pratiche ingannevoli** quelle inducono o siano **idonee ad indurre in inganno** il consumatore riguardo ad elementi essenziali dell'operazione, inducendo lo stesso ad assumere decisioni alle quali, diversamente, non si sarebbe determinato (art. 21, D.lgs. n. 206/05).

Del pari, sono considerate ingannevoli le pratiche che **omettano informazioni rilevanti** delle quali il consumatore ha bisogno per poter prendere una decisione commerciale consapevole; sono altresì omissioni ingannevoli i comportamenti del professionista volti ad **occultare o a presentare in modo oscuro**, incomprensibile, ambiguo o intempestivo le informazioni rilevanti (art. 22).

Tali comportamenti, inoltre, conservano la loro rilevanza anche sotto il profilo della concorrenza sleale, ove ricorrano gli estremi della stessa.

Sono **pratiche aggressive** quelle che mediante molestie, coercizione (compreso il ricorso alla forza fisica) o indebito condizionamento condizionano o limitano la libertà di scelta del consumatore, inducendo quest'ultimo a determinarsi a decisioni di natura commerciale che altrimenti non avrebbe preso (art. 24).

Il Codice del Consumo, inoltre, indica taluni comportamenti che sicuramente andranno ricondotti alle pratiche commerciali ingannevoli o aggressive, senza alcun margine di apprezzamento, essendo stata già compiuta una valutazione in sede legislativa.

Avverso e pratiche commerciali scorrette è predisposta una **tutela** sia di tipo **amministrativo** che **giurisdizionale**, a seguito delle azioni proposte dalle associazioni dei consumatori, ai sensi dell'art. 139 Cod. Cons.

Con specifico riferimento alla **tutela in sede amministrativa**, l'art. 27 Cod. Cons. prevede che l'Autorità della concorrenza e del mercato, ove riscontri – d'ufficio o su istanza di qualsiasi interessato – l'effettiva sussistenza di pratiche commerciali scorrette, ne **inibisca** la continuazione ed adotti i provvedimenti necessari per l'**eliminazione degli effetti**.

Mentre la disciplina delle pratiche commerciali fin qui delineata opera nei rapporti tra professionisti e consumatori, diverso è invece l'ambito soggettivo di applicazione delle norme relative alla **pubblicità ingannevole o comparativa**, introdotto dal D.lgs. 145/07. Tale normativa, invero, è volta a regolare i rapporti tra soli professionisti. La pubblicità ingannevole o comparativa, in particolare, può assumere i connotati della **concorrenza sleale**.

La pubblicità si definisce **ingannevole** quando, in qualunque modo, è idonea ad indurre in errore le persone fisiche o giuridiche alle quali è rivolta o che essa raggiunge e che, a causa del suo carattere ingannevole, può pregiudicare il loro comportamento economico ovvero che, per questo motivo, sia idonea a ledere un concorrente. La pubblicità è invece **comparativa** quando la stessa identifica in modo esplicito o implicito un concorrente o beni o servizi offerti da un concorrente.

Mentre la pubblicità ingannevole non può mai essere lecita, a determinate condizioni può essere riconosciuta la liceità della pubblicità comparativa.

In particolare, ai sensi dell'art. 4 del D.lgs. 145/2007, è necessario che la stessa **non** sia **ingannevole**, che confronti beni o servizi che soddisfano gli stessi bisogni o si propongono gli stessi obiettivi e che tale **confronto** sia **oggettivo**, avendo ad oggetto una o più **caratteristiche essenziali e verificabili**.

È inoltre necessario che la pubblicità comparativa **non** ingeneri **confusione** sul mercato tra i professionisti o tra l'operatore pubblicitario ed un concorrente o tra i marchi, le denominazioni commerciali, altri segni distintivi, i beni o i servizi dell'operatore pubblicitario e quelli di un concorrente; che **non** sia causa di **discredito** per il soggetto della comparazione e che **non** tragga **indebitamente vantaggio** dalla notorietà dello stesso.

SCHEDA DI SINTESI

L'art. 41 della Costituzione, al primo comma, sancisce che «*l'iniziativa economica privata è libera*».
Il legislatore predispone strumenti normativi finalizzati a garantire che il mercato sia caratterizzato da un sufficiente grado di concorrenza effettiva e lo fa tendendo conto del fatto che la predisposizione e la **disciplina di un sistema concorrenziale** ordinato è necessaria per la **tutela dell'interesse degli imprenditori, del corretto funzionamento del mercato e dei consumatori**.
Le **limitazioni legali** della concorrenza possono essere preordinate al perseguimento di un **interesse generale** o di un **interesse patrimoniale e privato**.
La **violazione delle limitazioni** – convenzionali o legali – della concorrenza, costituisce concorrenza **illecita**.
Le intese restrittive della concorrenza sono quelle volte a **fissare direttamente o indirettamente i prezzi** d'acquisto o di vendita ovvero altre condizioni contrattuali; ad **impedire o limitare la produzione, gli sbocchi, o gli accessi al mercato**, gli investimenti, lo sviluppo tecnico o il progresso tecnologico; **a ripartire i mercati o le fonti di approvvigionamento**; **ad applicare**, nei rapporti commerciali con altri contraenti, **condizioni oggettivamente diverse per prestazioni equivalenti**, così da determinare per essi ingiustificati svantaggi nella concorrenza; **a subordinare la conclusione di contratti all'accettazione da parte degli altri contraenti di prestazioni supplementari** che, per loro natura o secondo gli usi commerciali, non abbiano alcun rapporto con l'oggetto dei contratti stessi.
È vietato inoltre il c.d. **abuso di posizione dominante**. Secondo il costante orientamento dottrinale e giurisprudenziale, è tale la posizione di **potenza economica acquisita sul mercato**, grazie alla quale l'impresa che la detiene è in grado di *ostacolare l'effettiva persistenza di altre imprese concorrenti sul mercato rilevante* ed è in grado di tenere comportamenti sostanzialmente indipendenti rispetto a quelli tenuti dalle imprese concorrenti (ad esempio, imponendo prezzi significativamente più bassi rispetto a quelli imposte da queste ultime, dai suoi clienti ed, in ultima analisi, dai consumatori).

CAPITOLO VI | LA CONCORRENZA E LA DISCIPLINA DELL'ATTIVITÀ D'IMPRESA

Un'ulteriore fattispecie, infine, è costituita dalla **concentrazione di imprese**, laddove le stesse siano lesive della libera concorrenza e, in particolare, siano idonee a determinare la costituzione o il rafforzamento di una posizione dominante sul mercato nazionale, **in modo tale da eliminare o ridurre in modo sostanziale e durevole la concorrenza**.
Per quanto concerne le esigenze di tutela dei consumatori sono vietate le c.d. **pratiche commerciali scorrette**. La pratica commerciale è **scorretta quando** la stessa si pone come **contraria alla diligenza professionale**, ed è **falsa o idonea a falsare in misura apprezzabile il comportamento economico**, in relazione al prodotto, del consumatore medio che essa raggiunge o al quale è diretta o del membro medio di un gruppo qualora la pratica commerciale sia diretta a un determinato gruppo di consumatori.

QUESTIONARIO

1. Quali sono gli interessi tutelati dalla disciplina concorrenziale? **(1)**
2. Che cosa coso i monopoli legali? Quali obblighi deve osservare il monopolista legale e quali sono le conseguenze in caso di inosservanza? **(2.1.)**
3. Quali sono le limitazioni alla libertà di concorrenza posti a tutela degli interessi dei privati? **(2.2.)**
4. Quali sono le condotte che rientrano nel concetto di "concorrenza sleale"? **(3)**
5. I provvedimenti dell'Agcom sono impugnabili? Se si, come? **(4)**
6. Quali sono i tratti essenziali della disciplina antimonopolistica? **(4)**
7. Quali soggetti sono legittimati ad agire per il risarcimento del danno in caso di violazioni della normativa Antitrust? **(4.3.)**
8. Nell'ambito delle pratiche commerciali scorrette, qual è la differenza tra pratiche ingannevoli e pratiche aggressive? **(5)**

Capitolo VII
Forme di cooperazione tra imprenditori

Sommario:
1. I consorzi. – **1.1.** I consorzi con attività interna ed esterna. Disciplina comune. – **1.2.** I consorzi con attività esterna. – **1.3.** Le società consortili. – **2.** Il Gruppo Europeo di Interesse economico. – **3.** L'associazione temporanea d'imprese. – **4.** L'associazione in partecipazione. – **5.** Il contratto di rete.

1. I consorzi.

L'art. 2602 c.c., come modificato dalla L. del 10 maggio 1976, n. 377, definisce il contratto di consorzio come il contratto con cui *"più imprenditori istituiscono un'organizzazione comune per la disciplina o per lo svolgimento di determinate fasi delle rispettive imprese"*.
È possibile bipartire la funzione dei consorzi in:

- **consorzi limitativi della concorrenza**, creati tra imprese che svolgono la stessa attività o attività similari;
- **consorzi di coordinamento**, creati tra imprenditori che non necessariamente svolgono la stessa attività o attività similari, al fine di consentire lo svolgimento in comune di alcune fasi delle rispettive imprese.

Tanto i consorzi anticoncorrenziali quanto quelli di coordinamento sono sottoposti ad un'uniforme disciplina legislativa, dettata dagli artt. 2602 ss. c.c.

1.1. I consorzi con attività interna ed esterna. Disciplina comune.

Come accennato, il legislatore non differenzia la disciplina dei consorzi in relazione alla funzione (anticoncorrenziale o di coordinamento) perseguita dagli stessi. Sotto il profilo normativo, invece, è un'altra la distinzione rilevante, ai fini delle ricadute che la stessa produce in termini di disciplina.
Si tratta della distinzione tra **consorzi interni** e **consorzi esterni**.

In entrambi i casi viene creata un'organizzazione comune, ma mentre nel caso di *consorzi interni*, la cui attività si esplica e si esaurisce tra gli imprenditori consorziati, la funzione propria dell'organizzazione comune è quella di regolare i reciproci rapporti tra i consorziati, viceversa nei consorzi con *attività esterna*, destinati a svolgere un'attività con i terzi, l'organizzazione comune opera anche sotto forma di ufficio, appositamente istituito, al fine di regolare i rapporti tra l'insieme delle imprese consorziate ed i terzi con i quali il consorzio viene in contatto (art. 2612 c.c.).

Tutto ciò premesso, occorre soffermarsi sulla **disciplina comune** ai consorzi in quanto tali, indipendentemente dal fatto che gli stesso svolgano attività interna o anche esterna.

L'art. 2603 c.c., innanzitutto, prevede che il contratto di consorzio sia un **contratto formale**, che deve essere redatto in forma scritta a pena di nullità e che deve indicare una serie di requisiti specificamente prescritti dalla norma.

Non è necessario il consenso di tutti i consorziati per la **partecipazione di altri imprenditori**. Il contratto di consorzio è, infatti, un contratto tendenzialmente aperto.

In caso di **trasferimento d'azienda da parte di un imprenditore consorziato**, l'art. 2610 c.c. prevede l'automatico subingresso dell'acquirente nel contratto di consorzio, salvo patto contrario.

Il contratto di consorzio è per sua natura un contratto di **durata**; gli imprenditori consorziati possono liberamente fissare il limite massimo entro il quale opera l'organizzazione comune appositamente istituita. Ove il contratto nulla disponga, tuttavia, l'art. 2604 c.c. prevede che il contratto di consorzio sia valido per dieci anni.

Il decorso del termine stabilito per la durata del consorzio ne comporta lo **scioglimento**. Ulteriori cause di scioglimento del consorzio sono individuate dall'art. 2611 c.c.: tra tali cause rientra la *deliberazione unanime* di tutti i consorziati oppure, ove sussista una *giusta causa*, una deliberazione della *maggioranza* degli imprenditori partecipanti.

Diverso dallo scioglimento dell'intera struttura consortile è lo scioglimento del vincolo operante per una sola delle imprese consorziate. Tale scioglimento opera in caso di **recesso** o di **esclusione** di uno degli imprenditori.

Le cause di recesso e di esclusione devono essere indicate nel contratto (art. 2603, comma 2, n. 6, c.c.).

Come è desumibile dalla stessa definizione normativa di consorzio, di cui all'art. 2602 c.c., il contratto di consorzio comporta la costituzione di un'**organizzazione comune** per lo svolgimento o per la disciplina di determinate fasi delle imprese consorziate.

Tale organizzazione, quindi, **non può mai mancare**, fermo che soltanto nei consorzi con attività esterna la stessa opera anche nei confronti dei terzi.
L'organizzazione comune, in tutti i consorzi, **si fonda sulla presenza di due organi**. Si tratta:

- **dell'assemblea**, con **funzioni** *deliberative*;
- **dell'organo direttivo**, con **funzioni** sostanzialmente *esecutive*.

1.2. I consorzi con attività esterna.

Il consorzio con attività esterna è un **autonomo centro d'imputazione di rapporti giuridici** che, in considerazione dell'attività esercitata, ben può assumere carattere imprenditoriale.
L'art. 2612 c.c., proprio per tale ragione, prevede l'assoggettamento dei consorzi con attività esterna al regime di pubblicità legale. Un estratto del contratto di consorzio, infatti, deve essere depositato a cura degli amministratori, entro trenta giorni dalla stipulazione, presso l'ufficio del registro delle imprese.
Per i soli consorzi con attività esterna, inoltre, la legge prevede anche le modalità relative alla formazione del **fondo consortile**, costituito dai contributi degli associati e dai beni acquistati attraverso tali contributi. Per tutta la durata del consorzio i consorziati non possono chiedere la divisione del fondo ed i creditori particolari dei consorziati non possono far valere le loro pretese sul fondo medesimo, che costituisce, pertanto, un *patrimonio autonomo* (art. 2614 c.c.).
L'art. 2615 c.c. disciplina, inoltre, la **responsabilità del consorzio verso terzi**. Per le **obbligazioni contratte in nome del consorzio** dalle persone che ne hanno la rappresentanza, i terzi possono far valere i loro diritti esclusivamente sul *fondo consortile*.
Diverso è invece il regime delle **obbligazioni contratte per conto dei singoli consorziati**.
In questo secondo caso, delle obbligazioni rispondono i *soggetti per conto dei quali l'obbligazione è stata contratta, solidalmente con il fondo consortile*.
I consorzi, contrattando con i terzi, operano quali mandatari dei consorziati (art. 2608 c.c.), per cui le obbligazioni assunte sorgono direttamente in capo al singolo consorziato, senza necessità della spendita del nome dello stesso.

1.3. Le società consortili.

La legge 10 maggio 1976, n. 377, ha introdotto l'art. 2615-*ter* c.c.; tale norma, rubricata *"Società consortili"*, riconosce normativamente la possibilità di perseguire lo scopo consortile in forma societaria.

Dal dettato normativo, in particolare, risulta che **tutte le *società lucrative*, siano esse di persone o di capitali, possono assumere come oggetto sociale gli scopi di un consorzio.**

▶ LA GIURISPRUDENZA PIÙ SIGNIFICATIVA
SOCIETÀ CONSORTILE E SCOPO DI LUCRO.

Hanno affermato le Sezioni Unite (Sez. U, n. 12190/2016, Iacobellis, Rv. 639970) che la società consortile può svolgere una distinta attività commerciale con scopo di lucro ed è questione di merito accertare i rapporti tra la società stessa e i consorziati nell'assegnazione dei lavori o servizi per stabilire la necessità del "ribaltamento" integrale o parziale di costi e ricavi ai fini dell'imposta sul valore aggiunto; in caso di differenza tra quanto fatturato dalla società consortile al terzo committente e quanto fatturato dal consorziato alla società consortile, il consorziato ha l'onere di provare – nel rispetto dei principi di certezza, effettività, inerenza e competenza – che la differenza stessa non integri suoi ricavi occulti ovvero che essa corrisponda a provvigioni o servizi resi dal consorzio al terzo.

2. Il gruppo europeo di interesse economico.

Il D.lgs. n. 240 del 23 luglio del 1993 ha disciplinato nel nostro ordinamento, in conformità al Regolamento CEE 85/2137, il Gruppo Europeo di Interesse Economico (G.E.I.E.). Il G.E.I.E., similmente ai consorzi di coordinamento che svolgono attività esterna (e diversamente dalle società), non è preordinato al perseguimento di uno scopo lucrativo di ciascuno dei soggetti che vi partecipano, ma **ha un carattere ausiliario rispetto alle attività esercitate dai suoi componenti.**

A differenza dei consorzi, tuttavia:

- **non deve necessariamente essere formato da imprenditori.** Premesso che deve necessariamente avere almeno due componenti appartenenti ad uno Stato diverso, un Gruppo europeo di interesse economico può essere formato da società e da altri enti pubblici o privati; da persone fisiche che esercitano attività a carattere industriale, commerciale, artigianale o agricola all'interno della comunità, nonché da liberi professionisti;
- **non deve necessariamente essere dotato di un patrimonio autonomo** rispetto a quello dei singoli soci, essendo soltanto eventuale

la previsione di un fondo comune. **Delle obbligazioni** contratte dal G.E.I.E. rispondono sempre, **solidalmente ed illimitatamente, tutti i membri del gruppo.**

Analogamente a quanto previsto per i consorzi:

- anche il contratto costitutivo del G.E.I.E. è un **contratto formale**, che deve essere redatto in forma scritta a pena di nullità e deve recare gli specifici requisiti prescritti dalla legge;
- anche il contratto costituivo del G.E.I.E., inoltre, è soggetto a **pubblicità legale**;
- anche l'**organizzazione interna ed il funzionamento del G.E.I.E.** sono in buona parte rimesse all'autonomia privata. Sono espressamente previsti soltanto due organi: l'organo collegiale, con funzioni deliberative, e l'organo amministrativo, con funzioni esecutive, composto da amministratori che rappresentano il gruppo nei confronti dei terzi.

3. L'associazione temporanea d'imprese.

Le *associazioni temporanee di imprese* (o *raggruppamenti temporanei*; si parla di *joint ventures* nella terminologia anglosassone) sono peculiari forme di cooperazione tra imprenditori, poste in essere per la realizzazione di una specifica opera o di un affare complesso, e connotate, quindi, dal carattere della **temporaneità** e dell'**occasionalità**. Le imprese si associano tra loro per la realizzazione di un'operazione comune o di un importante affare, non raggiungibile dalle stesse singolarmente considerate, ed in tal modo riescono ad accrescere i propri livelli di redditività, ad incrementare la propria efficienza produttiva e ad acquisire altro spazio sul mercato limitandone e ripartendone i rischi.

- **Ciascuna delle imprese raggruppate non perde la propria autonomia.**

A differenza di quanto accade per i consorzi, infatti, non viene costituita un'organizzazione comune: il raggruppamento temporaneo di imprese **non dà luogo ad un soggetto giuridico autonomo e nemmeno ad un rigido collegamento strutturale tra i partecipanti.** Ci si trova, in sostanza, al cospetto di *imprese* che sono e che rimangono *distinte* e che, tuttavia, si presentano al cospetto della propria controparte contrattuale (di norma una stazione appaltante) come *collegate*, in quanto nella fase esecutiva di una determinata opera uniscono le forze e cooperano alla realizzazione di un determinato progetto, affidando ad una di esse (impresa *capogruppo*) il compito di gestire unitariamente i rapporti con il committente.

4. L'associazione in partecipazione.

L'associazione in partecipazione è il contratto con cui un soggetto (**l'associante**) attribuisce ad un altro soggetto (**l'associato**) una **partecipazione agli utili ed alle perdite** della sua impresa o di uno o più affari, verso il **corrispettivo di un determinato apporto** (art. 2549 c.c.).
Il comma 2 dell'art. 2549 c.c., al fine di evitare che, dietro contratti di associazione in partecipazione con apporto di lavoro dell'associato, si mascherino veri e propri rapporti di lavoro subordinato nei quali il lavoratore non può giovarsi delle tutele previste dalla legge per il lavoro subordinato, dispone che nel caso in cui l'associato sia una persona fisica, l'apporto di quest'ultimo non può consistere, nemmeno in parte, in una prestazione di lavoro. Non si determina, in tal modo, la formazione di un soggetto nuovo o la costituzione di un patrimonio autonomo, né la comunione dell'affare o dell'impresa, che restano di esclusiva pertinenza dell'associante.
L'art. 2552 c.c., stabilisce, infatti, che *"la **gestione** dell'impresa o dell'affare spetta **all'associante**. Il contratto può determinare quale **controllo** possa esercitare l'associato sull'impresa o sullo svolgimento dell'affare per cui l'associazione è stata contratta"*. Ai sensi dell'art. 2551 c.c., inoltre, i **terzi** acquistano diritti ed assumono obbligazioni soltanto verso l'associante.
Soltanto quest'ultimo fa propri gli **utili**, salvo, nei rapporti interni, il suo obbligo di liquidare all'associato la sua quota di utili e di restituirgli l'apporto.
Se contrattualmente non è pattuito diversamente, l'associato partecipa anche alle **perdite** nella stessa misura in cui partecipa agli utili, fermo che le perdite che colpiscono l'associato non possono comunque superare il valore del suo apporto (art. 2553 c.c.).

5. Il contratto di rete.

L'art. 3 del D.L. 10 febbraio 2009, n. 5 (il *"Decreto Incentivi"*), convertito con modificazioni nella L. 9 aprile 2009, n. 33, ha introdotto un nuovo strumento di cooperazione fra imprese; si tratta del c.d. "**contratto di rete**".

Tale istituto è stato di recente innovato dall'art. 42 del D.L. 31 maggio 2010, n. 78, convertito con modificazioni nella L. 30 luglio 2010, n. 122, che reca una serie di disposizioni volte ad incentivare la creazione di reti di impresa.

Il contratto di rete è un contratto sottoscritto da imprese che, per **accrescere la propria capacità innovativa e la propria competitività sul mercato**, si impegnano reciprocamente, in attuazione di un **programma comune**, a **collaborare**, ovvero a **scambiarsi informazioni o prestazioni** di natura industriale, commerciale, tecnica o tecnologica ovvero ad **esercitare in comune una o più attività rientranti nell'oggetto della propria impresa**.

Partecipanti alla rete possono essere tutte le organizzazioni a carattere imprenditoriale, sia individuali che collettive, indipendentemente dalla loro dimensione. Si tratta di un contratto a struttura "aperta", al quale possono aderire imprese diverse da quelle originarie, secondo modalità di adesione stabilite nel contratto medesimo.

Dal punto di vista formale, il contratto di rete deve essere redatto per **atto pubblico o per scrittura privata autenticata** e dello stesso deve essere data pubblicità nel registro delle imprese presso cui è iscritta ciascuna impresa partecipante.

Dal punto di vista patrimoniale, va chiarito che dalla "rete" non nasce un soggetto giuridico autonomo e distinto rispetto ai partecipanti, ma un regolamento di interessi, implicante una serie di diritti e doveri strumentali all'attuazione del programma economico della rete. Diversamente dal consorzio con attività esterna, il contratto di rete "**può**", **ma non "deve"** prevedere l'istituzione di un **fondo patrimoniale comune**, al quale si applicheranno le disposizioni di cui agli artt. 2614 e 2615 del codice civile.

Dal punto di vista organizzativo, va evidenziato che il contratto di rete, pur non prevedendo la nascita di un nuovo ed autonomo soggetto giuridico, può contemplare la nomina di un organo comune incaricato di gestire, in nome e per conto dei partecipanti, l'esecuzione del contratto o di singole parti o fasi dello stesso.

SCHEDA DI SINTESI

Il contratto di consorzio è il contratto con cui più imprenditori istituiscono un'**organizzazione comune** per la disciplina o per lo svolgimento di determinate fasi delle rispettive imprese.
È possibile bipartire la funzione dei consorzi in: **consorzi limitativi della concorrenza**, creati tra imprese che svolgono la stessa attività o attività similari; **consorzi di coordinamento**, creati tra imprenditori che non necessariamente svolgono la

CAPITOLO VII | FORME DI COOPERAZIONE TRA IMPRENDITORI

stessa attività o attività similari, al fine di consentire lo svolgimento in comune di alcune fasi delle rispettive imprese.
Si distingue tra **consorzi interni** e **consorzi esterni**. In entrambi i casi viene creata un'organizzazione comune, ma mentre nel caso di *consorzi interni*, la cui attività si esplica e si esaurisce tra gli imprenditori consorziati, la funzione propria dell'organizzazione comune è quella di regolare i reciproci rapporti tra i consorziati, viceversa nei consorzi con *attività esterna*, destinati a svolgere un'attività con i terzi, l'organizzazione comune opera anche sotto forma di ufficio, appositamente istituito, al fine di regolare i rapporti tra l'insieme delle imprese consorziate ed i terzi con i quali il consorzio viene in contatto (art. 2612 c.c.).
Le **società consortili**, invece, sono **le società lucrative**, siano esse di persone o di capitali, **che assumono come oggetto sociale gli scopi di un consorzio**.
Il **G.E.I.E.**, similmente ai consorzi di coordinamento che svolgono attività esterna (e diversamente dalle società), non è preordinato al perseguimento di uno scopo lucrativo di ciascuno dei soggetti che vi partecipano, ma **ha un carattere ausiliario rispetto alle attività esercitate dai suoi componenti**.
Le **associazioni temporanee di imprese** (o **raggruppamenti temporanei**; si parla di *joint ventures* nella terminologia anglosassone) sono peculiari forme di cooperazione tra imprenditori, poste in essere per la realizzazione di una specifica opera o di un affare complesso, e connotate, quindi, dal carattere della **temporaneità** e dell'**occasionalità**.
L'associazione in partecipazione è il contratto con cui un soggetto (**l'associante**) attribuisce ad un altro soggetto (**l'associato**) una **partecipazione agli utili ed alle perdite** della sua impresa o di uno o più affari, verso il **corrispettivo di un determinato apporto**
Il contratto di rete è un contratto sottoscritto da imprese che, per **accrescere la propria capacità innovativa e la propria competitività sul mercato**, si impegnano reciprocamente, in attuazione di un **programma comune**, a **collaborare**, ovvero a **scambiarsi informazioni o prestazioni** di natura industriale, commerciale, tecnica o tecnologica ovvero ad **esercitare in comune una o più attività rientranti nell'oggetto della propria impresa**.

QUESTIONARIO

1. Quali finalità perseguono i consorzi? **(1)**
2. Quanto durano i consorzi? Quali sono le cause di scioglimento? **(1.1.)**
3. Qual è la differenza tra consorzi con attività interna e consorzi con attività esterna? **(1.2.)**
4. A quale regime sono sottoposti i consorzi con attività esterna? **(1.3.)**
5. In che termini si profila la responsabilità del consorzio con attività esterna verso terzi? **(1.3.)**
6. È possibile perseguire lo scopo consortile in forma societaria? Le società consortili sono sottoposte soltanto alla disciplina propria del tipo societario prescelto? **(1.4.)**

7. Che cos'è il Gruppo Europeo di Interesse Economico e quali sono le principali differenze rispetto al consorzio? (**2**)
8. Nel caso di associazione temporanea d'imprese si dà vita ad un nuovo soggetto giuridico, autonomo e distinto rispetto alle imprese partecipanti? (**3**)
9. L'associazione in partecipazione comporta la costituzione di un nuovo soggetto giuridico, o almeno la comunione d'impresa o dell'affare tra associante ed associato? (**4**)
10. L'associato può apportare anche una prestazione lavorativa? In tal caso, come si distingue l'associazione in partecipazione rispetto al rapporto di lavoro subordinato? (**4**)
11. Che cos'è il contratto di rete? (**5**)

CAPITOLO VII | FORME DI COOPERAZIONE TRA IMPRENDITORI

MAPPA CONCETTUALE

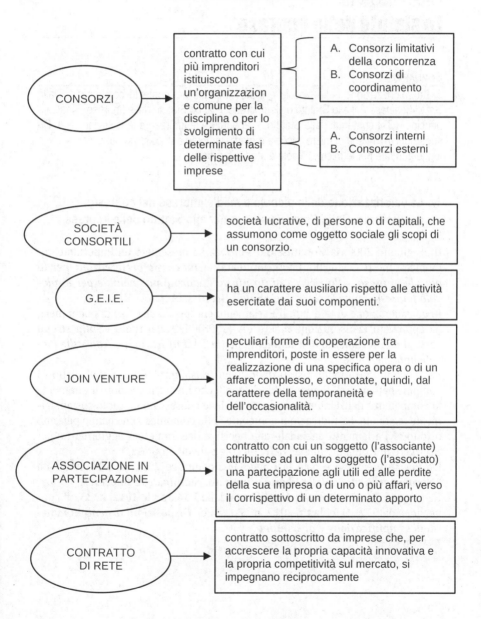

Capitolo VIII
Lo statuto delle imprese

Sommario:
1. La valorizzazione delle piccole e medie imprese nel contesto comunitario. Dallo *Small Business Act* allo Statuto delle Imprese. – **2.** Lo Statuto delle Imprese. Finalità e principi. – **3.** I contenuti dello Statuto. I rapporti tra le imprese e le istituzioni. – **4.** Disposizioni in materia di micro, piccole e medie imprese e di politiche pubbliche. – **5.** La legge annuale per le micro, piccole e medie imprese.

1. La valorizzazione delle piccole e medie imprese nel contesto comunitario. Dallo *Small Business Act* allo Statuto delle Imprese.

Il 25 giugno 2008, la Commissione europea ha presentato un'importante comunicazione [COM (2008)394], intitolata: «*Una corsia preferenziale per la piccola impresa. Alla ricerca di un nuovo quadro fondamentale per la piccola impresa*», nota anche come «*Small Business Act*» per l'Europa.

In considerazione di tale atto, il Parlamento europeo, a distanza di pochi mesi, ha approvato la risoluzione n. P6_TA (2008)0579, dal titolo «*Sulla strada verso il miglioramento dell'ambiente per le PMI in Europa – Atto sulle piccole imprese*».

Sulla scorta dei principi fissati dallo *Small Business Act*, sono stati distinti i compiti spettanti agli Stati membri da quelli che invece investono direttamente la competenza dell'Unione europea, cui viene conservato un ruolo sostanzialmente residuale. Le indicazioni contenute nella comunicazione hanno pertanto offerto al Parlamento nazionale una decisiva occasione per aggiornare e per riscrivere le forma di "tutela" delle piccole e medie imprese.

Da queste premesse è nata la **Legge 11 novembre 2011, n. 180**, intitolata *"Norme per la tutela della libertà d'impresa. Statuto delle Imprese"*.

La Legge n. 180/2011 è stata **modificata** dalla **L. 4 aprile 2012, n. 35**, di conversione del D.L. 9 febbraio 2012, n. 5 recante *"Disposizioni urgenti in materia di semplificazione e di sviluppo"*.

2. Lo Statuto delle Imprese. Finalità e principi.

Lo Statuto delle Imprese persegue il *"fine di assicurare lo sviluppo della persona attraverso il valore del lavoro, sia esso svolto in forma autonoma che d'impresa, e di garantire la libertà di iniziativa economica privata in conformità agli articoli 35 e 41 della Costituzione"* (art. 1, comma 1, L. 180/2011).

Lo Statuto delle Imprese e dell'imprenditore mira in particolare:

- al riconoscimento del **contributo fondamentale delle imprese alla crescita dell'occupazione e alla prosperità economica**, nonché al riconoscimento dei doveri cui l'imprenditore è tenuto ad attenersi nell'esercizio della propria attività;
- a promuovere la costruzione di un quadro normativo nonché di un contesto sociale e culturale volti a *favorire lo sviluppo delle imprese* anche di carattere familiare;
- a rendere *più equi i sistemi sanzionatori* vigenti connessi agli adempimenti a cui le imprese sono tenute nei confronti della pubblica amministrazione;
- a promuovere l'inclusione delle problematiche sociali e delle tematiche ambientali nello svolgimento delle attività delle imprese e nei loro rapporti con le parti sociali;
- a *favorire l'avvio di nuove imprese*, in particolare da parte dei giovani e delle donne;
- a *valorizzare* il potenziale di crescita, di produttività e di innovazione delle imprese, con particolare riferimento alle **micro, piccole e medie imprese**;
- a *favorire la competitività del sistema produttivo nazionale* nel contesto europeo e internazionale;
- ad *adeguare l'intervento pubblico e l'attività della pubblica amministrazione alle esigenze delle* micro, piccole e medie *imprese* nei limiti delle risorse umane, strumentali e finanziarie disponibili a legislazione vigente, senza nuovi o maggiori oneri per la finanza pubblica (art. 1, co. 5, L. 180/2011).

La L. n. 180 del 2011 fissa i **principi fondamentali** dello Statuto (art. 2). Tra questi rientrano:

- la **libertà di iniziativa economica**, di associazione, di modello societario, di stabilimento e di prestazione di servizi, nonché di **concorrenza**, quali principi riconosciuti dall'Unione europea;

- la progressiva **riduzione degli oneri amministrativi a carico delle imprese**, in particolare delle micro, piccole e medie imprese, in conformità a quanto previsto dalla normativa europea;
- la partecipazione e l'accesso delle imprese, in particolare delle micro, piccole e medie imprese, alle politiche pubbliche attraverso l'innovazione, quale strumento per una maggiore trasparenza della pubblica amministrazione;
- il diritto delle imprese a godere nell'accesso al credito di un quadro informativo completo e trasparente e di condizioni eque e non vessatorie;
- la promozione della cultura imprenditoriale; del lavoro autonomo; di misure che semplifichino la trasmissione e la successione di impresa e di politiche volte all'aggregazione tra imprese.

3. I contenuti dello Statuto. I rapporti tra le imprese e le istituzioni.

Lo Statuto delle imprese interviene su più fronti.
Il Capo II del provvedimento legislativo, in particolare, è dedicato ai **rapporti tra le imprese e le istituzioni**, disciplinati in un'ottica di **semplificazione** e di **trasparenza**. Viene costituito un **consorzio obbligatorio nel settore dei laterizi** (COSL), per ridurre l'impatto ambientale; valorizzare la qualità e l'innovazione dei prodotti; incentivare la chiusura delle unità produttive meno efficienti; finanziare le spese annuali di ricerca e sviluppo sostenute dalle imprese del settore. Il COSL ha personalità giuridica di diritto privato, senza fini di lucro, e il suo statuto è sottoposto all'approvazione del Ministero dello sviluppo economico, che vigila sul consorzio.

4. Disposizioni in materia di micro, piccole e medie imprese e di politiche pubbliche.

Il Capo III dello Statuto detta *"Disposizioni in materia di micro, piccole e medie imprese e di politiche pubbliche"*.
Sono previste diverse misure con cui lo Stato favorisce la ricerca, l'innovazione, l'internazionalizzazione e la capitalizzazione. In particolare, il Ministro dello sviluppo economico, sentite le regioni, deve adottare un piano strategico di interventi. Viene inoltre istituito il **Garante per le micro, piccole e medie imprese** (MPMI, secondo lo Statuto), con il compito di:

- **analizzare**, in via preventiva e successiva, **l'impatto della regolamentazione** sulle micro, piccole e medie imprese;
- **elaborare proposte finalizzate a favorire lo sviluppo** del sistema delle micro, piccole e medie imprese;
- **segnalare** al Parlamento, al Presidente del Consiglio dei ministri, ai Ministri e agli enti territoriali interessati i casi in cui **iniziative legislative o regolamentari o provvedimenti** amministrativi di carattere generale possono determinare oneri finanziari o amministrativi rilevanti a carico delle micro, piccole e medie imprese;
- **trasmettere** al Presidente del Consiglio dei ministri, entro il 28 febbraio di ogni anno, una **relazione** sull'attività svolta;
- **monitorare** le **leggi regionali** di interesse delle micro, piccole e medie imprese e promuovere la diffusione delle migliori pratiche;
- **coordinare i garanti** delle micro, piccole e medie imprese istituiti presso le regioni, mediante la promozione di incontri periodici.

5. La legge annuale per le micro, le piccole e le medie imprese.

Il Capo IV dello Statuto prevede l'emanazione di una "**Legge annuale** per le MPMI", al fine di attuare lo *Small Business Act*.
Il provvedimento, da presentare alle Camere entro il 30 giugno di ogni anno, è volto a definire gli interventi in materia per l'anno successivo.
Il disegno di legge reca, in distinte sezioni:

- **norme di immediata applicazione**, al fine di favorire e promuovere le micro, piccole e medie imprese, rimuovere gli ostacoli che ne impediscono lo sviluppo, ridurre gli oneri burocratici, e introdurre misure di semplificazione amministrativa anche relativamente ai procedimenti sanzionatori vigenti, connessi agli adempimenti a cui sono tenute le micro, piccole e medie imprese nei confronti della pubblica amministrazione;
- **una o più deleghe al Governo** per l'emanazione di decreti legislativi;
- **l'autorizzazione all'adozione di regolamenti, decreti ministeriali e altri atti**;
- **norme integrative o correttive di disposizioni contenute in precedenti leggi**, con esplicita indicazione delle norme da modificare o abrogare.

Al disegno di legge sarà allegata una **relazione** sullo stato di conformità della normativa vigente in materia di imprese, rispetto ai principi ed obiettivi dello *Small Business Act*; sull'attuazione degli interventi programmati; sulle ulteriori specifiche misure da adottare per favorire la competitività delle MPMI, al fine di garantire l'equo sviluppo delle aree sottoutilizzate.

SCHEDA DI SINTESI

Lo Statuto delle Imprese persegue il **fine di assicurare lo sviluppo della persona** attraverso il valore del lavoro, sia esso svolto in forma autonoma che d'impresa, e **di garantire la libertà di iniziativa economica** privata in conformità agli articoli 35 e 41 della Costituzione.
i **principi fondamentali** dello Statuto sono: la **libertà di iniziativa economica**, di associazione, di modello societario, di stabilimento e di prestazione di servizi, nonché di **concorrenza**, quali principi riconosciuti dall'Unione europea; la progressiva **riduzione degli oneri amministrativi a carico delle imprese**; la partecipazione e l'accesso delle imprese, in particolare delle micro, piccole e medie imprese, alle politiche pubbliche attraverso l'innovazione; il diritto delle imprese a godere nell'accesso al credito di un quadro informativo completo e trasparente e di condizioni eque e non vessatorie; la promozione della cultura imprenditoriale e del lavoro autonomo.

QUESTIONARIO

1. Cos'è lo *Small Business Act* e quale provvedimento normativo nazionale ne è scaturito? **(1)**
2. Cos'è lo Statuto delle Imprese? Quali principi e quali finalità persegue? **(2)**
3. A quali criteri vengono improntati i rapporti tra le imprese e le istituzioni? **(3)**
4. Cosa sono i consorzi obbligatori? Cos'è il COSL? **(4)**
5. Quali contenuti deve presentare la legge annuale per le MPMI? **(5)**

PARTE SECONDA
LE SOCIETÀ

Capitolo I
Le società: nozioni introduttive

Sommario:
1. Nozione e principio di tipicità. – **2.** Il contratto di società. – **3.** Patrimonio sociale e capitale sociale. Differenze. – **4.** Autonomia patrimoniale e personalità giuridica. – **5.** Società e comunione. Differenze. – **6.** Classificazione delle società. – **7.** Una particolare evoluzione dell'impresa societaria: la c.d. *start-up* innovativa. – **8.** Le società tra professionisti. – **8.1.** La società tra avvocati. – **9.** La società di fatto, la società occulta e la società apparente: questioni interpretative.

1. Nozione e principio di tipicità.

L'attività di impresa può essere svolta anche in forma associata mediante l'adozione del modello societario. Si parla in tal caso di ***impresa societaria***, quale ***species*** del più ampio ***genus*** di ***impresa collettiva***, nel cui ambito è possibile ricondurre le associazioni, le fondazioni o i consorzi con attività esterna che svolgono un'attività produttiva. Le **società**, pertanto, possono definirsi come le **organizzazioni di persone e di mezzi** create dall'autonomia privata **per l'esercizio in comune di un'attività economica**.

Il codice civile contempla differenti tipi di società che le parti, nel rispetto delle condizioni stabilite dalla legge, possono liberamente scegliere per il perseguimento di uno scopo produttivo.

È importante sottolineare che le parti possono optare soltanto per uno dei modelli organizzativi previsti dal legislatore. La materia, invero, è dominata dal **principio di tipicità** e l'art. 2249 c.c. stabilisce espressamente al riguardo che «*le società che hanno per oggetto l'esercizio di un'attività commerciale devono costituirsi secondo uno dei tipi regolati nei capi III e seguenti di questo Titolo. Sono salve le disposizioni riguardanti le società cooperative e quelle delle leggi speciali che per l'esercizio di particolari categorie d'impresa prescrivono la costituzione della società secondo un determinato tipo*».

La ***ratio*** del principio è riconducibile al fatto che – mentre il contratto produce effetti *inter-partes* – le società, operando sul mercato, entrano in contatto con i terzi che, pertanto, devono essere adeguatamente tutelati. Tale esigenza viene quindi soddisfatta mediante la predisposizione di un modello organizzativo

immediatamente identificabile dal terzo (si pensi ad esempio al regime della responsabilità dei soci).
Scelto un determinato tipo societario, però, si ritiene in dottrina che alle parti sia consentito introdurre nell'atto costituivo delle clausole contrattuali (c.d. **clausole atipiche**) che non siano incompatibili con la disciplina del tipo societario prescelto e che non siano in contrasto con norme imperative. In caso di violazione dei limiti posti dall'autonomia negoziale nell'introduzione di clausole atipiche, pertanto, esse sono da considerarsi nulle per contrarietà a norme imperative, fermo restando che la sanzione consiste nella nullità della singola clausola (art. 1419, comma 2, c.c.) e non dell'intero contratto. Non si può tuttavia escludere che, a fronte della valutazione complessiva dell'assetto degli interessi delle parti, la sanzione possa consistere nella nullità dell'intero contratto, allorché la clausola atipica sia da considerarsi essenziale per tutti i soci (art. 1419, comma 1, c.c.).

2. Il contratto di società.

I differenti tipi societari previsti dall'ordinamento giuridico sono tutti riconducibili ad una nozione unitaria, rappresentata dalla **definizione legislativa del contratto di società** contenuta nell'art. 2247 c.c., secondo cui «*con il contratto di società due o più persone conferiscono beni e servizi per l'esercizio in comune di un'attività economica allo scopo di dividerne gli utili*».
È opportuno precisare, però, che il contratto non rappresenta più l'unico strumento mediante il quale è possibile costituire una società. Il D.lgs. 88/93 e il D.lgs. 6/2003, invero, hanno espressamente previsto la possibilità di costituire rispettivamente una società a responsabilità limitata (*infra*, Cap. XI, par. 3) e una società per azioni per atto unilaterale (*infra*, Cap. V, par. 3).
Mediante un atto di scissione, inoltre, cui partecipa il solo rappresentante della società scindente, può aversi costituzione di società senza contratto.
Il nostro ordinamento conosce, infine, le **società legali**, costituite in forza di speciali provvedimenti legislativi o amministrativi, ovvero risultanti da processi di privatizzazione formale.
In linea di principio è ammessa anche la configurabilità di un contratto preliminare di società per la cui validità si ritiene necessaria l'indicazione del tipo di società oggetto del contratto definitivo. Ciò premesso, il contratto di società è riconducibile alla categoria di contratti consensuali, plurilaterali e aperti con comunione di scopo a rilevanza esterna e ad esso si applica secondo la prevalente dottrina la disciplina generale dei contratti, in quanto compatibile, com-

prese le speciali norme in tema di conservazione del rapporto sociale dettate dagli artt. 1420, 1446, 1459 e 1466 c.c.
Dal punto di vista strutturale **il contratto di società** si caratterizza per la presenza di **tre requisiti fondamentali:**

- **i conferimenti dei soci;**
- **l'esercizio in comune di un'attività economica** (c.d. *scopo-mezzo*);
- **lo scopo di divisione degli utili** (c.d. *scopo-fine*).

A) I conferimenti
I conferimenti sono le prestazioni che i soci si obbligano ad eseguire per dotare la società dei mezzi necessari per lo svolgimento dell'attività d'impresa (c.d. **capitale di rischio iniziale**). Si tratta di un **obbligo primario ed indefettibile per tutti i soci**, i quali, però, possono essere tenuti a soddisfarlo in misura e/o con modalità differenti in base a quanto stabilito dal contratto sociale. Se le parti non hanno stabilito nulla al riguardo, si applica la regola integrativa di cui all'art. 2253 c.c., secondo il quale «...*si presume che i soci siano obbligati a conferire, in parti uguali tra loro, quanto è necessario per il conseguimento dell'oggetto sociale*».

Quanto all'**oggetto del conferimento**, l'art. 2247 c.c. si riferisce genericamente a beni e servizi. La dottrina dominante desume dalla norma il principio di carattere generale secondo cui può costituire oggetto di conferimento **ogni entità suscettibile di valutazione economica** idonea a favorire il conseguimento dell'oggetto sociale. Tale principio è pienamente applicabile soltanto nelle società di persone e nella società a responsabilità limitata, dovendo essere negli altri casi coordinato con la disciplina specifica prevista in tema di conferimenti per il singolo tipo societario. Nella società per azioni, ad esempio, il quinto comma dell'art. 2342 c.c. stabilisce che non possono formare oggetto di conferimento le «*prestazioni d'opera o di servizi*».

B) Lo scopo-mezzo
L'esercizio in comune di un'attività economica è il c.d. *scopo mezzo* mediante il quale le parti mirano al raggiungimento dello scopo sociale.
L'**oggetto sociale** rappresenta, più dettagliatamente, l'**attività economica che i soci si propongono di svolgere**. Deve trattarsi, in particolare, di un'attività produttiva, cioè condotta con metodo economico e finalizzata alla produzione o allo scambio di beni o servizi; in breve, di un'**attività di impresa**.

C) Lo scopo fine

Il terzo ed ultimo elemento del contratto di società è lo **scopo della divisione degli utili** (c.d. *scopo-fine*).
Si tratta senza dubbio del requisito più discusso in dottrina, stante la difficoltà di ricondurre nel suo alveo definitorio i diversi scopi che le parti possono perseguire in virtù del modello societario prescelto.
In particolare, è possibile distinguere tra:

- **società lucrative**. Sono le società di persone e di capitali che svolgono attività di impresa con terzi allo scopo di conseguire utili (**lucro oggettivo**), destinati ad essere successivamente divisi fra i soci (**lucro soggettivo**). Così inteso, lo scopo della divisione degli utili si traduce in *scopo di lucro o di profitto*;
- società mutualistiche. Sono le società cooperative in cui l'attività societaria è diretta a fornire direttamente ai soci beni, servizi od occasioni di lavoro a condizioni più vantaggiose di quelle che i soci stessi otterrebbero sul mercato (c.d. *scopo mutualistico*);
- società consortili. Ai sensi dell'art 2615-*ter* c.c., tutte le società, ad eccezione della società semplice, «*possono assumere come oggetto sociale gli scopi indicati dall'art. 2602*», cioè gli scopi di un consorzio. Lo scopo economico dei soci si traduce, quindi, nella sopportazione di minori costi o realizzazione di maggiori guadagni nelle rispettive imprese (c.d. *scopo consortile*).

L'appartenenza del requisito in commento a tutte le categorie di società sopra elencate è discussa in dottrina:

- parte della dottrina, interpretando letteralmente lo scopo della divisione degli utili come **scopo di lucro soggettivo**, esclude dall'ambito applicativo dell'art. 2247 c.c. le società mutualistiche e le società consortili (in cui è presente il solo scopo di lucro oggettivo). In altre parole, la definizione legislativa di contratto di società parrebbe incompleta, stante la necessità di ridefinirne i contorni mediante il richiamo alle norme del codice civile che disciplinano i singoli tipi societari (DI SABATO, GRAZIANI, GRECO);
- la dottrina prevalente, invece, al fine di recuperare la dimensione unitaria dell'art. 2247 c.c., afferma che lo scopo della divisione degli utili debba essere inteso **in senso lato**. Si ritiene, in particolare, che in tutte le società è possibile rinvenire un dato comune e

costante: il perseguimento di un **vantaggio patrimoniale diretto o indiretto per i soci**. In altre parole, attraverso la costituzione di una società, i soci perseguono uno scopo egoistico che si traduce nella c.d. autodestinazione dei risultati dell'attività svolta (CAMPOBASSO, CIAN, TRABUCCHI).

3. Patrimonio sociale e capitale sociale. Differenze.

A) Il patrimonio sociale

Il **patrimonio sociale è il complesso dei rapporti giuridici attivi e passivi** che fanno capo alla società.
Inizialmente è costituito dai conferimenti eseguiti o promessi dai soci. In seguito, subisce continue variazioni qualitative e quantitative in relazione alle vicende economiche (realizzazione di utili o di perdite) della società. La sua consistenza (attività e passività) viene periodicamente accertata attraverso la redazione annuale del bilancio di esercizio.
Esso **non va confuso con il patrimonio netto**, che indica la differenza positiva fra attività e passività.

B) Il capitale sociale nominale

Il **capitale sociale nominale** esprime il valore in denaro dei conferimenti quale risulta dall'atto costitutivo della società. **Soltanto al momento della nascita della società**, pertanto, **patrimonio sociale e capitale sociale nominale coincidono**. Quest'ultimo, invero, a differenza del primo, rimane immutato nel corso della vita della società a meno che, con modifica dell'atto costitutivo, non si decida di aumentarlo o ridurlo.
Per tale motivo in dottrina (CAMPOBASSO) si afferma che il capitale sociale nominale assolve due funzioni essenziali:

- una **funzione vincolistica e di garanzia,** perché indica la quota ideale del patrimonio netto non distribuibile fra i soci e perciò assoggettata ad un vincolo di stabile destinazione all'attività sociale (c.d. **capitale reale**);
- una **funzione organizzativa**, perché opera come termine di riferimento per accertare periodicamente (tramite il bilancio di esercizio) se la società ha conseguito degli utili o subito delle perdite. Inoltre, il capitale sociale nominale opera anche come base di misurazione delle posizioni reciproche dei soci della società, sia di carattere

amministrativo (es.: diritto di voto), sia di carattere patrimoniale (es.: diritto agli utili ed alla quota di liquidazione).

Secondo altra dottrina (Busi) dalla disciplina del capitale sociale nelle società di capitali è possibile desumere due principi fondamentali:

- il **principio dell'effettività del capitale sociale**, in base al quale i conferimenti sottoscritti devono essere uguali al valore del capitale sociale e una parte degli stessi deve essere effettivamente versata. Espressione di tale principio è ad esempio l'art. 2346, comma 5, c.c., in base al quale "*In nessun caso il valore dei conferimenti può essere complessivamente inferiore all'ammontare globale del capitale sociale*";
- il **principio di integrità o intangibilità del capitale sociale**, che garantisce non solo i terzi che entrano in contatto con la società, ma anche i soci di minoranza che potrebbero essere penalizzati dalle decisioni del gruppo di comando. Si pensi in tal senso all'obbligo di reintegra della riserva legale di cui al secondo comma dell'art. 2430 c.c. o alla disciplina della riduzione del capitale di cui agli artt. 2445 ss. c.c.

4. Autonomia patrimoniale e personalità giuridica.

Il concetto di autonomia patrimoniale in ambito societario è di cruciale importanza per comprendere il regime della responsabilità della società e dei soci per le obbligazioni assunte nell'esercizio dell'attività sociale.

Secondo il tipo di società, la dottrina tradizionale distingue tra autonomia patrimoniale perfetta ed imperfetta.

Si parla di **autonomia patrimoniale perfetta** con riferimento alle **società di capitali**, nelle quali il patrimonio della società e quello dei singoli soci sono nettamente separati: **delle obbligazioni sociali risponde solo la società con il suo patrimonio**.

Ne consegue che i creditori sociali non possono soddisfarsi sul patrimonio personale dei soci, ma possono aggredire soltanto il patrimonio della società: i singoli soci rispondono delle obbligazioni sociali solo nei limiti della quota conferita. D'altro lato sul patrimonio sociale non possono soddisfarsi i creditori personali del socio poiché si tratta di un patrimonio giuridicamente appartenente ad un altro soggetto (la società).

Tale regime discende direttamente dal riconoscimento esplicito da parte del legislatore della **personalità giuridica** (l'art. 2331, comma 1 c.c., in materia di società per azioni, stabilisce espressamente che «*Con l'iscrizione nel registro delle imprese la società acquista la personalità giuridica*»). **In quanto persone giuridiche, queste società sono trattate dall'ordinamento come soggetti di diritto formalmente distinti dalle persone dei soci.**

Le **società di persone**, invece, sono dotate di **autonomia patrimoniale imperfetta**, poiché i singoli soci rispondono personalmente degli obblighi assunti dalla società di cui fanno parte. I creditori della società, però, non possono aggredire direttamente il patrimonio personale dei soci illimitatamente responsabili. Essi devono innanzitutto soddisfarsi sul patrimonio della società e, soltanto dopo aver infruttuosamente escusso il patrimonio sociale, potranno aggredire il patrimonio personale dei soci.

I creditori personali dei soci, invece, non possono aggredire il patrimonio della società per soddisfarsi.

Le società di persone non godono, dunque, per una precisa scelta del legislatore, della personalità giuridica.

È oggetto, invece, di un vivace dibattito dottrinale e giurisprudenziale la differente questione concernente la possibilità di riconoscere alle società di persone una **soggettività giuridica** (da intendersi quale attitudine ad essere titolare di situazioni giuridiche attive e passive) distinta da quella delle persone dei soci.

5. Società e comunione. Differenze.

L'esercizio in comune di un'attività economica è l'elemento che ci consente di distinguere tra il concetto di società e quello di comunione.

In entrambi i casi, infatti, vi è una comunanza di interessi e un'organizzazione unica, ma i beni che sono oggetto di comunione non sono destinati all'esercizio di un'attività produttiva e possono essere liberamente utilizzati. Nella società, invece, i beni conferiti dai soci sono soggetti ad un vincolo di destinazione in quanto possono essere utilizzati soltanto per l'esercizio dell'attività rientrante nell'oggetto sociale. Alla luce di tale premessa, ben si comprende il motivo per cui nel nostro ordinamento giuridico sono **vietate le società di mero godimento**, cioè le società costituite al solo scopo di consentire il godimento dei beni conferiti dai soci. Il divieto trova puntuale conferma nell'art. 2248 c.c., ai sensi del quale «*La comunione costituita o mantenuta al solo scopo di godimento di una o più cose è regolata dalle norme del titolo VII del libro III*». La norma vuole chiaramente impedire che lo schema societario possa trasformarsi

in una vera e propria ipotesi di abuso dell'istituto societario a danno dei creditori personali dei comproprietari.
Nella pratica si assiste spesso alla costituzione delle c.d. **società immobiliari di comodo** il cui patrimonio è costituito esclusivamente da immobili conferiti dai soci e la cui attività consiste nel concedere gli immobili in locazione a terzi o ai soci stessi, senza fornire alcun servizio aggiuntivo. Queste società, piuttosto diffuse nella prassi, sono costituite generalmente per fini di evasione fiscale o per nascondere ai creditori la proprietà di beni immobili.
Pur essendo pacifica in dottrina e giurisprudenza la sostanziale illegittimità di tali società, si registrano opinioni divergenti in merito alla disciplina in concreto applicabile. Alcuni autori, invero, ritengono che il contratto costitutivo sia nullo o inesistente per simulazione, mentre altri ne affermano l'invalidità perché in frode alla legge ai sensi dell'art. 1344 c.c.

6. Classificazione delle società.

È possibile suddividere i differenti modelli societari in categorie omogenee sulla base di una classificazione unanimemente condivisa dalla copiosa dottrina in materia.

A) Lo scopo perseguito
Un **primo criterio di classificazione**, già illustrato (*supra*, par. 2), è quello fondato sullo scopo istituzionale perseguito (c.d. *scopo fine*). Sotto tale profilo le **società mutualistiche** (società cooperative e mutue assicuratrici) si contrappongono a tutti gli altri tipi di società, definiti come **società lucrative**.

B) La natura dell'attività svolta
Un **secondo criterio di classificazione** discende dalla **natura (commerciale o non commerciale) dell'attività esercitata**. Il modello organizzativo della società semplice è utilizzabile esclusivamente per l'esercizio di un'attività non commerciale (quindi solo per le attività agricole). Tutte le altre società lucrative e le società mutualistiche possono esercitare sia attività commerciale sia attività non commerciale.

C) La personalità giuridica
Un **terzo criterio di classificazione** si basa sul riconoscimento o meno della **personalità giuridica** (*supra*, par. 4).
Hanno personalità giuridica e sono pertanto dotate di autonomia patrimoniale

perfetta le **società di capitali** (società per azioni, società in accomandita semplice e società a responsabilità limitata) e le **società cooperative**.
Ne sono invece prive le **società di persone** (società semplice, società in nome collettivo e società in accomandita semplice) e si parla in tal caso di autonomia patrimoniale imperfetta. Le società di persone e di capitali si differenziano, inoltre, sotto il profilo organizzativo.
Le **società di persone** sono così definite poiché **prevale l'elemento personalistico** rispetto a quello capitalistico.
Sotto il profilo dell'ordinamento interno e dei rapporti con i terzi si caratterizzano per i seguenti elementi:

- l'**assenza di un'organizzazione di tipo corporativo** basata su una pluralità di organi;
- la necessità dell'**unanimità per le modificazioni dell'atto costitutivo**, salvo patto contrario;
- la **responsabilità illimitata** del socio investito del potere di amministrazione e rappresentanza della società.

Nelle **società di capitali**, invece, **prevale l'elemento capitalistico** su quello personalistico. Sotto il profilo dell'ordinamento interno e dei rapporti con i terzi presentano le seguenti caratteristiche:

- la previsione di un'**organizzazione di tipo corporativo**, cioè basata sulla necessaria presenza di una pluralità di organi (assemblea, organo di gestione e organo di controllo);
- l'operatività del **principio maggioritario** per il funzionamento degli organi sociali;
- l'**assenza di un potere diretto** di amministrazione e di controllo in capo ai soci, salvo il diritto di concorrere alle decisioni sociali in proporzione all'ammontare del capitale sociale sottoscritto.

D) Il regime di responsabilità per le obbligazioni sociali
Un quarto ed ultimo criterio di classificazione è quello basato sul **regime di responsabilità per le obbligazioni sociali**. Sotto tale profilo si distingue tra:

- società nelle quali per le obbligazioni sociali rispondono sia il patrimonio sociale sia i soci personalmente e illimitatamente responsabili (società semplice e società in nome collettivo);
- società, come la società in accomandita semplice e per azioni, nelle

quali coesistono soci a responsabilità illimitata (gli accomandatari) e soci a responsabilità limitata (gli accomandanti);
- società, infine, nelle quali per le obbligazioni sociali risponde solo la società col proprio patrimonio (società per azioni, società a responsabilità limitata e società cooperative).

7. Una particolare evoluzione dell'impresa societaria: la c.d. *start-up* innovativa.

Con l'emanazione dell'art. 25 del D.L. 18 ottobre 2012, n. 179, coordinato con la legge di conversione n. 221/12 recante *"Ulteriori misure urgenti per la crescita del Paese"*, il legislatore ha introdotto una disciplina finalizzata a **favorire la creazione e lo sviluppo di nuove imprese innovative** (c.d. *start-up* innovativa).

La *"start-up innovativa"*, in particolare, è la società di capitali, costituita anche in forma cooperativa, di diritto italiano ovvero la società europea residente in Italia, le cui azioni o quote rappresentative del capitale sociale non sono quotate su un mercato regolamentato o su un sistema multilaterale di negoziazione che ha quale **oggetto sociale esclusivo o prevalente** lo **sviluppo, la produzione e la commercializzazione di prodotti o servizi innovativi ad alto valore tecnologico.**

Il legislatore ha previsto, accanto alla *start-up* innovativa, anche un'ulteriore figura imprenditoriale denominata *"incubatore di start-up innovative certificato"*.

L'*"incubatore di start-up innovative certificato"* è definita come la società di capitali, costituita anche in forma cooperativa, di diritto italiano ovvero come la società europea residente in Italia ai sensi dell'art. 73 del D.P.R. 22 dicembre 1986, n. 917, che offre i servizi per sostenere la nascita e lo sviluppo di start-up innovative.

Venendo alla **disciplina** prevista per tali società, l'art. 26 del D.L. 179/12 prevede una serie di **disposizioni derogatorie** rispetto alle norme previste dalla normativa societaria.

Il D.L. 179/12, inoltre, introduce per tali società alcuni **benefici fiscali**.

Secondo quanto previsto, infine, dall'art. 31 la *start-up* innovativa **non può essere soggetta procedure concorsuali con l'eccezione dei procedimenti di composizione della crisi da sovraindebitamento e di liquidazione del patrimonio** previsti dal Capo II della L. 3/2012.

8. Le società tra professionisti.

L'ammissibilità di una **società fra professionisti, ovvero la società costituita da due o più professionisti intellettuali per l'esercizio in comune dell'attività professionale**, era stata in passato esclusa dalla prevalente dottrina e dall'unanime giurisprudenza. Si riteneva, invero, che il modello societario per l'esercizio di una professione intellettuale fosse inconciliabile con il **principio di personalità della prestazione** desumibile dalla disciplina di cui agli artt. 2229 ss. c.c. Al riguardo, la legge 23 novembre 1939, n. 1815, ora abrogata, contemplava il divieto di costituire società per l'esercizio di professioni protette, a suo tempo introdotto per garantire un collegamento diretto tra la figura del professionista, obbligatoriamente iscritto agli ordini professionali, e l'esecuzione della prestazione. Si trattava, quindi, di una garanzia per il cliente, che entrava in rapporto esclusivamente con una determinata persona fisica, iscritta in un albo professionale in seguito a un rigoroso controllo della sua preparazione.
L'unica forma associativa consentita ai professionisti era allora quella dello "**studio associato**", costituito solo tra soggetti regolarmente iscritti a un albo professionale, e comprendente nella denominazione il nome e il cognome di tutti gli associati (art. 1 della legge 23 novembre 1939, n. 1815). Anche in questo caso, però, l'incarico veniva (e viene tuttora) affidato dal cliente al singolo professionista, e non allo studio, che non ha personalità giuridica e assume rilievo solo nei rapporti tra gli associati, al fine della divisione degli utili.
Occorre tuttavia precisare che esistono società che, pur coinvolgendo dei professionisti, sono estranee al fenomeno della società tra professionisti e devono essere considerate senz'altro ammissibili e valide.
Si tratta, in particolare, della c.d. **società di mezzi** fra professionisti, costituita per l'acquisto e la gestione in comune di beni strumentali all'esercizio individuale delle rispettive professioni (si pensi al classico esempio di due medici che costituiscono una società per l'acquisto e la gestione degli strumenti professionali allo scopo di ridurre le spese di studio).
Un'ulteriore ipotesi da tenere distinta dalla società tra professionisti riguarda le **società di servizi imprenditoriali**. Queste ultime sono società che offrono sul mercato un servizio complesso, per la cui realizzazione sono necessarie anche prestazioni professionali di soci o terzi. Tali prestazioni, però, non costituiscono l'oggetto esclusivo dell'attività svolta, ma hanno carattere meramente strumentale e servente rispetto al servizio unitario offerto dalla società.
Ciò premesso, giova evidenziare che negli ultimi anni il divieto di costituire società per l'esercizio di professioni protette, è stato in alcuni casi derogato dal

legislatore fino alla sua definitiva scomparsa con la emanazione della legge 12 novembre 2011, n. 183
Una prima breccia nel divieto di esercizio dell'attività professionale in forma societaria era stata aperta, già da alcuni anni, dalla possibilità, ammessa prima dalla giurisprudenza e poi dalla stessa legge (art. 90 del decreto legislativo 12 aprile 2006, n. 163), di costituire società per l'esercizio dell'attività di ingegneria, e in particolare per l'esecuzione di studi di fattibilità, ricerche, consulenze, progettazioni o direzioni dei lavori, valutazioni di congruità tecnico-economica o studi di impatto ambientale, nella forma di "**società di ingegneria**" (società di capitali o società cooperative a cui possono partecipare anche soggetti non professionisti, senza alcun limite specifico) oppure di "**società di professionisti**" (società di persone o di società cooperative, costituite esclusivamente tra professionisti iscritti negli appositi albi previsti dai vigenti ordinamenti professionali).
La deroga al divieto era stata giustificata con l'opportunità di consentire forme organizzate per l'esercizio dell'attività di progettazione di grandi opere pubbliche.
Norme specifiche erano state dettate anche per le **società tra farmacisti** (art. 7 della legge 8 novembre 1991 n. 362) e per le **società tra avvocati** (decreto legislativo 2 febbraio 2001, n. 96). Con D.L. 223/2006 era stata invece consentita la prestazione di servizi professionali interdisciplinari (ad esempio consulenza legale e assistenza fiscale) da parte di società di persone o associazioni di professionisti (c.d. **la società di servizi professionali interdisciplinari**).
Dopo tali primi e specifici riconoscimenti normativi, il legislatore con l'art. 10 della legge 12 novembre 2011, n. 183 (legge di stabilità per il 2012), e il successivo decreto attuativo (decreto del Ministero della Giustizia 8 febbraio 2013, n. 34) ha definitivamente **eliminato lo storico divieto di costituire società per l'esercizio di professioni protette consentendo, in via generalizzata, la costituzione di società tra professionisti per l'esercizio di professioni regolamentate in ordini professionali**.
Tre le attività professionali regolamentate in ordini professionali, le cosiddette "professioni protette", rientrano, per esempio, quella di dottore commercialista ed esperto contabile, le professioni tecniche (ingegnere, architetto, geometra) le professioni sanitarie (medico-chirurgo, veterinario, farmacista, infermiera professionale, levatrice, assistente sanitaria, fisioterapista e massoterapista) e la professione di psicologo.
È espressamente **escluso dall'ambito di applicazione della società tra professionisti l'esercizio delle professioni "non protette"**, cioè di quelle professioni non organizzate in ordini e collegi (esercitate ai sensi dell'art. 1, secondo

comma, della legge 14 gennaio 2013, n. 4). Ciò in quanto queste attività già potevano essere esercitate sia attraverso un contratto d'opera intellettuale, sia nell'ambito di un'attività imprenditoriale, in forma individuale o societaria e, pertanto, anche prima della sua abrogazione non ricadevano nel divieto di costituire società per l'esercizio di attività professionali di cui all'art. 2 della legge 23 novembre 1939, n. 1815, che riguardava esclusivamente le professioni organizzate in ordini e collegi.

La "società tra professionisti" non costituisce un tipo di società a sé stante. Essa è quindi disciplinata dalle norme del codice civile dettate per il tipo sociale prescelto dai soci, con la sola eccezione delle norme specificamente introdotte dalla legge in relazione al loro particolare oggetto sociale.

Per quanto concerne i profili relativi al principio di personalità della prestazione, secondo l'opinione prevalente, **il rapporto d'opera professionale si instaura tra il cliente e la società**, alla quale è conferito l'incarico professionale, anche se questo viene poi eseguito da uno o più soci professionisti. Da ciò deriverebbe che la responsabilità per la prestazione professionale ricada sulla società, e non sul singolo professionista. Nei tipi sociali caratterizzati dalla responsabilità illimitata dei soci (quali la società semplice, la s.n.c. e, per gli accomandatari, anche la s.a.s.), pertanto, ciascun socio si troverebbe a rispondere personalmente, con il proprio patrimonio, anche per le prestazioni professionali fornite dagli altri soci.

L'opinione secondo la quale il rapporto d'opera professionale si instaura tra il cliente e la società appare confermata dalla previsione dell'iscrizione della Stp all'ordine professionale, con conseguente assoggettamento al relativo regime disciplinare, dalla possibilità che sia la società a scegliere il professionista che eseguirà la prestazione (in mancanza di una specifica designazione da parte del cliente), e soprattutto dall'obbligo, previsto dalla legge a carico della società, di stipulare una polizza assicurativa per la responsabilità civile derivante dall'esercizio dell'attività professionale.

Secondo altra tesi, invece, il rapporto d'opera professionale si instaura tra il cliente e il singolo professionista, poiché la legge prevede che l'attività professionale sia esercitata in via esclusiva da parte dei soci.

In ogni caso, la normativa ha introdotto una serie di disposizioni volte a preservare il carattere personale della prestazione, ad esempio, prevedendo che **l'incarico professionale conferito alla società sia eseguito solo dai soci in possesso dei requisiti per l'esercizio della prestazione professionale richiesta.** Il socio professionista che deve eseguire la prestazione può essere scelto dal cliente ma, in mancanza di tale scelta, deve essere preventivamente comunicato per iscritto al cliente dalla società.

I professionisti soci sono tenuti all'osservanza del codice deontologico del proprio ordine e la società è soggetta al regime disciplinare dell'ordine al quale è iscritta. Il socio professionista può, infine, opporre agli altri soci il segreto per quanto concerne le attività professionali a lui affidate.

8.1. La società fra avvocati.

Come anticipato nel paragrafo precedente, la società tra avvocati nasce con il decreto legislativo n. 96 del 2 febbraio 2001. Prima di allora era prevista la sola forma associativa di cui alla legge n. 1815/1939. La normativa di riferimento del decreto è quella che disciplina le società in nome collettivo, senza previsione di costituzione di società di capitali, e i soci sono esclusivamente gli iscritti all'Albo forense. Con la n. 247/2012 ("Nuova disciplina dell'ordinamento della professione forense"), inoltre, è stata prevista la possibilità, anche per gli avvocati, di partecipare ad associazioni a carattere multidisciplinare con altri liberi professionisti iscritti all'albo, individuati con decreto del Ministero della Giustizia n. 23/2016.

Per quanto concerne la **disciplina** applicabile l'art. 16, co. 2, del D.lgs. 96/2011 stabilisce che la società tra avvocati è regolata dalle norme del presente titolo e, ove non diversamente disposto, dalle norme che disciplinano la società in nome collettivo di cui al capo III del titolo V del libro V del codice civile. Il rinvio alla normativa della società in nome collettivo manifesta l'intenzione del legislatore di utilizzare il modello personalistico quale schema – base della società tra avvocati, così non scostandosi da altri recenti interventi legislativi in materia (in particolare, quello sulle società multidisciplinari di cui alla legge n. 248/2006), nonché dall'opinione prevalente degli interpreti, secondo i quali la società di persone sarebbe addirittura l'unica forma societaria utilizzabile dai professionisti intellettuali.

Inoltre, gli artt. 16, co. 1, e 17, comma 2 stabiliscono che l'**oggetto sociale** deve essere limitato all'attività professionale di rappresentanza, assistenza e difesa in giudizio ed avere un carattere "esclusivo" e, in coerenza con tale presupposto, lo stesso decreto detta una serie di disposizioni volte ad assicurare il rispetto della necessaria correlazione tra la qualità di socio e quella di avvocato, in particolare stabilendo che i soci "devono essere in possesso del titolo di avvocato" (art. 21, comma 1) e che l'amministrazione della società spetta ai soli soci e non può essere affidata ai terzi (art. 23, comma 1).

Tra i caratteri più significativi della disciplina sulla società tra avvocati di cui al D.lgs., n. 96/2001 si segnalano quelli che valorizzano l'esclusività della componente professionale sotto il profilo dell'attività esercitata, della compo-

sizione dell'organo gestorio, nonché dell'individuazione dei soggetti tenuti ad eseguire la prestazione professionale e a risponderne, in solido con la società, in modo personale e diretto.
Con l'entrata in vigore della legge n. 124/2017 ("Legge annuale per il mercato e la concorrenza") sono arrivate importanti novità in tema di società tra avvocati. Il comma 4 dell'art. 4 della legge 247/2012, che prevedeva la possibilità per l'avvocato di essere associato ad una sola associazione, viene soppresso e viene aggiunto l'art. 4-*bis* in base al quale l'esercizio della professione forense viene consentito in forma societaria a società di persone, società di capitali, società cooperative, iscritte in apposita sezione speciale dell'albo tenuto dall'ordine territoriale.
Nelle società possono entrare soci non professionisti, ma solo di capitale, ma gli avvocati, o altri professionisti iscritti a un albo, devono rappresentare i due terzi del capitale sociale e dei diritti di voto, altrimenti la società si scioglie. Quanto all'organo di gestione, deve essere composto solo da soci e in maggioranza da avvocati. I soci professionisti possono rivestire la carica di amministratori (ma, al contrario, è anche possibile che l'amministratore sia un socio di capitale).
La legge 124 precisa poi che, anche nel caso di esercizio della professione forense in forma societaria, la prestazione professionale rimane comunque personale. I soci professionisti che eseguono la prestazione devono assicurare indipendenza e imparzialità e dichiarare possibili conflitti di interessi o incompatibilità. **La responsabilità della società e dei soci non esclude quella del professionista che ha eseguito la prestazione.**

▸ LA GIURISPRUDENZA PIÙ SIGNIFICATIVA

SOCIETÀ TRA AVVOCATI: LE SEZIONI UNITE RISPONDONO AL QUESITO SULLA PARTECIPAZIONE DEI NON ISCRITTI ALL'ALBO.

Le Sezioni Unite della Corte di Cassazione, con sentenza n. 19282 del 19 luglio 2018 si sono pronunciate su una questione di particolare importanza. concernente l'esercizio in forma associata della professione forense di concerto con soci professionisti iscritti ad altri albi, affermando il seguente principio di diritto: *"Dal 1°.1.1.8 l'esercizio in forma associata della professione forense è regolato dall'art. 4-bis della legge n. 247 del 2012 (inserito dall'art. 1, comma 141, legge n. 124 del 2017 e poi ulteriormente integrato dalla legge n. 205 del 2017), che – sostituendo la previgente disciplina contenuta negli artt. 16 e ss. d.lgs. n. 96 del 2001 – consente la costituzione di società di persone, di capitali o cooperative i cui soci siano, per almeno due terzi del capitale sociale e dei diritti di voto, avvocati iscritti all'albo, ovvero avvocati iscritti all'albo e professionisti iscritti in albi di altre professioni, società il cui organo di gestione deve essere costituito solo da soci e, nella sua maggioranza, da soci avvocati"*.

9. La società di fatto, la società occulta e la società apparente: questioni interpretative.

Occorre soffermarsi su ipotesi particolari di società. Si tratta della:

- società di fatto;
- società occulta;
- società apparente.

Ci si trova al cospetto di tre fattispecie eterogenee che pongono, quindi, diversi problemi, tanto in ordine alla loro configurabilità, quanto in ordine alla loro disciplina.

A) La società (e la c.d. "supersocietà") di fatto

La **società di fatto** è generalmente definita in dottrina come la società che **si costituisce** non in virtù di una formale ed espressa manifestazione di volontà delle parti, ma **a seguito di un comportamento concludente**.

Le società di capitali, date le formalità prescritte dal legislatore per l'atto costitutivo (atto pubblico e iscrizione nel registro delle imprese con funzione costitutiva), **non possono costituirsi per fatti concludenti**. La mancata osservanza dei requisiti di forma prescritti dalla legge per la costituzione di una società di capitali ne comporta la giuridica inesistenza e per le operazioni sociali compiute in nome della stessa prima dell'iscrizione sono responsabili solidalmente ed illimitatamente coloro che hanno agito.

Le società di persone, invece, in base al principio di libertà delle forme, **possono costituirsi mediante un comportamento concludente** consistente nell'esercizio in comune un'attività economica allo scopo di dividerne gli utili. Si applica la **disciplina della società semplice se l'attività esercitata non è commerciale**, mentre si applica la **disciplina della società in nome collettivo irregolare se l'attività è commerciale**, con conseguente responsabilità personale ed illimitata di tutti i soci per le obbligazioni sociali (sulla società in nome collettivo irregolare *amplius, infra*, Cap. III, par. 3).

In quest'ultimo caso la società, ancorché di fatto, è esposta al **fallimento** al pari di ogni imprenditore commerciale e la dichiarazione di fallimento si estende ai **soci palesi** (art. 147, comma 1, l.fall.) ed ai **soci occulti** (art. 147, comma 4, l.fall.).

▸ LA GIURISPRUDENZA PIÙ SIGNIFICATIVA

LA C.D. SUPERSOCIETÀ DI FATTO: CASS. CIV., SEZ. I, 20 MAGGIO 2016, N. 10507.

Con l'espressione "supersocietà di fatto" si intende la società di fatto, o occulta, tra società di capitali o tra persone fisiche e società di capitali.
Gli interrogativi che questa fattispecie genera, e sui quali la giurisprudenza si è pronunciata, si possono riassumere come segue: a) se sia ammissibile, e a quali condizioni, la partecipazione di una società di capitali in una società di persone e, quindi, la costituzione "di fatto" e per comportamenti concludenti di un centro autonomo di imputazione di situazioni soggettive attive e passive; b) se il fallimento della società di fatto si estenda alla società di capitali, di cui si riconosca l'efficacia dell'assunzione della partecipazione nonostante la mancanza di una delibera assembleare; c) se la previsione del solo fallimento dell'imprenditore individuale, nell'art. 147, comma 5, permetta comunque l'estensione del fallimento della società di capitali che partecipi ad una società di fatto a un terzo, qualificabile come socio di fatto, sia esso persona fisica o società.
In primo luogo, la Corte conferma il proprio recente orientamento risolvendo in senso positivo la questione dell'ammissibilità di una società di fatto fra società di capitali, anche nel caso in cui la partecipazione sia assunta dall'amministratore in mancanza della previa deliberazione assembleare e della successiva indicazione nella nota integrativa al bilancio, ai sensi dell'art. 2361, comma II, c.c. (nello stesso senso, si veda Cass. Civ., Sez. I, 21/01/2016, n. 1095). Ne consegue che la partecipazione assunta dall'amministratore senza l'osservanza dei requisiti disposti dall'art. 2361 c.c. è pienamente valida: l'inadempimento dell'organo gestorio ha, infatti, rilevanza meramente interna, giustificando l'adozione dei rimedi rispetto ad esso predisposti (ad es. azione sociale di responsabilità, revoca, denuncia al tribunale), senza determinare la nullità dell'acquisto compiuto o l'inefficacia dell'attività imprenditoriale di fatto svolta.
In secondo luogo, i giudici hanno disposto che una volta accertata l'esistenza di una società di fatto insolvente della quale uno o più soci illimitatamente responsabili siano costituiti da società di capitali, il fallimento di questi ultimi rappresenta una conseguenza *ex lege* prevista dall'art. 147, comma I, l. fall., senza la necessità di un accertamento della loro specifica insolvenza (così anche Cass. Civ. 1095/2016 *cit.*).
In terzo ed ultimo luogo, la Suprema Corte ha statuito che l'art. 147, comma V, l. fall. non si applica solo all'imprenditore individuale ma anche a quello collettivo in quanto «*non può concepirsi diversità di trattamento fra due fattispecie che presentano identità di ratio*».

LA PROVA DELL'ESISTENZA DI UNA SOCIETÀ DI FATTO: CASS. CIV., SEZ. VI, 15 SETTEMBRE 2020, N. 19234.

La Corte di Cassazione, con sentenza n. 19234 del 15 settembre 2020 ha chiarito, in particolare, che: *"l'esistenza di una società di fatto, nel rapporto fra i soci, postula la dimostrazione, eventualmente anche con prove orali o presunzioni, del patto sociale e dei suoi elementi costitutivi (fondo comune, esercizio in comune di attività economica, ripartizione dei guadagni e delle perdite, vincolo di collaborazione in vista di detta attività) e, pertanto, non può essere desunta dalla mera esternazione della società, che è rilevante solo nel rapporto con i terzi, a tutela del loro affidamento, né da atti di per sé insufficienti ad evidenziare tutti i suddetti elementi costitutivi"*.

Secondo la Corte, quindi, la prova dell'esistenza di una società di fatto nei rapporti tra soci, in assenza di prova scritta del patto sociale (non richiesta dalla legge per la sua validità), può essere fornita con ogni mezzo, comprese le presunzioni semplici; a tal fine, sono considerati elementi costitutivi del patto sociale la presenza di un fondo comune, l'esercizio in comune di una attività economica, la ripartizione degli utili e delle perdite e la *affectio societatis* ovvero la presenza di un vincolo di collaborazione in vista di detta attività nei confronti dei terzi.

B) La società occulta

È la società costituita con l'espressa e concorde volontà dei soci di non rivelarne l'esistenza all'esterno e può essere anche una società di fatto se le parti non hanno formalizzato l'accordo in un atto scritto. Normalmente, però, la società occulta è il frutto di un atto scritto tenuto segreto dai soci e all'esterno agisce solo un socio o addirittura un terzo *per conto della società*, ma *in nome proprio* (secondo lo schema del mandato senza rappresentanza). In questo modo si persegue l'obiettivo di limitare la responsabilità nei confronti dei terzi al soggetto che agisce e si evita che la società occulta e gli altri soci rispondano delle obbligazioni assunte dal primo e siano esposti al fallimento.

Il problema principale consiste dunque nello stabilire se ed a quali condizioni la società occulta, pur in difetto di esteriorizzazione, possa rispondere delle obbligazioni sociali e, quindi, sottostare alla **disciplina del fallimento**.

La questione, a lungo dibattuta in passato, è stata risolta dal legislatore con la recente riforma del diritto fallimentare (D.lgs. 5/06).

Il nuovo comma quinto dell'art. 147 l. fall. dispone che «*qualora dopo la dichiarazione di fallimento di un imprenditore individuale risulti che l'impresa è riferibile ad una società di cui il fallito è socio illimitatamente responsabile*», si applica agli altri soci illimitatamente responsabili la regola del fallimento del socio occulto (*infra*, Parte V, Cap. I, par. 10).

C) La società apparente

Si parla di società apparente quando più soggetti, tra i quali non vi è alcun rapporto societario, si comportano in modo da ingenerare nei terzi la convinzione che essi agiscano in qualità di soci, inducendoli a fare affidamento sull'esistenza della società e sulla sua responsabilità solidale per le obbligazioni assunte. In tale ipotesi si pone dunque il problema di stabilire se la società possa considerarsi realmente esistente e, quindi, soggetta alle norme in tema di responsabilità per le obbligazioni sociali ed alla disciplina del fallimento. Parte della dottrina, nonché la giurisprudenza consolidata, in applicazione del **principio generale di tutela dell'affidamento incolpevole**, rispondono positivamente al quesito e ritengono responsabili illimitatamente e solidalmente, per le obbligazioni assunte, i soci apparenti che colposamente hanno indotto i terzi in errore (ANGELICI, DENOZZA, GALGANO).

Secondo una diversa impostazione ermeneutica il principio dell'apparenza può determinare la responsabilità dell'apparente socio nei confronti dei terzi di buona fede, ma non il fallimento della società apparente, dato che al fallimento partecipano tutti i creditori, anche quelli che con il presunto socio non hanno trattato e che perciò non possono aver fatto affidamento alcuno sulla sua responsabilità (BUONOCORE, DI SABATO, FERRI).

SCHEDA DI SINTESI

Le **società**, pertanto, possono definirsi come le **organizzazioni di persone e di mezzi** create dall'autonomia privata **per l'esercizio in comune di un'attività economica**.

I differenti tipi societari previsti dall'ordinamento giuridico sono tutti riconducibili ad una nozione unitaria, rappresentata dalla **definizione legislativa del contratto di società** contenuta nell'art. 2247 c.c., secondo cui «*con il contratto di società due o più persone conferiscono beni e servizi per l'esercizio in comune di un'attività economica allo scopo di dividerne gli utili*».

Dal punto di vista strutturale **il contratto di società** si caratterizza per la presenza di **tre requisiti fondamentali**:
- **i conferimenti dei soci**;
- **l'esercizio in comune di un'attività economica** (c.d. *scopo-mezzo*);
- **lo scopo di divisione degli utili** (c.d. *scopo-fine*).

Il **patrimonio sociale è il complesso dei rapporti giuridici attivi e passivi** che fanno capo alla società.

Il **capitale sociale nominale** esprime il valore in denaro dei conferimenti quale risulta dall'atto costitutivo della società.

Secondo il tipo di società, la dottrina tradizionale distingue tra autonomia patrimoniale perfetta ed imperfetta.

Si parla di **autonomia patrimoniale perfetta** con riferimento alle **società di capitali**, nelle quali il patrimonio della società e quello dei singoli soci sono nettamente separati: **delle obbligazioni sociali risponde solo la società con il suo patrimonio.**
Le **società di persone**, invece, sono dotate di **autonomia patrimoniale imperfetta**, poiché i singoli soci rispondono personalmente degli obblighi assunti dalla società di cui fanno parte.
È possibile suddividere i differenti modelli societari in categorie omogenee sulla base di una classificazione unanimemente condivisa dalla copiosa dottrina in materia.
Un **primo criterio di classificazione**, già illustrato, è quello fondato sullo scopo istituzionale perseguito (c.d. *scopo fine*). Sotto tale profilo le **società mutualistiche** (società cooperative e mutue assicuratrici) si contrappongono a tutti gli altri tipi di società, definiti come **società lucrative**.
Un **secondo criterio di classificazione** discende dalla **natura (commerciale o non commerciale)** dell'attività esercitata.
Un **terzo criterio di classificazione** si basa sul riconoscimento o meno della **personalità giuridica**.
Hanno personalità giuridica e sono pertanto dotate di autonomia patrimoniale perfetta le **società di capitali** (società per azioni, società in accomandita semplice e società a responsabilità limitata) e le **società cooperative**.
La "*start-up innovativa*" è la società di capitali, costituita anche in forma cooperativa, di diritto italiano ovvero la società europea residente in Italia, le cui azioni o quote rappresentative del capitale sociale non sono quotate su un mercato regolamentato o su un sistema multilaterale di negoziazione che ha quale **oggetto sociale esclusivo o prevalente** lo **sviluppo, la produzione e la commercializzazione di prodotti o servizi innovativi ad alto valore tecnologico**.
La **società di fatto** è generalmente definita in dottrina come la società che **si costituisce** non in virtù di una formale ed espressa manifestazione di volontà delle parti, ma **a seguito di un comportamento concludente**.
La **società occulta** è la società costituita con l'espressa e concorde volontà dei soci di non rivelarne l'esistenza all'esterno e può essere anche una società di fatto se le parti non hanno formalizzato l'accordo in un atto scritto.
Si parla di società apparente quando più soggetti, tra i quali non vi è alcun rapporto societario, si comportano in modo da ingenerare nei terzi la convinzione che essi agiscano in qualità di soci, inducendoli a fare affidamento sull'esistenza della società e sulla sua responsabilità solidale per le obbligazioni assunte.

QUESTIONARIO

1. È consentito alle parti di costituire una società atipica? **(1)**
2. Qual è la nozione legislativa di società? **(2)**
3. Qual è la natura giuridica del contratto di società? **(2)**
4. A proposito degli elementi del contratto sociale, cosa s'intende per "scopo della divisione degli utili"? **(2)**

CAPITOLO I | LE SOCIETÀ: NOZIONI INTRODUTTIVE

5. Che cosa è il patrimonio sociale? **(3)**
6. Quali sono le funzioni del capitale sociale nominale? **(3)**
7. Che differenza c'è tra il concetto di autonomia patrimoniale perfetta e quello di autonomia patrimoniale imperfetta? **(4)**
8. Le società di persone sono dotate di una soggettività giuridica distinta da quella delle persone dei soci? **(4)**
9. Sono ammesse nel nostro ordinamento società di mero godimento? **(5)**
10. Sotto il profilo organizzativo, quali sono le differenze tra società di persone e società di capitali? **(6)**
11. È configurabile una società tra professionisti? **(8)**
12. È configurabile nel nostro ordinamento una società di fatto? **(9)**
13. La società occulta può fallire? **(9)**
14. Cosa si intende per società apparente? **(9)**

PARTE II | LE SOCIETÀ

MAPPA CONCETTUALE

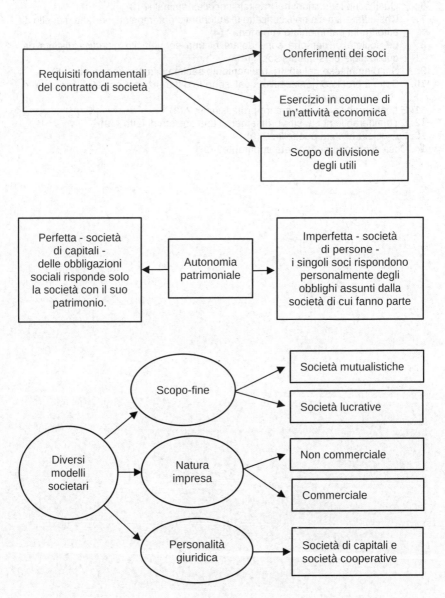

Capitolo II
La società semplice

Sommario:
1. La costituzione della società. – **2.** La disciplina dei conferimenti. – **3.** La partecipazione agli utili e alle perdite. – **4.** L'amministrazione. – **5.** La rappresentanza. – **6.** La responsabilità dei soci per le obbligazioni sociali. – **7.** I creditori particolari dei soci. – **8.** Lo scioglimento della società. – **9.** Il procedimento di liquidazione. – **10.** L'estinzione della società. – **11.** Lo scioglimento del rapporto sociale limitatamente ad un socio.

1. La costituzione della società.

La società semplice costituisce la forma più elementare di società e la sua disciplina è applicabile anche agli altri tipi di società di persone (società in nome collettivo e società in accomandita semplice), in quanto non derogata dalla normativa specifica di queste ultime. È un tipo di società, tuttavia, di limitata applicazione pratica perché può avere **per oggetto solo attività non commerciale**.
Il contratto costitutivo può essere validamente concluso oralmente o per fatti concludenti, dando vita alla c.d. società di fatto (*supra*, Cap. I, par. 9).

> **TI RICORDI CHE...**
>
> La **società di fatto** è generalmente definita in dottrina come la società che **si costituisce** non in virtù di una formale ed espressa manifestazione di volontà delle parti, ma **a seguito di un comportamento concludente**.

L'art. 2251 c.c. stabilisce espressamente al riguardo che «*nella società semplice il contratto* **non è soggetto a forme particolari,** *salve quelle richieste dalla natura dei beni*». La **forma scritta** è pertanto necessaria quando si conferisce in proprietà o in godimento per un tempo eccedente i nove anni un bene immobile (art. 1350, n. 1 e n. 9, c.c.) ed è altresì indispensabile per **l'iscrizione nel registro delle imprese**.
L'art. 8 della L. 580/93 prevedeva per le società semplici l'iscrizione nella

sezione speciale con funzione di certificazione anagrafica e di pubblicità notizia. L'art. 2 della l. 228/2001 ha modificato la norma, attribuendo **efficacia di pubblicità legale** all'iscrizione delle società semplici esercenti un'attività agricola.
In merito alle conseguenze che derivano dalla mancanza della forma scritta *ad substantiam*, nei casi in cui essa sia prescritta per la particolare natura del bene conferito, la dottrina è divisa:

- secondo un primo orientamento dottrinale, la mancanza dell'atto scritto, nei casi in cui la legge lo prescrive, la **nullità** dell'intero contratto sociale (CORSI, FERRARA, ROMANO PAVONI);
- secondo altra dottrina, tuttavia, si applica il **principio di conservazione del contratto**, per cui la nullità colpisce solo il conferimento, fatta salva, ove possibile, la presunzione del conferimento in uso o godimento infranovennale (ANGELICI).

Giova osservare che il legislatore non detta alcuna diposizione espressa riguardo al **contenuto ed alla validità del contratto costitutivo**.
Per quanto concerne il **contenuto del contratto sociale** si ritiene che in esso debbano essere quantomeno indicati il nome dei soci e l'oggetto sociale.
Per quanto riguarda, invece, le **cause di nullità e di annullabilità del contratto costitutivo** si applica innanzitutto la **disciplina generale** prevista dal codice civile in materia di patologia negoziale e, in particolare, le norme dettate per i contratti plurilaterali.
È necessario distinguere a seconda che l'**attività sociale sia iniziata o meno**.
In quest'ultimo caso, invero, si tratta soltanto di definire i rapporti tra i contraenti e si applica la disciplina generale dei contratti.
La situazione è senz'altro più complessa quando l'attività della società è iniziata, dando luogo all'acquisto di diritti e all'assunzione di obbligazioni nei confronti di terzi.
Il legislatore non ha previsto alcuna disciplina per il caso in cui l'attività sociale sia già iniziata, diversamente da quanto accade per le società di capitali per le quali l'art. 2332, comma 3, c.c. espressamente stabilisce che la «*dichiarazione di nullità non pregiudica l'efficacia degli atti compiuti in nome della società dopo l'iscrizione nel registro delle imprese*».
La questione principale consiste quindi nello stabilire se la regola dettata dall'art. 2332 c.c. possa estendersi per analogia alla società semplice.
Sul punto la dottrina è divisa.

- Secondo un primo orientamento dottrinale la norma ha **carattere eccezionale** e non è applicabile per analogia alla società semplice (COTTINO, FERRARA, FERRI, GALGANO).
- Secondo altra dottrina l'**art. 2332 c.c.**, pur avendo carattere eccezionale rispetto alla disciplina generale in tema patologia negoziale, è anch'esso **espressione di un principio generale** proprio della materia societaria: **il principio di intangibilità dell'attività svolta** (A. AMATUCCI, ARENA, ASCARELLI, CAMPOBASSO, PALMIERI).

Per quanto concerne le **modificazioni del contratto sociale**, l'art. 2252 c.c. richiede l'**unanimità** dei consensi, **salvo che sia diversamente disposto**.
L'adozione del **principio maggioritario** è invece rimessa al libero apprezzamento delle parti ed il legislatore non sembra porre limiti al riguardo.
Tra le modifiche del contratto sociale soggette alla disciplina dell'art. 2252 c.c. rientra anche il **trasferimento *inter vivos* della partecipazione sociale**. È però considerata valida la clausola statutaria che preveda il libero trasferimento della quota sociale.
Il **trasferimento *mortis causa* della quota sociale** è invece disciplinato dall'art. 2284 c.c.

2. La disciplina dei conferimenti.

Secondo quanto stabilito dall'art. 2253 c.c., con la costituzione della società il socio assume l'obbligo di eseguire i conferimenti determinati nel contratto sociale. Se il contratto sociale non contiene determinazioni al riguardo, si applica la regola integrativa dell'art. 2253, comma 2, c.c. in base alla quale «*si presume che i soci siano obbligati a conferire, in parti eguali tra loro, quanto è necessario per il conseguimento dell'oggetto sociale*».
La somma dei conferimenti costituisce il capitale sociale nominale il cui ammontare inizialmente coincide con la cifra del patrimonio sociale della società. Quanto all'**oggetto del conferimento**, nella società semplice il legislatore, diversamente da quanto accade nelle società di capitali, non pone limitazioni: può essere perciò conferita **ogni entità** (bene o servizio) **suscettibile di valutazione economica** ed utile per il perseguimento dell'oggetto sociale.
L'ipotesi ordinaria è quella del **conferimento in denaro**.
Per il **conferimento di beni in proprietà**, la garanzia dovuta dal socio e il passaggio dei rischi sono regolati dalla disciplina della vendita in virtù dell'esplicito rinvio contenuto nell'art. 2254 c.c.

In caso di **conferimento di beni in godimento**, invece, il rischio resta a carico del socio conferente e si applicano le garanzie previste dalle norme sulla locazione (art. 2254, comma 2, c.c.).
Per il **conferimento di crediti** l'art. 2255 c.c. stabilisce che il «*socio risponde della insolvenza del debitore, nei limiti indicati dall'articolo 1267 per il caso di assunzione convenzionale della garanzia*».
Nella società semplice il conferimento può avere ad oggetto l'obbligo del socio di prestare la propria attività lavorativa, manuale o intellettuale, a favore della società (c.d. **socio d'opera**).
Il socio d'opera non è un lavoratore subordinato e non ha diritto al trattamento economico e previdenziale proprio dei lavoratori subordinati. Il suo compenso è rappresentato dalla partecipazione agli utili della società, mentre è controverso in dottrina il trattamento a lui riservato in sede di liquidazione della società.
Lo specifico rischio che grava dunque sul socio d'opera è di lavorare senza compenso, qualora non vi siano utili da distribuire e in sede di liquidazione non residui nulla. Sul socio d'opera grava inoltre il rischio dell'impossibilità di svolgimento della prestazione, anche per causa a lui non imputabile. Ai sensi dell'art. 2286, comma 2, c.c., infatti, i soci possono escluderlo dalla società per la sopravvenuta inidoneità a svolgere l'opera conferita.

3. La partecipazione agli utili e alle perdite.

Tutti i soci hanno il diritto di partecipare alla ripartizione degli utili e l'obbligo di sopportare le perdite della società.
I soci sono liberi di determinare nel contratto sociale la misura di tale partecipazione, fatto salvo il rispetto del **divieto di patto leonino** *ex* art. 2265 c.c., in base al quale è «*nullo il patto con il quale uno o più soci sono esclusi da ogni partecipazione agli utili e alle perdite*».
Occorre precisare che la nullità del patto leonino non estende, in linea generale, i suoi effetti alla singola partecipazione o all'intero contratto sociale.
In assenza di indicazioni nel contratto sociale e in caso di violazione del divieto di patto leonino, si applicano i **criteri legali di ripartizione degli utili e delle perdite** di cui agli artt. 2263 e 2264 c.c.
Nella società semplice, a differenza delle società di capitali, **il diritto alla percezione degli utili sorge con l'approvazione del rendiconto di gestione, salvo patto contrario** (art. 2262 c.c.).
Il **rendiconto** deve essere predisposto dagli amministratori che possono redi-

gerlo secondo le regole del bilancio di esercizio delle società per azioni.
È necessario il consenso di tutti i soci per la **delibera di non distribuzione** (totale o parziale) degli utili accertati ed il loro conseguente reinvestimento nella società quale forma di autofinanziamento, sempre che il contratto sociale non abbia previsto che questa decisione possa essere adottata a maggioranza.
Le perdite incidono direttamente sul valore della singola partecipazione sociale riducendolo proporzionalmente, con la conseguenza che, in sede di liquidazione della società, il socio si vedrà rimborsare una somma inferiore al valore originario del capitale conferito.

4. L'amministrazione.

Il sistema di amministrazione di una società indica il complesso degli atti giuridici o materiali rientranti nell'oggetto sociale e strumentali al raggiungimento dello scopo sociale (c.d. **attività di gestione**).
Nella società semplice, l'art. 2257 c.c. conferisce il **potere di amministrazione a tutti i soci illimitatamente responsabili, salva diversa pattuizione**.
Il contratto sociale può quindi prevedere che l'amministrazione della società sia affidata soltanto ad alcuni soci. L'art. 377 del Codice della Crisi di Impresa e dell'Insolvenza ha modificato l'art. 2257 c.c. prevedendo che, in tutti i tipi societari, *"la gestione dell'impresa si svolge nel rispetto della disposizione di cui all'art. 2086, secondo comma, e spetta esclusivamente agli amministratori, i quali compiono le operazioni necessarie per l'attuazione dell'oggetto sociale"* (supra, Cap. I., Sez. III, par. 4).
Sotto il profilo pratico, l'attività di gestione della società può esercitarsi secondo due modelli distinti: **il modello dell'amministrazione disgiuntiva e il modello dell'amministrazione congiuntiva**.

A) Amministrazione disgiuntiva
Se il contratto sociale non dispone diversamente, l'**amministrazione è disgiuntiva**, per cui ogni socio amministratore può compiere di sua iniziativa tutte le operazioni che rientrano nell'oggetto sociale, senza essere tenuto ad acquisire il consenso o il parere degli altri soci amministratori.
Per ovviare al rischio di scelte arbitrarie o nocive per la società, l'art. 2257, comma 2, c.c. riconosce a tutti gli altri soci amministratori il **diritto di opposizione**.

B) Amministrazione congiuntiva

L'**amministrazione congiuntiva** deve essere espressamente pattuita dalle parti nel contratto sociale, altrimenti è operativo, come visto, il modello legale dell'amministrazione disgiuntiva.

In questo caso il compimento delle operazioni sociali richiede necessariamente il **consenso di tutti i soci**.

L'atto costitutivo può prevedere che per l'amministrazione o per il compimento di alcuni atti sia necessario il consenso della maggioranza dei soci amministratori calcolata secondo la parte attribuita a ciascuno negli utili.

Anche l'adozione del principio maggioritario può tuttavia rivelarsi insufficiente qualora vi sia l'**urgenza** di intervenire rapidamente per evitare un danno alla società. In questo caso, pertanto, il comma terzo dell'art. 2258 c.c. riconosce al singolo socio amministratore il potere di agire individualmente.

C) Nomina degli amministratori

La nomina degli amministratori è fatta nel contratto sociale o in un atto separato dai soci all'unanimità i quali, come rilevato in precedenza, possono decidere di affidare la gestione della società soltanto ad alcuni dei soci illimitatamente responsabili, dando luogo alla **distinzione tra soci amministratori e soci non amministratori**.

Si discute, invece, in dottrina circa la possibilità di nominare come amministratore un terzo estraneo alla società (c.d. **amministratore estraneo**).

- Secondo alcuni autori nelle società di persone vi è una inscindibilità tra la qualità di socio illimitatamente responsabile e quella di amministratore per cui non è possibile conferire l'incarico a un terzo estraneo alla società (BUONOCORE, GALGANO, DI SABATO).
- Altra dottrina propende per l'ammissibilità della figura poiché solo nella società in accomandita semplice si richiede la necessaria corrispondenza tra la qualità di socio (accomandatario) e quella di amministratore della società (art. 2318, comma 2, c.c.). La posizione del terzo amministratore può in questo caso assimilarsi a quella del mandatario generale o di un institore per mezzo del quale i soci continuano ad esercitare il loro potere di direzione dell'impresa comune, senza alcuna alterazione del principio della responsabilità illimitata per le obbligazioni sociali (CAMPOBASSO, FERRI, GRAZIANO).

D) Revoca degli amministratori

Le differenti modalità di nomina degli amministratori hanno una importante riflesso sulla **disciplina della revoca**. La revoca dell'amministratore nominato nell'atto costitutivo implica una modifica di quest'ultimo, per cui sarà necessario il consenso di tutti i soci, salva diversa pattuizione. L'art. 2259, comma 1, c.c., inoltre, richiede la presenza di una giusta causa che giustifichi la revoca dell'incarico. L'amministratore nominato con atto separato, invece, è revocabile ai sensi del comma secondo dell'art. 2259 in base alla disciplina del mandato e, dunque, anche in assenza di giusta causa, salvo il risarcimento dei danni. Anche in tal caso la dottrina prevalente ritiene che la decisione di revocare l'amministratore debba essere adottata dai soci all'unanimità.

Ai sensi del comma terzo dell'art. 2259, infine, la revoca per giusta causa dell'amministratore può essere sollecitata anche dal singolo socio mediante ricorso al tribunale.

E) Diritti e obblighi degli amministratori

Per quanto concerne **i diritti e gli obblighi degli amministratori**, l'art. 2260 c.c. rinvia alle norme sul mandato.

Gli amministratori devono quindi agire con la diligenza del mandatario e, ai sensi dell'art. 2260, comma 2 c.c., sono **solidalmente responsabili con la società per l'adempimento degli obblighi previsti dalla legge o dal contratto sociale**. **L'azione di responsabilità** è diretta a reintegrare il patrimonio sociale danneggiato dal comportamento illecito degli amministratori e si prescrive in cinque anni.

Il legislatore non detta alcuna prescrizione in tema di **legittimazione attiva**. L'art. 2260 c.c. esclude la responsabilità degli amministratori che dimostrino di essere esenti da colpa.

In applicazione dell'art. 1709 c.c., secondo cui il mandato si presume oneroso, i soci amministratori avranno diritto al **compenso** per il loro ufficio, sia se nominati nel contratto sociale, sia se nominati per atto separato. Tale compenso può anche consistere in una più elevata partecipazione agli utili.

L'art. 2261 riconosce, infine, ai **soci non amministratori** i seguenti **poteri di informazione e di controllo** sull'operato dei soci amministratori:

- il diritto di avere dagli amministratori **notizie** dello svolgimento degli affari sociali;
- il diritto di consultare i **documenti** relativi all'amministrazione della società;
- il diritto ad ottenere il **rendiconto** degli affari sociali al termine di ogni anno, salvo che il contratto stabilisca un termine differente.

Si esclude, invece, che ai soci non amministratori competa **il potere di impartire direttive vincolanti** ai soci amministratori. L'assunto trova conferma nel disposto dell'art. 2257, comma 2, c.c. che, in caso di amministrazione disgiuntiva, attribuisce il **diritto di opposizione ai soli soci amministratori**.

5. La rappresentanza.

La rappresentanza indica il **potere di agire nei confronti dei terzi in nome e per conto della società**, dando luogo all'acquisto di diritti e all'assunzione di obbligazioni da parte della stessa (c.d. **potere di firma**).
Il potere di rappresentanza si distingue pertanto dal potere di gestione esaminato nel paragrafo precedente. Quest'ultimo, invero, si riferisce alle deliberazioni assunte dai soci amministratori per il compimento delle operazioni sociali (c.d. attività amministrativa interna), mentre il potere di rappresentanza riguarda la fase di attuazione con i terzi di quelle decisioni (c.d. **attività amministrativa esterna**).
In base al secondo comma dell'art. 2266 c.c., salvo che sia diversamente disposto dal contratto sociale, la rappresentanza della società compete a ciascun socio amministratore e si estende a tutti gli atti rientranti nell'oggetto sociale.
Nel caso di amministrazione disgiunta, ogni socio amministratore può decidere il compimento delle operazioni sociali e portarle ad attuazione in nome e per conto della società (**firma disgiunta**).
Nell'amministrazione congiuntiva, invece, tutti i soci amministratori devono partecipare alla stipula degli atti che impegnano la società (**firma congiunta**).
Alla rappresentanza sostanziale si affianca quella **processuale**, per cui la società può agire o può essere chiamata in giudizio in persona dei soci amministratori che ne hanno la rappresentanza. I soci possono stabilire nel contratto sociale una disciplina differente da quella fin qui esposta.
Il problema principale è quello dell'**opponibilità ai terzi delle limitazioni convenzionali del potere di rappresentanza**.
Il comma secondo dell'art. 2266 c.c., in tema di modifica ed estinzione dei poteri di rappresentanza, richiama l'art. 1396 c.c. (*"Modifica ed estinzione della procura"*), per cui queste saranno opponibili ai terzi se pubblicizzate con mezzi idonei o comunque se si prova che questi ne erano a conoscenza.

6. La responsabilità dei soci per le obbligazioni sociali.

Il regime della responsabilità per le obbligazioni sociali è contraddistinto nelle società di persone e, quindi, nella società semplice dal concetto di **autonomia patrimoniale imperfetta** su cui ci si è soffermati nel precedente capitolo (*supra*, Cap. I, par. 4)

> **TI RICORDI CHE...**
>
> Si parla di **autonomia patrimoniale perfetta** con riferimento alle **società di capitali**, nelle quali il patrimonio della società e quello dei singoli soci sono nettamente separati: **delle obbligazioni sociali risponde solo la società con il suo patrimonio.**
> Le **società di persone**, invece, sono dotate di **autonomia patrimoniale imperfetta**, poiché i singoli soci rispondono personalmente degli obblighi assunti dalla società di cui fanno parte.

La responsabilità dei soci per le obbligazioni sociali è:

- **sussidiaria**, perché è riconosciuto ai soci il beneficio della preventiva escussione del patrimonio sociale. Se il creditore agisce immediatamente nei confronti del singolo socio, sarà quest'ultimo, **in via d'eccezione**, a dover invocare il *beneficium excussionis*, indicando i beni della società sui quali il creditore possa agevolmente soddisfarsi;
- **solidale**, per cui i creditori sociali possono agire per l'intero anche nei confronti di uno solo dei soci.

La responsabilità dei soci che non siano investiti del potere di rappresentanza può essere esclusa o limitata da un apposito accordo tra le parti. Tale accordo, in virtù del secondo comma dell'art. 2267 c.c., deve esser portato a conoscenza dei terzi con mezzi idonei, altrimenti la limitazione della responsabilità o l'esclusione della solidarietà non è opponibile a coloro i quali non ne hanno avuto conoscenza.
La responsabilità per le obbligazioni sociali è estesa dall'art. 2269 c.c. anche al **nuovo socio** che entra a far parte della società.
Per quanto riguarda il **socio uscente**, questi continua a rispondere delle obbligazioni della società sorte prima dello scioglimento del suo rapporto sociale.

Per le obbligazioni successive, egli è liberato solo se lo scioglimento è portato a conoscenza dei terzi con mezzi idonei.

7. I creditori particolari dei soci.

L'autonomia patrimoniale imperfetta della società semplice incide anche sulla posizione dei creditori personali dei singoli soci, impedendogli di aggredire direttamente il patrimonio sociale per soddisfare il proprio credito.
In base al primo comma dell'art. 2270 c.c., «*Il creditore particolare del socio, finché dura la società, può soltanto far valere i suoi* **diritti sugli utili** *spettanti al socio e compiere* **atti conservativi** *sulla quota spettante a quest'ultimo nella liquidazione*» (ad es. il sequestro conservativo).
Il secondo comma dell'art. 2270 c.c. attribuisce inoltre al creditore il diritto di chiedere in ogni tempo la **liquidazione della quota del suo debitore**, subordinatamente alla prova che gli altri beni del debitore sono insufficienti a soddisfare i suoi crediti. Ciò non significa che il creditore può soddisfarsi direttamente sul patrimonio della società. Quest'ultima è solo tenuta a versargli una somma di denaro corrispondente al valore della quota al momento della domanda. Occorre rilevare, infine, che la richiesta opera come **causa di esclusione di diritto del socio** *ex* art. 2288, comma 2 c.c.

8. Lo scioglimento della società.

Il verificarsi di una delle cause di scioglimento della società è la prima fase di un complesso procedimento che prosegue con le operazioni di liquidazione e culmina con l'estinzione della società stessa.
Ai sensi dell'art. 2272 c.c. **la società si scioglie**:

- **per il decorso del termine** fissato nell'atto costitutivo, fatti salvi i casi di proroga espressa o tacita;
- **per il conseguimento dell'oggetto sociale o per la sopravvenuta impossibilità di conseguirlo**;
- **per la volontà di tutti i soci**, salvo che il contratto sociale non preveda che lo scioglimento anticipato della società può essere deliberato a maggioranza;
- **quando viene a mancare la pluralità dei soci**, se nel termine di sei mesi questa non è ricostituita;

- **per le altre cause previste dal contratto sociale**, ma non è consentito alle parti di escludere quelle legalmente previste.

Le cause di scioglimento **operano di diritto**, senza bisogno di accertamento. L'accertamento è necessario solo per avviare il procedimento di liquidazione, ma gli effetti dello scioglimento decorrono dal momento in cui la causa si è verificata.

9. Il procedimento di liquidazione.

Verificatasi una causa di scioglimento della società, si apre la successiva fase della liquidazione.
Il procedimento di liquidazione mira alla conversione in denaro del patrimonio sociale, al pagamento dei creditori sociali ed alla ripartizione dell'eventuale attivo residuo tra i soci. In questa fase **l'art. 2274 c.c. limita i poteri degli amministratori** – che restano in carica fino alla nomina dei liquidatori – **al compimento degli atti urgenti**. Gli atti compiuti dagli amministratori in violazione del divieto, pertanto, non sono imputabili alla società e gli amministratori risponderanno delle relative obbligazioni, sempreché la causa di scioglimento sia opponibile ai terzi.
Il procedimento di liquidazione inizia con la nomina di uno o più liquidatori (soci o non soci), che richiede l'unanimità dei consensi se il contratto sociale non dispone diversamente. In caso di disaccordo tra i soci, i liquidatori sono nominati dal presidente del tribunale. **La revoca** dell'incarico può essere disposta con il consenso di tutti i soci ed in ogni caso dal tribunale per giusta causa, su domanda di uno o più soci. Con l'accettazione della nomina i liquidatori subentrano ai soci amministratori i quali sono privati di ogni potere gestorio della società. Essi hanno, però, l'obbligo di consegnare ai liquidatori i beni e i documenti sociali e devono presentare loro il conto della gestione riguardante il periodo successivo all'ultimo rendiconto.
Gli amministratori e i liquidatori devono poi **redigere** insieme **l'inventario** (c.d. **bilancio di apertura della liquidazione**), dal quale risulta lo stato attivo e passivo del patrimonio sociale. I liquidatori subentrano quindi ai soci amministratori e assumono la gestione della società in stato di liquidazione.
Gli obblighi e la responsabilità dei liquidatori, invero, sono regolati dalle norme stabilite per gli amministratori, salvo che sia diversamente disposto dalla legge o dal contratto sociale.
L'art. 2278 c.c., in particolare, attribuisce ai liquidatori **il potere di compiere**

«*gli atti necessari per la liquidazione* e, se i soci non hanno disposto diversamente, possono vendere anche in blocco i beni sociali e fare transazioni e compromessi». Ad essi spetta anche la **rappresentanza processuale** della società.
Il potere generale di gestione della società è dunque finalizzato alle operazioni di liquidazione (conversione in denaro dei beni, pagamento dei creditori, ripartizione dell'eventuale residuo attivo dei soci) ed **incontra i seguenti limiti imposti dalla legge**:

- **il divieto di intraprendere nuove operazioni** sancito dall'art. 2279 c.c.;
- **il divieto di ripartire tra i soci i beni sociali**, finché non siano pagati i creditori sociali o non siano accantonate le somme necessarie per pagarli;

Tornando al procedimento di liquidazione, dopo la redazione dell'inventario e il compimento degli atti necessari per la liquidazione, si procede al pagamento dei debiti sociali con poteri e i limiti di cui al citato art. 2280 c.c.
Estinti i debiti sociali, si procede alla **ripartizione dell'eventuale attivo patrimoniale residuo** convertito in denaro, se i soci non hanno pattuito che la divisione dei beni sia fatta in natura. Il saldo attivo, ai sensi dell'art. 2282 c.c., è destinato innanzitutto al rimborso dei conferimenti secondo la valutazione fatta nel contratto o, in mancanza, secondo il valore che essi avevano nel momento in cui furono eseguiti.
L'eventuale eccedenza è ripartita tra i soci in proporzione della parte di ciascuno nei guadagni.

10. L'estinzione della società.

Compiute le operazioni di liquidazione, occorre individuare il momento dal quale la società può considerarsi estinta.
La questione è strettamente correlata al sistema pubblicitario previsto dal legislatore anche per la società semplice, cioè l'iscrizione nel registro delle imprese con valore di pubblicità legale.
Ci si chiede, in particolare, se la cancellazione dal registro delle imprese sia condizione necessaria e sufficiente per l'estinzione della società.
L'art. 2312 c.c., in tema di cancellazione della società in nome collettivo dal registro delle imprese (ma la norma si ritiene ora applicabile anche alla società semplice in virtù della novella del 2001), attribuisce ai creditori sociali non

soddisfatti il diritto di agire per i loro crediti nei confronti dei soci e, se il mancato pagamento è dipeso da colpa dei liquidatori, anche nei confronti di questi.

11. Lo scioglimento del rapporto sociale limitatamente ad un socio.

Lo scioglimento del rapporto sociale limitatamente ad un socio, disciplinato dagli artt. 2284-2290 c.c., non conduce di regola all'estinzione della società.
In linea con la natura plurilaterale del contratto sociale, il venir meno del singolo socio determina lo scioglimento della società soltanto se la sua partecipazione debba, secondo le circostanze, considerarsi essenziale.
Le cause di scioglimento del rapporto sociale limitatamente ad un socio sono la **morte, il recesso, l'esclusione**.

A) Morte del socio
In caso di **morte del socio**, l'art. 2284 c.c. stabilisce che, salva una diversa regolamentazione nel contratto sociale, i soci superstiti «*devono liquidare la quota agli eredi, a meno che preferiscano sciogliere la società ovvero continuarla con gli eredi stessi e questi vi acconsentano*».
Tale regime può essere derogato dai soci nel contratto sociale. Fra le clausole più diffuse nella pratica si annoverano la c.d. **clausola di consolidazione** e la c.d. **clausola di continuazione**.
Con la prima i soci stabiliscono che la quota del socio defunto resterà senz'altro acquisita agli altri soci, mentre agli eredi sarà liquidato il suo valore.
Con la seconda, invece, si manifesta preventivamente il consenso al trasferimento della quota *mortis causa*.
Le clausole di continuazione si distinguono in tre sottotipi:

- **la clausola di continuazione facoltativa**, vincolante solo per i soli soci superstiti, mentre gli eredi possono scegliere se aderire alla società o richiedere la liquidazione della quota;
- **la clausola di continuazione obbligatoria**, che prevede anche per gli eredi l'obbligo di subentrare al *de cuius* nella società, a pena di risarcimento del danno;
- **la clausola di successione**, che prevede l'immediato subingresso degli eredi nella società per effetto dell'accettazione dell'eredità.

B) Recesso del socio
La seconda causa di scioglimento del rapporto sociale è il **recesso del socio**.

Ai sensi dell'art. 2285 c.c., se la **società** è contratta **a tempo indeterminato** o per tutta la vita di uno dei soci, **ogni socio può recedere liberamente**.
La volontà di recedere dalla società non deve essere manifestata in una forma particolare e deve essere comunicata agli altri soci con un preavviso di almeno tre mesi. Se la **società** è contratta **a tempo determinato** il socio può recedere dalla società solo per «*giusta causa*».
Tale facoltà può essere esercitata ovviamente anche nel caso di società a tempo indeterminato, con il vantaggio di non dover rispettare il termine di preavviso di tre mesi.
Il contratto sociale, infine, può stabilire altre ipotesi che legittimano il recesso dalla società, ma non può escludere quelle legislativamente previste.

C) Esclusione del socio

L'ultima ipotesi di scioglimento parziale della società è l'**esclusione del socio** deliberata dagli altri soci.
Si distingue, in particolare, tra **esclusione di diritto** ed **esclusione facoltativa**.
L'**esclusione di diritto** avviene in due casi: nei confronti del socio dichiarato **fallito**; nei riguardi del socio il cui creditore particolare abbia ottenuto la **liquidazione della quota** a norma dell'art. 2270 c.c.;
L'**esclusione facoltativa** (art. 2286 c.c.), invece, può essere deliberata in caso di: **gravi inadempienze** delle obbligazioni che derivano dalla legge o dal contratto sociale; **interdizione**; **inabilitazione**; **condanna** ad una pena che comporta l'interdizione, anche temporanea, dai pubblici uffici; **sopravvenuta inidoneità a svolgere l'opera conferita**; **perimento della cosa conferita in godimento** dovuto a causa non imputabile agli amministratori; **perimento del bene conferito in proprietà**, se questa non sia ancora acquistata dalla società.
Ai sensi dell'art. 2287 c.c. «*L'esclusione è deliberata dalla maggioranza dei soci, non computandosi nel numero di questi il socio da escludere, ed ha effetto decorsi trenta giorni dalla data della comunicazione al socio escluso*». Entro tale termine il socio escluso può fare opposizione davanti al tribunale.
Nel caso in cui la società sia composta da due soci, l'esclusione di uno di essi è pronunciata direttamente dal tribunale su domanda dell'altro (c.d. **esclusione giudiziale**). L'atto costitutivo può anche prevedere che le questioni relative all'esclusione siano deferite alla decisione di arbitri (c.d. **clausola compromissoria**).
In tutti i casi di scioglimento parziale del rapporto sociale, il socio escluso o i suoi eredi hanno diritto alla **liquidazione della quota** ovvero ad «*una somma di denaro che rappresenti il valore della quota*» (art. 2289, comma 1, c.c.).
In caso di morte, recesso o esclusione il socio o i suoi eredi non possono,

pertanto, pretendere la restituzione dei beni conferiti in proprietà, anche se ancora presenti nel patrimonio sociale, né di quelli conferiti in godimento, salvo che non sia diversamente pattuito.

Il valore della quota è determinato in base alla situazione patrimoniale della società nel giorno in cui avviene lo scioglimento del rapporto e, qualora vi siano operazioni in corso, il socio o i suoi eredi partecipano agli utili e alle perdite inerenti alle operazioni medesime.

Si ricordi, infine, che, ai sensi dell'art. 2290 c.c., il socio uscente o gli eredi del socio defunto continuano a rispondere personalmente nei confronti dei terzi per le obbligazioni sociali sorte fino al giorno in cui si verifica lo scioglimento (*supra*, par. 6).

SCHEDA DI SINTESI

La **società semplice** può avere **per oggetto solo attività non commerciale** e costituisce la forma più elementare di società e la sua disciplina è applicabile anche agli altri tipi di società di persone (società in nome collettivo e società in accomandita semplice), in quanto non derogata dalla normativa specifica di queste ultime.

Con la costituzione della società il socio assume l'obbligo di eseguire i **conferimenti** determinati nel contratto sociale.

Tutti i soci hanno il **diritto di partecipare alla ripartizione degli utili e l'obbligo di sopportare le perdite della società**.

Il **potere di amministrazione a tutti i soci illimitatamente responsabili**, salva diversa pattuizione.

La rappresentanza indica il **potere di agire nei confronti dei terzi in nome e per conto della società**, dando luogo all'acquisto di diritti e all'assunzione di obbligazioni da parte della stessa (c.d. **potere di firma**).

Il regime della responsabilità per le obbligazioni sociali è contraddistinto nelle società di persone e, quindi, nella società semplice dal concetto di **autonomia patrimoniale imperfetta**. L'art. 2267 c.c. stabilisce che delle obbligazioni sociali risponde, innanzitutto, la società con il suo patrimonio. **Alla responsabilità della società per le obbligazioni sociali si aggiunge**, però, **la responsabilità solidale ed illimitata dei singoli soci**.

Il verificarsi di una delle **cause di scioglimento** della società (ad esempio per decorso del termine o volontà di tutti i soci) è la prima fase di un complesso procedimento che prosegue con le operazioni di liquidazione e culmina con l'estinzione della società stessa.

Il **procedimento di liquidazione** mira alla conversione in denaro del patrimonio sociale, al pagamento dei creditori sociali ed alla ripartizione dell'eventuale attivo residuo tra i soci.

Compiute le operazioni di liquidazione, la società si scioglie con la **cancellazione dal registro delle imprese**.

QUESTIONARIO

1. Il contratto costitutivo di una società semplice è soggetto a forme particolari? **(1)**
2. Qual è la disciplina applicabile in caso di invalidità della società? **(1)**
3. In che cosa consiste il conferimento d'opera? **(2)**
4. Cosa si intende per "divieto di patto leonino"? **(3)**
5. Com'è regolato dal legislatore il sistema di amministrazione della società semplice? **(4)**
6. È possibile conferire l'incarico di amministratore a un non socio? **(4)**
7. Quali sono i poteri dei soci non amministratori? **(4)**
8. A chi compete la rappresentanza della società? **(5)**
9. Qual è il regime della responsabilità dei soci per le obbligazioni sociali? **(6)**
10. Quali sono i diritti riconosciuti al creditore particolare del socio? **(7)**
11. Quali sono le cause di scioglimento della società semplice? **(8)**
12. L'attività di gestione della società da parte dei liquidatori è soggetta a limiti legali? **(9)**
13. Quando la società può considerarsi estinta? **(10)**
14. Quali sono le cause di scioglimento del rapporto sociale limitatamente ad un socio? **(11)**
15. Cosa si intende per clausola di consolidazione e clausola di continuazione? **(11)**

Capitolo III
La società in nome collettivo

Sommario:
1. La costituzione della società. – **2.** La società in nome collettivo regolare. – **2.1.** La disciplina dei conferimenti. – **2.2.** La partecipazione agli utili e alle perdite. – **2.3.** L'amministrazione e la rappresentanza. – **2.4.** La responsabilità dei soci per le obbligazioni sociali. – **2.5.** I creditori particolari dei soci. – **3.** La società in nome collettivo irregolare. – **4.** Il divieto di concorrenza. – **5.** Le norme a tutela del capitale sociale. – **6.** Scioglimento, liquidazione ed estinzione della società. – **7.** Il fallimento della società estinta e dei soci a responsabilità illimitata.

1. La costituzione della società.

La società in nome collettivo è il tipo di società residuale per l'esercizio di un'**attività commerciale**. Se le parti non hanno indicato il tipo sociale prescelto e la società risulta costituita per l'esercizio di un'attività commerciale, essa è da considerarsi, pertanto, società in nome collettivo.

Per lo svolgimento di un'**attività non commerciale**, invece, le parti devono dichiarare espressamente di ricorrere a tale modello societario, altrimenti si applica il regime residuale della società semplice. Per quanto concerne la **disciplina** applicabile, l'art. 2293 c.c. rinvia alle norme previste per la società semplice, salvo che sia diversamente disposto dalla specifica normativa dettata per la società in nome collettivo (artt. 2291-2312 c.c.). Il legislatore ha previsto, innanzitutto, particolari **requisiti di forma** (art. 2296 c.c.) **e di contenuto** (art. 2295 c.c.) **per la costituzione della società in nome collettivo**, non richiesti, come visto, per la costituzione di una società semplice (*supra*, Cap. II, par. 1).

> **TI RICORDI CHE...**
>
> L'art. 2251 c.c. stabilisce espressamente al riguardo che «nella società semplice il contratto **non è soggetto a forme particolari, salve quelle richieste dalla natura dei beni**».

Occorre premettere, però, che l'osservanza di tali precetti è necessaria solo **ai fini dell'iscrizione della società nel registro delle imprese**. Tale iscrizione rappresenta una condizione di regolarità e non di esistenza della società stessa ed incide sulla disciplina applicabile, dando luogo alla **distinzione tra società in nome collettivo regolare** (iscritta nel registro delle imprese) **e società in nome collettivo irregolare** (non iscritta) di cui si parlerà in seguito (*infra*, par. 3). Per questo motivo la dottrina dominante ritiene che per l'esistenza della società valgano le stesse regole e gli stessi principi esaminati nel capitolo relativo alla società semplice, cui si rinvia (*supra*, Cap. II, par. 1).

Ai sensi dell'art. 2296 c.c., l'atto costitutivo della società in nome collettivo deve essere redatto per **atto pubblico** o per **scrittura privata autenticata**.

La forma scritta non è richiesta *ad substantiam* o *ad probationem*, ma unicamente ai fini dell'**iscrizione della società nel registro delle imprese con funzione di pubblicità legale**.

Venendo al **contenuto** dell'atto costitutivo, l'art. 2295 c.c. stabilisce, sempre ai fini dell'iscrizione nel registro delle imprese, che esso deve indicare:

- *il cognome e il nome, il domicilio, la cittadinanza dei soci*;
- *la ragione sociale*, che costituisce il nome della società e corrisponde alla ditta dell'imprenditore individuale (*supra*, Parte I, Cap. IV, par. 2);
- *i soci che hanno l'amministrazione e la rappresentanza della società*;
- *la sede della società e le eventuali sedi secondarie*;
- *l'oggetto sociale*;
- *i conferimenti di ciascun socio, il valore ad essi attribuito e il modo di valutazione*;
- *le prestazioni a cui sono obbligati i soci di opera*;
- *le norme secondo le quali gli utili devono essere ripartiti e la quota di ciascun socio negli utili e nelle perdite*;
- *la durata della società*.

Per le **modificazioni del contratto sociale**, in virtù del rinvio alla disciplina della società semplice, vige il **principio unanimistico, salva diversa pattuizione**.

Per il **trasferimento** *inter vivos* **della partecipazione sociale**, dunque, è necessario il consenso di tutti i soci, fatta salva la previsione nel contratto sociale di una clausola che prevede la libera trasferibilità della quota sociale.

Le modifiche devono essere **pubblicate nel registro delle imprese** *ex* art. 2300 c.c., ai fini dell'opponibilità ai terzi.

2. La società in nome collettivo regolare.

La società in nome collettivo è **regolare** quando gli amministratori o i soci hanno provveduto al deposito dell'atto costitutivo nel registro delle imprese in osservanza delle prescrizioni stabilite artt. 2295 e 2296 c.c.
L'iscrizione dell'atto costitutivo nel registro delle imprese determina l'applicabilità della disciplina specifica prevista per le società in nome collettivo. Tali norme prevedono una marcata distinzione tra il patrimonio della società e quello dei singoli soci e, quindi, una maggiore autonomia patrimoniale rispetto alla società semplice.

2.1. La disciplina dei conferimenti.

La disciplina dei conferimenti è sostanzialmente identica a quella della società semplice (*supra*, Cap. II, par. 2).

TI RICORDI CHE...

Secondo quanto stabilito dall'art. 2253 c.c., con la costituzione della società il socio assume l'obbligo di eseguire i conferimenti determinati nel contratto sociale. Se il contratto sociale non contiene determinazioni al riguardo, si applica la regola integrativa dell'art. 2253, comma 2, c.c. in base alla quale «*si presume che i soci siano obbligati a conferire, in parti eguali tra loro, quanto è necessario per il conseguimento dell'oggetto sociale*».

L'unica particolarità è data dal fatto che l'atto costitutivo deve contenere l'indicazione del valore e del modo di valutazione dei conferimenti di capitale. In mancanza, si applica la regola integrativa dettata dall'art. 2253 c.c., secondo cui si presume che i soci siano obbligati a conferire, in parti uguali tra loro, quanto è necessario per il conseguimento dell'oggetto sociale.

2.2. La partecipazione agli utili e alle perdite.

Le parti, fatto salvo il rispetto del **divieto di patto leonino**, sono libere di stabilire la misura della partecipazione agli utili e alle perdite.
In assenza di pattuizione espressa, si applicano i **criteri legali di ripartizione** previsti per la società semplice.
Per quanto concerne la distribuzione degli utili, il legislatore ha previsto il **di-**

vieto di ripartizione di utili fittizi e il **divieto di ripartizione degli utili in caso di perdita del capitale sociale** (*supra*, Cap. II, par. 3).

2.3. L'amministrazione e la rappresentanza.

In forza del richiamo all'art. 2293 c.c., alla società in nome collettivo **si applica**, in linea generale, **la disciplina dell'amministrazione e della rappresentanza della società semplice** (*supra*, Cap. II, par. 4 e 5).

> **TI RICORDI CHE...**
>
> Nella società semplice, l'art. 2257 c.c. conferisce il **potere di amministrazione a tutti i soci illimitatamente responsabili**, **salva diversa pattuizione**. In base al secondo comma dell'art. 2266 c.c., salvo che sia diversamente disposto dal contratto sociale, la rappresentanza della società compete a ciascun socio amministratore e si estende a tutti gli atti rientranti nell'oggetto sociale.

Occorre, quindi, soffermare l'attenzione solo su alcune regole specifiche dettate per la società in nome collettivo regolare.

Per quanto concerne l'amministrazione, i soci amministratori sono soggetti ad obblighi ulteriori:

- ai sensi dell'art. 2300 c.c., devono richiedere «nel termine di trenta giorni all'ufficio del registro delle imprese l'**iscrizione delle modificazioni dell'atto costitutivo e degli altri fatti relativi alla società**, dei quali è obbligatoria l'iscrizione»;
- ai sensi dell'art. 2302 c.c., devono tenere i libri e le altre **scritture contabili** prescritti dall'art. 2214 c.c., anche se la società svolge attività non commerciale;
- devono indicare negli atti e nella corrispondenza sociale, la sede della società e l'ufficio del registro delle imprese presso cui è iscritta.

In merito al potere di **rappresentanza** della società, invece, l'art. 2298 c.c. stabilisce che le relative limitazioni non sono opponibili ai terzi, se non sono iscritte nel registro delle imprese o se non si prova che i terzi ne hanno avuto conoscenza.

2.4. La responsabilità dei soci per le obbligazioni sociali.

L'art. 2291 c.c. pone una regola fondamentale in materia di responsabilità dei soci, stabilendo che «*Nella società in nome collettivo* **tutti i soci rispondono solidalmente e illimitatamente per le obbligazioni sociali***. Il patto contrario non ha effetto nei confronti dei terzi*».
La **responsabilità** dei soci per le obbligazioni sociali è:

- **sussidiaria**, ma nella società in nome collettivo il *beneficium excussionis* – a differenza della società semplice in cui il socio, se intende avvalersene, è tenuto ad invocarlo in via di eccezione (*supra*, Cap. II, par. 3*)* – è condizione di procedibilità dell'azione esecutiva contro i soci. L'art. 2304 c.c. stabilisce, invero, che «*I creditori sociali, anche se la società è in liquidazione,* **non possono pretendere il pagamento dai singoli soci***, se non dopo l'escussione del patrimonio sociale*». Per questa ragione nella società in nome collettivo l'autonomia patrimoniale è maggiore rispetto alla società semplice;
- **solidale**, per cui i creditori sociali, dopo aver infruttuosamente esperito l'azione esecutiva sul patrimonio sociale, possono agire per l'intero anche nei confronti di uno solo dei soci.

Per il resto la disciplina della responsabilità per le obbligazioni sociali è la medesima della società semplice.

2.5. I creditori particolari dei soci.

La tutela riservata ai creditori personali del socio di una società in nome collettivo è in gran parte analoga a quella esaminata in materia di società semplice. Anche nella società in nome collettivo, l'**autonomia patrimoniale imperfetta impedisce al creditore particolare del socio di aggredire direttamente il patrimonio sociale** per soddisfare il proprio credito.
In base al primo comma dell'art. 2270 c.c., «*Il creditore particolare del socio, finché dura la società, può soltanto far valere i suoi* **diritti sugli utili** *spettanti al socio e compiere* **atti conservativi sulla quota** *spettante a quest'ultimo nella liquidazione*» (ad es. il sequestro conservativo).
Per quanto concerne la possibilità di ottenere la liquidazione della quota del socio debitore l'art. 2305 c.c. stabilisce che «*Il creditore particolare del socio, finché dura la società,* **non può chiedere la liquidazione della quota del socio debitore**».

Nel caso in cui i soci abbiano deciso formalmente o tacitamente di prorogare la durata della società, il limite di cui all'art. 2305 c.c. non è più operativo e si riconosce al creditore personale del socio il diritto di richiedere la liquidazione della quota del socio suo debitore.

3. La società in nome collettivo irregolare.

La società in nome collettivo è **irregolare** quando le parti non hanno depositato l'atto costitutivo nel registro delle imprese.

La mancata iscrizione non incide sull'esistenza della società, ma solo sulla **disciplina** applicabile, che in tal caso è quella **della società semplice**.

L'art. 2297 c.c., in particolare, stabilisce che, in caso di mancata registrazione, *«i rapporti tra la società e i terzi ferma restando la responsabilità illimitata e solidale di tutti i soci, sono regolati dalle disposizioni relative alla società semplice»*.

Per quanto concerne la posizione dei **creditori sociali** e dei **creditori particolari dei singoli soci** si rinvia alla specifica trattazione in materia di società semplice (*supra*, Cap. II, par. 6 e 7).

Anche quando la società in nome collettivo è irregolare, si applica l'art. 2291 c.c., per cui tutti i soci sono illimitatamente e solidalmente responsabili per le obbligazioni sociali e l'eventuale patto contrario non ha effetto nei confronti dei terzi.

Nella società in nome collettivo irregolare il **potere di amministrazione e quello di rappresentanza** spettano, in difetto di diversa regolamentazione, disgiuntamente a tutti i soci.

La società irregolare può in qualsiasi momento essere regolarizzata, con efficacia *ex nunc*, mediante iscrizione dell'atto costitutivo nel registro delle imprese.

4. Il divieto di concorrenza.

Nella società in nome collettivo (regolare o irregolare) tutti i soci (amministratori e non) sono tenuti a rispettare il **divieto di concorrenza**.

In base al primo comma dell'art. 2301 c.c., il socio non può esercitare per conto proprio o altrui un'attività concorrente con quella della società, né partecipare come socio illimitatamente responsabile di altra società concorrente.

È consentito al socio, invece, di partecipare come socio limitatamente respon-

sabile in altra società concorrente di persone o di capitali oppure di svolgere la stessa attività della società quando debba escludersi l'esistenza di un rapporto concorrenziale.
Il divieto non ha carattere assoluto e può essere derogato con il consenso dei soci.
In caso di **violazione del divieto**, la società ha diritto al **risarcimento del danno** e il socio può essere **escluso** dalla società ai sensi dell'art. 2286 c.c.

5. Le norme a tutela del capitale sociale.

Nella società semplice è del tutto assente una disciplina del capitale sociale.
Nella società in nome collettivo (regolare e irregolare), invece, è attribuita maggiore rilevanza al capitale sociale attraverso una serie di norme che mirano a preservarne la consistenza patrimoniale. Nell'atto costitutivo, come detto, è necessario indicare i conferimenti dei soci e, per quelli diversi dal denaro, il valore ad essi attribuito e il modo di valutazione. Non sono però dettate regole particolari per la valutazione dei conferimenti, rimessa, pertanto, alla libertà delle parti.
Per quanto concerne la distribuzione degli utili, l'art. 2303, comma 1, c.c. stabilisce che *«non può farsi luogo a ripartizione di somme tra soci se non per utili realmente conseguiti»*. È **vietata**, dunque, **la ripartizione di utili non realmente conseguiti** (**utili fittizi**), cioè di somme che non corrispondono ad un'eccedenza del patrimonio netto rispetto al capitale sociale nominale.
Il comma secondo dell'art. 2303 c.c. aggiunge un secondo divieto di ripartizione degli utili nel caso in cui si sia verificata una **perdita del capitale sociale**, fino a che quest'ultimo non sia reintegrato o ridotto in misura corrispondente.
In entrambe le ipotesi, il socio che ha incassato utili inesistenti è tenuto a restituirli alla società: è irrilevante l'eventuale buona fede o il fatto che gli utili risultassero da bilancio regolarmente approvato. Ai sensi dell'art. 2306, comma 1, c.c., la **riduzione** (reale) **del capitale sociale**, mediante rimborso ai soci dei conferimenti o mediante liberazione di essi dall'obbligo di ulteriori versamenti, può essere eseguita soltanto dopo tre mesi dall'iscrizione nel registro delle imprese.
Entro tale termine è riconosciuto ai creditori sociali il **diritto di opporsi** alla riduzione del capitale sociale.
La norma in esame si riferisce soltanto alla riduzione del capitale sociale per esuberanza, ma non vi è dubbio che la riduzione per perdite sia ammissibile in base al disposto del citato art. 2300 c.c.
La riduzione per perdite comporta una modifica dell'atto costitutivo, per cui la

relativa delibera deve essere adottata con il consenso di tutti i soci (salva diversa pattuizione nel contratto sociale) e deve essere iscritta nel registro delle imprese.

6. Scioglimento, liquidazione ed estinzione della società.

L'art. 2308 c.c. prevede, accanto alle **cause di scioglimento** di cui all'art. 2272 c.c., altre due ipotesi:

- lo scioglimento per **provvedimento dell'autorità governativa** nei casi stabiliti dalla legge;
- il **fallimento** se la società svolge attività commerciale.

Il **procedimento di liquidazione** è il medesimo della società semplice, salvo alcune peculiarità legate al sistema pubblicitario della società in nome collettivo regolare.

Ai liquidatori spetta la **rappresentanza** della società dal momento dell'iscrizione della nomina nel registro delle imprese.

A differenza delle società semplici, inoltre, il legislatore ha previsto una disciplina espressa per la **chiusura della liquidazione**.

Ai sensi dell'art. 2311, compiuta la liquidazione, i liquidatori devono redigere:

- il **bilancio finale di liquidazione**, che rappresenta il rendiconto della gestione dei liquidatori ed è il documento da cui risultano le spese sostenute e le somme realizzate;
- il **piano di riparto**, che indica le modalità di divisione dell'attivo patrimoniale residuo.

Il bilancio finale sottoscritto dai liquidatori ed il piano di riparto **devono essere comunicati** mediante lettera raccomandata **ai soci** e si intendono approvati se non sono stati impugnati nel termine di due mesi dalla comunicazione.

In caso d'**impugnazione del bilancio e del piano di riparto**, il liquidatore può chiedere che le questioni relative alla liquidazione siano esaminate separatamente da quelle relative alla divisione, alle quali il liquidatore può restare estraneo.

Con l'**approvazione del bilancio**, infine, i liquidatori sono liberati di fronte ai soci, ma continuano a rispondere per dolo o colpa di fronte ai creditori sociali insoddisfatti.

Nella **società in nome collettivo irregolare** la chiusura del procedimento di liquidazione comporta l'estinzione della società, sempreché i creditori sociali siano stati soddisfatti, altrimenti essa è da considerarsi ancora in vita.
Nella **società in nome collettivo regolare**, infine, approvato il bilancio finale di liquidazione, i liquidatori devono chiedere la **cancellazione della società** dal registro delle imprese (art. 2312 c.c.).
La cancellazione può anche essere disposta **d'ufficio** nei casi stabiliti dall'art. 3, D.P.R. 247/04 (irreperibilità presso la sede legale, mancato compimento di atti di gestione per tre anni consecutivi, mancanza del codice fiscale, mancata ricostituzione della pluralità dei soci e nel termine di sei mesi, decorrenza del termine di durata senza proroga tacita).
I liquidatori hanno anche l'obbligo di depositare, presso le persone designate dalla maggioranza dei soci, le scritture contabili e i documenti che non spettano ai singoli soci, affinché siano conservati per dieci anni dalla cancellazione della società dal registro delle imprese.

▶ LA GIURISPRUDENZA PIÙ SIGNIFICATIVA

LA SOCIETÀ SI ESTINGUE CON LA CANCELLAZIONE DAL REGISTRO DELLE IMPRESE.

Fino alla riforma delle società ad opera del D.lgs. 6/03, secondo l'opinione dominante in giurisprudenza, la società non poteva considerarsi estinta in seguito alla cancellazione dal registro delle imprese.
In seguito alla riforma si è affermato un diverso orientamento giurisprudenziale secondo il quale la cancellazione della società dal registro delle imprese ha **efficacia costitutiva**.
Tali pronunce, dunque, hanno dato vita ad un **contrasto giurisprudenziale** risolto recentemente dalle Sezioni Unite della Suprema Corte.
La Corte di Cassazione, dopo aver ricostruito i termini del dibattito giurisprudenziale, ha aderito al secondo dei citati indirizzi ermeneutici, affermando che «(...) *se per le società con personalità giuridica si riconosce dalla nuova norma la erroneità del pregresso indirizzo giurisprudenziale prevalente, nel sistema è logico riconoscere al novellato art. 2495 c.c., un effetto espansivo che impone un* **ripensamento della pregressa giurisprudenza anche per le società commerciali di persone, in adesione ad una lettura costituzionale della norma**. *Le società in nome collettivo e in accomandita semplice non hanno personalità giuridica ma solo una limitata capacità per singoli atti di impresa e, con la cancellazione della loro iscrizione dal registro, come si estingue per l'art. 2495 c.c., la misura massima di detta capacità, cioè la personalità delle società che di essa sono dotate,* **deve logicamente presumersi che venga meno anche detta ridotta capacità delle società di persone**, *rendendola opponibile ai terzi con una pubblicità solo dichiarativa della fine della vita di essa, della stessa natura cioè di quella della loro iscrizione nel registro*

a decorrere dal 1 gennaio 2004 e per l'avvenire, come sopra già precisato. Pertanto, *anche per le società di persone, può presumersi, che* **la cancellazione dell'iscrizione nel registro delle imprese di esse comporti la fine della loro capacità e soggettività limitata,** *negli stessi termini in cui analogo effetto si produce per le società di capitali e le cooperative, anche se in precedenza per esse si era esattamente negata in passato la estinzione della società e della capacità di essa, fino al momento della liquidazione totale dei rapporti facenti ad essa capo, in difetto di una espressa previsione dell'effetto estintivo per le società di capitali»* (Cass. sez. un., 22 febbraio 2010, n. 4062).

7. Il fallimento della società estinta e dei soci a responsabilità illimitata.

La questione concernente l'individuazione del momento a partire dal quale la società può considerarsi estinta è intimamente connessa ad un altro tema rilevante: il fallimento della società estinta.

Il nuovo art. 10 l. fall., per effetto della riforma delle procedure concorsuali ad opera del d.lgs. 5/06, dispone che «*gli imprenditori individuali e collettivi possono essere dichiarati falliti entro un anno dalla cancellazione dal registro delle imprese, se l'insolvenza si è manifestata anteriormente alla medesima o entro l'anno successivo*».

Il secondo comma dell'art. 10 l. fall., in caso di impresa individuale o di cancellazione d'ufficio degli imprenditori collettivi, fa **salva** «*la facoltà per il creditore o per il pubblico ministero di dimostrare il momento dell'effettiva cessazione dell'attività da cui decorre il termine del primo comma*».

L'art. 147 l. fall. prevede che la sentenza dichiarativa del fallimento della società comporta il **fallimento dei soci illimitatamente responsabili.**

Il secondo comma dell'articolo citato, come novellato dalla riforma del 2006, stabilisce che «*il fallimento dei soci di cui al comma primo* **non può essere dichiarato decorso un anno dallo scioglimento del rapporto sociale o dalla cessazione della responsabilità illimitata** *anche in caso di trasformazione, fusione o scissione, se sono state osservate le formalità per rendere noti ai terzi i fatti indicati. La dichiarazione di fallimento è possibile solo se l'insolvenza della società attenga, in tutto o in parte, a debiti esistenti alla data della cessazione della responsabilità illimitata*».

La società in nome collettivo irregolare, data la mancata iscrizione dell'atto costitutivo nel registro delle imprese, può essere dichiarata fallita senza limiti di tempo dopo la cessazione dell'attività di impresa (sul fallimento della società *amplius, infra,* Parte V, Cap. I, par. 10).

CAPITOLO III | LA SOCIETÀ IN NOME COLLETTIVO

SCHEDA DI SINTESI

La società in nome collettivo è il tipo di società residuale per l'esercizio di un'**attività commerciale**. La società in nome collettivo è **regolare** quando gli amministratori o i soci hanno provveduto al deposito dell'atto costitutivo nel registro delle imprese in osservanza delle prescrizioni stabilite artt. 2295 e 2296 c.c. La disciplina dei conferimenti è sostanzialmente identica a quella della società semplice. Le parti, fatto salvo il rispetto del **divieto di patto leonino**, sono libere di stabilire la misura della partecipazione agli utili e alle perdite. In forza del richiamo all'art. 2293 c.c., alla società in nome collettivo **si applica**, in linea generale, **la disciplina dell'amministrazione e della rappresentanza della società semplice**.
L'art. 2291 c.c. pone una regola fondamentale in materia di responsabilità dei soci, stabilendo che «*Nella società in nome collettivo tutti i soci rispondono solidalmente e illimitatamente per le obbligazioni sociali. Il patto contrario non ha effetto nei confronti dei terzi*».
La tutela riservata ai creditori personali del socio di una società in nome collettivo è in gran parte analoga a quella esaminata in materia di società semplice.
Anche nella società in nome collettivo, l'**autonomia patrimoniale imperfetta impedisce al creditore particolare del socio di aggredire direttamente il patrimonio sociale** per soddisfare il proprio credito.
La società in nome collettivo è **irregolare** quando le parti non hanno depositato l'atto costitutivo nel registro delle imprese. Nella società in nome collettivo (regolare o irregolare) tutti i soci (amministratori e non) sono tenuti a rispettare il **divieto di concorrenza**.
L'art. 2308 c.c. prevede, accanto alle **cause di scioglimento** di cui all'art. 2272 c.c., altre due ipotesi:
- lo scioglimento per **provvedimento dell'autorità governativa** nei casi stabiliti dalla legge;
- il **fallimento** se la società svolge attività commerciale.

Il **procedimento di liquidazione** è il medesimo della società semplice, salvo alcune peculiarità legate al sistema pubblicitario della società in nome collettivo regolare.

QUESTIONARIO

1. In quale forma deve essere stipulato l'atto costitutivo ai fini dell'iscrizione della società in nome collettivo nel registro delle imprese e quale deve essere il suo contenuto? **(1)**
2. L'iscrizione della società nel registro delle imprese ha efficacia costitutiva? **(1)**
3. Che cosa si intende per società in nome collettivo regolare? **(2)**
4. Quali sono gli obblighi degli amministratori? **(2.1.)**
5. Qual è il regime di responsabilità dei soci per le obbligazioni sociali? **(2.2.)**
6. Come vengono tutelati i creditori personali dei soci? **(2.3.)**

7. Il regime della responsabilità illimitata dei soci può essere derogato? (**2.4.**)
8. Che cosa comporta la mancata iscrizione dell'atto costitutivo nel registro delle imprese? (**3**)
9. Qual è la disciplina della società in nome collettivo irregolare? (**3**)
10. A chi si riferisce il divieto di concorrenza? (**4**)
11. Come viene tutelato il capitale sociale? (**5**)
12. Quali sono le cause di scioglimento della società in nome collettivo? (**6**)
13. Che cosa è il piano di riparto? (**6**)
14. Quali sono gli effetti della cancellazione della società dal registro delle imprese? (**6**)
15. La società cancellata dal registro delle imprese può essere dichiarata fallita? (**7**)
16. A quali condizioni il fallimento della società si estende ai soci illimitatamente responsabili? (**7**)

Capitolo IV
La società in accomandita semplice

Sommario:
1. La costituzione della società. – **2.** I soci accomandatari e l'amministrazione della società. – **3.** I soci accomandanti e il divieto di immistione. – **4.** Il trasferimento della partecipazione sociale. – **5.** Scioglimento, liquidazione ed estinzione della società. – **6.** La società in accomandita irregolare.

1. La costituzione della società.

La società in accomandita semplice si differenzia dalla società in nome collettivo per la presenza di due categorie di soci:

- i **soci accomandatari**, **responsabili solidalmente ed illimitatamente** verso i terzi per le obbligazioni sociali e unici titolari del potere di amministrazione;
- i **soci accomandanti**, **responsabili limitatamente** alla quota conferita ed esclusi dall'amministrazione.

La società in accomandita semplice, nell'ambito delle società di persone, è l'unico modello societario che consente lo svolgimento in comune di un'**attività commerciale** con responsabilità limitata e non esposizione al fallimento personale per alcuni soci (gli accomandanti).
Per quanto concerne la **disciplina** applicabile, l'art. 2315 c.c. rinvia alle norme previste per la società in nome collettivo (e quindi anche alle norme della società semplice), salvo che sia diversamente disposto dalla specifica normativa dettata per la società accomandita semplice (artt. 2313-2324 c.c.).
In forza del rinvio alla disciplina della società in nome collettivo, l'**atto costitutivo deve indicare**, oltre agli elementi dell'art. 2295 c.c. (generalità dei soci, ragione sociale, sede, oggetto sociale, ammontare dei conferimenti, criteri di ripartizione degli utili e delle perdite, durata), **i soci accomandatari e i soci accomandanti** (art. 2316 c.c.).
Ai sensi dell'art. 2314 c.c., la **ragione sociale deve essere costituita dal nome di almeno uno dei soci accomandatari**, con l'indicazione di società in acco-

mandita semplice. È possibile, come nella società in nome collettivo, conservare nella ragione sociale il nome del socio receduto o defunto, se il socio receduto o gli eredi del socio defunto vi consentono (c.d. *ragione sociale derivata*).
Il secondo comma dell'art. 2314 c.c. sancisce il **divieto di includere il nome degli accomandanti nella ragione sociale**.
L'accomandante, che consente l'inserimento del suo nome nella ragione sociale, sarà responsabile di fronte ai terzi illimitatamente e solidalmente con i soci accomandatari per le obbligazioni sociali.
Nei rapporti interni, invece, l'accomandante non diventa socio accomandatario e, dunque, non assume il potere di gestione della società. Egli potrà soltanto esercitare azione di rivalsa nei confronti dei soci accomandatari per ottenere il rimborso di quanto versato ai creditori sociali.
L'**atto costitutivo** deve essere depositato per l'**iscrizione nel registro delle imprese** in cui ha sede la società.
Come per la società in nome collettivo, tale iscrizione, con **funzione di pubblicità legale**, rappresenta una **condizione di regolarità** e non di esistenza della società.
In caso di mancata registrazione, pertanto, la **società in accomandita semplice** è **irregolare** e si applica la disciplina che sarà esaminata in seguito, in gran parte modellata su quella della società in nome collettivo irregolare.

2. I soci accomandatari e l'amministrazione delle società.

I soci accomandatari, come anticipato, sono **responsabili illimitatamente e solidalmente per le obbligazioni sociali** e, ai sensi dell'art. 2318, comma 1, c.c., hanno i diritti e gli obblighi dei soci della società in nome collettivo.
Il secondo comma dell'art. 2318 c.c. stabilisce inderogabilmente che «*l'amministrazione della società può essere conferita soltanto ai soci accomandatari*».
Il regime legale di amministrazione previsto dall'articolo in commento è quello dell'**amministrazione disgiuntiva**. Sarà possibile, pertanto, l'**opposizione** *ex* art. 2257, comma 2, c.c. da parte di ciascun socio amministratore.
Il modello di amministrazione anzidetto può essere modificato dall'atto costitutivo.
Ai soci accomandatari – che rivestono la qualifica di amministratore della società – spetta anche il **potere di rappresentanza** della stessa. Si applica, pertanto, l'art. 2298 c.c., salva diversa regolamentazione statutaria.
Il regime della **responsabilità illimitata dell'accomandatario per le obbliga-**

zioni sociali è il medesimo del socio di una società in nome collettivo (*supra*, Cap. III, par. 2.4.).

> **TI RICORDI CHE...**
>
> La responsabilità dei soci per le obbligazioni sociali è: **sussidiaria**, ma nella società in nome collettivo il *beneficium excussionis* – a differenza della società semplice in cui il socio, se intende avvalersene, è tenuto ad invocarlo in via di eccezione – è condizione di procedibilità dell'azione esecutiva contro i soci; **solidale**, per cui i creditori sociali, dopo aver infruttuosamente esperito l'azione esecutiva sul patrimonio sociale, possono agire per l'intero anche nei confronti di uno solo dei soci.

3. I soci accomandanti e il divieto di immistione.

I soci accomandanti sono **responsabili** per le obbligazioni sociali **limitatamente alla quota conferita**.

Gli accomandanti decadono dal beneficio della responsabilità limitata se consentono l'inserimento del proprio nome nella ragione sociale e in caso di violazione del c.d. **divieto di immistione**.

L'art. 2320 c.c., in particolare, stabilisce che «*I soci accomandanti non possono compiere atti di amministrazione, né trattare o concludere affari in nome della società, se non in forza di procura speciale per singoli affari. Il socio accomandante che contravviene a tale divieto assume responsabilità illimitata e solidale verso i terzi per tutte le obbligazioni sociali e può essere escluso a norma dell'articolo 2286*».

La responsabilità illimitata e solidale riguarda le **obbligazioni sociali anteriori e posteriori all'ingerenza**, a qualsiasi titolo imputabili alla società e sussiste direttamente verso i terzi. L'accomandante che ha violato il divieto di immistione **può essere escluso dalla società ed è esposto al fallimento**, al pari degli accomandatari, in caso di fallimento della società.

Il divieto generale di immistione è poi temperato dalle disposizioni dell'art. 2320 c.c., in base al quale gli accomandanti:

- possono trattare o concludere affari in nome della società in forza di una procura speciale per singoli affari;
- possono prestare la loro opera, manuale o intellettuale, sotto la direzione degli amministratori;

- se l'atto costitutivo lo consente, **possono dare autorizzazioni e pareri per determinate operazioni e compiere atti di ispezione e di sorveglianza**;
- **hanno diritto di avere comunicazione annuale del bilancio e del conto dei profitti e delle perdite**, e di controllarne l'esattezza, consultando i libri e gli altri documenti.

4. Il trasferimento della partecipazione sociale.

La circolazione della quota sociale degli accomandatari è regolata allo stesso modo della società in nome collettivo e, quindi, della società semplice.
Il trasferimento della partecipazione del socio accomandante è soggetta, invece, alla disciplina dell'art. 2322 c.c.:

- il trasferimento *mortis causa* della quota dell'accomandante è **liberamente** consentito senza che sia necessario il consenso dei soci superstiti;
- il trasferimento *inter vivos* della partecipazione sociale dell'accomandante richiede il consenso della **maggioranza** dei soci (accomandanti e accomandatari), salvo che sia diversamente stabilito dall'atto costitutivo.

5. Scioglimento, liquidazione ed estinzione della società.

Le cause di scioglimento della società in accomandita semplice sono le medesime della società in nome collettivo (*supra*, Cap. III, par. 6).

> **TI RICORDI CHE...**
>
> L'art. 2308 c.c. prevede, accanto alle **cause di scioglimento** di cui all'art. 2272 c.c., altre due ipotesi: lo scioglimento per **provvedimento dell'autorità governativa** nei casi stabiliti dalla legge; il **fallimento** se la società svolge attività commerciale.

Ad esse si aggiunge l'ipotesi di cui all'art 2323, comma 1 c.c., ai sensi del quale **la società si scioglie quando rimangono soltanto soci accomandanti**

o soci accomandatari, se nel termine di sei mesi non sia sostituito il socio venuto meno.
Durante il termine di sei mesi l'attività sociale prosegue se sono venuti meno i **soci accomandanti**, poiché l'amministrazione della società è, come visto, prerogativa dei soci accomandatari.
Se sono venuti meno gli accomandatari, invece, **gli accomandanti devono nominare un amministratore provvisorio per il compimento degli atti di ordinaria amministrazione** (art. 2323, comma 2 c.c.).
Il procedimento di liquidazione e l'estinzione della società in accomandita semplice sono disciplinati allo stesso modo della società in nome collettivo (*supra*, Cap. III, par. 6).
L'art. 2324 c.c., però, stabilisce che i creditori sociali insoddisfatti possono far valere i loro diritti nei confronti degli accomandanti solo nei limiti di quanto ricevuto in sede di liquidazione.

6. La società in accomandita semplice irregolare.

La società in accomandita semplice è irregolare, come anticipato, fino a quando l'atto costitutivo non è iscritto nel registro delle imprese.
L'art. 2317 c.c., in particolare, stabilisce che in caso di mancata registrazione i rapporti fra la società e i terzi sono regolati dalla stessa **disciplina** prevista dall'art. 2297 c.c. per la **società in nome collettivo irregolare** (*supra*, Cap. III, par. 6).
Permane, tuttavia, ai sensi del secondo comma dell'art. 2317 c.c., **la distinzione tra accomandatari e accomandanti** per cui questi ultimi sono responsabili delle obbligazioni sociali limitatamente alla quota conferita, salvo che abbiano partecipato alle operazioni sociali.
Per il resto la disciplina della società in accomandita irregolare non si discosta da quella della società in nome collettivo irregolare.

SCHEDA DI SINTESI

La società in accomandita semplice si differenzia dalla società in nome collettivo per la presenza di due categorie di soci:
- i **soci accomandatari**, **responsabili solidalmente ed illimitatamente** verso i terzi per le obbligazioni sociali e unici titolari del potere di amministrazione;

PARTE II | LE SOCIETÀ

- i **soci accomandanti**, **responsabili limitatamente** alla quota conferita ed esclusi dall'amministrazione.

La circolazione della quota sociale degli accomandatari è regolata allo stesso modo della società in nome collettivo e, quindi, della società semplice.

Le cause di scioglimento della società in accomandita semplice sono le medesime della società in nome collettivo. Ad esse si aggiunge l'ipotesi di cui all'art 2323, comma 1 c.c., ai sensi del quale **la società si scioglie quando rimangono soltanto soci accomandanti o soci accomandatari, se nel termine di sei mesi non sia sostituito il socio venuto meno.**

QUESTIONARIO

1. Qual è la caratteristica principale della società in accomandita semplice? **(1)**
2. Come deve essere formata la ragione sociale? **(1)**
3. Che cosa comporta l'inserimento del nome di un socio accomandante nella ragione sociale? **(1)**
4. Chi può essere nominato come amministratore della società? **(2)**
5. Qual è il regime di responsabilità dei soci accomandatari per le obbligazioni sociali? **(2)**
6. Qual è il regime di responsabilità dei soci accomandanti per le obbligazioni sociali? **(3)**
7. Che cosa si intende per divieto di immistione e quali sono le conseguenze della sua violazione? **(3)**
8. In che modo i soci accomandanti possono partecipare alle operazioni sociali? **(3)**
9. Come è regolata la circolazione della quota sociale del socio accomandante? **(4)**
10. Quale causa di scioglimento è espressamente prevista solo per la società in accomandita semplice? **(5)**
11. Qual è la disciplina della società in accomandita semplice irregolare? **(6)**

Capitolo V
La società per azioni

Sommario:
1. Nozione e caratteristiche principali. – **2.** La costituzione della società. – **2.1.** La stipulazione dell'atto costitutivo. – **2.2.** L'iscrizione dell'atto costitutivo nel registro delle imprese. – **3.** La società per azioni unipersonale. – **4.** La nullità della società: una nullità dal regime «peculiare». – **5.** I patti parasociali. – **6.** La disciplina dei conferimenti. – **6.1.** I conferimenti in denaro. – **6.2.** I conferimenti di beni in natura e di crediti. – **7.** I patrimoni destinati ad uno specifico affare.

1. Nozione e caratteristiche principali.

La **società per azioni** forma, con la società in accomandita per azioni e la società a responsabilità limitata, la categoria delle **società di capitali**, dotate, come visto (*supra*, Cap. I, par. 4), di **personalità giuridica** e caratterizzate da un'**organizzazione di tipo corporativo**.

La società per azioni, dunque, in virtù del riconoscimento legislativo della personalità giuridica, gode di **autonomia patrimoniale perfetta**. Ne deriva che il patrimonio della società e quello dei singoli soci sono nettamente separati: delle obbligazioni sociali risponde solo la società con il suo patrimonio. La società per azioni e, più in generale, le società di capitali fanno poi parte della più ampia categoria delle **società lucrative** (nel cui ambito rientrano anche le società di persone), caratterizzate dallo svolgimento di un'attività d'impresa con terzi allo scopo di conseguire utili (**lucro oggettivo**), destinati ad essere successivamente divisi fra i soci (**lucro soggettivo o scopo di lucro o di profitto**).

La società per azioni si differenzia dalle altre società di capitali per la contemporanea presenza di due caratteristiche essenziali:

- **la responsabilità limitata dei soci al valore del conferimento effettuato.** Tale caratteristica, condivisa dalla società a responsabilità limitata, non appartiene alla società in accomandita per azioni in cui coesistono soci a responsabilità illimitata (gli accomandatari) e soci a responsabilità limitata (gli accomandanti);

- **le partecipazioni sociali sono rappresentate da azioni**. Tale connotato, proprio anche della società in accomandita per azioni, non è presente nella società a responsabilità limitata in cui le partecipazioni sociali sono rappresentate da quote e non da azioni.

Il codice civile distingue tra:

- **società che fanno ricorso al mercato del capitale di rischio** (c.d. *società aperte*), le cui azioni sono quotate in mercati regolamentati o sono diffuse tra il pubblico in misura rilevante, secondo i parametri fissati dalla Consob;
- **società che non fanno ricorso al mercato del capitale di rischio** (c.d. *società chiuse*), le cui azioni non sono quotate e non sono diffuse tra il pubblico in misura rilevante. Si tratta delle società per azioni di base sottoposte *in toto* alla disciplina codicistica, derogabile, sotto differenti profili, dall'autonomia statutaria.

2. La costituzione della società.

Il procedimento per la costituzione di una società per azioni è articolato in **due fasi: la stipulazione dell'atto costitutivo per atto pubblico**; **l'iscrizione dell'atto costitutivo nel registro delle imprese**.

2.1. La stipulazione dell'atto costitutivo.

A) Procedimento
La stipulazione dell'atto costitutivo può avvenire a sua volta secondo due differenti procedimenti:

- la **stipulazione simultanea**, così definita perché l'atto costitutivo è stipulato immediatamente dai soci fondatori che contestualmente provvedono all'integrale sottoscrizione del capitale sociale iniziale;
- la **stipulazione per pubblica sottoscrizione**, consistente in un articolato procedimento finalizzato alla raccolta fra il pubblico dei risparmiatori del capitale del capitale iniziale sulla base di un programma predisposto dai promotori.

B) Contenuto

L'**atto costitutivo** della società per azioni **deve essere stipulato per atto pubblico a pena di nullità e deve contenere** le indicazioni di cui all'art. 2328 c.c. L'ultimo comma dell'art. 2328 c.c. stabilisce che **lo statuto** contenente le regole di dettaglio relative al funzionamento della società, anche se costituisce oggetto di un atto separato, **è parte integrante dell'atto costitutivo**. Ne deriva, dunque, che anch'esso deve essere stipulato per **atto pubblico a pena di nullità**.

C) Condizioni di costituzione

In questa fase del procedimento di costituzione della società per azioni e, quindi, prima del deposito dell'atto costitutivo nel registro delle imprese, devono essere osservate le **condizioni di costituzione** di cui all'art. 2329 c.c. Secondo tale norma, in particolare, per procedere alla costituzione di una società per azioni è necessario che:

- *sia sottoscritto per intero il capitale sociale*, che non può essere inferiore a cinquantamila euro, salvo i casi in cui leggi speciali prescrivono un capitale minimo più elevato;
- *siano rispettate le previsioni degli artt. 2342, 2343 e 2343 ter relative ai conferimenti*;
- *che sussistano le autorizzazioni e le altre condizioni richieste dalle leggi speciali per la costituzione della società, in relazione al suo particolare oggetto* (si pensi ad esempio all'attività bancaria o assicurativa).

2.2. L'iscrizione dell'atto costitutivo nel registro delle imprese.

Dopo la stipulazione dell'atto costitutivo è necessario procedere alla sua iscrizione nel registro delle imprese affinché la società possa dirsi realmente costituita. Prima di tale adempimento pubblicitario, però, l'atto costitutivo, al pari di un normale contratto, produce una serie di effetti tra le parti.
Con la stipulazione dell'atto costitutivo sorge l'**obbligo per il notaio che ha ricevuto l'atto di depositarlo** entro venti giorni **presso l'ufficio del registro delle imprese** nella cui circoscrizione è stabilita la sede sociale, allegando i documenti comprovanti la sussistenza delle condizioni di costituzione in precedenza esaminate (art. 2330 c.c.).
Nel caso in cui il notaio o gli amministratori non procedano al deposito dell'atto entro il termine di venti giorni, il comma secondo dell'art. 2330 c.c. attribuisce a ciascuno socio la facoltà di provvedervi a spese della società.

L'ufficio del registro delle imprese, verificata la regolarità formale della documentazione, iscrive la società nel registro.
L'iscrizione dell'atto costitutivo nel registro delle imprese segna il momento conclusivo del procedimento di costituzione ed **ha efficacia costitutiva**, vale a dire **la società acquista la personalità giuridica** (art. 2331 c.c.).
L'iscrizione produce, altresì, con riguardo al contenuto dell'atto iscritto, l'effetto dichiarativo tipico della pubblicità commerciale. Tale **efficacia dichiarativa** – diversamente dall'effetto costitutivo che è immediato – si produce trascorsi quindici giorni dall'iscrizione.
In forza del secondo comma dell'art. 2331 c.c., **per le eventuali operazioni sociali compiute prima dell'iscrizione** dell'atto costitutivo nel registro delle imprese, sono responsabili verso i terzi illimitatamente e solidalmente coloro che hanno agito. Sono, inoltre, responsabili solidalmente e illimitatamente il socio unico fondatore (in caso di società per azioni unipersonale) e i soci che nell'atto costitutivo o con atto separato hanno deciso, autorizzato o consentito il compimento dell'operazione.
La società resta automaticamente vincolata solo per le operazioni sociali necessarie per la sua costituzione (art. 2328, n. 12, c.c.). Per le operazioni non necessarie, la responsabilità della società sussiste solo se queste siano approvate ed in questo caso la società è tenuta a rilevare coloro che hanno agito (art. 2331, comma 3, c.c.).
Prima dell'iscrizione nel registro, infine, è vietata l'emissione delle azioni.
La disciplina esposta non chiarisce, però, **cosa accade se il procedimento costitutivo non sia portato a termine**. Si tratta di stabilire, in particolare, se, in caso di manca iscrizione della società nel registro delle imprese, possa comunque considerarsi esistente una realtà sociale. La questione è di grande rilevanza se si considera la necessità di tutelare la posizione dei terzi.
Secondo la **tesi prevalente non è riscontrabile** in tale ipotesi **alcuna società**, né regolare né irregolare, poiché manca un patrimonio sociale di cui gli amministratori possano disporre. A ciò si aggiunga che l'art. 2331, comma 3, c.c. ricollega la responsabilità della società all'approvazione dell'operazione successivamente all'iscrizione, lasciando così intendere che la società non resta automaticamente vincolata dagli atti posti in essere in suo nome prima dell'iscrizione. La tutela dei terzi è ampiamente garantita dall'art. 2331 c.c. che affianca alla responsabilità illimitata e solidale di coloro che hanno agito quella dei soci fondatori che abbiano autorizzato l'operazione (ANGELICI, CAMPOBASSO, COTTINO, GALGANO, GRAZIANI).
Secondo **altra tesi** sarebbe configurabile una **società di persone irregolare fra i soci**, responsabili quindi illimitatamente e solidalmente verso i terzi per

le operazioni sociali. L'obiezione principale che viene mossa a tale teoria fa leva sulla circostanza che gli atti di impresa sono stati posti in essere in nome della costituenda società per azioni e non in nome di una società di persone. Si aggiunge, inoltre, che l'esistenza di una società collettiva irregolare non può essere desunta semplicisticamente dalla mancata iscrizione della costituenda società nel registro delle imprese (CORSI, PORTALE).

3. La società per azioni unipersonale.

Con la riforma del diritto societario è stato modificato l'**art. 2328 c.c.** secondo cui «*la società può essere costituita per contratto o per atto unilaterale*».
La costituzione della società per azioni unipersonale è assoggettata, senza eccezioni, all'intera disciplina dell'art. 2328 c.c. in precedenza esaminata, sia per quanto concerne la **forma dell'atto**, sia per quanto concerne il suo **contenuto**.
Allo stesso modo, devono osservarsi le **condizioni di costituzione** di cui all'art. 2329 c.c.
Norme particolari sono invece dettate per consentire ai terzi di sapere se la società è unipersonale.
L'art. 2250, comma 4, c.c. stabilisce che **negli atti e nella corrispondenza della società deve essere indicato se questa ha un unico socio**.
L'art. 2362 c.c. impone agli amministratori l'obbligo di **depositare per l'iscrizione della società nel registro delle imprese una dichiarazione contenente i dati anagrafici del socio unico**, anche quando muti la persona dell'unico socio.
Anche la società per azioni unipersonale è dotata di **personalità giuridica** e, quindi, di **autonomia patrimoniale perfetta**.
Il socio unico decade, però, dal beneficio della responsabilità limitata ed **è illimitatamente responsabile per le obbligazioni sociali, in caso di insolvenza della società**, se vi è stato: **mancato versamento integrale dei conferimenti in denaro presso una banca**, oppure, **mancata osservanza degli adempimenti pubblicitari di cui all'art. 2362 c.c.**
In entrambe le ipotesi la **responsabilità** è **sussidiaria**, poiché può essere fatta valere dai creditori sociali solo in caso di insolvenza della società e viene meno per le obbligazioni sociali sorte dopo che i conferimenti siano stati eseguiti o dopo che la pubblicità sia stata effettuata.
La tutela dei creditori sociali è arricchita dal comma 4 dell'art. 2362 c.c., a mente del quale «*I contratti della società con l'unico socio o le operazioni a favore dell'unico socio sono opponibili ai creditori della società solo se risul-*

tano dal libro delle adunanze e delle deliberazioni del consiglio di amministrazione o da atto scritto avente data certa anteriore al pignoramento».

4. La nullità della società: una nullità dal regime «peculiare».

Prima della registrazione la società non è ancora nata, ma esiste solo un contratto di società che produce effetti esclusivamente *inter-partes*. Si applica, pertanto, la disciplina generale del codice civile in materia di patologia negoziale (artt. 1418 ss. c.c.), salva l'applicazione delle norme dettate per i contratti associativi (artt. 1420 e 1466 c.c.).

Dopo la registrazione, invece, non vi è soltanto un contratto tra le parti, ma una società dotata di personalità giuridica e in grado di stipulare contratti e assumere obbligazioni nei confronti di terzi.

Per questo motivo il legislatore ha introdotto una disciplina *ad hoc* – difforme sotto molteplici aspetti da quella vigente per il contratto in generale – che mira a garantire un equo contemperamento dei summenzionati interessi.

L'art. 2332 c.c. stabilisce, in particolare, che **la nullità della società può essere pronunciata soltanto in tre casi tassativi:**

- *mancata stipulazione dell'atto costitutivo nella forma dell'atto pubblico*;
- *illiceità dell'oggetto sociale*;
- *mancanza nell'atto costitutivo di ogni indicazione riguardante la denominazione della società, o i conferimenti, o l'ammontare del capitale sociale o l'oggetto sociale*.

A differenza della disciplina generale dell'invalidità del contratto, la nullità della società per azioni non ha efficacia retroattiva e produce **effetti *ex nunc***: gli atti posti in essere in nome e per conto della società restano validi e i soci non sono liberati dall'obbligo di effettuare i conferimenti promessi prima della sentenza che produce la nullità. Si ritiene, inoltre, che **la nullità** della società operi **come causa di scioglimento della società** stessa. L'assunto trova conferma nel quarto comma dell'art. 2332 c.c., in base al quale la sentenza che dichiara la nullità nomina i liquidatori.

L'ultimo comma dell'art. 2332 c.c., al fine di garantire una migliore trasparenza ed informazione dei terzi, prevede l'obbligo in capo agli amministratori o ai liquidatori di iscrivere nel registro delle imprese il dispositivo della sentenza che dichiara la nullità della società.

CAPITOLO V | **LA SOCIETÀ PER AZIONI**

Un'ulteriore differenza rispetto alla disciplina generale della nullità del contratto concerne la possibilità di **sanatoria**. L'art. 2332, comma 5, c.c. stabilisce al riguardo che «*La nullità non può essere dichiarata quando la causa di essa è stata eliminata e di tale eliminazione è stata data pubblicità con iscrizione nel registro delle imprese*».

5. I patti parasociali.

La nozione di patto parasociale è di origine dottrinale: per patto o contratto parasociale si intende in generale ogni accordo con il quale i soci di una società, o parte di essi, si impegnano reciprocamente ad esercitare in un determinato modo i diritti derivanti dalla partecipazione della società.
Secondo la tesi dominante tali patti, in base al **principio di relatività** di cui all'art. 1372 c.c., hanno **efficacia obbligatoria**. Ne deriva che nei confronti della società ogni socio rimane titolare pieno ed esclusivo dei diritti che ha vincolato mediante la stipulazione del patto parasociale e, dal punto di vista strettamente sociale, l'eventuale violazione dell'accordo è irrilevante. Il socio risponderà ovviamente dell'inadempimento nei confronti degli altri soci aderenti. Ciò premesso, occorre rilevare che, fino ad un recente passato, i patti parasociali non erano disciplinati da alcuna disposizione legislativa. Essi rinvenivano il proprio fondamento nell'art. 1322 c.c. ed erano considerati validi dalla giurisprudenza, sempreché non fossero in contrasto con norme imperative.
Il primo intervento del legislatore ha avuto ad oggetto i **patti parasociali delle società con azioni quotate in un mercato regolamentato o delle società che controllano società con azioni quotate in un mercato regolamentato**.
Tale disciplina è contenuta nell'art. 122 del Tuf (D.lgs. 58/1998), in base al quale i patti parasociali (aventi ad oggetto, ad esempio, l'esercizio del diritto di voto o il trasferimento delle relative azioni) devono essere comunicati alla Consob, pubblicati sulla stampa quotidiana e depositati presso il registro delle imprese.
In seguito, con la riforma del diritto societario, il legislatore ha introdotto due norme nel codice civile (gli art. 2341-*bis* e 2341-*ter*) che disciplinano i **patti parasociali delle società per azioni non quotate**.
Si tratta, in particolare, dei **patti parasociali**, in qualunque forma stipulati, **che al fine di stabilizzare gli assetti proprietari o il governo della società**:

- hanno per oggetto l'esercizio del diritto di voto nelle società per azioni o delle partecipazioni in società che le controllano (c.d. *sindacati di voto*);

- pongono limiti al trasferimento delle relative azioni o delle partecipazioni in società che le controllano (c.d. *sindacati di blocco*);
- hanno per oggetto o per effetto l'esercizio anche congiunto di un'influenza dominante su tali società (c.d. *sindacati di controllo*).

Tali patti, in base all'art. 2341-*bis* c.c., possono essere contratti a tempo determinato o a tempo indeterminato.

Se il patto è a tempo determinato, la sua durata non può essere superiore ai cinque anni e si intendono stipulati per questa durata anche se le parti hanno previsto un termine maggiore. Essi sono, però, rinnovabili alla scadenza.

Se il patto è a tempo indeterminato, ciascun contraente ha diritto di recedere con un preavviso di centottanta giorni.

6. La disciplina dei conferimenti.

I conferimenti sono le prestazioni che i soci si obbligano ad eseguire per dotare la società dei mezzi necessari per lo svolgimento dell'attività d'impresa (c.d. *capitale di rischio iniziale*). L'insieme dei conferimenti costituisce **il capitale sociale nominale** della società per azioni che, in forza dell'art. 2327 c.c., **non può essere inferiore a cinquantamila euro**.

Il capitale sociale nominale rimane immutato nel corso della vita della società fin quando, con modifica dell'atto costitutivo, non si decide di aumentarlo o ridurlo (*infra*, Cap. IX).

È opportuno, inoltre, ricordare le due funzioni fondamentali svolte dal capitale sociale nominale:
- la **funzione vincolistica e di garanzia,** perché indica la quota ideale del patrimonio netto non distribuibile fra i soci e, perciò, assoggettata ad un vincolo di stabile destinazione all'attività sociale;
- la **funzione organizzativa**, quale termine di riferimento per accertare periodicamente (tramite il bilancio di esercizio) se la società ha conseguito degli utili o subito delle perdite e quale base di misurazione delle posizioni reciproche dei soci bella società, sia di carattere amministrativo (es: diritto di voto), sia di carattere patrimoniale (es: diritto agli utili ed alla quota di liquidazione).

Il legislatore ha introdotto per le società per azioni una minuziosa ed articolata **disciplina dei conferimenti** (artt. 2342-2345 c.c.) che tiene conto del valore preminente assunto dall'elemento patrimonialistico nelle società di capitali.

Tale normativa mira al raggiungimento di un **duplice scopo: garantire che i conferimenti promessi dai soci siano effettivamente acquisiti dalla società e che il valore assegnato dai soci ai conferimenti sia effettivo e veritiero.**
Occorre osservare che, ai sensi dell'art. 2342, comma 5, c.c., nella società per azioni **non possono formare oggetto di conferimenti le prestazioni di opera o di servizi** (ammissibili, invece, nelle società di persone e nelle società a responsabilità limitata). La restrizione si spiega con la difficoltà di valutare in modo oggettivo ed attendibile tali prestazioni in modo da garantire la veridicità del valore dei conferimenti in natura, la loro acquisizione da parte della società e l'effettiva formazione del capitale reale. Nella società per azioni sono ammesse soltanto le seguenti tipologie di conferimenti:

- **conferimenti in denaro;**
- **conferimenti di beni in natura e di crediti.**

6.1. I conferimenti in denaro.

Il primo comma dell'art. 2342 c.c. fissa la regola che **il capitale sociale sottoscritto deve essere versato in denaro, se nell'atto costitutivo non è stabilito diversamente.**
Il secondo comma dell'art. 2342 c.c., al fine di garantire l'**effettività** – almeno parziale – **del capitale sociale**, stabilisce l'**obbligo di versare immediatamente presso una banca almeno il 25% dei conferimenti in denaro o, se trattasi di società unipersonale, il loro intero ammontare.**
L'effettività del capitale sociale è garantita, inoltre, dal potere degli amministratori di chiedere in ogni momento ai soci i versamenti ancora dovuti secondo i modi previsti dallo statuto e, in mancanza di indicazioni, saranno gli amministratori medesimi a decidere tali modalità.
In caso di mancato pagamento il socio è in mora ed è obbligatorio agire nei suoi confronti.
A tal fine, l'art. 2344 c.c. prevede l'esperibilità dell'**azione esecutiva nei confronti del socio moroso.**
In alternativa all'azione giudiziaria la norma citata prevede la c.d. **procedura di vendita coattiva delle azioni del socio moroso.**
Gli amministratori, decorsi 15 giorni dalla pubblicazione sulla Gazzetta Ufficiale di una diffida, possono offrire le azioni agli altri soci, in proporzione alla loro partecipazione e per un corrispettivo non inferiore ai conferimenti ancora dovuti. Solo in mancanza di offerte, gli amministratori possono far vendere le azioni del socio moroso, a suo rischio e per suo conto (c.d. **vendita in danno**),

a mezzo di una banca o di un intermediario autorizzato alla negoziazione nei mercati regolamentati.
Qualora le azioni offerte non siano acquistate e la vendita delle azioni non sia andata a buon fine, gli amministratori possono dichiarare la **decadenza del socio** e trattenere le somme riscosse, salvo il risarcimento dei maggiori danni.
Le azioni invendute, se non possono essere rimesse in circolazione entro l'esercizio in cui fu pronunciata la decadenza del socio moroso, devono essere annullate con la corrispondente riduzione del capitale.
Durante la mora, infine, il socio inadempiente non può esercitare il diritto di voto.
Ai sensi dell'art. 2354, comma 3, n. 4, c.c. dal titolo azionario devono risultare i versamenti ancora dovuti e, **in caso di trasferimento delle azioni, l'obbligo di eseguire il versamento dei conferimenti residui grava sia sul socio acquirente, sia sul socio alienante.** La responsabilità di quest'ultimo ha **natura sussidiaria** e permane per il periodo di tre anni dall'iscrizione del trasferimento nel libro dei soci.

6.2. I conferimenti di beni in natura e di crediti.

La disciplina dei conferimenti di beni in natura e di crediti è incentrata sulle regole per l'accertamento del loro valore in denaro ed è diretta a tutelare l'interesse degli azionisti contro sopravvalutazioni dei beni apportati da uno o più di essi e, nello stesso tempo, mira ad evitare che una valutazione non veritiera pregiudichi i creditori sociali e i futuri sottoscrittori di azioni.
L'art. 2342, comma 3, c.c. stabilisce, innanzitutto, due regole fondamentali:

- i conferimenti di beni in natura e di crediti sono soggetti alla disciplina di cui agli artt. 2254 e 2255 c.c.;
- **le azioni corrispondenti a tali conferimenti devono essere integralmente liberate al momento della sottoscrizione.**

Sulla scorta di tale ultima disposizione **si esclude che possano essere conferite cose generiche, future o altrui**, poiché il relativo effetto traslativo in favore della società non è immediato ma differito nel tempo.
Venendo ora alla **disciplina relativa all'accertamento del valore dei conferimenti in natura e di crediti**, l'art. 2343 c.c. pone in capo al socio conferente l'**obbligo di presentare una relazione giurata di un esperto designato dal tribunale**, nel cui circondario ha sede la società, **contenente** le seguenti indicazioni:

- la **descrizione** dei beni o dei crediti conferiti;
- l'**attestazione** che il loro valore è almeno pari a quello ad essi attribuito ai fini della determinazione del capitale sociale e dell'eventuale sovrapprezzo;
- i criteri di **valutazione** seguiti.

Tale relazione deve essere allegata all'atto costitutivo.
L'art. 2343-*ter* c.c., introdotto dal D.lgs. 142/2008 di attuazione alla direttiva 2006/68/CE, prevede un regime alternativo alla disciplina ordinaria in precedenza esposta in caso di **conferimento di valori mobiliari ovvero di strumenti del mercato monetario**, con l'intento di ridurre i costi connessi alla valutazione peritale ogni qualvolta esiste già un parametro di riferimento chiaro per la valutazione del conferimento.

Ai sensi del primo comma dell'articolo in esame **non è richiesta**, invero, **la relazione di stima** dell'esperto designato dal tribunale, se il valore attribuito ai conferimenti è pari o inferiore al prezzo medio ponderato al quale sono stati negoziati su uno o più mercati regolamentati nei sei mesi precedenti il conferimento medesimo.

Al di fuori di tale ipotesi, il secondo comma stabilisce che non è altresì richiesta la relazione di stima, qualora il valore attribuito ai beni in natura o crediti conferiti sia pari o inferiore al *fair value* iscritto nel bilancio dell'esercizio precedente quello nel quale è effettuato il conferimento.

L'art. 2343-*bis* c.c. contiene, invece, la disciplina dei c.d. **acquisti potenzialmente pericolosi** ovvero degli acquisti da parte della società, per un corrispettivo pari o superiore al decimo del capitale sociale, di beni o di crediti dei promotori, dei fondatori, dei soci o degli amministratori, nei due anni dalla iscrizione della società nel registro delle imprese.

La norma, allo scopo di evitare l'elusione della disciplina concernente la stima dei conferimenti (si pensi al caso del socio che ha conferito denaro al momento della costituzione della società e subito dopo vende un bene in natura alla società per il prezzo corrispondente ai conferimenti ancora dovuti, estinguendo così il suo credito per compensazione), stabilisce che tali acquisti **devono essere autorizzati dall'assemblea ordinaria**.

L'alienante deve inoltre presentare la relazione giurata di un esperto designato dal tribunale nel cui circondario ha sede la società contenente la descrizione dei beni o dei crediti, il valore a ciascuno di essi attribuito, i criteri di valutazione seguiti, nonché l'attestazione che tale valore non è inferiore al corrispettivo, che deve comunque essere indicato.

Tale disciplina non si applica agli acquisti che siano effettuati a condizioni

normali nell'ambito delle operazioni correnti della società né a quelli che avvengono nei mercati regolamentati o sotto il controllo dell'autorità giudiziaria o amministrativa.
L'inosservanza delle prescrizioni contenute nell'art. 2343-*bis* c.c. non comporta l'invalidità dell'acquisto, ma gli amministratori e l'alienante sono solidalmente responsabili per i danni causati alla società, ai soci ed ai terzi.
In forza dell'art. 2345 c.c., infine, l'atto costitutivo può stabilire, oltre l'obbligo dei conferimenti, l'obbligo dei soci di eseguire **prestazioni accessorie** non consistenti in denaro, determinandone anche contenuto, durata, modalità e compenso.
La disposizione risponde all'esigenza della società di assicurarsi il contributo anche personale dei soci o di terzi mediante l'esecuzione di prestazioni accessorie che non potrebbero formare oggetto di conferimento: rientrano, infatti, in tale ambito le **prestazioni di opere e di servizi** oppure le **prestazioni di dare aventi ad oggetto cose generiche, future o altrui**.
Il secondo comma dell'art. 2345 c.c. stabilisce che «*le azioni alle quali è connesso l'obbligo delle prestazioni anzidette devono essere nominative e non sono trasferibili senza il consenso degli amministratori*», mentre in base al terzo comma «*se non è diversamente disposto dall'atto costitutivo, gli obblighi previsti in questo articolo non possono essere modificati senza il consenso di tutti i soci*».

7. I patrimoni destinati ad uno specifico affare.

I patrimoni destinati ad uno specifico affare rappresentano un'assoluta **novità della riforma del diritto societario** del 2003.
In linea generale, il **fenomeno della destinazione dei beni a uno scopo** ricorre nei casi in cui la legge ha previsto la possibilità di stipulare contratti nei quali determinati beni (o somme di denaro) siano funzionalizzati al perseguimento di un particolare fine. In tale ipotesi le parti impongono un **vincolo di indisponibilità** in base al quale i predetti beni non potranno essere distratti dallo scopo per cui la cessione è stata realizzata.
Il fenomeno in esame comporta che il c.d. *patrimonio destinato* diviene insensibile alle vicende personali del soggetto cui appartiene, poiché i beni vincolati sono sottratti alla garanzia patrimoniale generica. L'unico caso in cui è possibile aggredire la massa sottoposta a vincolo è quello in cui il credito vantato è stato concesso in ragione dello scopo cui è destinata tale massa.
Ciò premesso, l'art. 2447-*bis* c.c. contempla **due modelli di separazione** cha danno origine ai **patrimoni destinati operativi** e ai **finanziamenti destinati**.

A) I patrimoni destinati

Con la costituzione di un patrimonio destinato, dunque, si consente alla società di derogare al principio generale, contenuto nell'art. 2740 c.c., secondo cui il debitore risponde dei suoi debiti con tutti i suoi beni presenti e futuri. In questo modo si evita, inoltre, la moltiplicazione formale della società e i relativi costi e si permette di raggiungere risultati analoghi operando direttamente sul patrimonio dell'impresa.

L'art. 2447-*bis* c.c. prevede un **limite quantitativo** alla costituzione di patrimoni destinati operativi, stabilendo che essi «*non possono essere costituiti per un valore complessivamente superiore al dieci per cento del patrimonio netto della società e non possono comunque essere costituiti per l'esercizio di affari attinenti ad attività riservate in base alle leggi speciali*».

Il successivo art. 2447-*ter* c.c. prevede che, salvo diversa previsione statutaria, la **deliberazione di costituzione del patrimonio destinato** è adottata dall'organo amministrativo a maggioranza assoluta dei suoi membri e deve contenere le seguenti indicazioni:

La deliberazione di costituzione, ai sensi dell'art. 2447-*quater* c.c., **deve essere iscritta nel registro delle imprese**. Nel termine di sessanta giorni dall'iscrizione della deliberazione nel registro delle imprese i creditori sociali anteriori all'iscrizione possono fare opposizione. Il tribunale, nonostante l'opposizione, può disporre che la deliberazione sia eseguita previa prestazione da parte della società di idonea garanzia.

Decorso il termine sessanta giorni si producono gli **effetti della separazione previsti** dall'art. 2447-*quinquies* c.c.: i creditori della società non possono far valere alcun diritto sul patrimonio destinato allo specifico affare né, salvo che per la parte spettante alla società, sui frutti o proventi da esso derivanti.

Qualora nel patrimonio siano compresi immobili o beni mobili iscritti in pubblici registri, gli effetti della separazione non si producono fin quando la destinazione allo specifico affare non è trascritta nei rispettivi registri.

Se la deliberazione di costituzione non dispone diversamente, per le obbligazioni contratte in relazione allo specifico affare la società risponde nei limiti del patrimonio ad esso destinato. Resta salva, tuttavia, la responsabilità illimitata della società per le obbligazioni derivanti da fatto illecito.

Gli atti compiuti in relazione allo specifico affare debbono recare espressa menzione del vincolo di destinazione; in mancanza ne risponde la società con il suo patrimonio residuo.

Per ciascun patrimonio destinato, ai sensi degli artt. 2447-*sexies* e 2447-*septies* c.c., devono essere tenuti separatamente i **libri** e le **scritture contabili** e nel bilancio della società devono essere distintamente indicati i beni e i rapporti

compresi in ciascun patrimonio, con separato rendiconto in allegato al bilancio. Se la società ha emesso strumenti finanziari di partecipazione all'affare è prevista un'**assemblea speciale** e un **rappresentante comune** per la tutela degli interessi dei relativi possessori (art. 2447-*octies* c.c.).
In caso di realizzazione dell'affare o di impossibilità dello stesso gli amministratori redigono un **rendiconto finale** che deve essere depositato presso l'ufficio del registro delle imprese. Nel caso in cui non siano state integralmente soddisfatte le obbligazioni contratte per lo svolgimento dello specifico affare cui era destinato il patrimonio, i relativi creditori possono chiederne la liquidazione (art. 2447-*nonies* c.c.).

B) I finanziamenti destinati
La disciplina dei finanziamenti destinati è racchiusa nell'art. 2447-*decies* c.c.
Il contratto relativo al finanziamento di uno specifico affare può prevedere che al rimborso totale o parziale del finanziamento siano destinati, in via esclusiva, tutti o parte dei proventi.
I proventi dell'operazione costituiscono patrimonio separato da quello della società a condizione che copia del contratto sia depositata per l'iscrizione presso l'ufficio del registro delle imprese e che la società adotti sistemi di incasso e di contabilizzazione idonei ad individuare in ogni momento i proventi dell'affare ed a tenerli separati dal restante patrimonio della società.
Delle obbligazioni nei confronti del finanziatore risponde esclusivamente il patrimonio separato, salva l'ipotesi di garanzia parziale di cui al secondo comma, lettera g). **I creditori della società**, sino al rimborso del finanziamento o alla scadenza del termine di cui alla lettera h), **possono esercitare** sui beni strumentali destinati alla realizzazione dell'operazione esclusivamente **azioni conservative** a tutela dei loro diritti.
Se il fallimento della società impedisce la realizzazione o la continuazione dell'operazione cessano tali limitazioni ed il finanziatore ha diritto di insinuazione al passivo per il suo credito.

SCHEDA DI SINTESI

La **società per azioni** forma, con la società in accomandita per azioni e la società a responsabilità limitata, la categoria delle **società di capitali**, dotate di **personalità giuridica** e caratterizzate da un'**organizzazione di tipo corporativo**.
La società per azioni, dunque, in virtù del riconoscimento legislativo della personalità

CAPITOLO V | LA SOCIETÀ PER AZIONI

giuridica, gode di **autonomia patrimoniale perfetta**. Ne deriva che il patrimonio della società e quello dei singoli soci sono nettamente separati: delle obbligazioni sociali risponde solo la società con il suo patrimonio.

Il procedimento per la costituzione di una società per azioni è articolato in **due fasi**: **la stipulazione dell'atto costitutivo per atto pubblico**; **l'iscrizione dell'atto costitutivo nel registro delle imprese**.

Dopo la stipulazione dell'atto costitutivo è necessario procedere alla sua iscrizione nel registro delle imprese affinché la società possa dirsi realmente costituita.

Per **patto o contratto parasociale** si intende in generale ogni accordo con il quale i soci di una società, o parte di essi, si impegnano reciprocamente ad esercitare in un determinato modo i diritti derivanti dalla partecipazione della società.

I conferimenti sono le prestazioni che i soci si obbligano ad eseguire per dotare la società dei mezzi necessari per lo svolgimento dell'attività d'impresa (c.d. *capitale di rischio iniziale*).

Nella società per azioni sono ammesse soltanto le seguenti tipologie di conferimenti:
- **conferimenti in denaro;**
- **conferimenti di beni in natura e di crediti.**

Con la costituzione di un **patrimonio destinato**, dunque, si consente alla società di derogare al principio generale, contenuto nell'art. 2740 c.c., secondo cui il debitore risponde dei suoi debiti con tutti i suoi beni presenti e futuri. In questo modo si evita, inoltre, la moltiplicazione formale della società e i relativi costi e si permette di raggiungere risultati analoghi operando direttamente sul patrimonio dell'impresa.

Il contratto relativo al **finanziamento di uno specifico affare** può prevedere che al rimborso totale o parziale del finanziamento siano destinati, in via esclusiva, tutti o parte dei proventi.

I proventi dell'operazione costituiscono patrimonio separato da quello della società a condizione che copia del contratto sia depositata per l'iscrizione presso l'ufficio del registro delle imprese e che la società adotti sistemi di incasso e di contabilizzazione idonei ad individuare in ogni momento i proventi dell'affare ed a tenerli separati dal restante patrimonio della società.

QUESTIONARIO

1. Quali sono le caratteristiche principali di una società per azioni? **(1)**
2. Qual è la forma richiesta per la stipulazione dell'atto costitutivo? **(2.1.)**
3. Quali sono le condizioni di costituzione di una società per azioni? **(2.1.)**
4. L'iscrizione della società nel registro delle imprese ha efficacia costitutiva? **(2.2.)**
5. È possibile costituire una società per azioni per atto unilaterale? **(3)**
6. In quali casi il socio unico decade dal beneficio della responsabilità limitata? **(3)**
7. Qual è il regime della nullità della società per azioni? **(4)**
8. Qual è l'efficacia dei patti parasociali? **(5)**

9. Quali sono le entità conferibili? **(6)**
10. Qual è la disciplina dei conferimenti di beni in natura e di crediti? **(6.2.)**
11. Che cosa si intende per "prestazioni accessorie"? **(6.2.)**
12. Che cosa sono i patrimoni destinati ad uno specifico affare? **(7)**
13. Quali sono gli effetti della separazione patrimoniale? **(7)**

CAPITOLO V | LA SOCIETÀ PER AZIONI

MAPPA CONCETTUALE

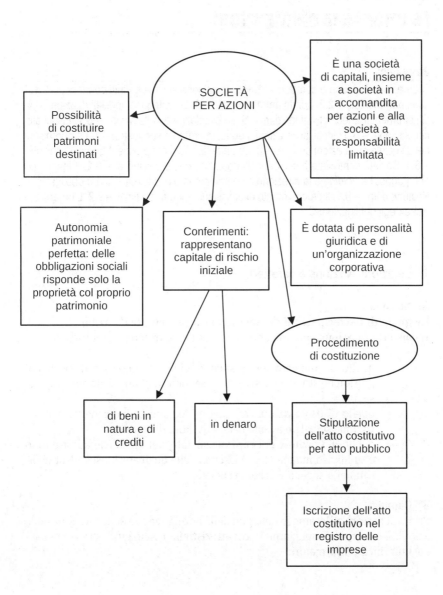

PARTE II | LE SOCIETÀ

Capitolo VI
Le azioni e le obbligazioni

Sommario:
1. Le azioni. Nozione e caratteri. – **2.** Partecipazione sociale e diritti connessi. – **2.1.** I diritti patrimoniali. – **2.2.** I diritti amministrativi. – **3.** Le categorie speciali di azioni. – **4.** Gli strumenti partecipativi finanziari. – **5.** La circolazione delle azioni. – **5.1.** I limiti alla circolazione. – **6.** I vincoli sulle azioni: pegno, usufrutto e sequestro. – **7.** Le operazioni della società sulle azioni proprie. – **8.** Le partecipazioni reciproche. I gruppi di società. – **8.1.** Società controllate e società collegate. Nozione e disciplina. – **8.2.** Il fenomeno del gruppo. La *holding* e la direzione e coordinamento di società. – **9.** Le obbligazioni. Nozione e tipi. – **9.1.** Il procedimento di emissione: modalità e limiti. – **9.2.** L'organizzazione degli obbligazionisti.

1. Le azioni. Nozione e caratteri.

A) Nozione
Le quote di partecipazioni dei soci sono rappresentate da azioni.
Il concetto di azione può, in particolare, assumere differenti significati:

- quello di **partecipazione sociale**, cioè di complesso di posizioni giuridiche attive e passive (pretese, poteri, obblighi) facenti capo al socio;
- quello di **titolo azionario**, cioè di documento indicante la partecipazione sociale e avente natura di titolo di credito;
- quello di **frazione del capitale sociale**, nel senso che quest'ultimo è suddiviso in tante parti ciascuna delle quali attribuisce identici diritti nella società e verso la società.

B) Caratteri
Prima di passare all'esame in dettaglio della normativa che detta il regime delle azioni, è opportuno enunciarne le **caratteristiche essenziali**, espresse dai seguenti principi informatori:

- il **principio di proporzionalità**, in base al quale a ciascun socio è di regola assegnato un numero di azioni pari all'ammontare del capitale sottoscritto e per un valore non superiore a quello del bene dal medesimo conferito (art. 2346, comma 4, c.c.). Tale principio ha **carattere dispositivo** e lo statuto può prevedere una diversa assegnazione delle azioni;
- il principio di uguaglianza, così come indicato dal comma primo dell'art. 2348 c.c., ai sensi del quale «*Le azioni devono essere di uguale valore e conferiscono ai loro possessori uguali diritti*»;
- il principio di indivisibilità, affermato dal primo comma dell'art. 2347 c.c.;
- il principio di autonomia, in base al quale le azioni costituiscono partecipazioni sociali distinte.

C) Disciplina

La **disciplina relativa all'emissione delle azioni** è contenuta nell'art. 2346 c.c. ed è stata profondamente rinnovata dalla riforma del diritto societario.
Per quanto concerne le forme di documentazione della partecipazione sociale, il primo comma dell'articolo citato prevede il **principio della pluralità delle forme di documentazione**. Le azioni sono di regola incorporate in **titoli azionari** (o certificati azionari), cioè documenti cartacei che materialmente rappresentano la partecipazione azionaria.
Il titolo azionario è considerato dalla dottrina prevalente **un titolo di credito, causale ed a letteralità incompleta**, a cui si estende, sebbene non integralmente, la disciplina cartolare (ABRIANI, CAMPOBASSO, DE LUCA, FERRARA-CORSI, GUIZZI).
In base all'art. 2354 c.c., **i titoli azionari possono essere nominativi o al portatore e devono indicare**.
In alternativa all'emissione di titoli di credito, con la riforma del diritto societario è stata introdotta la possibilità di stabilire nello statuto «*l'utilizzazione di diverse tecniche di legittimazione e circolazione*» (art. 2346, comma 1, c.c.). La norma si riferisce sostanzialmente all'immissione delle partecipazioni nel sistema di gestione accentrata, in forma di strumenti finanziari **dematerializzati** (*infra*, Parte III, Cap. VII, par. 7).
Il ricorso al sistema di gestione accentrato è **obbligatorio nelle società quotate in mercati regolamentati**.
L'**azione dematerializzata** è documentata in un conto gestito con strumenti telematici, all'interno di una rete che fa capo alla società di gestione accentrata.

1) Azioni con indicazione del valore nominale
Le azioni possono essere poi emesse con o senza indicazione del valore nominale. Non è consentita, però, l'emissione contemporanea di entrambe.
In caso di emissione di **azioni con indicazione del valore nominale** lo statuto deve specificare non solo il capitale sottoscritto, ma anche il valore nominale di ciascuna azione ed il loro numero complessivo.
Il valore nominale di un'azione corrisponde ad una frazione del capitale sociale ed è dato dalla divisione di quest'ultimo per il numero di azioni.

2) Azioni senza indicazione del valore nominale
L'art. 2346, comma 3, c.c. prevede, invece, la possibilità di emettere **azioni senza indicazione del valore nominale**.
In tale ipotesi lo statuto deve indicare solo il capitale sottoscritto ed il numero di azioni emesse. Il valore delle azioni è espresso non dà una cifra monetaria, ma in una **percentuale** del numero complessivo delle azioni emesse. Sono comunque anch'esse **frazioni di uguale valore del capitale sociale** e differiscono dalle azioni con valore nominale soltanto per il metodo di calcolo necessario a stabilire il *quantum* della partecipazione sociale del singolo azionista.
Per entrambe le tipologie di azioni si applica la regola stabilita dal quinto comma dell'art. 2346 c.c., secondo cui «*in nessun caso il valore complessivo dei conferimenti può essere inferiore all'ammontare globale del capitale sociale*». Tale disposizione è espressione del **principio di effettività del capitale sociale**, posto principalmente a presidio degli interessi dei creditori e dei terzi.
È ammessa, invece, la c.d. **emissione con sovrapprezzo**, cioè l'emissione di azioni per somma superiore al valore nominale.
Occorre osservare, infine, che il valore di emissione delle azioni non coincide con il **valore reale** (c.d. **valore di mercato**) delle stesse, commisurato al patrimonio netto della società e ad altri parametri. Esso non è fisso ed immutabile nel tempo, ma è soggetto ad una serie di oscillazioni legate alle vicende economiche della società ed è accertato contabilmente mediante il bilancio di esercizio (c.d. **valore di bilancio**).
Se l'azione è quotata in un mercato regolamentato, essa ha un **valore di borsa**, che viene determinato periodicamente secondo le regole di funzionamento del mercato.

2. Partecipazione sociale e diritti connessi.

Per quanto concerne i diritti connessi alla proprietà di una partecipazione azionaria, è utile distinguere tra:

- diritti di natura patrimoniale;
- diritti di natura amministrativa.

2.1. I diritti patrimoniali.

Nell'ambito della categoria dei diritti patrimoniali sono generalmente ricondotti dalla dottrina:

a) il diritto agli utili ed alla quota di liquidazione;
b) il diritto di opzione;
c) il diritto di recesso.

A) Il diritto agli utili ed alla quota di liquidazione

In base all'art. 2350 c.c., ogni azione attribuisce inderogabilmente **il diritto a una parte proporzionale degli utili netti** (c.d. **dividendo**) maturati dalla società **e**, in caso di scioglimento della stessa, **del patrimonio netto** risultante dalla liquidazione: un'eventuale clausola statutaria che li escludesse sarebbe nulla perché in contrasto con il **divieto di patto leonino** di cui all'art. 2265 c.c. Può essere invece **derogato il principio della proporzionalità** nella partecipazione agli utili e nella distribuzione dell'attivo residuo in sede di liquidazione della società, attraverso la creazione di categorie speciali di azioni (*infra*, par. 3).

Ai sensi dell'art. 2433 c.c. **compete all'assemblea ordinaria deliberare sulla distribuzione degli utili conseguiti**.

Lo statuto, tuttavia, può limitare in tutto o in parte il potere dell'assemblea, attribuendo alle azioni o ad una categoria speciale delle stesse il diritto di percepire gli utili per il solo fatto della loro maturazione, come risultante dal bilancio approvato. Nelle società di capitali, inoltre, è espressamente stabilito che una parte degli utili netti annuali sia accantonata – e, quindi, non distribuita tra i soci – al fine di costituire le c.d. **riserve**. Queste ultime sono previste allo scopo di rafforzare il patrimonio della società e consentire alla stessa fronteggiare eventuali perdite senza ricorrere alla disciplina della riduzione del capitale sociale (*infra*, Cap. IX, par. 4 e 5).

Il nostro ordinamento impone, innanzitutto, la costituzione di una **riserva legale**. Ai sensi dell'art. 2430 c.c. «*Dagli utili netti annuali deve essere dedotta una somma corrispondente almeno alla ventesima parte di essi per costituire una riserva, fino a che questa non abbia raggiunto il quinto del capitale sociale*». Essa rappresenta, dunque, un limite generale ed ineliminabile alla distribuzione degli utili.

Oltre alla riserva legale possono aversi riserve previste dallo statuto (c.d.

riserve statutarie) o dall'assemblea ordinaria in sede di distribuzione degli utili (c.d. riserve facoltative).
In queste due ipotesi, però, è possibile, a determinate condizioni, procedere alla distribuzione degli utili accantonati.
Nel caso delle riserve statutarie sarà necessario procedere alla modifica dello statuto. Le riserve facoltative possono invece sempre essere distribuite con una nuova deliberazione dell'assemblea ordinaria.
L'art. 2433 c.c., infine, prevede alcuni **limiti specifici alla distribuzione degli utili**:

- «*non possono essere pagati dividendi sulle azioni, se non per utili realmente conseguiti e risultanti dal bilancio regolarmente approvato*» (comma 2). La disposizione si riferisce ai c.d. **utili fittizi,** cioè le somme che non costituiscono un'effettiva eccedenza del patrimonio netto della società;
- il terzo comma «*se si verifica una **perdita del capitale sociale**, non può farsi luogo a ripartizione di utili fino a che il capitale non sia reintegrato o ridotto in misura corrispondente*» (comma 3).

L'ultimo comma dell'articolo in esame sancisce poi l'**irripetibilità dei dividendi** erogati in violazione dei commi precedenti, «*se i soci li hanno riscossi in buona fede in basa a bilancio regolarmente approvato, da cui risultano utili netti corrispondenti*».

B) Il diritto di opzione
Il **diritto di opzione** è il diritto riconosciuto ai soci ad essere preferiti ai terzi nella sottoscrizione delle azioni di nuova emissione o di obbligazioni convertibili ed è previsto al fine di mantenere inalterata la loro partecipazione sociale.
La disciplina relativa alle modalità di esercizio del diritto di opzione sarà esaminata nel capitolo sull'aumento e la riduzione del capitale sociale (*infra, amplius* Cap. IX).

C) Il diritto di recesso
Il **diritto di recesso** è previsto dall'art. 2437 c.c. in favore dei soci che non hanno concorso alle deliberazioni aventi ad oggetto talune modifiche dello statuto. Tale facoltà è inoltre riconosciuta ai soci di una società non quotata costituita a tempo indeterminato e deve essere esercitata con il preavviso di almeno centottanta giorni. Lo statuto delle società che non fanno ricorso al mercato del capitale di rischio può, infine, prevedere ulteriori cause di recesso.

Si rinvia al capitolo sulle modifiche dello statuto per la disamina della disciplina prevista per il recesso dalla società (*infra*, Cap. IX, par. 1.1.)

2.2. I diritti amministrativi.

Rientrano nell'ambito dei diritti amministrativi:

- **il diritto di intervenire in assemblea ed il diritto di voto**;
- **il diritto di chiedere il risarcimento dei danni** in caso di delibera annullabile ai sensi dell'art. 2377, comma 4, c.c.;
- **i diritti di ispezione e di controllo**.

A) Il diritto di voto

Il diritto di voto consiste nel diritto del socio di partecipare, con la manifestazione della propria volontà, all'assunzione delle deliberazioni assembleari. La partecipazione all'assemblea e l'espressione del voto non costituiscono mai un obbligo per il socio.

In base all'art. 2351 c.c. **ogni azione attribuisce un voto**, cosicché il numero dei voti di cui ciascun socio dispone corrisponde al numero di azioni di cui è titolare. Si tratta, però, di una regola derogabile in sede statutaria, in passato, solo dalle società che non facevano ricorso al mercato del capitale di rischio: a seguito dell'approvazione della l. 116/2014, lo statuto di tutte le società per azioni può oggi prevedere che, in relazione al numero di azioni possedute da uno stesso soggetto, il diritto di voto sia limitato a una misura massima (quindi escluso allorché lo stesso soggetto possieda un numero di azioni che eccede determinate percentuali: ad es., uno stesso socio che dispone del 40% del capitale sociale, ha diritto di voto per le azioni comprese fino al 30%) ovvero scaglionato (quindi attribuito con una differente incidenza a seconda del numero delle azioni possedute: ad es., fino al 10% del capitale ogni azione attribuisce un voto; dal 10% al 20% due azioni attribuiscono un voto etc.).

Sempre a seguito dell'entrata in vigore della legge 116/2014, infine, è stato superato il precedente divieto di emissione di azioni a voto plurimo e il novellato comma 4 dell'art. 2351 c.c. dispone oggi che lo statuto può prevedere l'emissione di azioni con diritto di voto plurimo (per un massimo di tre voti in ragione di ciascuna azione), anche per particolari argomenti o subordinato al verificarsi di determinate condizioni non meramente potestative.

B) Il diritto al risarcimento dei danni

Il diritto di chiedere il risarcimento dei danni in caso di delibera annullabile è riconosciuto al socio non legittimato a proporre l'impugnativa e il danno di cui può essere chiesto il ristoro è tanto quello subito direttamente dal medesimo, quanto quello derivante dal depauperamento del patrimonio sociale.

C) I diritti di ispezione e di controllo
Per quanto concerne i **diritti di ispezione e di controllo**:

- l'art. 2429 c.c. attribuisce al socio, innanzitutto, il **diritto di prendere visione** delle relazioni previste dalla legge e del progetto di bilancio prima della sua approvazione.
- l'art. 2422 c.c. prevede il **diritto di esaminare** il libro dei soci e il libro delle adunanze e delle deliberazioni dell'assemblea.
- l'art. 2408 c.c. riconosce al socio il **diritto di denunciare** al collegio sindacale l'esistenza di fatti censurabili relativi alla gestione della società.

I diritti amministrativi summenzionati spettano al socio indipendentemente dal numero di azioni di cui è titolare.

Esistono poi alcuni diritti riconosciuti all'azionista qualora, da solo o insieme ad altri, rappresenti una data percentuale del capitale sociale quali ad esempio il diritto di chiedere la **convocazione dell'assemblea** (art. 2367 c.c.) ed il diritto di ottenerne il rinvio (art. 2374 c.c.) e il diritto di **impugnare le deliberazioni** assembleari invalide (art. 2377 c.c.).

3. Le categorie speciali di azioni.

Il **principio di uguaglianza**, sancito a chiare lettere dall'art. 2348, comma 1, c.c., **ha carattere relativo**.

In forza del secondo comma dell'art. 2348 c.c., le società possono emettere, con lo statuto o con successive modificazioni di questo, **categorie di azioni fornite di diritti diversi**. Nell'ambito della singola categoria di azioni, però, il principio di uguaglianza è destinato a riespandersi in virtù del disposto del comma terzo della norma in esame, secondo cui «*tutte le azioni appartenenti ad una medesima categoria conferiscono uguali diritti*». Non possono essere pertanto attribuiti speciali diritti ad un singolo socio, né possono essere create azioni speciali singole. La società, dunque, nei limiti stabiliti dalla legge, può liberamente determinare il contenuto delle azioni delle varie categorie.

A) Azioni speciali sotto il profilo patrimoniale

Possono essere create, in particolare, **categorie di azioni speciali quanto al contenuto dei diritti patrimoniali**. Vi rientrano:

- le **azioni privilegiate** sul piano patrimoniale rispetto alle azioni ordinarie, ad esempio nella ripartizione degli utili o nell'attribuzione della quota di liquidazione in caso di scioglimento della società;
- le **azioni postergate** nelle perdite, laddove si preveda che queste gravino sulla categoria privilegiata, in caso di riduzione del capitale, solo dopo l'azzeramento del valore nominale complessivo delle azioni ordinarie e che, in sede di liquidazione della società, le perdite stesse erodano anzitutto la quota di liquidazione spettante alle altre azioni;
- le azioni fornite di diritti patrimoniali correlati ai risultati dell'attività sociale in un determinato settore di cui all'art. 2350 c.c. (c.d. **azioni correlate**).

L'unico limite che incontra l'autonomia statutaria nella creazione di azioni privilegiate sotto il profilo patrimoniale è il divieto del patto leonino.

B) Azioni speciali sotto il profilo amministrativo

La specialità della categoria può attenere anche ai **diritti amministrativi** e, in particolare, il diritto di voto. Sotto tale profilo, l'art. 2351 c.c. distingue tra:

- **azioni senza diritto di voto**;
- **azioni con diritto di voto limitato** alle sole assemblee straordinarie o a particolari argomenti;
- **azioni con diritto di voto subordinato a particolari condizioni**, purché non meramente potestative.

Alcune categorie speciali di azioni sono espressamente disciplinate dal legislatore. Si tratta, in particolare, delle:

- **azioni di godimento**, previste dall'art. 2353 c.c. Tali azioni vengono assegnate ai soci a cui le azioni sono state rimborsate al loro valore nominale a seguito di una riduzione reale del capitale. Le azioni di godimento, **salva diversa previsione statutaria**, **non conferiscono il diritto di voto**. Per quanto riguarda i diritti patrimoniali, esse **concorrono nella ripartizione degli utili** che residuano

dopo il pagamento delle azioni non rimborsate di un dividendo pari all'interesse legale e, nel caso di liquidazione, nella ripartizione del patrimonio sociale dopo il rimborso delle altre azioni al loro valore nominale;
- **azioni di risparmio**, introdotte al fine di favorire l'acquisto di azioni da parte di soggetti interessati solo ad una forma di investimento remunerato dal capitale e non all'attività di gestione della società. Questa categoria di azioni, invero, è **priva del diritto di voto** ed è dotata di **privilegi di natura patrimoniale**. Tali azioni possono essere emesse solo dalle società quotate in borsa;
- **azioni a favore dei prestatori di lavoro**, disciplinate dall'art. 2349 c.c. Se lo statuto lo prevede, l'assemblea straordinaria può deliberare l'assegnazione (a titolo gratuito) di utili ai prestatori di lavoro dipendenti delle società o di società controllate mediante l'emissione, per un ammontare corrispondente agli utili stessi, di speciali categorie di azioni da assegnare individualmente ai prestatori di lavoro. L'emissione di tali azioni comporta un aumento gratuito del capitale sociale in misura corrispondente. L'assemblea straordinaria può altresì deliberare l'assegnazione ai prestatori di lavoro dipendenti della società o di società controllate di **strumenti finanziari**, diversi dalle azioni, forniti di diritti patrimoniali o anche di diritti amministrativi, escluso il diritto voto nell'assemblea generale degli azionisti.

Nel caso in cui, dunque, la società abbia emesso azioni speciali, occorre tutelare l'interesse dei relativi titolari contro possibili deliberazioni dell'assemblea generale a loro sfavorevoli. Per questo motivo l'art. 2376 c.c. prevede che **le deliberazioni dell'assemblea generale, che pregiudicano i diritti di una delle azioni speciali emesse, devono essere approvate dall'assemblea speciale degli appartenenti alla categoria interessata**.

Si deve trattare, in particolare, di un **pregiudizio di diritto**, **attuale e diretto**, che si ha quando viene modificata *in peius* la posizione della categoria rispetto ad altre categorie di azioni.

4. Gli strumenti partecipativi finanziari.

La riforma del diritto societario ha attribuito alle società la facoltà di emettere strumenti finanziari diversi dalle azioni che non attribuiscono la qualità di

socio, ma che sono forniti di diritti partecipativi nella misura stabilita dallo statuto. Si differenziano altresì dalle azioni perché gli apporti prestati a fronte della loro emissione **costituiscono un finanziamento non imputabile a capitale**.
Ai sensi dell'ultimo comma dell'art. 2346 c.c., in particolare, la società, a seguito dell'apporto da parte dei soci o di terzi anche di opere o servizi, può emettere **strumenti finanziari forniti di diritti patrimoniali e/o di diritti amministrativi**, escluso il voto nell'assemblea generale degli azionisti.
La disposizione in commento rinvia all'autonomia statutaria per quanto concerne la disciplina delle modalità e condizioni di emissione, i diritti che conferiscono, le sanzioni in caso di inadempimento delle prestazioni e, se ammessa, la legge di circolazione.
Come le azioni, **possono essere incorporati in titoli di credito** e circolare secondo la disciplina cartolare.
In generale non è prevista *ex lege* alcuna organizzazione di gruppo per gli strumenti partecipativi. L'unica eccezione è rappresentata dall'**assemblea speciale** (per i soli strumenti partecipativi muniti di diritti amministrativi) di cui all'art. 2376 c.c., chiamata ad approvare le delibere di quella generale, pregiudizievoli per la categoria.

5. La circolazione delle azioni.

Si è detto in precedenza che le azioni possono essere rappresentate o meno da **titoli azionari** e che, in alternativa alla loro emissione, lo statuto può prevedere l'immissione delle partecipazioni nel **sistema di gestione accentrata**, in forma di strumenti finanziari dematerializzati (c.d. **azioni dematerializzate**).
Invero, a seguito dell'entrata in vigore del D. Lgs n. 27, del 27 gennaio 2010, che ha interamente modificato il Titolo II della Parte III del Tuf, occorre precisare che la **dematerializzazione** rimane **facoltativa** soltanto ove non riguardi azioni emesse da società quotate in mercati regolamentati.
Di converso, per le società con azioni quotate in mercati regolamentati, opera la **dematerializzazione obbligatoria**.
Le azioni non dematerializzate (ovvero rappresentate da titoli azionari), ai sensi dell'art. 2355 c.c., possono essere **nominative** o **al portatore** a scelta dell'azionista. In realtà il R.d. 1148/1941 ha previsto, essenzialmente per motivi fiscali, la **nominatività obbligatoria** dei titoli azionari, salvo due eccezioni: le azioni di risparmio e le azioni delle società di investimento a capitale variabile. Per quanto concerne il **regime di circolazione**:

- ai sensi dell'art. 2355, comma 2, c.c. le **azioni al portatore** si trasferiscono con la consegna del titolo all'acquirente. Occorre osservare, però, che il trasferimento è efficace *inter-partes* alla stregua dei principi generali che presiedono alla circolazione dei titoli di credito (*infra*, Parte IV, Cap. I, par. 6): prevale la tesi dell'operatività, anche rispetto ad essi, del **principio consensualistico**. Per l'acquisto della legittimazione e, conseguentemente, per l'efficacia del trasferimento nei confronti della società è necessaria la consegna. Il possessore del titolo è, pertanto, legittimato all'esercizio dei diritti in esso menzionati in base alla semplice presentazione del titolo (art. 2003, comma 2, c.c.);
- ai sensi dell'art. 2355, commi 3 e 4, c.c. le **azioni nominative** si trasferiscono **mediante girata** oppure *transfert*. Anche in tal caso si ritiene che sia **sufficiente il solo consenso** per il trasferimento della proprietà del titolo. La **girata**, autenticata da un notaio o da altro soggetto secondo quanto previsto dalle leggi speciali, consiste in una dichiarazione, scritta sul titolo e sottoscritta dall'alienante, avente ad oggetto il trasferimento all'acquirente. Il giratario che si dimostra possessore in base ad una serie continua di girate ha diritto di ottenere l'annotazione del trasferimento nel libro dei soci. Egli è comunque legittimato ad esercitare tutti i diritti sociali indipendentemente dall'iscrizione nel libro dei soci. Il compimento del *transfert* avviene secondo le regole stabilite in via generale per i titoli di credito nominativi dall'art. 2022 c.c.: la società (ovvero l'ente emittente) provvede all'annotazione del nome dell'acquirente sul libro dei soci e sul titolo oppure rilascia un nuovo titolo all'acquirente e contestualmente annota il suo nome sul libro dei soci;
- **in caso di mancata emissione dei titoli**, il trasferimento si perfeziona, tra le parti, con lo scambio dei consensi, mentre è necessaria l'iscrizione nel libro dei soci per l'efficacia nei confronti della società.

Per le **azioni dematerializzate**, invece, non opera il principio consensualistico. Il trasferimento della proprietà e della legittimazione si realizza con la c.d. **operazione di giro**, consistente in una duplice registrazione su due livelli di conti: la società di gestione accentrata procede all'addebito sul conto dell'intermediario del trasferente e al corrispondente accredito sul conto dell'intermediario beneficiario, sulla base di un ordine di giro proveniente dal primo, il quale a sua volta addebita la quantità di titoli trasferiti sul conto dell'alienate, mentre l'intermediario beneficiario accredita la medesima quantità sul conto dell'acquirente.

5.1. I limiti alla circolazione delle azioni.

La partecipazione azionaria è in linea di principio liberamente trasferibile. **La libera trasferibilità delle azioni**, tuttavia, **può essere limitata dalla legge, dallo statuto o da un apposito accordo intercorso tra i soci.**

A) Limiti legali

I **limiti legali** alla circolazione delle azioni sono contenuti in diverse disposizioni del codice civile:

- ai sensi dell'art. 2343, comma 3, c.c. le azioni liberate con conferimenti diversi dal denaro non possono essere alienate prima del controllo della valutazione da parte degli amministratori;
- in base all'art. 2345, comma 2, c.c. le azioni con prestazioni accessorie non possono essere alienate senza il consenso del consiglio di amministrazione;
- non sono, infine, alienabili senza il consenso degli amministratori le azioni delle società fiduciarie e di revisione.

B) Limitazioni statutarie

La possibilità di introdurre delle **limitazioni statutarie** alla circolazione delle azioni è espressamente contemplata dall'art. 2355-*bis* c.c., ai sensi del quale «*nel caso di azioni nominative ed in quello di mancata emissione dei titoli azionari, lo statuto può sottoporre a particolari condizioni il loro trasferimento e può, per un periodo non superiore a cinque anni dalla costituzione della società o dal momento in cui il divieto viene introdotto, vietarne il trasferimento*».

L'inserimento delle clausole limitative nell'atto costitutivo conferisce loro **efficacia reale**: vincolano tutti i soci (anche futuri) e possono essere fatte valere anche nei confronti dei terzi acquirenti delle azioni. La clausola statutaria che prevede un divieto di trasferimento ultraquinquennale è valida ed efficace, ma il termine si intende fissato in cinque anni.

I limiti possono essere introdotti, modificati o rimossi mediante una modificazione dello statuto, con **delibera assunta a maggioranza dell'assemblea straordinaria** e devono risultare dal titolo.

Tra le clausole statutarie più diffuse nella pratica vi sono le **clausole di prelazione** e le **clausole di gradimento**.

- Le **clausole di prelazione** impongono al socio che voglia cedere le proprie azioni, di offrirle preventivamente agli altri soci: a parità di condizioni questi ultimi devono essere preferiti a potenziali terzi acquirenti.
- Le **clausole di gradimento**, invece, subordinano l'efficacia del trasferimento delle azioni al possesso di determinati requisiti da parte dell'acquirente o al mero *placet* di un organo sociale (c.d. **clausole di mero gradimento**).

Nell'ambito dei limiti convenzionali alla circolazione delle azioni rientrano, oltre alle clausole inserite nello statuto, gli accordi intercorsi tra i soci non consacrati nell'atto costitutivo (**patti parasociali**; *supra*, Cap. V, par. 5).

> **TI RICORDI CHE...**
>
> La nozione di patto parasociale è di origine dottrinale: per patto o contratto parasociale si intende in generale ogni accordo con il quale i soci di una società, o parte di essi, si impegnano reciprocamente ad esercitare in un determinato modo i diritti derivanti dalla partecipazione della società. Secondo la tesi dominante tali patti, in base al principio di relatività di cui all'art. 1372 c.c., hanno efficacia obbligatoria.

6. I vincoli sulle azioni: pegno, usufrutto e sequestro.

Le azioni, intese come partecipazioni sociali, possono essere costituite in pegno o in usufrutto e possono essere oggetto di misure cautelari (sequestro giudiziario o conservativo) ed esecutive (pignoramento).
Per quanto concerne le **modalità di costituzione** dei vincoli sulle azioni **occorre distinguere**:

- **se il titolo azionario è nominativo**, il pegno e l'usufrutto si costituiscono mediante duplice annotazione sul titolo e sul libro dei soci. Il pegno può costituirsi anche mediante consegna e girata del titolo con la clausola in garanzia, ma ha effetto nei confronti della società solo dopo l'annotazione del nome del giratario sul libro dei soci. Gli altri vincoli sulle azioni devono essere eseguiti sul titolo. Il sequestro conservativo va attuato nelle forme del pignoramento presso il debitore, mentre il sequestro giudiziario secondo le forme dell'esecuzione per consegna di beni mobili;

- **se l'azione è dematerializzata**, i vincoli si costituiscono mediante registrazione dello strumento finanziario in un apposito conto;
- **se la società**, infine, **non ha emesso titoli azionari**, per la piena efficacia dei vincoli è necessaria l'annotazione nel libro dei soci.

La disciplina dei diritti sociali delle azioni sottoposte a uno dei predetti vincoli è racchiusa nell'art. 2352 c.c.
Ai sensi del primo comma dell'articolo in esame, salvo convenzione contraria, il **diritto di voto** (e i diritti ad esso connessi) spetta al creditore pignoratizio ed all'usufruttuario, che devono esercitarlo evitando di ledere, rispettivamente, l'interesse del socio debitore e del nudo proprietario. L'usufruttuario deve, in particolare, usare la diligenza del buon padre di famiglia evitando di compromettere il valore economico della partecipazione, mentre il creditore pignoratizio deve rispettare i principi di buona amministrazione e conservazione del bene. La violazione del dovere di diligenza nell'esercizio del diritto di voto espone entrambi all'obbligo di risarcire al socio i danni subiti, ma non rende il voto medesimo invalido.
In caso di sequestro giudiziario o conservativo e di pignoramento il diritto di voto spetta al custode.
Salvo che dal titolo o dal provvedimento del giudice risulti diversamente, **gli altri diritti amministrativi** spettano, nel caso di pegno o di usufrutto, sia al socio, sia al creditore pignoratizio o all'usufruttuario; nel caso di sequestro sono esercitati dal custode (art. 2352, comma 6, c.c.).
Quanto ai diritti patrimoniali, il **diritto agli utili** spetta all'usufruttuario e al creditore pignoratizio, alla luce delle disposizioni contenute rispettivamente nell'art. 981 e nell'art. 2791 c.c.
Il **diritto di opzione** spetta, invece, al socio ed al medesimo sono attribuite le azioni in base ad esso sottoscritte.
In caso di aumento gratuito del capitale sociale, **il pegno, l'usufrutto o il sequestro si estendono alle azioni di nuova emissione** (art. 2352, comma 3, c.c.).

7. Le operazioni della società sulle proprie azioni.

La società per azioni, quale ente dotato di personalità giuridica, può compiere, nel rispetto delle condizioni e dei limiti posti dalla legge, operazioni sulle proprie azioni.
Tali operazioni possono consistere nell'acquisto o nella sottoscrizione delle proprie azioni e sono sottoposte ad una disciplina piuttosto rigida perché

considerate pericolose dal legislatore sotto differenti profili: **per l'integrità del capitale sociale**, perché non si realizza un effettivo incremento dello stesso; **per il corretto funzionamento degli organi sociali**, poiché consentirebbero al gruppo di comando di disporre di un consistente numero di voti; **per il mercato dei titoli**, potendo dar luogo a manovre speculative.

L'acquisto di azioni proprie, in particolare, comporta una riduzione del patrimonio sociale, senza una contestuale riduzione del capitale nominale, con conseguente pregiudizio per i creditori.

L'art. 2357 c.c., pertanto, pone dei **limiti** e delle **condizioni** all'acquisto di azioni proprie allo scopo di evitare che l'operazione eroda il patrimonio netto della società a danno dei creditori sociali:

- l'operazione è consentita solo **nei limiti degli utili distribuibili e delle riserve disponibili** risultanti dall'ultimo bilancio regolarmente approvato;
- possono essere acquistate **soltanto azioni interamente liberate**;
- **l'acquisto deve essere autorizzato dall'assemblea**;
- **il valore nominale delle azioni acquistate dalle società che fanno ricorso al mercato del capitale di rischio non può eccedere la quinta parte del capitale sociale**, tenendosi conto a tal fine anche delle azioni possedute da società controllate.

Le azioni acquistate in **violazione dei limiti** e delle condizioni di cui sopra devono essere **alienate** secondo modalità da determinarsi dall'assemblea, entro un anno dal loro acquisto. In mancanza, deve procedersi senza indugio al loro **annullamento** e alla corrispondente **riduzione del capitale**.

Tali disposizioni si applicano anche agli acquisti fatti per tramite di società fiduciaria o per interposta persona. Per quanto riguarda il **regime delle azioni proprie**, l'art. 2357-*ter* c.c. stabilisce che gli amministratori non possono disporre di tali azioni «*se non previa autorizzazione dell'assemblea, la quale deve stabilire le relative modalità*».

Finché le azioni restano in proprietà della società, il **diritto agli utili e il diritto di opzione sono attribuiti proporzionalmente alle altre azioni**.

Il diritto di voto è invece sospeso, ma le azioni proprie sono computate ai fini del calcolo delle maggioranze e delle quote richieste per la costituzione e per le deliberazioni dell'assemblea.

La società, infine, fino alla riforma introdotta dal d.lgs. 139/2015, doveva costituire e mantenere una riserva indisponibile pari all'importo delle azioni proprie iscritto all'attivo del bilancio finché le azioni non fossero trasferite o an-

nullate: oggi è invece previsto che l'acquisto di azioni proprie comporta una riduzione del patrimonio netto di eguale importo, tramite l'iscrizione nel passivo del bilancio di una specifica voce, con segno negativo.
L'art. 2358 c.c. disciplina le **altre operazioni sulle proprie azioni**.
Tali disposizioni non si applicano alle operazioni effettuate per favorire l'acquisto di azioni da parte di dipendenti della società o di quelli di società controllanti o controllate.
Il settimo comma dell'art. 2358 c.c. pone per la società il **divieto di accettare azioni proprie in garanzia**, neppure per tramite di società fiduciaria o per interposta persona.
La sottoscrizione di proprie azioni da parte della società **è oggetto**, invece, **di una disciplina più stringente**.
L'art. 2357-*quater* c.c. sancisce il **divieto assoluto di sottoscrizione delle proprie azioni** al fine di evitare che, attraverso tale operazione, si produca un aumento fittizio del capitale senza il corrispondente aumento del patrimonio sociale.
Fa **eccezione al divieto** la previsione del secondo comma dell'art. 2357-*ter* c.c. che, come visto, consente l'esercizio del diritto di opzione sulle azioni proprie detenute dalla società, in caso di aumento a pagamento del capitale sociale.
La violazione del divieto comporta la costituzione *ex lege* del rapporto sociale tra la società stessa e i promotori o i fondatori, oppure tra la società e gli amministratori, se la sottoscrizione è avvenuta in sede di aumento del capitale sociale. Tali soggetti diventano, pertanto, comproprietari delle azioni e sono obbligati in solido ad effettuare i versamenti. Non diviene invece titolare del rapporto sociale chi dimostri di essere esente da colpa.
In caso di **sottoscrizione in nome proprio**, ma **per conto della società**, le azioni si intendono sottoscritte per conto proprio dal soggetto agente. I promotori, i soci fondatori e, nel caso di aumento del capitale sociale, gli amministratori rispondono solidalmente della liberazione delle azioni, salvo che dimostrino di essere esenti da colpa.

8. Le partecipazioni reciproche. I gruppi di società.

In tema di partecipazioni vale il principio generale sancito dall'art. 2361 c.c. secondo cui «*l'assunzione di partecipazioni in altre imprese, anche se prevista genericamente nell'atto costitutivo,* **non è consentita,** *se per la misura e per l'oggetto della partecipazione ne* **risulta sostanzialmente modificato l'oggetto sociale** *determinato dall'atto costitutivo*».

È opportuno precisare che **tale divieto non opera per le società finanziare e per le *holdings*** per le quali l'acquisto di partecipazioni in altre imprese rappresenta l'attività principale o esclusiva.
Per le altre società (c.d. operative) il divieto agisce sotto condizione che la partecipazione acquisita modifichi in modo sostanziale l'oggetto sociale originario, fatto di difficile accertamento data la prassi di costituire oggetti sociali amplissimi. Tra tali operazioni rilevanza maggiore va riconosciuta alle **partecipazioni** c.d. **incrociate o reciproche**.
L'**art. 2360 c.c.** pone un **divieto assoluto di sottoscrizione reciproca di azioni**.
La *ratio* del divieto è, come nel caso di sottoscrizione di azioni proprie, quella di **impedire** che, mediante una sottoscrizione reciproca, le società possano far figurare **un aumento di capitale** sostanzialmente **fittizio**, a cui non corrisponde alcun effettivo incremento patrimoniale.
Il divieto opera anche se una o entrambe le società intervengono nell'operazione tramite interposta persona o attraverso una società fiduciaria.
La norma in esame non chiarisce quali siano le conseguenze **in caso di violazione del divieto**. La dottrina prevalente propende per la **nullità delle sottoscrizioni**.
L'**acquisto reciproco di azioni** è invece possibile **senza alcun limite quando fra le due società non esiste un rapporto di controllo e nessuna delle due è quotata in borsa**.
Se una o entrambe le società sono quotate in borsa e tra loro non esiste un rapporto di controllo, l'acquisto reciproco di azioni è oggetto di disciplina limitativa.
L'art. 120 Tuf stabilisce un **obbligo di comunicazione delle partecipazioni rilevanti** a carico di tutti coloro che partecipano ad una società per azioni quotata in misura superiore al 2% del capitale di questa e a carico di tutte le società quotate che partecipino ad altra società non quotata o ad una società a responsabilità limitata, anche estera, in misura superiore al 10% del capitale di questa.
La violazione dei suddetti obblighi informativi comporterà la sospensione del diritto di voto relativo alle azioni acquistate, le quali saranno, tuttavia, computate ai fini del calcolo dei *quorum* costitutivi dell'assemblea.
Qualora le partecipazioni reciproche superino le percentuali prescritte, oltre all'obbligo di comunicazione, si dovrà tempestivamente operare affinché cessi la reciprocità dell'eccedenza, ovvero una delle due partecipanti, in particolare, dovrà entro un anno alienare le azioni in esubero.
Finché non verrà assolto l'obbligo in parola a tale società è inibito l'esercizio del diritto di voto relativo all'intera partecipazione (art. 121 Tuf).

La disciplina su esposta in tema di partecipazioni reciproche ha carattere generale e si riferisce ai casi in cui fra le società non esista alcun rapporto di controllo.
Una **disciplina specifica** è prevista, invero, nei casi in cui fra le società sussista **un rapporto di controllo** che realizzi un **gruppo societario**.

8.1. Società controllate e società collegate. Nozione e disciplina.

A) Società controllate
Si definisce **società controllata la società che si trova** – direttamente o indirettamente – sotto l'**influenza dominante di un'altra società (controllante)**, che è perciò in grado di indirizzarne l'attività nel senso da essa voluto. Ai sensi del primo comma dell'art. 2359 c.c. **sono considerate società controllate:**

- *le società in cui un'altra società dispone della **maggioranza dei voti esercitabili nell'assemblea ordinaria*** (c.d. **controllo di diritto**);
- *le società in cui un'altra società dispone di **voti sufficienti per esercitare un'influenza dominante nell'assemblea ordinaria*** (c.d. **controllo di fatto interno**);
- *le società che sono sotto **influenza dominante** di un'altra società in virtù di particolari vincoli contrattuali con essa* (c.d. **controllo di fatto esterno**).

L'esistenza di un rapporto di controllo fa presumere l'esercizio dell'attività di direzione e di coordinamento di società in cui si concretizza l'essenza del fenomeno di gruppo, con conseguente applicabilità delle norme che ad esso si riferiscono (art. 2497-*sexies*).

B) Società collegate
L'ultimo comma dell'art. 2359 c.c. introduce la figura del **collegamento** tra società, che deriva dalla circostanza che l'una eserciti sull'altra un'**influenza notevole**.
Il legislatore non ha indicato i presupposti specifici affinché possa affermarsi l'esistenza di un'influenza notevole. Secondo la dottrina prevalente **tale situazione ricorre nei casi in cui una società sia in grado di influire sulle scelte di un'altra a causa del numero di voti esercitabili nell'assemblea ordinaria o per l'esistenza di particolari vincoli contrattuali** dai quali non scaturisce un rapporto di controllo. L'influenza si presume, in base alla disposizione in commento, quando nell'assemblea ordinaria può essere esercitato almeno un

quinto dei voti ovvero un decimo se la società ha azioni quotate in mercati regolamentati. Il collegamento tra società non comporta l'applicabilità della normativa delle società controllate, ma rileva in materia di bilancio per l'obbligatorietà di determinate iscrizioni.

C) Partecipazioni reciproche nei rapporti di controllo

Le partecipazioni reciproche nell'ambito dei rapporti controllo sono oggetto di una dettagliata disciplina.

L'acquisto di azioni o quote da parte di società controllate è soggetto, ai sensi dell'art. 2359-*bis* c.c., **alle medesime limitazioni e condizioni previste nell'ipotesi di acquisto di azioni proprie** (*supra*, par. 7).

In caso di violazione delle limitazioni e condizioni prescritte dall'art. 2359-*bis* c.c., **le azioni o quote acquistate in devono essere alienate** secondo modalità da determinarsi dall'assemblea entro un anno dal loro acquisto.

In mancanza, la società controllante deve procedere senza indugio al loro annullamento e alla corrispondente riduzione del capitale, con rimborso secondo i criteri indicati dagli articoli 2437-*ter* e 2437-*quater* c.c.

L'art. 2359-*quiquies* c.c. prevede, a tutela dell'integrità del capitale sociale, il **divieto di sottoscrizione di azioni o quote della società controllante**.

In caso di violazione del divieto:

- le azioni o quote sottoscritte devono essere liberate dagli amministratori, che non dimostrino di essere esenti da colpa;
- chiunque abbia sottoscritto in nome proprio, ma per conto della società controllata, azioni o quote della società controllante è considerato a tutti gli effetti sottoscrittore per conto proprio;
- della liberazione delle azioni o quote rispondono solidalmente gli amministratori della società controllata che non dimostrino di essere esenti da colpa.

8.2. Il fenomeno del gruppo. La *holding* e la direzione e coordinamento di società.

Con il D.lgs. 6/03 il legislatore ha introdotto, in sede di codice civile, ulteriori frammenti di una disciplina dei **gruppi societari**.

Gli **interessi tutelati** dalla normativa codicistica in commento sono essenzialmente riconducibili ai **soci** e ai **creditori** delle società soggette all'attività di direzione e coordinamento. Il codice civile non contiene una definizione espressa di gruppo societario ma si limita ad indicarne la **caratteristica essen-**

ziale: **l'esercizio di un'attività di direzione e coordinamento** di società da parte di un'altra società o ente (art. 2497 c.c.). Tutte le società sono in pratica sotto l'**influenza dominante di una società capogruppo o società madre** (la c.d. *holding*) che direttamente o indirettamente le controlla e le dirige al fine di perseguire uno scopo unitario e comune a tutte le società del gruppo (c.d. **interesse di gruppo**). In breve, **il gruppo è un complesso di società soggetto ad un'unitaria attività di direzione e coordinamento**. Il gruppo non costituisce un soggetto di diritti a sé stante e l'appartenenza ad esso non fa venire meno l'**autonomia giuridica** di ciascuna delle società che lo compongono. L'organizzazione di gruppo può assumere diverse configurazioni:

- **a catena**, se la *holding* controlla una società, che a sua volta controlla un'altra società e così via. In questa ipotesi il controllo della società madre è diretto sulla società controllata e indiretto sulle altre società della filiera;
- **a stella**, quando la capogruppo controlla direttamente tutte le società.

La *holding* può essere a sua volta:

- **pura**, se la società madre svolge principalmente un'attività di direzione e di controllo;
- **operativa**, se la società madre esplica anche attività di carattere economico e finanziario.

Venendo alla **disciplina** dei gruppi societari, l'art. 2497 c.c. detta il regime della **responsabilità della società capogruppo**.
La società madre, che esercita l'attività di direzione e coordinamento nell'interesse proprio o altrui in **violazione dei principi di corretta gestione societaria e imprenditoriale** delle società del gruppo, **è direttamente responsabile** nei confronti dei soci di queste per il pregiudizio arrecato alla redditività ed al valore della partecipazione sociale, nonché nei confronti dei creditori sociali per la lesione cagionata all'integrità del patrimonio della società.
Sono **responsabili solidalmente** con la società madre coloro i quali abbiano preso parte al fatto lesivo e, nei limiti del vantaggio conseguito, coloro che ne abbiano consapevolmente tratto beneficio.
L'**azione di responsabilità** contro la capogruppo può essere esercitata dai soci e dai creditori sociali solo se non sono stati soddisfatti dalla società soggetta alla attività di direzione e coordinamento.

Nel caso di fallimento, liquidazione coatta amministrativa e amministrazione straordinaria di società soggetta ad altrui direzione e coordinamento, la legittimazione attiva spetta al curatore o al commissario liquidatore o dal commissario straordinario.
Controversa è la **natura giuridica della responsabilità** della *holding*.

- Secondo la dottrina prevalente essa ha **natura aquiliana** (ALPA, FERRARA-CORSI, GALGANO, GUIZZI). Ne deriva che l'onere della prova grava sui soci o sui creditori sociali che agiscono, i quali devono dimostrare gli elementi costitutivi dell'illecito (l'attività di direzione e coordinamento, la violazione dei principi di corretta gestione, la presenza di un danno risarcibile) e che l'azione si prescrive in cinque anni.
- Secondo altri autori, invece, la suddetta responsabilità trova il suo fondamento nella violazione di obblighi legali preesistenti – quali le regole di corretta gestione societaria e imprenditoriale – che depongono a favore della sua **natura contrattuale** (ABBADESSA, GIOVANNINI, SACCHI). È la società controllante, pertanto, che ha l'onere di dimostrare di aver adempiuto correttamente tali obblighi legali, mentre la parte che agisce (entro l'ordinario termine di prescrizione di dieci anni) deve allegare semplicemente l'inadempimento qualificato della prima.

Il legislatore della riforma ha altresì introdotto nel codice civile alcune disposizioni che hanno lo scopo di assicurare la **trasparenza** e la **pubblicità** del gruppo.
Ai sensi dell'art. 2497-*bis* c.c. la società deve indicare la società madre cui è soggetta negli atti e nella corrispondenza e provvedere alla sua iscrizione, a cura degli amministratori, in un'apposita sezione del registro delle imprese.
Gli amministratori che omettono l'indicazione o l'iscrizione, oppure le mantengono quando la soggezione è cessata, sono responsabili dei danni che la mancata conoscenza di tali fatti abbia recato ai soci o ai terzi.
La società deve esporre, in apposita sezione della nota integrativa, un prospetto riepilogativo dei dati essenziali dell'ultimo bilancio della società o dell'ente che esercita su di essa l'attività di direzione e coordinamento.
Parimenti, gli amministratori devono indicare nella relazione sulla gestione i rapporti intercorsi con chi esercita l'attività di direzione e coordinamento e con le altre società che vi sono soggette, nonché l'effetto che tale attività ha avuto sull'esercizio dell'impresa sociale e sui suoi risultati.

In base all'art. 2497-*ter* c.c. **le decisioni delle società soggette ad attività di direzione e coordinamento, quando da questa influenzate, debbono essere analiticamente motivate** e recare puntuale indicazione delle ragioni e degli interessi la cui valutazione ha inciso sulla decisione.
L'art. 2497-*quater* prevede ulteriori **cause di recesso**, in aggiunta a quelle previste in via generale dall'art. 2437 c.c. per il socio della società controllata.
Si ricordi, infine, che l'art. 2497-*sexies* c.c. introduce una **presunzione relativa in merito all'esistenza e all'esercizio di un'attività di direzione e coordinamento**, in capo alle società o agli enti tenuti al consolidamento dei propri bilanci. È opportuno rilevare, a tal riguardo, che le società di capitali che controllano un'impresa sono tenute alla redazione del bilancio consolidato (*infra*, Cap. VIII, par. 3).
In base all'articolo in commento la medesima presunzione sussiste in capo a coloro i quali sono in posizione di controllo ai sensi dell'art. 2359 c.c.

9. Le obbligazioni. Nozione e tipi.

Le obbligazioni costituiscono il tipico e tradizionale **strumento** messo a disposizione delle società azionarie **per la raccolta di capitale di prestito** fra il pubblico. In mancanza di una nozione positiva, le obbligazioni sono definite in dottrina come dei **titoli di credito, al portatore o nominativi**, che rappresentano **frazioni di uguale valore nominale e con uguali diritti** di un'unica operazione di finanziamento a titolo di mutuo.
Esse si differenziano dalle azioni sotto differenti profili:

- **le azioni** rappresentano una quota di capitale sociale e **attribuiscono** al titolare **la qualità di socio**, mentre **le obbligazioni** documentano l'esistenza di un credito verso la società e **attribuiscono** al titolare **lo *status* di creditore**;
- **l'azionista ha diritto al rimborso del conferimento solo in sede di liquidazione** (sempre che vi sia un attivo residuo dopo il soddisfacimento dei creditori e degli stessi obbligazionisti) e la quota a questi spettante può essere superiore, uguale o inferiore al valore iniziale del suo apporto, mentre **l'obbligazionista ha diritto a una remunerazione periodica fissa** (gli **interessi**) **ed al rimborso del valore nominale del capitale prestato** alla scadenza pattuita.

Le obbligazioni si differenziano, inoltre, **dagli strumenti finanziari partecipativi** perché sono titoli di massa e attribuiscono il diritto al rimborso del capitale prestato. Gli strumenti partecipativi finanziari, invece, sono genericamente forniti di diritti patrimoniali o amministrativi e rappresentano una categoria residuale atta a ricomprendere tutti gli strumenti finanziari emessi dalla società non altrimenti qualificati e disciplinati dalla legge.

Tra i **tipi di obbligazioni** più ricorrenti nella pratica societaria si annoverano:

- le **obbligazioni partecipanti**, in cui la remunerazione periodica del capitale è commisurata, in tutto o in parte, agli utili di bilancio della società emittente;
- le **obbligazioni indicizzate** (art. 2411, comma 2, c.c.), in cui la remunerazione è ancorata a indici di varia natura allo scopo di neutralizzare gli effetti della svalutazione monetaria;
- le **obbligazioni con *warrant*** (o con diritto di opzione su azioni), che attribuiscono la facoltà di acquistare o sottoscrivere azioni della società emittente o di altra società;
- le **obbligazioni subordinate** (art. 2411, comma 1, c.c.), nelle quali la remunerazione periodica o il rimborso del capitale è, in tutto o in parte, subordinato all'integrale soddisfacimento degli altri creditori, in caso di liquidazione volontaria o di assoggettamento a procedura concorsuale della società emittente;
- le **obbligazioni convertibili in azioni**, che attribuiscono la facoltà di ottenere la conversione del titolo in azioni della stessa società o di altri enti collegati.

9.1. Il procedimento di emissione: modalità e limiti.

Ai sensi dell'art. 2410 c.c., se la legge o lo statuto non dispongono diversamente, **l'emissione di obbligazioni è deliberata dagli amministratori**.
La deliberazione di emissione deve risultare da verbale redatto da notaio ed è depositata ed iscritta nel registro delle imprese.
L'art. 2412 c.c. pone un **limite generale all'emissione di obbligazioni** stabilendo che «*La società può emettere obbligazioni al portatore o nominative per somma complessivamente non eccedente il doppio del capitale sociale, della riserva legale e delle riserve disponibili risultanti dall'ultimo bilancio approvato*».
Tale limite non si applica in alcuni casi espressamente previsti:

- nel caso in cui le obbligazioni emesse in eccedenza sono destinate alla **sottoscrizione** da parte di **investitori professionali** soggetti a vigilanza prudenziale a norma delle leggi speciali;

- se l'emissione di obbligazioni è garantita da **ipoteca** di primo grado su immobili di proprietà della società, sino a due terzi del valore degli immobili medesimi;
- se l'emissione di obbligazioni è effettuata da società con azioni quotate in **mercati regolamentati**, limitatamente alle obbligazioni destinate ad essere quotate negli stessi o in altri mercati regolamentati;
- quando, in presenza di particolari ragioni che interessano l'economia nazionale, la società è autorizzata con **provvedimento dell'autorità governativa**, ad emettere obbligazioni per somma superiore con l'osservanza dei limiti, delle modalità e delle cautele stabilite nel provvedimento stesso.

I titoli obbligazionari, infine, devono contenere le indicazioni di cui all'art. 2414 c.c.

9.2. L'organizzazione degli obbligazionisti.

Le obbligazioni si caratterizzano per la presenza di un'**organizzazione di gruppo** regolata dalla legge e dotata di propri organi.

L'organizzazione degli obbligazionisti si articola in **due organi**: l'assemblea degli obbligazionisti e il rappresentante comune.

L'**assemblea degli obbligazionisti** delibera sugli argomenti di cui all'art. 2415 c.c. ed **è convocata dagli amministratori o dal rappresentante comune**, quando lo ritengono necessario o quando ne è fatta richiesta da tanti obbligazionisti che rappresentano il ventesimo dei titoli emessi e non estinti.

Si applicano all'assemblea degli obbligazionisti le disposizioni relative all'assemblea straordinaria dei soci e **le sue deliberazioni sono iscritte**, a cura del notaio che ha redatto il verbale, **nel registro delle imprese**.

La società, per le obbligazioni da essa eventualmente possedute, non può partecipare alle deliberazioni. All'assemblea degli obbligazionisti possono, invece, assistere gli amministratori ed i sindaci.

Le deliberazioni prese dall'assemblea degli obbligazionisti **sono impugnabili** a norma degli artt. 2377 e 2379 c.c.

Il **rappresentante comune** viene nominato dall'assemblea degli obbligazionisti. Se non è nominato dall'assemblea, il rappresentante comune è nominato con decreto dal tribunale su domanda di uno o più obbligazionisti o degli amministratori della società.

Per quanto concerne **gli obblighi e i poteri del rappresentante comune** questi, ai sensi dell'art. 2418 c.c., deve **provvedere all'esecuzione delle delibe-**

razioni dell'assemblea degli obbligazionisti, tutelare gli interessi comuni di questi nei rapporti con la società, **assistere alle operazioni di sorteggio delle obbligazioni**. Egli ha, inoltre, **diritto di assistere all'assemblea dei soci**. Per la tutela degli interessi comuni ha la **rappresentanza processuale** degli obbligazionisti anche nell'amministrazione controllata, nel concordato preventivo, nel fallimento, nella liquidazione coatta amministrativa e nell'amministrazione straordinaria della società debitrice (*infra*, Parte V).

SCHEDA DI SINTESI

Le **azioni** sono le **quote di partecipazioni dei soci** sono rappresentate da azioni. Le **caratteristiche essenziali** sono espresse dai seguenti principi informatori: il **principio di proporzionalità**, in base al quale a ciascun socio è di regola assegnato un numero di azioni pari all'ammontare del capitale sottoscritto e per un valore non superiore a quello del bene dal medesimo conferito; il **principio di uguaglianza**, così come indicato dal comma primo dell'art. 2348 c.c., ai sensi del quale «*Le azioni devono essere di uguale valore e conferiscono ai loro possessori uguali diritti*»; il **principio di indivisibilità**, affermato dal primo comma dell'art. 2347 c.c.; il **principio di autonomia**, in base al quale le azioni costituiscono partecipazioni sociali distinte. Le azioni sono di regola incorporate in **titoli azionari** (o certificati azionari), cioè documenti cartacei che materialmente rappresentano la partecipazione azionaria. **Il titolo azionario è considerato** dalla dottrina prevalente **un titolo di credito, causale ed a letteralità incompleta**, a cui si estende, sebbene non integralmente, la disciplina cartolare.

Per quanto concerne i diritti connessi alla proprietà di una partecipazione azionaria, è utile distinguere tra: **diritti di natura patrimoniale diritti di natura amministrativa**. Nell'ambito della categoria dei diritti patrimoniali sono generalmente ricondotti dalla dottrina: **a) il diritto agli utili ed alla quota di liquidazione**; **b) il diritto di opzione**; **c) il diritto di recesso**. Rientrano nell'ambito dei diritti amministrativi: **a) il diritto di intervenire in assemblea ed il diritto di voto**; **b) il diritto di chiedere il risarcimento dei danni** in caso di delibera annullabile ai sensi dell'art. 2377, comma 4, c.c.; **c) i diritti di ispezione e di controllo**.

Il **principio di uguaglianza ha carattere relativo** e le società possono emettere, con lo statuto o con successive modificazioni di questo, **categorie di azioni fornite di diritti diversi**. Possono essere create, in particolare, **categorie di azioni speciali quanto al contenuto dei diritti patrimoniali**. La specialità della categoria può attenere anche ai **diritti amministrativi** e, in particolare, il diritto di voto.

La riforma del diritto societario ha attribuito alle società la facoltà di emettere strumenti finanziari diversi dalle azioni che non attribuiscono la qualità di socio, ma che sono forniti di diritti partecipativi nella misura stabilita dallo statuto. Si differenziano altresì dalle azioni perché gli apporti prestati a fronte della loro emissione **costituiscono un finanziamento non imputabile a capitale**.

La partecipazione azionaria è in linea di principio liberamente trasferibile. **La libera**

CAPITOLO VI | LE AZIONI E LE OBBLIGAZIONI

trasferibilità delle azioni, tuttavia, **può essere limitata dalla legge, dallo statuto o da un apposito accordo intercorso tra i soci**.
Le azioni, intese come partecipazioni sociali, possono essere costituite in pegno o in usufrutto e possono essere oggetto di misure cautelari (sequestro giudiziario o conservativo) ed esecutive (pignoramento).
Si definisce **società controllata la società che si trova** – direttamente o indirettamente – sotto l'**influenza dominante di un'altra società** (**controllante**), che è perciò in grado di indirizzarne l'attività nel senso da essa voluto.
Ricorre invece il fenomeno del **collegamento societario nei casi in cui una società sia in grado di influire sulle scelte di un'altra a causa del numero di voti esercitabili nell'assemblea ordinaria o per l'esistenza di particolari vincoli contrattuali** dai quali non scaturisce un rapporto di controllo.
Le obbligazioni costituiscono il tipico e tradizionale **strumento** messo a disposizione delle società azionarie **per la raccolta di capitale di prestito** fra il pubblico. Le obbligazioni si caratterizzano per la presenza di un'**organizzazione di gruppo** regolata dalla legge e dotata di propri organi.
Ai sensi dell'art. 2410 c.c., se la legge o lo statuto non dispongono diversamente, **l'emissione di obbligazioni è deliberata dagli amministratori**. L'organizzazione degli obbligazionisti si articola in **due organi**: l'assemblea degli obbligazionisti e il rappresentante comune.

QUESTIONARIO

1. Quali sono le caratteristiche principali delle azioni? (**1**)
2. Possono essere emesse azioni senza valore nominale? (**1**)
3. Quali sono i diritti di cui gode il titolare di una partecipazione azionaria? (**2**)
4. Di quale categoria fanno parte le azioni di godimento e quali sono le sue caratteristiche? (**3**)
5. Che cosa sono gli strumenti partecipativi finanziari? (**4**)
6. Qual è il regime di circolazione delle azioni? (**5**)
7. Quali sono i limiti legali alla circolazione delle azioni? (**5.1.**)
8. Che cosa sono le clausole di prelazione e le clausole di gradimento? (**5.1.**)
9. Che cosa è un sindacato di blocco? (**5.1.**)
10. In caso di usufrutto sulle azioni a chi spetta il diritto di voto? (**6**)
11. Perché il legislatore vieta la sottoscrizione di azioni proprie da parte della società? (**7**)
12. Che cosa si intende per "partecipazioni reciproche"? (**8**)
13. Quali sono i presupposti tipici di un rapporto di controllo? (**8.1.**)
14. Qual è il regime della responsabilità di una società capogruppo? (**8.2.**)
14. Quali sono le differenze tra azioni e obbligazioni? (**9**)
15. Come vengono tutelati gli interessi degli obbligazionisti? (**9.2.**)

| 213

Capitolo VII
Gli organi sociali

SEZIONE I – IL SISTEMA TRADIZIONALE

SOMMARIO:
1. Premessa: le recenti innovazioni legislative. – **2.** L'assemblea dei soci. Nozione e competenze. – **2.1.** Il procedimento assembleare: convocazione, presidenza, verbalizzazione, *quorum* costitutivi e deliberativi. – **2.2.** Il diritto di intervento in assemblea e il diritto di voto: rappresentanza e conflitto di interessi. – **2.3.** L'invalidità delle delibere assembleari. – **3.** Gli amministratori. – **3.1.** Il consiglio di amministrazione e gli amministratori delegati. – **3.2.** Il conflitto di interessi e la responsabilità degli amministratori. – **4.** Il collegio sindacale. – **4.1.** Poteri e doveri dei sindaci. – **4.2.** La responsabilità dei sindaci. – **5.** I controlli esterni: la revisione legale dei conti e la denuncia di irregolarità al tribunale.

1. Premessa: le recenti innovazioni legislative.

La società per azioni si caratterizza per la necessaria previsione di un'**organizzazione di tipo corporativo** basata sulla presenza di una pluralità di organi sociali, investiti per legge delle seguenti funzioni:

- **la funzione deliberativa o decisionale.** Tale funzione è **affidata**, di regola, **all'assemblea dei soci** e costituisce espressione della volontà dell'ente riguardo alle decisioni più importanti della vita sociale. L'assemblea dei soci esercita le competenze che le sono attribuite dalla legge (artt. 2364-2365 c.c.) e adotta le proprie decisioni con **metodo collegiale** e secondo il **principio maggioritario**;
- **la funzione amministrativa.** Tale funzione è **affidata all'organo amministrativo** e consiste nell'attività di gestione e rappresentanza della società;
- **la funzione di controllo** sull'attività di gestione dell'organo amministrativo.

CAPITOLO VII | GLI ORGANI SOCIALI

Per quanto concerne, in particolare, l'amministrazione ed il controllo della società, il codice civile del 1942 prevedeva un unico sistema organizzativo (c.d. **sistema tradizionale**) fondato sulla presenza di **due organi di nomina assembleare**: l'**organo amministrativo** (**amministratore unico o consiglio di amministrazione**) e il **collegio sindacale** (con funzioni anche di controllo contabile).
Il sistema tradizionale, destinato a trovare applicazione in difetto di una diversa previsione statutaria, è stato affiancato da **due modelli organizzativi alternativi** introdotti dalla riforma del diritto societario:

- il c.d. **sistema dualistico** (artt. 2409-*octies*-2409-*quinquiesdecies* c.c.), di derivazione tedesca, in cui l'attività di gestione e di controllo sono esercitate rispettivamente dal **consiglio di sorveglianza** (nominato dall'assemblea dei soci) e un **consiglio di gestione** (nominato dal consiglio di sorveglianza). Tale modello si caratterizza per il conferimento all'organo di controllo (ovvero il consiglio di sorveglianza) di competenze decisionali (ad esempio approvazione del bilancio) che nel sistema tradizionale sono attribuite in via esclusiva all'assemblea dei soci;
- il c.d. **sistema monistico** (artt. 2409 *sexiesdecies* - 2409-*noviesdecies* c.c.), di derivazione anglosassone, in cui l'attività di gestione e di controllo sono affidate rispettivamente al **consiglio di amministrazione** (nominato dall'assemblea) e ad un **comitato di controllo sulla gestione** costituito da alcuni membri del consiglio di amministrazione stesso, dotati di particolari requisiti di indipendenza e professionale.

In tutti e tre i modelli organizzativi esaminati, il **controllo contabile**, in passato esercitato dal collegio sindacale, **è ora affidato ad un organo esterno alla società** (**revisore o società di revisione**).

2. L'assemblea dei soci. Nozione e competenze.

L'assemblea è l'**organo deliberativo** della società per azioni composto dalle persone dei soci.
In linea generale, le **competenze** dell'organo assembleare riguardano le decisioni relative all'assetto strutturale e organizzativo interno dell'ente (modificazioni dell'atto costitutivo), la nomina, diretta o indiretta, degli altri organi sociali e la valutazione periodica dell'andamento dell'impresa sociale (l'approvazione del bilancio).

Le deliberazioni assembleari hanno normalmente un'**efficacia interna**, incidendo sul rapporto sociale o sui rapporti che intercorrono tra la società e i componenti degli organi sociali, ma possono avere talora anche **efficacia esterna** nei confronti di soggetti estranei alla società (ad esempio la nomina alle cariche sociali). In quanto atti deliberativi, le decisioni assembleari non possono però mai rappresentare dichiarazioni recettizie nei confronti di terzi.

L'assemblea delibera seguendo in linea di principio il **metodo collegiale** e secondo il **principio maggioritario**.

A) Competenze assemblea ordinaria

Le **competenze dell'assemblea ordinaria variano a seconda del sistema di amministrazione e di controllo adottato.**
Ai sensi dell'art. 2364 c.c. **nelle società prive del consiglio di sorveglianza (sistema tradizionale e sistema monistico)**, l'assemblea ordinaria:

- «*approva il bilancio*»;
- «*nomina e revoca gli amministratori; nomina i sindaci e il presidente del collegio sindacale e, quando previsto, il soggetto incaricato di effettuare la revisione legale dei conti*»;
- «*determina il compenso degli amministratori e dei sindaci, se non è stabilito dallo statuto*»;
- «*delibera sulla responsabilità degli amministratori e dei sindaci*»;
- «*delibera sugli altri oggetti attribuiti dalla legge alla competenza dell'assemblea, nonché sulle autorizzazioni eventualmente richieste dallo statuto per il compimento di atti degli amministratori, ferma in ogni caso la responsabilità di questi per gli atti compiuti*»;
- «*approva l'eventuale regolamento dei lavori assembleari*».

In forza del successivo art. 2364-*bis* c.c., **nelle società ove è previsto il consiglio di sorveglianza (sistema dualistico)**, l'assemblea ordinaria:

- «*nomina e revoca i consiglieri di sorveglianza*»;
- «*determina il compenso ad essi spettante, se non è stabilito nello statuto*»;
- «*delibera sulla responsabilità dei consiglieri di sorveglianza*»;
- «*delibera sulla distribuzione degli utili*»;
- «*nomina il soggetto incaricato di effettuare la revisione legale dei conti*».

Le competenze dell'assemblea ordinaria sono dunque in questo caso più limitate perché la funzione decisionale è condivisa, come anticipato, dal consiglio di sorveglianza (*infra*, Sez. II, par. 2).

B) Competenze assemblea straordinaria

Per quanto concerne le **competenze dell'assemblea straordinaria**, l'art. 2365 c.c. stabilisce che essa delibera sulle modificazioni dello statuto, sulla nomina, sulla sostituzione e sui poteri dei liquidatori e su ogni altra materia espressamente attribuita dalla legge alla sua competenza.

Lo statuto può attribuire alla competenza dell'organo di gestione (consiglio di amministrazione, consiglio di sorveglianza o consiglio di gestione) **specifiche materie per legge riservate alla competenza dell'assemblea straordinaria.**

Si ricordi, infine, che nei casi in cui la società ha emesso categorie speciali di azioni o strumenti finanziari partecipativi che conferiscono diritti amministrativi, all'assemblea generale si affiancano le **assemblee speciali** di categoria.

2.1. Il procedimento assembleare: convocazione, presidenza, verbalizzazione, *quorum* costitutivi e deliberativi.

Se lo statuto non dispone diversamente, l'assemblea è convocata nel comune dove ha sede la società.

La **convocazione dell'assemblea** costituisce un adempimento essenziale alla regolare costituzione dell'assemblea e la sua mancanza assoluta comporta la nullità della deliberazione, sempre che non ricorrano i presupposti dell'assemblea totalitaria, mentre gli eventuali vizi nella convocazione rendono la delibera annullabile.

L'assemblea di regola è convocata dall'organo amministrativo ogni qualvolta lo ritenga opportuno (**convocazione facoltativa**).

Vi sono però dei casi di **convocazione obbligatoria** espressamente contemplati dalla legge. In particolare, **gli amministratori devono convocare l'assemblea:**

- **almeno una volta l'anno**, per l'approvazione del bilancio di esercizio entro il termine stabilito dallo statuto e comunque non superiore a centoventi giorni dalla chiusura dell'esercizio sociale;
- quando ne è fatta domanda da tanti soci che rappresentino almeno il ventesimo del capitale sociale nelle società che fanno ricorso al mercato del capitale di rischio e il decimo del capitale sociale nelle altre

> o la minore percentuale prevista nello statuto, e nella domanda sono indicati gli argomenti da trattare (**convocazione su richiesta dei soci**; art. 2367, comma 1, c.c.);
> - per la **sostituzione degli amministratori** mancanti, se ne è venuta meno la maggioranza nel corso dell'esercizio sociale (art. 2386, comma, 2, c.c.);
> - per **integrare il collegio sindacale** (art. 2401 c.c.);
> - quando si verifica una **causa di scioglimento** della società, per le deliberazioni relative alla liquidazione (art. 2487 c.c.).

La convocazione dell'assemblea può essere disposta anche dal collegio sindacale, previa comunicazione al presidente del consiglio di amministrazione, qualora nell'espletamento del suo incarico ravvisi fatti censurabili di rilevante gravità e vi sia urgente necessità di provvedere. Il collegio sindacale è invece obbligato a convocarla:

> - quando non vi hanno provveduto gli amministratori nei casi in cui la convocazione è obbligatoria (art. 2406 c.c.);
> - quando siano venuti a mancare tutti gli amministratori, per disporre la loro sostituzione (art. 2386 c.c.);
> - quando una minoranza qualificata di soci presenti una fondata denuncia di fatti censurabili di rilevante gravità e vi sia urgente necessità di provvedere (art. 2408 c.c.).

Il **tribunale**, infine, può disporre la convocazione dell'assemblea in caso di denuncia da parte di una minoranza qualificata di soci di gravi irregolarità compiute da amministratori e sindaci in violazione dei loro doveri (art. 2409 c.c.).
L'art. 2366 c.c. detta le **formalità per la costituzione dell'assemblea**.
Nelle **società che non fanno ricorso al mercato del capitale di rischio** l'assemblea è convocata mediante **avviso contenente l'indicazione del giorno, dell'ora e del luogo dell'adunanza e l'elenco delle materie da trattare**.
In mancanza delle formalità previste per la convocazione, l'assemblea si reputa regolarmente costituita, quando è rappresentato l'intero capitale sociale e partecipa all'assemblea la maggioranza dei componenti degli organi amministrativi e di controllo (c.d. **assemblea totalitaria**).
Tuttavia, in tale ipotesi ciascuno dei partecipanti può opporsi alla discussione degli argomenti sui quali non si ritenga sufficientemente informato.
In caso di assemblea totalitaria dovrà essere data tempestiva comunicazione delle deliberazioni assunte ai componenti degli organi amministrativi e di controllo non presenti.

CAPITOLO VII | GLI ORGANI SOCIALI

Ai sensi dell'art. 2371 c.c. la **presidenza dell'assemblea** è attribuita alla persona indicata nello statuto o, in mancanza, da quella eletta con il voto della maggioranza dei presenti. Allo stesso modo viene designato il segretario.

Il presidente dell'assemblea verifica la regolarità della costituzione, accerta l'identità e la legittimazione dei presenti, regola il suo svolgimento ed accerta i risultati della votazione. L'esercizio dei suoi poteri deve essere ispirato ai canoni della correttezza, della funzionalità e della ragionevolezza.

Le deliberazioni dell'assemblea devono risultare da verbale sottoscritto dal presidente e dal segretario o dal notaio (art. 2375 c.c.). In particolare, il **verbale dell'assemblea ordinaria** è atto del presidente e del segretario, mentre il verbale dell'assemblea straordinaria è atto del notaio.

I verbali devono essere poi trascritti nell'apposito **libro delle adunanze e delle deliberazioni dell'assemblea**, tenuto a cura degli amministratori.

Per quanto concerne la **costituzione dell'assemblea e la validità delle deliberazioni**, occorre in via preliminare distinguere tra *quorum* costitutivo e *quorum* deliberativo.

Il *quorum* **costitutivo** indica quella parte di capitale sociale che deve essere rappresentata in assemblea affinché questa sia regolarmente costituita e possa cominciare i lavori.

Il *quorum* **deliberativo** si riferisce, invece, a quella parte di capitale sociale che si deve esprimere a favore di una determinata deliberazione ai fini della sua approvazione.

Gli artt. 2368 e 2369 c.c. prevedono **differenti** *quorum* **costitutivi e deliberativi per l'assemblea ordinaria e straordinaria**, con un'ulteriore distinzione a seconda che si tratti di **assemblea di prima convocazione o seconda convocazione**.

2.2. Il diritto di intervento in assemblea e il diritto di voto: la rappresentanza ed il conflitto di interessi.

Esaminato il procedimento di formazione delle delibere assembleari, occorre adesso soffermare l'attenzione sul diritto di intervento e il diritto di voto del socio, così come disciplinati dall'art. 2370 c.c.

A) Il diritto di intervento

- **Il diritto di intervento è il diritto di presenziare alla riunione dell'assemblea**. Il legislatore, con le recenti riforme del diritto societario, ha sancito, con il primo comma dell'art. 2370 c.c., l'**acces-**

sorietà di tale diritto a quello di voto, stabilendo che «*possono intervenire all'assemblea coloro ai quali spetta il diritto di voto*».
- Il diritto di intervento spetta, quindi, anche all'**usufruttuario** e al **creditore pignoratizio** i quali, come visto, sono titolari del diritto di voto *ex* art. 2352 c.c.

Il principio di accessorietà viene meno nei casi in cui il codice civile consente la partecipazione alla riunione, con finalità di informazione e di controllo, agli amministratori, ai sindaci ed al rappresentante comune degli obbligazionisti.
In base al quarto comma dell'art. 2370 c.c., lo statuto può consentire l'**intervento in assemblea mediante mezzi di telecomunicazione o l'espressione del voto per corrispondenza**.
Ai sensi del primo comma dell'art. 2372 c.c. **i titolari del diritto di voto** «*possono farsi rappresentare nell'assemblea salvo che, nelle società che non fanno ricorso al mercato del capitale di rischio e nelle società cooperative, lo statuto disponga diversamente*».
Il codice civile e le leggi speciali prevedono una serie di **condizioni e limiti alla raccolta di deleghe** per evitare che il gruppo di comando possa rafforzare la propria posizione a spese dei piccoli azionisti:

- **nelle società che fanno ricorso al mercato del capitale di rischio la rappresentanza può essere conferita solo per singole assemblee**, salvo che si tratti di procura generale o di procura conferita ad un ente collettivo;
- **la rappresentanza deve essere conferita per iscritto** (*ad substantiam*) e i documenti relativi devono essere conservati presso la società;
- **la delega non può essere rilasciata con il nome del rappresentante in bianco ed è sempre revocabile** nonostante ogni patto contrario;
- **il rappresentante può farsi sostituire solo da chi sia espressamente indicato nella delega**;
- **se la rappresentanza è conferita a un ente collettivo**, questo può designare soltanto un proprio dipendente o collaboratore;
- **la rappresentanza non può essere conferita a membri degli organi amministrativi, di controllo o ai dipendenti** della società stessa o di società controllate;
- **la stessa persona non può rappresentare in assemblea più di venti soci** o, se si tratta di società che fanno ricorso al mercato del

capitale di rischio, più di **cinquanta soci** se la società ha capitale superiore a cinque milioni di euro, più di **cento soci** se la società ha capitale superiore a cinque milione di euro e non superiore a venticinque milioni di euro, e più di **duecento soci** se la società ha capitale superiore a venticinque milioni di euro.

Le ultime due limitazioni non si applicano alle **società quotate** diverse dalle società cooperative.

Il D.lgs. 27 gennaio 2010, n. 27 ha introdotto, inoltre, una serie di **regole volte a favorire l'esercizio per delega del diritto di voto nelle società quotate**:

- la **delega** può essere conferita **per via elettronica**;
- la **società**, salva diversa previsione statutaria, **deve designare per ciascuna assemblea un soggetto al quale gli azionisti possono conferire senza spese una delega** con istruzioni di voto su tutte o alcune proposte;
- la **delega può essere conferita ad un rappresentante in conflitto di interessi**, purché questi comunichi per iscritto al socio le circostanze da cui derivi tale conflitto e siano date specifiche istruzioni di voto per ciascuna delibera in relazione alla quale il rappresentante dovrà votare per conto del socio;
- sono previsti gli **istituti della sollecitazione e della raccolta delle deleghe**, disciplinati dagli artt. 136-144 Tuf. La **sollecitazione** è la richiesta di conferimento di deleghe di voto rivolta da uno o più soggetti (promotori) a più di duecento azionisti su specifiche proposte di voto ovvero accompagnata da raccomandazioni, dichiarazioni o altre indicazioni idonee a influenzare il voto. La **raccolta di deleghe** è la richiesta di conferimento di deleghe di voto effettuata dalle associazioni di azionisti esclusivamente nei confronti dei propri associati.

B) Il diritto di voto

Venendo ora all'**esercizio del diritto di voto** da parte del socio (o del rappresentante), occorre osservare in via preliminare che su questi non grava un obbligo giuridico di perseguire l'interesse sociale. Egli vota, invero, pur sempre in vista della realizzazione del proprio personale interesse che non necessariamente deve coincidere con l'interesse sociale.

Il codice civile, tuttavia, prevede un importante **limite al diritto di voto** da parte del socio, se questi lo esercita in modo da arrecare un danno, anche solo potenziale, al patrimonio della società.

L'art 2373, comma 1, c.c. introduce, a tal riguardo, una particolare **ipotesi di**

annullabilità della deliberazione assembleare, stabilendo **le condizioni che devono sussistere affinché la delibera sia annullabile**:

- **l'esistenza di un conflitto di interessi tra il socio e la società**, nei casi in cui **il socio sia portatore di un interesse proprio o di terzi in contrasto con quello della società**;
- **il voto deve essere determinante ai fini dell'approvazione della delibera**. L'autorità giudiziaria deve quindi effettuare la c.d. **prova di resistenza**, accertando se, senza contare il voto del socio in conflitto, sarebbe stata egualmente raggiunta la maggioranza necessaria per l'approvazione della delibera;
- l'approvazione della delibera deve arrecare un **danno**, anche solo potenziale, alla società.

Il secondo comma dell'art. 2373 c.c. prevede **due ipotesi tipiche di conflitto di interessi** che comportano la privazione del diritto di voto:

- *gli amministratori non possono votare nelle deliberazioni riguardanti la loro responsabilità;*
- i componenti del consiglio di gestione non possono votare nelle deliberazioni riguardanti la nomina, la revoca o la responsabilità dei consiglieri di sorveglianza.

La norma in esame disciplina esclusivamente l'ipotesi di conflitto di interessi tra il socio e la società. Non è prevista, invece, una disciplina nei casi in cui la maggioranza, nell'adottare una determinata delibera, persegua un proprio interesse a danno della minoranza, senza pregiudicare nello stesso tempo l'interesse sociale.

L'abuso del diritto di voto comporta l'**obbligo di risarcimento dei danni** nei confronti della minoranza.

2.3. L'invalidità delle delibere assembleari.

In base al **sistema vigente prima della Riforma del 2003,** la sanzione della **nullità** aveva carattere eccezionale ed era comminata solo per le delibere aventi un oggetto impossibile o illecito. Tutti gli altri vizi del procedimento, anche i più gravi (omessa convocazione, mancato rispetto dei quorum costitutivi e deliberativi, omessa verbalizzazione e così via), davano vita soltanto all'**annullabilità** della delibera, non più azionabile decorsi i tre mesi previsti per l'impugnativa.

La dottrina e la giurisprudenza, per ovviare al *deficit* di tutela che scaturiva da tale sistema, avevano elaborato la categoria delle **delibere inesistenti**. Tali erano considerate le delibere che presentavano vizi talmente gravi da precludere la possibilità stessa di considerarle giuridicamente esistenti e per le quali l'unica sanzione possibile era la **nullità radicale**.

Il legislatore della riforma è intervenuto sul descritto quadro normativo e giurisprudenziale avendo di mira un duplice obiettivo: ristabilire la certezza del diritto mediante la riconduzione dei vizi delle delibere assembleari entro le categorie della nullità e dell'annullabilità (**principio di tassatività delle cause di invalidità**); porre un freno al *deficit* di tutela del sistema previgente attraverso un ampliamento delle ipotesi nullità delle delibere assembleari.

A) Annullabilità

L'**annullabilità delle delibere assembleari**, anche dopo la riforma, ha mantenuto il carattere di sanzione generale contro le irregolarità del procedimento assembleare.

Ai sensi dell'art 2377, comma 2, c.c., invero, **sono annullabili le deliberazioni che non sono prese in conformità della legge o dello statuto**.

I **soggetti legittimati ad impugnare la delibera** sono i soci assenti, dissenzienti od astenuti, gli amministratori, i membri del consiglio di sorveglianza e del collegio sindacale. Al fine di evitare azioni pretestuose il legislatore ha introdotto dei **limiti al potere di impugnativa dei soci**. L'impugnazione può infatti essere proposta dai soci quando possiedono tante azioni aventi diritto di voto con riferimento alla deliberazione che rappresentino, anche congiuntamente, l'uno per mille del capitale sociale nelle società che fanno ricorso al mercato del capitale di rischio e il cinque per cento nelle altre; lo statuto può ridurre o escludere questo requisito.

I soci non legittimati a proporre l'impugnativa hanno diritto al risarcimento del danno loro cagionato dalla non conformità della deliberazione alla legge o allo statuto. L'azione è promossa nei confronti della società ed **il socio deve provare** la **condotta** (il vizio della delibera), il **danno** e il **nesso di causalità**. Sono risarcibili sia i **danni diretti**, sia i **danni indiretti** derivanti dal depauperamento del patrimonio sociale.

La sentenza che decide sull'impugnazione **deve essere iscritta**, a cura degli amministratori, **nel registro delle imprese**.

- **La dichiarazione di annullamento ha efficacia *ex tunc* ed ha natura costitutiva**. L'annullamento della deliberazione, in particolare, ha effetto rispetto a tutti i soci ed obbliga gli amministratori, il

consiglio di sorveglianza e il consiglio di gestione a prendere i conseguenti provvedimenti sotto la propria responsabilità. L'annullamento della delibera non travolge, però, i **diritti acquistati in buona fede dai terzi** in base ad atti compiuti in esecuzione della deliberazione. È consentita, in attuazione del **principio di conservazione** degli atti giuridici, la **sanatoria** della delibera viziata. Ai sensi dell'ottavo comma dell'art. 2377 c.c., «*L'annullamento della deliberazione non può aver luogo, se la deliberazione impugnata è sostituita con altra presa in conformità della legge e dello statuto. In tal caso il giudice provvede sulle spese di lite, ponendole di norma a carico della società, e sul risarcimento dell'eventuale danno*»
- L'ultimo comma dell'articolo in commento fa comunque **salvi i diritti acquisiti dai terzi sulla base della deliberazione sostituita**.

B) Nullità

La nullità delle delibere assembleari è limitata alle **ipotesi tassative** indicate dall'art. 2379 c.c.:

- **mancata convocazione dell'assemblea**;
- mancanza del verbale;
- impossibilità o illiceità dell'oggetto la deliberazione.

L'azione di nullità può essere esercitata da chiunque vi abbia interesse entro tre anni dalla sua iscrizione o deposito nel registro delle imprese, se la deliberazione vi è soggetta, o dalla trascrizione nel libro delle adunanze dell'assemblea, se la deliberazione non è soggetta né a iscrizione né a deposito. Possono essere impugnate **senza limiti di tempo le deliberazioni che modificano l'oggetto sociale prevedendo attività illecite o impossibili**.
L'invalidità può essere, inoltre, **rilevata d'ufficio dal giudice**.
Quanto agli **effetti della dichiarazione di nullità**, anche in tal caso sono **salvi i diritti acquistati in buona fede dai terzi** in base ad atti compiuti in esecuzione della delibera.
L'art. 2379-*bis* c.c. disciplina la **sanatoria della nullità** stabilendo che:

- *l'impugnazione della deliberazione invalida per mancata convocazione non può essere esercitata da chi anche successivamente abbia dichiarato il suo assenso allo svolgimento dell'assemblea;*
- l'invalidità della deliberazione per mancanza del verbale può essere

sanata mediante verbalizzazione eseguita prima dell'assemblea successiva.
- La deliberazione ha effetto dalla data in cui è stata presa, salvi i diritti dei terzi che in buona fede ignoravano la deliberazione.

Si applica, inoltre, la sanatoria di cui all'art. 2377, comma 8, c.c. (**sostituzione della delibera**).

3. Gli amministratori.

In base all'art. 2380-*bis* c.c. **la gestione dell'impresa spetta esclusivamente agli amministratori e consiste**, in linea generale, **nel compimento delle operazioni necessarie per l'attuazione dell'oggetto sociale**.
L'art. 377 del Codice della Crisi di Impresa e dell'Insolvenza ha modificato l'art. 2380-*bis* c.c. prevedendo che, in tutti i tipi societari, "*la gestione dell'impresa si svolge nel rispetto della disposizione di cui all'art. 2086, secondo comma, e spetta esclusivamente agli amministratori, i quali compiono le operazioni necessarie per l'attuazione dell'oggetto sociale*".

A) Competenze
Gli amministratori hanno una **competenza generale nel governo della società** e deliberano su tutti gli argomenti che la legge non riserva espressamente all'assemblea, le cui competenze sono definite tassativamente dal legislatore.
Più in dettaglio, **le funzioni amministrative consistono nella**:

- gestione della società nell'ambito dell'oggetto sociale;
- esecuzione delle delibere assembleari;
- attività propositiva nei confronti dell'assemblea;
- attività sostitutiva dell'assemblea;
- rappresentanza generale (sostanziale e processuale) della società;
- tenuta di libri e scritture cintabili;
- attuazione degli adempimenti pubblicitari.

Tali funzioni sono esercitate **in posizione di autonomia rispetto all'assemblea**.

B) Nomina
Ai sensi dell'art. 2383 c.c. la **nomina** degli amministratori spetta all'assemblea

ordinaria, fatta eccezione per i primi amministratori, che sono nominati nell'atto costitutivo. La legge prevede, tuttavia, dei casi in cui il potere di nomina è attribuito ad altri soggetti.

La nomina di ciascun amministratore deve in ogni caso essere preceduta dalla presentazione di una specifica **dichiarazione dell'interessato circa l'inesistenza a suo carico di cause di ineleggibilità** di cui all'art. 2382 c.c. e di interdizioni dall'ufficio di amministratore adottate nei suoi confronti in uno Stato membro dell'Unione Europea.

Non è escluso, però, che un soggetto senza nomina o con nomina invalida partecipi, eventualmente con il consenso o l'acquiescenza degli amministratori formalmente in carica, all'attività di gestione della società (c.d. **amministratore di fatto**). La fattispecie viene ricondotta dalla dottrina e dalla giurisprudenza nell'ambito dei c.d. rapporti contrattuali di fatto e rileva soprattutto in tema di responsabilità civile e penale degli amministratori di fatto.

Non può essere nominato amministratore, e se nominato decade dal suo ufficio, **l'interdetto, l'inabilitato, il fallito, o chi è stato condannato ad una pena che importa l'interdizione**, anche temporanea, **dai pubblici uffici o l'incapacità ad esercitare uffici direttivi.**

Entro trenta giorni dalla notizia della loro nomina gli amministratori devono chiederne l'**iscrizione nel registro delle imprese**. Quanto alla **durata dell'incarico**, gli amministratori non possono essere nominati per un periodo superiore a **tre esercizi** e scadono alla data dell'assemblea convocata per l'approvazione del bilancio relativo all'ultimo esercizio della loro carica. Sebbene l'incarico sia a tempo determinato, gli amministratori sono tuttavia **rieleggibili**, salva diversa disposizione statutaria. Le cause di nullità o di annullabilità della nomina degli amministratori che hanno la rappresentanza della società non sono opponibili ai terzi dopo l'adempimento della pubblicità, salvo che la società provi che i terzi ne erano a conoscenza.

C) Cause di cessazione

Sono cause di **cessazione dall'ufficio** prima della scadenza del termine:

- la **rinuncia** da parte degli amministratori;
- la **decadenza** dall'incarico nel caso in cui sopraggiunga una causa di ineleggibilità;
- la **morte**;
- la **revoca** da parte dell'assemblea, che può essere deliberata liberamente in ogni tempo, **salvo il diritto al risarcimento dei danni se non sussiste una giusta causa.**

La **cessazione** degli amministratori dall'ufficio per qualsiasi causa **deve essere iscritta** entro trenta giorni **nel registro delle imprese** a cura del collegio sindacale.

L'art 2386 c.c., infine, prevede delle disposizioni di dettaglio per la **sostituzione degli amministratori** che siano cessati dall'ufficio con effetto immediato (ad esempio per morte o decadenza), al fine di garantire la completezza e il regolare funzionamento dell'organo amministrativo. Le cause di nullità o di annullabilità della nomina degli amministratori che hanno la rappresentanza della società non sono opponibili ai terzi dopo l'adempimento della pubblicità, salvo che la società provi che i terzi ne erano a conoscenza.

D) Compenso

Gli amministratori hanno diritto ad un **compenso** per la loro attività (art. 2389 c.c.).

Le modalità e la misura del compenso sono stabilite all'atto della nomina o dall'assemblea.

Il compenso può essere costituito in tutto o in parte da partecipazioni agli utili o dall'attribuzione del diritto di sottoscrivere a prezzo predeterminato azioni di futura emissione.

La remunerazione degli amministratori investiti di particolari cariche in conformità dello statuto è stabilita dal consiglio di amministrazione, sentito il parere del collegio sindacale. Se lo statuto lo prevede, l'assemblea può determinare un importo complessivo per la remunerazione di tutti gli amministratori, inclusi quelli investiti di particolari cariche.

E) Divieto di concorrenza

L'art. 2390 c.c. prevede, infine, a carico degli amministratori un **divieto di concorrenza**. Gli amministratori, in particolare, non possono assumere la qualità di soci illimitatamente responsabili in società concorrenti, né esercitare un'attività concorrente per conto proprio o di terzi, né essere amministratori o direttori generali in società concorrenti, salvo autorizzazione dell'assemblea.

La **violazione del divieto di concorrenza** può comportare la revoca dall'ufficio e l'obbligo del risarcimento del danno nei confronti della società.

F) Rappresentanza

La **rappresentanza** può essere attribuita a tutti, solo ad alcuni degli amministratori o ad uno solo di essi. Le limitazioni ai poteri degli amministratori che risultano dallo statuto o da una decisione degli organi competenti non sono opponibili ai terzi, anche se pubblicate, salvo che si provi che questi abbiano intenzionalmente agito a danno della società.

3.1. Il consiglio di amministrazione e gli amministratori delegati.

L'attività di gestione della società può essere affidata ad un consiglio di amministrazione o ad un amministratore unico.

A) Il consiglio di amministrazione
Il **consiglio di amministrazione** è un **organo collegiale** che delibera secondo il **principio maggioritario** ed elegge al suo interno un presidente, se questo non è già stato nominato dall'assemblea.
Il **presidente**, salva diversa disposizione statutaria, convoca il consiglio di amministrazione, ne fissa l'ordine del giorno, ne coordina i lavori e provvede affinché adeguate informazioni sulle materie iscritte all'ordine del giorno vengano fornite a tutti i consiglieri. Per la validità delle deliberazioni del consiglio di amministrazione è necessaria la presenza della maggioranza degli amministratori in carica (*quorum* **costitutivo**) e il voto favorevole della maggioranza assoluta dei presenti (*quorum* **deliberativo**). Lo statuto può prevedere che la presenza alle riunioni del consiglio avvenga anche mediante mezzi di telecomunicazione e *quorum* costitutivi e deliberativi differenti.
Non è ammesso il voto per rappresentanza.
Per quanto concerne l'**invalidità delle deliberazioni**, il comma terzo dell'art. 2388 c.c. prevede una disciplina dell'annullabilità analoga a quella esaminata per le delibere assembleari.
Sono annullabili, in particolare, **le deliberazioni che non sono prese in conformità della legge o dello statuto. Legittimati attivi** sono:

- il **collegio sindacale** e gli **amministratori assenti o dissenzienti** entro novanta giorni dalla data della deliberazione. Per quanto concerne il procedimento di impugnazione si applica, in quanto compatibile, l'art. 2378 c.c.;
- **i soci se le deliberazioni ledono i loro diritti**. Si applicano in tal caso, in quanto compatibili, gli artt. 2377 (annullabilità delle delibere assembleari) e 2378 c.c.

In ogni caso, sono **salvi i diritti acquistati in buona fede dai terzi** in base ad atti compiuti in esecuzione delle deliberazioni.
Non sono previste, invece, **ipotesi di nullità delle delibere dell'organo amministrativo.** Nonostante l'assenza di una norma espressa in materia, parte della giurisprudenza affermava in passato l'estendibilità in via analogica dell'art. 2379 c.c. alle delibere consiliari, sull'assunto secondo cui la disciplina

delle cause di invalidità delle delibere assembleari contenuta negli artt. 2377 ss. c.c. avesse carattere generale. Il legislatore della riforma, invece, ha soltanto ampliato le ipotesi di annullabilità, prendendo chiaramente posizione a favore di chi, già nel sistema previgente, escludeva la possibilità di applicare in via analogica l'art. 2379 c.c. anche alle delibere consiliari.

B) L'amministratore delegato
Se l'atto costitutivo o l'assemblea lo consentono, il consiglio di amministrazione può delegare alcune competenze al **comitato esecutivo o ad uno o più amministratori delegati** (art. 2381, comma 2, c.c.). Questi ultimi possono essere autorizzati ad agire congiuntamente o disgiuntamente.

Il consiglio di amministrazione determina il contenuto, i limiti e le eventuali modalità di esercizio della delega e conserva il potere di impartire direttive agli organi delegati e avocare a sé operazioni rientranti nella delega.

La delega, tuttavia, **non può avere ad oggetto alcune funzioni**, inderogabilmente attribuite dalla legge al consiglio di amministrazione nella sua totalità, quali ad esempio la facoltà di emettere obbligazioni convertibili e la redazione del bilancio.

I **doveri degli organi delegati** sono i seguenti:

- curano che l'assetto organizzativo, amministrativo e contabile sia adeguato alla natura e alle dimensioni dell'impresa;
- riferiscono al consiglio di amministrazione e al collegio sindacale sul generale andamento della gestione e sulla sua prevedibile evoluzione nonché sulle operazioni di maggior rilievo, per le loro dimensioni o caratteristiche, effettuate dalla società e dalle sue controllate.

Gli amministratori sono tenuti ad agire in modo informato; ciascun amministratore può chiedere agli organi delegati che in consiglio siano fornite informazioni relative alla gestione della società.

3.2. Il conflitto di interessi e la responsabilità degli amministratori.

Con la riforma del diritto societario è stata completamente rivisitata la disciplina del c.d. conflitto di interessi dell'amministratore, che ora si applica anche nelle ipotesi in cui l'amministratore sia portatore di un interesse personale. Ai sensi dell'art. 2391, comma 1, c.c. «*l'amministratore deve dare notizia agli altri amministratori e al collegio sindacale di ogni interesse che*, per conto proprio o di terzi, *abbia in una determinata operazione della società*, preci-

sandone la natura, i termini, l'origine e la portata; **se si tratta di amministratore delegato, deve altresì astenersi dal compiere l'operazione,** *investendo della stessa l'organo collegiale;* **se si tratta di amministratore unico, deve darne notizia anche alla prima assemblea utile**».

È **stato eliminato**, dunque, dalla disposizione in commento, **il riferimento all'obbligo di astensione dal voto** a carico dei membri del consiglio (permane invece tale obbligo in capo all'amministratore delegato).

La deliberazione del consiglio di amministrazione, in questi casi, deve adeguatamente motivare le ragioni e la convenienza per la società dell'operazione.

La delibera che possa recare un **danno** anche solo potenziale alla società è **annullabile**:

- in caso di **inosservanza degli obblighi informativi** di cui al citato comma 1 dell'art. 2391 c.c.;
- in caso di **mancata motivazione** circa le ragioni e la convenienza per la società dell'operazione;
- nel caso di deliberazioni del consiglio o del comitato esecutivo adottate con il **voto determinante** dell'amministratore interessato.

L'impugnativa può essere proposta, **nel termine di novanta giorni** dalla data della delibera, **dagli amministratori**, assenti o dissenzienti, **e dal collegio sindacale**. Può essere proposta anche da chi ha votato a favore se non sono stati adempiuti gli obblighi di informazione previsti dal primo comma.

In ogni caso **sono salvi i diritti acquistati in buona fede dai terzi** in base ad atti compiuti in esecuzione della deliberazione.

L'amministratore risponde sia **dei danni derivati alla società** dalla sua azione od omissione, sia dei danni che siano derivati alla società dalla utilizzazione a vantaggio proprio o di terzi di dati, notizie o opportunità di affari appresi nell'esercizio del suo incarico.

Gli amministratori sono responsabili civilmente del loro operato verso la società, i creditori sociali, i singoli soci o i terzi.

La responsabilità verso la società è disciplinata dall'art. 2392 c.c. ed **ha natura contrattuale**.

Gli amministratori sono tenuti al risarcimento dei danni subiti dalla società quando non adempiono i doveri ad essi imposti dalla legge e dallo statuto **con la diligenza richiesta dalla natura dell'incarico e dalle loro specifiche competenze**. La **responsabilità** degli amministratori è **solidale** e ciascuno può essere obbligato dalla società a risarcire l'intero danno subito.

In caso di inadempimento dei doveri di diligenza da parte di uno o più ammini-

stratori delegati, gli altri amministratori sono solidalmente responsabili se non hanno correttamente vigilato sull'operato dei primi.
Il fondamento di tale **responsabilità (*per culpa in vigilando*)** è rinvenibile negli articoli del codice civile che impongono agli amministratori senza delega di agire in modo informato (art. 2381, comma 6, c.c.) e di valutare il generale andamento della gestione sulla base delle informazioni dell'organo delegato (art. 2381, comma 3, c.c.).
Il secondo comma dell'art. 2392 c.c. stabilisce, inoltre, che gli amministratori sono **solidalmente responsabili** se, essendo a conoscenza di fatti pregiudizievoli, non hanno fatto quanto potevano per impedirne il compimento o eliminarne o attenuarne le conseguenze dannose.
La responsabilità per gli atti o le omissioni degli amministratori **non si estende** a quello tra essi che, essendo immune da colpa, abbia fatto annotare senza ritardo il suo dissenso nel libro delle adunanze e delle deliberazioni del consiglio, dandone immediata notizia per iscritto al presidente del collegio sindacale.
L'azione di responsabilità contro gli amministratori può essere promossa dalla società entro cinque anni dalla cessazione dall'incarico in seguito a deliberazione dall'assemblea ordinaria o del collegio sindacale a maggioranza dei due terzi dei suoi membri.
La deliberazione concernente la responsabilità degli amministratori può essere presa in occasione della discussione del bilancio quando si tratta di fatti di competenza dell'esercizio cui si riferisce il bilancio.
L'amministratore è revocato dall'ufficio se l'esercizio dell'azione di responsabilità nei suoi confronti è deliberata dall'assemblea con il voto favorevole di un quinto del capitale sociale. In questo caso, l'assemblea provvede alla sostituzione degli amministratori.
La società può rinunziare all'esercizio dell'azione di responsabilità e può transigere, purché la rinunzia e la transazione siano approvate con espressa deliberazione dell'assemblea, e purché non vi sia il voto contrario di una minoranza di soci che rappresenti almeno il quinto del capitale sociale o, nelle società che fanno ricorso al mercato del capitale di rischio, almeno un ventesimo del capitale sociale, ovvero la misura prevista nello statuto per l'esercizio dell'azione sociale di responsabilità da parte dei soci ai sensi dell'art. 2393-*bis* c.c.
L'art. 2393-*bis* c.c. stabilisce, inoltre, che **l'azione sociale di responsabilità può essere esercitata anche dai soci** che rappresentino almeno un quinto del capitale sociale o la diversa misura prevista nello statuto, comunque non superiore al terzo, mentre, nelle società che fanno ricorso al mercato del capitale di rischio, l'azione può essere esercitata dai soci che rappresentino un quaran-

tesimo. L'azione in questo caso ha **natura surrogatoria** ed è comunque diretta a tutelare il patrimonio della società.
La responsabilità verso i creditori sociali è disciplinata dall'art. 2394 c.c.
Gli amministratori rispondono verso i creditori sociali **per l'inosservanza degli obblighi inerenti alla conservazione dell'integrità del patrimonio sociale.**
L'azione può essere proposta dai creditori quando il patrimonio sociale risulta insufficiente al soddisfacimento dei loro crediti.
Il termine di **prescrizione** dell'azione è di **cinque anni** (art. 2949, comma 2, c.c.).
Secondo la tesi prevalente in dottrina e giurisprudenza, l'azione di responsabilità ha **natura autonoma** e non surrogatoria.
Controversa è, invece, la **natura giuridica** dell'azione in esame:

- secondo parte della dottrina l'azione di risarcimento danni dei creditori trova il suo fondamento nella violazione di specifici obblighi legali (quelli inerenti alla conservazione dell'integrità del patrimonio sociale) ed ha, pertanto, natura **contrattuale** (CAMPOBASSO);
- altri autori sono invece propensi a configurare la responsabilità degli amministratori verso i creditori sociali come responsabilità **extracontrattuale**, rientrante nella più ampia figura della **lesione aquiliana del diritto di credito** (DI SABATO, GALGANO).

In caso di fallimento, liquidazione coatta amministrativa e amministrazione straordinaria le azioni di responsabilità della società o dei creditori sociali sono esercitate dal curatore del fallimento, dal commissario liquidatore e dal commissario straordinario (cfr. infra, Parte V, cap. I, par. 10).
Venendo, infine, alla **responsabilità degli amministratori verso il socio e il terzo**, l'art. 2395 c.c. stabilisce che «*le disposizioni dei precedenti articoli non pregiudicano il diritto al risarcimento del danno spettante al singolo socio o al terzo che sono stati direttamente danneggiati da atti colposi o dolosi degli amministratori*». L'azione può essere esercitata entro **cinque anni** dal compimento dell'atto che ha pregiudicato il socio o il terzo.
Il tratto distintivo dell'azione individuale di responsabilità nei confronti degli amministratori viene identificato nel carattere diretto del danno lamentato. L'azione, infatti, non spetta per il pregiudizio che derivi al patrimonio sociale, essendo piuttosto necessario che il danno consegua immediatamente al comportamento degli amministratori. Gli **elementi costitutivi della fattispecie** sono:

- la **condotta** degli amministratori posta in essere in violazione dei loro doveri, siano quelli specifici inerenti alla carica ovvero quelli generali stabiliti dall'ordinamento a tutela dei diritti dei terzi;
- il **pregiudizio patrimoniale** patito dal socio o dal terzo;
- il **nesso di causalità** materiale fra la condotta e il danno lamentato dall'attore.

Secondo l'opinione largamente prevalente in dottrina e giurisprudenza, la responsabilità nei confronti del socio e del terzo ha **natura aquiliana**.

▶ LA GIURISPRUDENZA PIÙ SIGNIFICATIVA

LA RESPONSABILITÀ CIVILE E PENALE DEGLI AMMINISTRATORI DI FATTO.

Secondo la giurisprudenza dominante, gli obblighi e le responsabilità inerenti alla gestione della società non trovano il loro imprescindibile presupposto nell'esistenza di un atto di preposizione e, quindi, di un atto negoziale riferibile alla società amministrata.

Non di rado, infatti, in presenza di determinate condizioni, rapporti di natura obbligatoria vengono in essere anche se la fattispecie negoziale, al cui perfezionarsi essi sono normalmente ricollegati, non si è realizzata o non è pienamente conforme al modello legale tipico. Si parla, a tale proposito, di "*rapporti contrattuali di fatto*" per porre in evidenza che essi assumono rilevanza, sul piano giuridico, a prescindere dall'esistenza della corrispondente fattispecie negoziale.

Si è pertanto in presenza di uno di quei fatti giuridici, privi in quanto tali di natura negoziale, annoverati dalla legge tra le fonti delle obbligazioni (art. 1173 c.c.). Non vi è quindi motivo di ritenere che il sorgere degli obblighi inerenti all'amministrazione della società abbia come presupposto ineliminabile la nomina, sia pure irrituale, dell'amministratore da parte dell'assemblea e che, in difetto di tale presupposto, l'attività del gestore non autorizzato avrebbe rilievo solo sul piano della responsabilità aquiliana.

Si è ormai chiarito, infatti, che il discrimine tra responsabilità contrattuale e responsabilità extracontrattuale va ricercato (non già nella fonte, ma) nella natura della situazione giuridica violata: se si tratta di obbligazioni, anche se non derivanti da contratto, la violazione dà luogo a responsabilità contrattuale; se invece essa consiste nel dovere generale di rispetto delle situazioni giuridiche altrui, la responsabilità ha carattere extracontrattuale.

La disciplina dell'attività degli amministratori regola, in realtà, il corretto svolgimento dell'amministrazione della società e sono quindi applicabili non solo a coloro che sono stati immessi, nelle forme stabilite dalla legge, nelle funzioni di amministratore, ma anche a coloro che si sono ingeriti nella gestione della società senza aver ricevuto da parte dell'assemblea alcuna investitura, neppure irregolare o implicita.

Ne deriva che **anche i c.d. amministratori di fatto sono assoggettati alla disci-**

plina della **responsabilità propria degli amministratori** di cui agli artt. 2392 ss. c.c. (Cass., n. 6719, del 12 marzo 2008).
Alle medesime conclusioni deve pervenirsi riguardo alla **responsabilità penale degli amministratori di fatto**, avendo la Suprema Corte al riguardo precisato che «perché si possa configurare il ruolo di amministratore di fatto di una società non è indispensabile una visibilità di tale ruolo anche all'esterno. La funzione può ben essere svolta nell'ombra facendo apparire all'esterno il solo amministratore di diritto; ciò che rileva è solo che le decisioni siano da ricondurre alla volontà dell'amministratore di fatto, eventualmente anche in concorso con l'amministratore di diritto che non necessariamente deve avere avuto il ruolo di un mero prestanome» (Cass., n. 35955, del 6 maggio 2008).

4. Il collegio sindacale.

Il collegio sindacale è l'**organo di controllo interno** della società per azioni, **con funzioni di vigilanza sulla gestione della società**.

Dopo la riforma del 2003 il collegio sindacale **non esercita più il controllo contabile**, affidato ora ad una società di revisione o ad un revisore contabile esterni alla società.

Permangono, tuttavia, alcuni **obblighi di vigilanza e di intervento** riguardanti la materia contabile che derivano dalla funzione generale di controllo di legittimità e da apposite previsioni di carattere generale (il dovere di controllo sull'adeguatezza del sistema contabile di cui all'art. 2403 c.c.) o specifico (si pensi ad esempio alla relazione dei sindaci sul bilancio redatto dagli amministratori di cui all'art. 2429, comma 2, c.c.).

Ai sensi dell'art. 2397 c.c. il collegio sindacale deve essere composto da **tre o cinque membri effettivi**, soci o non soci. Devono inoltre essere nominati **due sindaci supplenti**. Almeno un membro effettivo ed uno supplente devono essere scelti tra i revisori legali iscritti nell'apposito registro. I restanti membri, se non iscritti in tale registro, devono essere scelti fra gli iscritti negli albi professionali individuati con decreto del Ministro della giustizia, o fra i professori universitari di ruolo, in materie economiche o giuridiche.

L'art. 2399 c.c. elenca le **cause di ineleggibilità e decadenza**.

I sindaci sono **nominati** per la prima volta nell'atto costitutivo e in seguito dall'assemblea, salvo il disposto degli artt. 2351, 2449 e 2450 c.c.

Controllati (gli amministratori) e controllanti (i sindaci) sono espressione, pertanto, del gruppo di comando all'interno dell'assemblea e ciò costituisce secondo la dottrina un motivo di scarsa funzionalità del sistema tradizionale.

Essi **restano in carica per tre esercizi** e scadono alla data dell'assemblea convocata per l'approvazione del bilancio relativo al terzo esercizio della carica. La cessazione dei sindaci per scadenza del termine ha effetto dal momento in cui il collegio è stato ricostituito.

La **revoca**, a garanzia della stabilita e dell'indipendenza del collegio sindacale, richiede la doppia condizione del ricorrere di una **giusta causa e** dell'**approvazione da parte del tribunale**. La revoca è di competenza dell'assemblea ordinaria, che provvede con delibera necessariamente contenente l'indicazione delle circostanze che integrano la giusta causa. Quest'ultima può ricorrere in caso di **grave inadempimento** degli obblighi inerenti all'ufficio o in circostanze obiettive che non consentano la prosecuzione del rapporto. In caso di **morte**, di **rinuncia** o di **decadenza** di un sindaco, subentrano i supplenti in ordine di età. I nuovi sindaci restano in carica fino alla prossima assemblea, la quale deve provvedere alla nomina dei sindaci effettivi e supplenti necessari per l'integrazione del collegio. I nuovi nominati scadono insieme con quelli in carica. Se con i sindaci supplenti non si completa il collegio sindacale, deve essere convocata l'assemblea perché provveda all'integrazione del collegio medesimo.

La nomina dei sindaci, con l'indicazione per ciascuno di essi del cognome e del nome, del luogo e della data di nascita e del domicilio, **e la cessazione dall'ufficio devono essere iscritte**, a cura degli amministratori, **nel registro delle imprese** nel termine di trenta giorni. Il collegio sindacale **deve riunirsi almeno ogni novanta giorni**. La riunione può svolgersi, se lo statuto lo consente indicandone le modalità, anche con mezzi di telecomunicazione.

Il sindaco che, senza giustificato motivo, non partecipa durante un esercizio sociale a due riunioni del collegio decade dall'ufficio.

Delle riunioni del collegio deve redigersi verbale, che viene trascritto nel libro delle adunanze e deliberazioni del collegio sindacale e sottoscritto dagli intervenuti. Il collegio sindacale è regolarmente costituito con la presenza della **maggioranza** dei sindaci e delibera a maggioranza assoluta dei presenti. Il **sindaco dissenziente** ha diritto di fare iscrivere a verbale i motivi del proprio dissenso.

4.1. Poteri e doveri dei sindaci.

Ai sensi dell'art. 2403 c.c. il collegio sindacale esercita la **funzione di controllo** vigilando sull'osservanza della legge e dello statuto, sul rispetto dei principi di corretta amministrazione e, in particolare, sull'adeguatezza dell'assetto organizzativo, amministrativo e contabile adottato dalla società e sul suo concreto funzionamento. Il codice civile detta una serie di disposizioni che, con l'obiettivo rendere effettiva la funzione di controllo sull'operato degli amministratori, attribuiscono **poteri** incisivi al collegio sindacale.

L'art. 2403-*bis* c.c., in particolare, attribuisce ai sindaci il **potere-dovere di**:

- **procedere**, anche individualmente, **ad atti di ispezione e di controllo**;
- **chiedere agli amministratori notizie**, anche con riferimento a società controllate, sull'andamento delle operazioni sociali o su determinati affari;
- **scambiare informazioni con i corrispondenti organi delle società controllate** in merito ai sistemi di amministrazione e controllo ed all'andamento generale dell'attività sociale.

Altre norme del codice civile attribuiscono ai sindaci ulteriori poteri quali, ad esempio, l'**esercizio dell'azione di responsabilità** nei confronti degli amministratori (art. 2393, comma 3, c.c.) e l'**impugnazione** delle delibere assembleari (art. 2377, comma 2, c.c.). Pur costituendo la funzione di controllo e di vigilanza il nucleo essenziale delle competenze del collegio sindacale, quest'ultimo è talvolta chiamato ad espletare anche una **funzione consultiva e di amministrazione attiva** (in sostituzione degli amministratori).

La **funzione consultiva** del collegio sindacale rinviene la sua più significativa espressione nelle osservazioni e proposte che la relazione al bilancio deve contenere. Il carattere propositivo della relazione implica che non si tratti di una mera funzione di controllo.

La **funzione di amministrazione attiva** è invece svolta dal collegio sindacale quando vengano a mancare l'amministratore unico o tutti gli amministratori. Il collegio deve in tal caso convocare d'urgenza l'assemblea e può compiere, nel frattempo, gli atti di ordinaria amministrazione (art. 2386, comma 5, c.c.).

Ai sensi dell'art. 2406 c.c., inoltre, in caso di omissione o di ingiustificato ritardo da parte degli amministratori, il collegio sindacale deve convocare l'assemblea ed eseguire le pubblicazioni prescritte dalla legge. Il collegio sindacale può altresì, previa comunicazione al presidente del consiglio di amministrazione, convocare l'assemblea qualora nell'espletamento del suo incarico ravvisi fatti censurabili di rilevante gravità e vi sia urgente necessità di provvedere.

4.2. La responsabilità dei sindaci.

In tema di **responsabilità**, l'art. 2407 c.c. stabilisce che «*i sindaci devono adempiere i loro doveri con la professionalità e la diligenza richieste dalla natura dell'incarico*».

L'articolo in esame prevede **due ipotesi di responsabilità**.

Una prima **responsabilità, diretta ed immediata**, che ha ad oggetto la verità delle attestazioni dei sindaci ed il segreto che questi devono conservare sui fatti e sui documenti di cui hanno conoscenza per ragione del loro ufficio.
Una seconda **responsabilità, concorrente con quella degli amministratori**, per i fatti o le omissioni di questi, qualora il danno non si sarebbe prodotto se i sindaci avessero vigilato in conformità agli obblighi della loro carica. Tale ipotesi di responsabilità prevede **quattro elementi costitutivi** della fattispecie:

- la **condotta illecita degli amministratori**;
- l'**omesso adempimento dell'obbligo di controllo** gravante sui sindaci;
- un **pregiudizio patrimoniale** a danno della società o di terzi;
- il **nesso di causalità** fra la condotta omissiva dei sindaci e il danno subito dalla società o dai terzi.

La **responsabilità** prevista in capo ai sindaci è **solidale**, cosicché il soggetto danneggiato potrà agire a sua discrezione anche nei confronti di uno o più sindaci, salvo il potere del convenuto di rivalersi, *pro quota*, nei confronti degli altri coobbligati.
Si applica la disciplina dell'azione di responsabilità contro gli amministratori (artt. 2393-2395 c.c.), in quanto compatibile.

5. I controlli esterni: la revisione legale dei conti e la denuncia di irregolarità al tribunale.

L'art. 2409-*bis* c.c., introduce per la generalità delle società per azioni il **principio della separazione tra le attività del collegio sindacale e quella di revisione legale dei conti, che è stata affidata**, in esito alla riforma del 2003 (ed alla susseguente novella del 2010 di cui al D.lgs. 39/10 che racchiude l'attuale disciplina), **ad un revisore contabile o ad una società di revisione legale iscritta nell'apposito registro** tenuto dal Ministero dell'economia. Si tratta dunque di un soggetto esterno rispetto alla società e non più di un suo organo.
Il secondo comma dell'articolo in esame prevede l'unica ipotesi in cui **la revisione legale dei conti può essere affidata al collegio sindacale limitatamente alle società che non sono tenute alla redazione del bilancio consolidato**. In tal caso il collegio sindacale è costituito da revisori legali iscritti nell'apposito registro. Il revisore esterno è **nominato** per la prima volta nell'at-

to costitutivo. Successivamente l'assemblea, su proposta motivata dell'organo di controllo, conferisce l'incarico di revisione legale dei conti e determina il corrispettivo spettante al revisore legale o alla società di revisione legale per l'intera durata dell'incarico e gli eventuali criteri per l'adeguamento di tale corrispettivo durante l'incarico.

L'incarico ha la **durata di tre esercizi**, con scadenza alla data dell'assemblea convocata per l'approvazione del bilancio relativo al terzo esercizio dell'incarico.

L'assemblea **revoca** l'incarico, sentito l'organo di controllo, quando ricorra una **giusta causa**, provvedendo contestualmente a conferire l'incarico a un altro revisore legale o ad altra società di revisione legale. Non costituisce giusta causa di revoca la divergenza di opinioni in merito ad un trattamento contabile o a procedure di revisione.

I compiti del soggetto deputato della revisione legale dei conti si sostanziano:

- nella **verifica**, con cadenza trimestrale, della **regolare tenuta della contabilità** e della corretta rilevazione nelle scritture contabili dei fatti di gestione;
- nella **verifica dei bilanci di esercizio** e, se redatto, del bilancio consolidato;
- nella **verifica della corrispondenza** di tali documenti alle risultanze delle scritture contabili e degli accertamenti eseguiti, e della conformità di essi alle norme che li disciplinano.

Proprio con riferimento al bilancio, il revisore o la società incaricata della revisione legale dei conti devono esprimere un vero e proprio giudizio, con apposita **relazione**, che deve essere depositata presso la sede sociale ai sensi dell'art. 2429 c.c. nei 15 giorni che precedono la data fissata per l'assemblea convocata per l'approvazione del bilancio.

Al fine di adempiere i doveri cui è tenuto, i soggetti incaricati della revisione legale dei conti hanno **poteri di ispezione e di richiesta** agli amministratori di documenti e notizie utili al controllo. Essi dovranno inoltre tempestivamente scambiare con il collegio sindacale tutte le **informazion**i rilevanti ai fini dell'espletamento dei rispettivi compiti (art. 2409-*septies* c.c.).

I revisori legali e le società di revisione legale rispondono in solido tra loro e con gli amministratori nei confronti della società che ha conferito l'incarico di revisione legale, dei suoi soci e dei terzi **per i danni derivanti dall'inadempimento ai loro doveri**. Nei rapporti interni tra i debitori solidali, essi sono responsabili nei limiti del contributo effettivo al danno cagionato.

Il **responsabile della revisione ed i dipendenti** che hanno collaborato all'attività di revisione contabile **sono responsabili, in solido tra loro, e con la società di revisione legale, per i danni conseguenti da propri inadempimenti o da fatti illeciti** nei confronti della società che ha conferito l'incarico e nei confronti dei terzi danneggiati. Essi sono responsabili entro i limiti del proprio contributo effettivo al danno cagionato.

L'azione di risarcimento nei confronti dei responsabili si prescrive nel termine di **cinque anni** dalla data della relazione di revisione sul bilancio d'esercizio o consolidato emessa al termine dell'attività di revisione cui si riferisce l'azione di risarcimento.

Nell'ambito dei controlli esterni viene collocato dalla dottrina il **controllo giudiziario** sulle gravi irregolarità poste in essere dagli amministratori.

Ai sensi dell'art. 2409, comma 1 c.c., «*Se vi è **fondato sospetto** che gli amministratori, in violazione dei loro doveri, abbiano compiuto **gravi irregolarità nella gestione** che possano arrecare **danno** alla società o a una o più società controllate, **i soci** che rappresentano il decimo del capitale sociale o, nelle società che fanno ricorso al mercato del capitale di rischio, il ventesimo del capitale **sociale possono denunziare i fatti al tribunale** con ricorso notificato anche alla società. Lo statuto può prevedere percentuali minori di partecipazione*».

In tema di **legittimazione attiva** l'ultimo comma dell'art. 2409 c.c. stabilisce che il procedimento può essere attivato anche dal collegio sindacale, dal consiglio di sorveglianza o dal comitato per il controllo sulla gestione, nonché, nelle società che fanno ricorso al mercato del capitale di rischio, dal pubblico ministero.

Presupposto dell'irregolarità è la **violazione dei canoni di corretta gestione**, ferma l'insindacabilità di questa nel merito. È imprescindibile, inoltre, l'**attualità delle irregolarità,** mentre non rileva che esse siano riferibili agli amministratori e non ai sindaci.

SEZIONE II – IL SISTEMA DUALISTICO

SOMMARIO:
1. Il consiglio di gestione. – **2.** Il consiglio di sorveglianza.

1. Il consiglio di gestione.

Come anticipato, il sistema dualistico, mutuato dall'ordinamento tedesco con alcuni significativi adattamenti, si caratterizza per la presenza di un **consiglio di gestione** e di un **consiglio di sorveglianza**.
L'adozione del sistema dualistico deve risultare da un'espressa volontà statutaria, altrimenti si applica il sistema tradizionale. Non è escluso, però, che la società decida di modificare nel corso della vita sociale il sistema di amministrazione e di controllo. Secondo l'opinione prevalente il passaggio da un modello all'altro costituisce modifica del contratto sociale e deve essere adottato dall'assemblea straordinaria con le forme e le modalità previste per le modifiche statutarie.
Ai sensi dell'art. 2409-*novies* c.c. il **consiglio di gestione** è l'organo deputato in via esclusiva alla **gestione della società** e svolge le funzioni proprie del consiglio di amministrazione nel sistema tradizionale.
È costituito da un numero di componenti, anche non soci, non inferiore a due.
I consiglieri sono **nominati** per la prima volta nell'atto costitutivo e in seguito dal consiglio di sorveglianza. Alle cause di ineleggibilità e di decadenza previste per gli amministratori nel sistema tradizionale, si aggiunge l'incompatibilità con la carica di consigliere di sorveglianza e ciò a garanzia dell'indipendenza dei due organi.
I componenti del consiglio di gestione restano in carica per un periodo non superiore a tre esercizi e sono rieleggibili, salva diversa previsione statutaria.
Il consiglio di sorveglianza può deliberare la **revoca** dei consiglieri di gestione in qualunque tempo, salvo il diritto al risarcimento dei danni se la revoca avviene senza giusta causa. Ferma restando l'applicazione della disciplina prevista per l'**azione di responsabilità** contro gli amministratori nel sistema tradizionale, l'art. 2409-*decies* c.c. estende la **legittimazione attiva** anche al consiglio di sorveglianza.
La relativa deliberazione è assunta dalla maggioranza dei componenti del con-

siglio di sorveglianza e, se è presa a maggioranza dei due terzi dei suoi componenti, importa la **revoca** dall'ufficio dei consiglieri di gestione contro cui è proposta, alla cui sostituzione provvede contestualmente lo stesso consiglio di sorveglianza. L'azione può essere esercitata dal consiglio di sorveglianza entro cinque anni dalla cessazione dell'amministratore dalla carica. Il consiglio di sorveglianza può rinunziare all'esercizio dell'azione di responsabilità e può transigerla, purché la rinunzia e la transazione siano approvate dalla maggioranza assoluta dei componenti del consiglio di sorveglianza e purché non si opponga la percentuale di soci indicata nell'ultimo comma dell'art. 2393 c.c. La rinuncia all'azione da parte della società o del consiglio di sorveglianza non impedisce l'esercizio delle azioni previste dagli artt. 2393-*bis*, 2394 e 2394-*bis* c.c.

2. Il consiglio di sorveglianza.

Al consiglio di sorveglianza, estraneo all'attività di gestione della società, sono demandate la funzione di controllo, di spettanza del collegio sindacale nel sistema tradizionale, e alcune competenze dell'assemblea dei soci.
Ai sensi dell'art. 2409-*duodecies* c.c. il consiglio di sorveglianza viene **nominato** per la prima volta con l'atto costitutivo della società. Successivamente, il potere di nomina compete all'assemblea, che indica anche il presidente del consiglio di sorveglianza, i cui poteri, invece, sono delineati dallo statuto.
Il **numero** di soggetti componenti il consiglio di sorveglianza, deve essere indicato dallo statuto. In ogni caso i componenti del consiglio di sorveglianza non potranno essere in numero inferiore a tre, e potranno essere anche non soci. Almeno un componente effettivo del consiglio di sorveglianza deve essere scelto tra i revisori legali iscritti nell'apposito registro. Lo statuto, inoltre, può subordinare l'assunzione della carica al possesso di particolari requisiti di onorabilità, professionalità e indipendenza.
Non possono essere eletti alla carica di componente del consiglio di sorveglianza e, se eletti, decadono dall'ufficio:

- coloro che si trovano nelle condizioni previste dall'art. 2382 c.c. (cause di ineleggibilità e di decadenza degli amministratori);
- i componenti del consiglio di gestione;
- coloro che sono legati alla società o alle società da questa controllate o a quelle sottoposte a comune controllo da un rapporto di lavoro o da un rapporto continuativo di consulenza o di prestazione d'opera retribuita che ne compromettano l'indipendenza.

Lo statuto può prevedere altre cause di ineleggibilità o decadenza, nonché cause di incompatibilità e limiti e criteri per il cumulo degli incarichi.
I componenti del consiglio di sorveglianza restano in carica per **tre esercizi** e sono rieleggibili, salvo diversa disposizione dello statuto.
Sono **revocabili dall'assemblea in qualunque tempo** con deliberazione adottata con la maggioranza prevista per l'esercizio dell'azione sociale di responsabilità, salvo il diritto al risarcimento dei danni, se la revoca avviene senza giusta causa. Se nel corso dell'esercizio vengono a mancare uno o più componenti del consiglio di sorveglianza, l'assemblea provvede senza indugio alla loro sostituzione.
Per quanto concerne le **competenze**, il consiglio di sorveglianza esercita innanzitutto le **funzioni** proprie **del collegio sindacale nel sistema tradizionale** richiamate dall'art. 2409-*terdecies* c.c. In particolare:

- ha il compito di **vigilanza** di cui all'art. 2403 c.c., che si estende al controllo dell'adeguatezza e concreta funzionalità della struttura organizzativa, amministrativa e contabile della società;
- presenta la **denunzia al tribunale** *ex* art. 2409 c.c.;
- **riferisce** per iscritto almeno una volta all'anno all'assemblea sull'attività di vigilanza svolta, **sulle omissioni e sui fatti censurabili rilevati**;
- è **destinatario della denunzia dei soci** *ex* art. 2408 c.c.;
- i suoi componenti devono **assistere alle assemblee** e possono assistere alle adunanze del consiglio di gestione;
- ha dei **poteri e diritti di informazione** nei confronti del consiglio di gestione, del soggetto che esercita la revisione dei conti e dei corrispondenti organi delle società controllate.

Quanto alla **funzione deliberativa**, il consiglio di sorveglianza:

- **nomina e revoca** i componenti del consiglio di gestione; ne determina il compenso, salvo che la relativa competenza sia attribuita dallo statuto all'assemblea;
- **approva il bilancio di esercizio** e, ove redatto, il bilancio consolidato. Lo statuto, tuttavia, può prevedere che in caso di mancata approvazione del bilancio o qualora lo richieda almeno un terzo dei componenti del consiglio di gestione o del consiglio di sorveglianza la competenza per l'approvazione del bilancio di esercizio sia attribuita all'assemblea;

- promuove l'esercizio dell'**azione di responsabilità** nei confronti dei componenti del consiglio di gestione;
- se previsto dallo statuto, delibera in ordine alle **operazioni strategiche** e ai **piani** industriali e finanziari della società predisposti dal consiglio di gestione, ferma in ogni caso la responsabilità di questo per gli atti compiuti.

I componenti del consiglio di sorveglianza, in base all'art. 2409-*terdecies*, co. 3, c.c., devono adempiere i loro doveri con la **diligenza richiesta dalla natura dell'incarico** e sono **responsabili solidalmente con i componenti del consiglio di gestione** per i fatti o le omissioni di questi quando il danno non si sarebbe prodotto se avessero vigilato in conformità degli obblighi della loro carica.

Non sono richiamate, invece, le disposizioni in tema di **responsabilità verso i creditori sociali ed i singoli soci o terzi**, ma la dottrina ritiene che il vuoto possa essere colmato dall'affermata applicabilità al consiglio di gestione e al consiglio di sorveglianza delle norme relative agli amministratori e ai sindaci, se non diversamente disposto (CAMPOBASSO).

SEZIONE III – IL SISTEMA MONISTICO

SOMMARIO:
1. Il consiglio di amministrazione. – 2. Il consiglio di controllo sulla gestione.

1. Il consiglio di amministrazione.

L'altro modello di amministrazione e controllo, adottabile per espressa scelta statutaria in alternativa al modello tradizionale, è il sistema monistico di matrice anglosassone. Esso è imperniato su un consiglio di amministrazione, preposto alla gestione dell'impresa, e su un comitato per il controllo costituito al suo interno e composto da amministratori indipendenti, con funzioni di controllo sulla gestione. Tale modello si caratterizza, pertanto, per la **concentrazione delle funzioni di amministrazione e di controllo in un unico organo**. Lo scopo pratico perseguito dal legislatore è di **favorire la circolazione delle informazioni**.

Il **consiglio di amministrazione** è soggetto alla medesima disciplina prevista per gli amministratori nel sistema tradizionale, salvo alcune peculiarità determinate dal fatto che al suo interno devono essere nominati i membri del comitato di controllo sulla gestione. Ai sensi del secondo comma dell'art. 2409-*septiesdecies* c.c., invero, «*almeno un terzo dei componenti del consiglio di amministrazione deve essere in possesso dei **requisiti di indipendenza stabiliti per i sindaci** dall'articolo 2399, primo comma, e, se lo statuto lo prevede, di quelli al riguardo previsti da codici di comportamento redatti da associazioni di categoria o da società di gestione di mercati regolamentati*». I requisiti di indipendenza sono preordinati a garantire l'equilibrio e l'efficienza del sistema monistico. Essi sono prescritti, invero, per una percentuale qualificata dei consiglieri affinché questi possano prevenire l'opportunismo degli altri membri dell'organo consiliare o del gruppo azionario di controllo, tutelando le aspettative della minoranza e dei terzi.

2. Il comitato per il controllo sulla gestione.

Nell'ambito del consiglio di amministrazione, sono designati i membri del comitato per il controllo sulla gestione. In base all'art. 2409-*octiesdecies* c.c. la

nomina è effettuata direttamente dal consiglio di amministrazione, che ne determina anche il numero, salvo diversa previsione statutaria.
Nell'ipotesi di società che fanno ricorso al mercato del capitale di rischio, i membri del comitato non possono essere inferiori a tre.
Secondo la dottrina la **nomina dei controllori da parte dei controllati** è il vero punto debole del sistema monistico e rischia seriamente di depotenziare la funzione di controllo. Oltre ai **requisiti di indipendenza** dei componenti del consiglio di amministrazione, i membri del comitato per il controllo sulla gestione devono possedere requisiti di **onorabilità** e **professionalità** eventualmente stabiliti nello statuto e non possono essere membri del comitato esecutivo o destinatari di deleghe o particolari cariche sociali.
Ai sensi del secondo comma dell'art. 2409-*octiesdecies* c.c., infine, i membri del comitato per il controllo **non possono** comunque **svolgere,** anche solo in punto di mero fatto, **funzioni attinenti alla gestione** dell'impresa sociale o di società che la controllano o ne sono controllate. È inoltre previsto che almeno uno dei componenti il comitato per il controllo sia iscritto nel registro dei revisori contabili. In caso di **morte**, **rinunzia**, **revoca** o **decadenza** di un componente del comitato per il controllo sulla gestione, il consiglio di amministrazione provvede senza indugio a sostituirlo scegliendolo tra gli altri amministratori in possesso dei requisiti previsti dai commi precedenti; se ciò non è possibile, provvede senza indugio a norma dell'art. 2386 c.c. scegliendo persona provvista dei suddetti requisiti. Il comitato per il controllo svolge **funzioni** sostanzialmente coincidenti con quelle del collegio sindacale:

- **elegge** al suo interno, a maggioranza assoluta dei suoi membri, il presidente;
- **vigila** sull'adeguatezza della struttura organizzativa della società, del sistema di controllo interno e del sistema amministrativo e contabile, nonché sulla sua idoneità a rappresentare correttamente i fatti di gestione;
- è **destinatario delle denunzie** dei soci di fatti censurabili *ex* art. 2408 c.c. e può a sua volta **presentare denunzia al tribunale** *ex* art. 2409 c.c. ove riscontri gravi irregolarità di gestione potenzialmente dannose per il patrimonio sociale;
- svolge gli **ulteriori compiti** affidatigli dal consiglio di amministrazione con particolare riguardo ai rapporti con il soggetto incaricato di effettuare la revisione legale dei conti.

SCHEDA DI SINTESI

La società per azioni si caratterizza per la necessaria previsione di un'**organizzazione di tipo corporativo** basata sulla presenza di una pluralità di organi sociali, investiti per legge delle seguenti funzioni: **la funzione deliberativa o decisionale**; **la funzione amministrativa** e **la funzione di controllo**.
Sono previsti tre sistemi di amministrazione: il **sistema tradizionale** fondato sulla presenza di **due organi di nomina assembleare**: l'organo amministrativo (**amministratore unico o consiglio di amministrazione**) e il **collegio sindacale** (con funzioni anche di controllo contabile); il **sistema dualistico** (artt. 2409-*octies*-2409-*quinquiesdecies* c.c.), di derivazione tedesca, in cui l'attività di gestione e di controllo sono esercitate rispettivamente dal **consiglio di sorveglianza** (nominato dall'assemblea dei soci) e un **consiglio di gestione** (nominato dal consiglio di sorveglianza); il c.d. **sistema monistico** (artt. 2409 *sexiesdecies* - 2409-*noviesdecies* c.c.), di derivazione anglosassone, in cui l'attività di gestione e di controllo sono affidate rispettivamente al **consiglio di amministrazione** (nominato dall'assemblea) e ad un **comitato di controllo sulla gestione costituito** da alcuni membri del consiglio di amministrazione stesso, dotati di particolari requisiti di indipendenza e professionale. In tutti e tre i modelli organizzativi esaminati, il **controllo contabile**, in passato esercitato dal collegio sindacale, **è ora affidato ad un organo esterno alla società** (**revisore o società di revisione**). L'assemblea è l'**organo deliberativo** della società per azioni composto dalle persone dei soci. In linea generale, le **competenze** dell'organo assembleare riguardano le decisioni relative all'assetto strutturale e organizzativo interno dell'ente (modificazioni dell'atto costitutivo), la nomina, diretta o indiretta, degli altri organi sociali e la valutazione periodica dell'andamento dell'impresa sociale (l'approvazione del bilancio).
In base all'art. 2380-*bis* c.c. **la gestione dell'impresa spetta esclusivamente agli amministratori e consiste**, in linea generale, **nel compimento delle operazioni necessarie per l'attuazione dell'oggetto sociale**. Gli amministratori hanno una **competenza generale nel governo della società** e deliberano su tutti gli argomenti che la legge non riserva espressamente all'assemblea, le cui competenze sono definite tassativamente dal legislatore.
L'attività di gestione della società può essere affidata ad un consiglio di amministrazione o ad un amministratore unico.
Il consiglio di amministrazione è un **organo collegiale** che delibera secondo il **principio maggioritario** ed elegge al suo interno un presidente, se questo non è già stato nominato dall'assemblea. Se l'atto costitutivo o l'assemblea lo consentono, il consiglio di amministrazione può delegare alcune competenze al **comitato esecutivo o ad uno o più amministratori delegati** (art. 2381, comma 2, c.c.). Il collegio sindacale è l'**organo di controllo interno** della società per azioni, **con funzioni di vigilanza sulla gestione della società**.
Dopo la riforma del 2003 il collegio sindacale **non esercita più il controllo contabile**, affidato ora ad una società di revisione o ad un revisore contabile esterni alla società. Nel sistema dualistico il **consiglio di gestione** è l'organo deputato in via

CAPITOLO VII | GLI ORGANI SOCIALI

esclusiva alla **gestione della società** e svolge le funzioni proprie del consiglio di amministrazione nel sistema tradizionale.

Al **consiglio di sorveglianza**, estraneo all'attività di gestione della società, sono demandate la funzione di controllo, di spettanza del collegio sindacale nel sistema tradizionale, e alcune competenze dell'assemblea dei soci.

L'altro modello di amministrazione e controllo, adottabile per espressa scelta statutaria in alternativa al modello tradizionale, è il sistema monistico di matrice anglosassone. Esso è imperniato su un consiglio di amministrazione, preposto alla gestione dell'impresa, e su un comitato per il controllo costituito al suo interno e composto da amministratori indipendenti, con funzioni di controllo sulla gestione. Tale modello si caratterizza, pertanto, per la **concentrazione delle funzioni di amministrazione e di controllo in un unico organo**.

QUESTIONARIO

1. Quali sono le competenze dell'assemblea ordinaria nel sistema tradizionale? (**Sez. I, 2**)
2. Che cosa si intende per quorum costitutivo e quorum deliberativo? (**Sez. I, 2.1.**)
3. A chi spetta il diritto di intervento in assemblea? (**Sez. I, 2.2.**)
4. In tema di conflitto di interessi, quali sono le condizioni richieste dalla legge affinché la deliberazione assembleare sia annullata? (**Sez. I, 2.2.**)
5. Quali sono le cause di invalidità delle deliberazioni assembleari? (**Sez. I, 2.3.**)
6. Quali sono le competenze dell'organo amministrativo? (**Sez. I, 3**)
7. Qual è la disciplina della responsabilità degli amministratori? (**Sez. I, 3.2.**)
8. Qual è l'organo titolare della funzione di controllo nel sistema tradizionale? (**Sez. I, 4**)
9. Oltre alla funzione di controllo, quali altre funzioni competono al collegio sindacale? (**Sez. I, 4.1.**)
10. A quale organo è affidata la revisione dei conti? (**Sez. I, 5**)
11. Quali sono le condizioni richieste per la denuncia al tribunale in caso di gravi irregolarità? (**Sez. I, 5**)
12. Quali sono le caratteristiche principali del sistema dualistico? (**Sez. II**)
13. Quali sono le caratteristiche principali del sistema monistico? (**Sez. III**)

Capitolo VIII
Le scritture contabili ed il bilancio

Sommario:
1. I libri sociali. – **2.** Il bilancio di esercizio. Nozione e principi fondamentali. – **3.** La struttura del bilancio. – **3.1.** Lo stato patrimoniale. – **3.2.** Il conto economico. – **3.3.** La nota integrativa. – **3.4.** Il rendiconto finanziario. – **3.5.** Gli allegati al bilancio. – **4.** I criteri di valutazione. – **5.** I procedimento di formazione ed approvazione del bilancio. – **6.** Le riserve e la distribuzione degli utili. – **7.** Il bilancio in forma abbreviata ed il bilancio consolidato di gruppo.

1. I libri sociali.

La società per azioni, come **imprenditore commerciale**, è obbligata innanzitutto a tenere i libri indicati nell'art. 2214 c.c.:

- il **libro giornale** che indica, in ordine cronologico, tutte le operazioni relative all'esercizio dell'impresa;
- il **libro degli inventari**;
- tutte **le altre scritture contabili** richieste dalla natura e dalle dimensioni dell'impresa.

Ad essi si aggiungono i libri sociali obbligatori indicati dall'art. 2421 c.c. L'art. 2422 c.c. riconosce il **diritto di ispezione dei libri sociali**:

- ai **soci** (libro dei soci ed al libro delle adunanze e delle deliberazioni dell'assemblea);
- al **rappresentante comune degli obbligazionisti** (libro delle obbligazioni ed al libro delle adunanze e delle deliberazioni dell'assemblea);
- al **rappresentante comune dei possessori di strumenti finanziari ed ai singoli possessori** (libro degli strumenti finanziari);
- ai **singoli obbligazionisti** (libro delle adunanze e delle deliberazioni delle assemblee degli obbligazionisti).

2. Il bilancio di esercizio. Nozione e principi fondamentali.

Il bilancio di esercizio è un documento contabile, redatto annualmente dagli amministratori e sottoposto all'approvazione dell'assemblea dei soci (o del consiglio di sorveglianza nel sistema dualistico), che descrive in modo veritiero e corretto la **situazione patrimoniale e finanziaria** della società e il **risultato economico** dell'esercizio.

Dal suo esame, in sostanza, è possibile desumere la presenza di utili o di perdite nel corso dell'esercizio ed ha per questo motivo una valenza informativa fondamentale per tutti i soggetti (soci, creditori sociali, investitori) che, a diverso titolo, sono interessati alla solidità finanziaria della società.

Il bilancio di esercizio, inoltre, ha rilievo anche per l'applicazione della normativa tributaria poiché rappresenta il parametro di riferimento per la tassazione periodica del reddito della società. Esso è costituito:

- dallo **stato patrimoniale**;
- dal **conto economico**;
- dalla **nota integrativa**;
- dal **rendiconto finanziario** (e ciò a seguito della recente modifica del Codice civile, operata dal d.lgs. 18 agosto 2015, n. 139).

Deve inoltre essere accompagnato dalla **relazione** sulla gestione degli **amministratori**, nonché dalle relazioni del **collegio sindacale** e del **revisore contabile**. Prima di esaminare in dettaglio la struttura del bilancio di esercizio, è opportuno soffermare l'attenzione sui **principi fondamentali** che devono orientare la sua redazione.

Ai sensi dell'art. 2423, comma 2, c.c. «*il bilancio deve essere redatto con chiarezza e deve rappresentare in modo veritiero e corretto la situazione patrimoniale e finanziaria della società e il risultato economico dell'esercizio*».

Il **principio di chiarezza** implica la necessità di un'esposizione ordinata, univoca, analitica e comprensibile delle voci dei conti ed impone la redazione del conto economico e dello stato patrimoniale secondo gli schemi obbligatori dettati dagli artt. 2424 e 2425 c.c.

Il **principio di verità** impone di assumere un atteggiamento il più possibile neutrale ed oggettivo. Il relativismo rimane tuttavia un dato ineliminabile perché le singole voci inserite in un bilancio si prestano sempre ad una valutazione soggettiva da parte di chi procede alla sua redazione.

Il **principio di correttezza** implica il riferimento a criteri tecnicamente corretti e richiede che la comunicazione avvenga in modo non deviante. Il concetto è funzionale alla verità e implica il rinvio ai corretti principi contabili.

3. La struttura del bilancio.

Il bilancio di esercizio si compone, come anticipato, di due elaborati contabili (**stato patrimoniale** e **conto economico**) e di una **nota integrativa**. L'art. 2423-*ter* c.c. detta le **regole generali**, ispirate dal principio di chiarezza, che devono essere rispettate nella redazione di tali documenti.

3.1. Lo stato patrimoniale.

Lo stato patrimoniale indica le **attività** e le **passività** del patrimonio sociale, esprime la **situazione finanziaria** della società nel giorno della chiusura dell'esercizio e consente l'immediata conoscenza del **patrimonio netto**.

Esso deve essere redatto a colonne (si iscrivono prima le attività, poi il patrimonio netto e le passività) secondo lo schema obbligatorio fissato dall'art. 2424 c.c., ispirato al **principio di chiarezza**. La sezione dell'**attivo** comprende:

- i **crediti** verso i soci per versamenti sui conferimenti ancora dovuti;
- le **immobilizzazioni**, cioè le attività strumentali all'esercizio dell'attività produttiva e non destinate alla rivendita;
- l'**attivo circolante**, cioè destinato a tradursi in denaro entro o oltre l'esercizio successivo, oppure già rappresentato da disponibilità liquide;
- i **ratei** e i **risconti attivi**. I primi sono proventi di competenza dell'esercizio, ma esigibili in esercizi successivi. I secondi sono costi sostenuti nell'esercizio, ma di competenza di esercizi successivi.

La sezione del **passivo** comprende:

- il **patrimonio netto** della società, composto dal capitale sociale nominale e dai diversi tipi di riserve, distinte a seconda della fonte;
- i **fondi per rischi e oneri**, cioè accantonamenti destinati a coprire perdite o debiti certi o probabili, ma dei quali alla chiusura dell'esercizio risulta ancora indeterminato il *quantum* o la data di sopravvenienza;
- il **trattamento di fine rapporto di lavoro subordinato**;
- i **debiti**;
- i **ratei** e i **risconti passivi**. I primi sono costi di competenza dell'esercizio, ma che saranno effettivamente sopportati negli eser-

cizi successivi. I secondi sono proventi percepiti nell'esercizio, ma di competenza di esercizi successivi.

In calce allo stato patrimoniale dovevano, fino alla recente abrogazione del comma 3 dell'art. 2424 c.c., risultare le garanzie prestate direttamente o indirettamente; dovevano inoltre risultare gli altri **conti d'ordine**, la cui funzione era quella di informare sull'esistenza di rischi e impegni futuri non incidenti attualmente sul patrimonio sociale.

Vi è comunque chi ritiene che, a dispetto dell'abrogazione, la società sia comunque tenuta ad esporre nel proprio bilancio, in forza dei principi di verità, chiarezza e correttezza, i valori prima ricomprese nei conti d'ordine.

3.2. Il conto economico.

Il conto economico indica il **risultato economico dell'esercizio** (utile o perdita) attraverso la rappresentazione dei costi e degli oneri sostenuti, nonché dei ricavi e degli altri proventi conseguiti nell'esercizio.

Esso deve essere redatto in forma espositiva scalare secondo lo schema obbligatorio previsto dall'art. 2425 c.c. e contenere:

- il **valore della produzione**, cioè i ricavi determinati dalle vendite e dalle prestazioni effettuate dalla società e gli altri ricavi e proventi;
- i **costi della produzione** che la società ha dovuto sostenere nello svolgimento della propria attività durante l'esercizio. Dalla differenza tra il valore della produzione e i costi della produzione si ottiene il risultato lordo della gestione ordinaria della società;
- i **proventi** e gli **oneri finanziari** derivanti dalla partecipazione in altre imprese, nonché dei ricavi determinati da prestiti di denaro e dei costi sostenuti per ottenere prestiti di denaro;
- le **rettifiche di valore di attività finanziarie** dovute a rivalutazioni o svalutazioni delle stesse;
- i **proventi** e gli **oneri straordinari**.

3.3. La nota integrativa.

La nota integrativa è un documento di natura non contabile che **illustra e specifica le voci dello stato patrimoniale e del conto economico**.

L'art. 2347 c.c. detta alcune regole relative al contenuto minimo della nota integrativa.

La quantità delle informazioni, il livello di analisi delle voci e la strutturazione della nota integrativa dipenderanno essenzialmente dalle dimensioni e dalla tipologia di attività espletata dalla società.

3.4. Il rendiconto finanziario.

Il rendiconto finanziario è un documento di natura contabile dal quale devono risultare, per l'esercizio a cui è riferito il bilancio e per quello precedente, l'ammontare e la composizione delle disponibilità liquide della società, all'inizio e alla fine dell'esercizio, ed i flussi finanziari dell'esercizio derivanti dall'attività operativa, da quella di investimento, da quella di finanziamento, ivi comprese, con autonoma indicazione, le operazioni con i soci (cfr. l'art. 2425 ter, recentemente introdotto dal d.lgs. 139/2015).

Si tratta in sostanza di un prospetto contabile che presenta le variazioni, positive o negative, delle **disponibilità liquide** (depositi bancari e postali, assegni, denaro e valori in cassa) avvenute nell'esercizio, determinate da **flussi finanziari**, a loro volta derivanti dall'**attività operativa** (produzione, distribuzione, ovvero acquisto di beni e servizi), dall'**attività di investimento** (acquisto e vendita di determinate categorie di beni, quali beni immobili, macchinari, o azioni e quote di partecipazione in altre società) e dall'**attività di finanziamento** (comprensiva, quest'ultima, delle operazioni di ottenimento e di restituzione delle disponibilità liquide sotto forma di capitale di rischio o di capitale di debito) della società.

3.5. Gli allegati al bilancio.

Ai sensi dell'art. 2428 c.c. al bilancio deve essere allegata dagli amministratori la c.d. **relazione sulla gestione**. La relazione sulla gestione **deve contenere**, in particolare, **un'analisi fedele, equilibrata ed esauriente della situazione della società e dell'andamento e del risultato della gestione**, nel suo complesso e nei vari settori in cui essa ha operato, anche attraverso imprese controllate, con particolare riguardo ai costi, ai ricavi e agli investimenti, **nonché una descrizione dei principali rischi e incertezze cui la società è esposta**.

Si differenzia, pertanto, dalla nota integrativa perché non è parte integrante del bilancio ma si colloca al di fuori di esso ed assolve la **funzione di resoconto sulla gestione della società e delle sue prospettive**.

Il progetto di bilancio e la relazione sulla gestione devono essere comunicati dagli amministratori al collegio sindacale ed al soggetto incaricato della revisione legale dei conti almeno trenta giorni prima di quello fissato per l'assemblea che deve discuterlo.

Il collegio sindacale deve a sua volta inviare all'assemblea **una relazione** contenente i risultati dell'esercizio sociale, l'attività svolta nell'adempimento dei propri doveri, le osservazioni e le proposte in ordine al bilancio e alla sua approvazione.
Anche **il soggetto incaricato della revisione legale dei conti** deve redigere una relazione avente ad oggetto il c.d. **giudizio sul bilancio**.
Il **giudizio** può essere:

- **senza rilievi**, se il bilancio è pienamente conforme alle norme che ne stabiliscono i criteri di redazione e se rispetta i principi di chiarezza, verità e correttezza;
- **con rilievi**, attinenti all'obbligo di chiarezza e veridicità con cui deve essere redatto il bilancio;
- **negativo**, in caso di accertate violazioni;
- può infine consistere in una dichiarazione di impossibilità a rilasciare un giudizio.

4. I criteri di valutazione.

La redazione del bilancio impone gli amministratori la valutazione di alcuni cespiti patrimoniali. Si tratta di un'attività che chiama in causa giudizi non scevri da margini di apprezzamento discrezionali, che possono avere un'importanza decisiva nella determinazione del risultato finale dell'esercizio.
Si pensi, ad esempio, al caso della sopravvalutazione arbitraria di attività o alla sottovalutazione di passività, che possono condurre, attraverso la simulazione di un utile di esercizio, dovuto al maggior valore dell'attivo rispetto al passivo, alla falsa rappresentazione della situazione complessiva della società. Si pensi, ancora, alla sopravvalutazione di passività che, deprimendo l'utile della società, conducono alla formazione di "riserve occulte", ossia di utili che la società ha effettivamente conseguito, ma che non risultano dal bilancio per il gioco delle valutazioni (CAMPOBASSO). Per tale ragione, l'art. 2423-bis c.c. impone agli amministratori l'obbligo del rispetto di una serie di principi (ulteriori rispetto a quelli visti nel paragrafo 2) quali, ad esempio, quello di prudenza, in forza del quale i profitti non realizzati non devono essere contabilizzati, mentre tutte le perdite, anche se non definitivamente realizzate, devono essere riportate nel bilancio, o quello di continuità, che impone la valutazione dei beni nella prospettiva della continuazione dell'attività e tenendo conto della funzione economica dell'elemento del passivo o dell'attivo considerato.

Specifiche regole sono stabilite dall'art. 2426 c.c. per determinate categorie di beni: per le immobilizzazioni (vale a dire per quei beni, definiti dall'art. 2424 bis, comma 1, che non esauriscono la propria utilità per la società in un solo esercizio, ma che, al contrario, manifestano benefici economici in un arco temporale di più esercizi e che si distinguono in **materiali**, come ad es. i macchinari, **immateriali**, come ad es. i brevetti o i marchi e **finanziarie**, come ad es. le partecipazioni in società) quello del c.d. costo storico, ossia il costo sostenuto dalla società per acquistare o produrre il bene in questione.

Ulteriori criteri sono specificati per altre categorie di beni, come ad esempio le immobilizzazioni finanziarie costituite da partecipazioni in imprese collegate o controllate, che possono essere iscritte secondo il metodo del valore netto, tarato sul valore del patrimonio netto della società partecipata o controllata.

5. Il procedimento di formazione e approvazione del bilancio.

Il **procedimento** di formazione e di approvazione del bilancio **nel sistema tradizionale** ed in quello **monistico coinvolge tutti gli organi sociali**, nonché il soggetto incaricato del controllo contabile e si articola nel seguente modo:

- gli **amministratori** redigono il progetto bilancio e la relazione sulla gestione e li inviano al collegio sindacale ed al soggetto incaricato della revisione legale dei conti;
- il **collegio sindacale** (o il comitato di controllo sulla gestione del sistema monistico) redige la propria relazione sulla base dei documenti forniti dagli amministratori;
- il **revisore legale dei conti** esprime il giudizio sul bilancio;
- il bilancio, con le copie integrali dell'ultimo bilancio delle società controllate e un prospetto riepilogativo dei dati essenziali dell'ultimo bilancio delle società collegate, deve restare depositato in copia nella sede della società, insieme con le relazioni degli amministratori, dei sindaci e del soggetto incaricato della revisione legale dei conti, durante i quindici giorni che precedono l'assemblea, e finché sia approvato. I soci possono prenderne visione;
- l'**assemblea ordinaria** delibera l'approvazione del bilancio.

Nel **sistema dualistico**, invece, il bilancio è redatto dal consiglio di gestione ed è approvato dal consiglio di sorveglianza, salvo che lo statuto preveda l'approvazione da parte dell'assemblea in caso di mancata approvazione del consiglio di sorveglianza o quando ne sia fatta richiesta da almeno un terzo dei membri del consiglio di gestione o del consiglio di sorveglianza.

Entro trenta giorni dall'approvazione **una copia del bilancio**, corredata dalle relazioni di cui agli artt. 2428 e 2429 c.c. e dal verbale di approvazione dell'assemblea o del consiglio di sorveglianza, **deve essere**, a cura degli amministratori, **depositata presso l'ufficio del registro delle imprese** o spedita al medesimo ufficio a mezzo di lettera raccomandata.

Per quanto concerne l'**invalidità della delibera dell'approvazione del bilancio**, l'art. 2434-*bis* c.c. stabilisce che **le azioni di nullità ed annullabilità** previste dagli artt. 2377 e 2379 c.c. **non possono essere proposte nei confronti delle deliberazioni di approvazione del bilancio dopo che è avvenuta l'approvazione del bilancio dell'esercizio successivo**.

La **legittimazione** ad impugnare la deliberazione di approvazione del bilancio su cui il soggetto incaricato di effettuare la revisione legale dei conti ha emesso un giudizio privo di rilievi spetta a tanti soci che rappresentino almeno il cinque per cento del capitale sociale.

6. Le riserve e la distribuzione degli utili.

Ai sensi dell'art. 2433 c.c. l'assemblea che approva il bilancio delibera sulla distribuzione degli utili ai soci. Nel sistema dualistico l'assemblea provvede alla distribuzione degli utili dopo l'approvazione del bilancio da parte del consiglio di sorveglianza. Sono previsti, però alcuni, **limiti alla distribuzione degli utili**. Un primo limite, di carattere generale, è contenuto nel secondo comma dell'art. 2433 c.c. che vieta la distribuzione di **utili non realmente conseguiti e non risultanti dal bilancio** regolarmente approvato.

Il comma terzo dell'articolo in esame stabilisce inoltre che se si verifica una **perdita del capitale sociale**, non può farsi luogo a ripartizione di utili fino a che il capitale non sia reintegrato o ridotto in misura corrispondente.

I dividendi erogati in violazione di tali disposizioni non sono ripetibili, se i soci li hanno riscossi in buona fede in base a bilancio regolarmente approvato, da cui risultano utili netti corrispondenti. Esistono poi una serie di **vincoli di destinazione** di origine legale o convenzionale che impediscono la distribuzione degli utili effettivamente conseguiti.

L'art. 2430 c.c. prevede a tal riguardo la c.d. **riserva legale**: dagli utili netti annuali deve essere dedotta una somma corrispondente almeno alla ventesima parte di essi per costituire una riserva, fino a che questa non abbia raggiunto il quinto del capitale sociale. La riserva deve essere reintegrata se viene dimi-

nuita per qualsiasi ragione. La riserva legale costituisce pertanto un accantonamento contabile di utili imposto dalla legge per **preservare l'integrità del capitale sociale** in caso di perdite future. Svolge altresì la **funzione di autofinanziamento obbligatorio** della società.
Oltre alla riserva legale possono aversi riserve previste dallo statuto (c.d. **riserve statutarie**) o dall'assemblea ordinaria in sede di distribuzione degli utili (c.d. **riserve facoltative**). In queste due ipotesi, però, è possibile, a determinate condizioni, procedere alla distribuzione degli utili accantonati.
Nel caso delle riserve statutarie sarà necessario procedere alla modifica dello statuto. Le riserve facoltative possono invece sempre essere distribuite con una nuova deliberazione dell'assemblea ordinaria.
Vincoli di destinazione possono, ancora, derivare dalle norme statutarie che prevedono una partecipazione agli utili a favore dei promotori, dei soci fondatori e degli amministratori. Tali partecipazioni sono, invero, computate sugli utili netti risultanti dal bilancio, fatta deduzione della quota di riserva legale.
Gli utili di cui l'assemblea può disporre sono dunque gli utili distribuibili di esercizio e gli utili accertati e non distribuiti negli esercizi precedenti.
Diversamente da quanto accade nelle società di persone, nella società per azioni l'approvazione del bilancio non attribuisce automaticamente ai soci il diritto alla percezione degli utili. Si rende necessaria a tal fine una successiva deliberazione dell'assemblea ordinaria.
L'art. 2433-*bis* c.c., infine, dispone che la **distribuzione di acconti sui dividendi** (con cui si mira a soddisfare l'interesse degli investitori a ricevere una remunerazione ad intervalli di tempo più brevi di un anno) è consentita solo alle società il cui bilancio è assoggettato per legge a revisione legale dei conti, secondo il regime previsto dalle leggi speciali per gli enti di interesse pubblico.

7. Il bilancio in forma abbreviata ed il bilancio consolidato di gruppo.

Le società che non abbiano emesso titoli negoziati in mercati regolamentati possono redigere il bilancio in forma abbreviata quando, nel primo esercizio o, successivamente, per due esercizi consecutivi, non abbiano superato due dei seguenti limiti:

- totale dell'attivo dello stato patrimoniale: 4.4.00.000 euro;
- ricavi delle vendite e delle prestazioni: 8.800.000 euro;
- dipendenti occupati in media durante l'esercizio: 50 unità.

Le **semplificazioni**, indicate nell'art. 2435-*bis* c.c., riguardano il contenuto analitico di:

- stato patrimoniale;
- conto economico;
- nota integrativa;
- relazione sulla gestione.

Le imprese che redigono il bilancio in forma abbreviata sono esonerate dalla redazione della relazione sulla gestione qualora forniscano direttamente nella nota integrativa le informazioni richieste.

Alcune società, oltre al bilancio di esercizio, devono redigere anche un **bilancio consolidato** del gruppo del quale fanno parte.

Lo **scopo** del bilancio consolidato di gruppo è di fornire una rappresentazione veritiera e corretta della situazione patrimoniale e finanziaria e del risultato economico del complesso delle imprese del gruppo.

L'obbligo di redigere il bilancio consolidato di gruppo è previsto e disciplinato dal D.lgs. 9 aprile 1991, n. 127 (modificato dal D.lgs. 173/2008 e dal D.lgs. 39/2010). Hanno l'**obbligo di redigere il bilancio consolidato di gruppo:**

- **le società di capitali** (qualunque sia la loro veste giuridica) **che controllano un'impresa** (a prescindere dalla sua veste giuridica);
- **le società cooperative**, **le mutue assicuratrici e gli enti pubblici che abbiano per oggetto esclusivo o principale l'esercizio di attività commerciali che controllino una società di capitali**.

La nozione di imprese controllate contenuta nel D.lgs. 127/1991 è parzialmente diversa da quella del codice civile. Sono considerate **imprese controllate**:

- le società in cui una altra impresa dispone della maggioranza dei voti esercitabili nell'assemblea ordinaria;
- le società in cui un'altra società dispone di voti sufficienti per esercitare un'influenza dominante nell'assemblea ordinaria;
- le imprese in cui un'altra ha il diritto, in virtù di un contratto o di una clausola statutaria legittima, di esercitare un'influenza dominante;
- le imprese in cui un'altra, in base ad accordi con altri soci, controlla da sola la maggioranza dei diritti di voto.

Il bilancio consolidato di gruppo è redatto dagli amministratori dell'impresa controllante ed è anch'esso costituito dallo **stato patrimoniale**, dal **conto economico** e dalla **nota integrativa**.

Devono essere rispettati i medesimi principi e precetti contabili previsti per la redazione del bilancio di esercizio, con l'integrazione dei c.d. **principi di consolidamento**, in base ai quali devono essere ripresi integralmente tutti gli elementi dell'attivo e del passivo nonché i proventi e gli oneri delle imprese incluse nel consolidamento.

Devono essere, invece, eliminati tutti i rapporti di credito e debito, nonché gli utili e le perdite derivanti da operazioni effettuate tra le stesse imprese facenti parti del gruppo. Il bilancio deve essere corredato dalla relazione degli amministratori sulla situazione complessiva delle imprese interessate e sull'andamento della gestione unitaria ed è soggetto a revisione legale, demandata al soggetto incaricato della revisione legale del bilancio di esercizio della società che redige il bilancio consolidato.

SCHEDA DI SINTESI

La società per azioni, come **imprenditore commerciale**, è obbligata innanzitutto a tenere i libri indicati nell'art. 2214 c.c.: il **libro giornale** che indica, in ordine cronologico, tutte le operazioni relative all'esercizio dell'impresa; il **libro degli inventari**; tutte **le altre scritture contabili** richieste dalla natura e dalle dimensioni dell'impresa. Ad essi si aggiungono i libri sociali obbligatori indicati dall'art. 2421 c.c.

Il bilancio di esercizio è un documento contabile, redatto annualmente dagli amministratori e sottoposto all'approvazione dell'assemblea dei soci (o del consiglio di sorveglianza nel sistema dualistico), che descrive in modo veritiero e corretto la **situazione patrimoniale e finanziaria** della società e il **risultato economico** dell'esercizio.

Esso è costituito: dallo **stato patrimoniale**; dal **conto economico**; dalla **nota integrativa**; dal **rendiconto finanziario**.

Lo **stato patrimoniale** indica le **attività** e le **passività** del patrimonio sociale, esprime la **situazione finanziaria** della società nel giorno della chiusura dell'esercizio e consente l'immediata conoscenza del **patrimonio netto**.

Il **conto economico** indica il **risultato economico dell'esercizio** (utile o perdita) attraverso la rappresentazione dei costi e degli oneri sostenuti, nonché dei ricavi e degli altri proventi conseguiti nell'esercizio.

La **nota integrativa** è un documento di natura non contabile che **illustra e specifica le voci dello stato patrimoniale e del conto economico**.

Il **rendiconto finanziario** è un documento di natura contabile dal quale devono risultare, per l'esercizio a cui è riferito il bilancio e per quello precedente, l'ammontare e la composizione delle disponibilità liquide della società, all'inizio e alla fine

CAPITOLO VIII | LE SCRITTURE CONTABILI ED IL BILANCIO

dell'esercizio, ed i flussi finanziari dell'esercizio derivanti dall'attività operativa, da quella di investimento, da quella di finanziamento, ivi comprese, con autonoma indicazione, le operazioni con i soci.
Ai sensi dell'art. 2428 c.c. al bilancio deve essere allegata dagli amministratori la c.d. **relazione sulla gestione**.
La relazione sulla gestione **deve contenere**, in particolare, **un'analisi fedele, equilibrata ed esauriente della situazione della società e dell'andamento e del risultato della gestione**, nel suo complesso e nei vari settori in cui essa ha operato, anche attraverso imprese controllate, con particolare riguardo ai costi, ai ricavi e agli investimenti, **nonché una descrizione dei principali rischi e incertezze cui la società è esposta**. Ai sensi dell'art. 2433 c.c. l'assemblea che approva il bilancio delibera sulla distribuzione degli utili ai soci. Nel sistema dualistico l'assemblea provvede alla distribuzione degli utili dopo l'approvazione del bilancio da parte del consiglio di sorveglianza.

QUESTIONARIO

1. A chi spetta il diritto di ispezionare i libri sociali? (**1**)
2. Quali sono principi da osservare nella redazione del bilancio di esercizio? (**2**)
3. Quali conseguenze in caso di violazione del principio di chiarezza? (**2**)
4. Com'è composto un bilancio di esercizio? (**3**)
5. Quali sono i documenti contabili del bilancio di esercizio? (**3**)
6. Quale documento indica il patrimonio netto della società? (**3.1.**)
7. Qual è il contenuto della nota integrativa? (**3.3.**)
8. Che cosa sono gli allegati di bilancio? (**3.4.**)
9. Quale organo delibera l'approvazione del bilancio nel sistema dualistico? (**4**)
10. Quali sono i limiti alla distribuzione degli utili? (**5**)
11. Quali società possono redigere il bilancio in forma abbreviata? (**6**)
12. Quali società devono redigere il bilancio consolidato di gruppo? (**6**)

Capitolo IX
Le modificazioni dello statuto

Sommario:
1. Le modificazioni dell'atto costitutivo: nozione e procedimento. – **1.1.** La tutela dei soci di minoranza: il diritto di recesso. – **2.** L'aumento reale del capitale sociale. – **2.1.** Il diritto di opzione. – **3.** L'aumento nominale del capitale sociale. – **4.** La riduzione reale del capitale sociale. – **5.** La riduzione del capitale sociale per perdite.

1. Le modificazioni dello statuto: nozione e procedimento.

Per modificazione dello statuto si intende **ogni mutamento del contenuto oggettivo del contratto sociale**, rappresentato nei due distinti atti sociali dell'atto costitutivo e dello statuto; la modifica può consistere nell'inserimento, nella modifica o nella soppressione di determinate clausole ovvero nella modifica di particolari elementi indicati nell'atto costitutivo o nello statuto (ad esempio, oggetto sociale o durata della società).

Le modificazioni dell'atto costitutivo non sono di esclusiva competenza dell'assemblea straordinaria. Lo statuto può, infatti, attribuire alla competenza dell'**organo amministrativo** o del **consiglio di sorveglianza** o del **consiglio di gestione** le deliberazioni concernenti la fusione nei casi previsti dagli artt. 2505 e 2505-*bis* c.c., l'istituzione o la soppressione di sedi secondarie, la indicazione di quali tra gli amministratori hanno la rappresentanza della società, la riduzione del capitale in caso di recesso del socio, gli adeguamenti dello statuto a disposizioni normative, il trasferimento della sede sociale nel territorio nazionale (art. 2365, comma 2, c.c.).

Ai sensi dell'art. 2436 c.c. il verbale dell'assemblea ordinaria (o dell'organo che ha deliberato la modifica dello statuto) deve essere obbligatoriamente redatto da un **notaio** il quale, entro trenta giorni, verificato l'adempimento delle condizioni stabilite dalla legge, ne richiede l'iscrizione nel registro delle imprese contestualmente al deposito e allega le eventuali autorizzazioni richieste. Le modifiche dello statuto, al pari di quest'ultimo, non sono più soggette alla preventiva omologazione da parte dell'autorità giudiziaria. Il **controllo giudiziario** è adesso **eventuale e facoltativo**.

Se il notaio ritiene non adempiute le condizioni stabilite dalla legge, ne dà comunicazione tempestivamente, e comunque non oltre il termine di trenta giorni, agli amministratori. Gli **amministratori** a loro volta, nei trenta giorni successivi, possono convocare l'assemblea per gli opportuni provvedimenti oppure ricorrere al tribunale; in mancanza la deliberazione è definitivamente inefficace.

Il **tribunale**, verificato l'adempimento delle condizioni richieste dalla legge e sentito il pubblico ministero, ordina l'iscrizione nel registro delle imprese con decreto soggetto a reclamo.

La deliberazione produce i suoi **effetti solo dopo l'iscrizione** nel registro delle imprese, nel quale, dopo ogni modifica, deve essere depositato anche il testo integrale nella sua redazione aggiornata.

1.1. La tutela dei soci di minoranza: il diritto di recesso.

Le modificazioni dello statuto determinano dei mutamenti talvolta radicali nell'assetto organizzativo di una società e la necessaria operatività del principio di maggioranza per l'adozione delle relative deliberazioni impedisce alla minoranza di evitare che la società muti i propri connotati essenziali.

La **tutela della minoranza**, in presenza di delibere modificative di particolare gravità, è assicurata dal legislatore attraverso la previsione di **maggioranze più elevate** ed il riconoscimento del **diritto di recesso** dalla società.

Le cause di recesso si distinguono in cause di recesso **inderogabili**, **derogabili** dallo statuto e cause **statutarie**.

A) Cause di recesso inderogabili

Le **cause di recesso inderogabili** sono contenute nel primo comma dell'art. 2437 c.c. in base al quale hanno diritto di recedere, per tutte o parte delle loro azioni, i soci che non hanno concorso (ovvero i soci assenti, dissenzienti o astenuti) alle deliberazioni riguardanti, ad esempio, la modifica della clausola dell'oggetto sociale o la trasformazione della società.

In tutti questi casi **è nullo ogni patto volto ad escludere o rendere più gravoso l'esercizio del diritto di recesso**.

B) Cause di recesso derogabili

Le **cause di recesso derogabili** sono previste dal secondo comma dell'art. 2437 c.c. che attribuisce, salva diversa disposizione statutaria, il diritto di recedere ai soci che non hanno concorso all'approvazione delle deliberazioni riguardanti:

- la proroga del termine;
- l'introduzione o la rimozione di vincoli alla circolazione dei titoli azionari.

C) Cause di recesso statutarie

Lo statuto delle società che non fanno ricorso al mercato del capitale di rischio può prevedere ulteriori cause di recesso (**cause di recesso statutarie**). In base al terzo comma dell'art. 2437 c.c., infine, se la società è costituita a tempo indeterminato e le azioni non sono quotate in un mercato regolamentato, il socio può recedere con il preavviso di almeno centottanta giorni; lo statuto può prevedere un termine maggiore, non superiore ad un anno.

Il socio recedente ha **diritto alla liquidazione delle azioni**.

I criteri di determinazione del valore delle azioni sono indicati dall'art 2437-*ter* c.c.

2. L'aumento reale del capitale sociale.

La disciplina delle modificazioni dello statuto evidenzia la volontà del legislatore di favorire la pronta adattabilità della struttura societaria alle mutevoli esigenze della realtà economica, senza trascurare, come detto, gli interessi dei soci di minoranza ai quali è riconosciuto, per le modifiche più rilevanti, il diritto di recesso dalla società.

Nel caso in cui, invece, la delibera abbia ad oggetto le variazioni del capitale sociale (aumento o riduzione), il legislatore detta una **disciplina più rigorosa**.

La *ratio* di tale disciplina è rinvenibile nell'esigenza di garantire i **principi di integrità ed effettività del capitale sociale** a tutela sia degli interessi interni all'organizzazione societaria, sia degli interessi dei creditori sociali.

L'**aumento del capitale** sociale può essere **reale** (o a pagamento) oppure semplicemente **nominale** (o gratuito).

Con l'**aumento reale** del capitale si realizza un **effettivo incremento del patrimonio sociale per effetto di nuovi conferimenti**: la società, mediante l'emissione di nuove azioni sottoscritte dai soci o dai terzi, ottiene nuovi mezzi finanziari per l'esercizio dell'attività sociale.

L'art. 2438, comma 1, c.c. stabilisce che «*un aumento di capitale non può essere eseguito fino a che le azioni precedentemente emesse non siano interamente liberate*».

In caso di **violazione del divieto**, invero, gli **amministratori** sono solidalmente responsabili per i danni arrecati ai soci ed ai terzi (art. 2438, comma 2, c.c.).

L'adozione della deliberazione di aumento del capitale sociale è di **competenza dell'assemblea straordinaria**.
Lo statuto o una successiva modifica dello stesso possono attribuire agli amministratori (c.d. **aumento delegato**) la facoltà di aumentare una o più volte il capitale sociale fino ad un ammontare determinato e per il periodo di cinque anni dalla data dell'iscrizione della società nel registro delle imprese.
L'attuale disciplina consente inoltre che agli amministratori sia riconosciuta la facoltà di deliberare in merito all'**esclusione o limitazione del diritto di opzione dei soci**, ma lo statuto deve determinare i criteri cui gli amministratori devono attenersi.
Il verbale della deliberazione degli amministratori di aumentare il capitale deve essere redatto da un notaio e deve essere depositato e iscritto a norma dall'art. 2346 c.c.
La disciplina dei conferimenti in sede di aumento del capitale sociale è analoga a quella esposta per i conferimenti in sede di costituzione della società (*supra*, Cap. V, par. 6).

2.1. Il diritto di opzione.

Il **diritto di opzione** è il diritto dei soci attuali di essere preferiti ai terzi nella sottoscrizione dell'aumento reale del capitale sociale.
In questo modo viene tutelato l'interesse dei soci a mantenere inalterato il peso della propria partecipazione sociale (diritti amministrativi e patrimoniali).
Il diritto di opzione ha quindi un **valore economico** autonomo ed è liberamente trasferibile separatamente dalle azioni.
In base al primo comma dell'art. 2441 c.c. (come modificato da ultimo dal **d.l. 91/2014 convertito nella l. 116/2014**), il diritto di opzione sulle azioni di nuova emissione e le obbligazioni convertibili in azioni compete ai **soci in proporzione al numero delle azioni possedute**.
Se vi sono obbligazioni convertibili il diritto di opzione spetta anche ai possessori di queste, in concorso con i soci, sulla base del rapporto di cambio.
Il diritto di opzione, dunque, non viene attribuito dalla deliberazione di aumento del capitale sociale, ma **deriva *ex lege* direttamente dalla titolarità della partecipazione sociale o di obbligazioni convertibili**, con la conseguenza che sussiste anche quando la deliberazione non lo menzioni.
L'offerta di opzione deve essere depositata presso l'ufficio del registro delle imprese e per l'esercizio del diritto di opzione deve essere concesso un termine non inferiore a quindici giorni dalla pubblicazione dell'offerta.
Sulle **azioni non optate** i soci che hanno esercitato il diritto di opzione hanno

diritto di prelazione nell'acquisto delle azioni e delle obbligazioni convertibili in azioni che siano rimaste non optate.
Se le azioni sono quotate in mercati regolamentati, le azioni non optate devono essere offerte nel mercato regolamentato dagli amministratori, per conto della società, per almeno cinque riunioni e il ricavato va a beneficio del patrimonio sociale.
Il diritto di opzione non è tuttavia un diritto intangibile dell'azionista e **può essere escluso** nei seguenti casi:

- se le azioni di nuova emissione devono essere **liberate mediante conferimenti** in natura;
- per previsione statutaria nelle **società con azioni quotate in mercati regolamentati** nei limiti del dieci per cento del capitale sociale preesistente;
- con **deliberazione dell'assemblea** presa con la maggioranza richiesta per le assemblee straordinarie nel limite di un quarto delle azioni di nuova emissione, se queste sono offerte in sottoscrizione ai dipendenti della società o di società che la controllano o che sono da essa controllate.

Il diritto di opzione può essere altresì **escluso o limitato** con la deliberazione di aumento di capitale **quando l'interesse della società lo esige**.

3. L'aumento nominale del capitale sociale.

L'**aumento** nominale (o **gratuito**) del capitale sociale **è un'operazione contabile che non comporta** il versamento di nuovi conferimenti e, quindi, **un incremento del patrimonio sociale**.
Ai sensi dell'art. 2442 c.c., invero, l'aumento nominale è deliberato dall'assemblea straordinaria **imputando a capitale le riserve e gli altri fondi iscritti in bilancio in quanto disponibili**.
Gli utili netti accantonati dall'assemblea ordinaria con la delibera di approvazione del bilancio, infine, sono liberamente disponibili per l'aumento gratuito del capitale sociale. L'aumento nominale del capitale sociale può essere attuato **aumentando il valore nominale delle azioni in circolazione o mediante l'emissione di nuove azioni**. Le azioni di nuova emissione devono avere le stesse caratteristiche di quelle in circolazione e devono essere assegnate gratuitamente agli azionisti in proporzione di quelle da essi già possedute. Termi-

nata l'operazione, la società non può più disporre a favore dei soci delle somme impiegate che restano assoggettate al regime proprio del capitale sociale.

4. La riduzione reale del capitale sociale.

La **riduzione reale** del capitale sociale comporta un'effettiva riduzione del patrimonio sociale ed è, quindi, un'operazione potenzialmente pericolosa per i creditori sociali ed i soci di minoranza. Per questo motivo l'operazione è consentita con l'osservanza dei **limiti** ed il rispetto delle **condizioni** procedimentali stabilite dalla legge.
Ai sensi dell'art. 2445, comma 1, c.c. la riduzione reale del capitale sociale può aver luogo secondo due **modalità**:

- mediante *liberazione dei soci dall'obbligo dei versamenti ancora dovuti*;
- mediante *rimborso del capitale ai soci*.

Il capitale sociale non può essere ridotto al di sotto del minimo legale (o di quello maggiore fissato dalle leggi speciali). La deliberazione può essere eseguita soltanto dopo novanta giorni dal giorno dell'iscrizione nel registro delle imprese. Entro tale termine i **creditori sociali** possono fare **opposizione** alla delibera di riduzione. Il tribunale, quando ritenga infondato il pericolo di pregiudizio per i creditori oppure la società abbia prestato idonea garanzia, dispone che l'operazione abbia luogo nonostante l'opposizione.

5. La riduzione del capitale sociale per perdite.

La **riduzione del capitale per perdite (o riduzione nominale)**, a differenza della riduzione reale, non comporta alcun decremento del patrimonio sociale, ma consiste in un'**operazione contabile** mediante la quale la società **adegua il capitale sociale risultante dallo statuto al patrimonio effettivamente esistente**.
La riduzione del capitale sociale per perdite può essere facoltativa o obbligatoria.
La riduzione è **facoltativa** quando il capitale sociale è diminuito in conseguenza di perdite in misura **inferiore ad un terzo**.
L'effettivo decremento del capitale reale della società non è, tuttavia, privo di

conseguenze rilevanti: ai sensi dell'art. 2433, comma 3, c.c., invero, non può farsi luogo a ripartizione di utili fino a che il capitale non sia reintegrato o ridotto in misura corrispondente.

- La società, quindi, pur non essendovi obbligata, può decidere di ridurre il capitale sociale per un ammontare corrispondente alle perdite al fine di distribuire gli utili conseguiti.

La riduzione facoltativa segue la disciplina generale delle modificazioni dell'atto costitutivo e, secondo la giurisprudenza prevalente, ad essa si applicano alcune delle regole dettate per la riduzione obbligatoria.

La riduzione è invece **obbligatoria** quando il capitale è diminuito per l'effetto di perdite in misura superiore ad un terzo.

In base all'art. 2446 c.c., **se il minimo legale non è intaccato**, gli amministratori o il consiglio di gestione, e nel caso di loro inerzia il collegio sindacale ovvero il consiglio di sorveglianza, devono senza indugio **convocare l'assemblea per gli opportuni provvedimenti**.

Gli amministratori devono sottoporre all'attenzione dell'assemblea una **relazione sulla situazione patrimoniale** della società, con le osservazioni del collegio sindacale o del comitato per il controllo sulla gestione. Se entro l'esercizio successivo la perdita non risulta diminuita a meno di un terzo, l'assemblea ordinaria o il consiglio di sorveglianza che approva il bilancio di tale esercizio è obbligata a ridurre il capitale in proporzione delle perdite accertate.

In mancanza gli amministratori e i sindaci o il consiglio di sorveglianza devono chiedere al tribunale che venga disposta la riduzione del capitale in ragione delle perdite risultanti dal bilancio.

Se il capitale scende al di sotto del minimo legale, gli amministratori o il consiglio di gestione e, in caso di loro inerzia, il consiglio di sorveglianza devono senza indugio convocare l'assemblea per deliberare la riduzione del capitale ed il contemporaneo aumento del medesimo ad una cifra non inferiore al detto minimo (art. 2447 c.c.).

SCHEDA DI SINTESI

Per modificazione dello statuto si intende **ogni mutamento del contenuto oggettivo del contratto sociale**, rappresentato nei due distinti atti sociali dell'atto costitutivo e dello statuto; la modifica può consistere nell'inserimento, nella modifica o nella soppressione di determinate clausole ovvero nella modifica di particolari elementi indicati nell'atto costitutivo o nello statuto (ad esempio, oggetto sociale o durata della società).

La **tutela della minoranza**, in presenza di delibere modificative di particolare gravi-

CAPITOLO IX | LE MODIFICAZIONI DELLO STATUTO

tà, è assicurata dal legislatore attraverso la previsione di **maggioranze più elevate** ed il riconoscimento del **diritto di recesso** dalla società.
Le cause di recesso si distinguono in cause di recesso **inderogabili**, **derogabili** dallo statuto e cause **statutarie**.
L'**aumento del capitale** sociale può essere **reale** (o a pagamento) oppure semplicemente **nominale** (o gratuito).
Con l'**aumento reale** del capitale si realizza un **effettivo incremento del patrimonio sociale per effetto di nuovi conferimenti**: la società, mediante l'emissione di nuove azioni sottoscritte dai soci o dai terzi, ottiene nuovi mezzi finanziari per l'esercizio dell'attività sociale.
Il **diritto di opzione** è il diritto dei soci attuali di essere preferiti ai terzi nella sottoscrizione dell'aumento reale del capitale sociale.
L'**aumento** nominale (o **gratuito**) del capitale sociale è **un'operazione contabile che non comporta** il versamento di nuovi conferimenti e, quindi, **un incremento del patrimonio sociale**.
Ai sensi dell'art. 2442 c.c., invero, l'aumento nominale è deliberato dall'assemblea straordinaria **imputando a capitale le riserve e gli altri fondi iscritti in bilancio in quanto disponibili**.
La **riduzione reale** del capitale sociale comporta un'effettiva riduzione del patrimonio sociale ed è, quindi, un'operazione potenzialmente pericolosa per i creditori sociali ed i soci di minoranza. Per questo motivo l'operazione è consentita con l'osservanza dei **limiti** ed il rispetto delle **condizioni** procedimentali stabilite dalla legge.
La **riduzione del capitale per perdite (o riduzione nominale)**, a differenza della riduzione reale, non comporta alcun decremento del patrimonio sociale, ma consiste in un'**operazione contabile** mediante la quale la società **adegua il capitale sociale risultante dallo statuto al patrimonio effettivamente esistente**.

QUESTIONARIO

1. Qual è l'organo è competente a deliberare una modifica dello statuto? (**1**)
2. In caso di modifiche di particolare rilevanza dello statuto, come vengono tutelati i soci di minoranza? (**1.1.**)
3. Come vengono classificate le cause di recesso dalla società? (**1.1.**)
4. In che cosa consiste l'aumento reale del capitale sociale? (**2**)
5. Qual è la disciplina del diritto di opzione in caso di aumento del capitale reale? (**2.1.**)
6. In che cosa consiste l'aumento nominale del capitale sociale? (**3**)
7. Qual è la disciplina della riduzione reale del capitale sociale? (**4**)
8. Quali sono gli interessi tutelati dalla disciplina della riduzione del capitale sociale per perdite? (**5**)
9. Quale organo delibera l'approvazione del bilancio nel sistema dualistico? (**5**)
10. Quando la riduzione del capitale sociale per perdite è obbligatoria? (**5**)

Capitolo X
La società in accomandita per azioni

SOMMARIO:
1. Nozione e caratteristiche principali. – **2.** Le differenti categorie di soci. Analogie e differenze rispetto alla società in accomandita semplice. – **3.** La disciplina applicabile: costituzione, conferimenti e azioni. – **4.** Gli organi sociali.

1. Nozione e caratteristiche principali.

La **società in accomandita per azioni**, in quanto società di capitali, è anch'essa dotata di **personalità giuridica** ed è caratterizzata da un'**organizzazione di tipo corporativo**.
Si tratta inoltre di una **società lucrativa**, contraddistinta, quindi, dallo svolgimento di un'attività d'impresa con terzi allo scopo di conseguire utili (**lucro oggettivo**) destinati ad essere successiva-mente divisi fra i soci (**lucro soggettivo o scopo di lucro o di profitto**). La società in accomandita per azioni si differenzia dalle altre società di capitali per la **coesistenza di due categorie di soci** (come nella società in accomandita semplice):

- i **soci accomandatari**, responsabili solidalmente e illimitatamente per le obbligazioni sociali;
- i **soci accomandanti**, obbligati nei limiti della quota di capitale sottoscritto.

Come nella società per azioni, le quote di partecipazione dei soci di entrambe le categorie di soci (accomandanti e accomandatari) sono rappresentate da azioni.

2. Le diverse categorie di soci. Analogie e differenze dalla società in accomandita semplice.

L'azionista **accomandatario**, come anticipato, risponde illimitatamente e solidalmente per le obbligazioni sociali ed è amministratore di diritto della società (art. 2455 c.c.).

La sua posizione all'interno della società, pur essendo analoga a quella del socio accomandatario di una società in accomandita semplice, si distingue da essa sotto molteplici aspetti.
Basti osservare che nella **società in accomandita semplice**:

- **gli accomandatari** possono, ma **non devono necessariamente essere amministratori**;
- l'**accomandatario non amministratore** è comunque **responsabile illimitatamente e solidalmente** per le obbligazioni sociali;
- l'accomandatario risponde **anche delle obbligazioni sociali anteriori** all'acquisto della qualità di socio e di quelle successive alla cessazione dalla carica di amministratore.

Nella società in accomandita per azioni:

- i soci accomandatari sono **di diritto amministratori** della società (art. 2455 c.c.);
- il socio accomandatario che cessa dall'ufficio di amministratore non risponde per le **obbligazioni della società sorte posteriormente** all'iscrizione nel registro delle imprese della cessazione dall'ufficio (art. 2361, comma 2, c.c.);
- il nuovo amministratore assume la qualità di socio accomandatario dal momento dell'accettazione della nomina (art. 2457, comma 2, c.c.) e **non risponde**, pertanto, **delle obbligazioni sociali sorte in precedenza**.

Ciò premesso, è opportuno evidenziare che la **responsabilità** dell'azionista accomandatario, al pari di quella del socio accomandatario di una società in accomandita semplice, ha natura **sussidiaria**.
Il socio **accomandante** è soggetto alla medesima disciplina dell'azionista di una società per azioni, con responsabilità limitata al conferimento.

3. La disciplina applicabile: costituzione, conferimenti e azioni.

La disciplina della società in accomandita per azioni, salvo alcune disposizioni particolari, è in gran parte comune a quella della società per azioni.
L'applicabilità delle norme dettate per la società per azioni assume il rango di principio generale, per cui ogni deroga deve essere di stretta interpretazione e sorretta da una precisa *ratio*.

La **costituzione** della società in accomandita per azioni è disciplinata dalle norme sulla società per azioni anche per quanto riguarda la costituzione **per atto unilaterale** ai sensi dell'art. 2328 c.c., purché l'unico socio sia accomandatario.
L'atto costitutivo deve in ogni caso **indicare i soci accomandatari** (art. 2455, comma 1, c.c.). Controverse sono le conseguenze in caso di omessa indicazione nell'atto costitutivo del nome degli accomandatari:

- parte della dottrina ritiene che l'atto costitutivo non possa essere iscritto nel registro delle imprese, ma se ha luogo l'iscrizione non si ha nullità della società, ma solo un'**irregolarità** sanabile con delibera dell'assemblea straordinaria (CORSI, LICHERI, SCIUMBATA);
- altri autori ritengono, invece, che l'iscrizione possa avvenire, ma l'atto costitutivo deve indicare un amministratore provvisorio ai sensi dell'art. 2458 c.c., con nomina dell'accomandatario entro ottanta giorni pena lo scioglimento della società (BARCELLONA-COSTI-GRANDE STEVENS);
- una tesi isolata, infine, afferma che la società può essere iscritta ma non come società in accomandita per azioni e che, se iscritta come tale, si scioglie ai sensi dell'art. 2458 c.c. (FERRI).

La **responsabilità per gli atti anteriori all'iscrizione** e la **nullità della società** sono disciplinate come nella società per azioni.
La **denominazione della società** deve contenere inderogabilmente il nome di almeno uno dei soci accomandatari, con l'indicazione di società in accomandita per azioni (art. 2453 c.c.).
Gli accomandanti e gli accomandatari sono obbligati a eseguire i **conferimenti** secondo le norme dettate per la società per azioni.
Le norme della società per azioni si intendono integralmente richiamate anche per ciò che concerne la disciplina delle **azioni** e del loro regime di circolazione. La partecipazione sociale di entrambe le categorie di soci è quindi rappresentata da azioni ordinarie.

4. Gli organi sociali.

L'organizzazione interna della società in accomandita per azioni si fonda anch'essa sulla necessaria presenza di tre organi sociali: assemblea, amministratori e collegio sindacale.

A) L'assemblea dei soci

All'**assemblea dei soci** si applicano le regole di funzionamento previste per la società per azioni, salva la previsione di alcune **norme particolari**:

- i soci accomandatari **non hanno diritto di voto per le azioni ad essi spettanti** nelle deliberazioni dell'assemblea che concernono la nomina e la revoca dei sindaci ovvero dei componenti del consiglio di sorveglianza e l'esercizio dell'azione di responsabilità (art. 2459 c.c.);
- le **modificazioni dell'atto costitutivo** devono essere approvate dall'assemblea con le maggioranze prescritte per l'assemblea straordinaria della società per azioni e devono essere approvate da tutti i soci accomandatari (art. 2460 c.c.);
- l'assemblea straordinaria è competente anche per la **nomina** e la **revoca** degli **amministratori**. La nomina dei nuovi amministratori, inoltre, deve essere **approvata anche dagli amministratori in carica**.

B) Il sistema di amministrazione e di controllo

Salva diversa disposizione statutaria, anche nella società in accomandita per azioni si applica il **modello tradizionale**. La compatibilità del **modello dualistico** è desunta dall'art. 2459 c.c. che si riferisce espressamente alle delibere di nomina e di revoca dei componenti del consiglio di sorveglianza. La dottrina è però divisa sulla possibilità di applicare integralmente la disciplina del modello dualistico alla società in accomandita per azioni:

- secondo alcuni autori il riferimento al consiglio di sorveglianza contenuto nell'art. 2459 c.c. implica la diretta applicabilità degli artt. 2409-*octies* ss. c.c. (ABRIANI, CERRATO, CORSI, DI SABATO);
- secondo altra dottrina nella società in accomandita per azioni il sistema dualistico subisce alcuni adattamenti: la nomina e la revoca degli accomandatari investiti dell'incarico di consiglieri di gestione rimarrebbero comunque riservate all'assemblea straordinaria; ai consiglieri di gestione si applicherebbero le norme relative agli accomandatari, salva la necessaria struttura pluripersonale dell'organo gestorio propria del solo sistema dualistico (PESCATORE).

La compatibilità del **modello monistico** con la società in accomandita per azione è invece esclusa da coloro i quali ritengono che gli accomandatari, per il solo fatto di essere soci a responsabilità illimitata, difettino dei requisiti di indipendenza di cui all'art. 2409-*octiesdecies* c.c. (ABRIANI, CORSI, DI SABATO, GALGANO). Secondo altra tesi l'ostacolo non è insuperabile in quanto, se non diversamente disposto dallo statuto, non è dubitabile che anche i soci possano essere nominati amministratori indipendenti (BARCELLONA-COSTI-GRANDE STEVENS). Per quanto riguarda la disciplina specifica dettata per la gestione della società, l'art. 2455 c.c., come anticipato, attribuisce di diritto la carica di amministratore agli accomandatari, i quali sono soggetti agli stessi obblighi degli amministratori della società per azioni.

La **revoca** degli amministratori, di competenza dell'assemblea straordinaria, può essere deliberata anche se non ricorre una giusta causa, salvo il diritto al risarcimento del danno (art. 2456 c.c.).

In base all'art. 2457 c.c. l'assemblea straordinaria provvede anche a **sostituire** l'amministratore che, per qualunque causa (revoca, morte, decadenza, rinunzia), ha cessato dal suo ufficio. Nel caso di pluralità di amministratori, la nomina deve essere approvata dagli amministratori rimasti in carica.

Il nuovo amministratore assume la qualità di socio accomandatario dal momento dell'accettazione della nomina.

L'accomandatario amministratore che cessa dalla carica senza alienare la partecipazione diventa automaticamente socio accomandante.

Per il **collegio sindacale**, infine, l'unica differenza rispetto alla disciplina della società per azioni contenuta è contenuta nel citato art. 2459 c.c. che vieta agli accomandatari di votare nelle deliberazioni aventi ad oggetto la nomina o la revoca dei sindaci o dei consiglieri di sorveglianza.

SCHEDA DI SINTESI

La **società in accomandita per azioni**, in quanto società di capitali, è anch'essa dotata di **personalità giuridica** ed è caratterizzata da un'**organizzazione di tipo corporativo**.

Si tratta inoltre di una **società lucrativa**, contraddistinta, quindi, dallo svolgimento di un'attività d'impresa con terzi allo scopo di conseguire utili (**lucro oggettivo**) destinati ad essere successivamente divisi fra i soci (**lucro soggettivo o scopo di lucro o di profitto**).

La società in accomandita per azioni si differenzia dalle altre società di capitali per la **coesistenza di due categorie di soci** (come nella società in accomandita semplice): i **soci accomandatari**, responsabili solidalmente e illimitatamente per le obbligazioni sociali; i **soci accomandanti**, obbligati nei limiti della quota di capitale sottoscritto.

La disciplina della società in accomandita per azioni, salvo alcune disposizioni particolari, è in gran parte comune a quella della società per azioni.

CAPITOLO X | **LA SOCIETÀ IN ACCOMANDITA PER AZIONI**

L'applicabilità delle norme dettate per la società per azioni assume il rango di principio generale, per cui ogni deroga deve essere di stretta interpretazione e sorretta da una precisa *ratio*.
L'organizzazione interna della società in accomandita per azioni si fonda anch'essa sulla necessaria presenza di tre organi sociali: assemblea, amministratori e collegio sindacale. Salva diversa disposizione statutaria, anche nella società in accomandita per azioni si applica il **modello tradizionale**.

QUESTIONARIO

1. Quali sono le caratteristiche della società in accomandita per azioni? **(1)**
2. Quali differenze rispetto alla società in accomandita semplice? **(2)**
3. Il socio accomandante può ingerirsi nell'attività di gestione della società? **(2)**
4. Qual è la disciplina di riferimento della società in accomandita per azioni? **(3)**
5. Che cosa deve contenere la denominazione sociale? **(3)**
6. La società in accomandita per azioni può adottare un sistema di amministrazione e controllo alternativo al sistema tradizionale? **(3.1.)**
7. Quale organo è competente a deliberare la revoca degli amministratori? **(3.1.)**
8. Quali deliberazioni assembleari devono essere approvate anche dagli amministratori? **(3.1.)**
9. Qual è l'ipotesi speciale di scioglimento della società? **(3.1.)**

MAPPA CONCETTUALE

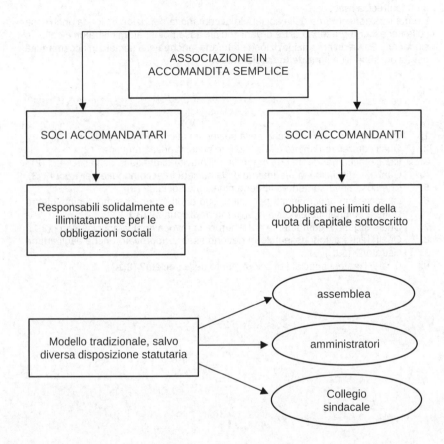

Capitolo XI
La società a responsabilità limitata

Sommario:
1. Nozione e caratteristiche principali. – **2.** La costituzione della società. – **2.1.** La stipulazione dell'atto costitutivo. – **2.2.** L'iscrizione dell'atto costitutivo nel registro delle imprese. – **3.** La società a responsabilità limitata unipersonale. – **4.** La s.r.l. semplificata. – **5.** La disciplina dei conferimenti. – **5.1.** I conferimenti in denaro. – **5.2.** I conferimenti di beni in natura e di crediti. – **5.3.** I conferimenti d'opera o di servizi. – **6.** I finanziamenti dei soci ed i titoli di debito. – **7.** Le quote sociali. – **8.** Gli organi sociali: l'assemblea dei soci. – **8.1.** L'organo amministrativo. – **8.2.** Il sindaco ed il revisore legale dei conti. – **9.** Le scritture contabili e il bilancio. – **10.** Le modifiche dell'atto costitutivo. – **11.** Recesso ed esclusione del socio.

1. Nozione e caratteristiche principali.

La società a responsabilità limitata, al pari della società per azioni e della società in accomandita per azioni, è una **società di capitali e lucrativa** dotata di **personalità giuridica** e caratterizzata da un'**organizzazione di tipo corporativo**.
Nella società a responsabilità limitata, in particolare:

- **per le obbligazioni sociali risponde soltanto la società con il suo patrimonio** (art. 2462, comma 1, c.c.).

Come nella società per azioni, pertanto, tutti i soci godono del beneficio della responsabilità limitata e i creditori sociali possono agire per il soddisfacimento delle proprie pretese solo nei confronti della società (**autonomia patrimoniale perfetta**). Sotto tale profilo la società a responsabilità limitata si differenzia dalla società in accomandita per azioni ove è prevista una categoria di soci, gli accomandatari, responsabile solidalmente e illimitatamente per le obbligazioni sociali. **Le quote di partecipazione dei soci non possono essere rappresentate da azioni e non possono costituire oggetto di offerta al pubblico** (art. 2468, comma 1, c.c.).

Da questo punto di vista la società a responsabilità limitata si differenzia profondamente dalle altre società di capitali (società per azioni e società in accomandita per azioni).
Le partecipazioni sociali, diversamente dalle azioni, **sono definite in relazione alla loro appartenenza ad un socio e possono avere diverso valore.** Esse, inoltre, **non devono essere necessariamente proporzionali ai conferimenti.**

2. La costituzione della società.

Il procedimento per la costituzione di una società a responsabilità limitata è disciplinato dalle stesse norme dettate in materia di società per azioni ed è anch'esso articolato in **due fasi: la stipulazione dell'atto costitutivo per atto pubblico; l'iscrizione dell'atto costitutivo nel registro delle imprese.**

2.1. La stipulazione dell'atto costitutivo.

L'atto costitutivo della società a responsabilità limitata **deve essere stipulato per atto pubblico a pena di nullità** e deve contenere le indicazioni di cui all'art. 2463 c.c. Anche la società a responsabilità limitata può essere costituita a **tempo indeterminato** e, pertanto, non è più necessaria l'indicazione del termine di durata nell'atto costitutivo. In tal caso ogni socio può **liberamente recedere** dalla società dando un preavviso di centottanta giorni.
L'ultimo comma dell'art. 2463 c.c. estende alla società a responsabilità limitata l'applicazione della disciplina dettata per la costituzione della società per azioni senza richiamare l'art. 2328 c.c., secondo il quale **lo statuto** contenente le regole di dettaglio relative al funzionamento della società, anche se costituisce oggetto di un atto separato, **è parte integrante dell'atto costitutivo.** In virtù del rinvio contenuto nell'art. 2463 c.c., la società a responsabilità limitata deve osservare le **condizioni di costituzione** di cui all'art. 2329 c.c. Secondo tale norma, in particolare, per procedere alla costituzione di una società per azioni è necessario che:

- *sia sottoscritto per intero il capitale sociale;*
- siano rispettate le disposizioni relative ai conferimenti;
- che sussistano le autorizzazioni e le altre condizioni richieste dalle leggi speciali per la costituzione della società, in relazione al suo particolare oggetto.

L'art. 2 del D.lgs. 183/2021, in attuazione della direttiva comunitaria sull'uso di strumenti e processi digitali nel diritto societario (Direttiva UE 2019/1151 del 29 giugno 2019), prevede che l'atto costitutivo della società a responsabilità limitata e della società a responsabilità limitata semplificata (cfr. par. 4) può essere ricevuto dal notaio per atto pubblico informatico con la partecipazione in videoconferenza di tutte le parti o anche soltanto di alcune di esse.

2.2. L'iscrizione dell'atto costitutivo nel registro delle imprese.

L'**iscrizione dell'atto costitutivo nel registro delle imprese** segna il momento conclusivo del procedimento di costituzione ed **ha efficacia costitutiva**, vale a dire **la società acquista la personalità** giuridica.

La disciplina è sostanzialmente identica a quella dettata per la società per azioni (*supra*, Cap. V, par. 2.2.).

3. La società a responsabilità limitata unipersonale.

La società a responsabilità limitata è il primo tipo di società di capitali per il quale fu introdotta con il D.lgs. 3 marzo 1993, n. 88, la possibilità di costituzione da parte di un unico socio (estesa dalla riforma delle società anche alla società per azioni), con il mantenimento della **responsabilità limitata per le obbligazioni sociali**.

La **disciplina** è analoga a quella prevista con riferimento alla società per azioni unipersonale (*supra*, Cap. V, par. 3):

- all'atto della costituzione della società il conferimento del denaro deve essere **integralmente versato** (art. 2464, comma 4, c.c.). In caso di società a responsabilità pluripersonale, se viene meno la pluralità dei soci, il socio unico deve versare entro i novanta giorni successivi la rimanente percentuale dei conferimenti (art. 2464, comma 7, c.c.);
- negli atti e nella corrispondenza della società deve essere fatta **espressa menzione dell'esistenza di un socio unico** (art. 2250, comma 4, c.c.);
- quando l'intera partecipazione appartiene ad un solo socio o muta la persona dell'unico socio, gli amministratori devono depositare per l'iscrizione nel registro delle imprese una dichiarazione contenente l'**indicazione** del cognome e nome o della denominazione, della

data e del luogo di nascita o lo Stato di costituzione, del domicilio o della sede e cittadinanza dell'**unico socio** (art. 2470, comma 4, c.c.);
- i contratti della società con l'unico socio o le operazioni a favore dell'unico socio sono **opponibili** ai creditori della società solo se risultano dal libro delle decisioni degli amministratori o da atto scritto avente data certa anteriore al pignoramento (art. 2748, comma 3, c.c.);
- l'unico socio è **illimitatamente responsabile** per le obbligazioni sociali derivanti da atti compiuti in nome della società prima dell'iscrizione di questa nel registro delle imprese.

Ai sensi dell'art. 2462 c.c., **in caso di insolvenza della società, l'unico socio perde il beneficio della responsabilità limitata**:

- **se i conferimenti non siano stati effettuati** secondo quanto previsto dall'art. 2464 c.c.;
- **se non sia stata attuata la pubblicità prescritta** dall'art. 2470 c.c., in base al quale, «*quando l'intera partecipazione appartiene ad un solo socio o muta la persona dell'unico socio, gli amministratori devono depositare per l'iscrizione nel registro delle imprese una dichiarazione contenente l'indicazione del cognome e nome o della denominazione, della data e del luogo di nascita o lo Stato di costituzione, del domicilio o della sede e cittadinanza dell'unico socio*».

4. La s.r.l. semplificata.

Il legislatore ha recentemente introdotto due nuove tipologie di società a responsabilità limitata con l'intento di agevolare le iniziative imprenditoriali di giovani o comunque soggetti con minori disponibilità economiche.
Con la legge del 24 marzo 2012, n. 27, è stata introdotta nel codice civile l'art. 2463-*bis* cod. civ. che prevede la figura della "*Società semplificata a responsabilità limitata*".
La possibilità di dar vita a tale entità è riservata alle sole persone fisiche che non abbiano compiuto i trentacinque anni al tempo della costituzione.
Il contratto o l'atto unilaterale devono essere redatti per **atto pubblico**.
Il **contenuto dell'atto costitutivo** è legalmente predeterminato e deve indicare:

- il cognome, il nome, la data, il luogo di nascita, il domicilio, la cittadinanza di ciascun socio;
- la denominazione sociale contenente l'indicazione di società a responsabilità limitata semplificata e il comune ove sono poste la sede della società e le eventuali sedi secondarie;
- l'ammontare del capitale sociale, pari almeno ad 1 euro e inferiore all'importo di 10.000 euro, sottoscritto e interamente versato alla data della costituzione. Il conferimento deve farsi in denaro ed essere versato all'organo amministrativo;
- i requisiti previsti dai numeri 3), 6), 7) e 8) del secondo comma dell'art. 2463 c.c.;
- luogo e data di sottoscrizione;
- gli amministratori.

Salvo quanto previsto dall'art. 2463-*bis* c.c., infine, si applicano le norme previste per la società a responsabilità limitata ordinaria in quanto compatibili.

5. La disciplina dei conferimenti.

La materia dei conferimenti, in passato sottoposta alla medesima disciplina della società per azioni, è stata profondamente modificata dalla riforma del 2003.
Il riformato art. 2464 c.c., in particolare, estende alla società a responsabilità limitata un principio generale proprio delle società di persone, stabilendo che «*possono essere conferiti* **tutti gli elementi dell'attivo suscettibili di valutazione economica**». Nella società a responsabilità limitata, in particolare, sono ammesse le seguenti tipologie di conferimenti:

- **conferimenti in denaro;**
- conferimenti di beni in natura e di crediti;
- conferimenti d'opera o di servizi.

5.1. I conferimenti in denaro.

Se l'atto costitutivo non dispone diversamente, **i conferimenti devono farsi in denaro** (art. 2464, comma 3, c.c.).
Il comma quarto dell'art. 2464 c.c., al fine di garantire l'**effettività del capitale sociale**, prevede che «*alla sottoscrizione dell'atto costitutivo deve essere versato presso una banca almeno il venticinque per cento dei conferimenti in*

danaro e l'intero sovrapprezzo o, nel caso di costituzione con atto unilaterale, il loro intero ammontare». In alternativa al versamento, il socio può stipulare, per un importo almeno corrispondente, una polizza di assicurazione o di una fideiussione bancaria con le caratteristiche determinate con decreto del Presidente del Consiglio dei Ministri.

5.2. I conferimenti di beni in natura e di crediti.

Come nella società per azioni, per i conferimenti di beni in natura e di crediti si osservano le disposizioni degli artt. 2254 (*"Garanzia e rischi dei conferimenti"*) e 2255 (*"Conferimenti di crediti"*) c.c. e **le quote corrispondenti a tali conferimenti devono essere integralmente liberate al momento della sottoscrizione.**

Ai sensi dell'art 2465, comma 1, c.c. chi conferisce beni in natura o crediti deve presentare la **relazione giurata** di un revisore legale o di una società di revisione legali iscritti nell'apposito registro. A differenza della società per azioni, pertanto, l'esperto non deve essere nominato dal tribunale.

Il secondo comma dell'art. 2465 c.c. contiene la disciplina dei c.d. **acquisti potenzialmente pericolosi** ovvero degli acquisti da parte della società, per un corrispettivo pari o superiore al decimo del capitale sociale, di beni o di crediti dei soci fondatori, dei soci e degli amministratori, nei due anni dalla iscrizione della società nel registro delle imprese.

La norma, allo scopo di evitare l'elusione della disciplina concernente la stima dei conferimenti, stabilisce che tali acquisti siano **autorizzati dall'assemblea dei soci e accompagnati dalla relazione giurata di stima**. A differenza della società per azioni, tuttavia, l'atto costitutivo può escludere la necessità dell'autorizzazione assembleare. In caso di violazione della disciplina degli acquisti potenzialmente pericolosi gli amministratori e l'alienante sono solidalmente responsabili per i danni causati alla società, ai soci ed ai terzi.

Occorre, infine, osservare che tali disposizioni non si applicano agli acquisti che siano effettuati a condizioni normali nell'ambito delle operazioni correnti della società né a quelli che avvengono nei mercati regolamentati o sotto il controllo dell'autorità giudiziaria o amministrativa.

5.3. I conferimenti d'opera o di servizi.

Nella società a responsabilità limitata, diversamente dalla società per azioni, il socio può conferire anche prestazioni d'opera o di servizi, accentuandosi, così, la caratterizzazione personalistica della società.

CAPITOLO XI | LA SOCIETÀ A RESPONSABILITÀ LIMITATA

In caso di **mancata esecuzione** del conferimento nel termine prescritto, gli amministratori diffidano il **socio moroso** ad eseguirlo nel termine di trenta giorni (art. 2466 c.c.).
Decorso inutilmente tale gli amministratori possono promuovere l'azione per l'esecuzione dei conferimenti dovuti.
In alternativa, possono vendere agli altri soci in proporzione della loro partecipazione la quota del socio moroso. La vendita è effettuata a rischio e pericolo di quest'ultimo (c.d. **vendita in danno**) per il valore risultante dall'ultimo bilancio approvato. In mancanza di offerte per l'acquisto, se l'atto costitutivo lo consente, la quota è venduta **all'incanto**.
Se la vendita non può aver luogo per mancanza di compratori, gli amministratori escludono il socio, trattenendo le somme riscosse ed il capitale deve essere ridotto in misura corrispondente.

6. I finanziamenti dei soci ed i titoli di debito.

La riforma del 2003 ha introdotto una nuova disciplina in tema di finanziamenti dei soci (art. 2467 c.c.). Tali finanziamenti consistono nel versamento di denaro a favore della società senza un corrispondente aumento del capitale sociale e si traducono in un'operazione di prestito.
Il primo comma dell'articolo in commento stabilisce, a **tutela dei creditori sociali**, che «*il rimborso dei finanziamenti dei soci a favore della società è postergato rispetto alla soddisfazione degli altri creditori e, se avvenuto nell'anno precedente la dichiarazione di fallimento della società, deve essere restituito*».

▸ LA GIURISPRUDENZA PIÙ SIGNIFICATIVA

LE DIFFERENTI TIPOLOGIE DI VERSAMENTI DIVERSI DAI CONFERIMENTI NELLA GIURISPRUDENZA DI LEGITTIMITÀ.

L'art. 2467 c.c. si limita a dettare la disciplina del rimborso dei finanziamenti senza prendere posizione sulla natura di tali versamenti. Alcune indicazioni importanti in tal senso provengono invece dalla giurisprudenza di legittimità secondo cui: "L'erogazione di somme che i soci effettuano alla società partecipata può avvenire a titolo di mutuo, con conseguente obbligo restitutorio in capo alla medesima, oppure di versamento in conto capitale, senza originare un credito esigibile se non per effetto dello scioglimento della società e nei limiti dell'attivo del bilancio di liquidazione. La qualificazione dell'apporto dipende dall'esame della volontà negoziale delle parti, dovendosi trarre la prova, cui è onerato l'attore in restituzione, non tanto dalla denominazione adoperata nelle scritture contabili quanto dal modo in cui il rapporto è stato attuato in concreto, dalle finalità pratiche cui è diretto e dagli interessi che vi sono sottesi" (Cassazione civile sez. I, 20/04/2020, n.7919).

In base all'art. 2483 c.c., se l'atto costitutivo lo prevede, la società può emettere **titoli di debito**, conferendo la relativa competenza ai soci o agli amministratori e determinando gli eventuali limiti, le modalità e le maggioranze necessarie per la decisione. I titoli di debito **possono essere sottoscritti soltanto da investitori professionali** soggetti a vigilanza prudenziale a norma delle leggi speciali. In questo modo, dunque, si consente anche alle società a responsabilità limitata di attingere in via indiretta al pubblico risparmio.

In caso di **successiva circolazione** dei titoli di debito, chi li trasferisce risponde della solvenza della società nei confronti degli acquirenti che non siano investitori professionali ovvero soci della società medesima.

7. Le quote sociali.

Le partecipazioni dei soci, come anticipato, non possono essere rappresentate da azioni né costituire oggetto di offerta al pubblico di prodotti finanziari (art. 2468, comma 1, c.c.).

Esse si differenziano dalla partecipazione azionaria sotto diversi profili:

- nella società per azioni il capitale sociale nominale è diviso in parti omogenee e standardizzate che prescindono dalle persone dei soci e dal loro numero, mentre nella società a responsabilità limitata **il capitale è diviso in quote secondo un criterio personalistico** legato alle persone dei soci (il numero iniziale delle quote corrisponde al numero dei soci);
- le azioni hanno tutte eguale valore nominale e sono indivisibili, mentre **le quote possono essere di diverso ammontare e sono divisibili**, salva diversa previsione nell'atto costitutivo;
- le azioni attribuiscono uguali diritti, mentre **le quote possono essere le une diverse dalle altre**.

I **diritti sociali**, in particolare, **spettano ai soci in misura proporzionale alla partecipazione** da ciascuno posseduta. Salvo diversa disposizione dell'atto costitutivo, **le partecipazioni dei soci sono determinate in misura proporzionale al conferimento** (art. 2468, comma 2, c.c.).

L'atto costitutivo, tuttavia, può prevedere l'attribuzione a singoli soci di **particolari diritti riguardanti l'amministrazione della società** (ad esempio diritti di opzione, di gradimento o di prelazione) **o la distribuzione degli utili** (art. 2468, comma 3, c.c.).
Tali diritti possono essere modificati solo con il consenso di tutti i soci, salvo diversa disposizione dell'atto costitutivo (art. 2468, comma 4, c.c.)
Nel caso di **comproprietà** di una partecipazione, i diritti dei comproprietari devono essere esercitati da un **rappresentante comune** nominato secondo le modalità previste dagli artt. 1105 e 1106 c.c. Ai sensi dell'art. 2469, comma 1, c.c. «*Le partecipazioni sono liberamente trasferibili per atto tra vivi e per successione a causa di morte, salva disposizione contraria dell'atto costitutivo*».
In base al secondo comma dell'art. 2469 c.c., «*qualora l'atto costitutivo preveda l'intrasferibilità delle partecipazioni o ne subordini il trasferimento al gradimento di organi sociali, di soci o di terzi senza prevederne condizioni e limiti, o ponga condizioni o limiti che nel caso concreto impediscono il trasferimento a causa di morte, il socio o i suoi eredi possono esercitare il* **diritto di recesso** *ai sensi dell'articolo 2473*».
Le clausole limitative più diffuse nella pratica sono:

- la **clausola di prelazione**, che impone al socio che voglia cedere le proprie azioni, di offrirle preventivamente agli altri soci: a parità di condizioni questi ultimi devono essere preferiti a potenziali terzi acquirenti;
- le clausole **di consolidamento**, che, in caso di decesso del socio, attribuisce ai soci superstiti il diritto di liquidare il valore della partecipazione sociale agli eredi impedendo il loro ingresso nella società;
- la **clausola di ingresso**, che subordinano il trasferimento della quota sociale al possesso di determinati requisiti predeterminati in capo agli acquirenti;
- la **clausola di gradimento**, in base alla quale l'acquirente deve ottenere il preventivo gradimento degli organi sociali, degli altri soci o di terzi, ancorché non mero, in quanto vengono dettate condizioni e limiti entro i quali l'espressione di tale gradimento deve rimanere. La clausola è di **mero gradimento** quando non sono previsti tali condizioni ed è l'ipotesi contemplata espressamente dal citato comma secondo dell'art. 2469 c.c.

Il trasferimento delle partecipazioni ha **effetto di fronte alla società** dal momento del deposito nel registro delle imprese (art. 2470, comma 1, c.c.), ma nei rapporti tra le parti è pacifico, in dottrina e giurisprudenza, che in virtù del principio generale di libertà delle forme, la cessione è valida ed efficace in virtù del semplice consenso da esse manifestato.

Se la quota è alienata con successivi contratti a più persone, quella tra esse che per prima ha effettuato in buona fede l'iscrizione nel registro delle imprese è preferita alle altre, anche se il suo titolo è di data posteriore (art. 2470, comma 3, c.c.).

Nel caso di cessione della partecipazione **l'alienante è obbligato solidalmente con l'acquirente**, per il periodo di tre anni dall'iscrizione del trasferimento nel registro delle imprese, per i versamenti ancora dovuti (art. 2472, comma 1, c.c.). La società può rivolgersi all'alienante solo dopo aver richiesto preventivamente il pagamento al socio attuale (art. 2472, comma 2, c.c.).

In base all'art. 2471 c.c., la quota sociale può formare oggetto di **espropriazione**.

Il **pignoramento** si esegue mediante notificazione al debitore e alla società e successiva iscrizione nel registro delle imprese.

L'ordinanza del giudice che dispone la **vendita della partecipazione** deve essere notificata alla società a cura del creditore.

Se la partecipazione non è liberamente trasferibile e il creditore, il debitore e la società non si accordano sulla vendita della quota stessa, la vendita ha luogo **all'incanto**; ma la vendita è priva di effetto se, entro dieci giorni dall'aggiudicazione, la società presenta un altro acquirente che offra lo stesso prezzo. Il successivo art. 2471-*bis* c.c. stabilisce che la partecipazione può costituire oggetto di **pegno**, **usufrutto** e **sequestro** secondo la disciplina dettata dall'art. 2352 c.c. per le azioni.

L'art. 2474 c.c., infine, contempla un **divieto assoluto di operazioni sulle proprie partecipazioni** stabilendo che «*In nessun caso la società può acquistare o accettare in garanzia partecipazioni proprie, ovvero accordare prestiti o fornire garanzia per il loro acquisto o la loro sottoscrizione*».

8. Gli organi sociali: l'assemblea dei soci.

A) Competenze e procedimento di assunzioni delle decisioni

La riforma del 2003 ha mutato radicalmente la disciplina degli organi sociali della società a responsabilità limitata.

L'assetto organizzativo di questa si fonda anch'esso sulla tripartizione assemblea-organo amministrativo-collegio sindacale propria del modello tradizionale della società per azioni. La nuova formulazione dell'art. 2479 c.c. non parla più di assemblea ma di *"decisioni dei soci"* perché il metodo assembleare è derogabile statutariamente. Il secondo comma dell'articolo in esame attribuisce **inderogabilmente** alla competenza dei soci:

- «*l'approvazione del bilancio e la distribuzione degli utili*»;
- «*la nomina, se prevista nell'atto costitutivo, degli amministratori*»;
- «*la nomina nei casi previsti dall'articolo 2477 dei sindaci e del presidente del collegio sindacale o del soggetto incaricato di effettuare la revisione legale dei conti*»;
- «*le modificazioni dell'atto costitutivo*»;
- «*la decisione di compiere operazioni che comportano una sostanziale modificazione dell'oggetto sociale determinato nell'atto costitutivo o una rilevante modificazione dei diritti dei soci*».

Le decisioni di cui ai numeri 1), 2) e 3) sono **decisioni di carattere ordinario**, mentre quelle di cui ai numeri 4) e 5) sono **decisioni di carattere straordinario**. La principale novità della riforma è rappresentata dalla **possibilità di ampliare le materie riservate alla decisione dei soci**. Ci si riferisce, in particolare, alla possibilità di attribuire alla competenza dei soci decisioni aventi ad oggetto la gestione della società, normalmente rimessa all'organo amministrativo. Per quanto riguarda il **procedimento di assunzione delle decisioni**, il **metodo** legale è quello **assembleare**.

In alternativa al metodo assembleare, l'atto costitutivo può prevedere che le decisioni dei soci siano adottate **mediante consultazione scritta o sulla base del consenso espresso per iscritto**.

Ogni socio ha **diritto di partecipare** a tali decisioni ed il suo voto vale in misura proporzionale alla sua partecipazione (art. 2479, comma 5, c.c.).

Se non è diversamente disposto dall'atto costitutivo, le decisioni dei soci sono prese con il voto favorevole di una **maggioranza** che rappresenti almeno la metà del capitale sociale (art. 2479, comma 6 c.c.).

La rinuncia al metodo assembleare non è, tuttavia, sempre ammissibile.

Il comma quarto dell'art. 2479 c.c. stabilisce che le decisioni dei soci devono essere adottate mediante **deliberazione assembleare** quando questa ha ad oggetto:

- una modifica dell'atto costitutivo;
- la decisione di compiere operazioni che comportano una sostanziale modificazione dell'oggetto sociale determinato nell'atto costitutivo o una rilevante modificazione dei diritti dei soci;

- la riduzione del capitale sociale per perdite ai sensi dell'art. 2482-*bis*, comma 4, c.c.;
- oppure quando lo richiedono uno o più amministratori o un numero di soci che rappresentano almeno un terzo del capitale sociale.

L'art. 2479-*bis* c.c. detta la disciplina dell'**assemblea dei soci**.
Se l'atto costitutivo non dispone diversamente, è consentita la **rappresentanza** del socio in assemblea e la relativa documentazione è conservata nel libro delle decisioni dei soci.
Anche nella società a responsabilità limitata è prevista l'**assemblea totalitaria**, per la quale si richiede la partecipazione dell'intero capitale sociale, nonché che tutti gli amministratori e sindaci siano presenti o informati della riunione.
È necessario, inoltre, che nessuno degli intervenuti si opponga alla trattazione dell'argomento.

B) Le cause di invalidità delle decisioni assembleari
La riforma del diritto societario, innovando la materia dell'**invalidità delle decisioni dei soci** (art. 2479-*ter* c.c.), ha previsto delle regole parzialmente differenti rispetto a quelle dettate per la società per azioni (*supra*, Cap. VII, Sez. I, par. 2.3.).
Sono **annullabili** le decisioni dei soci che non sono prese in conformità della legge o dell'atto costitutivo.
Sono altresì **annullabili** le decisioni assunte con la partecipazione **determinante** di soci che hanno, per conto proprio o di terzi, un **interesse in conflitto** con quello della società, qualora possano recare **danno alla società**.
La **legittimazione attiva** è attribuita ai soci che non vi hanno consentito, a ciascun amministratore ed al collegio sindacale che possono impugnare le deliberazioni **entro novanta giorni** dalla loro trascrizione nel libro delle decisioni dei soci.
Il **procedimento di impugnazione** è regolato dall'art. 2378 c.c.
L'annullamento della deliberazione ha effetto rispetto a tutti i soci ma non travolge, però, i **diritti acquistati in buona fede dai terzi** in base ad atti compiuti in esecuzione della deliberazione.
È consentita, in attuazione del **principio di conservazione** degli atti giuridici, la **sanatoria** della delibera viziata.
L'annullamento della deliberazione, in particolare, non può aver luogo, se la deliberazione impugnata è sostituita con altra presa in conformità della legge e dello statuto.
Sono **nulle** le decisioni aventi **oggetto illecito o impossibile** e quelle prese in **assenza assoluta di informazione**.

Tali decisioni possono essere impugnate da **chiunque vi abbia interesse entro tre anni** dalla loro trascrizione nel libro delle decisioni dei soci.
Possono essere, invece, impugnate **senza limiti di tempo le deliberazioni che modificano l'oggetto sociale prevedendo attività impossibili o illecite**.
Quanto agli **effetti della dichiarazione di nullità**, anche in tal caso sono **salvi i diritti acquistati in buona fede dai terzi** in base ad atti compiuti in esecuzione della delibera.
Si applica, anche in tal caso, la **sanatoria** di cui all'art. 2377, comma 8, c.c. (**sostituzione della delibera**).
In virtù del rinvio all'art. 2379-*ter* c.c., si estendono alla società a responsabilità limitata le regole dettate in caso di **invalidità delle deliberazioni di aumento o di riduzione del capitale e della emissione di obbligazioni**.
Le azioni di nullità ed annullabilità, infine, non possono essere proposte nei confronti delle deliberazioni di approvazione del bilancio dopo che è avvenuta l'approvazione del bilancio dell'esercizio successivo.

8.1. L'organo amministrativo.

La disciplina dell'amministrazione della società presente marcate analogie con quella prevista nelle società per azioni che adottano il modello tradizionale e si caratterizza per l'ampio spazio che è stato riconosciuto dal legislatore della riforma all'autonomia statutaria.

A) Nomina degli amministratori

In base al primo comma dell'art. 2475 c.c., salvo diversa disposizione dell'atto costitutivo, **l'amministrazione della società è affidata a uno o più soci** nominati con decisione dei soci presa ai sensi dell'art. 2479 c.c., salvo i primi amministratori che sono nominati con l'atto costitutivo.
In mancanza di limiti temporali espressi, la **durata dell'incarico** rimane, come in precedenza, **a tempo indeterminato**, salvo morte, dimissioni o revoca e ferma restando la diversa previsione dell'atto costitutivo.
L'art. 2475 c.c., come modificato dall'art. 6 D.lgs. 183/2021, ha esteso agli amministratori di società a responsabilità la disciplina di cui all'art. 2382" con la conseguenza che anch'essi sono soggetti alle **cause di ineleggibilità e di decadenza** dalla carica già previste per la **società per azioni**.
Sebbene non sia richiamato l'art. 2390 c.c., la dottrina ritiene che il **divieto di concorrenza** si estenda anche agli amministratori di una società a responsabilità limitata.

B) Sistema di amministrazione

L'amministrazione della società può essere affidata ad un **amministratore unico** oppure a più persone, le quali costituiscono il **consiglio di amministrazione**. L'art. 377 del Codice della Crisi di Impresa e dell'Insolvenza ha modificato l'art. 2475 c.c. prevedendo che, in tutti i tipi societari, "la gestione dell'impresa si svolge nel rispetto della disposizione di cui all'art. 2086, secondo comma, e spetta esclusivamente agli amministratori, i quali compiono le operazioni necessarie per l'attuazione dell'oggetto sociale".

Se non indicate dall'atto costitutivo, le **modalità di funzionamento** (metodo collegiale e maggioranze) del consiglio di amministrazione si desumono per analogia dalle norme della società per azioni.

L'atto costitutivo, inoltre, in deroga al metodo collegiale, può adottare il modello di **amministrazione disgiuntiva** o **congiuntiva**, con rispettiva applicazione degli art. 2257 e 2258 c.c. (art. 2475, comma 3, c.c.).

La deroga al metodo collegiale non è però ammessa per le decisioni aventi ad oggetto la redazione del progetto di bilancio e dei progetti di fusione o scissione e per le decisioni di aumento del capitale ai sensi dell'art. 2481 c.c. (art. 2475, comma 5, c.c.)

Tali materie sono affidate esclusivamente alla competenza dell'organo amministrativo e non possono essere attribuite alla competenza dei soci.

C) Potere di rappresentanza della società

Ai sensi dell'art. 2475-bis c.c., gli amministratori hanno la **rappresentanza** generale della società.

Le **limitazioni ai poteri degli amministratori** che risultano dall'atto costitutivo o dall'atto di nomina, anche se pubblicate, non sono opponibili ai terzi, salvo che si provi che questi abbiano intenzionalmente agito a danno della società. In tema di **conflitto di interessi** l'art. 2475-*ter* c.c. stabilisce che:

> - i contratti conclusi dagli amministratori che hanno la rappresentanza della società in conflitto di interessi, per conto proprio o di terzi, con la medesima possono essere annullati su domanda della società, se il conflitto era conosciuto o riconoscibile dal terzo;
> - le decisioni adottate dal consiglio di amministrazione con il voto determinante di un amministratore in conflitto di interessi con la società, qualora le cagionino un danno patrimoniale, possono essere impugnate entro novanta giorni dagli amministratori e, ove esistenti, dal collegio sindacale e dal revisore. In ogni caso sono salvi i diritti acquistati in buona fede dai terzi in base ad atti compiuti in esecuzione della decisione.

D) Responsabilità degli amministratori

L'art. 2476 c.c. disciplina la **responsabilità degli amministratori nei confronti della società, dei soci e dei terzi**.

In primo luogo, gli amministratori sono **solidalmente responsabili** verso la società dei danni derivanti dall'**inosservanza dei doveri ad essi imposti dalla legge e dall'atto costitutivo** per l'amministrazione della società. La responsabilità non si estende a quelli che dimostrino di essere esenti da colpa e, essendo a cognizione che l'atto si stava per compiere, abbiano fatto constare del proprio dissenso (art. 2476, comma 1, c.c.).

In caso di delega dei poteri gestori, si ritiene che tale disciplina possa essere integrata con le regole della società per azioni, soprattutto per quanto riguarda la diversa valutazione della responsabilità degli amministratori senza delega (*supra*, Cap. VII, Sez. I, par. 3.1.).

Ai soci che non partecipano all'amministrazione viene riconosciuto, in primo luogo, il diritto di avere dagli amministratori notizie sullo svolgimento degli affari sociali e di consultare, anche tramite professionisti di loro fiducia, i libri sociali ed i documenti relativi all'amministrazione.

Tale diritto è strumentale all'esercizio dell'**azione di responsabilità** contro gli amministratori da parte del socio, il quale può altresì chiedere, in caso di gravi irregolarità nella gestione della società, che sia adottato provvedimento cautelare di **revoca** degli amministratori medesimi (art. 2476, comma 3, c.c.).

Gli amministratori sono altresì tenuti al **risarcimento dei danni subiti dal singolo socio o dal terzo** che siano stati direttamente danneggiati dai loro atti dolosi o colposi.

L'art. 378 del Codice della Crisi d'Impresa e dell'Insolvenza ha poi modificato l'art. 2476 c.c., sancendo espressamente la responsabilità degli amministratori di S.r.l. con riferimento agli obblighi di conservazione del patrimonio sociale **nei confronti dei creditori** quando il patrimonio della società risulti insufficiente a soddisfare i loro crediti. In precedenza, tale responsabilità era riconosciuta solo in via giurisprudenziale sulla base di un'interpretazione analogica dell'art. 2394 c.c. che riconosce la responsabilità degli amministratori di S.p.A. verso i creditori sociali.

La disciplina in commento si caratterizza rispetto a quella della società per azioni per la previsione di un'ipotesi **responsabilità dei soci nei confronti della società, degli altri soci e dei terzi**. In particolare, i soci che hanno intenzionalmente deciso o autorizzato il compimento di atti dannosi per la società, i soci o i terzi, sono **solidalmente responsabili con gli amministratori** (art. 2476, comma 7, c.c.). I soci, invero, anche se formalmente non sono amministratori, possono assumere decisioni relative all'amministrazione della società quando tale possibilità sia prevista nell'atto costitutivo.

8.2. Il sindaco ed il revisore legale dei conti.

L'art. 14, comma 13, L. 183/2011 – recante Disposizioni per la formazione del bilancio annuale e pluriennale dello Stato (**Legge di stabilità 2012**) – ha introdotto alcune significative **novità in materia di controlli interni delle s.r.l.**, prevedendo la possibilità di nominare un **sindaco unico** in luogo di un organo di controllo collegiale.
Il nuovo art. 2477 c.c., ora rubricato *"Sindaco e revisione legale dei conti"* (in luogo della precedente rubrica *"Collegio sindacale e revisore legale dei conti"*), così dispone: «*L'atto costitutivo può prevedere, determinandone le competenze e poteri, ivi compresa la revisione legale dei conti, la nomina di un organo di controllo o di un revisore. Se lo statuto non dispone diversamente, l'organo di controllo è costituito da un solo membro effettivo*».
La nomina del sindaco è **obbligatoria**:

- se il capitale sociale non è inferiore a quello minimo stabilito per le società per azioni.
- se la società è tenuta alla redazione del bilancio consolidato;
- se la società controlla una società obbligata alla revisione legale dei conti;
- se, per due esercizi consecutivi, la società ha superato due dei limiti indicati dal primo comma dell'articolo 2435-*bis* c.c. In tal caso, l'obbligo di nomina dell'organo di controllo o del revisore se, per due esercizi consecutivi, i predetti limiti non vengono superati.

9. Le scritture contabili ed il bilancio.

La società a responsabilità limitata, come **imprenditore commerciale**, è obbligata innanzitutto a tenere i libri indicati nell'art. 2214 c.c.:

- il **libro giornale** che indica, in ordine cronologico, tutte le operazioni relative all'esercizio dell'impresa;
- il **libro degli inventari**;
- tutte **le altre scritture contabili** richieste dalla natura e dalle dimensioni dell'impresa.

Ad essi si aggiungono i **libri sociali obbligatori** indicati dall'art. 2478 c.c.;

- il **libro delle decisioni dei soci**, nel quale sono trascritti senza indugio sia i verbali delle assemblee, anche se redatti per atto pubblico, sia le decisioni prese ai sensi del primo periodo del terzo comma dell'art. 2479 c.c. La relativa documentazione è conservata dalla società;
- il **libro delle decisioni degli amministratori**;
- il **libro delle decisioni dell'organo di controllo** nominato ai sensi dell'art. 2477 c.c.

I libri indicati nei numeri 1) e 2) devono essere tenuti a cura degli amministratori; il libro indicato nel numero 3) del deve essere tenuto a cura dei sindaci.
La disciplina del **bilancio di esercizio** e della **distribuzione degli utili** è la medesima della società per azioni.
Ai sensi del primo comma dell'art. 2478-*bis* c.c., il bilancio deve essere redatto con l'osservanza degli art. 2423, 2423-*bis*, 2423-*ter*, 2424, 2424-*bis*, 2425, 2425-*bis*, 2426, 2427, 2428, 2429, 2430 e 2431 c.c. (*supra*, Cap. VIII), salvo quanto disposto dall'art. 2435-*bis* c.c. in tema di **bilancio in forma abbreviata**.
Gli **amministratori** devono presentare il bilancio ai soci entro il termine stabilito dall'atto costitutivo e comunque non superiore a centoventi giorni dalla chiusura dell'esercizio sociale, salva la possibilità di un maggior termine nei limiti ed alle condizioni previsti dal secondo comma dell'art. 2364 c.c.
Entro trenta giorni dalla decisione dei soci di approvazione del bilancio deve essere depositata presso l'ufficio del registro delle imprese copia del bilancio approvato. La decisione dei soci che approva il bilancio decide anche sulla **distribuzione degli utili** ai soci. Così come previsto per la società per azioni, possono essere distribuiti esclusivamente gli **utili realmente conseguiti e risultanti da bilancio regolarmente approvato**.
In caso di **perdita del capitale sociale**, non può farsi luogo a ripartizione degli utili fino a che il capitale non sia reintegrato o ridotto in misura corrispondente.
Gli utili erogati in violazione di tali disposizioni non sono ripetibili se i soci li hanno riscossi in buona fede in base a bilancio regolarmente approvato, da cui risultano utili netti corrispondenti.

10. Le modifiche dell'atto costitutivo.

A) Competenza e procedimento di assunzione delle decisioni
Le modificazioni dell'atto costitutivo sono di **competenza inderogabile dell'assemblea di soci**, che deve deliberare con il voto favorevole di tanti soci che rappresentano almeno la metà del capitale sociale. La delibera, pertanto, non può essere adottata mediante consultazione scritta o consenso espresso per iscritto. In virtù del rinvio operato dall'art. 2480 c.c. all'art. 2436 c.c., il verbale dell'assemblea deve essere obbligatoriamente redatto da un **notaio** il quale, entro trenta giorni, verificato l'adempimento delle condizioni stabilite dalla legge, ne richiede l'iscrizione nel registro delle imprese contestualmente al deposito e allega le eventuali autorizzazioni richieste.

Per le modifiche dell'atto costitutivo, al pari delle società per azioni, è stato soppresso il giudizio di omologazione e il **controllo giudiziario** è **eventuale e facoltativo**. La deliberazione produce i suoi **effetti solo dopo l'iscrizione** nel registro delle imprese, nel quale, dopo ogni modifica, deve essere depositato anche il testo integrale nella sua redazione aggiornata.

B) Aumento del capitale sociale
In tema di **variazioni del capitale** sociale è prevista una disciplina parzialmente autonoma rispetto a quella della società per azioni.

L'aumento del capitale sociale può essere **reale** (o a pagamento), se viene effettuato mediante nuovi conferimenti da parte dei soci o di terzi, oppure **nominale** (o gratuito), se avviene mediante passaggio di riserve a capitale.

L'**aumento del capitale sociale a pagamento** è disciplinato dagli artt. 2481 e 2481-*bis* c.c.

In base all'art. 2481 c.c. **l'atto costitutivo può attribuire agli amministratori la facoltà di aumentare il capitale** sociale, determinandone i limiti e le modalità di esercizio. La decisione degli amministratori deve risultare da verbale redatto da un notaio e deve essere iscritta nel registro delle imprese.

Come nella società per azioni, la delibera di aumento a pagamento del capitale sociale non può essere eseguita fin quando i conferimenti precedentemente dovuti non sono stati integralmente eseguiti.

Il successivo art. 2481-*bis* c.c. attribuisce ai soci, in caso di decisione di aumento del capitale sociale mediante nuovi conferimenti, il **diritto di opzione** ovvero il diritto di sottoscrivere l'aumento di capitale sociale in proporzione delle partecipazioni da essi possedute.

L'atto costitutivo può escludere il diritto di opzione e stabilire che l'aumento di capitale venga realizzato mediante offerta di quote di nuova emissione a

terzi. In tal caso, tuttavia, spetta ai soci che non hanno consentito alla decisione il diritto di recesso.

Il diritto di opzione sulle quote di nuova emissione non può essere escluso quando l'aumento del capitale sociale è reso necessario da una riduzione dello stesso per perdite.

Se l'aumento di capitale non è integralmente sottoscritto nel termine stabilito dalla decisione, il capitale è aumentato di un importo pari alle sottoscrizioni raccolte soltanto se la deliberazione medesima lo abbia espressamente consentito.

La disciplina dei **conferimenti** in sede di aumento reale del capitale sociale è la medesima di quella dei conferimenti al momento della costituzione della società a responsabilità limitata.

Ai sensi dell'art. 2481-*ter* c.c. l'aumento **gratuito** del capitale sociale avviene imputando ad esso le riserve e gli altri fondi iscritti in bilancio in quanto disponibili. In questo caso la quota di partecipazione di ciascun socio resta immutata.

C) Riduzione del capitale sociale

La disciplina della **riduzione del capitale sociale** è sostanzialmente identica a quella prevista per la società per azioni.

La **riduzione volontaria** può avere luogo, nei limiti dell'ammontare minimo del capitale sociale (diecimila euro), mediante **rimborso ai soci delle quote pagate o mediante liberazione di essi dall'obbligo dei versamenti ancora dovuti** (art. 2482 c.c.).

La riduzione è invece **obbligatoria** quando il capitale è diminuito per l'effetto di perdite in misura superiore ad un terzo (art. 2482-*bis* c.c.).

In questo caso gli **amministratori** devono senza indugio convocare l'assemblea dei soci per gli opportuni provvedimenti.

All'assemblea deve essere sottoposta una **relazione degli amministratori sulla situazione patrimoniale della società**, con le osservazioni nei casi previsti dall'art. 2477 c.c. dell'organo di controllo o del soggetto incaricato di effettuare la revisione legale dei conti. Se l'atto costitutivo non prevede diversamente, copia della relazione e delle osservazioni deve essere depositata nella sede della società almeno otto giorni prima dell'assemblea, perché i soci possano prenderne visione.

Come nella società per azioni, l'assemblea può procedere immediatamente alla riduzione del capitale sociale oppure rinviare la decisione all'esercizio successivo.

Se entro l'esercizio successivo la perdita non risulta diminuita a meno di un terzo, deve essere convocata l'assemblea per l'approvazione del bilancio e per la riduzione del capitale in proporzione delle perdite accertate.

In mancanza gli amministratori e i sindaci o il soggetto incaricato di effettuare la revisione legale dei conti nominati ai sensi dell'art. 2477 c.c. devono chiedere al tribunale che venga disposta la riduzione del capitale in ragione delle perdite risultanti dal bilancio.

Se, per la perdita di oltre un terzo del capitale, questo si riduce **al di sotto del minimo legale**, gli amministratori devono senza indugio convocare l'assemblea per deliberare la riduzione del capitale ed il contemporaneo aumento del medesimo ad una cifra non inferiore al detto minimo (art. 2482-*ter* c.c.). In alternativa, è possibile di deliberare la trasformazione della società.

In tutti i casi di riduzione del capitale per perdite è esclusa ogni modificazione delle quote di partecipazione e dei diritti spettanti ai soci.

11. Recesso ed esclusione del socio.

Anche la disciplina del diritto di recesso del socio è stata profondamente modificata dalla riforma attraverso un **ampliamento delle ipotesi** in cui è possibile recedere dalla società ed un **rafforzamento dell'autonomia statutaria**. In base al primo comma dell'art 2473 c.c. l'atto costitutivo stabilisce le ipotesi di diritto di recesso dalla società e ne indica le modalità di esercizio.

Tale disposizione non pone dei limiti o delle condizioni all'autonomia statutaria, per cui il recesso può essere previsto non soltanto a fronte di deliberazioni o decisioni modificatrici dell'atto costitutivo, ma per qualsiasi ragione ivi compreso il recesso *ad nutum*.

Il primo comma dell'art. 2473 c.c. contempla, a tutela delle minoranze, anche alcune **cause di recesso inderogabili**.

Restano salve, inoltre, le disposizioni in materia di recesso per le società soggette ad attività di direzione e coordinamento.

Come nella società per azioni, il recesso non può essere esercitato e, se già esercitato, è privo di efficacia, se la società revoca la delibera che lo legittima ovvero se è deliberato lo scioglimento della società.

I soci che recedono dalla società hanno diritto di ottenere il **rimborso della propria partecipazione in proporzione del patrimonio sociale**, tenendo conto del suo **valore di mercato** al momento della dichiarazione di recesso. In caso di disaccordo, la determinazione è compiuta tramite relazione giurata di un esperto nominato dal tribunale, che provvede anche sulle spese, su istanza della parte più diligente.

Il rimborso delle partecipazioni per cui è stato esercitato il diritto di recesso deve essere eseguito entro centottanta giorni dalla comunicazione del medesi-

mo fatta alla società e può avvenire anche mediante acquisto da parte degli altri soci proporzionalmente alle loro partecipazioni oppure da parte di un terzo concordemente individuato da soci medesimi.
Se non vi sono acquirenti, il rimborso è effettuato utilizzando riserve disponibili o, in mancanza, riducendo il capitale sociale in misura corrispondente.
In quest'ultimo caso si applica l'art. 2482 c.c. e, qualora sulla base di esso non risulti possibile il rimborso della partecipazione del socio receduto, la società viene posta in liquidazione.
In base all'art. 2473-*bis* c.c., infine, l'atto costitutivo può prevedere specifiche ipotesi di **esclusione per giusta causa del socio**.
Giusta causa può essere il grave inadempimento delle obbligazioni derivanti dalla legge o dall'atto sostitutivo, la sopravvenuta incapacità personale, la sopravvenuta impossibilità di adempiere la prestazione d'opera o di trasferire la proprietà del bene conferito in natura, nonché qualsiasi altra circostanza che causi discredito commerciale alla società o leda il rapporto di fiducia con gli altri soci.

SCHEDA DI SINTESI

La società a responsabilità limitata, al pari della società per azioni e della società in accomandita per azioni, è una **società di capitali e lucrativa** dotata di **personalità giuridica** e caratterizzata da un'**organizzazione di tipo corporativo**.
Nella società a responsabilità limitata, in particolare, **per le obbligazioni sociali risponde soltanto la società con il suo patrimonio** (art. 2462, comma 1, c.c.).
Come nella società per azioni, pertanto, tutti i soci godono del beneficio della responsabilità limitata e i creditori sociali possono agire per il soddisfacimento delle proprie pretese solo nei confronti della società (**autonomia patrimoniale perfetta**).
Il procedimento per la costituzione di una società a responsabilità limitata è disciplinato dalle stesse norme dettate in materia di società per azioni ed è anch'esso articolato in **due fasi: la stipulazione dell'atto costitutivo per atto pubblico**; l'**iscrizione dell'atto costitutivo nel registro delle imprese**.
La materia dei conferimenti, in passato sottoposta alla medesima disciplina della società per azioni, è stata profondamente modificata dalla riforma del 2003.
Nella società a responsabilità limitata, in particolare, sono ammesse le seguenti tipologie di conferimenti: **conferimenti in denaro**; **conferimenti di beni in natura e di crediti**; **conferimenti d'opera o di servizi**.
La riforma del 2003 ha introdotto una nuova disciplina in tema di **finanziamenti dei soci** (art. 2467 c.c.).
Tali finanziamenti consistono nel versamento di denaro a favore della società senza un corrispondente aumento del capitale sociale e si traducono in un'operazione di prestito.

Le **partecipazioni dei soci** sono rappresentate da **quote**. I **diritti sociali**, in particolare, **spettano ai soci in misura proporzionale alla partecipazione** da ciascuno posseduta. Salvo diversa disposizione dell'atto costitutivo, **le partecipazioni dei soci sono determinate in misura proporzionale al conferimento**.
L'**assetto organizzativo** si fonda anch'esso sulla tripartizione assemblea-organo amministrativo-collegio sindacale propria del modello tradizionale della società per azioni. La società a responsabilità limitata, come **imprenditore commerciale**, è obbligata innanzitutto a tenere i libri indicati nell'art. 2214 c.c.: il **libro giornale** che indica, in ordine cronologico, tutte le operazioni relative all'esercizio dell'impresa; il **libro degli inventari**; tutte **le altre scritture contabili** richieste dalla natura e dalle dimensioni dell'impresa. Ad essi si aggiungono i **libri sociali obbligatori** indicati dall'art. 2478 c.c.: il **libro delle decisioni dei soci**, nel quale sono trascritti senza indugio sia i verbali delle assemblee, anche se redatti per atto pubblico, sia le decisioni prese ai sensi del primo periodo del terzo comma dell'art. 2479 c.c. La relativa documentazione è conservata dalla società; il **libro delle decisioni degli amministratori**; il **libro delle decisioni dell'organo di controllo** nominato ai sensi dell'art. 2477 c.c.
Le modificazioni dell'atto costitutivo sono di **competenza inderogabile dell'assemblea di soci**, che deve deliberare con il voto favorevole di tanti soci che rappresentano almeno la metà del capitale sociale.
Anche la disciplina del diritto di recesso del socio è stata profondamente modificata dalla riforma attraverso un **ampliamento delle ipotesi** in cui è possibile recedere dalla società ed un **rafforzamento dell'autonomia statutaria**.
In base al primo comma dell'art 2473 c.c. l'atto costitutivo stabilisce le ipotesi di diritto di recesso dalla società e ne indica le modalità di esercizio.

QUESTIONARIO

1. Quali sono i connotati essenziali della società a responsabilità limitata? **(1)**
2. Com'è disciplinato il procedimento di costituzione della società? **(2)**
3. In quali casi il socio unico perde il beneficio della responsabilità limitata? **(3)**
4. Quali sono le condizioni di costituzione della nuova società a responsabilità limitata semplificata? **(4)**
5. Qual è la disciplina dei conferimenti? **(5)**
6. In che cosa consistono i finanziamenti dei soci? **(6)**
7. Che cosa sono i titoli di debito? **(6)**
8. Quali sono le differenze tra quote sociali e azioni? **(7)**
9. I soci di una società a responsabilità limitata possono avere competenze gestorie? **(8)**
10. Qual è la disciplina della responsabilità degli amministratori? **(8.1.)**
11. Quali sono le recenti novità legislative in tema di controllo interno? **(8.2.)**
12. Quali sono i libri sociali obbligatori? **(9)**
13. Qual è la disciplina delle modifiche dell'atto costitutivo? **(10)**
14. In quali ipotesi al socio è riconosciuto il diritto di recedere dalla società? **(11)**

CAPITOLO XI | LA SOCIETÀ A RESPONSABILITÀ LIMITATA

MAPPA CONCETTUALE

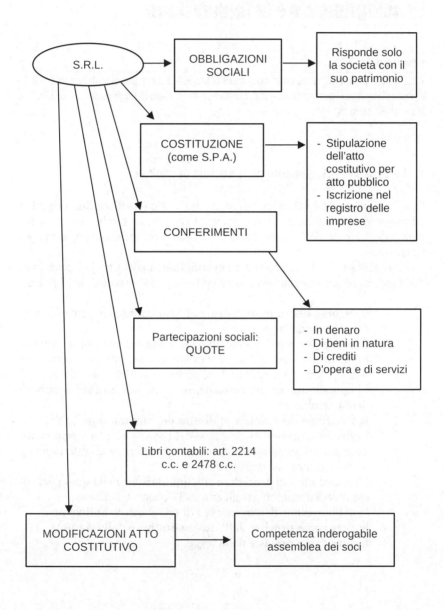

Capitolo XII
Lo scioglimento e la liquidazione

Sommario:
1. Le cause di scioglimento delle società di capitali. – **2.** Lo stato di liquidazione. – **2.1.** Il procedimento di liquidazione. – **2.2.** La revoca dello stato di liquidazione. – **3.** L'estinzione della società.

1. Le cause di scioglimento delle società di capitali.

Con la **riforma del 2003,** il legislatore ha introdotto una **disciplina organica ed unitaria**, applicabile a tutte le società di capitali, fatte salve alcune differenze che derivano dalle particolarità del singolo tipo societario preso in considerazione.

Ai sensi dell'art. 2484 c.c., sono **cause di scioglimento** della società per azioni, della società in accomandita semplice e della società a responsabilità limitata:

- **il decorso del termine** fissato nell'atto costitutivo, salvo proroga della durata della società;
- **il conseguimento dell'oggetto sociale o la sopravvenuta impossibilità di conseguirlo**, salvo che l'assemblea, all'uopo convocata senza indugio, non deliberi le opportune modifiche statutarie;
- **l'impossibilità di funzionamento o la perdurante inattività dell'assemblea**;
- **la riduzione del capitale al disotto del minimo legale**, salvo che l'assemblea deliberi la riduzione del capitale ed il contemporaneo aumento del medesimo ad una cifra non inferiore al detto minimo, o la trasformazione della società;
- **l'impossibilità di procedere alla liquidazione della quota del socio recedente** ai sensi degli artt. 2437-*quater* e 2473 c.c.;
- **la deliberazione dell'assemblea di scioglimento anticipato;**
- **le altre cause previste dall'atto costitutivo o dallo statuto;**
- **le altre cause previste dalla legge.**

La **società semplificata a responsabilità limitata** si scioglie, inoltre, per il venir meno del requisito di età di cui all'art. 2463-*bis* c.c., in capo a tutti i soci.
Verificatasi una causa di scioglimento della società, **gli amministratori** devono procedere senza indugio al suo accertamento e all'iscrizione nel registro delle imprese della deliberazione assembleare che dispone lo scioglimento (art. 2485, comma 1, c.c.).
In caso di ritardo od omissione, gli amministratori sono personalmente e solidalmente responsabili per i danni subiti dalla società, dai soci, dai creditori sociali e dai terzi e il tribunale, su istanza di singoli soci o amministratori ovvero dei sindaci, accerta il verificarsi della causa di scioglimento con decreto soggetto a iscrizione nel registro delle imprese (art. 2485, commi 2 e 3, c.c.).

2. Lo stato di liquidazione.

Il verificarsi di una causa di scioglimento non determina l'immediata estinzione della società, ma comporta l'apertura del **procedimento di liquidazione** che mira alla conversione in denaro del patrimonio sociale, al pagamento dei creditori sociali ed alla ripartizione dell'eventuale attivo residuo tra i soci.
Prima dell'apertura del procedimento di liquidazione, che coincide con la nomina dei liquidatori, la società entra in **stato di liquidazione** e si producono una serie di effetti che coinvolgono gli organi sociali.
Il novellato art. 2486, comma 1, c.c. stabilisce che al verificarsi di una causa di scioglimento **gli amministratori conservano il potere di gestire la società, ai soli fini della conservazione dell'integrità e del valore del patrimonio sociale.**
Ai sensi del secondo comma dell'art. 2486 c.c., gli amministratori sono personalmente e solidalmente responsabili dei danni arrecati alla società, ai soci, ai creditori sociali ed ai terzi, per atti od omissioni compiuti in violazione del citato primo comma.
L'art. 378 del Codice della Crisi d'Impresa e dell'Insolvenza ha, infine, modificato l'art. 2486 c.c. prevedendo che:
    a) nel caso di responsabilità degli amministratori per violazione del dovere di gestione conservativa del patrimonio, fatta salva la prova di un danno di diverso ammontare, *"il danno risarcibile si presume pari alla differenza tra il patrimonio netto alla data in cui l'amministratore è cessato dalla carica o, in caso di apertura di una procedura concorsuale, alla data di apertura di tale procedura e il patrimonio netto determinato alla data in cui si è verificata una causa di scioglimento di cui all'art.*

2484, detratti i costi sostenuti e da sostenere, secondo un criterio di normalità, dopo il verificarsi della causa di scioglimento e fino al compimento della liquidazione";
b) nel caso in cui, invece, sia stata aperta una procedura concorsuale e manchino le scritture contabili o se, a causa dell'irregolarità delle stesse o per altre ragioni, i netti patrimoniali non possano essere determinati, "*il danno è liquidato in misura pari alla differenza tra attivo e passivo accertati nella procedura*".

La modifica sub **a)** recepisce normativamente il **criterio c.d. "della differenza dei netti patrimoniali"**, di elaborazione giurisprudenziale, finalizzato ad ovviare alle situazioni in cui la prova del danno derivante dallo specifico atto di *mala gestio* contestato all'amministratore risultava particolarmente ardua sotto il profilo del nesso causale e della quantificazione. La modifica sub **b)** invece, è finalizzata ad ovviare alle difficoltà dei curatori nell'esperire azioni di responsabilità nei confronti degli organi di controllo delle società fallite prive di scritture contabili attendibili.

Per quanto concerne, invece, gli **altri organi sociali** l'art. 2488 c.c. prevede che le disposizioni sulle decisioni dei soci, sulle assemblee e sugli organi amministrativi e di controllo si applicano, in quanto compatibili, anche **durante la liquidazione**.

Il **collegio sindacale** (o il **consiglio di sorveglianza** nel sistema dualistico) conserva anche nella fase di liquidazione gli stessi poteri di controllo ad esso attribuiti dalla legge in generale, cui si aggiungono il potere-dovere di chiedere al tribunale la convocazione dell'assemblea per la nomina dei liquidatori (art. 2487, comma 2, c.c.) e quello di chiedere al tribunale la revoca per giusta causa dei liquidatori (art. 2487, comma 4, c.c.).

Maggiori difficoltà interpretative sorgono in caso di adozione del sistema monistico. In questo caso, infatti, i componenti del **comitato per il controllo sulla gestione**, essendo anche membri del consiglio di gestione in qualità di amministratori, saranno destinati a cessare con l'iscrizione della nomina dei liquidatori.

2.1. Il procedimento di liquidazione.

A) Nomina dei liquidatori

Il procedimento di liquidazione si apre, come anticipato, con la **nomina di uno o più liquidatori**.

L'art. 2487 c.c., comma 1, c.c. stabilisce che, salvo i casi in cui non abbia già provveduto l'assemblea e salvo che l'atto costitutivo o lo statuto non dispongano in materia, gli amministratori, accertata la causa di scioglimento, debbono convocare l'**assemblea dei soci** perché deliberi, con le maggioranze previste per le modificazioni dell'atto costitutivo o dello statuto, su:

- il numero dei liquidatori e le regole di funzionamento del collegio in caso di pluralità di liquidatori;
- la nomina dei liquidatori, con indicazione di quelli cui spetta la rappresentanza della società;
- i criteri in base ai quali deve svolgersi la liquidazione.

In caso di **omessa convocazione** dell'assemblea da parte degli amministratori, il tribunale vi provvede su istanza di singoli soci o amministratori, ovvero dei sindaci, e, nel caso in cui l'assemblea non si costituisca o non deliberi, adotta con decreto le decisioni ivi previste (art. 2487, comma 2, c.c.).
L'assemblea conserva il potere di **modificare**, con le maggioranze richieste per le modificazioni dell'atto costitutivo o dello statuto, il contenuto della deliberazione di nomina dei liquidatori (art. 2487, comma 3, c.c.).
I liquidatori possono essere **revocati** dall'assemblea o, quando sussiste una giusta causa, dal tribunale su istanza di soci, dei sindaci o del pubblico ministero.
La **revoca assembleare**, dunque, potrà intervenire anche **in assenza di una giusta causa**, quand'anche i liquidatori siano stati nominati nell'atto costitutivo, fatto salvo il diritto al risarcimento dei danni subiti dai liquidatori per effetto della revoca *ad nutum* (art. 2487, comma 4, c.c.).
La nomina dei liquidatori e la determinazione dei loro poteri, nonché le loro modificazioni, devono essere iscritte, a cura dei liquidatori medesimi, nel **registro delle imprese**. Alla **denominazione sociale** deve essere aggiunta l'indicazione trattarsi di società in liquidazione.
Dopo tali adempimenti pubblicitari **gli amministratori cessano dalla carica e consegnano ai liquidatori**:

- **i libri sociali**;
- **una situazione dei conti** alla data di effetto dello scioglimento;
- **un rendiconto** sulla loro gestione relativo al periodo successivo all'ultimo bilancio approvato. In questo caso la dottrina è concorde nel ritenere che si tratti di un vero e proprio bilancio infrannuale straordinario.

Di tale consegna viene redatto apposito verbale.
I **poteri**, gli **obblighi** e la **responsabilità dei liquidatori** sono modellati su quelli degli amministratori.

B) Poteri dei liquidatori
Ai sensi dell'art. 2489, comma 1, c.c., in particolare, salvo diversa disposizione statutaria, ovvero adottata in sede di nomina, i liquidatori hanno il **potere di compiere tutti gli atti utili per la liquidazione della società**.
Viene dunque meno anche per i liquidatori il divieto di intraprendere nuove operazioni ed il limite al loro potere non è più segnato dalla necessità dell'atto ai fini della liquidazione, bensì dalla sua mera utilità.

C) Obblighi e responsabilità dei liquidatori
I liquidatori devono adempiere i loro doveri con la professionalità e diligenza richieste dalla natura dell'incarico e la loro **responsabilità** per i danni derivanti dall'inosservanza di tali doveri è disciplinata secondo le norme in tema di **responsabilità degli amministratori** (*supra*, Cap. VII, Sez. I, par. 3.2.).
L'attività dei liquidatori è diretta, in primo luogo, al **pagamento dei creditori sociali** utilizzando a tal fine il denaro presente nelle casse sociali e quello realizzato con l'eventuale vendita dei beni sociali.
L'interesse dei creditori sociali al soddisfacimento delle proprie pretese è altresì tutelato dal secondo comma dell'articolo 2491 c.c., che vieta ai liquidatori di ripartire tra i soci acconti sul risultato della liquidazione. Tale divieto viene, però, meno se dai bilanci risulti che la ripartizione non incide sulla disponibilità di somme idonee alla integrale e tempestiva soddisfazione dei creditori sociali.
L'ultimo comma dell'articolo in esame prevede la **responsabilità personale e solidale** dei liquidatori per i danni cagionati ai creditori sociali con la violazione delle disposizioni precedenti. Se la liquidazione si protrae oltre l'anno, **i liquidatori devono redigere il bilancio** (comprensivo di stato patrimoniale, conto economico e nota integrativa**) e presentarlo**, alle scadenze previste per il bilancio di esercizio della società, **per l'approvazione all'assemblea o**, nella società a responsabilità limitata, **ai soci** (art. 2490, comma 1, c.c.).

D) Redazione del bilancio e ripartizione dell'attivo
La **disciplina** del bilancio in sede di liquidazione è la medesima contemplata dagli artt. 2423 ss. c.c. per il bilancio di esercizio della società, in quanto compatibile con la natura, le finalità e lo stato della liquidazione.
Completata la liquidazione del patrimonio sociale, i liquidatori devono redi-

gere il **bilancio finale**, indicando nel c.d. **piano di riparto** la parte spettante a ciascun socio o azione nella divisione dell'attivo (art. 2492 c.c.).
Il bilancio, sottoscritto dai liquidatori e accompagnato dalla relazione dei sindaci e del soggetto incaricato di effettuare la revisione legale dei conti, **è depositato presso l'ufficio del registro delle imprese**.
Nei novanta giorni successivi all'iscrizione dell'avvenuto deposito, **ogni socio può proporre reclamo** davanti al tribunale in contraddittorio dei liquidatori.
Il legislatore ha predisposto un meccanismo di **approvazione tacita** del bilancio finale, che pertanto non necessita di una deliberazione assembleare.
Decorso il termine di novanta giorni senza che siano stati proposti reclami, il bilancio finale di liquidazione s'intende approvato e i liquidatori, salvi i loro obblighi relativi alla distribuzione dell'attivo risultante dal bilancio, sono liberati di fronte ai soci (art. 2493, comma 1 c.c.).
Il bilancio s'intende inoltre approvato, indipendentemente dalla decorrenza del termine di novanta giorni, quando tutto l'attivo sia stato ripartito fra i soci e questi abbiano rilasciato quietanza senza riserva, all'atto del pagamento dell'ultima quota di riparto (art. 2493, comma 2, c.c.). Dopo l'approvazione del bilancio, i liquidatori possono procedere alla **ripartizione dell'attivo**.

2.2. La revoca dello stato di liquidazione.

In base all'art. 2487-*ter*, co, 1, c.c., invero, **la società può in ogni momento revocare lo stato di liquidazione**, provvedendo all'eliminazione della causa di scioglimento con deliberazione dell'assemblea presa con le maggioranze richieste per le modificazioni dell'atto costitutivo o dello statuto.
Il secondo comma dell'art 2487-*ter* c.c. stabilisce, a **tutela dei creditori sociali**, che la revoca ha effetto solo dopo sessanta giorni dall'iscrizione nel registro delle imprese della relativa deliberazione, salvo che consti il consenso dei creditori della società o il pagamento dei creditori che non hanno dato il consenso.
Entro il termine di sessanta giorni i creditori anteriori all'iscrizione possono fare **opposizione**, con applicazione della disciplina prevista per il caso di opposizione alla riduzione effettiva del capitale sociale.

3. L'estinzione della società.

In assenza di una deliberazione di revoca dello stato di liquidazione, il procedimento di liquidazione si chiude con la **cancellazione della società dal registro delle imprese**.

Ai sensi dell'art. 2495 c.c., dopo l'approvazione del bilancio finale di liquidazione, in particolare, i liquidatori devono chiedere la cancellazione della società dal registro delle imprese.
La cancellazione deve essere inoltre richiesta dal curatore fallimentare quando il fallimento si chiude per insufficienza o integrale ripartizione dell'attivo (art. 118 l. fall.) oppure è disposta d'ufficio quando per oltre tre anni consecutivi non viene depositato il bilancio annuale di liquidazione (art. 2490, comma 6, c.c.).
Ferma restando l'estinzione della società, dopo la cancellazione i **creditori sociali** non soddisfatti possono far valere i loro crediti nei confronti dei soci, fino alla concorrenza delle somme da questi riscosse in base al bilancio finale di liquidazione, e nei confronti dei liquidatori, se il mancato pagamento è dipeso da colpa di questi.

SCHEDA DI SINTESI

Prima della riforma del diritto societario, lo scioglimento e la liquidazione delle società di capitali (società per azioni, società in accomandita per azioni e società a responsabilità limitata) erano disciplinati autonomamente nell'ambito di ciascun tipo societario. Con la **riforma del 2003** il legislatore ha introdotto una **disciplina organica ed unitaria**, applicabile a tutte le società di capitali, fatte salve alcune differenze che derivano dalle particolarità del singolo tipo societario preso in considerazione.
Le **cause di scioglimento** della società per azioni, della società in accomandita semplice e della società a responsabilità limitata sono indicate dall'art. 2484 c.c.
Il verificarsi di una causa di scioglimento non determina l'immediata estinzione della società, ma comporta l'apertura del **procedimento di liquidazione** che mira alla conversione in denaro del patrimonio sociale, al pagamento dei creditori sociali ed alla ripartizione dell'eventuale attivo residuo tra i soci.
Il procedimento di liquidazione si apre con la **nomina di uno o più liquidatori**, i quali hanno il **potere di compiere tutti gli atti utili per la liquidazione della società**.
I liquidatori devono adempiere i loro doveri con la professionalità e diligenza richieste dalla natura dell'incarico e la loro **responsabilità** per i danni derivanti dall'inosservanza di tali doveri è disciplinata secondo le norme in tema di **responsabilità degli amministratori**.
Il procedimento di liquidazione si chiude con la **cancellazione della società dal registro delle imprese**.

CAPITOLO XII | **LO SCIOGLIMENTO E LA LIQUIDAZIONE**

QUESTIONARIO

1. Quali sono le cause di scioglimento delle società di capitali? **(1)**
2. Qual è l'organo competente ad accertare il verificarsi di una causa di scioglimento? **(1)**
3. Quali sono i poteri dell'organo amministrativo di una società in stato di liquidazione? **(2)**
4. Durante la liquidazione, quale disciplina è applicabile agli organi sociali? **(2)**
5. Chi nomina i liquidatori e quali sono i loro poteri? **(2.1.)**
6. È possibile revocare lo stato di liquidazione? **(2.2.)**
7. Quando la società può considerarsi estinta? **(3)**

Capitolo XIII
Le operazioni straordinarie

Sommario:
1. La trasformazione. – **1.1.** La trasformazione omogenea. – **1.2.** La trasformazione eterogenea. – **2.** La fusione. – **2.1.** Il progetto di fusione. – **2.2.** La deliberazione di fusione. – **2.3.** L'atto di fusione. – **3.** Le fusioni semplificate. – **4.** La fusione a seguito di acquisizione con indebitamento. – **5.** La fusione transfrontaliera. – **6.** La scissione.

1. La trasformazione.

La trasformazione consiste in una **modificazione dell'atto costitutivo** mediante la quale una società, un ente o una comunione d'azienda adotta lo schema organizzativo proprio di un altro tipo societario, oppure una società di capitali segue il percorso inverso.

La sua **funzione** è quella di consentire all'autonomia privata di adattare l'assetto organizzativo della società alle nuove esigenze sopravvenute senza procedere alla liquidazione della precedente società ed alla costituzione di una nuova.

La **riforma del 2003** ha eliminato alcune delle indicate limitazioni contenute nella disciplina previgente, distinguendo fra due tipologie di trasformazione:

- la c.d. **trasformazione omogenea**, ovvero un'operazione che comporta la trasformazione di società di persone in società di capitali oppure la trasformazione di società di capitali in società di persone;
- la c.d. **trasformazione eterogenea**, che comporta la trasformazione di una società di capitali in un ente non societario o in una comunione d'azienda e viceversa. Rientra, inoltre, fra le ipotesi di trasformazione eterogenea la trasformazione di una società di capitali (non di persone) in società cooperativa.

È ancora vietata, invece, la trasformazione di una società cooperativa a mutualità prevalente in società lucrativa, anche se deliberata dai soci all'unanimità, mentre è ammessa, con l'osservanza di un procedimento speciale, la trasforma-

zione (eterogenea) delle altre società cooperative in società lucrative o consorzi e viceversa.
L'intera materia è dominata dal **principio di continuità dei rapporti giuridici** di cui all'art. 2498 c.c., in base al quale «*Con la trasformazione l'ente trasformato conserva i diritti e gli obblighi e prosegue in tutti i rapporti anche processuali dell'ente che ha effettuato la trasformazione*».
La trasformazione (omogenea o eterogenea) in società per azioni, in accomandita per azioni o a responsabilità limitata deve risultare da **atto pubblico, contenente le indicazioni previste dalla legge per l'atto di costituzione del tipo adottato** (art. 2500, comma 1, c.c.).
L'atto di trasformazione, inoltre, è soggetto alla **disciplina prevista per il tipo adottato ed alle forme di pubblicità relative**, nonché alla pubblicità richiesta per la cessazione dell'ente che effettua la trasformazione (art. 2500, comma 2, c.c.).
L'**efficacia** della trasformazione è subordinata all'espletamento di tali adempimenti pubblicitari (art. 2500, comma 3, c.c.).
In base all'art. 2500-*bis* c.c., infine, la **pubblicità ha efficacia sanante e l'invalidità dell'atto di trasformazione non può essere più pronunciata**.
Resta salvo il **diritto al risarcimento del danno** eventualmente spettante ai partecipanti all'ente trasformato ed ai terzi danneggiati dalla trasformazione.

1.1. La trasformazione omogenea.

La trasformazione omogenea indica, come anticipato, il passaggio da un tipo societario all'altro, entrambi appartenenti alla categoria delle **società lucrative**.
Il codice civile disciplina espressamente la trasformazione di società di persone in società di capitali (art. 2500-*ter* c.c. come modificato dalla **l. 116/2014**) e la trasformazione di società di capitali in società di persone (art. 2500-*sexies* c.c.), ma certamente possibile è anche la trasformazione di una società di persone in altro tipo di società di persone oppure di una società di capitali in altro tipo di società di capitali.
In base all'art. 2500-*ter*, comma 1, c.c., salvo diversa disposizione del contratto sociale, la **trasformazione di società di persone in società di capitali** (c.d. **trasformazione evolutiva o progressiva**) è decisa con il consenso della maggioranza dei soci determinata secondo la parte attribuita a ciascuno negli utili ed al socio che non ha concorso alla decisione spetta, inderogabilmente, il **diritto di recesso**. Il **capitale sociale** risultante dalla trasformazione deve essere determinato sulla base dei valori attuali degli elementi dell'attivo e del passivo

(cioè il **patrimonio netto**) e deve risultare da **relazione di stima** redatta a norma dell'articolo 2343 ovvero dalla documentazione di cui all'articolo 2343-*ter* ovvero, infine, nel caso di società a responsabilità limitata, dell'articolo 2465.

Il capitale sociale che risulta dalla trasformazione non può essere ovviamente inferiore al **minimo legale** stabilito per il tipo societario prescelto. In caso contrario, i soci dovranno procedere a nuovi conferimenti, cui si applica la disciplina dei conferimenti in sede di costituzione della società.

Dopo l'iscrizione nel registro delle imprese, il procedimento di trasformazione produce i suoi effetti e la società acquista la **personalità giuridica**.

Quanto alla **posizione dei soci**, ognuno ha diritto all'assegnazione di un numero di azioni o di una quota proporzionale alla sua partecipazione (art. 2500-*quater*, comma 1, c.c.).

Il **socio d'opera**, invece, ha diritto all'assegnazione di un numero di azioni o di una quota in misura corrispondente alla partecipazione che l'atto costitutivo gli riconosceva prima della trasformazione o, in mancanza, d'accordo tra i soci ovvero in difetto di accordo determinata dal giudice secondo equità (art. 2500-*quater*, comma 2, c.c.). In tal caso le azioni o quote assegnate agli altri soci si riducono proporzionalmente (art. 2500-*quater*, comma 3, c.c.).

La trasformazione può determinare, inoltre, un **mutamento del regime di responsabilità dei soci per le obbligazioni sociali** (si pensi, ad esempio, alla trasformazione da società in nome collettivo, in cui tutti i soci rispondono personalmente e solidalmente delle obbligazioni sociali, in società per azioni, ove tutti i soci godono del beneficio della responsabilità limitata).

L'art. 2500-*quinquies* c.c. stabilisce a tal riguardo che **i soci a responsabilità illimitata non sono liberati dalla responsabilità per le obbligazioni sociali sorte prima dell'iscrizione della delibera di trasformazione** nel registro delle imprese. Tale disposizione non è tuttavia inderogabile ed i soci sono liberati dalla responsabilità per le obbligazioni anteriori all'iscrizione se i creditori sociali hanno dato il loro consenso alla trasformazione.

Venendo alla **trasformazione di società di capitali in società di persone** (c.d. **trasformazione involutiva o regressiva**), l'art. 2500-*sexies* c.c. stabilisce che la relativa deliberazione, salvo diversa disposizione dello statuto, **è adottata con le maggioranze previste per le modifiche dello statuto ed il consenso dei soci che con la trasformazione assumono responsabilità illimitata**.

Gli **amministratori** devono predisporre una **relazione** che illustri le motivazioni e gli effetti della trasformazione e depositarne una copia presso la sede sociale durante i trenta giorni che precedono l'assemblea convocata per deliberare la trasformazione.

I soci hanno diritto di prenderne visione e di ottenerne gratuitamente copia.
Ogni socio ha diritto all'assegnazione di una partecipazione proporzionale al valore della sua quota o delle sue azioni.
I soci che con la trasformazione assumono responsabilità illimitata rispondono illimitatamente anche per le obbligazioni sociali sorte anteriormente alla trasformazione.

1.2. La trasformazione eterogenea.

L'art. 2500-*septies* c.c. disciplina la **trasformazione eterogenea di società di capitali in consorzi, società consortili, società cooperative, comunioni di azienda, associazioni non riconosciute e fondazioni.**
Si applica, in quanto compatibile, la disciplina della trasformazione omogenea di società di capitali, ma **la deliberazione deve essere assunta con il voto favorevole dei due terzi degli aventi diritto**, e comunque **con il consenso dei soci che assumono responsabilità illimitata.**
La deliberazione di trasformazione **in fondazione** produce gli effetti che il codice civile ricollega all'atto di fondazione o alla volontà del fondatore.
La **trasformazione eterogenea di consorzi, società consortili, comunioni d'azienda, associazioni riconosciute e fondazioni in società di capitali** è regolata dagli artt. 2500-*octies* e 2500-*novies* c.c.
L'art. 2500-*octies* c.c., in particolare, stabilisce che la **deliberazione di trasformazione** deve essere assunta:

- **nei consorzi**, con il voto favorevole della maggioranza assoluta dei consorziati;
- **nelle comunioni di aziende** all'unanimità;
- **nelle società consortili e nelle associazioni** con la maggioranza richiesta dalla legge o dall'atto costitutivo per lo scioglimento anticipato. La **trasformazione di associazioni** in società di capitali, tuttavia, può essere esclusa dall'atto costitutivo o, per determinate categorie di associazioni, dalla legge e non è comunque ammessa per le associazioni che abbiano ricevuto contributi pubblici oppure liberalità e oblazioni del pubblico. Il **capitale sociale** della società risultante dalla trasformazione è diviso in parti uguali fra gli associati, salvo diverso accordo tra gli stessi.

La **trasformazione di fondazioni** in società di capitali, invece, è disposta dall'autorità governativa, su proposta dell'organo competente. Le azioni o quote sono assegnate secondo le disposizioni dell'atto di fondazione o, in mancanza, dell'art. 31 c.c.

In deroga a quanto disposto dal terzo comma dell'art. 2500 c.c., la **trasformazione eterogenea ha effetto dopo sessanta giorni** dall'ultimo degli adempimenti pubblicitari previsti dal medesimo articolo, salvo che risulti il consenso dei creditori o il pagamento dei creditori che non hanno dato il consenso (art. 2500-*novies* c.c.).

I creditori possono, nel suddetto termine di sessanta giorni, fare **opposizione** secondo la disciplina dell'opposizione alla riduzione del capitale sociale di cui all'art. 2445 c.c.

Tra le ipotesi di trasformazione eterogenea rientra anche la **trasformazione di una società cooperativa** diversa da quella a mutualità prevalente **in società lucrativa o consorzio**. Alla proposta di deliberazione di trasformazione gli amministratori devono allegare una **relazione giurata di un esperto** designato dal tribunale nel cui circondario ha sede la società cooperativa, attestante il valore effettivo del patrimonio dell'impresa.

2. La fusione.

La fusione è la **concentrazione giuridica ed economica** di due o più società per formare un'unica società. Si distingue in particolare tra (art. 2501, comma 1, c.c.):

- **fusione in senso stretto** (detta anche propria o per unione), che si ha quando le società si fondono dando vita ad un'unica **società nuova e perdendo**, nel contempo, **la propria individualità**;
- **fusione per incorporazione**, che si ha quando **la società incorporante assorbe l'altra** (o le altre) **mantenendo la propria individualità**, che invece viene perduta dalla/e incorporata/e.

La **finalità** che sorregge una fusione può essere di varia natura:

- **economica**, attraverso un incremento dimensionale del soggetto giuridico che esercita attività d'impresa, così da realizzare migliori condizioni di efficienza sia nell'assetto produttivo, sia nelle relazioni col mercato;
- **di governo**, quando le società che partecipano alla fusione sono in rapporto di dipendenza e sono già rette da una direzione unitaria.

La fusione può aver luogo sia fra società dello stesso tipo (**fusione omogenea**), sia fra società di tipo diverso (**fusione eterogenea**), sia fra società ed enti non societari nei limiti previsti dalla disciplina della trasformazione eterogenea.
La fusione eterogenea implica necessariamente una trasformazione della società che si fonde in quella risultante dalla fusione, per cui dovrà essere osservata la disciplina della trasformazione in precedenza esposta.
Il secondo comma dell'art. 2501 c.c. prevede che la partecipazione alla fusione non è consentita alle società in liquidazione che abbiano iniziato la distribuzione dell'attivo, salvo che alla fusione partecipino solo società con capitale non rappresentato da azioni (art. 2505-*quater* c.c.).
È invece caduto, dopo la riforma del diritto societario, il divieto di partecipazione alla fusione di società sottoposte al fallimento o ad altra procedura concorsuale.
Il **procedimento di fusione** è articolato in tre fasi:

- **il progetto di fusione;**
- la deliberazione di fusione;
- l'atto di fusione.

2.1. Il progetto di fusione.

L'**organo amministrativo** delle società partecipanti alla fusione redige un **progetto di fusione** comune, dal quale devono in ogni caso risultare le indicazioni di cui all'art. 2501-*ter* c.c.
Il progetto di fusione è depositato per l'**iscrizione nel registro delle imprese** del luogo ove hanno sede le società partecipanti alla fusione. In alternativa al deposito presso il registro delle imprese il progetto di fusione è pubblicato nel sito Internet della società, con modalità atte a garantire la sicurezza del sito medesimo, l'autenticità dei documenti e la certezza della data di pubblicazione.
L'organo amministrativo delle società partecipanti alla fusione deve inoltre redigere, con l'osservanza delle norme sul bilancio d'esercizio, la **situazione patrimoniale** (c.d. **bilancio di fusione**) delle società stesse.
La situazione patrimoniale può essere sostituita dal bilancio dell'ultimo esercizio, se questo è stato chiuso non oltre sei mesi prima del giorno del deposito del progetto di fusione (art. 2501-*quater*, co. 2, c.c.).
Si esclude la necessità di redigere la relazione sulla gestione, poiché questo documento e le relative informazioni sono assorbiti dalla **relazione illustrativa del progetto di fusione** di cui all'art. 2501-*quinquies* c.c.

La relazione deve indicare i criteri di determinazione del rapporto di cambio e le eventuali difficoltà di valutazione.
È altresì necessaria, salvo rinuncia all'unanimità dei soci di tutte le società interessate, la redazione di una **relazione sulla congruità del rapporto di cambio delle azioni o delle quote da parte di uno o più esperti** per ciascuna società partecipante (art. 2501-*sexies* c.c.). In caso di fusione di società di persone con società di capitali, l'esperto (o gli esperti) deve redigere anche la **relazione di stima del patrimonio** della società di persone a norma dell'art. 2343 c.c. Una copia di tutti questi documenti, unitamente ai bilanci degli ultimi tre esercizi delle società partecipanti alla fusione, deve restare **depositata** nella sede di ciascuna di esse ovvero pubblicati sul sito Internet delle stesse, durante i trenta giorni che precedono la decisione sulla fusione, salvo che i soci rinuncino al termine con consenso unanime, e finché la fusione sia decisa (art. 2501-*septies* c.c.).

2.2. La deliberazione di fusione.

La fusione è decisa da ciascuna delle società che vi partecipano mediante approvazione del relativo progetto (art. 2502 c.c.).
Se l'atto costitutivo o lo statuto non dispongono diversamente, la **deliberazione di fusione** è adottata:

- **nelle società di persone**, con il consenso della maggioranza dei soci determinata secondo la parte attribuita a ciascuno negli utili, salva la facoltà di recesso per il socio che non abbia consentito alla fusione;
- **nelle società di capitali**, secondo le norme previste per la modificazione dell'atto costitutivo o statuto.

La deliberazione di fusione può apportare al progetto di fusione solo le **modifiche** che non incidono sui diritti dei soci o dei terzi e deve essere depositata, unitamente ai documenti di cui all'art. 2501-*septies* c.c., per l'**iscrizione nel registro delle imprese** (art. 2502-*bis* c.c.).
La fusione può pregiudicare i **creditori** delle società partecipanti poiché ognuno di essi concorrerà sull'unico patrimonio risultante dalla concentrazione dei patrimoni delle singole società. Per questo motivo l'art. 2503 c.c. prevede che la fusione può essere attuata solo dopo sessanta giorni dall'ultima delle iscrizioni nel registro delle imprese, termine entro il quale i creditori sociali possono fare **opposizione** secondo la disciplina di cui all'art. 2445 c.c.

Il rispetto di tale termine non è però necessario in caso di:

- **consenso dei creditori** delle società partecipanti alla fusione anteriori all'iscrizione prevista nel terzo comma dell'art. 2501-*ter* c.c.;
- **pagamento dei creditori** che non hanno dato il consenso, ovvero il deposito delle somme corrispondenti presso una banca, salvo che la relazione di cui all'art. 2501-*sexies* c.c. sia redatta, per tutte le società partecipanti alla fusione, da un'unica società di revisione la quale asseveri, sotto la propria responsabilità ai sensi del sesto comma dell'art. 2501-*sexies* c.c., che la situazione patrimoniale e finanziaria delle società partecipanti alla fusione rende non necessarie garanzie a tutela dei suddetti creditori.

2.3. L'atto di fusione.

Il procedimento di fusione termina con la stipula dell'atto di fusione.
L'atto di fusione, in particolare, **deve risultare da atto pubblico** e deve essere depositato per l'**iscrizione**.
Il deposito relativo alla società risultante dalla fusione o di quella incorporante non può precedere quelli relativi alle altre società partecipanti alla fusione (art. 2504, comma 2, c.c.).
Dopo l'ultima iscrizione nel registro delle imprese, **la fusione produce i suoi effetti** (art. 2504-*bis*, co. 2, c.c.) **e l'invalidità dell'atto di fusione non può essere pronunciata**, ma resta salvo il diritto al risarcimento del danno eventualmente spettante ai soci o ai terzi danneggiati dalla fusione (art. 2504-*quater* c.c.).
Per quanto concerne, invece, gli effetti di una fusione mediante incorporazione può essere stabilita una data successiva all'ultima iscrizione nel registro delle imprese (art. 2504-*bis*, co. 2, c.c.).
Per gli effetti ai quali si riferisce il primo comma dell'art. 2501-*ter*, numeri 5) («*la data dalla quale tali azioni o quote partecipano agli utili*») e 6) («*la data a decorrere dalla quale le operazioni delle società partecipanti alla fusione sono imputate al bilancio della società che risulta dalla fusione o di quella incorporante*»), possono essere stabilite date anche anteriori (c.d. **clausola di retrodatazione**).
La società che risulta dalla fusione o quella incorporante assumono i diritti e gli obblighi delle società partecipanti alla fusione, proseguendo in tutti i loro rapporti, anche processuali, anteriori alla fusione (art. 2504-*bis*, comma 1, c.c.).
La fusione attuata mediante costituzione di una nuova società di capitali ovvero

mediante incorporazione in una società di capitali non libera i soci a responsabilità illimitata dalla responsabilità per le obbligazioni delle rispettive società partecipanti alla fusione anteriori all'ultima delle iscrizioni nel registro delle imprese, se non risulta che i creditori hanno dato il loro consenso.

3. Le fusioni semplificate.

In alcune ipotesi, tassativamente indicate dal legislatore, il procedimento di fusione segue *un iter* **semplificato** rispetto a quello ordinario.
In caso **fusione per incorporazione di una società in un'altra che possiede tutte le azioni o le quote della prima** (art. 2505 c.c.), il **progetto di fusione** non deve contenere le indicazioni riguardanti il rapporto di cambio, le modalità di assegnazione delle nuove partecipazioni e la data dalla quale tali azioni o quote partecipano agli utili.
Non è necessaria, inoltre, la redazione delle relazioni degli amministratori e degli esperti
L'atto costitutivo o lo statuto può prevedere che la **fusione per incorporazione** di una società in un'altra che possiede tutte le azioni o le quote della prima sia decisa, con deliberazione risultante da atto pubblico, dai rispettivi **organi amministrativi**, sempre che siano rispettate, con riferimento a ciascuna delle società partecipanti alla fusione, le disposizioni dell'art. 2501-*ter* e, quanto alla società incorporante, anche quelle dell'art. 2501-*septies*, primo comma, numeri 1 e 2, c.c.
In caso di **fusione per incorporazione di una o più società in un'altra che possiede almeno il novanta per cento delle loro azioni o quote** (art. 2505-*bis* c.c.), invece, non è necessaria la relazione degli esperti, qualora venga concesso agli altri soci della società incorporata il diritto di far acquistare le loro azioni o quote dalla società incorporante per un corrispettivo determinato alla stregua dei criteri previsti per il recesso.

4. La fusione a seguito di acquisizione con addebitamento.

L'art. 2501-*bis* c.c. disciplina **la fusione a seguito di acquisizione con indebitamento**, definita come la fusione in cui una società (incorporante) contrae debiti per acquisire il controllo di un'altra società (incorporata). Il patrimonio di quest'ultima, per effetto della fusione stessa, viene a costituire garanzia generica o fonte di rimborso di detti debiti.

In breve, con tale operazione l'onere di restituire il debito viene a gravare sul patrimonio della società incorporata.
La norma in commento, al fine di **garantire la trasparenza dell'operazione ed evitare abusi a danno dei soci e dei creditori della società incorporata**, prevede che:

- il **progetto di fusione** deve indicare le risorse finanziarie previste per il soddisfacimento delle obbligazioni della società risultante dalla fusione;
- la **relazione dell'organo amministrativo** deve indicare le ragioni che giustificano l'operazione e contenere un piano economico e finanziario con indicazione della fonte delle risorse finanziarie e la descrizione degli obiettivi che si intendono raggiungere;
- la **relazione degli esperti** deve attestare la ragionevolezza delle indicazioni contenute nel progetto di fusione;
- al progetto deve essere allegata una **relazione del soggetto incaricato della revisione legale dei conti** della società obiettivo o della società acquirente;
- **non si applicano le semplificazioni procedurali** degli artt. 2505 e 2505-*bis* c.c.

5. La fusione transfrontaliera.

Il D.lgs. 30 maggio 2008, n. 108 (in attuazione della direttiva 2005/56/CE) ha dettato una disciplina per agevolare le fusioni fra società di stati membri dell'Unione europea (c.d. **fusioni transfrontaliere intracomunitarie**).
Nelle fasi preliminari del procedimento ciascuna società partecipante osserva le disposizioni in tema di fusione dello Stato da cui dipende, salvo l'applicazione di regole particolari imposte dalla particolare natura di tali operazioni.
Il **progetto di fusione transfrontaliera**, oltre al contenuto di cui all'articolo 2501-*ter*, comma 1, c.c., deve contenere le indicazioni prevista dall'art. 6, D.lgs. 108/08. Il progetto di fusione è **pubblicato** nel registro delle imprese e, per estratto, anche nella Gazzetta Ufficiale almeno trenta giorni prima della delibera di fusione. Devono essere altresì predisposte la **relazione dell'organo amministrativo** sulla fusione e la **relazione di esperti indipendenti** sulla congruità del rapporto di cambio.
Ultimata la fase di approvazione, ciascuna società si fa rilasciare un certificato da parte dell'autorità compente del suo paese (in Italia il notaio) che attesta il

regolare adempimento degli atti e delle formalità preliminari alla realizzazione dell'operazione, nonché l'inesistenza di circostanza ostative come la pendenza di un'opposizione dei creditori (c.d. **certificato preliminare alla fusione**).
L'atto di fusione transfrontaliera deve risultare da **atto pubblico** e deve essere **depositato** per l'iscrizione nel registro delle imprese del luogo dove ha sede ciascuna delle società italiane partecipanti alla fusione transfrontaliera e la società risultante dalla fusione medesima.
Se la società risultante dalla fusione transfrontaliera è una società italiana, la fusione transfrontaliera ha **effetto con l'iscrizione** dell'atto di fusione nel registro delle imprese del luogo ove ha sede tale società. Nella fusione per incorporazione può essere stabilita una data successiva.
Quando la società risultante dalla fusione transfrontaliera è una società di altro Stato membro, la data dalla quale la fusione ha effetto è determinata dalla legge applicabile a tale società.
La fusione transfrontaliera produce gli **effetti** di cui all'articolo 2504-*bis*, primo comma, c.c. e **non può essere più dichiarata invalida dopo l'iscrizione nel registro delle imprese**, salvo il diritto al risarcimento dei danni subiti dai soci e dai terzi per effetto della fusione transfrontaliera.

6. La scissione.

Ai sensi del primo comma dell'art. 2506 c.c., con la scissione una società assegna l'intero suo patrimonio (**scissione totale**) a più società, preesistenti (**scissione per incorporazione**) o di nuova costituzione (**scissione in senso stretto**), o parte del suo patrimonio (**scissione parziale**), in tal caso anche ad una sola società, e le relative azioni o quote ai suoi soci.
Quanto all'**ambito di applicazione**, come in caso di fusione, la partecipazione alla scissione non è consentita alle società in liquidazione che abbiano iniziato la distribuzione dell'attivo.
Il **procedimento di scissione** è simile a quello esaminato a proposito della fusione.
L'**organo amministrativo** delle società partecipanti alla scissione redige un **progetto di scissione** (art. 2506-*bis* c.c.) dal quale devono risultare le indicazioni richieste per il progetto di fusione ed inoltre l'esatta descrizione degli elementi patrimoniali da assegnare a ciascuna delle società beneficiarie e dell'eventuale conguaglio in danaro.
La responsabilità solidale è limitata al valore effettivo del patrimonio netto attribuito a ciascuna società beneficiaria.

Dal progetto di scissione devono, inoltre, risultare i **criteri di distribuzione delle azioni o quote** delle società beneficiarie.

Il progetto di scissione, infine, deve essere depositato per l'**iscrizione nel registro delle imprese** del luogo ove hanno sede le società partecipanti alla fusione.

L'organo amministrativo delle società partecipanti alla scissione redige anche la **situazione patrimoniale** e la **relazione illustrativa** in conformità agli artt. 2501-*quater* e 2501-*quinquies* c.c. La relazione dell'organo amministrativo deve inoltre illustrare **i criteri di distribuzione delle azioni o quote** e deve indicare il valore effettivo del patrimonio netto assegnato alle società beneficiarie e di quello che eventualmente rimanga nella società scissa.

Con il consenso unanime dei soci e dei possessori di altri strumenti finanziari che danno diritto di voto nelle società partecipanti alla scissione l'organo amministrativo può essere esonerato dalla redazione dei documenti previsti nei precedenti commi.

È richiesta anche la relazione degli esperti *ex* art. 2501-*sexies* c.c., salvo il caso in cui scissione avviene mediante la costituzione di una o più nuove società e non siano previsti criteri di attribuzione delle azioni o quote diversi da quello proporzionale.

La scissione ha effetto dall'ultima delle iscrizioni dell'atto di scissione nell'ufficio del registro delle imprese in cui sono iscritte le società beneficiarie; può essere tuttavia stabilita una data successiva, tranne che nel caso di scissione mediante costituzione di società nuove.

Per gli effetti cui si riferisce l'art. 2501-*ter*, numeri 5) e 6), c.c. possono essere stabilite date anche anteriori.

Ciascuna società è solidalmente responsabile, nei limiti del valore effettivo del patrimonio netto ad essa assegnato o rimasto, dei debiti della società scissa non soddisfatti dalla società cui fanno carico.

SCHEDA DI SINTESI

La trasformazione consiste in una **modificazione dell'atto costitutivo** mediante la quale una società, un ente o una comunione d'azienda adotta lo schema organizzativo proprio di un altro tipo societario, oppure una società di capitali segue il percorso inverso.
La c.d. **trasformazione omogenea** è un'operazione che comporta la trasformazione di società di persone in società di capitali oppure la trasformazione di società di capitali in società di persone.
La c.d. **trasformazione eterogenea** comporta la trasformazione di una società di

capitali in un ente non societario o in una comunione d'azienda e viceversa. Rientra, inoltre, fra le ipotesi di trasformazione eterogenea la trasformazione di una società di capitali (non di persone) in società cooperativa.

La fusione è la **concentrazione giuridica ed economica** di due o più società per formare un'unica società. Si distingue in particolare tra (art. 2501, comma 1, c.c.): **fusione in senso stretto** (detta anche propria o per unione), che si ha quando le società si fondono dando vita ad un'unica **società nuova e perdendo**, nel contempo, **la propria individualità**; **fusione per incorporazione**, che si ha quando **la società incorporante assorbe l'altra** (o le altre) **mantenendo la propria individualità**, che invece viene perduta dalla/e incorporata/e.

Il **procedimento di fusione** è articolato in tre fasi: il **progetto di fusione**; la **deliberazione di fusione**; l'**atto di fusione**.

Con la scissione, infine, una società assegna l'intero suo patrimonio (**scissione totale**) a più società, preesistenti (**scissione per incorporazione**) o di nuova costituzione (**scissione in senso stretto**), o parte del suo patrimonio (**scissione parziale**), in tal caso anche ad una sola società, e le relative azioni o quote ai suoi soci.

QUESTIONARIO

1. Qual è la funzione della trasformazione e quali conseguenze giuridiche comporta sotto il profilo dei rapporti processuali e sostanziali in corso? (**1**)
2. Dopo l'iscrizione nel registro delle imprese dell'atto di trasformazione, può ancora esserne pronunciata l'invalidità? (**1**)
3. Qual è la differenza tra trasformazione omogenea e trasformazione eterogenea? (**1**)
4. Una società cooperativa a mutualità prevalente può trasformarsi in una società di capitali? (**1.2.**)
5. Qual è la natura giuridica della fusione? (**2**)
6. Quali sono le fasi del procedimento di fusione? (**2**)
7. In che cosa consiste la fusione a seguito di acquisizione con addebitamento? (**4**)
8. Che cosa è la scissione e qual è il suo procedimento? (**6**)

Capitolo XIV
Le società cooperative e mutualistiche

Sommario:
1. Le società cooperative. Nozione e caratteristiche principali. – **1.1.** Le società cooperative a mutualità prevalente. – **1.2.** La disciplina applicabile. – **2.** La costituzione della società. – **2.1.** La stipulazione dell'atto costitutivo. – **2.2.** L'iscrizione dell'atto costitutivo nel registro delle imprese. – **3.** La disciplina dei conferimenti. – **4.** Il rapporto sociale. Quote e azioni. – **4.1.** Soci sovventori e soci finanziatori. – **5.** Gli organi sociali: l'assemblea. – **5.1.** L'organo amministrativo. – **5.2.** L'organo di controllo. – **6.** I controlli esterni: la vigilanza governativa ed il controllo giudiziale. – **7.** Bilancio, utili e ristorni. – **8.** Lo scioglimento della società cooperativa. – **9.** Lo scioglimento del singolo rapporto sociale. – **10.** Il gruppo cooperativo paritetico. – **11.** Il gruppo bancario cooperativo. – **12.** Le mutue assicuratrici.

1. Le società cooperative. Nozione e caratteristiche principali.

In base alla definizione contenuta nell'art. 2511 c.c., le società cooperative sono società a **capitale variabile** con **scopo mutualistico** iscritte in un apposito albo.
Il **fine mutualistico** identifica lo **scopo economico** (c.d. *scopo fine*) perseguito dalla società cooperativa e rappresenta il tratto distintivo di quest'ultima rispetto a tutti gli altri tipi di società esaminati.
Nelle **società mutualistiche**, invero, l'attività d'impresa è esercitata allo scopo di offrire beni, servizi ed occasioni di lavoro ai propri soci a condizioni più favorevoli di quelle di mercato, consentendo ad essi di realizzare un risparmio di spesa o una maggiora retribuzione.
Occorre precisare, nel contempo, che le società cooperative sono caratterizzate da uno scopo prevalentemente, ma non esclusivamente mutualistico.
In base all'art. 2521, comma 2, c.c., invero, l'atto costitutivo può prevedere che la società svolga la propria attività anche con **terzi**, i quali beneficiano delle stesse prestazioni che formano oggetto della gestione a favore dei soci. **In tal caso anche la società cooperativa svolge un'attività** diretta alla produzione di utili e, quindi, **oggettivamente lucrativa**.
Il possibile perseguimento di uno scopo di lucro (oggettivo) non implica il

mutamento della natura della società cooperativa, da società mutualistica a società lucrativa. Ciò che caratterizza lo scopo perseguito da una società lucrativa è essenzialmente lo scopo della divisione degli utili tra i soci, cioè lo scopo di profitto (lucro soggettivo). Nella società cooperativa, invece, **l'integrale distribuzione ai soci degli utili è incompatibile con lo scopo mutualistico**.
Tanto chiarito a proposito dello scopo mutualistico, risulta di più agevole comprensione il secondo carattere distintivo delle società cooperative: la **variabilità del capitale**. Il legislatore, invero, per consentire a più soggetti di beneficiare dei vantaggi mutualistici (c.d. **principio della porta aperta**), ha previsto un particolare procedimento di ammissione di nuovi soci che non avviene attraverso operazioni di aumento del capitale. Per questo motivo l'art. 2524 c.c. stabilisce che il **capitale sociale** non è determinato in un ammontare prestabilito ma **variabile**, poiché suscettibile di continui cambiamenti senza che sia necessario procedere a modificazioni dell'atto costitutivo.
Anche le società cooperative, infine, sono dotate di **autonomia patrimoniale perfetta** (art. 2518 c.c.).

1.1. Le società cooperative a mutualità prevalente.

Ai sensi dell'art. 2512 c.c., sono società cooperative a mutualità prevalente, in ragione del tipo di scambio mutualistico, quelle che:

- «svolgono la loro attività **prevalentemente in favore dei soci**, consumatori o utenti di beni o servizi»;
- «si avvalgono **prevalentemente**, nello svolgimento della loro attività, **delle prestazioni lavorative dei soci**»;
- «si avvalgono **prevalentemente**, nello svolgimento della loro attività, **degli apporti di beni o servizi da parte dei soci**».

Il successivo art. 2513 c.c. indica i **criteri contabili** che gli amministratori e i sindaci devono seguire per la documentazione della condizione di prevalenza da inserire nella nota integrativa al bilancio:

- nelle **cooperative di consumo** i ricavi delle vendite dei beni e delle prestazioni di servizi verso i soci devono essere superiori al cinquanta per cento del totale dei ricavi delle vendite e delle prestazioni;
- nelle **cooperative di lavoro** il costo del lavoro dei soci è superiore al cinquanta per cento del totale del costo del lavoro;

- nelle **cooperative di produzione e lavoro** il costo della produzione per servizi ricevuti dai soci ovvero per beni conferiti dai soci è rispettivamente superiore al cinquanta per cento del totale dei costi dei servizi ovvero al costo delle merci o materie prime acquistate o conferite;
- nelle **cooperative agricole** la condizione di prevalenza sussiste quando la quantità o il valore dei prodotti conferiti dai soci è superiore al cinquanta per cento della quantità o del valore totale dei prodotti.

Le società cooperative a mutualità prevalente si iscrivono in un apposito albo, presso il quale depositano annualmente i propri bilanci.
In base all'art. 2514 c.c., infine, le società cooperative a mutualità prevalente **devono prevedere nei propri statuti le seguenti clausole:**

- «*il divieto di distribuire i dividendi in misura superiore all'interesse massimo dei buoni postali fruttiferi, aumentato di due punti e mezzo rispetto al capitale effettivamente versato*»;
- «*il divieto di remunerare gli strumenti finanziari offerti in sottoscrizione ai soci cooperatori in misura superiore a due punti rispetto al limite massimo previsto per i dividendi*»;
- «*il divieto di distribuire le riserve fra i soci cooperatori*»;
- «*l'obbligo di devoluzione, in caso di scioglimento della società, dell'intero patrimonio sociale, dedotto soltanto il capitale sociale e i dividendi eventualmente maturati, ai fondi mutualistici per la promozione e lo sviluppo della cooperazione*».

Le deliberazioni che introducono o sopprimono tali clausole devono essere adottate con le maggioranze previste per l'assemblea straordinaria. La cooperativa **perde la qualifica** di società cooperativa a mutualità prevalente se, per due esercizi consecutivi, non rispetti la condizione di prevalenza, di cui all'art. 2513 c.c., ovvero se modifichi le previsioni statutarie di cui all'art. 2514 c.c.

1.2. La disciplina applicabile.

In base al primo comma dell'art. 2519 c.c. la disciplina delle società cooperative è attualmente dettata dagli **artt. 2511-2545-*octiesdecies* c.c.**
La disposizione in esame integra tale normativa con il rinvio, nei limiti di compatibilità, alla **disciplina della società per azioni**.

Nelle cooperative con un numero di soci cooperatori inferiore a venti ovvero con un attivo dello stato patrimoniale non superiore ad un milione di euro, in alternativa al rinvio alla disciplina della società per azioni, l'atto costitutivo può prevedere che trovino applicazione, in quanto compatibili, le **norme sulla società a responsabilità limitata** (art. 2519, comma 2, c.c.).
Per quanto concerne la disciplina della fusione, della scissione e della trasformazione si rinvia al capitolo tredicesimo.

2. La costituzione della società.

Il procedimento per la costituzione di una società cooperativa è analogo a quello della società per azioni ed è articolato in due fasi: **la stipulazione dell'atto costitutivo per atto pubblico**; **l'iscrizione dell'atto costitutivo nel registro delle imprese.**

2.1. La stipulazione dell'atto costitutivo.

Ai sensi dell'art. 2521 c.c., la società deve costituirsi per **atto pubblico**.
L'atto costitutivo definisce le **regole per lo svolgimento dell'attività mutualistica** e può prevedere, come anticipato, che la società svolga la propria attività anche **con terzi**. L'atto costitutivo deve contenere le indicazioni di cui all'art. 2518 c.c. Come nella società per azioni, **lo statuto** contenente le regole di dettaglio relative al funzionamento della società, anche se costituisce oggetto di atto separato, **è parte integrante dell'atto costitutivo e deve essere stipulato per atto pubblico a pena di nullità**.
I rapporti tra la società e i soci possono essere disciplinati da **regolamenti** che determinano i criteri e le regole inerenti allo svolgimento dell'attività mutualistica tra la società e i soci.

2.2. L'iscrizione dell'atto costitutivo nel registro delle imprese.

Dopo la stipulazione dell'atto costitutivo è necessario procedere alla sua **iscrizione nel registro delle imprese**.
L'art. 2523, comma 1, c.c. rinvia alla disciplina dettata l'iscrizione nel registro delle imprese di una società per azioni. L'iscrizione dell'atto costitutivo nel registro delle imprese ha **efficacia costitutiva** e la società acquista la **personalità giuridica**.
Per le eventuali **operazioni sociali compiute prima dell'iscrizione** dell'atto

costitutivo nel registro delle imprese, sono responsabili verso i terzi illimitatamente e solidalmente coloro che hanno agito. Sono altresì responsabili solidalmente e illimitatamente il socio unico fondatore (in caso di società per azioni unipersonale) e i soci che nell'atto costitutivo o con atto separato hanno deciso, autorizzato o consentito il compimento dell'operazione. Se dopo l'iscrizione la società ha approvato tali operazioni, è responsabile anch'essa ed è tenuta a rilevare coloro che hanno agito. Per quanto concerne la disciplina dell'**invalidità dell'atto costitutivo**, il secondo comma dell'art. 2523 c.c. stabilisce che gli «*effetti della nullità*» (ma non le cause di nullità) sono regolati dall'art. 2332 c.c.

3. La disciplina dei conferimenti.

La disciplina dei conferimenti e delle prestazioni accessorie è identica a quella dettata per la società per azioni, salvo che l'atto costitutivo abbia previsto l'applicazione delle norme della società a responsabilità limitata.

A differenza delle società di capitali, tuttavia, non è richiesto il versamento del venticinque per cento dei conferimenti presso una banca.

Il socio che non esegue in tutto o in parte il pagamento delle quote o delle azioni sottoscritte può, previa intimazione da parte degli amministratori, essere escluso dalla società (art. 2531 c.c.).

4. Il rapporto sociale. Quote e azioni.

Un soggetto può acquisire lo *status* di socio di una società cooperativa partecipando all'atto di costituzione della stessa oppure mediante il procedimento di ammissione di cui all'art. 2528 c.c.

L'atto costitutivo stabilisce i **requisiti per l'ammissione** dei nuovi soci, secondo criteri non discriminatori coerenti con lo scopo mutualistico e l'attività economica svolta (art. 2527, comma 1, c.c.).

Non possono in ogni caso divenire soci quanti esercitano in proprio imprese in concorrenza con quella della cooperativa (art. 2527, comma 2, c.c.).

L'atto costitutivo può inoltre prevedere, determinandone i diritti e gli obblighi, l'ammissione del nuovo socio cooperatore in una **categoria speciale** in ragione dell'interesse alla sua formazione ovvero del suo inserimento nell'impresa.

Il particolare **procedimento di ammissione** contemplato dall'art. 2528 c.c. è ispirato, come anticipato, dal **principio della porta aperta** ed è strettamente connesso alla previsione della **variabilità del capitale**.

L'**ammissione** di un nuovo socio è **deliberata degli amministratori su domanda dell'interessato** ed è annotata a cura degli stessi amministratori nel libro dei soci.
Le partecipazioni sociali della società cooperativa possono essere rappresentate, secondo quanto stabilito dall'atto costitutivo, da **quote o azioni**.
Il **valore nominale** delle quote e delle azioni può essere determinato liberamente dai soci, con l'osservanza dei **limiti** stabiliti dall'art. 2525 c.c.:
Alle **azioni** si applicano, in quanto compatibili, le disposizioni degli artt. 2346 (*"Emissione delle azioni"*), 2347 (*"Indivisibilità delle azioni"*), 2348 (*"Categorie di azioni"*), 2349 (*"Azioni e strumenti finanziari a favore dei prestatori di lavoro"*), 2354 (*"Titoli azionari"*) e 2355 (*"Circolazione delle azioni"*) c.c.
Data la variabilità del capitale sociale, nelle azioni non è indicato l'ammontare del capitale né quello dei versamenti parziali sulle azioni non completamente liberate.
L'art. 2529 c.c. detta, invece, una disciplina specifica per l'**acquisto delle proprie quote o azioni**. L'atto costitutivo può autorizzare gli amministratori ad acquistare o rimborsare quote o azioni della società.
Per quanto riguarda il **trasferimento della partecipazione sociale**, nelle società cooperative, a differenza di quanto previsto per la società per azioni, non è applicabile il principio della naturale vocazione alla circolazione della partecipazione azionaria.
L'art. 2530, comma 1, c.c. stabilisce, infatti, che la quota o le azioni dei soci cooperatori può essere ceduta con effetto verso la società solo su **autorizzazione degli amministratori**.
L'**atto costitutivo può vietare la cessione della quota o delle azioni**. In tal caso è riconosciuto al socio il **diritto di recesso** dalla società.

4.1. Soci sovventori e soci finanziatori.

La previsione di limiti massimi alla partecipazione di ciascun socio ed i limiti alla circolazione delle azioni e delle quote rappresentavano, soprattutto in passato, un ostacolo alla raccolta del capitale di rischio da parte delle società cooperativa.
La legge 31 gennaio 1992, n. 59 ha in parte temperato la rigidità del sistema previgente, innalzando i limiti massimi della singola partecipazione sociale ed introducendo la figura dei **soci sovventori** e delle **azioni di partecipazione cooperativa**.

A) I soci sovventori

La figura dei **soci sovventori**, in particolare, consente la raccolta di capitale di rischio anche tra soggetti **sprovvisti dei requisiti soggettivi** richiesti per partecipare all'attività mutualistica.

I conferimenti dei soci sovventori sono rappresentati da **azioni nominative liberamente trasferibili**, salva la previsione nell'atto costitutivo di limiti alla circolazione. Lo statuto può inoltre stabilire particolari condizioni a favore dei soci sovventori per la **ripartizione degli utili e la liquidazione** delle quote e delle azioni. Sono state poi introdotte delle regole volte ad impedire ai soci sovventori di prendere il sopravvento nella **gestione della società**:

- i voti attribuiti ai soci sovventori, anche in relazione ai conferimenti comunque posseduti, non devono in ogni caso superare un terzo dei voti spettanti a tutti i soci;
- i soci sovventori possono essere nominati amministratori, ma la maggioranza degli amministratori deve essere costituita da soci cooperatori.

Sempre al fine di consentire la raccolta di capitale di rischio, lo statuto può prevedere l'emissione di **azioni di partecipazione cooperativa** prive del diritto di voto e privilegiate nella ripartizione degli utili e nel rimborso del capitale.

Le azioni di partecipazione cooperativa devono essere offerte in misura non inferiore alla metà in **opzione** ai soci e ai lavoratori dipendenti della società cooperativa, i quali possono sottoscriverle anche superando i limiti massimi di partecipazione al capitale

Esse possono essere al **portatore**, a condizione che siano interamente liberate.

Sono **privilegiate sotto il profilo patrimoniale**.

È prevista, infine, un'**organizzazione di gruppo** (assemblea speciale e rappresentante comune) per la tutela degli interessi dei possessori di tali azioni.

B) I soci finanziatori

Un'altra forma di raccolta del capitale di rischio si realizza mediante l'emissione di **strumenti finanziari**, secondo la disciplina prevista per le società per azioni (art. 2526 c.c.).

L'atto costitutivo stabilisce i diritti patrimoniali o anche amministrativi attribuiti ai possessori degli strumenti finanziari (**soci finanziatori**) e le eventuali condizioni cui è sottoposto il loro trasferimento.

Il **socio finanziatore**, come il socio sovventore, è estraneo alla finalità mutualistica perseguita dalla società ed ha interesse ad ottenere la remunerazione del capitale investito, incentivato dai **privilegi** previsti nella ripartizione degli utili e nel rimborso del capitale.

Gli strumenti finanziari sono **liberamente trasferibili**, ma lo statuto può prevedere **limiti** alla loro circolazione proprio in ragione dei diritti amministrativi che gli stessi possono attribuire.

Ai possessori di strumenti finanziari non può, in ogni caso, essere attribuito più di un terzo dei voti spettanti all'insieme dei soci presenti ovvero rappresentati in ciascuna assemblea generale.

Il **recesso** dei possessori di strumenti finanziari forniti del diritto di voto è disciplinato dalle norme in materia di società per azioni.

La cooperativa cui si applicano le norme sulla società a responsabilità limitata può offrire in sottoscrizione strumenti privi di diritti di amministrazione solo a investitori qualificati.

Si ricordi, infine, che il D.lgs. 4 ottobre 1999, n. 342 ha previsto la facoltà per le società di cooperative di emettere **obbligazioni**.

I limiti all'emissione di obbligazioni sono gli stessi previsti dall'art. 2412 c.c. per la società per azioni e vanno calcolati tenendo conto anche della raccolta effettuata attraverso l'emissione di strumenti finanziari che contengono l'obbligo di rimborso del capitale.

5. Gli organi sociali: l'assemblea.

L'organizzazione interna delle società cooperative si fonda, come nelle società di capitali, sulla presenza di tre organi: l'**assemblea**, l'**organo amministrativo** e l'**organo di controllo**.

La disciplina della costituzione e del funzionamento dell'**assemblea** nelle società cooperative presenta, rispetto a quella delle società per azioni, alcune importanti differenze. Ai sensi dell'art. 2538, comma 1, c.c. il **diritto di voto** spetta a coloro che risultano iscritti da almeno novanta giorni nel libro dei soci. Ciascun socio cooperatore ha **un voto (principio dell'unicità del voto)** indipendentemente dal valore della quota o il numero delle azioni possedute.

In deroga al principio dell'unicità del voto l'atto costitutivo può attribuire ai soci cooperatori persone giuridiche fino a un massimo di cinque voti, in relazione all'ammontare della quota oppure al numero dei loro membri (art. 2538, comma 3, c.c.).

Nelle cooperative in cui i soci realizzano lo scopo mutualistico attraverso l'integrazione delle rispettive imprese o di talune fasi di esse (c.d. **cooperative**

consortili), l'atto costitutivo può prevedere che il diritto di voto sia attribuito in ragione della partecipazione allo scambio mutualistico. Lo statuto stabilisce un limite per il voto plurimo per tali categorie di soci, in modo che nessuno di essi possa esprimere più del decimo dei voti in ciascuna assemblea generale. In ogni caso, ad essi non può essere attribuito più di un terzo dei voti spettanti all'insieme dei soci presenti o rappresentati in ciascuna assemblea generale (art. 2538, comma 4, c.c.).

I *quorum* **costitutivi e deliberativi** sono determinati dall'atto costitutivo e sono calcolati secondo il numero dei voti spettanti ai soci (art. 2538, comma 5, c.c.). Per quanto riguarda la **rappresentanza** nell'assemblea, nelle cooperative disciplinate dalle norme sulla società per azioni ciascun socio può rappresentare sino ad un massimo di dieci soci.

Tra le norme in tema di società per azioni si ritengono applicabili alle cooperative quelle relative alle competenze dell'assemblea ordinaria e straordinaria e quelle relative all'invalidità delle delibere assembleari.

Rispetto alla disciplina dell'assemblea nelle società di capitali, l'elemento di distinzione più importante riguarda la possibilità di prevedere lo svolgimento di **assemblee separate**, anche rispetto a specifiche materie ovvero in presenza di particolari categorie di soci (art. 2540 c.c.).

Lo svolgimento di assemblee separate è addirittura **obbligatorio** quando la società cooperativa ha più di tremila soci e svolge la propria attività in più province ovvero se ha più di cinquecento soci e si realizzano più gestioni mutualistiche. Il procedimento di assunzione delle delibere assembleari è articolato in questo modo: le assemblee separate deliberano sulle stesse materie oggetto della decisione dell'assemblea generale ed eleggono i soci-delegati che parteciperanno a quest'ultima; l'assemblea generale è costituita dai soci-delegati (che votano concordemente alle decisioni maturate in seno all'assemblee separate) e delibera definitivamente sulle materie all'ordine del giorno. Le assemblee separate hanno **funzione preparatoria** di quella generale e le relative delibere non possono essere impugnate autonomamente.

Le deliberazioni della assemblea generale possono essere impugnate ai sensi dell'art. 2377 c.c. anche dai soci assenti e dissenzienti nelle assemblee separate quando, senza i voti espressi dai delegati delle assemblee separate irregolarmente tenute, verrebbe meno la maggioranza richiesta per la validità della deliberazione.

L'art. 2541 c.c., infine, disciplina l'**organizzazione (assemblea speciale e rappresentante comune) di gruppo dei possessori degli strumenti finanziari privi di diritto di voto**.

L'**assemblea speciale** di ciascuna categoria di delibera:

- sull'approvazione delle deliberazioni dell'assemblea della società cooperativa che pregiudicano i diritti della categoria;
- sull'esercizio dei diritti ad essa eventualmente attribuiti ai sensi dell'art. 2526 c.c.;
- sulla nomina e sulla revoca dei rappresentanti comuni di ciascuna categoria e sull'azione di responsabilità nei loro confronti;
- sulla costituzione di un fondo per le spese, necessario alla tutela dei comuni interessi dei possessori degli strumenti finanziari e sul rendiconto relativo;
- sulle controversie con la società cooperativa e sulle relative transazioni e rinunce;
- sugli altri oggetti di interesse comune a ciascuna categoria di strumenti finanziari.

Il **rappresentante comune** deve provvedere all'esecuzione delle deliberazioni dell'assemblea speciale e deve tutelare gli interessi comuni dei possessori degli strumenti finanziari nei rapporti con la società cooperativa.

Egli ha diritto di esaminare ed ottenere estratti del libro dei soci e del libro delle adunanze e delle deliberazioni dell'assemblea; ha altresì il diritto di assistere all'assemblea della società cooperativa e di impugnarne le deliberazioni.

5.1. L'organo amministrativo.

L'atto costitutivo della società cooperativa deve indicare il sistema di amministrazione adottato.

Se la società cooperativa è disciplinata dalle norme della società per azioni, l'atto costitutivo può prevedere l'adozione di un sistema di amministrazione e controllo alternativo (sistema monistico o dualistico) al modello tradizionale.

Ai sensi dell'art. 2542 c.c., la **nomina** degli amministratori spetta all'assemblea fatta eccezione per i primi amministratori che sono nominati nell'atto costitutivo. La nomina di uno o più amministratori può essere attribuita dall'atto costitutivo allo Stato o ad enti pubblici, ma la nomina della maggioranza degli amministratori è riservata all'assemblea.

La **maggioranza degli amministratori**, a differenza della società per azioni, **è scelta tra i soci cooperatori** ovvero tra le persone indicate dai soci cooperatori persone giuridiche.

L'atto costitutivo può prevedere che uno o più amministratori siano scelti tra gli appartenenti alle diverse categorie dei soci, in proporzione dell'interesse che ciascuna categoria ha nell'attività sociale. In ogni caso, ai **possessori di** strumenti finanziari non può essere attribuito il diritto di eleggere più di un terzo degli amministratori.

5.2. L'organo di controllo.

La nomina del **collegio sindacale** è obbligatoria nei casi previsti dal secondo e terzo comma dell'art. 2477 c.c. per la società a responsabilità limitata, nonché quando la società emette strumenti finanziari non partecipativi.

L'atto costitutivo può attribuire il diritto di voto nell'elezione dell'organo di controllo proporzionalmente alle quote o alle azioni possedute ovvero in ragione della partecipazione allo scambio mutualistico.

I possessori degli strumenti finanziari dotati di diritti di amministrazione possono eleggere, se lo statuto lo prevede, nel complesso sino ad un terzo dei componenti dell'organo di controllo.

Gli statuti delle società cooperative prevedono sovente un **collegio dei probiviri**, organo che assume il compito di risolvere eventuali controversie tra i soci o fra soci e società, riguardanti il rapporto sociale (ammissione di nuovi soci, esclusione, recesso) o la gestione mutualistica. In questo modo si vuole evitare che le controversie sociali sfocino in una lite innanzi all'autorità giudiziaria.

6. I controlli esterni: la vigilanza governativa ed il controllo giudiziale.

Le società cooperative, in considerazione degli interessi pubblici che le animano, sono soggette al **controllo dell'autorità governativa**. L'art. 2545-*quaterdecies* c.c., in particolare, stabilisce che esse sono sottoposte alle autorizzazioni, alla vigilanza e agli altri controlli sulla gestione previsti dalle leggi speciali. Tale vigilanza spetta in via esclusiva al **Ministero dello sviluppo economico** ed è esercitata tramite **revisioni ed ispezioni straordinarie** disposte quando se ne ravvisi l'opportunità.

In caso di **irregolare funzionamento** delle società cooperative, l'autorità di vigilanza può **revocare** gli amministratori e i sindaci e affidare la gestione della società ad un commissario, determinando i poteri e la durata (art. 2545-*sexiesdecies* c.c.). Al commissario possono essere conferiti per determinati atti anche i poteri dell'assemblea, ma le relative deliberazioni non sono valide senza l'approvazione dell'autorità di vigilanza.

In caso di **irregolarità o di eccessivo ritardo nello svolgimento della liquidazione** ordinaria di una società cooperativa, l'autorità di vigilanza può **sosti-**

tuire i liquidatori o, se questi sono stati nominati dall'autorità giudiziaria, può chiederne la sostituzione al tribunale (art. 2545-*octiesdecies* c.c.).
Il potere di controllo dell'autorità di vigilanza si spinge fino alla possibilità di decidere lo **scioglimento** delle società cooperative e gli enti mutualistici che non perseguono lo scopo mutualistico o non sono in condizione di raggiungere gli scopi per cui sono stati costituiti o che per due anni consecutivi non hanno depositato il bilancio di esercizio o non hanno compiuto atti di gestione (art. 2545-*septiesdecies* c.c.).
Per quanto riguarda il **controllo giudiziario**, infine, l'art. 2545-*quinquiesdecies* c.c. stabilisce che i fatti previsti dall'art. 2409 c.c. (gravi irregolarità nella gestione da parte degli amministratori che possono arrecare danno alla società o a una o più società controllate) possono essere denunciati al tribunale dai soci che siano titolari del decimo del capitale sociale ovvero da un decimo del numero complessivo dei soci, e, nelle società cooperative che hanno più di tremila soci, da un ventesimo dei soci.

7. Bilancio, utili e ristorni.

A) Il bilancio
La redazione del bilancio di esercizio della società cooperativa è assoggettata alla **disciplina prevista per la società per azioni**.
L'art. 2545 c.c. precisa che gli **amministratori** e i **sindaci** della società, in occasione della approvazione del bilancio di esercizio, nelle **relazioni** di rispettiva competenza devono indicare specificamente i criteri seguiti nella gestione sociale per il conseguimento dello scopo mutualistico.

B) La ripartizione degli utili
Il fine mutualistico, si è detto, rappresenta lo scopo istituzionale delle cooperative ma non è escluso che ad esso si affianchi anche il fine di lucro. Quest'ultimo, però, non può prendere il sopravvento sul primo e mutare la reale natura della società cooperativa, trasformandola in una vera e propria società lucrativa. Per impedire che ciò avvenga la legge detta una disciplina più rigida rispetto a quella contemplata per la società per azioni in tema di **riserve e distribuzione degli utili**, con la precisazione che **non è mai consentita l'integrale distribuzione degli utili**.
In primo luogo, il primo comma dell'art. 2545-*quater* c.c. prevede un rafforzamento della **riserva legale** stabilendo che, qualunque sia il suo ammontare, deve essere ad essa destinata almeno il **trenta per cento degli utili netti**

annuali. Una quota pari al **tre per cento** degli utili netti annuali deve essere corrisposta ai **fondi mutualistici per la promozione e lo sviluppo della cooperazione** quale forma di auto contribuzione obbligatoria (art. 2545-*quater* c.c.). Il mancato rispetto di tale prescrizione comporta la decadenza da tutti i benefici fiscali o di altra natura.
Altre riserve, infine, possono essere previste dallo statuto.
Effettuate tali operazioni, si può procedere alla **distribuzione degli** eventuali **utili** residui a vantaggio dei soci nel rispetto delle **limitazioni** che seguono.
In linea generale, l'art. 2545-*ter* c.c. precisa che non possono essere ripartite tra i soci le **riserve indivisibili** per disposizione di legge o dello statuto, neppure in caso di scioglimento della società.
Tali riserve possono essere utilizzate per la copertura di perdite solo dopo che sono esaurite le riserve che la società aveva destinato ad operazioni di aumento di capitale e quelle che possono essere ripartite tra i soci in caso di scioglimento della società.
Ai sensi dell'art. 2545-*quinquies*, co. 1, c.c., l'**atto costitutivo** indica le modalità e la percentuale massima di ripartizione dei dividendi tra i soci cooperatori.
Nelle **società cooperative non quotate** possono essere distribuiti dividendi, acquistate proprie quote o azioni ovvero assegnate ai soci le riserve divisibili se **il rapporto tra il patrimonio netto e il complessivo indebitamento della società è superiore ad un quarto**. Tale condizione non si applica nei confronti dei possessori di strumenti finanziari (art. 2545-*quinquies*, co. 2, c.c.). L'atto costitutivo può inoltre autorizzare l'assemblea ad assegnare ai soci le riserve divisibili attraverso:

- l'emissione degli strumenti finanziari;
- mediante aumento proporzionale delle quote sottoscritte e versate, o mediante l'emissione di nuove azioni.

Le riserve divisibili spettanti al socio in caso di scioglimento del rapporto possono essere assegnate, se lo statuto non prevede diversamente, attraverso l'emissione di strumenti finanziari liberamente trasferibili e devono esserlo ove il rapporto tra il patrimonio netto e il complessivo indebitamento della società sia inferiore ad un quarto (art. 2545-*quinquies*, co. 4, c.c.).
Nelle **società cooperative a mutualità prevalente**, come visto, la ripartizione degli utili tra i soci cooperatori è sottoposta ad una disciplina più restrittiva in virtù delle clausole statutarie obbligatorie indicate dall'art. 2514 c.c.

C) I ristorni

Hanno natura diversa dagli utili i **ristorni**, mediante i quali viene attribuito ai soci il **vantaggio mutualistico** (risparmio di spesa o maggiore remunerazione) derivante dai rapporti di scambio intrattenuti con la cooperativa.

Il vantaggio mutualistico, in particolare, varia in relazione alla tipologia di attività esercitata dalla società cooperativa:

- nelle **cooperative di consumo** la società cede ai soci i beni e servizi prodotti a prezzi più bassi di quelli di mercato. I ristorni rappresentano quindi il rimborso ai soci di parte del prezzo pagato per i beni o servizi acquistati dalla cooperativa;
- nelle **cooperative di produzione e di lavoro** la società riserva ai soci retribuzioni più elevate di quelle di mercato per i beni e servizi ad essa ceduti. I ristorni in tal caso costituiscono integrazione della retribuzione corrisposta dalla cooperativa per le prestazioni del socio.

È evidente quindi la **differenza tra utili e ristorni**: i primi costituiscono remunerazione del capitale e sono distribuiti fra i soci in misura proporzionale al capitale conferito, mentre i secondi vengono assegnati ai soci in proporzione alle prestazioni mutualistiche.

I ristorni, pertanto, non sono soggetti alle limitazioni previste per la distribuzione degli utili.

In base all'art. 2545-*sexies* c.c., **l'atto costitutivo determina i criteri di ripartizione** dei ristorni ai soci proporzionalmente alla quantità e qualità degli scambi mutualistici.

8. Lo scioglimento e la liquidazione della società cooperativa.

Le **cause di scioglimento** della società cooperativa sono innanzitutto le medesime dettate per lo scioglimento della società per azioni, ad eccezione dell'ipotesi di riduzione del capitale sociale al di sotto del minimo legale (data la variabilità del capitale), sostituita dalla perdita dell'intero capitale sociale.

Ad esse si aggiungono:

- la riduzione del numero di soci al di sotto del minimo previsto dalla legge (art. 2522, comma 2, c.c.);
- lo scioglimento per atto dell'autorità quando la società cooperativa

non persegue lo scopo mutualistico o non è in condizione di raggiungere gli scopi per cui è stata costituita oppure non ha depositato il bilancio di esercizio o non ha compito alcun atto di gestione (art. 2545-*septiesdecies* c.c.).

Per quanto riguarda il **procedimento di liquidazione** l'unica particolarità è data dal potere dell'autorità di vigilanza di sostituire i liquidatori o, se questi sono stati nominati dall'autorità giudiziaria, di chiederne la sostituzione al tribunale, in caso di irregolarità o di eccessivo ritardo nello svolgimento della liquidazione ordinaria di una società cooperativa (art. 2545-*octiesdecies* c.c.).
Il **patrimonio residuo** delle cooperative in liquidazione, dedotti il capitale versato e rivalutato ed i dividendi eventualmente maturati, deve essere devoluto ai fondi mutualistici per la promozione e lo sviluppo della cooperazione.

9. Lo scioglimento del singolo rapporto sociale.

Il rapporto sociale può sciogliersi anche limitatamente ad un socio in caso di **recesso**, **esclusione** e **morte** del socio.
Il socio cooperatore può recedere dalla società nei casi previsti dalla legge e dall'atto costitutivo e il recesso non può essere parziale (art. 2532, comma 1, c.c.).
Le **cause di recesso legali** sono le stesse previste per la società per azioni (o della società a responsabilità limitata per le cooperative regolate secondo la sua disciplina), cui si aggiunge il diritto di recedere dalla società quando l'atto costitutivo vieti la cessione della quota e delle azioni (art. 2530, comma 6, c.c.).
Il recesso ha **efficacia** nei confronti della società dalla comunicazione del provvedimento di accoglimento della domanda.
L'esclusione del socio può aver luogo nei casi di cui all'art. 2533 c.c.
L'esclusione deve essere **deliberata dagli amministratori o**, se l'atto costitutivo lo prevede, **dall'assemblea**.
Contro la deliberazione di esclusione il socio può proporre **opposizione** al tribunale, nel termine di sessanta giorni dalla comunicazione.
Qualora l'atto costitutivo non preveda diversamente, lo scioglimento del rapporto sociale determina anche la risoluzione dei rapporti mutualistici pendenti.
L'ultima ipotesi di scioglimento del singolo rapporto sociale è la **morte** del socio cooperatore (art. 2534 c.c.).
Gli eredi hanno diritto alla liquidazione della quota o al rimborso delle azioni ma l'atto costitutivo può prevedere che gli eredi provvisti dei requisiti per l'ammissione alla società subentrino nella partecipazione del socio deceduto.

In tutti casi di scioglimento del singolo rapporto sociale occorre procedere alla **liquidazione della quota o al rimborso delle azioni del socio uscente**.
L'art. 2536 c.c. prevede, infine, la **responsabilità del socio uscente o degli eredi del socio defunto** verso la società:

- per il pagamento dei conferimenti non versati, per un anno dal giorno in cui si è verificato lo scioglimento del rapporto sociale;
- nei limiti di quanto ricevuto per la liquidazione della quota o per il rimborso delle azioni se entro un anno dallo scioglimento del rapporto associativo si manifesta l'insolvenza della società.

10. Il gruppo paritetico corporativo.

La costituzione di un gruppo verticale (in cui la direzione coordinata di più società cooperative si fonda su un rapporto di controllo e quindi di subordinazione di una società rispetto alle altre) fra società cooperative non è possibile per il principio di unicità del voto. Tuttavia, le società cooperative possono stipulare un accordo contrattuale, inquadrabile nello schema del consorzio fra imprenditori, con cui si impegnano a seguire una direzione unitaria che ciascuna concorre a determinare su un piano di **parità** rispetto alle altre.
L'art. 2545-*septies* c.c. disciplina il **contenuto minimo del contratto** con cui più cooperative appartenenti anche a categorie diverse regolano, anche in forma consortile, la direzione ed il coordinamento delle rispettive imprese.
Tutte le cooperative aderenti al gruppo sono tenute a depositare in forma scritta l'accordo di partecipazione presso l'albo delle società cooperative.
La cooperativa può **recedere** dal contratto senza che ad essa possano essere imposti oneri di alcun tipo qualora, per effetto dell'adesione al gruppo, le condizioni dello scambio risultino pregiudizievoli per i propri soci.
La scarna disciplina contenuta nell'articolo in esame deve essere integrata con la normativa generale in tema di attività di direzione e coordinamento (cfr. Parte II, cap. VI, par. 8.2.).

11. Il gruppo bancario cooperativo.

A seguito della completa riscrittura della disciplina delle banche in forma di società cooperativa (attuata con il d.l. 18/2016, con. con mod. in l. 37/2016, n.

37), il legislatore ha introdotto l'art. 37-*bis* del d.lgs. 385/1993, relativo al gruppo bancario cooperativo, al quale le banche devono aderire come condizione per il rilascio dell'autorizzazione all'esercizio dell'attività bancaria in forma di banca di credito cooperativo.

Si tratta di un gruppo in cui una società costituita in forma di società per azioni e autorizzata all'esercizio dell'attività bancaria, il cui capitale è detenuto in misura maggioritaria dalle banche di credito cooperativo appartenenti al gruppo, assume la veste di capogruppo ed esercita attività di direzione e coordinamento sulle società del gruppo sulla base di un **contratto** detto **di coesione**.

Detto contratto, che deve prevedere la garanzia in solido delle obbligazioni assunte dalla capogruppo e dalle altre banche aderenti, nel rispetto della disciplina prudenziale dei gruppi bancari e delle singole banche aderenti, indica altresì:

a) la banca capogruppo, cui sono attribuiti la direzione e il coordinamento del gruppo;

b) i poteri della capogruppo che, nel rispetto delle finalità mutualistiche, includono:
  1. l'individuazione e l'attuazione degli indirizzi strategici ed obiettivi operativi del gruppo;
  2. i casi in cui la capogruppo può, rispettivamente, nominare, opporsi alla nomina o revocare uno o più componenti, fino a concorrenza della maggioranza, degli organi di amministrazione e controllo delle società aderenti al gruppo e le modalità di esercizio di tali poteri;
  3. l'esclusione di una banca dal gruppo in caso di gravi violazioni degli obblighi previsti dal contratto e le altre misure sanzionatorie graduate in relazione alla gravità della violazione;

c) i criteri di compensazione e l'equilibrio nella distribuzione dei vantaggi derivanti dall'attività comune;

d) i criteri e le condizioni di adesione, di diniego dell'adesione e di recesso dal contratto, nonché di esclusione dal gruppo, secondo criteri non discriminatori in linea con il principio di solidarietà tra le banche cooperative a mutualità prevalente. Prevede, infine, la legge che l'adesione, il rigetto delle richieste di adesione, il recesso e l'esclusione di una banca di credito cooperativo sono autorizzati dalla Banca d'Italia avendo riguardo alla sana e prudente gestione del gruppo e della singola banca.

12. Le mutue assicuratrici.

Le **mutue assicuratrici** sono società cooperative caratterizzate da una forte **interdipendenza tra la qualità di socio e quella di assicurato** in virtù del disposto del terzo comma dell'art. 2546 c.c. secondo cui «*non si può acquistare la qualità di socio, se non assicurandosi presso la società, e si perde la qualità di socio con l'estinguersi dell'assicurazione*».
Esse vanno tenute **distinte dalle società cooperative di assicurazione** nelle quali manca la compenetrazione fra rapporto assicurativo e rapporto sociale e la finalità mutualistica si realizza non in modo diretto ed immediato con lo stesso atto costitutivo, ma in modo indiretto e mediato con successivi contratti di assicurazione con soci o terzi. Nelle mutue assicuratrici i **soci** sono tenuti al pagamento dei contributi fissi o variabili (che costituiscono allo stesso tempo conferimento e premio di assicurazione), entro il limite massimo determinato dall'atto costitutivo. Quanto alla **disciplina applicabile**, le società di mutua assicurazione sono soggette alle autorizzazioni, alla vigilanza e agli altri controlli stabiliti dalle leggi speciali sull'esercizio dell'assicurazione, e sono regolate dalle norme stabilite per le società cooperative, in quanto compatibili con la loro natura (art. 2547 c.c.).
L'atto costitutivo può prevedere la costituzione di fondi di garanzia per il pagamento delle indennità, mediante speciali conferimenti da parte di assicurati o di terzi, attribuendo anche a questi ultimi la qualità di socio (art. 2548, comma 1, c.c.). Come nelle società cooperative, l'atto costitutivo può prevedere la presenza di **soci sovventori** ai quali possono essere attribuiti più voti, ma non oltre cinque, in relazione all'ammontare del conferimento (art. 2548, comma 2, c.c.). I voti attribuiti ai soci sovventori, come tali, devono in ogni caso essere inferiori al numero dei voti spettanti ai soci assicurati (art. 2548, comma 3, c.c.). I soci sovventori possono essere nominati amministratori, ma la maggioranza degli amministratori deve essere costituita da soci assicurati (art. 2548, comma 4, c.c.).

SCHEDA DI SINTESI

Le società cooperative sono società a **capitale variabile** con **scopo mutualistico** iscritte in un apposito albo.
Il **fine mutualistico** identifica lo **scopo economico** (c.d. **scopo fine**) perseguito dalla società cooperativa e rappresenta il tratto distintivo di quest'ultima rispetto a tutti gli altri tipi di società esaminati.
Ai sensi dell'art. 2512 c.c., sono società cooperative a mutualità prevalente, in ragione del tipo di scambio mutualistico, quelle che:

CAPITOLO XIV | LE SOCIETÀ COOPERATIVE E MUTUALISTICHE

- «*svolgono la loro attività prevalentemente in favore dei soci, consumatori o utenti di beni o servizi*»;
- «*si avvalgono prevalentemente, nello svolgimento della loro attività, delle prestazioni lavorative dei soci*»;
- «*si avvalgono prevalentemente, nello svolgimento della loro attività, degli apporti di beni o servizi da parte dei soci*».

Il procedimento per la costituzione di una società cooperativa è analogo a quello della società per azioni ed è articolato in due fasi: **la stipulazione dell'atto costitutivo per atto pubblico**; **l'iscrizione dell'atto costitutivo nel registro delle imprese**.

La disciplina dei conferimenti e delle prestazioni accessorie è identica a quella dettata per la società per azioni, salvo che l'atto costitutivo abbia previsto l'applicazione delle norme della società a responsabilità limitata.

Le partecipazioni sociali della società cooperativa possono essere rappresentate, secondo quanto stabilito dall'atto costitutivo, da **quote o azioni**.

La previsione di limiti massimi alla partecipazione di ciascun socio ed i limiti alla circolazione delle azioni e delle quote rappresentavano, soprattutto in passato, un ostacolo alla raccolta del capitale di rischio da parte delle società cooperativa.

La legge 31 gennaio 1992, n. 59 ha in parte temperato la rigidità del sistema previgente, innalzando i limiti massimi della singola partecipazione sociale ed introducendo la figura dei **soci sovventori** e delle **azioni di partecipazione cooperativa**.

La figura dei **soci sovventori**, in particolare, consente la raccolta di capitale di rischio anche tra soggetti **sprovvisti dei requisiti soggettivi** richiesti per partecipare all'attività mutualistica.

Un'altra forma di raccolta del capitale di rischio si realizza mediante l'emissione di **strumenti finanziari**, secondo la disciplina prevista per le società per azioni (art. 2526 c.c.).

Il **socio finanziatore**, come il socio sovventore, è estraneo alla finalità mutualistica perseguita dalla società ed ha interesse ad ottenere la remunerazione del capitale investito, incentivato dai **privilegi** previsti nella ripartizione degli utili e nel rimborso del capitale.

L'organizzazione interna delle società cooperative si fonda, come nelle società di capitali, sulla presenza di tre organi: l'**assemblea**, l'**organo amministrativo** e l'**organo di controllo**.

Le società cooperative, in considerazione degli interessi pubblici che le animano, sono soggette al **controllo dell'autorità governativa**.

La redazione del bilancio di esercizio della società cooperativa è assoggettata alla **disciplina prevista per la società per azioni**.

Le **cause di scioglimento** della società cooperativa sono innanzitutto le medesime dettate per lo scioglimento della società per azioni, ad eccezione dell'ipotesi di riduzione del capitale sociale al di sotto del minimo legale (data la variabilità del capitale), sostituita dalla perdita dell'intero capitale sociale.

Ad esse si aggiungono:
- la riduzione del numero di soci al di sotto del minimo previsto dalla legge (art. 2522, comma 2, c.c.);

- lo scioglimento per atto dell'autorità quando la società cooperativa non persegue lo scopo mutualistico o non è in condizione di raggiungere gli scopi per cui è stata costituita oppure non ha depositato il bilancio di esercizio o non ha compito alcun atto di gestione (art. 2545-*septiesdecies* c.c.).

Per quanto riguarda il **procedimento di liquidazione** l'unica particolarità è data dal potere dell'autorità di vigilanza di sostituire i liquidatori o, se questi sono stati nominati dall'autorità giudiziaria, di chiederne la sostituzione al tribunale, in caso di irregolarità o di eccessivo ritardo nello svolgimento della liquidazione ordinaria di una società cooperativa (art. 2545-*octiesdecies* c.c.).

Il rapporto sociale può sciogliersi anche limitatamente ad un socio in caso di **recesso, esclusione** e **morte** del socio.

Le **mutue assicuratrici** sono società cooperative caratterizzate da una forte **interdipendenza tra la qualità di socio e quella di assicurato** in virtù del disposto del terzo comma dell'art. 2546 c.c. secondo cui «*non si può acquistare la qualità di socio, se non assicurandosi presso la società, e si perde la qualità di socio con l'estinguersi dell'assicurazione*».

Esse vanno tenute **distinte dalle società cooperative di assicurazione** nelle quali manca la compenetrazione fra rapporto assicurativo e rapporto sociale e la finalità mutualistica si realizza non in modo diretto ed immediato con lo stesso atto costitutivo, ma in modo indiretto e mediato con successivi contratti di assicurazione con soci o terzi.

QUESTIONARIO

1. Qual è lo scopo-fine della società cooperativa? (**1**)
2. Una società cooperativa può svolgere un'attività oggettivamente lucrativa? (**1**)
3. In che cosa si differenziano le società cooperative a mutualità prevalente rispetto alle altre cooperative? (**1.1.**)
4. Qual è il procedimento di costituzione della società? (**2**)
5. Come è regolato l'ingresso di nuovi soci nella compagine sociale? (**4**)
6. Chi sono i soci sovventori? (**4.1.**)
7. Qual è la disciplina degli organi sociali? (**5**)
8. La previsione dell'organo di controllo interno è sempre obbligatoria? (**5.2.**)
9. Quali sono i poteri dell'autorità di vigilanza? (**6**)
10. Che cosa sono i ristorni? (**7**)
11. Quali sono le cause di scioglimento della società cooperativa? (**8**)
12. Che cosa è il gruppo cooperativo paritetico? (**10**)
13. Che cosa è il gruppo bancario? (**11**)
14. Qual è la peculiarità delle mutue assicuratrici? (**12**)

CAPITOLO XIV | LE SOCIETÀ COOPERATIVE E MUTUALISTICHE

MAPPA CONCETTUALE

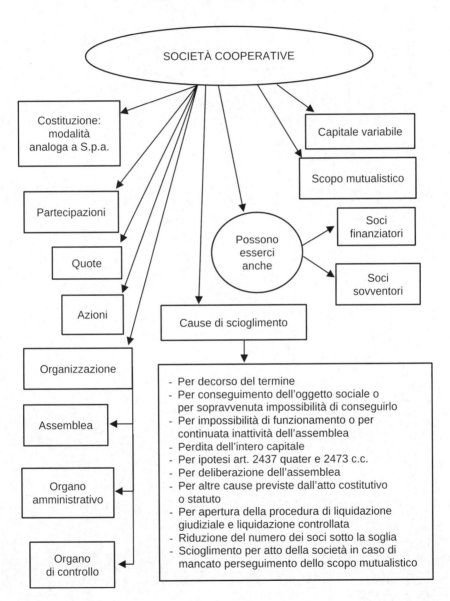

PARTE TERZA
I CONTRATTI DELL'IMPRENDITORE

Capitolo I
I contratti finalizzati allo scambio o alla distribuzione dei beni

SEZIONE I – LA COMPRAVENDITA

SOMMARIO:
1. La compravendita. Nozione e caratteristiche fondamentali. – **2.** Le obbligazioni derivanti dalla vendita. Gli obblighi del venditore. – **2.1.** La garanzia per evizione. – **2.2.** La garanzia per vizi della cosa venduta. – **2.3.** La garanzia per mancanza delle qualità promesse e delle qualità essenziali. – **3.** Gli obblighi del compratore. – **4.** La vendita obbligatoria. – **5.** La vendita con patto di riscatto. – **6.** Altre peculiari tipologie di vendita. – **6.1.** Vendita di cose mobili. – **6.2.** Vendita di beni immobili. – **7.** La vendita di beni di consumo.

1. La compravendita. Nozione e caratteristiche fondamentali.

Il contratto di compravendita, disciplinato dall'art. 1470 c.c., è il contratto «*che ha per oggetto il **trasferimento** della **proprietà** di una cosa o il trasferimento di un altro diritto **verso** il **corrispettivo** di un prezzo*».
Si tratta di un contratto con **funzione tipicamente traslativa**. L'inquadramento della compravendita nell'ambito delle categorie elaborate dalla teoria generale del contratto può essere sintetizzato rilevando che si tratta di:

- un **contratto consensuale**, in quanto si perfeziona con il realizzarsi dell'incontro delle volontà delle parti, senza che occorra la consegna della cosa o il pagamento del prezzo;
- un **contratto ad effetti reali**, che produce, quindi, il trasferimento della proprietà, la costituzione o il trasferimento di un diritto reale ovvero il trasferimento di altro diritto per effetto della legittima manifestazione del consenso;
- un contratto a **prestazioni corrispettive**;

- un **contratto istantaneo**;
- un **contratto** di regola **commutativo**, non aleatorio, in quanto al momento della conclusione è possibile valutare l'entità del vantaggio e del sacrificio di pertinenza di ciascuna delle parti;
- un **contratto**, normalmente, **di straordinaria amministrazione**.

Requisiti del contratto di compravendita sono, in conformità di quanto disposto dall'art. 1325 c.c., l'**accordo** delle parti, la **causa** (costituita dallo scambio di cosa contro prezzo), la **forma** (che nel caso di trasferimento di diritti immobiliari deve essere scritta ai sensi dell'art. 1350 c.c.) e l'**oggetto**.

2. Le obbligazioni derivanti dalla vendita. Gli obblighi del venditore.

Dalla conclusione del contratto di compravendita conseguono molteplici obbligazioni a carico tanto del venditore quanto del compratore.
Ai sensi dell'art. 1476 c.c., **le obbligazioni principali del venditore sono**:

- quella di **consegnare** la cosa al compratore;
- quella di fargli **acquistare la proprietà della cosa o il diritto**, se l'acquisto non è effetto immediato del contratto. Posto che la vendita è normalmente un contratto consensuale ad effetti reali, la norma si riferisce alle ipotesi di **vendita obbligatoria**, in cui all'obbligazione di dare segue, soltanto in un momento successivo, il trasferimento della proprietà della cosa;
- quella di **garantire il compratore dall'evizione e dai vizi della cosa**.

2.1. La garanzia per evizione.

Ricorre il fenomeno dell'**evizione** quando il compratore è privato, in tutto o in parte, del diritto sul bene acquistato, in conseguenza dell'accertato diritto di un terzo.
Gli **effetti della garanzia** consistono, secondo il disposto dell'art. 1483 c.c., nel riconoscimento in favore del compratore del **diritto al risarcimento del danno** e alla **corresponsione di una somma** pari al **valore dei frutti** che egli sia tenuto a restituire al terzo, oltre alle eventuali **spese giudiziali**.
Detti effetti conseguono al mero fatto obiettivo della perdita del diritto acquistato e, quindi, **indipendentemente dalla colpa del venditore** e **dalla stessa**

conoscenza da parte del compratore della possibile causa della futura evizione.

Ovviamente il diritto al risarcimento non spetta nel caso in cui il **compratore abbia dato causa** con il proprio comportamento alla perdita del bene acquistato.

Le disposizioni finora illustrate trovano applicazione tanto in caso di **evizione totale** quanto in caso di **evizione parziale** (art. 1484 c.c.).

Più in particolare, nel caso di **evizione parziale** occorre distinguere tra l'*ipotesi in cui il compratore non avrebbe acquistato la cosa senza la parte della quale è stato evinto* e l'*ipotesi in cui, invece, il compratore avrebbe in ogni caso acquistato il bene, seppur corrispondendo un prezzo minore*.

Ebbene, **nella prima ipotesi**, al pari di quanto accade in caso di evizione totale, il compratore avrà diritto al **risarcimento** del danno, alla corresponsione del valore dei **frutti** che egli sia stato eventualmente tenuto a restituire al terzo, nonché al rimborso delle **spese** di giudizio.

Di contro, **nella seconda ipotesi**, il compratore avrà diritto soltanto ad una **riduzione del prezzo effettivamente pagato**, ed al **risarcimento** del danno.

La portata della garanzia per evizione può essere **modificata** in aumento o in diminuzione **per accordo delle parti**; le parti, possono altresì **pattuire che l'alienante non sia soggetto ad alcuna garanzia**, ferma restando la responsabilità del venditore per fatto proprio. È nullo ogni patto contrario (art. 1487 c.c.).

2.2. La garanzia per vizi della cosa venduta.

Diversa rispetto alla garanzia per evizione è la **garanzia per vizi della cosa venduta**, disciplinata dall'art. 1490 c.c., a norma del quale «*Il venditore è tenuto a garantire che la cosa venduta sia immune da vizi che la rendano inidonea all'uso al quale è destinata o ne diminuiscano in modo apprezzabile il valore*». La garanzia disciplinata dall'art. 1490 c.c. opera soltanto per i c.d. vizi occulti; la stessa, pertanto, non è dovuta nel caso di **vizi conosciuti** o **facilmente riconoscibili** dal compratore (art. 1491 c.c.).

L'art. 1492 c.c. disciplina gli **effetti della garanzia**, disponendo che quando la cosa acquistata è viziata, il compratore può chiedere alternativamente la **risoluzione** del contratto o la **riduzione del prezzo**. Si parla, rispettivamente, di azione **redibitoria** ed **estimatoria**. Con l'azione **redibitoria** l'acquirente chiede non solo la risoluzione del contratto, ma anche la restituzione del prezzo del bene ed il rimborso delle spese e dei pagamenti legittimamente effettuati per la vendita, obbligandosi a sua volta alla restituzione della cosa (art. 1493 c.c.). L'azione **estimatoria** (o *quanti minoris*) tutela l'equilibrio tra le presta-

zioni per il caso in cui il compratore non opti per la risoluzione e decida, invece, di domandare solo la riduzione del prezzo. La **scelta** tra le due azioni è **irrevocabile con la proposizione della domanda giudiziale** (art. 1492, comma 2, c.c.).
Il terzo comma dell'art. 1492 c.c., infine, per l'ipotesi di perimento della cosa limita la facoltà di scelta del compratore relativamente ai rimedi esperibili. La norma, infatti, stabilisce che «*Se la cosa è perita in conseguenza dei vizi, il compratore ha diritto alla risoluzione del contratto; se invece è perita per caso fortuito o per colpa del compratore, o se questi l'ha alienata o trasformata, egli non può domandare che la riduzione del prezzo*».
Il venditore è poi tenuto in ogni caso verso il compratore al **risarcimento del danno** se non prova di avere ignorato senza colpa i vizi della cosa (art. 1494, comma 1, c.c.).
Il secondo comma dell'art. 1494 stabilisce poi che «*Il venditore deve altresì risarcire al compratore i danni derivanti dai vizi della cosa*».
L'art. 1495 c.c., rubricato "*Termini e condizioni per l'azione*", impone al compratore l'**onere**, a pena di decadenza dalla garanzia, **di denunziare** i vizi al venditore **entro il termine di otto giorni** dalla scoperta, salvo diverso termine stabilito dalle parti o dalla legge.
Il compratore è **esonerato dall'onere della denuncia** in caso di **riconoscimento** o, viceversa, di **occultamento** dei vizi da parte del venditore.
Per tutte e tre le azioni legali sopra esaminate (risoluzione, riduzione del prezzo e risarcimento del danno) è previsto un **termine di prescrizione annuale**.
Occorre rilevare, infine, che anche la garanzia per i vizi della cosa, al pari della garanzia per evizione, può essere convenzionalmente esclusa dalle parti.
A tal proposito, tuttavia, il secondo comma dell'art. 1490 c.c. statuisce che «*Il patto con cui si esclude o si limita la garanzia non ha effetto, se il venditore ha in male fede taciuto al compratore i vizi della cosa*».

▸ LA GIURISPRUDENZA PIÙ SIGNIFICATIVA

AZIONE DI GARANZIA PER VIZI DELLA COSA VENDUTA: L'ONERE DELLA PROVA È A CARICO DEL COMPRATORE (SEZIONI UNITE, 3 MAGGIO 2019, N. 11748).

Le Sezioni Unite delineano il riparto dell'onere della prova in materia di garanzia per vizi della cosa venduta esprimendo il seguente principio di diritto: "in materia di garanzia per i vizi della cosa venduta di cui all'art. 1490 c.c., il compratore che esercita le azioni di risoluzione del contratto o di riduzione del prezzo di cui all'art. 1492 c.c. è gravato dell'onere di offrire la prova dell'esistenza dei vizi".

VIZI DELLA COSA VENDUTA: AZIONE DI GARANZIA E PRESCRIZIONE
(SEZIONI UNITE, 11 LUGLIO 2019, N. 18672).

Le Sezioni Unite hanno espresso il seguente principio di diritto in ordine alla valenza delle manifestazioni extragiudiziali di volontà del compratore ai fini dell'interruzione della prescrizione dell'azione di garanzia per vizi: "in tema di compravendita, le manifestazioni extragiudiziali di volontà del compratore, compiute nelle forme di cui all'art. 1219, comma 1 c.c., costituiscono, ai sensi dell'art. 2943, comma 4, c.c., atti idonei ad interrompere la prescrizione dell'azione di garanzia per vizi, di cui all'art. 1495, comma 3 c.c., con l'effetto di determinare l'inizio di un nuovo periodo di prescrizione, ai sensi dell'art. 2945, comma 1 c.c."

2.3. La garanzia per mancanza delle qualità promesse o delle qualità essenziali.

Il venditore, infine, è tenuto alla **garanzia per mancanza delle qualità promesse o per mancanza delle qualità essenziali per l'uso a cui la cosa è destinata** (art. 1497 c.c.).
In tal caso il compratore ha il diritto di chiedere la **risoluzione** del contratto, secondo le regole generali sulla risoluzione per inadempimento, entro i brevi termini di prescrizione e decadenza però previsti dall'art. 1495 c.c.
Qualità essenziali sono quelle indispensabili per l'uso cui la cosa è normalmente destinata, della cui esistenza il venditore risponde anche in assenza di espressa deduzione delle stesse nel contratto. Qualità promesse sono quelle oggetto di contrattazione esplicita o implicita.
Le fattispecie di vendita di bene viziato o mancante delle qualità devono certamente tenersi distinte da quella della c.d. **vendita di** *aliud pro alio*, che ricorre nell'ipotesi in cui sia consegnato all'acquirente un bene completamente diverso da quello pattuito.
La distinzione è di grande importanza dal momento che, nel caso di *aliud pro alio*, trova applicazione la **normativa generale dettata in materia di risoluzione per inadempimento** dagli artt. 1453 ss. c.c., sicché la relativa azione non sarà soggetta ai termini brevi di decadenza e prescrizione di cui all'art. 1495 c.c., ma subordinata all'ordinario termine decennale di prescrizione.

3. Gli obblighi del compratore.

Obbligazione fondamentale che incombe in capo all'acquirente è quella relativa al pagamento del prezzo (art. 1498 c.c.).

Il **pagamento del prezzo** è anche **elemento essenziale del contratto di compravendita**, integrandone necessariamente la causa.

Quanto al **contenuto dell'obbligazione in esame**, va rilevato che si tratta di una vera e propria obbligazione di dare, cioè di attribuire al creditore non solo il possesso di una cosa (denaro), ma anche la proprietà di questa.

L'art. 1498 c.c. stabilisce **tempo e luogo** del pagamento.

Va infine rilevato che la **fissazione del prezzo**, normalmente, è affidata alla libera determinazione delle parti.

È tuttavia possibile che queste rimettano la determinazione del prezzo ad un terzo nominato nel contratto o posteriormente.

Ove il prezzo non sia determinato dalle parti e non sia stato appositamente nominato un terzo, in ossequio al principio della conservazione dei contratti, il legislatore ha provveduto a dettare una serie di **criteri residuali** che consentono la **determinazione legale del prezzo** (art. 1474 c.c.).

Sul compratore, infine, incombono le spese del contratto di compravendita (art. 1475 c.c.).

4. La vendita obbligatoria.

L'**effetto reale** della vendita può anche essere **non immediato**.

Ciò può verificarsi per la previsione di un'espressa *clausola contrattuale* in tal senso (vendita sottoposta a termine iniziale o a condizione sospensiva; vendita con riserva della proprietà) o perché il venditore *non è proprietario* del bene compravenduto (vendita di cosa altrui) o perché il bene *non è ancora venuto ad esistenza* (vendita di bene futuro) o perché *l'oggetto del contratto deve essere successivamente determinato* attraverso un'ulteriore attività di una o di entrambe le parti (come nel caso di vendita di cose genericamente individuate o di vendita alternativa). In tal caso, si parla comunemente di **vendita obbligatoria**, in cui **il trasferimento del diritto non si verifica nel momento in cui si perfeziona il contratto a seguito della prestazione del consenso, ma viene posticipato ad un successivo momento, in cui si verifica un atto oppure un fatto che incide sul rapporto di vendita e determina l'effetto traslativo**. Al momento della conclusione del contratto nascono soltanto l'obbligo del venditore di far acquistare la proprietà della cosa o il diritto al compratore (art. 1476 c.c.), e l'obbligo dell'acquirente di pagare il prezzo (1498 c.c.). Tradizionalmente sono ricondotte allo schema della vendita obbligatoria la vendita di cosa futura, la vendita di cosa altrui, la vendita con riserva di proprietà, la vendita alternativa e la vendita di cosa generica.

- la **vendita di cosa futura** ha per oggetto una **cosa che non esiste al momento della stipula del contratto, ma che si prevede verrà ad esistenza**, occorra o meno, a tal fine, l'attività dell'uomo. Il venditore deve, quindi, considerarsi obbligato a porre in essere l'attività eventualmente necessaria per la produzione del risultato traslativo, dovendo altrimenti rispondere per inadempimento contrattuale (art. 1218 c.c.). **Oggetto** della vendita di cosa futura è un bene attualmente inesistente come autonomo oggetto di diritti. Può trattarsi sia di **cosa non ancora esistente *in rerum natura*,** sia di cosa che, seppure esistente, non sia in proprietà di alcuno (***res nullius***) e, come tale, suscettibile di occupazione, sia di **prodotto d'opera non ancora realizzato o di prodotto naturale non ancora staccato dalla cosa madre** e, pertanto, insuscettibile di proprietà separata. Naturalmente, è necessario che la venuta ad esistenza della cosa sia evento materialmente e giuridicamente possibile, versandosi, altrimenti, nell'ipotesi di nullità del contratto per impossibilità originaria dell'oggetto. Quanto alla **disciplina** positiva, l'art. 1472, comma 2, c.c., prevede che, qualora le parti non abbiano voluto concludere un contratto aleatorio, **la vendita è nulla** se la cosa non viene ad esistenza;
- per quanto concerne la **vendita di cosa altrui** è necessario distinguere a seconda che l'**acquirente** sia o non sia **consapevole dell'altruità** della cosa acquistata. Nel caso in cui le parti abbiano **espressamente dichiarato** nel contratto l'appartenenza a un terzo del bene compravenduto, ovvero l'acquirente sia **comunque a conoscenza** di tale circostanza al momento della prestazione del consenso, infatti, si perfeziona, secondo la pacifica opinione di dottrina e giurisprudenza, una **valida vendita obbligatoria**. Nel diverso caso in cui l'acquirente **ignorasse l'altruità** del bene, trova applicazione il disposto di cui all'**art. 1479 c.c.**, secondo il quale il compratore può chiedere la **risoluzione del contratto** (salvo che il venditore non gli abbia fatto conseguire la proprietà della cosa), la **restituzione del prezzo pagato** ed il **rimborso delle spese** effettuate in dipendenza del contratto, salvo il diritto ad ottenere il risarcimento del danno subito. Quanto all'**obbligo di far acquistare la proprietà** del bene alienato (derivante dall'art. 1478 e, più ampiamente, dall'art. 1476, n. 2, c.c.), esso può essere adempiuto sia **mediante l'acquisto della proprietà della cosa da parte del venditore**, col successivo trasferimento di essa al compratore, sia **mediante la vendita diretta della cosa stessa dal terzo**

al compratore, purché tale trasferimento abbia avuto luogo in conseguenza di una attività svolta dallo stesso venditore;
- nella **vendita a rate con riserva della proprietà** il compratore acquista la proprietà del bene con il pagamento dell'ultima rata del prezzo (in deroga al principio dell'immediato effetto traslativo della proprietà), assumendo, però i rischi dal momento della consegna (in deroga al principio *res perito domino*) (art. 1523 c.c.). La riserva di proprietà è **opponibile ai terzi creditori del compratore** solo se risulta da atto scritto avente data certa anteriore al pignoramento. Nel caso di patto di riservato dominio previsto in alienazioni immobiliari sarà necessaria la trascrizione ai fini dell'opponibilità ai terzi;
- nei contratti che hanno ad oggetto **cose generiche** la proprietà si trasmette con l'individuazione fatta secondo le modalità indicate nel contratto. La vendita di cosa generica rientra tra le ipotesi di vendita obbligatoria, dal momento che dal contratto nasce immediatamente l'obbligo a carico del venditore di procedere all'**individuazione**. Benché il legislatore non disciplini espressamente la vendita di cose generiche, alla stessa è applicabile la disciplina di cui all'art. 1378 c.c. che, nell'ambito dei contratti in generale, disciplina ogni trasferimento di cose individuate soltanto nel genere;
- si ha **vendita alternativa** nel caso in cui un soggetto si obblighi a trasferire uno solo dei due o più beni dedotti in contratto. Il trasferimento del diritto si realizzerà nel momento in cui verrà esercitata la **concentrazione** e, cioè, la facoltà di scelta, normalmente spettante al venditore. La vendita alternativa è disciplinata tanto dalle norme sulla vendita quanto da quelle sulle obbligazioni alternative.

5. La vendita con patto di riscatto.

Il patto di riscatto è la clausola del contratto di compravendita con la quale il venditore si **riserva il diritto di riavere la proprietà della cosa** e, più in generale, la titolarità del diritto venduto, restituendo il prezzo e rimborsando alcune spese accessorie (art. 1500, comma 1, c.c.).
Il patto di riscatto è una clausola del contratto di vendita, ma può essere perfezionato anche mediante atto separato, purché contestuale al contratto cui accede. Il patto di riscatto, inoltre, deve rivestire la stessa **forma** del contratto di compravendita e, ove abbia ad oggetto beni immobili, è soggetto a **trascrizione** ai fini dell'opponibilità ai terzi.

Il **termine per l'esercizio** del riscatto non può essere maggiore di due anni, se la vendita ha per oggetto beni mobili, compresi i mobili registrati, e di cinque anni, se ha per oggetto beni immobili (art. 1501, comma 1, c.c.).
Se le parti stabiliscono un termine maggiore, questo si riduce a quello legale, che si applica *a fortiori* se le parti, stipulando il patto di riscatto, nulla hanno disposto circa il termine.
Il diritto di riscatto si esercita con una **dichiarazione avente carattere recettizio** e **natura negoziale**, che deve essere comunicata al compratore in forma scritta in caso di vendita immobiliare sotto pena di nullità (art. 1503 c.c.). L'**effetto** in favore del venditore, peraltro, è **subordinato al rimborso** al compratore **del prezzo**, delle **spese** e di **ogni altro pagamento** legittimamente fatto per la vendita.
Se il compratore si rifiuta di ricevere il pagamento di tali rimborsi, il venditore decade dal diritto di riscatto qualora non ne faccia offerta reale entro otto giorni dalla scadenza del termine.
L'offerta reale non ammette equipollenti.
Con l'esercizio del riscatto **il venditore riacquista il diritto alienato**; il riscatto, pertanto, ha **efficacia reale ed opera anche nei confronti dei terzi**, eventuali aventi causa dall'acquirente, nei limiti in cui il patto sia ad essi opponibile ai sensi dell'art. 1504 c.c.
La vendita con patto di riscatto va tenuta **distinta dalla vendita con patto di retrovendita**, che si ha quando il venditore si obbliga nei confronti del compratore a rivendergli la cosa con un nuovo contratto. Il patto di retrovendita opera come contratto preliminare e perciò ha effetti obbligatori tra le parti; allo stesso, quindi, non sarà applicabile la disciplina relativa alla vendita con riserva di proprietà, che, come evidenziato, ha efficacia reale.

6. Altre peculiari tipologie di vendita.

Tutto ciò chiarito in linea generale, occorre esaminare alcune peculiari tipologie di vendita:

- ricorre la figura della **vendita con riserva di gradimento** quando le parti convengano che l'acquirente manifesti il proprio gradimento **entro un termine stabilito dalle parti o dagli usi**. Il contratto si considera perfezionato soltanto dopo la comunicazione del gradimento (art. 1520 c.c.);
- la **vendita a prova** si presume fatta sotto la **condizione sospensiva**

che la cosa abbia le qualità pattuite o sia idonea all'uso cui è destinata;
- la **vendita su campione** è un contratto perfetto ed immediatamente efficace con il quale le parti stabiliscono i requisiti e le qualità dell'oggetto del contratto mediante riferimento ad un bene concreto (il campione), che deve servire come mezzo esclusivo di confronto, con la conseguenza che qualsiasi difformità attribuisce all'acquirente il diritto alla risoluzione;
- la **vendita su documenti** è caratterizzata dal fatto che **il venditore si libera** dall'obbligo della consegna **attribuendo al compratore il titolo rappresentativo** della merce e gli altri documenti previsti dal contratto o dagli usi (art. 1527 c.c.).

6.1. Vendita di cose mobili.

Alla vendita di beni mobili sono dedicati gli articoli dal 1510 al 1519 c.c., che dettano una peculiare disciplina relativa al **luogo di consegna**, all'ipotesi di **vendita con trasporto** e all'ipotesi dell'**inadempimento**. In mancanza di patto o di uso contrario, la consegna della cosa deve avvenire nel luogo dove questa si trovava al tempo della vendita, se le parti ne erano a conoscenza, ovvero nel luogo dove il venditore aveva il suo domicilio o la sede dell'impresa. Salvo patto o uso contrario, se la cosa venduta deve essere trasportata da un luogo all'altro, il venditore si libera dall'obbligo della consegna rimettendo la cosa al vettore o allo spedizioniere; le spese del trasporto sono a carico del compratore (art. 1510 c.c.). Se il compratore non si presenta per ricevere la cosa acquistata, il venditore può depositarla, per conto e a spese del compratore medesimo, in un locale di pubblico deposito, oppure in altro locale idoneo determinato dal giudice del luogo in cui la consegna doveva essere fatta. Il venditore deve dare al compratore pronta notizia del deposito eseguito (art. 1514 c.c.).
Se il compratore non adempie l'obbligazione di pagare il prezzo, il venditore può far **vendere coattivamente** senza ritardo la cosa per conto e a spese di lui (art. 1515 c.c.). Se la vendita ha per oggetto cose fungibili che hanno un prezzo corrente e il venditore non adempie la sua obbligazione, il compratore può fare **acquistare coattivamente** senza ritardo le cose, a spese del venditore, a mezzo di persona autorizzata, di ufficiale giudiziario o di un commissario nominato dal pretore (art. 1516 c.c.).
La **risoluzione per inadempimento**, a differenza di quanto previsto in linea generale dall'art. 1453 c.c., non postula una decisione giudiziale ma ha luogo **di diritto** a favore del contraente che, prima della scadenza del termine stabi-

lito, abbia offerto all'altro, nelle forme di uso, la consegna della cosa o il pagamento del prezzo, se l'altra parte non adempie la propria obbligazione. La risoluzione di diritto ha luogo pure a favore del venditore se, alla scadenza del termine stabilito per la consegna, il compratore, la cui obbligazione di pagare il prezzo non sia scaduta, non si presenta per ricevere la cosa preventivamente offerta, ovvero non l'accetta. Il contraente che intende valersi della risoluzione deve darne comunicazione all'altra parte entro otto giorni dalla scadenza del termine; in mancanza di tale comunicazione, si osservano le disposizioni generali sulla risoluzione per inadempimento (art. 1517 c.c.).

6.2. Vendita di beni immobili.

La vendita di beni immobili può avvenire **a misura** o **a corpo**. Nel primo caso, le parti indicano l'estensione e fissano un prezzo in ragione di un tanto per ogni unità di misura, mentre nella vendita a corpo il prezzo è determinato in relazione al bene in quanto tale, a prescindere dalla sua misura. Nella **vendita a misura** il compratore ha **diritto a una riduzione del prezzo**, se la misura effettiva dell'immobile è inferiore a quella indicata nel contratto. Se la misura risulta superiore a quella indicata nel contratto, il compratore deve corrispondere il supplemento del prezzo, ma ha facoltà di recedere dal contratto qualora l'eccedenza oltrepassi la ventesima parte della misura dichiarata (art. 1537 c.c.). Nella **vendita a corpo**, invece, **non si fa luogo a diminuzione o a supplemento di prezzo**, salvo che la misura reale sia inferiore o superiore di un ventesimo rispetto a quella indicata nel contratto. Nel caso in cui dovrebbe pagarsi un supplemento di prezzo, il compratore ha la scelta di recedere dal contratto o di corrispondere il supplemento (art. 1538 c.c.).

7. La vendita dei beni di consumo.

La disciplina della vendita è stata arricchita dalle norme introdotte dal Codice del Consumo (D.lgs. 6 settembre 2005, n. 206) e relative alla **vendita di beni mobili di consumo** (art. 128 ss.).
Sono beni di consumo quelli che hanno ad oggetto qualsiasi bene mobile, anche da assemblare, ad eccezione di quelli oggetto di vendita forzata e delle c.d. *utilities*, quali acqua, luce, gas, energia elettrica ecc. (art. 128).
L'applicabilità della disciplina consumeristica postula, da un lato, che il compratore sia un **consumatore** e, cioè, "*una persona fisica che agisce per scopi estranei all'attività imprenditoriale, commerciale, artigianale o professionale*

eventualmente svolta"; d'altro lato, che l'alienante sia un professionista e, cioè, *"la persona fisica o giuridica che agisce nell'esercizio della propria attività imprenditoriale, commerciale, artigianale o professionale, ovvero un suo intermediario"*.

Le norme dettate per la vendita di beni di consumo sostituiscono **la disciplina del c.d. difetto di conformità** alla disciplina dei vizi e della mancanza di qualità della cosa venduta, nonché alla disciplina dell'*aliud pro alio*.

In particolare, ai sensi dell'art. 129 cod. cons. «*Il venditore ha l'obbligo di consegnare al consumatore beni conformi al contratto di vendita*».

Si presume che i beni di consumo siano conformi al contratto se sono *idonei* all'uso al quale servono abitualmente beni dello stesso tipo e all'uso particolare voluto dal consumatore; occorre, inoltre, che i beni siano *conformi* alla descrizione fatta dal venditore e presentino la qualità di un bene dello stesso tipo, che il consumatore può ragionevolmente aspettarsi.

L'art. 129 chiarisce che «*Non vi è difetto di conformità se, al momento della conclusione del contratto, il consumatore era a conoscenza del difetto o non poteva ignorarlo con l'ordinaria diligenza o se il difetto di conformità deriva da istruzioni o materiali forniti dal consumatore*».

Ove il venditore sia inottemperante rispetto all'obbligo di consegnare prodotti conformi al contratto di vendita, l'art. 130 predispone una pluralità di **rimedi**:

- in caso di difetto di conformità, il consumatore ha diritto al ripristino, senza spese, della conformità del bene mediante riparazione o sostituzione;
- il consumatore può richiedere una congrua riduzione del prezzo o la risoluzione del contratto in via meramente residuale e, cioè, soltanto nei casi in cui la riparazione e la sostituzione sono impossibili o eccessivamente onerose; nei casi in cui il venditore non ha provveduto alla riparazione o alla sostituzione del bene entro un termine congruo; nei casi in cui, infine, la sostituzione o la riparazione precedentemente effettuata ha arrecato notevoli inconvenienti al consumatore.

Diversi, e più favorevoli per il consumatore rispetto alla disciplina codicistica, sono anche i **termini** entro i quali le tutele di cui all'art. 130 possono essere attivate.

In particolare, ai sensi dell'art. 132, «*Il **venditore è responsabile**, a norma dell'articolo 130, quando il difetto di conformità si manifesta **entro il termine di due anni dalla consegna del bene**»*.

Il consumatore ha l'onere di procedere alla denuncia del vizio del difetto di conformità entro il **termine di decadenza di due mesi** dalla data in cui lo ha scoperto. La denuncia non è necessaria se il venditore ha riconosciuto l'esistenza del difetto o lo ha occultato.

A differenza di quanto previsto dal codice civile per le obbligazioni di garanzia del venditore, infine, la **tutela** apprestata in caso di difetto di conformità dei beni venduti è **inderogabile**.

SEZIONE II – GLI ALTRI CONTRATTI FINALIZZATI ALLO SCAMBIO O ALLA DISTRIBUZIONE DI BENI

SOMMARIO:
1. La permuta. – 2. Il contratto estimatorio. – 3. La somministrazione. – 4. La concessione in vendita. – 5. Il *franchising*.

1. La permuta.

La permuta, secondo la definizione che ne fornisce l'art. 1522 c.c., è il contratto che ha per oggetto il **reciproco trasferimento della proprietà di cose o di altri diritti** da un contraente all'altro.

Analogamente al contratto di vendita, anche la permuta è un **contratto consensuale**, normalmente **con effetti reali** (art. 1376 c.c.), con **attribuzioni corrispettive**, **commutativo** e **istantaneo** (nel senso che l'esecuzione della prestazione si esaurisce nel momento in cui il trasferimento si attua).

La permuta può avere ad **oggetto** non soltanto il diritto di proprietà e gli altri diritti reali, ma anche diritti di credito e posizioni giuridiche complesse.

La **disciplina** della permuta è modulata su quella della vendita, con esclusione di quelle norme che presuppongono il prezzo quale prestazione pecuniaria, quali, ad esempio, gli artt. 1498 e 1499 c.c. (art. 1555 c.c.).

Ricorre la **permuta con conguaglio** nel caso in cui l'attribuzione traslativa di un determinato bene è accompagnata da un'attribuzione pecuniaria.

2. Il contratto estimatorio.

Il contratto estimatorio, caratteristico rapporto d'impresa regolato dagli artt. 1156-1558 c.c., è il contratto con il quale una parte (c.d. *tradens*) consegna uno o più beni mobili all'altra (*accipiens*) e questa si obbliga a pagare il prezzo o a restituire le cose nel termine stabilito.

Nel contratto estimatorio l'**alternativa** fra la **restituzione della cosa** ed **il pagamento del prezzo** costituisce una **facoltà** dell'*accipiens*; tale facoltà, configurando un **elemento costitutivo del contratto**, deve essere contemplata nelle previsioni contrattuali, essendo priva di rilevanza la circostanza che, dopo la conclusione del contratto, sia stata offerta la restituzione in via di mero fatto.

3. La somministrazione.

La somministrazione è il contratto con il quale una parte si obbliga verso il corrispettivo di un prezzo ad eseguire, a favore dell'altra, **prestazioni periodiche o continuative di cose** (art. 1559 c.c.).
Si tratta, quindi, di un **contratto a prestazioni corrispettive**, di **durata**, caratterizzato dalla presenza di più *prestazioni connesse* ma tra loro *distinte ed autonome*, derivanti da un unico contratto e finalizzate a rispondere ad un bisogno durevole del somministrato (si pensi, ad esempio, al contratto stipulato per l'erogazione dell'energia elettrica).
La somministrazione è un contratto ad **effetti obbligatori**; per la produzione degli effetti reali, infatti, è necessaria l'esecuzione delle singole prestazioni previste dai contraenti.
Nell'ipotesi di **inadempimento** delle obbligazioni contrattuali, l'altra parte di norma potrà disporre degli ordinari strumenti di tutela predisposti dall'ordinamento e, quindi, dell'azione di adempimento, dell'azione di risoluzione e del risarcimento del danno (art. 1453 c.c.), oltre che dell'eccezione di inadempimento (art. 1460 c.c.).
Le norme specificamente dettate in tema di somministrazione, tuttavia, introducono una disciplina parzialmente derogatoria rispetto a quella generale.
In particolare, l'art. 1564 c.c. subordina la **risoluzione dell'intero contratto di somministrazione**, in caso di inadempimento di singole prestazioni, al fatto che l'inadempimento abbia **notevole importanza** e che sia tale da **minare la fiducia** nell'esattezza dei successivi.
L'art. 1565 c.c., invece, prevede una peculiare applicazione dell'**eccezione di inadempimento**, di cui all'art. 1460 c.c., per il caso in cui l'inadempiente sia il somministrato.
La norma, in particolare, dispone che «(...) *se l'inadempimento è di lieve entità, il somministrante non può sospendere l'esecuzione del contratto senza dare un congruo preavviso*».
Al di fuori di tale ipotesi, la prestazione del somministrante potrà essere sospesa immediatamente e senza preavviso.
Al contratto di somministrazione possono essere apposte **clausole accessorie**. Il codice ne ha espressamente previsto alcune. Si tratta della clausola di preferenza e della clausola di esclusiva. Le parti possono convenire che il sommini-

strato sia tenuto a dare la **preferenza** al somministrante nel caso di stipula di un successivo contratto per lo stesso oggetto.
Tale patto (detto di preferenza) non può avere durata superiore ai cinque anni.
Ha natura di prelazione convenzionale e si ritiene che lo stesso sia soggetto a forma scritta *ad probationem*, in applicazione analogica dell'art. 2596 c.c.
Il **patto di esclusiva** può invece essere convenuto a favore del somministrato o a favore del somministrante (artt. 1567 e 1568 c.c.). La funzione di tali clausole è duplice: limitare la concorrenza di eventuali terzi e tutelare l'interesse delle parti contraenti alla continuità e sicurezza della fornitura.
L'eventuale violazione del patto d'esclusiva comporta l'obbligo del risarcimento del danno in capo al contraente inadempiente.

4. La concessione in vendita.

La concessione in vendita è il contratto attraverso il quale una parte (concedente) si impegna a fornire ad un'altra parte (concessionario) la quantità di prodotti richiesti; di norma è prevista una clausola di esclusiva a favore di una o di entrambe le parti.
Elemento che caratterizza la concessione in vendita è l'**impegno del concessionario di promuovere costantemente la commercializzazione dei prodotti del concedente** (BUONOCORE).
Ulteriore elemento caratterizzante la concessione in vendita è rappresentato dai **poteri d'ingerenza riconosciuti al concedente nell'attività del concessionario**, in forza di specifiche pattuizioni contrattuali.
Per quanto concerne la **disciplina** di tale contratto, di fatto non sussumibile nelle tipologie legali esistenti, occorre rilevare che sarà innanzitutto applicabile la disciplina generale prevista per i rapporti di durata.
Sarà, inoltre, applicabile in via analogica la disciplina dettata in tema di somministrazione, con specifico riferimento agli obblighi delle parti di fornire ed ordinare le merci (artt. 1560-1563 c.c.).
Alle clausole accessorie di esclusiva o preferenza, del pari, sarà applicabile il disposto degli artt. 1566-1568 c.c. Anche il recesso e la risoluzione per inadempimento di una delle due parti possono essere disciplinati con un richiamo analogico alle norme dettate in tema di somministrazione, in considerazione del fatto che le stesse esprimono principi generali validi, in linea di massima, per tutti i contratti di durata (BUONOCORE).

5. Il *franchising*.

Il *franchising* (o contratto di affiliazione commerciale) ha fatto ingresso nel nostro ordinamento come contratto atipico.
In considerazione della crescente utilizzazione dello stesso, il legislatore, con L. 6 maggio 2004, n. 129, ha espressamente regolato il **contratto di affiliazione commerciale**, definendolo come il contratto attraverso il quale un imprenditore (affiliante o concedente) attribuisce ad un altro imprenditore (affiliato), dietro corrispettivo, un insieme di diritti di proprietà industriale o intellettuale relativi a marchi, denominazioni commerciali, insegne, modelli d'utilità, disegni, diritti d'autore, *know-how*, brevetti, assistenza o consulenza tecnica o commerciale.
I **soggetti** rimangono giuridicamente **autonomi** e **distinti** l'uno dall'altro, ma l'affiliato viene inserito in un **sistema costituito da una pluralità di affiliati distribuiti sul territorio**, allo scopo di commercializzare determinati beni o servizi (art.1, L. 129/2004).
Attraverso il **contratto di *franchising*** il legislatore **disciplina il fenomeno delle catene commerciali**, in cui operano imprese che distribuiscono prodotti con lo **stesso marchio** e che adoperano i **medesimi segni distintivi**.
I negozi non appartengono al produttore, ma ai vari rivenditori che, attraverso il contratto di *franchising*, sono entrati nella catena ed hanno acquistato il diritto di vendere determinati beni, utilizzando marchio ed insegna del produttore stesso.
Con specifico riferimento alla **forma** di tale contratto, l'art. 3 della L. 129/2004 ne prescrive la forma **scritta a pena di nullità** e ne disciplina il contenuto.
Il contratto deve avere una **durata minima** tale da consentire all'affiliato di ammortizzare i costi iniziale e, comunque, non inferiore a tre anni.
A **tutela dell'affiliato** la legge stabilisce:

- l'obbligo dell'affiliante di fornire allo stesso **dettagliate informazioni** che gli consentano di valutare la convenienza dell'affare (art. 4);
- **specifici obblighi precontrattuali di comportamento** a carico dell'affiliante, in forza dei quali devono essere tenuti comportamenti ispirati a lealtà e correttezza e deve essere comunicato tempestivamente ogni elemento utile ai fini della stipulazione del contratto (art. 6).

In capo all'affiliato, d'altra parte, incombe l'**obbligo** di:

- **non trasferire il punto vendita** (e quindi la collocazione dell'impresa), ove indicata nel contratto, salvo che per causa di forza maggiore;
- osservare, anche in seguito alla cessazione del contratto, la **massima riservatezza** sul contenuto dell'attività oggetto di affiliazione (art. 5).

SCHEDA DI SINTESI

Il contratto di compravendita, disciplinato dall'art. 1470 c.c., è il contratto «*che ha per oggetto il **trasferimento** della **proprietà** di una cosa o il trasferimento di un altro diritto **verso** il **corrispettivo** di un prezzo*».
Si tratta di un contratto con **funzione tipicamente traslativa, consensuale, ad effetti reali e a prestazioni corrispettive**.
Ai sensi dell'art. 1476 c.c., **le obbligazioni principali del venditore sono**: quella di **consegnare** la cosa al compratore; quella di fargli **acquistare la proprietà della cosa o il diritto**, se l'acquisto non è effetto immediato del contratto. Posto che la vendita è normalmente un contratto consensuale ad effetti reali, la norma si riferisce alle ipotesi di **vendita obbligatoria**, in cui all'obbligazione di dare segue, soltanto in un momento successivo, il trasferimento della proprietà della cosa; quella di **garantire il compratore dall'evizione e dai vizi della cosa**. Obbligazione fondamentale che incombe in capo all'acquirente è quella relativa al pagamento del prezzo (art. 1498 c.c.).
Nella **vendita obbligatoria** il trasferimento del diritto non si verifica nel momento in cui si perfeziona il contratto a seguito della prestazione del consenso, ma viene posticipato ad un successivo momento, in cui si verifica un atto oppure un fatto che incide sul rapporto di vendita e determina l'effetto traslativo.
Il **patto di riscatto**, invece, è la clausola del contratto di compravendita con la quale il venditore si **riserva il diritto di riavere la proprietà della cosa** e, più in generale, la titolarità del diritto venduto, restituendo il prezzo e rimborsando alcune spese accessorie (art. 1500, comma 1, c.c.).
La **permuta**, secondo la definizione che ne fornisce l'art. 1522 c.c., è il contratto che ha per oggetto il **reciproco trasferimento della proprietà di cose** o **di altri diritti** da un contraente all'altro.
Il **contratto estimatorio**, caratteristico rapporto d'impresa regolato dagli artt. 1156-1558 c.c., è il contratto con il quale una parte (c.d. *tradens*) consegna uno o più beni mobili all'altra (*accipiens*) e questa si obbliga a pagare il prezzo o a restituire le cose nel termine stabilito.
La **somministrazione** è il contratto con il quale una parte si obbliga verso il corrispettivo di un prezzo ad eseguire, a favore dell'altra, **prestazioni periodiche o continuative di cose** (art. 1559 c.c.).
La **concessione in vendita** è il contratto attraverso il quale una parte (concedente) si impegna a fornire ad un'altra parte (concessionario) la quantità di prodotti richiesti; di norma è prevista una clausola di esclusiva a favore di una o di entrambe le parti.

CAPITOLO I | I CONTRATTI FINALIZZATI ALLO SCAMBIO O ALLA DISTRIBUZIONE DEI BENI

Il *franchising* (o contratto di affiliazione commerciale) ha fatto ingresso nel nostro ordinamento come contratto atipico. In considerazione della crescente utilizzazione dello stesso, il legislatore, con L. 6 maggio 2004, n. 129, ha espressamente regolato il **contratto di affiliazione commerciale**, definendolo come il contratto attraverso il quale un imprenditore (affiliante o concedente) attribuisce ad un altro imprenditore (affiliato), dietro corrispettivo, un insieme di diritti di proprietà industriale o intellettuale relativi a marchi, denominazioni commerciali, insegne, modelli d'utilità, disegni, diritti d'autore, *know-how*, brevetti, assistenza o consulenza tecnica o commerciale.

QUESTIONARIO

1. Quali sono le caratteristiche fondamentali del contratto di compravendita? (**Sez. I, 1**)
2. Quali sono gli obblighi che derivano dal contratto di compravendita in capo al venditore? (**Sez. I, 2**)
3. A quali garanzie è tenuto il venditore nei confronti del compratore? (**Sez. I, 1.3.**)
4. Cosa si intende per vendita obbligatoria e quali sono le principali ipotesi di vendita ad effetti reali differiti? (**Sez. I, 4**)
5. Che cos'è la vendita con patto di riscatto e quali differenze intercorrono rispetto alla vendita con patto di retrovendita? (**Sez. I, 5**)
6. Nel caso di vendita di beni mobili, qual è la peculiarità che caratterizza la disciplina della risoluzione per inadempimento? In particolare, ai fini della risoluzione, è necessaria una pronuncia giudiziale o la stessa opera di diritto? (**Sez. I, 6**)
7. Quali sono le peculiarità della disciplina della vendita di beni di consumo ed in cosa la stessa si differenzia rispetto alla disciplina prevista in via generale dal codice civile? (**Sez. I, 7**)
8. Qual è la differenza tra permuta e vendita? (**Sez. II, 1**)
9. Che cosa è il contratto estimatorio? (**Sez. II, 2**)
10. Quali sono gli elementi che caratterizzano la concessione in vendita? (**Sez. II, 4**)
11. Qual è la funzione del contratto di *franchising* e quali sono i diritti e gli obblighi dell'affiliato? (**Sez. II, 5**)

Capitolo II
I contratti finalizzati all'esecuzione di opere o di servizi

Sommario:
1. L'appalto. Nozione e caratteristiche. Differenze con figure affini. – **1.1.** Le obbligazioni delle parti. Le obbligazioni dell'appaltatore. – **1.2.** Le obbligazioni del committente. – **1.3.** Estinzione dell'appalto. – **1.4.** Il subappalto. – **2.** La subfornitura. – **3.** Il trasporto. Nozione, caratteristiche fondamentali, tipologie e disciplina comune. – **3.1.** Il trasporto di persone. – **3.2.** Il trasporto di cose. – **3.3.** Il trasporto cumulativo. – **4.** Il deposito. Nozione e caratteristiche fondamentali. – **4.1.** Il deposito alberghiero. – **4.2.** Il deposito nei magazzini generali. – **5.** L'assicurazione. Nozione, funzione e caratteristiche fondamentali. – **5.1.** Gli elementi essenziali del contratto: il rischio ed il premio. – **5.2.** La stipulazione del contratto di assicurazione. – **5.3.** Le tipologie di assicurazione. L'assicurazione contro i danni. – **5.4.** L'assicurazione della responsabilità civile. – **5.5.** L'assicurazione sulla vita. – **5.6.** La riassicurazione e la retrocessione.

1. L'appalto. Nozione e caratteristiche. Differenze con figure affini.

L'appalto è il contratto con il quale una parte, ossia l'appaltatore, assume con **organizzazione dei mezzi necessari e con gestione a proprio rischio** il compimento di un'opera o di un servizio, commissionatogli dall'appaltante o committente, verso un corrispettivo in denaro (art. 1655 c.c.).
Si tratta di un contratto a titolo **oneroso**; **consensuale** (che si perfeziona, cioè, in forza del semplice accordo delle parti); **a prestazioni corrispettive**; essenzialmente **obbligatorio** (facendo nascere in capo ad entrambe le parti l'obbligo di eseguire una prestazione), **ad esecuzione prolungata**. L'appalto, inoltre, è un contratto a **forma libera** e **non necessariamente** *intuitu personae*, come può desumersi dal disposto dell'art. 1674 c.c., a norma del quale l'appalto non si scioglie a seguito della morte del committente (Mirabelli; *contra*, Giannattasio, per il quale l'appalto sarebbe un contratto *intuitu personae*, dal momento che l'appaltatore non può dare in subappalto senza l'autorizzazione del committente).
Altra caratteristica dell'appalto è la **non aleatorietà**: il rischio della gestione

che l'appaltatore assume su di sé rientra, infatti, nell'alea normale del contratto.
Connotazione essenziale del contratto di appalto è, infine, l'**autonomia** dell'appaltatore, *dominus* nell'organizzare e regolare lo svolgimento del lavoro, strettamente connessa all'**assunzione del rischio della gestione** in capo allo stesso.

1.1. Le obbligazioni delle parti. Le obbligazioni dell'appaltatore.

Dal contratto d'appalto scaturiscono una pluralità di obbligazioni in capo ai contraenti.
La principale obbligazione dell'appaltatore è rappresentata dalla **realizzazione dell'opera o del servizio che gli è stato commissionato**.
Si tratta di un'**obbligazione di risultato** che ha ad oggetto un **fare**; l'obbligazione dell'appaltatore, inoltre, è sempre **indivisibile** e da ciò discende l'impossibilità di un adempimento *pro quota* da parte dei suoi eredi (IUDICA, RUBINO).
L'appaltatore ferma restando l'esigenza che il contratto venga eseguito secondo le regole della buona fede (1375 c.c.), deve eseguire l'appalto **a regola d'arte** e **secondo quanto espressamente pattuito nel contratto** (art. 1662 c.c.).
Il committente ha diritto di controllare lo svolgimento dei lavori e di verificarne a proprie spese lo stato, in corso d'opera; pertanto, ove emerga che l'esecuzione non procede secondo le condizioni contrattuali ed a regola d'arte, può fissare un congruo termine entro il quale l'appaltatore deve conformarsi alle prescrizioni che gli sono state imposte.
Decorso inutilmente tale termine, il contratto è risolto, salvo il diritto del committente al risarcimento del danno.
L'appaltatore deve eseguire l'opera secondo le modalità concordate con il committente e **non può apportare variazioni alle modalità convenute** se quest'ultimo non le ha espressamente autorizzate (art. 1659, comma 1, c.c.).
Tale autorizzazione costituisce un contratto modificativo di quello originario.
La regola generale, che impone l'autorizzazione del committente per le variazioni al progetto, non opera soltanto in due casi e cioè:

- nel caso in cui si tratti di **modifiche necessarie per l'esecuzione dell'opera a regola d'arte**. In tal caso, se le parti non si accordano, spetta al giudice determinare le variazioni da introdurre e le correlative varianti del prezzo (art. 1660 c.c.);
- nel caso in cui le **variazioni siano state ordinate dal committente** (art. 1661 c.c.).

Tra le obbligazioni dell'appaltatore rientra la **fornitura della materia prima** necessaria al compimento dell'opera (art. 1658 c.c.).
Dopo l'ultimazione dell'opera, e prima di riceverla, il committente ha il diritto di procedere alla **verifica finale** (si tratta del c.d. **collaudo**) (art. 1665 c.c.). L'eventuale esito negativo della verifica deve essere comunicato all'appaltatore entro termini brevi.
L'opera si considera *ex lege* accettata:

- se, nonostante l'invito fattogli dall'appaltatore, il **committente tralascia di procedere alla verifica** senza giusti motivi o **non ne comunica l'esito** entro un breve termine;
- se il committente **riceve senza riserve la consegna** dell'opera.

Una volta che l'opera eseguita sia stata consegnata al committente, l'appaltatore è tenuto alla **garanzia per vizi e difformità dell'opera** (art. 1667 c.c.), che l'appaltatore deve denunziare entro il termine decadenziale di sessanta giorni dalla scoperta, per instaurare il giudizio volto al risarcimento del danno nel termine prescrizionale di due anni dalla consegna dell'opera.
L'art. 1669 c.c., **per il caso in cui l'appalto abbia ad oggetto edifici o altre cose immobili di lunga durata**, prevede una **speciale responsabilità dell'appaltatore**.
In tal caso, in particolare, la norma prevede che «(...) *se, nel corso di dieci anni dal compimento, l'opera, per vizio del suolo o per difetto della costruzione, rovina in tutto o in parte, ovvero presenta evidente pericolo di rovina o gravi difetti, l'appaltatore è responsabile nei confronti del* **committente** *o dei suoi aventi causa, purché sia fatta denunzia entro un anno dalla scoperta. Il diritto del committente si prescrive entro un anno dalla denunzia*».
Si tratta, per unanime dottrina e giurisprudenza, di un'azione di tipo extracontrattuale (con onere della prova del danno e dell'elemento soggettivo in capo al committente), distinta da quella di cui all'art. 1667 c.c., pacificamente ritenta di natura contrattuale.

▶ LA GIURISPRUDENZA PIÙ SIGNIFICATIVA

L'APPLICABILITÀ DELL'ART. 1667 C.C. IN CASO DI RISTRUTTURAZIONE.

Le Sezioni Unite, con sent. n. 7756/2017, hanno chiarito che l'art. 1669 c.c. è applicabile, ricorrendone tutte le altre condizioni, anche alle opere di ristrutturazione edilizia e, in genere, agli interventi manutentivi o modificativi di lunga durata su immobili preesistenti, che (rovinino o) presentino (evidente pericolo di rovina o) gravi difetti incidenti sul godimento e sulla normale utilizzazione del bene, secondo la destinazione propria di quest'ultimo.

1.2. Le obbligazioni del committente.

Obbligazione fondamentale del committente nei confronti dell'appaltatore è quella di pagare un **corrispettivo** in denaro.
Salvo diversa pattuizione o uso contrario, l'appaltatore ha diritto al pagamento del corrispettivo **quando l'opera è accettata dal committente** (art. 1665, comma 3, c.c.).
Il prezzo può essere determinato globalmente per tutta l'opera (si parla in tal caso di **appalto a corpo o a** *forfait*), oppure può essere stabilito per ogni unità di misura dell'opera (si parla in tal caso di **appalto a misura**).
Una **peculiarità** della disciplina del contratto d'appalto è rappresentata dalla **possibilità di rivedere il prezzo durante l'esecuzione dell'opera**, in considerazione della sopravvenuta **onerosità** o **difficoltà** dell'esecuzione (art. 1664 c.c.).
L'art. 1467 c.c., infatti, **consente** alla parte contro la quale è domandata la risoluzione di evitarla, offrendo di modificare equamente le condizioni contrattuali; l'art. 1664 c.c., invece, in considerazione della sopravvenuta onerosità o difficoltà dell'esecuzione, **impone** una revisione del prezzo.

1.3. Estinzione dell'appalto.

Molteplici sono le **cause di estinzione** del contratto di appalto.
In particolare, accanto alle ipotesi di **risoluzione del contratto** ex art. 1662 c.c. e di **recesso** ex art. 1660 c.c., il legislatore all'**art. 1671 c.c.** riconosce in via generale al **committente** il **potere di recedere dal contratto**, anche se è stata iniziata l'esecuzione dell'opera o la prestazione del servizio, purché tenga indenne l'appaltatore delle spese sostenute, dei lavori eseguiti e del mancato guadagno.
Si tratta di un diritto di recesso *ad nutum*, esercitabile senza necessità di giustificazioni in qualunque momento posteriore all'esecuzione del contratto.
Ulteriore ipotesi di estinzione del contratto di appalto è costituita dall'**impossibilità di esecuzione dell'opera per causa non imputabile ad alcuna delle parti**, disciplinata dall'art. 1672 c.c. Il committente, in tal caso, deve pagare la parte dell'opera già compiuta, nei limiti in cui è per lui utile, in proporzione al prezzo pattuito per l'intera opera.

La norma trova applicazione unicamente con riferimento alle ipotesi di **impossibilità parziale**, che si ha quando una parte dell'opera sia stata eseguita e ne è solo impossibile il completamento, operando in relazione all'impossibilità totale la disciplina generale di cui all'art. 1463 c.c.

Il contratto di appalto si estingue, altresì, allorché, per causa non imputabile ad alcuna delle parti, l'**opera perisca o sia deteriorata** prima che sia accettata dal committente o prima che il committente sia in mora a verificarla. In tal caso, il perimento o il deterioramento sono **a carico dell'appaltatore**, qualora questi abbia fornito la materia (art. 1673, comma 1, c.c.). Se, invece, la materia è fornita in tutto o in parte dal committente, il perimento o il deterioramento dell'opera è a suo carico per quanto riguarda la materia da lui fornita e per il resto è a carico dell'appaltatore (art. 1673, comma 2, c.c.).

Infine, causa di estinzione dell'appalto è la **morte dell'appaltatore**, ove il **contratto** sia stato stipulato *intuitu personae*.

In particolare, ai sensi dell'art. 1674 c.c., il contratto di appalto non si scioglie per la morte dell'appaltatore, salvo che la considerazione della sua persona sia stata motivo determinante del contratto. Di regola, quindi, il **rapporto prosegue con gli eredi**, ma il committente può sempre recedere dal contratto, se gli eredi dell'appaltatore non danno affidamento per la buona esecuzione dell'opera o del servizio (art. 1674, comma 2, c.c.).

1.4. Il subappalto.

Il subappalto è il contratto d'appalto stipulato tra l'appaltatore (che, nel caso di specie, opera nella veste di committente) ed un terzo (subappaltatore), avente ad oggetto l'esecuzione della stessa opera o dello stesso servizio alla cui realizzazione il primo si è obbligato nei confronti del committente.

Il subappalto, secondo parte della dottrina, è riconducibile alla categoria generale dei **subcontratti**, cioè dei negozi che discendono da altro già perfezionato, rispetto al quale si caratterizzano per l'identità del contenuto economico e della causa, sebbene conclusi separatamente e aventi autonoma esistenza.

Il codice civile fornisce una disciplina alquanto scarna del subappalto. L'art. 1656 c.c., in particolare, dispone che «*L'appaltatore non può dare in subappalto l'esecuzione dell'opera o del servizio, se non è stato* **autorizzato dal committente**».

Appalto e subappalto, anche se collegati, sono contratti distinti. Ne consegue che, **obbligato nei confronti del committente è soltanto l'appaltatore**, anche se la responsabilità di quest'ultimo dipende dal fatto del subappaltatore (nei cui confronti il committente non ha azione diretta).

L'appaltatore nei cui confronti abbia agito il committente, tuttavia, può agire in **regresso nei confronti del subappaltatore**, previa comunicazione (a pena di decadenza) della denunzia dei vizi entro sessanta giorni dalla ricezione (art. 1670 c.c.).

2. La subfornitura.

La subfornitura **è un contratto dipendente da un contratto principale, ma è un rapporto autonomo tra due imprese**, in forza del quale il subfornitore può obbligarsi ad un *facere* (che può consistere, ad esempio, nella fornitura di un servizio, oppure nell'esecuzione di lavorazioni di materie prime fornite dal committente), oppure ad un *dare* (si pensi alla fornitura di prodotti finalizzati alla realizzazione di un determinato "bene" da parte del committente). La disciplina introdotta con la L. 192/1998, in considerazione della posizione di debolezza economica e contrattuale nella quale può venirsi a trovare il subfornitore, detta specifiche regole finalizzate alla tutela di quest'ultimo da possibili abusi da parte del committente.

L'art. 1 della legge in parola **definisce** la subfornitura come il contratto con cui «*un imprenditore si impegna a effettuare per conto di una impresa committente lavorazioni su prodotti semilavorati o su materie prime forniti dalla committente medesima, o si impegna a fornire all'impresa prodotti o servizi destinati ad essere incorporati o comunque ad essere utilizzati nell'ambito dell'attività economica del committente o nella produzione di un bene complesso, in conformità a progetti esecutivi, conoscenze tecniche e tecnologiche, modelli o prototipi forniti dall'impresa committente*».

L'art. 2 detta specifiche prescrizioni relative alla **forma** ed al **contenuto** del contratto. Per quanto concerne la forma, in particolare, è previsto che il contratto di subfornitura sia stipulato in **forma scritta a pena di nullità**.

L'art. 3 fissa i **termini di pagamento a favore del subfornitore**. In caso di **mancato rispetto** del termine di pagamento, il committente deve al subfornitore, senza bisogno di costituzione in mora, un **interesse calcolato nella misura stabilita dalla legge**, salva la pattuizione tra le parti di interessi moratori in misura superiore e salva la prova del danno ulteriore.

In ogni caso, la mancata corresponsione del prezzo entro i termini pattuiti costituirà titolo per l'ottenimento di ingiunzione di pagamento provvisoriamente esecutiva ai sensi degli artt. 633 e seguenti del codice di procedura civile.

A tutela del subfornitore, l'art. 6 prevede espressamente la **nullità di una serie di pattuizioni contrattuali**. In particolare, è nullo:

- il patto tra subfornitore e committente che riservi ad uno di essi la facoltà di **modificare unilateralmente una o più clausole del contratto di subfornitura**;
- il patto che attribuisca ad una delle parti di un contratto di subfornitura ad esecuzione continuata o periodica la **facoltà di recesso senza congruo preavviso**;
- il patto con cui il subfornitore disponga, a favore del committente e senza congruo corrispettivo, di **diritti di privativa industriale o intellettuale**.

L'art. 5 disciplina la **responsabilità del subfornitore**, prevedendo che egli ha la responsabilità del funzionamento e della qualità della parte o dell'assemblaggio da lui prodotti, o del servizio fornito, secondo le prescrizioni contrattuali e a regola d'arte.

Il subfornitore, di contro, **non può essere ritenuto responsabile per difetti di materiali o attrezzi fornitigli dal committente per l'esecuzione del contratto**, purché li abbia tempestivamente segnalati al committente. È nulla ogni diversa pattuizione.

L'art. 9, infine, introduce una importante **disciplina relativa al divieto di abuso di dipendenza economica**: «*Si considera dipendenza economica la situazione in cui una impresa sia in grado di determinare, nei rapporti commerciali con un'altra impresa, un eccessivo squilibrio di diritti e di obblighi.*

La dipendenza economica è valutata tenendo conto anche della reale possibilità per la parte che abbia subìto l'abuso di reperire sul mercato alternative soddisfacenti. L'abuso può anche consistere nel rifiuto di vendere o nel rifiuto di comprare, nella imposizione di condizioni contrattuali ingiustificatamente gravose o discriminatorie, nella interruzione arbitraria delle relazioni commerciali in atto».

Il patto attraverso il quale si realizzi l'abuso di dipendenza economica è nullo.

3. Il trasporto. Nozione, caratteristiche fondamentali, tipologie e disciplina comune.

Il contratto di trasporto è l'accordo in forza del quale un soggetto (vettore) si obbliga, verso corrispettivo, a trasferire persone o cose da un luogo ad un altro (art. 1678 c.c.).

Oggetto del trasporto è, quindi, l'esecuzione di un **servizio specifico e deter-**

minato, relativo allo spostamento nello spazio di persone o cose; da qui la distinzione dall'appalto di servizi, che può avere ad oggetto l'esecuzione di qualsiasi servizio suscettibile di valutazione economica.

Il trasporto è un **contratto consensuale** in quanto si perfeziona con la semplice manifestazione del consenso da parte dei contraenti; **ad effetti obbligatori**, che fa sorgere un'obbligazione di risultato, dal momento che ha ad oggetto il concreto spostamento di cose o persone da un luogo all'altro; **a forma libera**, che può perciò essere concluso anche per *facta concludentia*; **a due parti** e, cioè, da un lato il *vettore*, e dall'altro il committente. Committente è il *viaggiatore*, nel caso di trasporto di persone, e il *mittente*, nel caso di trasporto di cose. La struttura bilaterale del rapporto non muta nel caso di **trasporto cumulativo**, ovvero qualora le parti, con unico contratto, convengano che l'*obbligazione* di risultato *sia indivisibilmente assunta da più vettori*.

A tutti i tipi di trasporto si applica in ogni caso la disciplina dettata dall'art. 1679 c.c., rubricato *"Pubblici servizi di linea"*.

Tale norma dispone che tutti i soggetti, pubblici o privati, che per concessione amministrativa esercitano pubblici servizi di linea per il trasporto di persone o cose, sono obbligati ad accettare le richieste di trasporto.

Si tratta di una **limitazione alla libertà di contrarre dell'impresa**, analoga a quella prevista per le imprese che operano in regime di monopolio dall'art. 2597 c.c.

Il c.d. **obbligo di contrarre** comporta che l'imprenditore:

- debba **stipulare il contratto di trasporto con chiunque faccia richiesta** del servizio, purché tale richiesta sia compatibile con i mezzi ordinari dell'impresa;
- debba **rispettare la** *par condicio* **tra i vari richiedenti ed applicare a tutti, quindi, le condizioni generali** stabilite o autorizzate nell'atto di concessione e rese note al pubblico.

I trasporti devono eseguirsi secondo l'ordine delle richieste. In caso di più richieste simultanee, deve essere preferita quella di percorso maggiore.

3.1. Il trasporto di persone.

Il trasporto di persone è regolato dagli artt. 1681 e 1682 c.c., che disciplinano la responsabilità del vettore.

Con il contratto di trasporto di persone il vettore non assume soltanto l'**obbligo di trasportare la persona**, ma assume anche l'**obbligo di assicurare**, durante il trasporto, l'incolumità del viaggiatore e l'integrità delle cose che questi porta con sé. Ne consegue che il vettore:

- è **responsabile per l'inadempimento o per il ritardo** nell'esecuzione del trasporto, secondo le norme che governano la responsabilità contrattuale e che fanno gravare l'onere di provare l'inadempimento in capo alla parte che lo denuncia (art. 1218 c.c.);
- **risponde dei sinistri che colpiscono le persone del viaggiatore durante il viaggio e della perdita o dell'avaria delle cose che il viaggiatore porta con sé**, «*se non prova di aver adottato tutte le misure idonee ad evitare il danno*» (art. 1681, primo comma, c.c.);
- In deroga a quanto stabilito in via generale dall'art. 1229 c.c., in forza del quale è possibile concludere un patto che limiti o escluda preventivamente la responsabilità del debitore per colpa lieve, l'art. 1681 c.c., al secondo comma, stabilisce la **nullità di tutte le clausole che limitano la responsabilità del vettore** per sinistri che colpiscono il viaggiatore.

La disciplina dettata dall'art. 1681 c.c., con riferimento alla responsabilità del vettore, è applicabile **anche in caso di trasporto gratuito** (art. 1681, terzo comma, c.c.).

3.2. Il trasporto di cose.

Il trasporto di cose è disciplinato specificamente dagli artt. 1683 ss. c.c.
Il mittente deve fornire al vettore tutte le **indicazioni** necessarie per eseguire il trasporto (si tratta, in particolare, del nome del destinatario e del luogo di destinazione, della natura, del peso, della quantità e del numero delle cose da trasportare) ed i **documenti** eventualmente occorrenti. Le indicazioni necessarie ai fini del trasporto sono normalmente contenute nella c.d. **lettera di vettura**.
Il trasporto di cose si caratterizza per la sussistenza, a carico del vettore, di un'**obbligazione di custodia**, **accessoria** e **strumentale** rispetto a quella di trasferimento. Quanto sopra incide sulla ampiezza della **responsabilità dell'obbligato**, che sorge in caso di:

- **inadempimento assoluto** o **semplice ritardo**, secondo la disciplina generale delle obbligazioni (analogamente al trasporto di persone);
- **perdita o avaria delle cose oggetto del trasporto**, salva la prova

che siano da addebitare a caso fortuito, vizi delle cose stesse o fatto del mittente o del destinatario (art. 1693 c.c.) (c.d. *responsabilità ex recepto*, che nasce, cioè, dalla ricezione della cosa).

3.3. Il trasporto cumulativo.

Il trasporto cumulativo, la cui nozione si desume dall'art. 1700 c.c., ricorre allorché **più vettori** si obbligano verso il mittente, con un **unico contratto** (mediante manifestazione di volontà contemporanea o successiva, purché chiaramente diretta ad inserirsi in un rapporto contrattuale già costituto), a trasportare le cose fino al luogo di destinazione, curando **ciascuno il trasporto per un tratto** dell'intero percorso, **con obbligo solidale** in capo a tutti per l'esecuzione del contratto.

La peculiarità del **trasporto cumulativo di cose** sta, dunque, nell'**indivisibilità della prestazione**, alla quale, nell'ipotesi di trasporto di cose, si aggiunge il **vincolo di solidarietà** tra vettori-condebitori; diversamente, nel **trasporto cumulativo di persone** ciascun vettore risponde soltanto **nell'ambito del proprio percorso**, sicché l'obbligazione si configura come parziaria (art. 1682 c.c.).

4. Il deposito. Nozione e caratteristiche fondamentali.

Il deposito è il contratto con il quale una parte **riceve** dall'altra una cosa mobile e si obbliga a **custodirla** ed a **restituirla** in natura (art. 1766 c.c.).

Si tratta di un **contratto reale**, per il cui perfezionamento è perciò necessaria la consegna della cosa, che **si presume gratuito**, salvo che dalla qualità professionale del depositario o da altre circostanze si debba desumere una diversa volontà delle parti (art. 1767 c.c.).

Il deposito è un contratto **unilaterale**, e resta tale anche nel caso in cui sia a titolo oneroso.

Al depositario **non passano né la proprietà né il possesso della cosa depositata**; egli non può disporne né darla in deposito ad altri, senza il consenso del depositante (art. 1770 c.c.).

Per quanto concerne la **disciplina** del contratto in esame, occorre evidenziare che il depositario:

- deve usare nella custodia la **diligenza del buon padre di famiglia** e tuttavia, se il deposito è gratuito, la responsabilità per colpa è valutata con minor rigore (art. 1768 c.c.);

- deve **restituire la cosa quando ne viene richiesto dal depositante**, salvo che non sia convenuto un termine nell'interesse del depositario. In ogni caso il depositante **può richiedere in ogni tempo che il depositante riprenda la cosa**, nel caso in cui l'onere di custodia sia diventato troppo gravoso e salvo che non sia stato pattuito un termine nell'interesse del depositante (art. 1771 c.c.). Si tenga presente che la restituzione va effettuata a favore del depositante o della persona indicata a riceverla, che non necessariamente coincide il proprietario della cosa stessa. Il depositario, pertanto, **non può e non deve esigere che il depositante provi il proprio titolo sulla cosa depositata** (art. 1777 c.c.);
- **è responsabile per la perdita della cosa**, a meno che non provi che tale perdita è dovuta a causa a lui non imputabile.

Regole parzialmente differenti rispetto a quelle fin qui esaminate e relative al deposito regolare, valgono per il caso, invece, di **deposito irregolare che si ha allorché il deposito ha per oggetto una quantità di denaro o di altre cose fungibili**.
In tal caso il **depositario**, al quale viene attribuita la **facoltà di servirsi** delle cose depositate, ne acquista la **proprietà** ed è tenuto a **restituire** il c.d. *tantundem eiusdem generis* e, cioè, altrettante cose della stessa specie e quantità (art. 1782 c.c.).
Il contratto di deposito irregolare, al quale **si applicano** in quanto compatibili le **disposizioni** dettate in tema di **mutuo** (art. 1782, comma 2, c.c.), viene frequentemente utilizzato in caso di depositi bancari (*infra*, Cap. V, par. 3.1.).

4.1. Il deposito alberghiero.

Gli art. 1783 ss. c.c. disciplinano, avendo particolare riguardo alla responsabilità del depositario, un particolare tipo di deposito: il deposito alberghiero.
Il contratto d'albergo è un contratto atipico o, al più, misto, attraverso il quale l'albergatore si obbliga ad una pluralità di prestazioni nei confronti del cliente. Tali prestazioni vanno dalla locazione dell'alloggio, alla fornitura di servizi, al deposito delle cose portate dal cliente in albergo.
Quanto alla **responsabilità dell'albergatore per le cose che gli siano state specificamente consegnate** (o che egli ha illegittimamente rifiutato di accettare, avendo invece l'obbligo di custodia), l'art. 1784 c.c. prevede che la **responsabilità dell'albergatore sia illimitata**, a meno che il deterioramento, la distruzione o la sottrazione della cosa siano dovuti al cliente o alle persone che

lo accompagnano, a forza maggiore o alla natura stessa della cosa (art. 1785 c.c.).
Diversamente, a fronte del deterioramento, distruzione o sottrazione delle **cose semplicemente portate in albergo** dal cliente, l'art. 1783 c.c. prevede che l'albergatore sia **responsabile limitatamente al valore di quanto sia deteriorato, distrutto o sottratto, fino all'equivalente di cento volte il prezzo di locazione dell'alloggio per giornata**; tale limitazione quantitativa non opera quando la sottrazione, la distruzione o il deterioramento della cosa siano imputabili a colpa dell'albergatore, dei suoi familiari o dei suoi ausiliari (art. 1785-*bis* c.c.).
Sono nulli i patti o le dichiarazioni tendenti ad escludere o a limitare preventivamente la responsabilità dell'albergatore (art. 1785-*quater* c.c.).

4.2. Il deposito nei magazzini generali.

Un'altra peculiare tipologia di deposito è rappresentata dal deposito nei magazzini generali. I magazzini generali sono locali gestiti da imprese pubbliche o private, autorizzate da parte dell'autorità amministrativa competente, in cui i commercianti possono depositare le merci. L'impresa che li gestisce provvede, dietro compenso, alla custodia ed alla conservazione delle cose che hanno formato oggetto di deposito.
Queste le **peculiarità** del deposito nei magazzini generali, disciplinato dagli artt. 1787 ss. c.c.:

- si tratta **sempre** di un **deposito regolare**, dal momento che il depositario non può utilizzare le cose depositate ed è obbligato alla restituzione delle stesse;
- si tratta sempre di un deposito **a titolo oneroso**, dal momento che il depositario svolge un'attività d'impresa diretta proprio alla custodia delle merci;
- la **responsabilità dei magazzini generali è aggravata** in quanto, ai sensi dell'art. 1787 c.c., essi sono sempre responsabili della conservazione delle merci depositate, a meno che non si provi che la perdita, il calo o l'avaria sono derivate da caso fortuito, dalla natura delle merci ovvero da vizi di esse o dell'imballaggio.

A richiesta del depositante, i magazzini generali devono rilasciare una fede di deposito della merce depositata (art. 1790 c.c.), cui è unita una nota di pegno (art. 1791 c.c.).

La **fede di deposito** è un **titolo di credito all'ordine rappresentativo di merci** (*infra*, Parte IV, Cap. I, par. 4).
Attraverso la circolazione della fede di deposito, pertanto, si trasferisce la proprietà della merce depositata nel magazzino generale, senza necessità di spostare fisicamente la stessa.
Colui al quale la fede di deposito viene girata acquista anche la possibilità di cedere a terzi alla proprietà della merce, facendo circolare ulteriormente il titolo.
La **nota di pegno**, fin quando resta unita alla fede di deposito, ha una *funzione negativa*, in quando serve ad accertare che sulla merce in deposito non è sussiste un diritto di pegno.
Quando, viceversa, la nota di pegno viene separata dalla fede di deposito e viene fatta circolare autonomamente, diventa un **autonomo titolo di credito all'ordine**; si tratta, in particolare, di un titolo che incorpora un diritto di credito garantito da pegno sulle merci depositate.

5. L'assicurazione. Nozione, funzione e caratteristiche fondamentali.

L'assicurazione è il contratto attraverso il quale un soggetto (l'assicuratore), verso il pagamento di un corrispettivo (premio) si obbliga a rivalere la propria controparte contrattuale (l'assicurato), entro i limiti convenuti, del danno ad esso prodotto da un sinistro (*assicurazione contro i danni*), oppure a pagare un capitale o una rendita al verificarsi di un evento attinente alla via umana (*assicurazione sulla vita*) (art. 1882 c.c.), oppure, infine, a risarcire a terzi il danno che dovrebbe essere risarcito dall'assicurato (*assicurazione contro la responsabilità civile*) (art. 1917 c.c.).
La **funzione** propria del contratto di assicurazione consiste nel **trasferimento, dall'assicurato all'assicuratore, delle conseguenze patrimoniali legate alla concretizzazione del rischio assicurato.**
Secondo l'orientamento dottrinale assolutamente prevalente, il contratto di assicurazione è, quindi, un **contratto aleatorio**, in quanto finalizzato alla copertura del rischio derivante da eventi del tutto imprevedibili, se isolatamente considerati (BUTTARO, DONATI, FANELLI, GASPERONI, SCALFI, TORRENTE-SCHLESINGER).
Dall'aleatorietà del contratto discende l'**inapplicabilità** degli istituti della **rescissione per lesione** e della **risoluzione per eccessiva onerosità sopravvenuta**, di cui, rispettivamente, agli artt. 1448 e 1467 c.c. Il contratto di assicurazione è:

- **consensuale**;
- **oneroso**,
- **sinallagmatico**;
- **non formale**. La forma scritta, infatti, è richiesta soltanto *ad probationem* (art. 1888 c.c.);
- **di durata, ad esecuzione continuata**, dal momento che l'assunzione del rischio si protrae nel tempo;
- **stipulato per adesione**.

Si tenga infine presente che dalle **assicurazioni private**, delle quali ci stiamo occupando, vanno **distinte** le **assicurazioni sociali**.
Mentre le prime hanno natura contrattuale, le seconde non hanno fonte contrattuale ma operano per espressa previsione di legge, attuando obbligatoriamente una forma di previdenza del lavoratore (contro gli infortuni sul lavoro, contro le malattie, l'invalidità, la vecchiaia ecc.).
Le assicurazioni sociali, quindi, a differenza delle assicurazioni private hanno carattere pubblicistico e si fondano esclusivamente sul presupposto legale dell'esistenza del rapporto di lavoro.
Sono disciplinate senza rilievo alcuno della volontà dei soggetti del relativo rapporto.

5.1. Gli elementi essenziali del contratto: il rischio ed il premio.

Abbiamo osservato che la causa del contratto di assicurazione consiste nel trasferimento del rischio dall'assicurato all'assicuratore.
Ne consegue che **il rischio è elemento essenziale** del contratto in esame.
Per questa ragione, quindi:

- **il contratto è nullo se il rischio non è mai esistito o ha cessato di esistere prima della conclusione del contratto** (art. 1895 c.c.);
- il contratto **si scioglie** *ipso iure*, senza necessità di una manifestazione di volontà delle parti o malgrado la manifestazione di una volontà contraria, nel **caso di cessazione del rischio** dopo la conclusione del contratto, ovvero, nel caso analogo della **sopravvenuta inassicurabilità del rischio** medesimo (art. 1896 c.c.);
- **l'inesatta conoscenza del rischio da parte dell'assicuratore costituisce causa di annullamento del contratto** (art. 1892 c.c.);
- **le dichiarazioni false o reticenti** non sono causa di annullamento del contratto, **ove l'assicurato abbia agito senza dolo o colpa**

grave. In tal caso, tuttavia, **all'assicuratore è consentito di recedere dal contratto**, entro tre mesi dal giorno in cui è venuto a conoscenza dell'inesattezza o della reticenza delle informazioni ricevute;
- in caso di **diminuzione del rischio** di consistenza tale che, se conosciuta al momento della stipulazione del contratto, sarebbe stato previsto un premio minore, l'assicuratore deve esigere il **minor premio**; in alternativa, egli può **recedere** dal contratto entro un mese dal giorno in cui gli è stata fatta la comunicazione (art. 1897 c.c.).

In caso di **aggravamento del rischio** tale per cui l'assicuratore non avrebbe concluso il contratto o lo avrebbe concluso a condizioni differenti, l'art. 1898 c.c. prevede la possibilità, per l'assicuratore stesso, di **recedere** dal contratto entro un mese dal giorno in cui è gli è stata fatta la comunicazione relativa all'aggravamento del rischio. L'assicuratore può invece mantenere in vita il contratto, prevedendo un premio più elevato o una minor somma assicurata, soltanto ove sia prestato il consenso dell'assicurato in tal senso.

Altro elemento essenziale del contratto di assicurazione è rappresentato dal corrispettivo dovuto dall'assicurato: si tratta del **premio**.

In ogni caso **il contratto è risolto di diritto se entro sei mesi dal giorno in cui la rata o il premio sono scaduti l'assicuratore non agisce per la riscossione**; in tal caso l'assicuratore ha diritto soltanto all'intero premio relativo al periodo in corso ed al rimborso delle spese sostenute (art. 1901 c.c. Tale norma in ogni caso fa salve le disposizioni, più favorevoli all'assicurato, dettate in caso di assicurazione sulla vita).

Le **previsioni** di cui all'art. 1901 c.c., per espressa previsione normativa (art. 1932 c.c.) sono **inderogabili in senso più sfavorevole all'assicurato**, per cui le clausole del contratto che eventualmente deroghino in senso sfavorevole all'assicurato sono nulle e sono sostituite di diritto dalle corrispondenti previsioni di legge.

5.2. La stipulazione del contratto di assicurazione.

Occorre esaminare le specifiche norme che disciplinano la conclusione del contratto di assicurazione.

Preliminarmente vanno identificate le **parti del contratto**.

In particolare, sono parti del contratto di assicurazione **l'impresa di assicurazioni ed il contraente che si obbliga a pagare il premio**. Quest'ultimo, di norma, coincide con **l'assicurato**, cioè con il soggetto esposto al rischio della verificazione di un determinato evento, e con il **beneficiario**, cioè il soggetto al quale l'assicurazione dovrà pagare una certa somma di denaro, al verificarsi dell'evento assicurato.

Può accadere tuttavia accadere che:

- **il contratto d'assicurazione sia stipulato da un rappresentante dell'assicurato, che agisce in nome e per conto dello stesso**. In questo caso, conformemente alle regole generali in materia di rappresentanza, gli effetti del contratto si producono direttamente in capo all'assicurato-rappresentato. L'art. 1890 c.c., tuttavia, in deroga all'art. 1398 c.c., per il caso di **rappresentanza senza potere** da un lato prevede che l'assicurato possa ratificare il contratto anche dopo la scadenza o il verificarsi del sinistro, in questo modo assicurandosi la copertura assicurativa; d'altro lato prevede che il rappresentante senza poteri è tenuto personalmente ad osservare gli obblighi derivanti dal contratto, fino al momento in cui l'assicuratore ha notizia dell'eventuale ratifica o del rifiuto della stessa;
- l'assicurazione può essere inoltre stipulata **in nome proprio ma per conto altrui oppure per conto di chi spetta** (art. 1891 c.c.). L'art. 1891 c.c. prevede che in questi casi gli obblighi derivanti dal contratto devono essere assolti dal contraente, mentre i diritti derivanti dal contratto spettano all'assicurato ed il contraente, anche se in possesso della polizza, non può farli valere senza espresso consenso dell'assicurato medesimo.

Tanto chiarito con riferimento alle parti del contratto d'assicurazione, la formazione del contratto inizia di regola con una **proposta** sottoscritta dall'assicurando su moduli predisposti dall'assicuratore. È l'assicurando che assume la formale posizione di proponente, benché di norma l'iniziativa sia presa dall'assicurazione, che opera attraverso i suoi agenti.

Il contratto di assicurazione **si conclude** nel momento in cui il proponente ha conoscenza dell'accettazione della controparte, alla quale non è equiparabile il mero silenzio, pur potendo essere espressa in qualsiasi forma. Le parti possono, peraltro, prevedere che il contratto si perfezioni al momento del pagamento del premio.

Il contratto di assicurazione è un **contratto a forma libera**. La forma scritta è richiesta soltanto *ad probationem* (art. 1888 c.c.).

L'assicuratore, in particolare, è obbligato a rilasciare all'assicurato, al momento della conclusione del contratto, la **polizza di assicurazione** o altro documento da lui sottoscritto. La polizza di assicurazione normalmente è **nominativa**. La stessa, tuttavia, **può** anche essere rilasciata **all'ordine o al portatore** (art. 1889 c.c.).

In tal modo l'assicurato può **trasferire a terzi il credito vantato nei confronti dell'assicuratore**, o tramite girata della polizza (nel caso in cui sia stata emessa all'ordine) o tramite materiale trasferimento della stessa (ove sia stata emessa al portatore).

Si tenga presente che gli **effetti** determinati dalla circolazione della polizza di assicurazione non sono quelli propri della circolazione di titoli di credito, bensì quelli della **cessione del credito**.

5.3. Le tipologie di assicurazione. L'assicurazione contro i danni.

L'assicurazione contro i danni determina il trasferimento in capo all'assicuratore del **rischio relativo a danni** subiti da diritti patrimoniali dell'assicurato.
La disciplina dell'assicurazione contro i danni, di cui agli artt. 1904-1918 c.c., è strumentale alla realizzazione di una **funzione** (esclusivamente) **indennitaria**.
Per effetto del principio indennitario, quindi, **l'indennizzo dovuto dall'assicuratore non può mai superare il pregiudizio economico sofferto dall'assicurato**.
Sono posti a carico dell'assicurato gli **obblighi di avviso** (della verificazione del sinistro all'assicuratore) e **di salvataggio** (artt. 1913 e 1914 c.c.), la cui violazione comporterà la perdita del diritto all'indennità, in caso di dolo, ovvero la diminuzione della stessa, in caso di colpa (art. 1915 c.c.).
A fronte del pagamento dell'indennità, **l'assicuratore subentra nei diritti dell'assicurato verso i terzi responsabili** (art. 1916 c.c.), salvo che costoro siano il coniuge, i figli, gli ascendenti, i parenti ed affini stabilmente conviventi e i domestici, ma il trasferimento non opera automaticamente, richiedendosi una manifestazione di volontà dell'assicuratore diretta al terzo responsabile.

5.4. L'assicurazione della responsabilità civile.

L'assicurazione della responsabilità civile rappresenta una peculiare tipologia di assicurazione contro i danni.
Nell'assicurazione della responsabilità civile, **l'assicuratore è obbligato** (nei limiti della somma stabilita dal contratto, c.d. massimale) **a tenere indenne l'assicurato di quanto questi, in conseguenza del fatto accaduto durante il tempo dell'assicurazione, deve pagare a un terzo a titolo di risarcimento**

del danno, in dipendenza della responsabilità dedotta nel contratto (contrattuale o extracontrattuale). Sono esclusi i danni derivanti da fatti dolosi (art. 1917, comma 1, c.c.). Il codice civile prevede che **l'assicuratore ha** solo la **facoltà** (non l'obbligo), previa comunicazione all'assicurato, **di pagare direttamente al terzo danneggiato** l'indennità dovuta, essendo obbligato al pagamento diretto se l'assicurato lo richiede.

▸ LA GIURISPRUDENZA PIÙ SIGNIFICATIVA

CLAUSOLE *CLAIMS MADE* E GIUDIZIO DI MERITEVOLEZZA: SEZIONI UNITE, 14 SETTEMBRE 2018, N. 22437.

Le Sezioni Unite si pronunciano sulla natura delle clausole *claim's made*, esprimendo il seguente principio di diritto: "Il modello dell'assicurazione della responsabilità civile con clausole '*on claims made basis*', che è volto ad indennizzare il rischio dell'impoverimento del patrimonio dell'assicurato pur sempre a seguito di un sinistro, inteso come accadimento materiale, è partecipe del tipo dell'assicurazione contro i danni, quale deroga consentita all'art. 1917 c.c., comma 1 non incidendo sulla funzione assicurativa il meccanismo di operatività della polizza legato alla richiesta risarcitoria del terzo danneggiato comunicata all'assicuratore. Ne consegue che, rispetto al singolo contratto di assicurazione, non si impone un *test* di meritevolezza degli interessi perseguiti dalle parti, ai sensi dell'art. 1322 c.c., comma 2, ma la tutela invocabile dal contraente assicurato può investire, in termini di effettività, diversi piani, dalla fase che precede la conclusione del contratto sino a quella dell'attuazione del rapporto, con attivazione dei rimedi pertinenti ai profili implicati, ossia (esemplificando): responsabilità risarcitoria precontrattuale anche nel caso di contratto concluso a condizioni svantaggiose; nullità, anche parziale, del contratto per difetto di causa in concreto, con conformazione secondo le congruenti indicazioni di legge o, comunque, secondo il principio dell'adeguatezza del contratto assicurativo allo scopo pratico perseguito dai contraenti; conformazione del rapporto in caso di clausola abusiva (come quella di recesso in caso di denuncia di sinistro)".

Al danneggiato, invece, **non è riconosciuta la possibilità di agire direttamente nei confronti dell'assicuratore**, né di chiamarlo in causa.
In alcuni casi l'assicurazione della responsabilità civile è **obbligatoria per legge**.
In particolare, è obbligatoria l'assicurazione per i danni derivanti dalla circolazione dei veicoli a motore e dei natanti (c.d. R.C. auto), in virtù della L. n. 990 del 24 dicembre 1969, attualmente confluita nel Codice delle assicurazioni private.
Oggetto dell'assicurazione è il rischio derivante dalla circolazione dei veicoli

a motore e natanti: l'assicuratore deve tenere indenne l'assicurato per la responsabilità civile per i danni alle persone o alle cose derivanti dalla circolazione del veicolo.

La peculiarità della disciplina dettata dal Cod. Ass., rispetto a quella di diritto comune, va rinvenuta nel fatto che **il terzo danneggiato ha azione diretta nei confronti dell'assicuratore**, entro i limiti delle somme per le quali è stata stipulata l'assicurazione.

5.5. L'assicurazione sulla vita.

Con il contratto di assicurazione sulla vita l'assicuratore si obbliga a **corrispondere una rendita o un capitale al verificarsi di un evento attinente alla vita umana**.

L'assicurazione sulla vita può essere diretta a trasferire il **rischio della morte**; il rischio **della sopravvivenza** (in tal caso l'assicuratore si obbliga a corrispondere un capitale o una rendita all'assicurato in seguito al raggiungimento di una determinata età); oppure **entrambi** i rischi.

In tale ultimo caso si parla di **assicurazioni miste**, per cui in caso di morte prima di una certa età il capitale viene attribuito alle persone designate, mentre, in caso di sopravvivenza oltre l'età stabilita, il capitale è dovuto al contraente.

Ne consegue che l'assicurazione sulla vita **può essere contratta per qualsiasi somma** ed è commisurata soltanto alla misura dei premi pagati.

L'assicurazione contratta per il caso di morte può essere stipulata anche **sulla vita di un terzo**, ma in tal caso, ai fini della validità del contratto, è necessario il consenso del terzo o quello del suo legale rappresentante (art. 1919, comma 2, c.c.).

Un particolare tipo di assicurazione sulla vita è rappresentata dall'**assicurazione a favore di terzo**. In tal caso le parti stabiliscono che **alla morte dell'assicurato l'indennità sia attribuita ad un terzo designato dallo stesso stipulante**.

Questo contratto ha la **struttura di un contratto a favore del terzo**, sebbene presenti delle peculiarità in termini di disciplina (artt. 1920 e 1411 c.c.).

La designazione del beneficiario, anche fatta genericamente (purché lo stesso sia individuabile *per relationem*), può essere contenuta nello stesso contratto, in una successiva dichiarazione, o anche in testamento (art. 1920 c.c.).

Anche nell'ipotesi in cui la designazione sia fatta per testamento, in ogni caso il beneficiario acquista un diritto di credito nei confronti dell'assicurazione *iure proprio* e *non iure successionis*.

Il beneficiario designato, pertanto, è sempre titolare di un diritto proprio alla

prestazione assicurativa, derivante dal contratto intercorso tra lo stipulante e la compagnia di assicurazione.
Ciò comporta che, anche nel caso in cui sia nominato beneficiario l'erede, quest'ultimo avrà diritto alla rendita o al capitale, indipendentemente dall'accettazione dell'eredità.
Come confermato dall'ultimo comma dell'art. 1920 c.c., il diritto è acquistato dal terzo non per effetto della stipulazione (come nel caso di cui all'art. 1411, comma 2, c.c.), ma quale conseguenza della designazione da parte dell'assicurato.
La **designazione del beneficiario** è sempre **revocabile**; la revoca non può tuttavia farsi dagli eredi dopo la morte del contraente, né dopo che, verificatosi l'evento, il beneficiario ha dichiarato di voler profittare del beneficio.
Se il contraente ha rinunziato per iscritto al potere di revoca, questa non ha effetto dopo che il beneficiario ha dichiarato al contraente di voler profittare del beneficio. La rinuncia del contraente e la dichiarazione del beneficiario devono essere comunicate per iscritto all'assicuratore (art. 1921 c.c.).

5.6. La riassicurazione e la retrocessione.

La riassicurazione è il contratto in forza del quale **l'assicuratore** (riassicurato) **trasferisce il rischio ad un'altra impresa di assicurazione** (riassicuratore), la quale a sua volta può riassicurarsi presso un altro assicuratore (cd. **retrocessione**).
L'istituto è adottato allo scopo di permettere all'assicuratore di trasferire un rischio troppo gravoso, non solo per l'assicurato, ma anche per sé stesso.
Si tratta, pertanto, di un'**assicurazione contro i danni**, anche quando l'assicurato abbia stipulato un'assicurazione sulla vita.
La riassicurazione può essere singola ovvero per trattati, qualora abbia ad oggetto rispettivamente singoli rischi ovvero l'intera attività o singoli rami del riassicurato, imponendosi in quest'ultimo caso la forma scritta ad probationem (art. 1928 c.c.).
A differenza della **coassicurazione**, l'assicurato non entra in rapporto con il riassicuratore, che si obbliga esclusivamente con il riassicurato (art. 1929 c.c.).

SCHEDA DI SINTESI

L'appalto è il contratto con il quale una parte, ossia l'appaltatore, assume con **organizzazione dei mezzi necessari e con gestione a proprio rischio** il compimento

di un'opera o di un servizio, commissionatogli dall'appaltante o committente, verso un corrispettivo in denaro (art. 1655 c.c.).
L'appalto è un contratto **oneroso**; **consensuale** (che si perfeziona, cioè, in forza del semplice accordo delle parti); **a prestazioni corrispettive**; essenzialmente **obbligatorio** (facendo nascere in capo ad entrambe le parti l'obbligo di eseguire una prestazione); **ad esecuzione prolungata**.
La principale obbligazione dell'appaltatore è rappresentata dalla **realizzazione dell'opera o del servizio che gli è stato commissionato**.
Obbligazione fondamentale del committente nei confronti dell'appaltatore è quella di pagare un **corrispettivo** in denaro.
Il subappalto è il contratto d'appalto stipulato tra l'appaltatore (che, nel caso di specie, opera nella veste di committente) ed un terzo (subappaltatore), avente ad oggetto l'esecuzione della stessa opera o dello stesso servizio alla cui realizzazione il primo si è obbligato nei confronti del committente.
La **subfornitura è un contratto dipendente da un contratto principale, ma è un rapporto autonomo tra due imprese**, in forza del quale il subfornitore può obbligarsi ad un *facere* (che può consistere, ad esempio, nella fornitura di un servizio, oppure nell'esecuzione di lavorazioni di materie prime fornite dal committente), oppure ad un *dare* (si pensi alla fornitura di prodotti finalizzati alla realizzazione di un determinato "bene" da parte del committente).
Il **contratto di trasporto** è l'accordo in forza del quale un soggetto (vettore) si obbliga, verso corrispettivo, a trasferire persone o cose da un luogo ad un altro (art. 1678 c.c.).
Il **deposito** è il contratto con il quale una parte **riceve** dall'altra una cosa mobile e si obbliga a **custodirla** ed a **restituirla** in natura (art. 1766 c.c.).
L'**assicurazione** è il contratto attraverso il quale un soggetto (l'assicuratore), verso il pagamento di un corrispettivo (premio) si obbliga a rivalere la propria controparte contrattuale (l'assicurato), entro i limiti convenuti, del danno ad esso prodotto da un sinistro (*assicurazione contro i danni*), oppure a pagare un capitale o una rendita al verificarsi di un evento attinente alla via umana (*assicurazione sulla vita*) (art. 1882 c.c.), oppure, infine, a risarcire a terzi il danno che dovrebbe essere risarcito dall'assicurato (*assicurazione contro la responsabilità civile*) (art. 1917 c.c.).
La riassicurazione è il contratto in forza del quale **l'assicuratore** (riassicurato) **trasferisce il rischio ad un'altra impresa di assicurazione** (riassicuratore), la quale a sua volta può riassicurarsi presso un altro assicuratore (cd. **retrocessione**).

QUESTIONARIO

1. Quali sono le caratteristiche fondamentali del contratto d'appalto? (**1**)
2. Quali sono che obblighi che incombono sull'appaltatore? (**1.1.**)
3. Quali sono le cause di estinzione del contratto d'appalto? (**1.3.**)
4. Cos'è il subappalto e a quale disciplina è sottoposto? (**1.4.**)
5. Qual è la disciplina della subfornitura? (**2**)

CAPITOLO II | I CONTRATTI FINALIZZATI ALL'ESECUZIONE DI OPERE O DI SERVIZI

6. Quali sono le caratteristiche essenziali e qual è la regola generale, valevole per ogni tipologia di trasporto, nel caso di servizi pubblici di linea? **(3)**
7. Qual è il regime di responsabilità del vettore, in caso di trasporto di persone? **(3.1.)**
8. Qual è il regime di responsabilità del vettore nel caso di trasporto di cose? **(3.2.)**
9. Quali sono le caratteristiche essenziali del contratto di deposito e del deposito alberghiero? Qual è la differenza tra deposito regolare ed irregolare? **(4)**
10. A quale disciplina è assoggettato il deposito nei magazzini generali e cosa sono la fede di deposito e la nota di pegno? **(4.2.)**
11. Quali sono la funzione e le caratteristiche fondamentali del contratto di assicurazione? **(5.)**
12. Premesso che il rischio è un elemento essenziale del contratto di assicurazione, quali sono le molteplici conseguenze che ne discendono in termini di disciplina? **(5.1.)**
13. È necessaria la coincidenza soggettiva tra contraente, assicurato e beneficiario dell'assicurazione? In quali ipotesi tale coincidenza non si verifica? **(5.2.)**
14. Cosa si intende per principio indennitario? Vale anche per l'assicurazione sulla vita? **(5.3.)**

Capitolo III
I contratti finalizzati alla promozione o alla conclusione di affari

SOMMARIO:
1. Il mandato. Nozione, caratteristiche fondamentali e tipologie. – **1.1.** Il mandato con e senza rappresentanza. – **1.2.** Le obbligazioni delle parti. – **1.3.** L'estinzione del mandato. – **2.** La commissione. – **3.** La spedizione. – **4.** L'agenzia. Nozione e funzione. – **4.1.** La disciplina del contratto. Obblighi delle parti. – **5.** La mediazione. Nozione e funzione. – **5.1.** Diritti ed obblighi del mediatore.

1. Il mandato. Nozione, caratteristiche fondamentali e tipologie.

Il mandato è il contratto con il quale una parte si obbliga a **compiere** uno o più **atti giuridici per conto** e nell'interesse dell'altra (art. 1703 c.c.).

Il mandato **si distingue dalla** *locatio operis* per il tipo di attività che ne forma oggetto. L'oggetto del contratto, nella locazione d'opera, è rappresentato da un'attività di cooperazione (estranea alla sfera negoziale), che si traduce nel compimento di un'opera o di un servizio, materiale o intellettuale; l'oggetto del contratto di mandato, invece, consiste in un'attività qualificata di conclusione di negozi giuridici per conto e nell'interesse del mandante.

Il mandato è un contratto **consensuale**, perché si perfeziona per effetto dello scambio di consensi tra le parti; **con effetti obbligatori**, dal momento che il mandatario si obbliga a compiere uno o più atti giuridici per conto del mandante; **ad esecuzione differita**, in quanto la sua esecuzione è posteriore rispetto alla stipula del contratto; *intuitu personae*, che deve, cioè, essere eseguito personalmente dal mandatario; **oneroso**, attribuendo quindi al mandatario un diritto al corrispettivo. Le parti, tuttavia, possono accordarsi per la gratuità del contratto ed in questo caso l'eventuale responsabilità del mandatario è valutata con minor rigore (art. 1709 c.c.).

In particolare, il mandato può essere **generale o speciale**, a seconda che riguardi la cura di tutti gli affari giuridici del mandante oppure la cura soltanto di affari specificamente individuati. In ogni caso, il mandato generale non comprende gli atti che eccedono l'ordinaria amministrazione se non sono espressamente indicati (art. 1708, comma 2, c.c.).

Il mandato, sia esso generale o speciale, comprende non solo gli atti per i quali è stato conferito, ma anche quelli necessari al loro compimento (art. 1708, comma 1, c.c.).
Il mandato, inoltre, ove conferito **ad una pluralità di mandatari**, può essere **congiunto o disgiunto**, a seconda che i mandatari debbano necessariamente agire congiuntamente o meno. Il mandato, ove conferito **da una pluralità di mandanti** per un unico atto e per un affare di interesse comune, è **collettivo**. In questo caso il mandato non sarà liberamente revocabile da ciascun mandante, essendo la revoca invece subordinata al consenso di tutti i mandanti (art. 1726 c.c.).
Il mandato è *in rem propriam* quando è conferito non solo nell'interesse del mandante, ma **anche nell'interesse del mandatario o di terzi**.

1.1. Il mandato con e senza rappresentanza.

Il mandato è **con rappresentanza** quando al mandatario viene attribuito non solo il **potere di agire per conto del mandante**, ma **anche** quello di **spenderne il nome**.
Il negozio attraverso il quale un soggetto attribuisce ad un altro il potere di rappresentarlo e, quindi, di spenderne il nome, è la **procura**.
La procura è un negozio unilaterale recettizio (per la cui efficacia non occorre, quindi, l'accettazione del procuratore) che **riguarda il lato esterno** del rapporto ed attraverso il quale si rende noto ai terzi, con i quali il rappresentante viene in contatto, che lo stesso è stato autorizzato dal rappresentato a spenderne il nome. Ove il **mandato** venga conferito **con rappresentanza**, cioè ove al contratto di mandato si accompagni la procura (che abilita il mandatario alla spendita del nome del mandante e, quindi, al compimento di atti giuridici non solo **per suo conto** ma **anche in suo nome**), la *contemplatio domini* assolve alla **duplice funzione** di **esteriorizzare il rapporto di gestione rappresentativa** esistente tra rappresentante e rappresentato, e di **rendere conseguentemente possibile l'imputazione** al secondo degli effetti del contratto concluso in suo nome dal primo (art. 1704 c.c.).
Gli atti posti in essere dal mandatario con rappresentanza, pertanto, ricadranno direttamente nella sfera giuridica del mandante. Ove, invece, il **mandato** venga conferito **senza rappresentanza,** il mandatario agisce per conto del mandante ma non in suo nome, mancando cioè la *contemplatio domini*. Ciò implica che gli effetti degli **atti giuridici posti in essere non ricadono automaticamente nella sfera giuridica del mandante**; l'art. 1705, comma 1, c.c., infatti, stabilisce che «*Il mandatario che agisce in nome proprio* **acquista i diritti ed**

assume gli obblighi derivanti dagli atti compiuti con i terzi, anche se questi hanno avuto conoscenza del mandato».

Il mandatario ha poi **l'obbligo**, in funzione del mandato ricevuto, di **ritrasferire con un successivo negozio al mandante il diritto acquistato per suo conto e nel suo interesse**, ma in nome proprio. Il mandato senza rappresentanza, pertanto, produce effetti obbligatori in capo al mandatario.

Questo principio è pienamente applicato ove si tratti di **mandato ad acquistare beni immobili o beni mobili registrati**.

La **regola** subisce tuttavia una serie di **eccezioni in forza delle quali viene legislativamente prevista l'immediata reclamabilità del diritto** (reale o di credito) **da parte del mandante**. In particolare:

- per quanto riguarda i **crediti derivanti dall'esecuzione del mandato**, il secondo comma dell'art. 1705 c.c. prevede che **il mandante**, sostituendosi al mandatario, **può esercitare i diritti di credito derivanti dall'esecuzione del mandato**;
- per quanto riguarda il **mandato ad acquistare beni mobili**, il secondo comma dell'art. 1706 c.c. prevede che il mandante possa **rivendicare le cose acquistate per suo conto dal mandatario** che ha agito in nome proprio, salvi i diritti acquistati dai terzi per effetto del possesso di buona fede;
- per quanto riguarda il **conflitto tra mandante e creditori del mandatario**, l'art. 1707 c.c. dispone che **questi** ultimi **non possono far valere le loro ragioni su beni che il mandatario ha acquistato in nome proprio ma in esecuzione del mandato**, purché, ove si tratti di beni mobili o di crediti, il mandato risulti da scrittura avente data certa anteriore al pignoramento, oppure, ove si tratti di beni immobili o di mobili iscritti in pubblici registri, al pignoramento sia anteriore la trascrizione dell'atto di ritrasferimento o della domanda giudiziale diretta a conseguirlo.

▶ LA GIURISPRUDENZA PIÙ SIGNIFICATIVA

IL RAPPORTO REGOLA-ECCEZIONE, DI CUI ALL'ART. 1705 C.C., IN UN NOTO ARRESTO DELLE SEZIONI UNITE.

Come chiarito dalle Sezioni Unite della Corte di Cassazione, con un'importante pronuncia, le norme in tema di mandato senza rappresentanza devono essere interpretate nel senso che esse dettano una regola generale, secondo la quale il mandatario acquista i diritti e assume gli obblighi derivanti dagli atti compiuti con i terzi, i quali non hanno alcun rapporto con il mandante. Devono considerarsi eccezionali quelle disposizioni che, in deroga a tale regola, stabiliscano una sorte diversa, imperniata sulla reclamabilità del diritto da parte del mandante. L'espressione diritti di credito di cui all'art. 1705, comma 2, c.c. va, pertanto, rigorosamente circoscritta all'esercizio dei diritti sostanziali acquistati dal mandatario, con conseguente esclusione delle azioni (annullamento, risoluzione, rescissione e risarcimento) poste a loro tutela (Cass., Sez. Un., 8 ottobre 2008, n. 24772).

1.2. Le obbligazioni delle parti.

Dalla stipulazione del contratto di mandato scaturiscono obbligazioni in capo ad entrambi i contraenti.

Il **mandatario** ha innanzitutto un obbligo di **diligenza**, dovendo eseguire il mandato con la diligenza del buon padre di famiglia (art. 1710 c.c.). Egli, inoltre, deve **rispettare le istruzioni che gli sono state impartite ed i limiti fissati dal contratto**. Diversamente, l'atto posto in essere in eccedenza di tali limiti rimane a suo carico, a meno che il mandante successivamente non lo approvi (art. 1711 c.c.).

In capo al mandatario vigono **obblighi di informazione** tanto durante l'esecuzione del contratto (art. 1710, comma 2, c.c.), quanto in seguito all'esplicazione dell'incarico conferito e un **obbligo di rendiconto**, dovendo rendere conto al mandante del suo operato e dovendo rimettergli tutto ciò che ha ricevuto a causa del mandato (art. 1713 c.c.). Il mandatario, infine, può essere responsabile nei confronti del mandante dell'adempimento delle obbligazioni assunte dai terzi con i quali ha contrattato nell'esecuzione del mandato, soltanto ove tale responsabilità venga contrattualmente prevista. Diversamente, egli **non è responsabile per le obbligazioni dei terzi**, tranne che nel caso in cui l'insolvenza di questi gli fosse nota (o avrebbe dovuto essergli nota) all'atto della conclusione del contratto (art. 1715 c.c.).

Per quanto riguarda le obbligazioni del **mandante**, questi deve **somministrare al mandatario i mezzi necessari all'esecuzione del mandato** e per l'adempimento delle obbligazioni che a tal fine ha contratto in proprio nome (art. 1719 c.c.). Il mandante, inoltre, deve **rimborsare** al mandatario le **anticipazioni**, con gli interessi legali dal giorno in cui sono state fatte, e **risarcirgli i danni** eventualmente subiti a causa dell'incarico, in modo tale da tenerlo indenne da ogni perdita subita durante l'attività gestoria (art. 1720 c.c.).

Ove il mandato sia a titolo oneroso, chiaramente, il mandante deve pagare al mandante il **corrispettivo** che gli spetta per l'espletamento dell'incarico.

1.3. L'estinzione del mandato.

Sono cause di estinzione del mandato, ai sensi dell'art. 1722 c.c.:

- **la scadenza del termine o il compimento dell'affare** per il quale è stato conferito;
- **la revoca da parte del mandante**. Occorre evidenziare che, in linea di principio, il mandato può essere revocato in ogni momento. Ove però la revoca abbia ad oggetto un mandato oneroso, conferito a tempo determinato o per un determinato affare, se è fatta prima della scadenza del termine o del compimento dell'affare, obbliga il mandante al risarcimento del danno, salvo che ricorra giusta causa. Se invece il mandato è a tempo indeterminato, il mandante può revocarlo in qualsiasi momento, essendo solo tenuto ad un obbligo di preavviso, in mancanza del quale è obbligato al risarcimento del danno. Il preavviso non è dovuto ove ricorra giusta causa di revoca (art. 1725 c.c.). **Il mandato può essere revocato anche se le parti ne avevano pattuito l'irrevocabilità**. In tal caso, però, il mandante risponde dei danni (anche se il mandato era gratuito), salvo che ricorra una giusta causa (art. 1723, comma 1, c.c.).

  Diversa rispetto all'ipotesi dell'irrevocabilità convenzionale che, come evidenziato, produce soltanto effetti obbligatori in capo al mandante, ma non impedisce lo scioglimento del vincolo, è **l'irrevocabilità "legale"**. L'art. 1723, comma 2, c.c., infatti, stabilisce che, indipendentemente da ogni pattuizione delle parti, è irrevocabile il **mandato in rem propriam** (*supra*, par. 1), proprio perché conferito anche nell'interesse del mandatario o di terzi.

  L'irrevocabilità di tale mandato non opera soltanto ove le parti abbiano stabilito diversamente, oppure laddove sussista una giusta causa di revoca;
- **la rinunzia da parte del mandatario**. Quest'ultimo può rinunziare in qualsiasi momento al mandato, ma ove non ricorra giusta causa deve risarcire i danni subiti dal mandante. Inoltre, se il mandato è a tempo indeterminato, il mandatario deve dare un congruo preavviso al mandante, essendo tenuto, in caso contrario, al risarcimento dei danni (art. 1727 c.c.);
- **la morte, l'interdizione o l'inabilitazione del mandante o del mandatario**. Tuttavia, occorre evidenziare, da un lato, che il mandato *in rem propriam* non si estingue per la morte o la sopravvenuta

incapacità del mandante (art. 1723, comma 2, c.c.); d'altro lato, che il mandato comunque non si estingue per morte o sopravvenuta incapacità quando ha per oggetto atti pertinenti all'esercizio dell'impresa e questa è continuata, salvo il diritto di recesso delle parti o degli eredi (art. 1722, n. 4, c.c.);
- **il fallimento del mandatario** (art. 78 l. fall.). Ove, invece, fallisca il mandante, l'esecuzione del contratto è sospesa fino al momento in cui il curatore non decide se subentrare nel rapporto contrattuale o scioglierlo.

2. La commissione.

Il contratto di commissione è un mandato (senza rappresentanza) il cui oggetto specifico è rappresentato dall'acquisto e dalla vendita di beni per conto del committente ed in nome del commissionario (art. 1731 c.c.).

Il commissionario, quindi, è un mandatario senza rappresentanza che conclude in nome proprio e per conto altrui affari concernenti la compravendita di beni, di guisa che, di fronte a terzi, egli è titolare dei diritti e degli obblighi che riversa sul committente attraverso rapporti di carattere interno, che non interessano in alcun modo i terzi.

A tale contratto, pertanto, sono direttamente applicabili le norme dettate in tema di mandato senza rappresentanza, salvo alcune peculiarità in termini di disciplina.

Tali peculiarità, in particolare, riguardano l'entrata del commissionario nel contratto (art. 1735 c.c.) e lo star del credere (art. 1736 c.c.).

In particolare, con lo **star del credere**, il **commissionario** si rende **responsabile nei confronti del committente per l'esecuzione dell'affare** e, quindi, **per l'adempimento da parte dei terzi** delle obbligazioni assunte nei suoi confronti. In tal caso egli ha diritto, oltre che alla provvigione, ad un compenso o ad una maggiore provvigione (art. 1736 c.c.).

3. La spedizione.

Il contratto di spedizione è un mandato con il quale lo spedizioniere assume l'**obbligo di concludere**, **in nome proprio e per conto del mandante**, **un contratto di trasporto** e di compiere le operazioni accessorie (art. 1737 c.c.). Ne deriva che mentre il vettore esaurisce i suoi obblighi allorché ha trasferito nel luogo indicato le cose ricevute in consegna, salva la sua responsabilità per l'eventuale loro perdita o avaria, **lo spedizioniere esaurisce il suo compito con la conclusione del contratto di trasporto e risponde solo dell'eventuale inadempimento dell'obbligo di concludere il contratto**. La legge, tuttavia, consente che lo spedizioniere assuma anche l'esecuzione del trasporto, in tutto o in parte (art. 1741 c.c.). Allo **spedizioniere-vettore**, perciò, faranno capo anche i diritti e gli obblighi del vettore, oltre che quelli propri dello spedizioniere. Per quanto concerne gli **obblighi** dello spedizioniere, l'art. 1739 c.c. prevede che egli sia tenuto ad osservare le **istruzioni** del committente o, in mancanza, ad agire nel perseguimento del miglior interesse del medesimo.

4. L'agenzia. Nozione e funzione.

Con il contratto di agenzia una parte assume **stabilmente** l'incarico di promuovere, **per conto** dell'altra, verso **retribuzione**, la conclusione di contratti in una **zona determinata** (art. 1742 c.c.).
Elemento essenziale del contratto di agenzia, dunque, è la **promozione**, da parte dell'agente e verso retribuzione, **di contratti per conto del preponente**; tali contratti vengono poi stipulati con i terzi dal preponente medesimo, direttamente o per il tramite del suo agente, ove questi sia fornito del potere di rappresentanza (in questo caso, ove l'agente abbia il potere di concludere i contratti in nome e per conto del preponente, si parla di rappresentante di commercio). L'agente è una peculiare figura di ausiliario dell'imprenditore. Ed infatti, benché svolga **in maniera continuativa e stabile** un'**attività ausiliaria e strumentale** rispetto a quella dell'imprenditore preponente, l'agente **non è un lavoratore subordinato**.
Il contratto di agenzia si caratterizza per l'**autonomia organizzativa e giuridica dell'agente e per la qualifica di imprenditore autonomo che esso stesso acquisisce**, assumendo in proprio l'onere e le spese di organizzazione del lavoro, nonché il rischio del risultato dell'attività professionale svolta.

4.1. La disciplina del contratto. Obblighi delle parti.

Il contratto di agenzia richiede la **forma scritta** *ad probationem*.
Inoltre, per evitare incertezze, ciascuna parte ha diritto di ottenere dall'altra un **documento** dalla stessa sottoscritto che riproduca il contenuto del contratto e delle clausole aggiuntive. Si tratta di un *diritto irrinunciabile* (art. 1742, comma 2, c.c., come modificato dal D.lgs. 15 febbraio 1999, n. 65).

Il contratto d'agenzia, normalmente, comporta un **diritto di esclusiva** che può validamente essere derogato dalle parti sia mediante clausola espressa, che con una tacita manifestazione di volontà, che può desumersi dal comportamento tenuto dalle parti al momento della conclusione del contratto o successivamente, al momento dell'esecuzione dello stesso.
Tuttavia, ove il diritto di cui all'art. 1743 c.c. non venga derogato, **vincola contrattualmente il preponente a non concludere direttamente gli affari oggetti dell'attività d'impresa e a non valersi dell'opera di altri collaboratori** per la promozione di affari nell'ambito della zona pattiziamente stabilita. Per converso **l'agente, nell'ambito della zona di esclusiva, non può** accettare incarichi per **promuovere affari di imprese concorrenti** con quella del preponente.
Dal contratto di agenzia nascono **obblighi reciproci** in capo alle parti.
Obblighi dell'agente sono:

- la **promozione**, nella zona assegnatagli, di **contratti** per conto del preponente;
- la **tutela**, nell'esecuzione dell'incarico, degli **interessi** del preponente e l'osservanza di **doveri** di **lealtà e buona fede**. **È nullo ogni patto contrario** (art. 1746, commi 1 e 2, c.c.);
- gli **obblighi che normalmente gravano sul commissionario**, in quanto non siano esclusi dalla natura del contratto di agenzia.

Obblighi del preponente sono:

- la corresponsione di un corrispettivo per tutti i contratti conclusi per effetto dell'intervento dell'agente. Tale corrispettivo prende il nome di **provvigione** (art. 1748 c.c.). L'obbligo del preponente di corrispondere la provvigione opera soltanto **quando l'operazione sia stata conclusa per effetto dell'intervento dell'agente**;
- l'osservanza di **doveri di lealtà e buona fede nei rapporti con l'agente**;
- la consegna di un **estratto conto** delle provvigioni dovute, entro limiti temporalmente definiti (art. 1749, comma 2, c.c.).

Per quanto concerne la **durata** del contratto di agenzia, lo stesso può essere stipulato a **tempo determinato o indeterminato**.
Se il contratto è a *tempo determinato*, il contratto si scioglie alla scadenza; ove il contratto, successivamente alla scadenza, continui ad essere eseguito, si trasforma in contratto a tempo indeterminato (art. 1750 comma 1, c.c.).

Se il contratto è a *tempo indeterminato*, ciascuna può recedere dando all'altra un preavviso entro il termine stabilito (e normativamente commisurato alla durata del rapporto, ai sensi dell'art. 1750, comma 3, c.c.), salvo che ricorra giusta causa. Ove sia omesso il preavviso e non vi sia giusta causa di recesso, la parte che lo esercita è tenuta al risarcimento del danno derivante da tale omissione.

All'atto della cessazione del contratto, indipendentemente dal fatto che lo stesso fosse a tempo determinato o indeterminato, il preponente è tenuto a corrispondere un'**indennità di fine rapporto all'agente**.

Le parti possono prevedere un **patto che limiti la concorrenza dell'agente dopo lo scioglimento del rapporto**.

5. La mediazione. Nozione e funzione.

È mediatore colui che mette in **relazione due o più parti per la conclusione di un affare**, **senza** essere legato ad alcuna di esse da **rapporti** di collaborazione, di dipendenza o di rappresentanza (art. 1754 c.c.).

Funzione tipica del mediatore, quindi, è quella di **intermediazione** tra due o più parti e tale funzione può essere svolta dal mediatore spontaneamente, nonché sulla base di un incarico ricevuto da una o da tutte le parti coinvolte.

Caratteristica essenziale della mediazione è l'**imparzialità del mediatore**, intesa come **assenza di ogni vincolo** di mandato, di prestazione d'opera, di preposizione institoria o di qualsiasi altro rapporto che renda riferibile al *dominus* l'attività dell'intermediario.

L'indipendenza del mediatore non viene meno ove lo stesso, ai sensi dell'art. 1761 c.c., sia incaricato da una delle parti di **rappresentarla negli atti relativi all'esecuzione del contratto concluso con il suo intervento**.

L'esercizio dell'attività di mediazione è soggetto a dichiarazione di inizio di attività da presentare alla Camera di Commercio che, verificato il possesso dei requisiti prescritti, iscrive i relativi dati nel registro delle imprese, se l'attività è svolta in forma di impresa, oppure nel repertorio delle notizie economiche e amministrative (REA), assegnando la relativa qualifica di intermediario per le diverse tipologie di attività.

In ordine alla natura, contrattuale o meno, della fattispecie in esame ed alla responsabilità del mediatore, la Corte di Cassazione ha da tempo chiarito che la mediazione c.d. ordinaria o tipica, di cui all'art. 1754 c.c., non ha natura contrattuale, consistendo, piuttosto, in un'attività giuridica in senso stretto.

La previsione tipica di cui all'art. 1754 c.c. evidenzia, infatti, tre aspetti: a) l'attività di mediazione prescinde da un sottostante obbligo a carico del mediatore stesso, perché posta in essere in mancanza di un apposito titolo (costituente rapporto subordinato o collaborativo); b) "la messa in relazione" delle parti ai fini della conclusione di un affare è dunque qualificabile come di tipo non negoziale ma giuridica in senso stretto; c) detta attività si collega al disposto di cui all'art. 1173 c.c., in tema di fonti delle obbligazioni, e, specificamente, al derivare queste ultime, oltre che da contratto, da fatto illecito o da "ogni altro atto idoneo a produrle in conformità dell'ordinamento giuridico".

L'attività del mediatore, pertanto, è dallo stesso legislatore individuata come fonte del rapporto obbligatorio nel cui ambito sorge il diritto di credito alla provvigione di cui all'art. 1756 c.c. In altri termini, il mediatore acquista il diritto alla provvigione (a condizione della conclusione dell'affare) non in virtù di un negozio posto in essere ai sensi dell'art. 1322 c.c. (in tema di autonomia contrattuale) ed i cui effetti si producono ex art. 1372 c.c. ("il contratto ha forza di legge tra le parti", nel senso che l'efficacia contrattuale è giuridicamente vincolante) bensì sulla base di un mero comportamento (la messa in relazione di due o più parti) che il legislatore riconosce per ciò solo come fonte di un rapporto obbligatorio e dei connessi effetti giuridici.

Tuttavia, accanto a tale figura di mediazione tipica, è configurabile una "mediazione" di tipo contrattuale che risulta riconducibile, più che ad "una mediazione negoziale atipica", al contratto di mandato.

Ne consegue il mutamento del regime della responsabilità del mediatore a seconda che questi agisca in assenza di mandato, sulla base della generale previsione di cui all'art. 1754 c.c., ovvero quale incaricato-mandatario.

Nel caso in cui il mediatore agisca come mandatario, assume su di sé i relativi obblighi contrattuali e, qualora si comporti illecitamente recando danni a terzi, è tenuto a favore di questi ultimi al risarcimento dei danni ex art. 2043 c.c. Nel caso della mediazione tipica di cui all'art. 1754 c.c., invece, stante la natura non negoziale della stessa, *prima facie* la responsabilità del mediatore non mandatario appare di natura extracontrattuale. Nondimeno, venendo in rilievo una figura professionale, la giurisprudenza ha preferito applicare il paradigma della responsabilità "da contatto sociale" (su cui, tra le altre, Cass. S.U. n. 577/2008; Cass. n. 12362/2006 e Cass. n. 9085/2006, con specifico riferimento al medico ed alle sue prestazioni prescindenti da un rapporto contrattuale): tale situazione è riscontrabile nei confronti dell'operatore di una professione sottoposta a specifici requisiti formali ed abilitativi, come nel caso di specie, in cui è prevista l'iscrizione ad un apposito ruolo, ed a favore di quanti, utenti-consumatori, fanno particolare affidamento nella stessa per le sue caratteristiche (si pensi, ad esempio, alle c.d. agenzie immobiliari dalle particolari connotazioni professionali ed imprenditoriali)".

▸ LA GIURISPRUDENZA PIÙ SIGNIFICATIVA

LE SEZIONI UNITE SULLA CONFIGURABILITÀ DELLA MEDIAZIONE NEGOZIALE ATIPICA.

Le Sezioni Unite si pronunciano sul tema della configurabilità della mediazione negoziale "atipica" esprimendo il seguente principio di diritto: "È configurabile, accanto alla mediazione ordinaria, una mediazione negoziale cosiddetta atipica, fondata su un contratto a prestazioni corrispettive, con riguardo anche ad una soltanto delle parti interessate (c.d. mediazione unilaterale). Tale ipotesi ricorre nel caso in cui una parte, volendo concludere un singolo affare, incarichi altri di svolgere un'attività intesa alla ricerca di un persona interessata alla conclusione del medesimo affare a determinate, prestabilite condizioni, e proprio per il suo estrinsecarsi in attività di intermediazione, rientra nell'ambito di applicabilità della disposizione prevista dall'art. 2, comma 4, della legge n. 39 del 1989, che, per l'appunto, disciplina anche ipotesi atipiche di mediazione per il caso in cui oggetto dell'affare siano beni immobili o aziende. Ove oggetto dell'affare siano altre tipologie di beni – e segnatamente beni mobili – l'obbligo di iscrizione sussiste solo per chi svolga la detta attività in modo non occasionale e quindi professionale o continuativo. Ove ricorra tale ipotesi, anche per l'esercizio di questa attività è richiesta l'iscrizione nell'albo degli agenti di affari in mediazione di cui al menzionato art. 2 della citata legge n. 39 del 1989 (ora, a seguito dell'abrogazione del ruolo dei mediatori, la dichiarazione di inizio di attività alla Camera di commercio, ai sensi dell'art. 73 del d.lg. n. 59 del 2010), ragion per cui il suo svolgimento in difetto di tale condizione esclude, ai sensi dell'art. 6 della stessa legge, il diritto alla provvigione.

5.1. Diritti ed obblighi del mediatore.

Il mediatore ha **diritto** alla **provvigione** da ciascuna delle parti, se l'**affare è concluso per effetto del suo intervento** (art. 1755 c.c.).

Tra la conclusione dell'affare e l'opera del mediatore deve sussistere un nesso di causalità, che si ravvisa quando l'opera del mediatore, sia pure in concorso con altri fattori causali, sia stata *condicio sine qua non* nella conclusione dell'affare.

A norma dell'art. 1757 c.c., la provvigione spetta al mediatore **anche in caso di contratto annullabile o rescindibile**, ma in tal caso condizione imprescindibile del diritto del mediatore è che egli non fosse a conoscenza della causa di invalidità o di annullabilità del negozio.

Del pari, se il contratto concluso tra le parti intermediate è sottoposto a condizione risolutiva, il diritto alla provvigione non viene meno con il verificarsi della condizione.

Se il contratto è invece sottoposto a condizione sospensiva, il diritto alla provvigione sorge nel momento in cui si verifica la condizione.

CAPITOLO III | I CONTRATTI FINALIZZATI ALLA PROMOZIONE O ALLA CONCLUSIONE DI AFFARI

Ove invece l'**affare** mediato **non** sia stato **concluso**, salvo patti o usi contrari, il mediatore ha **solo diritto al rimborso delle spese** nei confronti della persona per incarico della quale sono state eseguite (art. 1756 c.c.).
Sul mediatore grava l'obbligo di comunicare alle parti le circostanze a lui note, relative alla valutazione ed alla sicurezza dell'affare, che possono influire sulla conclusione di esso (art. 1759 c.c.).
L'**obbligo della corretta informazione** deve essere valutato **secondo il criterio della diligenza professionale media** e comprende, in positivo, l'obbligo di comunicare alle parti le circostanze note o comunque conoscibili con la normale diligenza che si richiede al mediatore; in negativo, il divieto di fornire informazioni non veritiere ed informazioni sulle quali il mediatore non abbia consapevolezza e che comunque non abbia controllato, dal momento che il dovere di correttezza e di diligenza gli imporrebbero di astenersi dal darle.
Il mediatore, inoltre, *ex lege* è **responsabile per l'esecuzione del contratto, quando non manifesta ad un contraente il nome dell'altro** (art. 1762 c.c.).
È infine previsto (ed in ciò consiste la peculiarità della disciplina) che, in tal caso, la responsabilità del mediatore permane anche ove, dopo la conclusione del contratto, il contraente non nominato si manifesti all'altra parte o è nominato dal mediatore.

SCHEDA DI SINTESI

Il mandato è il contratto con il quale una parte si obbliga a **compiere** uno o più **atti giuridici per conto** e nell'interesse dell'altra (art. 1703 c.c.).
Il mandato è un contratto **consensuale**, perché si perfeziona per effetto dello scambio di consensi tra le parti; **con effetti obbligatori**, dal momento che il mandatario si obbliga a compiere uno o più atti giuridici per conto del mandante; **ad esecuzione differita**, in quanto la sua esecuzione è posteriore rispetto alla stipula del contratto; *intuitu personae*, che deve, cioè, essere eseguito personalmente dal mandatario); **oneroso**, attribuendo quindi al mandatario un diritto al corrispettivo.
Il mandato è **con rappresentanza** quando al mandatario viene attribuito non solo il **potere di agire per conto del mandante**, ma **anche** quello di **spenderne il nome**.
Il negozio attraverso il quale un soggetto attribuisce ad un altro il potere di rappresentarlo e, quindi, di spenderne il nome, è la **procura**.
Il **mandatario** ha innanzitutto un obbligo di **diligenza**, dovendo eseguire il mandato con la diligenza del buon padre di famiglia (art. 1710 c.c.). Egli, inoltre, deve **rispettare le istruzioni che gli sono state impartite ed i limiti fissati dal contratto**. Diversamente, l'atto posto in essere in eccedenza di tali limiti rimane a suo carico, a meno che il mandante successivamente non lo approvi (art. 1711 c.c.). In capo al mandatario vigono **obblighi di informazione** tanto durante l'esecuzione del contratto (art. 1710, comma 2, c.c.), quanto in seguito all'esplicazione dell'incarico

conferito e un **obbligo di rendiconto**, dovendo rendere conto al mandante del suo operato e dovendo rimettergli tutto ciò che ha ricevuto a causa del mandato (art. 1713 c.c.).
Per quanto riguarda le obbligazioni del **mandante**, questi deve **somministrare al mandatario i mezzi necessari all'esecuzione del mandato** e per l'adempimento delle obbligazioni che a tal fine ha contratto in proprio nome (art. 1719 c.c.). Il mandante, inoltre, deve **rimborsare** al mandatario le **anticipazioni**, con gli interessi legali dal giorno in cui sono state fatte, e **risarcirgli** i **danni** eventualmente subiti a causa dell'incarico, in modo tale da tenerlo indenne da ogni perdita subita durante l'attività gestoria (art. 1720 c.c.).
Il **contratto di commissione** è un mandato (senza rappresentanza) il cui oggetto specifico è rappresentato dall'acquisto e dalla vendita di beni per conto del committente ed in nome del commissionario (art. 1731 c.c.).
Il **contratto di spedizione** è un mandato con il quale lo spedizioniere assume l'**obbligo di concludere, in nome proprio e per conto del mandante, un contratto di trasporto** e di compiere le operazioni accessorie (art. 1737 c.c.).
Con il **contratto di agenzia** una parte assume **stabilmente** l'incarico di promuovere, **per conto** dell'altra, verso **retribuzione**, la conclusione di contratti in una **zona determinata** (art. 1742 c.c.).
È mediatore colui che mette in **relazione due o più parti per la conclusione di un affare, senza** essere legato ad alcuna di esse da **rapporti** di collaborazione, di dipendenza o di rappresentanza (art. 1754 c.c.).
Il mediatore ha **diritto** alla **provvigione** da ciascuna delle parti, se l'**affare è concluso per effetto del suo intervento** (art. 1755 c.c.).

QUESTIONARIO

1. Quali sono le caratteristiche essenziali del contratto di mandato e quali tipologie di mandato è possibile riscontrare? (**1**)
2. Qual è la disciplina del mandato senza rappresentanza? Gli atti posti in essere dal mandatario, in particolare, ricadono nella sfera giuridica del mandante? (**1.1.**)
3. Quali sono le deroghe rispetto all'efficacia meramente obbligatoria del mandato? (**1.2.**)
4. In quale rapporto si pongono il primo ed il secondo comma dell'art. 1705 c.c., alla luce di un recente arresto delle Sezioni Unite della Corte di Cassazione? (**1.2.**)
5. Il mandato è sempre revocabile o è possibile prevedere ipotesi di irrevocabilità dello stesso? (**1.4.**)
6. Cos'è il mandato in *rem propriam* e a quale disciplina è sottoposto? (**1.4.**)
7. Cosa si intende per star del credere, previsto nel contratto di commissione? (**2**)
8. Qual è la differenza tra spedizione e trasporto? È configurabile l'ipotesi dello spedizioniere vettore? (**3**)

CAPITOLO III | I CONTRATTI FINALIZZATI ALLA PROMOZIONE O ALLA CONCLUSIONE DI AFFARI

9. Premesso che l'agente è un ausiliario dell'imprenditore, qual è la peculiarità del rapporto tra il primo al secondo? (**4**)
10. Che cos'è il diritto di esclusiva nel contratto di agenzia? (**4.1.**)
11. Qual è la natura giuridica della mediazione? (**5**)
12. Quali sono i profili di responsabilità del mediatore nella mediazione tipica? (**5**)
13. Quali sono i diritti e gli obblighi del mediatore? (**5.1.**)

Capitolo IV
L'intermediazione finanziaria

Sommario:
1. Il *leasing*. Premessa. – 1.1. Il *leasing* finanziario. – 1.2. Il *leasing* operativo. – 1.3. Il *leasing* di ritorno (o *lease-back*). – 1.4. Il *rent to buy*. – 2. Il *factoring*. Premessa. – 2.1. La disciplina. – 3. La cartolarizzazione dei crediti. – 4 4. Il pegno mobiliare non possessorio e il finanziamento alle imprese garantito da trasferimento di bene immobile sospensivamente condizionato.

1. Il *leasing*. Premessa.

Il *leasing* è uno **schema contrattuale innominato** che deriva dall'esperienza anglosassone e che ha avuto nel nostro ordinamento una rilevante espansione, al punto tale da potersi parlare di contratto "**socialmente tipico**", peraltro espressamente considerato in numerose disposizioni di legge. Il *leasing* è nato per rispondere ad un'**esigenza** tipicamente imprenditoriale: quella di **disporre di beni normalmente strumentali all'attività produttiva, senza immobilizzare**, per l'acquisto di tali beni, **ingenti capitali**. A tal fine, tali beni vengono forniti da una società specializzata (la società di *leasing*), attraverso il ricorso ad uno schema contrattuale che realizza una **combinazione originale di elementi propri di alcuni contratti tipici** (e, in specie, della locazione, della vendita con riserva di proprietà e del mutuo) senza però identificarsi con nessuno di questi. Tanto chiarito in linea generale, va altresì evidenziato che il *leasing* si articola in tre **tecniche operative** significativamente differenti tra loro, tanto sotto il profilo funzionale, quanto sotto il profilo strutturale. Si tratta del:

- *leasing* **finanziario**;
- *leasing* **operativo**;
- *leasing* **di ritorno** (*lease back*).

1.1. Il *leasing* finanziario.

Il *leasing* finanziario è la forma di *leasing* maggiormente diffusa.
Si tratta di un contratto che **coinvolge tre soggetti**: un soggetto (**l'utilizzatore**)

che ha bisogno di un bene (si tratta prevalentemente di macchinari per l'attività di impresa o di automobili, ma può trattarsi anche di immobili), invece di prendere in prestito il denaro necessario per l'acquisto, si rivolge ad un intermediario specializzato (**il concedente finanziatore**) affinché lo stesso acquisti il bene dal **produttore** o dal **fornitore** e glielo conceda poi in godimento temporaneo, attraverso la stipula, appunto, del contratto di *leasing*.

L'utilizzatore, a sua volta, si obbliga a pagare al concedente un **canone** per tutta la durata del *leasing*, assumendo su di sé i **rischi del perimento e del cattivo funzionamento del bene**.

Alla scadenza del contratto all'utilizzatore è riconosciuta la facoltà di restituire il bene, di rinnovare il contratto oppure, infine, di acquistare la proprietà del bene, pagando un prezzo predeterminato.

L'opzione relativa all'**acquisto della proprietà del bene** rappresenta un **elemento essenziale** del **contratto** di *leasing*.

Dalla disciplina del *leasing* finanziario è desumibile la **funzione creditizia** sottostante a tale contratto che, infatti, consente di disporre di beni senza l'immobilizzazione di ingenti capitali.

Il canone non rappresenta, pertanto, **il corrispettivo della locazione** quanto, **piuttosto**, un **modo per restituire al fornitore il prestito ricevuto** e che si presume erogato per il valore del bene concesso in *leasing*.

▸ LA GIURISPRUDENZA PIÙ SIGNIFICATIVA

VIZI DELLA COSA E LEASING FINANZIARIO (CASS. SEZ. UN., 5 OTTOBRE 2015, N. 19785).

Le Sezioni Unite della Corte di Cassazione, hanno espresso il seguente principio di diritto: "in tema di vizi della cosa concessa in locazione finanziaria che la rendano inidonea all'uso, occorre distinguere l'ipotesi in cui gli stessi siano emersi prima della consegna (rifiutata dall'utilizzatore) da quella in cui siano emersi successivamente alla stessa perché nascosti o taciuti in mala fede dal fornitore.
Il primo caso va assimilato a quello della mancata consegna, con la conseguenza che il concedente, in forza del principio di buona fede, una volta informato della rifiutata consegna, ha il dovere di sospendere il pagamento del prezzo in favore del fornitore e, ricorrendone i presupposti, di agire verso quest'ultimo per la risoluzione del contratto di fornitura o per la riduzione del prezzo.
Nel secondo caso, l'utilizzatore ha azione diretta verso il fornitore per l'eliminazione dei vizi o la sostituzione della cosa, mentre il concedente, una volta informato, ha i medesimi doveri di cui al precedente caso. In ogni ipotesi, l'utilizzatore può agire contro il fornitore per il risarcimento dei danni, compresa la restituzione della somma corrispondente ai canoni già eventualmente pagati al concedente".

1.2. Il *leasing* operativo.

Il *leasing* operativo, a differenza di quello finanziario, **non presuppone una fattispecie trilatera**; in questo tipo di *leasing*, infatti, i beni sono concessi in **godimento direttamente dal produttore**, che si impegna anche nella realizzazione di una serie di prestazioni collaterali a favore dell'utilizzatore (come, ad esempio, la manutenzione del bene).

Questa forma di *leasing* normalmente riguarda beni mobili di largo consumo, rispetto ai quali la durata del contratto è più breve rispetto alla durata economica del bene (si pensi, ad esempio, a delle macchine fotocopiatrici).

1.3. Il *leasing* di ritorno (o *lease-back*).

Il **contratto di** *sale and lease back* è il contratto in forza del quale **un'impresa vende un bene strumentale ad una società finanziaria, la quale ne paga il prezzo e contestualmente lo concede in** *leasing* **alla stessa impresa venditrice**, verso il pagamento di un canone e **con possibilità di riacquisto del bene al termine del contratto**, per un prezzo normalmente molto inferiore al suo valore.

Attraverso tale contratto un imprenditore che si trova in stato di temporanea difficoltà economica può procurarsi capitali dei quali ha bisogno e, contemporaneamente, non si priva delle disponibilità di un bene strumentale all'esercizio dell'attività d'impresa, assicurandosi inoltre la possibilità di riacquistare tale bene al termine del contratto.

▸ LA GIURISPRUDENZA PIÙ SIGNIFICATIVA

LA VALIDITÀ DEL CONTRATTO DI LEASING DI RITORNO A FRONTE DEL DIVIETO DI PATTO COMMISSORIO.

La questione relativa alla **validità** del *lease back* è stata foriera di un inteso dibattito dottrinale e giurisprudenziale. Parte della dottrina, in particolare, ha sostenuto che tale contratto sarebbe **sempre e comunque nullo, in considerazione del fatto che è assimilabile alla vendita a scopo di garanzia** (in cui il debitore vende un bene al creditore, con il patto che il bene gli verrà restituito se e quando avrà estinto il suo debito) **e, perciò, in contrasto con il divieto di patto commissorio** di cui all'art. 2744 c.c. (BIANCA, CESARO, CORBO, FERRARINI, MONTICELLI). Secondo un diverso orientamento, ormai consolidato nella giurisprudenza di legittimità, invece, *"Il contratto di sale and lease back configura un contratto d'impresa socialmente tipico che, come tale, è, in linea di massima,* **astrattamente valido***,* **ferma la necessità** *di verificare, caso per caso, la presenza di elementi sintomatici atti ad evidenziare che la vendita è stata posta in essere in funzione di garanzia ed è volta, pertanto, ad aggirare il divieto del patto commissorio.* A tal fine, l'operazione contrattuale può definirsi fraudolenta nel caso in cui si accerti, con una indagine che è tipicamente di fatto, sindacabile in sede di legittimità soltanto sotto il profilo della correttezza della motivazione, la compresenza delle seguenti circostanze: l'esistenza di una situazione di credito e debito tra la società finanziaria e l'impresa venditrice utilizzatrice, le difficoltà economiche di quest'ultima, la sproporzione tra il valore del bene trasferito ed il corrispettivo versato dall'acquirente" (In tal senso, *ex multis,* Cass., n. 5438, del 14 marzo 2006).

1.4. Il *rent to buy.*

La disciplina del contratto di *rent to buy* (o, più correttamente, di godimento in funzione della successiva alienazione di immobili) è stata introdotta con l'art. 23 del d.l. 133/2014, conv. con mod. in l. 164/2014: si tratta di un contratto (trascrivibile ai sensi dell'art. 2645-bis c.c., con effetto prenotativo assimilabile a quello conseguente alla trascrizione del contratto preliminare), diverso dalla locazione finanziaria, che prevede l'immediata concessione in godimento di un immobile, con diritto per il conduttore di acquistarlo entro un termine determinato, imputando al corrispettivo del trasferimento la parte di canone indicata nel contratto.

Il canone versato dal conduttore deve essere comprensivo di una quota imputata al corrispettivo che il concedente deve restituire in caso di mancato esercizio del diritto di acquistare la proprietà dell'immobile entro il termine stabilito (che coinciderà nel massimo con il termine massimo di efficacia della trascrizione, pari a 10 anni).

Il contratto si risolve in caso di mancato pagamento, anche non consecutivo, di un numero minimo di canoni, determinato dalle parti, non inferiore ad un ventesimo del loro numero complessivo: in tal caso, il concedente ha diritto alla restituzione dell'immobile ed acquisisce interamente i canoni a titolo di indennità, se non è stato diversamente convenuto nel contratto. In caso, invece, di risoluzione per inadempimento del concedente, lo stesso deve restituire al conduttore la parte dei canoni imputata al corrispettivo, maggiorata degli interessi legali.

La legge prevede, infine che, in caso di fallimento del concedente il contratto prosegue, fatta salva l'ipotesi in cui sia revocato *ex* art. art. 67, terzo comma, lett. c) l. fall., mentre se a fallire è il conduttore, si applica la disciplina generale di cui all'art. 72 l. fall., con la previsione che se il curatore non subentra, il concedente ha diritto alla restituzione dell'immobile ed acquisisce interamente i canoni a titolo di indennità, se non è stato diversamente convenuto nel contratto.

2. Il *factoring*. Premessa.

Il *factoring* è l'operazione contrattuale attraverso la quale un imprenditore realizza la **cessione in massa di tutti i crediti pecuniari d'impresa, presenti e futuri**.
Sulla base di un **unico contratto di durata**, il *factor* (cessionario dei crediti) si obbliga nei confronti dell'imprenditore cedente:

- alla tenuta della contabilità dei debitori, alla gestione dell'incasso dei crediti e dell'eventuale contenzioso (in tal modo il *factoring* assolve ad una **funzione di gestione**);
- alle anticipazioni dell'importo dei crediti che non siano ancora scaduti oppure esigibili (in tal modo il *factoring* assolve ad una **funzione di finanziamento**);
- all'eventuale assunzione a proprio carico del rischio di inadempimento da parte dei debitori ceduti, ove la cessione dei crediti venga effettuata *pro soluto* e non *pro solvendo* (in tal modo il *factoring* assolve ad una **funzione di assicurazione**).

L'imprenditore, a sua volta, si obbliga a corrispondere al *factor* un corrispettivo per il servizio prestato.

2.1. La disciplina.

Con L. 21 febbraio 1991, n. 52, il legislatore ha disciplinato la cessione di crediti a società o enti che esercitino attività di *factoring*.
Si tratta di una **disciplina** applicabile quando:

- il cedente è un *imprenditore*;
- la cessione ha ad oggetto *crediti sorti nell'esercizio dell'attività d'impresa*;
- il cessionario è una **banca, un intermediario finanziario** specializzato nel cui oggetto sociale rientri, appunto, l'acquisto di crediti d'impresa, oppure, ancora, un soggetto, costituito in forma di società di capitali, che svolge l'attività di acquisto di crediti, vantati

nei confronti di terzi, da soggetti del gruppo di appartenenza che non siano intermediari finanziari oppure di crediti vantati da terzi nei confronti di soggetti del gruppo di appartenenza, ferme restando le riserve di attività previste ai sensi del citato testo unico delle leggi in materia bancaria e creditizia (si tratta di una terza categoria presa a riferimento dalla recentissima l. 119/2016, di conversione del d.l. 59/2016)

Ove non ricorrano congiuntamente queste condizioni, si farà applicazione della disciplina relativa alla cessione del credito, di cui agli artt. 1260 ss. cc.
La L. 52/91, invero, dettando una disciplina parzialmente derogatoria rispetto a quella prevista dal codice civile per la cessione del credito, prevede che:

- possono formare oggetto di **cessione** anche **crediti futuri**, a condizione che nel contratto di *factoring* sia indicato il futuro debitore ceduto e che la cessione abbia ad oggetto crediti che sorgeranno da contratti da stipulare in un periodo non superiore ai *ventiquattro mesi* successivi;
- la **cessione** normalmente avviene *pro solvendo*, ma è fatta salva la possibilità delle parti di accordarsi diversamente e di prevedere che il *factor*, attraverso una cessione *pro soluto*, subisca il rischio dell'eventuale inadempimento dei debitori ceduti (art. 4);
- **l'opponibilità della cessione ai terzi è svincolata dalle forme proprie dell'art. 1265 c.c.**

3. La cartolarizzazione dei crediti.

La cartolarizzazione dei crediti è la complessa **operazione attraverso la quale un soggetto** (si tratta normalmente di una banca o di un intermediario finanziario) **cede a titolo oneroso uno o più crediti pecuniari** (anche futuri) **ad un altro soggetto** (si tratta della c.d. società veicolo), **che emette titoli nei quali sono incorporati i crediti ceduti** e li colloca presso investitori, professionali e non professionali.
In tal modo al creditore cedente viene anticipato l'importo dei crediti ceduti attraverso il corrispettivo pagato dagli investitori per l'acquisto dei titoli.
L'operazione realizza, quindi, lo smobilizzo di crediti (di norma di difficile realizzo) ed assolve ad una **funzione di finanziamento** a favore del creditore cedente.

4. Il pegno mobiliare non possessorio e il finanziamento alle imprese garantito da trasferimento di bene immobile sospensivamente condizionato.

Il d.l. 59/2016, convertito con modificazioni dalla l. 119/2016, ha introdotto due nuove forme di garanzia di cui possono avvalersi esclusivamente gli imprenditori commerciali iscritti nel registro delle imprese per il finanziamento della loro attività.

La prima è quella del **pegno mobiliare non possessorio**, che può essere costituito su beni mobili destinati all'esercizio dell'impresa, a esclusione dei beni mobili registrati, che possono essere esistenti o futuri, determinati o determinabili anche mediante riferimento a una o più categorie merceologiche o a un valore complessivo.

Ove non sia diversamente disposto nel contratto, il debitore o il terzo concedente il pegno è autorizzato a trasformare o alienare, nel rispetto della loro destinazione economica, o comunque a disporre dei beni gravati da pegno: in tal caso il pegno si trasferisce, rispettivamente, al prodotto risultante dalla trasformazione, al corrispettivo della cessione del bene gravato o al bene sostitutivo acquistato con tale corrispettivo, senza che ciò comporti costituzione di una nuova garanzia.

Si tratta di una particolare forma di pegno rotativo, che presenta il vantaggio di garantire il creditore senza però gravare il debitore dello spossessamento dei beni oggetto della garanzia.

La seconda è quella del **finanziamento garantito da trasferimento di bene immobile sospensivamente condizionato**, di cui al novellato art. 48 bis d.lgs. 385/1993 (Testo unico bancario).

Prevede tale articolo che il contratto di finanziamento concluso tra un imprenditore e una banca o altro intermediario finanziario autorizzato può essere garantito dal trasferimento, in favore del creditore o di una società dallo stesso controllata o al medesimo collegata ai sensi delle vigenti disposizioni di legge e autorizzata ad acquistare, detenere, gestire e trasferire diritti reali immobiliari, della proprietà di un immobile o di un altro diritto immobiliare dell'imprenditore o di un terzo, sospensivamente condizionato all'inadempimento del debitore. Il comma 5 individua quali requisiti debba avere siffatto inadempimento per determinare il trasferimento del bene: deve trattarsi di mancato pagamento protratto per oltre nove mesi dalla scadenza di almeno tre rate, anche non consecutive, nel caso di obbligo di rimborso a rate mensili; o per oltre nove mesi dalla scadenza anche di una sola rata, quando il debitore è tenuto al rimborso rateale secondo termini di scadenza superiori al periodo mensile; ovvero, per oltre nove mesi, quando non è prevista la restituzione mediante pagamenti da effettuarsi in via rateale, dalla scadenza del rimborso previsto nel contratto di finanziamento. Notificata la volontà di avvalersi della condizione sospensiva, il creditore deve, dopo un periodo non inferiore a 60 giorni, far predisporre una perizia giurata di stima da parte di un perito nominato dal Tribunale: il trasferimento del bene si realizza al momento della comunicazione della stima al creditore ovvero al momento del pagamento della differenza, da parte della banca, tra il valore del debito e quello del bene immobile risultante dalla stima.

Non si tratta, come è stato correttamente evidenziato, di una forma codificata di patto commissorio (patto in base al quale si conviene che, in mancanza di pagamento del credito nel termine fissato, la proprietà della cosa in garanzia passi automaticamente nella proprietà del creditore e del quale l'art. 2744 c.c. sancisce categoricamente la nullità), ma più esattamente di un istituto rapportabile al c.d. patto marciano, il quale prevede, al momento dell'inadempimento, un procedimento tale da assicurare la stima imparziale del bene entro tempi certi ed esclude, quindi, per consolidata giurisprudenza, la violazione del divieto di patto commissorio (cfr., da ultimo, in questi termini, Cass. civ., sez. I, 28 gennaio 2016, n. 1625).

SCHEDA DI SINTESI

Il **leasing** finanziario è la forma di *leasing* maggiormente diffusa. Si tratta di un contratto che **coinvolge tre soggetti**: un soggetto (**l'utilizzatore**) che ha bisogno di un bene (si tratta prevalentemente di macchinari per l'attività di impresa o di automobili, ma può trattarsi anche di immobili), invece di prendere in prestito il denaro necessario per l'acquisto, si rivolge ad un intermediario specializzato (**il concedente finanziario**) affinché lo stesso acquisti il bene dal **produttore** o dal **fornitore** e glielo conceda poi in godimento temporaneo, attraverso la stipula, appunto, del contratto di *leasing*.
Il **leasing** operativo, a differenza di quello finanziario, **non presuppone una fattispecie trilatera**; in questo tipo di *leasing*, infatti, i beni sono concessi in **godimento direttamente dal produttore**, che si impegna anche nella realizzazione di una serie di prestazioni collaterali a favore dell'utilizzatore (come, ad esempio, la manutenzione del bene).
Il **contratto di *sale and lease back*** è il contratto in forza del quale **un'impresa vende un bene strumentale ad una società finanziaria, la quale ne paga il prezzo e contestualmente lo concede in *leasing* alla stessa impresa venditrice**, verso il pagamento di un canone e **con possibilità di riacquisto del bene al termine del contratto**, per un prezzo normalmente molto inferiore al suo valore.
Il contratto ***rent to buy*** (o, più correttamente, di godimento in funzione della succes-

siva alienazione di immobili) è stato introdotto con l'art. 23 del d.l. 133/2014, conv. con mod. in l. 164/2014: si tratta di un contratto (trascrivibile ai sensi dell'art. 2645-bis c.c., con effetto prenotativo assimilabile a quello conseguente alla trascrizione del contratto preliminare), diverso dalla locazione finanziaria, che prevede l'immediata concessione in godimento di un immobile, con diritto per il conduttore di acquistarlo entro un termine determinato, imputando al corrispettivo del trasferimento la parte di canone indicata nel contratto.

Il **factoring** è l'operazione contrattuale attraverso la quale un imprenditore realizza la **cessione in massa di tutti i crediti pecuniari d'impresa, presenti e futuri**.

La **cartolarizzazione dei crediti** è la complessa **operazione attraverso la quale un soggetto** (si tratta normalmente di una banca o di un intermediario finanziario) **cede a titolo oneroso uno o più crediti pecuniari** (anche futuri) **ad un altro soggetto** (si tratta della c.d. società veicolo), **che emette titoli nei quali sono incorporati i crediti ceduti** e li colloca presso investitori, professionali e non professionali. Il d.l. 59/2016, convertito con modificazioni dalla l. 119/2016, ha introdotto due nuove forme di garanzia di cui possono avvalersi esclusivamente gli imprenditori commerciali iscritti nel registro delle imprese per il finanziamento della loro attività.

La prima è quella del **pegno mobiliare non possessorio**, che può essere costituito su beni mobili destinati all'esercizio dell'impresa, a esclusione dei beni mobili registrati, che possono essere esistenti o futuri, determinati o determinabili anche mediante riferimento a una o più categorie merceologiche o a un valore complessivo.

La seconda è quella del **finanziamento garantito da trasferimento di bene immobile sospensivamente condizionato**, di cui al novellato art. 48 bis d.lgs. 385/1993 (Testo unico bancario). Prevede tale articolo che il contratto di finanziamento concluso tra un imprenditore e una banca o altro intermediario finanziario autorizzato può essere garantito dal trasferimento, in favore del creditore o di una società dallo stesso controllata o al medesimo collegata ai sensi delle vigenti disposizioni di legge e autorizzata ad acquistare, detenere, gestire e trasferire diritti reali immobiliari, della proprietà di un immobile o di un altro diritto immobiliare dell'imprenditore o di un terzo, sospensivamente condizionato all'inadempimento del debitore.

QUESTIONARIO

1. A quale funzione è preordinato il *leasing* e quante tipologie di leasing si possono riscontrare? **(1)**
2. Qual è la struttura del *leasing* finanziario e che funzione ha il canone? **(1.1.)**
3. Qual è la struttura del *lease back* ed in quali termini lo stesso è compatibile con il divieto di patto commissorio? **(1.3.)**
4. A quale funzione è preordinato il *factoring* e quali sono le peculiarità, in termini di disciplina, rispetto alla cessione del credito disciplinata dagli art. 1260 ss. c.c.? **(2)**
5. Cos'è la cartolarizzazione dei crediti e quale funzione è preordinata? **(3)**
6. Quali sono le caratteristiche del pegno mobiliare non possessorio? **(4)**

Capitolo V
I contratti bancari

Sommario:
1. Impresa ed attività bancaria. – **2.** La disciplina generale dei contratti bancari. – **3.** Le operazioni passive. Il deposito bancario. – **4.** Le operazioni attive. – **4.1.** L'apertura di credito bancario. – **4.2.** L'anticipazione bancaria. – **4.3.** Lo sconto bancario. – **5.** Operazioni in conto corrente e conto corrente bancario. – **6.** Le garanzie bancarie. – **7.** I servizi di custodia. – **7.1.** Il deposito di titoli in amministrazione. – **7.2.** Le cassette di sicurezza. – **8.** I servizi di pagamento.

1. Impresa ed attività bancaria.

Le **banche sono imprese commerciali che esercitano l'attività bancaria**. L'**oggetto principale** dell'attività bancaria è rappresentato dalla **raccolta del risparmio** fra il pubblico e dall'**esercizio del credito**.
Le operazioni di raccolta del risparmio rientrano nell'ambito delle c.d. *operazioni passive*, perché rendono la banca debitrice nei confronti dei propri clienti, mentre le operazioni di concessione di credito fanno parte delle c.d. *operazioni attive*, poiché, viceversa, rendono la banca creditrice del cliente. Oltre a tali attività, la banca pone in essere **altre operazioni** a carattere finanziario o strumentale: si tratta, in particolare, delle c.d. *operazioni accessorie* (ad esempio il servizio delle cassette di sicurezza) e delle c.d. *operazioni parabancarie* (ad esempio l'acquisizione di partecipazioni societarie). L'attività bancaria presenta un **particolare rilievo economico e sociale,** riconosciuto dall'art. 47, comma 1, Cost., ove si afferma che «*La Repubblica incoraggia e tutela il risparmio in tutte le sue forme; disciplina, coordina e controlla l'esercizio del credito*». Per questo motivo il suo esercizio è regolamentato da una **disciplina di stampo pubblicistico,** che fa perno sul D.lgs. 1° settembre 1993, n. 385 (**Testo Unico delle leggi in materia bancaria e creditizia**).
Tale normativa riserva l'**esercizio dell'attività bancaria** alle banche costituite in forma di **società per azioni** o di **società cooperativa per azioni** aventi la sede legale e la direzione generale in Italia ed è subordinato alla preventiva **autorizzazione della Banca d'Italia**.

Le imprese bancarie sono inoltre sottoposte ad una penetrante **vigilanza** da parte della Banca d'Italia, in conformità delle direttive emanate dal Cicr (Comitato interministeriale per il credito ed il risparmio), allo scopo di assicurare la sana e prudente gestione delle banche e, più in generale, la stabilità del sistema bancario.

2. La disciplina generale dei contratti bancari.

I contratti bancari sono disciplinati innanzitutto dagli **artt. 1834-1860 c.c.**
Tale normativa si limita a regolare i principali contratti bancari noti all'epoca della codificazione ed ha, pertanto, carattere parziale.
La regolamentazione dei contratti bancari, pertanto, deve essere necessariamente integrata attraverso il rinvio alle c.d. *norme bancarie uniformi*. Queste ultime contengono le condizioni generali di contratto predisposte dall'associazione di categoria delle banche (l'**Abi - Associazione Bancaria Italiana**) ed applicate in modo uniforme dalle banche medesime nei rapporti con i clienti.
Il **Testo unico delle leggi in materia bancaria e creditizia (d.lgs. 385/1993)**, inoltre, contiene una serie di *disposizioni finalizzate a garantire la trasparenza* delle operazioni e dei servizi bancari e finanziari (artt. 115 – 120-*quater*, Tub), *a tutela del cliente* che si trova in una posizione di disparità economica rispetto all'ente creditizio.
In estrema sintesi, dette disposizioni attengono, tra l'altro: alla **forma dei contratti** che devono essere sempre redatti per iscritto e di cui un esemplare deve essere sempre consegnato al cliente, pena la nullità (che può essere fatta valere solo dal cliente) del rapporto (art. 117 Tub); alla **modifica unilaterale da parte della banca delle condizioni nei contratti a tempo indeterminato**, che deve essere prevista dal contratto, con clausola sottoscritta dal cliente, e deve essere oggetto di comunicazione preventiva al cliente (art. 118 Tub); alle **comunicazioni periodiche alla clientela**, ossia alle comunicazioni chiare in merito allo svolgimento del rapporto che la banca deve inviare almeno una volta all'anno alla propria clientela (art. 119 Tub); al **recesso**, che costituisce un diritto che il cliente può esercitare in ogni momento nei contratti a tempo indeterminato, senza penalità e senza spese (art. 120-*bis* Tub).
Infine, la **disciplina del credito al consumo** (art. 121-126, Tub), nonché quella delle **clausole vessatorie** nei contratti stipulati con i consumatori (art. 33-38, cod. cons.), completano il sistema di tutela riservato dal legislatore ai clienti delle banche quando questi siano persone fisiche che agiscono per scopi estranei alla loro attività imprenditoriale o professionale.

3. Le operazioni passive: il deposito bancario.

Il **deposito bancario** costituisce la tipica **operazione bancaria passiva** e rappresenta lo **strumento** tradizionale **di raccolta del risparmio**.
La **nozione** del contratto di deposito bancario è desumibile dall'art. 1834 c.c., ai sensi del quale «*Nei depositi di una somma di danaro presso una banca, questa ne acquista la proprietà, ed è obbligata a restituirla nella stessa specie monetaria, alla scadenza del termine convenuto ovvero a richiesta del depositante, con l'osservanza del periodo di preavviso stabilito dalle parti o dagli usi*».
Il deposito bancario svolge, in primo luogo, una **funzione di custodia**, tutelando l'interesse del cliente alla conservazione delle somme inizialmente depositate ed alla restituzione *ad nutum* delle stesse. Si ritiene, inoltre, che tale contratto assolva anche una **funzione creditizia**, dal momento che la banca corrisponde sulla somma depositata un interesse, anziché pretendere un compenso (GIORGIANNI-TARDIVO).
Per quanto concerne la **natura giuridica** del contratto in esame, l'opinione prevalente in dottrina e giurisprudenza afferma che si tratti di un particolare tipo di *deposito irregolare*, dato che la banca acquista la proprietà di una quantità di cose fungibili (le somme di denaro depositate dal cliente) con l'obbligo di restituire il *tantundem eiusdem generis*. Si tratta, inoltre, di un contratto: **reale**, perché si perfeziona con la consegna alla banca della somma di denaro; **unilaterale**, perché le prestazioni sono a carico della sola banca che è obbligata alla restituzione della somma ed alla corresponsione degli interessi maturati; **oneroso**; **di durata**.
Si distinguono diversi tipi di deposito bancario:

- il **deposito semplice**, in base al quale il cliente non può eseguire ulteriori versamenti o prelievi parziali e può chiedere la restituzione del denaro depositato ed il pagamento degli interessi maturati solo in un'unica soluzione. Con tale forma di deposito il cliente mira solo a soddisfare un bisogno di sicurezza ed a liberarsi dell'onere di custodia;
- il **deposito a risparmio**, che a differenza del precedente consente al cliente di effettuare successivi versamenti e prelievi. Al momento del deposito la banca rilascia un **libretto di risparmio** sul quale vengono annotate le operazioni eseguite;
- il **deposito di conto corrente**, nel quale il cliente si riserva di modificare nel corso del rapporto l'entità del deposito con successivi versamenti e prelievi.

- A seconda delle modalità con le quali il cliente può chiedere la restituzione del denaro depositato, si distingue tra:
- **deposito libero**, in cui la banca è tenuta a restituire la somma depositata a richiesta del depositante, salvo l'obbligo di preavviso da parte di quest'ultimo previsto dal contratto o dagli usi;
- **deposito vincolato**, quando la banca è obbligata a restituire la somma depositata esclusivamente alla scadenza pattuita.

4. Le operazioni attive.

Le **operazioni attive**, come anticipato, sono le **operazioni di concessione di credito** che rendono la **banca creditrice** nei confronti del proprio cliente.
I principali contratti che rientrano in questa categoria di operazioni sono:

- **l'apertura di credito bancario;**
- **l'anticipazione bancaria;**
- **lo sconto bancario.**

4.1. L'apertura di credito bancario.

In base alla **nozione** fornita dall'art. 1842 c.c. l'apertura di credito bancario è il contratto col quale la **banca si obbliga a tenere a disposizione dell'altra parte una somma di danaro a tempo determinato o a tempo indeterminato.** L'**oggetto del contratto**, quindi, è la messa a disposizione da parte della banca di una somma di denaro a favore del cliente, che quest'ultimo dovrà restituire con gli interessi pattuiti nel momento e nei limiti in cui utilizzerà effettivamente il denaro. Secondo l'opinione dominante, l'apertura di credito è un **contratto consensuale**, **a effetti obbligatori**, **definitivo**, **di durata** (tempo determinato o indeterminato), *intuitu personae* e normalmente **oneroso**. Si distinguono diverse tipologie di apertura di credito:

- l'apertura di credito **semplice**, in cui il credito può essere utilizzato una sola volta, anche se con successivi prelievi parziali;
- l'apertura di credito **in conto corrente**, che a differenza della precedente consente al cliente di ripristinare la disponibilità nel corso del rapporto attraverso dei versamenti e riutilizzarla nuovamente;
- **allo scoperto**, quando non è accompagnata dalla prestazione di una garanzia;
- **garantita**, se la banca esige delle garanzie reali o personali.

Per quanto riguarda le **modalità di utilizzazione** del credito, se le parti non hanno diversamente disposto, l'accreditato può utilizzare in più volte il credito, secondo le forme d'uso, e può con successivi versamenti ripristinare la sua disponibilità. Salvo patto contrario, i prelievi e i versamenti si eseguono presso la sede della banca dove è costituito il rapporto (art. 1843 c.c.).
L'art. 1845 c.c., infine, disciplina il **diritto di recesso della banca** dal contratto. Nell'apertura di credito **a tempo determinato**, salvo patto contrario, la banca può recedere dal contratto **prima della scadenza del termine solo per giusta causa**. Il recesso sospende immediatamente l'utilizzazione del credito, ma la banca deve concedere un termine di almeno quindici giorni per la restituzione delle somme utilizzate e dei relativi accessori.
Nell'apertura di credito **a tempo indeterminato**, invece, **ciascuna delle parti può recedere dal contratto**, **mediante preavviso** nel termine stabilito dal contratto, dagli usi o, in mancanza, in quello di quindici giorni.

4.2. L'anticipazione bancaria.

L'anticipazione bancaria disciplinata dall'art. 1846 c.c. è una particolare **forma di finanziamento garantita da pegno**, caratterizzata dai seguenti elementi:

- la garanzia reale offerta alla banca è costituita da titoli o merci il cui valore è agevolmente accertabile (ad esempio azioni, obbligazioni, titoli rappresentativi di merci);
- l'ammontare del credito concesso dalla banca è proporzionale al valore dei titoli o delle merci dati in pegno e si determina deducendo una determinata percentuale, di regola non inferiore al dieci per cento (c.d. *scarto*), dal valore di stima degli stessi fissati di comune accordo.

L'anticipazione bancaria si distingue in:

- **anticipazione semplice**, che comporta la dazione effettiva, da parte della banca, di una somma di denaro, con l'obbligo di restituzione in capo al cliente alla scadenza stabilita, ma con facoltà di restituzione, totale o parziale, anche prima della scadenza, con contestuale ritiro parziale o totale dei titoli o delle merci date in pegno;
- **anticipazione in conto corrente**, che comporta la messa a disposizione di una somma di denaro, con facoltà per il cliente di prelevarla

una o più volte e di ricostruire, mediante successivi versamenti, la disponibilità originaria per poterla riutilizzare.

L'anticipazione bancaria può essere inoltre:

- **propria**, quando le merci o i titoli sono costituiti in **pegno regolare**. La banca, pertanto, non può disporre delle cose ricevute in pegno ed alla scadenza dovrà restituire gli stessi titoli o la stessa merce. Deve inoltre provvedere alla custodia a spese del cliente (art. 1848 c.c.) e all'assicurazione delle merci per conto e a spese dello stesso (art. 1847 c.c.);
- **impropria**, quando i titoli o i depositi in denaro sono costituiti in **pegno irregolare** (art. 1851 c.c.). In tal caso la proprietà dei titoli dati in pegno passa alla banca che alla scadenza dovrà restituire solo titoli dello stesso genere, per la parte eccedente l'ammontare della somma ancora dovuta al cliente.

4.3. Lo sconto bancario.

Lo sconto è il contratto con il quale «*la banca, previa deduzione dell'interesse, anticipa al cliente l'importo di un credito verso terzi non ancora scaduto, mediante la cessione, salvo buon fine, del credito stesso*» (art. 1858 c.c.).

La banca, divenuta titolare del credito cedutole, può attendere la scadenza per riscuoterne il valore nominale dal terzo debitore oppure può, a sua volta, utilizzare il credito per scontarlo presso un'altra banca (c.d. **risconto**), recuperando così in anticipo quanto corrisposto al cliente, al netto del tasso di risconto.

La cessione avviene *pro solvendo*, per cui lo scontatario resta obbligato al pagamento in caso di inadempimento del debitore ceduto.

Se lo sconto avviene **mediante girata di cambiale o di assegno bancario**, la banca, nel caso di mancato pagamento, oltre ai diritti derivanti dal titolo, ha anche il diritto alla restituzione della somma anticipata (art. 1859 c.c.).

5. Operazioni in conto corrente e conto corrente bancario.

In base all'art. 1852 c.c. «*qualora il deposito, l'apertura di credito o altre operazioni bancarie siano regolate in conto corrente, il correntista può disporre in qualsiasi momento delle somme risultanti a suo credito, salva l'osservanza del termine di preavviso eventualmente pattuito*».

Il regolamento in conto corrente presenta le seguenti **caratteristiche**:

- il deposito e l'apertura in conto corrente hanno una **struttura analoga al conto corrente ordinario** (art. 1823 c.c.), ma producono **effetti differenti**. Nel conto corrente ordinario, infatti, il credito a favore del cliente è inesigibile e indisponibile fino alla chiusura del conto. Nel caso in esame, invece, il cliente può disporre in qualsiasi momento del saldo derivante dalla somma algebrica di tutti i versamenti e prelevamenti;
- **il cliente può disporre delle somme** sia attraverso i prelievi in contanti, sia mediante l'emissione di assegni bancari.

La banca, pertanto, assume l'obbligo di provvedere per conto del cliente, su suo ordine diretto o indiretto, a pagamenti e riscossioni nei confronti di terzi (c.d. *servizio di cassa*).

Il **conto corrente bancario** (o di corrispondenza) non è espressamente contemplato dal codice civile, ma si è diffuso nella prassi bancaria ed **è regolamentato dalle norme bancarie uniformi**.

Secondo l'opinione prevalente in dottrina si tratta di un **contratto innominato misto** (**consensuale**, **normativo**, **di durata**) con cui il cliente investe la banca di un mandato generale ad eseguire e ricevere pagamenti per conto del cliente medesimo, con autorizzazione a far affluire nel conto le somme acquisite in esecuzione del mandato. Come nelle operazioni regolamentate in conto corrente, pertanto, la banca si obbliga ad espletare un **servizio di cassa per conto del cliente**.

6. Le garanzie bancarie.

L'esigenza della banca di assicurarsi il recupero del credito concesso al cliente ha determinato il diffondersi nella pratica di peculiari forme di garanzie non contemplate espressamente dal codice civile. Tra le garanzie bancarie più diffuse nella pratica troviamo la **fideiussione** *omnibus* ed il **pegno** *omnibus*.

La **fideiussione** *omnibus*, specificamente regolata dalle norme bancarie uniformi, è una **garanzia personale e generale** che **assicura alla banca l'adempimento di qualsiasi obbligazione, anche futura**, assunta dal cliente garantito.

Il fideiussore, pertanto, si trova a dover garantire una serie di obbligazioni non determinate al momento della concessione della garanzia, anche se determinabili *per relationem*.

Il legislatore, con l'evidente scopo di tutelare il fideiussore dal rischio di assumere un'obbligazione di garanzia indeterminata nel *quantum*, ha modificato l'art. 1938 c.c., stabilendo che nella fideiussione avente ad oggetto obbligazioni future deve essere stabilito l'*importo massimo garantito*.

La fideiussione *omnibus* è pertanto una **garanzia atipica**, in gran parte sottratta alla disciplina di diritto comune. Essa, invero, produce effetti anche se l'obbligazione principale è invalida e il fideiussore non può opporre le eccezioni che spettano al debitore garantito.

Il **pegno *omnibus*** è una **garanzia atipica** – esplicitamente prevista dalle norme uniformi bancarie – contenuta in un'apposita clausola sottoscritta dal cliente, grazia alla quale la banca ha facoltà di ritenere tutti i titoli o valori di proprietà del correntista e già detenuti a qualsiasi titolo e/o ragione ed addirittura pervenuti successivamente nel possesso della banca stessa, ad estinzione di un credito di quest'ultima.

Tale clausola è valida solo nei rapporti tra banca e cliente, ma è **inopponibile agli altri creditori perché contrasta con l'esigenza della sufficiente indicazione del credito garantito** dal pegno (art. 2787, comma 3 c.c.).

Occorre osservare, infine, che talvolta è la stessa **banca** ad assumere il ruolo di **garante** attraverso la stipulazione di una **fideiussione *omnibus*** oppure di un **contratto c.d. autonomo di garanzia**.

Il **contratto autonomo di garanzia**, in particolare, presenta le seguenti **caratteristiche**:

- **la banca garante si obbliga a pagare** "*a prima richiesta*", vale a dire senza che il beneficiario sia tenuto approvare l'inadempimento del debitore garantito e senza poter opporre eccezioni relative all'esistenza e/o l'esigibilità del credito;
- la banca si obbliga a pagare **anche se l'obbligazione** del debitore garantito **non è venuta ad esistenza o è divenuta successivamente impossibile**.

La **validità** del contratto autonomo di garanzia è oggi pacificamente riconosciuta dalla giurisprudenza dominante, che ha elaborato, però, appositi **rimedi per il rischio di abusi** da parte del creditore.

Si afferma, invero, che in caso di comportamento doloso del beneficiario della garanzia (ad esempio la garanzia è stata azionata nonostante l'avvenuto pagamento dell'obbligazione principale da parte del debitore garantito), la banca escussa può ottenere, anche con provvedimento d'urgenza *ex* art. 700 c.p.c., la sospensione giudiziale della garanzia, invocando l'*exceptio doli generalis*.

Tale eccezione, in particolare, dee fondarsi su prove liquide, ovvero su prove documentali o comunque che non richieda accertamenti complessi.

7. I servizi di custodia.

Fanno parte delle operazioni oggetto dell'attività bancaria anche i **servizi di custodia di titoli e valori**. Il codice civile disciplina espressamente:
- il **deposito di titoli in amministrazione**;
- le **cassette di sicurezza**.

7.1. Il deposito di titoli in amministrazione.

Nel **deposito di titoli in amministrazione**, disciplinato dall'art. 1838 c.c., la banca, oltre alla custodia dei titoli, assume l'**obbligo di amministrarli dietro compenso**. Gli **obblighi della banca** possono essere raggruppati in **due categorie**:

- la prima ricomprende le **attività che la banca può compiere in via autonoma**, come l'incasso di dividendi o cedole (art. 1838, comma 1, c.c.);
- la seconda riguarda invece le **attività** (versamento di decimi, esercizio del diritto di opzione o conversione dei titoli) **che necessitano di istruzioni** da parte del cliente (art. 1838, comma 2, c.c.).

La banca ha **diritto al compenso** pattuito ed al **rimborso delle spese** incontrate nell'esecuzione dell'incarico (art. 1838, comma 3, c.c.).

7.2. Le cassette di sicurezza.

Il servizio di cassette di sicurezza è funzionalmente destinato a **consentire la conservazione e la custodia di beni** che, per il loro alto valore, richiedono l'utilizzazione di un apparato di sicurezza che solo una banca è in grado di offrire.
Con tale servizio, infatti, la banca mette a disposizione del cliente uno scomparto metallico (la cassetta) posto in locali corazzati custoditi all'interno dalla banca medesima. Nella cassetta il cliente può riporre **oggetti**, **titoli** o **valori**.
Il diritto di aprire la cassetta spetta a colui in nome del quale il contratto è stato concluso o alle persone da questi autorizzate.

In base all'art. 1839 c.c., la **banca risponde verso l'utente per l'idoneità e la custodia dei locali e per l'integrità della cassetta**, salvo il caso fortuito. Si tratterebbe, in particolare, di una presunzione di responsabilità a carico della banca, che può essere vinta dalla stessa solo dimostrando che l'evento dannoso era imprevedibile ed inevitabile con la diligenza professionale.

La difficoltà di tale prova liberatoria ha indotto le banche ad inserire delle **clausole che limitano l'ammontare del danno risarcibile** al cliente (si tratta, in particolare, di clausole che impongono al cliente di non introdurre nella cassetta valori superiori ad un ammontare prestabilito), scaricando su quest'ultimo i rischi del servizio. La Corte di Cassazione, tuttavia, hanno in più occasioni dichiarato **la nullità** di tali clausole perché in contrasto con l'art. 1229, comma 1, c.c.

Alla **scadenza del contratto**, la banca, previa intimazione all'intestatario e decorsi sei mesi dalla data della medesima, può chiedere al tribunale l'autorizzazione ad aprire la cassetta. L'apertura si esegue con l'assistenza di un notaio all'uopo designato e con le cautele che il tribunale ritiene opportune. Il tribunale può dare le disposizioni necessarie per la conservazione degli oggetti rinvenuti e può ordinare la vendita di quella parte di essi che occorra al soddisfacimento di quanto è dovuto alla banca per canoni e spese (art. 1841 c.c.).

8. I servizi di pagamento.

Il D.lgs. del 27 gennaio 2010, n. 11, ha recepito nel nostro ordinamento la direttiva comunitaria 2007/64/CE sui requisiti dei **servizi di pagamento**, volta a creare un **mercato unico dei servizi bancari e finanziari** dell'Unione europea ed agevolare la **libera circolazione delle merci, delle persone e dei capitali**.

Il decreto legislativo in esame fornisce una nozione ampia di servizi di pagamento, che abbraccia tutte le attività concernenti l'esecuzione di ordini di pagamento, ad esclusione di quelle non destinate al pubblico e di quelle oggetto di una regolamentazione specifica. La grande novità è rappresentata dalla possibilità di offrire tali servizi riconosciuta non solo alle banche e agli istituti di moneta elettronica, ma anche ai c.d. **istituti di pagamento**.

Questi ultimi sono **operatori non bancari** (si pensi ad esempio agli operatori di telefonia o ai supermercati) che potranno associare all'ordinaria attività commerciale espletata anche l'offerta di servizi a pagamento, ivi compresa la concessione di credito, in passato di competenza esclusiva di banche e istituti finanziari.

Tali servizi vengono offerti mediante l'istituzione di un **conto di pagamento**

CAPITOLO V | I CONTRATTI BANCARI

intestato al cliente, nel quale vengono iscritte le somme di denaro utilizzabili esclusivamente per la prestazione del servizio. È espressamente stabilito che tali conti costituiscono, per ogni cliente, un **patrimonio distinto** a tutti gli effetti da quello dell'istituto di pagamento e dagli altri clienti dello stesso.
La **tutela degli utenti** dei servizi di pagamento è arricchita dalla previsione dell'obbligo – in capo agli istituti di pagamento che svolgano un'attività imprenditoriale diversa dalla prestazione dei servizi di pagamento – **istituire un patrimonio destinato**, in grado di servire esclusivamente al soddisfacimento delle loro pretese. In caso di incapienza del patrimonio destinato, inoltre, l'istituto di pagamento risponde nei confronti degli utenti con il suo patrimonio.

SCHEDA DI SINTESI

Le banche sono **imprese commerciali** che **esercitano l'attività bancaria.**
L'**oggetto principale** dell'attività bancaria è rappresentato dalla **raccolta del risparmio** fra il pubblico e dall'**esercizio del credito.**
Le operazioni di raccolta del risparmio rientrano nell'ambito delle c.d. *operazioni passive*, perché rendono la banca debitrice nei confronti dei propri clienti, mentre le operazioni di concessione di credito fanno parte delle c.d. *operazioni attive*, poiché, viceversa, rendono la banca creditrice del cliente.
Il **deposito bancario** costituisce la tipica **operazione bancaria passiva** e rappresenta lo **strumento** tradizionale **di raccolta del risparmio.**
La **nozione** del contratto di deposito bancario è desumibile dall'art. 1834 c.c., ai sensi del quale «*Nei depositi di una somma di danaro presso una banca, questa ne acquista la proprietà, ed è obbligata a restituirla nella stessa specie monetaria, alla scadenza del termine convenuto ovvero a richiesta del depositante, con l'osservanza del periodo di preavviso stabilito dalle parti o dagli usi*».
Le **operazioni attive**, come anticipato, sono le **operazioni di concessione di credito** che rendono la **banca creditrice** nei confronti del proprio cliente.
L'**apertura di credito bancario** è il contratto col quale la **banca si obbliga a tenere a disposizione dell'altra parte una somma di danaro a tempo determinato o a tempo indeterminato.**
L'**anticipazione bancaria** disciplinata dall'art. 1846 c.c. è una particolare **forma di finanziamento garantita da pegno**, caratterizzata dai seguenti elementi: la garanzia reale offerta alla banca è costituita da titoli o merci il cui valore è agevolmente accertabile (ad esempio azioni, obbligazioni, titoli rappresentativi di merci); l'ammontare del credito concesso dalla banca è proporzionale al valore dei titoli o delle merci dati in pegno e si determina deducendo una determinata percentuale, di regola non inferiore al dieci per cento (c.d. *scarto*), dal valore di stima degli stessi fissati di comune accordo.
Lo **sconto** è il contratto con il quale «*la banca, previa deduzione dell'interesse, anti-*

cipa al cliente l'importo di un credito verso terzi non ancora scaduto, mediante la cessione, salvo buon fine, del credito stesso» (art. 1858 c.c.).
Tra le garanzie bancarie più diffuse nella pratica troviamo la **fideiussione omnibus** ed il **pegno omnibus**.

La **fideiussione omnibus**, specificamente regolata dalle norme bancarie uniformi, è una **garanzia personale e generale** che **assicura alla banca l'adempimento di qualsiasi obbligazione, anche futura**, assunta dal cliente garantito.

Il **pegno omnibus** è una **garanzia atipica** – esplicitamente prevista dalle norme uniformi bancarie – contenuta in un'apposita clausola sottoscritta dal cliente, grazia alla quale la banca ha facoltà di ritenere tutti i titoli o valori di proprietà del correntista e già detenuti a qualsiasi titolo e/o ragione ed addirittura pervenuti successivamente nel possesso della banca stessa, ad estinzione di un credito di quest'ultima.

Fanno parte delle operazioni oggetto dell'attività bancaria anche i **servizi di custodia di titoli e valori**. Il codice civile disciplina espressamente:
- **il deposito di titoli in amministrazione;**
- **le cassette di sicurezza.**

QUESTIONARIO

1. Qual è l'oggetto principale dell'attività bancaria? (**1**)
2. Quali sono le principali fonti normative in materia di contratti bancari? (**2**)
3. Qual è la natura giuridica del contratto di deposito bancario? (**3**)
4. Quali sono i contratti riconducibili alla categoria delle c.d. operazioni attive? (**4**)
5. Quali differenze tra conto corrente bancario e conto corrente ordinario? (**5**)
6. Quali sono i tratti distintivi delle garanzie atipiche e delle garanzie autonome? (**6**)
7. Quali sono i servizi di custodia? (**7**)

Capitolo VI
L'intermediazione mobiliare

SEZIONE I – I SERVIZI DI INVESTIMENTO

SOMMARIO:
1. L'oggetto dell'intermediazione mobiliare. nozioni introduttive. – **2.** Le società di intermediazione mobiliare. – **3.** La disciplina generale dei servizi di investimento. – **4.** La gestione di portafogli individuali.

1. L'oggetto dell'intermediazione mobiliare. Nozioni introduttive.

La trattazione dell'attività di intermediazione mobiliare richiede, a monte, che se ne identifichi e se ne definisca l'oggetto, rappresentato dal **prodotto finanziario**.

A norma dell'art. 1, co. 1, lett.) 1 del D.lgs. n. 58 del 24 febbraio 1998 (d'ora in poi Tuf) sono prodotti finanziari gli strumenti finanziari ed ogni altra forma di investimento di natura finanziaria, mentre non costituiscono prodotti finanziari i depositi bancari o postali non rappresentati da strumenti finanziari.

Ai sensi del secondo comma del medesimo art. 1, gli strumenti finanziari (*species* del più ampio *genus* "**prodotto finanziario**") comprendono i valori mobiliari, gli strumenti del mercato monetario, le quote di un organismo di investimento collettivo di risparmio nonché una serie di posizioni contrattuali specificamente indicate dalla norma. Non sono considerati strumenti finanziari gli strumenti di pagamento (art. 1, comma 4).

La **categoria** degli strumenti finanziari è una categoria **chiusa** che, pertanto, è suscettibile di essere ampliata soltanto in via normativa (con le modalità di cui all'art. 1, comma 2).

Ai sensi dell'art. 1, comma 1-*bis* del Tuf, per "**valori mobiliari**" si intendono categorie di valori che possono essere negoziati nel mercato dei capitali, quali **ad esempio** *le azioni di società, le obbligazioni e altri titoli di debito*.

Come è dato desumere dal dato normativo e dal fatto che l'indicazione legislativa è soltanto esemplificativa, i valori mobiliari costituiscono una **categoria**

aperta, nella quale rientrano tutti i **titoli negoziabili in un mercato di capitali** (per l'esame del mercato mobiliare, *amplius* Cap. VII., par. 1).
Occorre evidenziare che nella nozione di prodotto finanziario il legislatore ricomprende anche "ogni altra forma di **investimento di natura finanziaria**" ipotizzando così l'esistenza di altri prodotti finanziari, diversi ed ulteriori rispetto agli strumenti finanziari e che costituiscono comunque forme di investimento.

2. Le società di intermediazione mobiliare.

I prodotti finanziari costituiscono l'oggetto dell'attività di intermediazione mobiliare. Tale attività, in particolare, si realizza attraverso i **servizi di investimento**. Questi ultimi sono definiti dal dall'art. 1, comma 5, Tuf e comprendono le **attività aventi ad oggetto valori mobiliari ed altri strumenti finanziari quali ad esempio** la negoziazione per conto proprio, che si traduce nell'attività di acquisto e vendita di strumenti finanziari, svolta in relazione agli ordini dei clienti, con lo scopo di realizzare una differenza fra prezzo di acquisto e prezzo di vendita e l'esecuzione di ordini per conto dei clienti. Tali attività, salvo alcune eccezioni, possono essere svolte soltanto da soggetti sottoposti alla **vigilanza della Banca d'Italia e della Consob**: le **società di intermediazione mobiliare (Sim)**.
L'**esercizio dei servizi di investimento** da parte delle Sim deve essere **autorizzato dalla Consob, sentita la Banca d'Italia**, quando ricorrono le condizioni stabilite dall'art. 19 Tuf.
L'autorizzazione deve essere negata quando non risulta garantita la **sana e prudente gestione** e assicurata la capacità dell'impresa di esercitare correttamente i servizi e le attività di investimento. Ottenuta l'autorizzazione, le Sim devono essere iscritte in un apposito **albo** tenuto presso la Consob, che comunica alla Banca d'Italia le iscrizioni.
Occorre osservare, infine, che **l'esercizio di tutti i servizi di investimenti**, oltre alle Sim, **è consentito anche alle banche**, previa autorizzazione della Banca d'Italia.

3. La disciplina generale dei servizi di investimento.

Il legislatore ha dettato una serie di **regole generali** – che devono essere osservate da tutti soggetti autorizzati all'esercizio dei servizi di investimento – con

il chiaro intento di **assicurare** la **trasparenza** e la **correttezza** dei rapporti con i clienti ed **evitare** che questi ultimi possano essere danneggiati da **situazioni di conflitto di interessi** dell'impresa di investimento.
In particolare, l'art. 21 Tuf, prevede a carico dei **soggetti abilitati**, nella prestazione dei servizi e delle attività di investimento e accessori, una serie di **obblighi** quale ad esempio quello di **comportarsi** con **diligenza, correttezza** e **trasparenza** nell'interesse dei clienti e per l'integrità del mercato e di **acquisire** le **informazioni** necessarie dai clienti ed operare in modo che essi siano sempre adeguatamente informati.
L'art. 23 del Tuf detta una serie di disposizioni che arricchiscono il sistema di tutela previsto in favore dei clienti:

- è prescritta, in primo luogo, la **forma scritta a pena di nullità**. La nullità, però, **può essere fatta valere solo dal cliente**;
- è **nulla**, inoltre, **ogni pattuizione di rinvio agli usi per la determinazione del corrispettivo** dovuto dal cliente e di ogni altro onere a suo carico;
- nei giudizi di **risarcimento dei danni** cagionati al cliente nello svolgimento dei servizi, infine, **spetta ai soggetti abilitati l'onere della prova di aver agito con la specifica diligenza richiesta**.

Sempre a tutela della parte debole del rapporto, la normativa in commento fissa per tutti i servizi di investimento il principio in base al quale **gli strumenti finanziari ed il denaro dei clienti costituiscono patrimonio distinto** da quello dell'intermediario e degli altri clienti. Su tale patrimonio non possono agire i creditori dell'intermediario ed i creditori dell'eventuale depositario o sub-depositario. Le azioni dei creditori dei singoli clienti sono ammesse nei limiti del patrimonio di proprietà di questi ultimi.

4. La gestione di portafogli individuali.

La gestione di **portafogli di investimento** (o **patrimoni mobiliari**) è uno dei servizi di investimento (il comma 5 dell'art. 1 del d.lgs. 23/1998 ne conta oggi otto tipi differenti, fra i quali, oltre a quello in esame, si ricordano la negoziazione per conto proprio; l'esecuzione di ordini per conto dei clienti; la sottoscrizione e/o collocamento con, ovvero senza, assunzione a fermo ovvero con assunzione di garanzia nei confronti dell'emittente; la gestione di portafogli; la ricezione e trasmissione di ordini; la consulenza in materia di investimenti e la gestione di sistemi multilaterali di negoziazione) che consiste in un'operazione mediante la quale il **cliente affida all'intermediario una determinata somma di denaro affinché questi la investa in strumenti finanziari** secondo criteri concordati tra le parti o, più spesso, secondo modelli standardizzati.

Gli strumenti finanziari vengono acquistati in nome e per conto del cliente – secondo lo schema del **mandato con rappresentanza** – e detenuti in deposito dall'intermediario. È tuttavia possibile che, previo consenso scritto del cliente, l'acquisto avvenga in nome proprio e per conto del cliente (**mandato senza rappresentanza**).

SEZIONE II – GLI ORGANISMI DI INVESTIMENTO COLLETTIVO

SOMMARIO:
1. Organismi di investimento e gestione collettiva del risparmio. – **2.** Le società di gestione del risparmio. – **3.** I fondi comuni di investimento. – **4.** Le società di investimento a capitale variabile.

1. Organismi di investimento e gestione collettiva del risparmio.

Gli **organismi di investimento collettivo del risparmio** (**Oicr**) sono organismi che investono in strumenti finanziari (come azioni o obbligazioni) o in altre attività il denaro raccolto fra il pubblico dei risparmiatori secondo criteri di gestione ispirati al **principio di ripartizione dei rischi**.
Si parla in questi casi di **gestione collettiva del risparmio** perché viene meno nel rapporto tra cliente ed intermediario l'elemento individuale e le risorse appartenenti ai risparmiatori confluiscono in un'**unica massa patrimoniale gestita in modo unitario** dall'organismo di investimento.
L'art. 1, comma 1, lett. n) del Tuf definisce la gestione collettiva del risparmio come il servizio finanziario che si realizza attraverso:

- *la promozione, istituzione e organizzazione di* **fondi comuni d'investimento** *e l'amministrazione dei rapporti con i partecipanti;*
- *la* **gestione del patrimonio di Oicr**, *di propria o altrui istituzione, mediante l'investimento avente ad oggetto strumenti finanziari, crediti, o altri beni mobili o immobili.*

La **funzione** della gestione collettiva del risparmio è quella di offrire ai risparmiatori uno strumento di **investimento più sicuro e conveniente** di quello diretto.
Tramite la c.d. gestione di massa, inoltre, è possibile attenuare i rischi dell'investimento azionario attraverso una diversificazione del portafoglio titoli.

2. Le società di gestione e risparmio.

La società di gestione e risparmio (d'ora in poi Sgr) è uno degli intermediari cui è riservato l'**esercizio professionale dell'attività di gestione collettiva del risparmio**.
L'**esercizio** di tali attività da parte delle Sgr è **autorizzato dalla Banca d'Italia, sentita la Consob** quando ricorrono le **condizioni** di cui all'art. 34 Tuf.
Le Sgr autorizzate sono iscritte in un apposito **albo** tenuto dalla Banca d'Italia.
L'art. 40 del Tuf stabilisce le regole di comportamento che devono essere rispettate dalle Sgr.
Queste ultime, in particolare, devono:

- **operare con diligenza, correttezza e trasparenza** nell'interesse dei partecipanti ai fondi e dell'integrità del mercato;
- organizzarsi in modo tale da **ridurre al minimo il rischio di conflitti di interesse** anche tra i patrimoni gestiti e, in situazioni di conflitto, agire in modo da **assicurare** comunque **un equo trattamento degli Oicr**;
- adottare misure idonee a salvaguardare i diritti dei partecipanti ai fondi; disporre di adeguate risorse e procedure idonee ad **assicurare l'efficiente svolgimento dei servizi**.

3. I fondi comuni di investimento.

L'iniziativa per la costituzione dei fondi comuni di investimento – i quali consentono la raccolta del risparmio per l'impiego dello stesso in beni, strumenti finanziari o altri valori – **è riservata alle società di gestione del risparmio**. Nei fondi comuni di investimento, in particolare, **gli investitori partecipano al fondo senza assumere la qualità di socio della società di gestione** che provvede all'investimento collettivo. Le somme versate dagli investitori e le attività in cui le stesse sono investite confluiscono nel **fondo comune** che **costituisce un patrimonio autonomo** rispetto a quello della società che lo amministra. Il corrispettivo riservato agli investitori, pertanto, non è rappresentato da azioni della società ma da **quote di partecipazione al fondo**. La gestione del fondo è affidata ad un complesso sistema di **controllo** affidato alla Banca d'Italia, alla Consob, ad una società di revisione ed alla banca depositaria.
I **fondi** di investimento possono essere di **tipo aperto o chiuso**:

- nei primi non sono posti limiti all'ingresso di nuovi partecipanti o all'uscita degli investitori e l'ammontare del patrimonio gestito non è limitato. Gli investitori, inoltre, possono richiedere in ogni momento il rimborso delle quote di partecipazione;
- nei secondi, invece, i partecipanti non hanno libertà di ingresso e di uscita e l'ammontare del fondo è predeterminato al momento della sua costituzione. Il diritto al rimborso delle quote, infine, è riconosciuto ai partecipanti solo a scadenze prefissate.

In relazione al tipo di investimento effettuato si distingue inoltre tra:

- **investimento immobiliare**, quando il capitale raccolto viene impiegato nella formazione di un patrimonio composto da beni immobili;
- **fondo mobiliare**, quando il capitale raccolto viene impiegato in titoli a reddito fisso o variabile, nazionale ed esteri;
- **fondo mercantile**, quando il capitale raccolto viene impiegato nell'acquisto di grosse partite di merci.

La partecipazione al fondo avviene mediante la sottoscrizione di una o più quote emesse dalla società di gestione, il cui valore deve essere integralmente versato. **Le quote di partecipazione hanno tutte uguale valore ed attribuiscono uguali diritti.** Esse sono rappresentate da **certificati nominativi o al portatore** a scelta dell'investitore.

La società promotrice ed il gestore assumono solidalmente verso i partecipanti gli **obblighi** e le **responsabilità del mandatario**. La banca depositaria, inoltre, è responsabile nei confronti della società di gestione e dei partecipanti al fondo per ogni pregiudizio da essi subito in conseguenza dell'inadempimento dei propri obblighi.

Un cenno a parte meritano i c.d. fondi alternativi, ossia quei fondi definiti in negativo dalla direttiva 2011/61/UE, come i fondi non disciplinati dalla direttiva 2009/65/CE (a sua volta disciplinante i fondi il cui oggetto esclusivo è l'investimento collettivo dei capitali raccolti presso il pubblico in valori mobiliari o in altre attività finanziarie liquide e il cui funzionamento è soggetto al principio della ripartizione dei rischi), ossia un'eterogenea categoria di fondi, quali gli hedge funds (fondi speculativi), i fondi di private equity o di venture capital (fondi che investono nell'acquisto del capitale di società dette target), che sono dunque oggetto di una disciplina specifica, recepita dall'Italia con il d.lgs. 44/2014.

4. Le società di investimento a capitale variabile.

Le società di investimento a capitale variabile (d'ora in poi Sicav) sono società per azioni che hanno per **oggetto esclusivo l'investimento collettivo** in strumenti finanziari del patrimonio raccolto mediante l'offerta al pubblico di proprie azioni. Le Sicav, inoltre, possono svolgere anche le **attività connesse e strumentali** autorizzate dalla Banca d'Italia, sentito il parere della Consob.

Le Sicav, in sostanza svolgono funzioni analoghe ai **fondi comuni di investimento** ed in buona parte la disciplina applicabile è la medesima. La principale **differenza** è data dal fatto che, mentre nei fondi comuni di investimento l'investitore è titolare di una quota di partecipazione al fondo, **nelle Sicav il partecipante assume la qualità di socio ed il fondo patrimoniale è rappresentato dallo stesso patrimonio della società di gestione**.

La **costituzione** delle Sicav è **autorizzata dalla Banca d'Italia**, sentita la Consob, quando ricorrono **condizioni** di cui all'art. 43 Tuf.

Nello statuto devono essere indicati **i criteri di svolgimento dell'attività di investimento**.

I soci fondatori della Sicav debbono procedere alla costituzione della società ed effettuare i versamenti relativi al capitale sottoscritto entro trenta giorni dalla data di rilascio dell'autorizzazione. Il **capitale deve essere interamente versato**.

L'atto costitutivo deve essere infine iscritto nel **registro delle imprese** e, successivamente, in un apposito **albo** tenuto dalla Banca d'Italia, che verifica la persistenza dei requisiti che hanno consentito l'autorizzazione e la conformità dello statuto alle prescrizioni di legge.

Le Sicav sono caratterizzate dalla **variabilità del capitale sociale**. Ne deriva che alle Sicav **non si applica la disciplina di diritto comune delle società per azioni in tema di aumento e di riduzione del capitale sociale**. La variabilità del capitale, inoltre, porta il **capitale sociale a coincidere sempre con il patrimonio netto** della società, valutato secondo i criteri predisposti dalla Banca d'Italia.

Una disciplina particolare è dettata anche per le **azioni**.

Ai sensi dell'art. 45, comma 4, Tuf le azioni della Sicav possono essere **nominative o al portatore** a scelta del sottoscrittore. Le azioni al portatore attribuiscono un solo voto per ogni socio indipendentemente dal numero di azioni di tale categoria possedute, mentre per le azioni nominative vale la regola di diritto comune secondo la quale ogni azione attribuisce un voto.

Lo statuto della Sicav indica le **modalità di determinazione del valore delle azioni e del prezzo di emissione e di rimborso** nonché la periodicità con cui

le azioni della Sicav possono essere emesse e rimborsate (art. 45, comma 5, Tuf).
Lo statuto può inoltre prevedere l'esistenza di **più comparti di investimento**, per ognuno dei quali può essere emessa una particolare categoria di azioni. **Ogni comparto costituisce patrimonio autonomo**, distinto da quello degli altri comparti (art. 43, comma 8, Tuf).
Non possono essere emesse altre categorie speciali di azioni ed è fatto **divieto** alle Sicav **di acquistare o detenere azioni proprie oppure emettere obbligazioni** (art. 45, comma 8, Tuf).
La presenza di una massa mutevole dei soci ha poi indotto il legislatore ad introdurre una disciplina specifica anche per le **assemblee** (art. 46 Tuf): sono soppressi i quorum costitutivi dell'assemblea ordinaria di prima convocazione e dell'assemblea straordinaria di seconda convocazione e, se lo statuto lo consente, è ammesso l'esercizio del diritto di voto per corrispondenza.
Regole particolari sono infine dettate in tema di **scioglimento e liquidazione** della società (art. 48 Tuf).
La Sicav, in particolare, si scioglie in caso di diminuzione del patrimonio sociale al di sotto dei minimi previsti, se non si provvede a reintegrarlo entro 60 giorni. Si applicano altresì le cause di scioglimento previste dall'art. 2484 c.c., ad eccezione delle cause indicate ai nn. 4 e 5 del comma 1.
In seguito allo scioglimento la società non può più procedere all'emissione ed al rimborso delle azioni che spetta, invece, alla banca depositaria sulla base del bilancio di liquidazione.
Occorre sottolineare, infine, che le Sicav **non possono fallire e sono assoggettabili alle procedure concorsuali dell'amministrazione straordinaria e della liquidazione coatta amministrativa**.
L'esercizio dell'attività di gestione collettiva del risparmio era consentito esclusivamente tramite la forma contrattuale dei fondi comuni di investimento, ovvero attraverso l'istituzione di Sicav (società di investimento a capitale variabile). Grazie al decreto legislativo 4 marzo 2014, n. 44, che ha modificato il Testo Unico della Finanza (TUF) in attuazione della direttiva AIFMD (*Alternative Investment Funds Managers Directive*), in Italia è stato introdotto un nuovo veicolo di investimento, la Sicaf, società di investimento a capitale fisso, la cui disciplina è delineata dagli articoli 35-*bis* e seguenti del TUF. La differenza tra le SICAV e le SICAF è rappresentata dal fatto che le prime sono un OICR di tipo aperto, mentre le seconde di tipo chiuso. Conformemente a tale distinzione, le SICAV hanno un capitale variabile mentre le SICAF hanno un capitale fisso.

SEZIONE III – L'APPELLO AL PUBBLICO RISPARMIO

SOMMARIO:
1. L'appello al pubblico risparmio. – **2.** L'offerta al pubblico di prodotti finanziari. – **3.** Le offerte pubbliche di acquisto e di scambio. – **3.1.** Le offerte pubbliche di acquisto volontarie. – **3.2.** Le offerte pubbliche di acquisto obbligatorie.

1. L'appello al pubblico risparmio.

Il Tuf contempla **due** differenti **tipologie** di *"appello al pubblico risparmio"* e per ciascuno di essi detta una distinta disciplina:

- **l'offerta al pubblico di prodotti finanziari**;
- **l'offerta pubblica di acquisto o scambio**.

Prima di esaminare in dettaglio la disciplina delle operazioni di appello al pubblico risparmio, è opportuno indicare i **soggetti** che, con differenti ruoli, sono coinvolti nelle procedure d'offerta.
Tali soggetti sono:

- l'**emittente** dei prodotti finanziari oggetto dell'offerta;
- il **proponente** dell'operazione, che può coincidere ma anche non coincidere con il soggetto emittente;
- gli **intermediari-collocatori**, i quali possono essere soggetti diversi sia dall'emittente sia dal proponente e svolgono il compito di concludere i contratti di acquisto o di vendita dei prodotti finanziari oggetto dell'offerta del proponente; tra questi ultimi assume particolare rilievo il "**responsabile del collocamento**", almeno nella disciplina dell'offerta al pubblico di vendita e di sottoscrizione.

2. L'offerta al pubblico di prodotti finanziari.

L'offerta al pubblico di prodotti finanziari, che ha sostituito la precedente nozione di *"sollecitazione all'investimento"*, è definita dall'art. 1, comma 1, lett. t),

CAPITOLO VI | L'INTERMEDIAZIONE MOBILIARE

Tuf come «*ogni comunicazione rivolta a persone, in qualsiasi forma e con qualsiasi mezzo, che presenti sufficienti informazioni sulle condizioni dell'offerta e dei prodotti finanziari offerti così da mettere un investitore in grado di decidere di acquistare* (**offerta pubblica di sottoscrizione**) *o di sottoscrivere* (**offerta pubblica di vendita**) *tali prodotti finanziari, incluso il collocamento tramite soggetti abilitati*».

La normativa in esame persegue lo scopo essenziale di **tutelare gli investitori**:

- **garantendo** decisioni di investimento consapevoli attraverso un'**adeguata e corretta informazione**;
- **assicurando** la **parità di trattamento** dei risparmiatori sollecitati all'investimento;
- **garantendo** il **corretto svolgimento dell'offerta**.

Venendo alla **disciplina** specifica dell'offerta al pubblico di prodotti finanziari, l'art. 94 Tuf stabilisce che coloro che intendono effettuare un'offerta al pubblico pubblicano preventivamente un **prospetto informativo** dandone **preventiva comunicazione alla Consob**. Il prospetto non può essere pubblicato finché non è approvato dalla Consob.

La **comunicazione deve indicare le caratteristiche dell'offerta** e deve essere sottoscritta, dall'offerente e dal responsabile del collocamento.

Il **prospetto informativo deve contenere** «*in una forma facilmente analizzabile e comprensibile, tutte le informazioni che, a seconda delle caratteristiche dell'emittente e dei prodotti finanziari offerti, sono necessarie affinché gli investitori possano pervenire ad un fondato giudizio sulla situazione patrimoniale e finanziaria, sui risultati economici e sulle prospettive dell'emittente e degli eventuali garanti, nonché sui prodotti finanziari e sui relativi diritti. Il prospetto contiene altresì una nota di sintesi recante i rischi e le caratteristiche essenziali dell'offerta*» (art. 94, comma 2, Tuf).

Ai fini dell'approvazione, la **Consob verifica la completezza del prospetto nonché la coerenza e la comprensibilità delle informazioni fornite** (art. 94-bis Tuf). Il procedimento di controllo, se positivamente concluso, si conclude con il **provvedimento di approvazione del prospetto** che può quindi essere pubblicato.

Il Tuf ha poi affidato alla Consob il compito di stabilire «*le modalità di svolgimento dell'offerta anche al fine di assicurare la parità di trattamento tra i destinatari*» nonché di individuare «*le norme di correttezza che sono tenuti ad osservare l'offerente, l'emittente e chi colloca i prodotti finanziari nonché coloro che si trovano in rapporto di controllo o di collegamento con tali soggetti*».

Alla Consob sono affidati importanti **poteri "conoscitivi"** e **"interdittivi"** per assicurare l'osservanza delle norme dettate per l'offerta al pubblico di prodotti finanziari. Dal momento della comunicazione la Consob ha il potere di acquistare dall'emittente tutte le informazioni previste (per le società quotate) dall'art. 115 del Tuf e analoghi poteri ha anche nei confronti degli altri soggetti coinvolti nella sollecitazione. Qualora sussista un fondato sospetto di violazione delle disposizioni legislative e regolamentari relative alla sollecitazione, essa «*può richiedere, entro un anno dall'acquisto o dalla sottoscrizione, la comunicazione di dati e notizie e la trasmissione di atti e documenti agli acquirenti o sottoscrittori dei prodotti finanziari*» e tale potere sussiste «*anche nei confronti di coloro per i quali vi è fondato sospetto che svolgano un'offerta al pubblico in violazione*» delle norme che regolano la materia.

Occorre infine rilevare che il comma 8 dell'art. 94 Tuf prevede una vera e propria ipotesi di responsabilità da prospetto stabilendo che «*l'emittente, l'offerente e l'eventuale garante, a seconda dei casi, nonché* **le persone responsabili delle informazioni** *contenute nel prospetto* **rispondono***, ciascuno in relazione alle parti di propria competenza,* **dei danni subiti dall'investitore** *che abbia fatto ragionevole affidamento sulla veridicità e completezza delle informazioni contenute nel prospetto*». Tali soggetti possono esonerarsi da responsabilità solo dimostrando di aver adottato ogni diligenza allo scopo di assicurare che le informazioni in questione fossero conformi ai fatti e non presentassero omissioni tali da alterarne il senso.

La responsabilità per informazioni false o per omissioni idonee ad influenzare le decisioni di un investitore ragionevole si estende anche all'intermediario responsabile del collocamento, a meno che non fornisca la prova liberatoria suindicata (art. 94, comma 9, Tuf).

Le azioni risarcitorie sono esercitate entro cinque anni dalla pubblicazione del prospetto, salvo che l'investitore provi di avere scoperto le falsità delle informazioni o le omissioni nei due anni precedenti l'esercizio dell'azione (art. 94, comma 11, Tuf).

3. Le offerte al pubblico di acquisto e di scambio.

Per offerta pubblica di acquisto o di scambio si intende «*ogni offerta, invito a offrire o messaggio promozionale, in qualsiasi forma effettuati, finalizzati all'acquisto o allo scambio di prodotti finanziari e rivolti a un numero di soggetti (minimo 100) e per un ammontare pari o superiore a 2.5.00.000 euro*» (art. 1, comma 1, lett. v), Tuf).

Dal punto di vista economico, la **differenza tra offerta al pubblico di prodotti finanziari e offerta al pubblico di acquisto e di scambio** è data dal fatto che nella prima agli oblati viene proposto di trasferire all'offerente una somma di danaro in cambio di prodotti finanziari già sul mercato (offerta pubblica di vendita) o da immettere sul mercato (offerta pubblica di sottoscrizione), mentre nella seconda viene proposto agli oblati di ricevere danaro in cambio dei prodotti finanziari dagli stessi posseduti (offerta pubblica di acquisto) o di ricevere altri prodotti finanziari in cambio di quelli che l'offerente si impegna ad acquistare (offerta pubblica di scambio).

Nell'ambito di questa fattispecie **è necessario distinguere le offerte pubbliche di acquisto o di scambio volontarie e quelle obbligatorie.**

3.1. Le offerte pubbliche di acquisto volontarie.

Le offerte pubbliche di acquisto volontarie possono avere ad oggetto **qualunque tipo di prodotto finanziario.**

Gli artt. 101-*bis*-104-*ter* Tuf disciplinano tali offerte allo scopo di garantire la massima **trasparenza dell'operazione** e la **parità di trattamento dei destinatari.** Tale normativa, inoltre, definisce i comportamenti consentiti e quelli vietati alle parti contendenti (offerente e società bersaglio).

A norma dell'art. 102, comma 1, del Tuf la **decisione di promuovere un'offerta** pubblica di acquisto o di scambio deve essere senza indugio **comunicata alla Consob** e contestualmente **resa pubblica.** A norma del secondo comma dello stesso art. 102 «*l'offerente promuove l'offerta tempestivamente e comunque non oltre venti giorni dalla comunicazione di cui al comma 1, presentando alla Consob il* **documento d'offerta** *destinato alla pubblicazione*».

Entro quindici giorni (trenta giorni per le offerte che abbiano ad oggetto prodotti finanziari non quotati o diffusi tra il pubblico) dalla presentazione del documento d'offerta, la Consob lo **approva** se esso è idoneo a consentire ai destinatari di pervenire ad un fondato giudizio sull'offerta. Decorso tale termine, il documento si considera approvato e può quindi essere pubblicato. Il documento d'offerta deve essere trasmesso senza indugio all'emittente dei prodotti finanziari oggetto dell'offerta.

Ai sensi dell'art. 103 Tuf l'offerta pubblica di acquisto o di scambio è una **proposta irrevocabile** rivolta a parità di condizioni a tutti i titolari di prodotti finanziari. Ogni clausola contraria è nulla.

L'offerta **deve indicare** il quantitativo degli strumenti finanziari che si intendono acquistare e in assenza di precisazioni contrarie il quantitativo indicato deve considerarsi come quantitativo massimo che l'offerente è disposto ad acquistare, rimanendo egli obbligato anche nell'ipotesi in cui le adesioni siano in numero inferiore.

L'offerente, tuttavia, può precisare che non rimarrà obbligato all'acquisto se le adesioni non raggiungeranno una predeterminata soglia.

La **società bersaglio** (quella le cui azioni sono oggetto dell'offerta), nel contempo, **deve diffondere un comunicato** contenente ogni dato utile per l'apprezzamento dell'offerta ed una valutazione motivata degli amministratori sull'offerta stessa.

Dopo la pubblicazione dell'offerta, si apre la **fase delle adesioni all'offerta**.

L'adesione all'offerta avviene tramite **sottoscrizione della scheda di adesione**, il cui contenuto minimo necessario è determinato dal Regolamento Consob. Con l'adesione si **perfeziona il contratto di compravendita** fra l'offerente e il destinatario che ha aderito.

Delineata la procedura di svolgimento dell'offerta, occorre affrontare la delicata questione concernente le c.d. **tecniche di difesa**: si tratta cioè di massicci aumenti di capitale che il gruppo di comando della società bersaglio potrebbe porre in essere laddove ritenga di essere aggredita da un'**opa "ostile"**, ovvero giudicata non conveniente).

L'utilizzo di tali tecniche dopo il lancio dell'opa era drasticamente precluso dalla legge 149/1992. Attualmente, invece, il divieto non ha carattere assoluto e si articola in due regole: la **regola di passività** (*passivity rule*) e la **regola di neutralizzazione**.

La **regola di passività** è disciplinata dall'art. 104 Tuf, a mente del quale «*salvo autorizzazione dell'assemblea ordinaria o di quella straordinaria per le delibere di competenza, le società italiane quotate i cui titoli sono oggetto dell'offerta si astengono dal compiere atti od operazioni che possono contrastare il conseguimento degli obiettivi dell'offerta*». Tuttavia, e da qui il carattere non più assoluto, **gli statuti possono derogare in tutto o in parte alla regola di passività**.

La **regola di neutralizzazione**, se prevista dallo statuto, comporta che, durante l'opa, non hanno effetto nei confronti dell'offerente eventuali limitazioni statutarie al trasferimento dei titoli (ad esempio, clausole di prelazione o di gradimento) e, nelle assemblee chiamate a decidere sull'autorizzazione di atti di contrasto all'opa, non operano le limitazioni di diritto di voto previste dallo statuto o da patti parasociali (art. 104-*bis* Tuf).

L'art. 104-*ter* Tuf, inoltre, prevede che le due regole esaminate sono soggette alla **clausola di reciprocità**: non operano cioè quando l'opa è promossa da chi non è a sua volta soggetto ad esse (c.d. difetto di reciprocità).

Occorre rilevare, in conclusione, che, nel caso in cui la regola di passività e quella di neutralizzazione non siano applicabili (per decisione statutaria o per il difetto di reciprocità), la società bersaglio può avvalersi di tecniche di difesa, fra le quali rientra anche il lancio di un'**opa concorrente** da parte di eventuali alleati. Chi ha lanciato l'offerta originaria può a sua volta reagire all'opa concorrente aumentando, ad esempio, il prezzo originariamente richiesto. Dopo la pubblicazione di un'offerta concorrente o di un rilancio, le adesioni alle altre offerte possono essere revocate.

3.2. Le offerte pubbliche di acquisto obbligatorie.

Le offerte pubbliche di acquisto obbligatorie sono previste **solo per le società italiane con titoli** (ossia strumenti finanziari che attribuisco diritto di voto) **ammessi alla negoziazione in mercati regolamentati italiani** (*infra*, Cap. VII, par. 1). La previsione dell'obbligo di lanciare un'offerta al pubblico di acquisto è prevista, in linea generale, per coloro i quali detengano una partecipazione rilevante in società quotate, allo **scopo** di **consentire agli azionisti di minoranza di uscire dalla società**.

L'intera disciplina è ispirata dall'esigenza che il passaggio di proprietà di partecipazioni di controllo di società quotate avvenga nella **massima trasparenza** e con modalità tali da consentire ai **soci di minoranza** di beneficiare dell'eventuale **premio di maggioranza** legato all'operazione.

In particolare, l'**opa obbligatoria**:

- è l'**unica procedura** che consente di tutelare gli azionisti di minoranza in caso di cambiamento del gruppo di comando;
- deve svolgersi **nel rispetto delle regole di comportamento** fissate dalla legge a tutela dei destinatari dell'offerta e del regolare funzionamento del mercato di borsa.

Ciò premesso, **l'obbligo di lanciare un'opa concerne esclusivamente le partecipazioni che superino determinate soglie.**

È **obbligato a promuovere un'opa** – rivolta a tutti i possessori di titoli sulla totalità dei titoli ammessi alla negoziazione in un mercato regolamentato in loro possesso – **chiunque**, a seguito di acquisti, **detenga una partecipazione superiore alla soglia del trenta per cento**, entro venti giorni dal superamento della soglia (cd. **opa successiva totalitaria**; art. 106 Tuf). **L'obbligo di lanciare l'offerta pubblica sorge** non solo nell'ipotesi in cui la soglia sia superata attraverso l'acquisizione diretta della partecipazione, ma **anche quando il superamento avvenga attraverso** *"l'acquisizione indiretta"*, ossia *"mediante* *l'acquisto di partecipazioni in società in cui il patrimonio è prevalentemente costituito da titoli emessi da altra società italiana con titoli ammessi alla negoziazione in mercati regolamentati italiani".*

Nel caso in cui tale **acquisizione indiretta** avvenga **tramite una società quotata** (ciò avviene quando un soggetto acquista una partecipazione superiore al trenta per cento di una società quotata e il patrimonio di quest'ultima sia prevalentemente investito in un'altra società quotata) l'obbligo di opa concerne entrambe le società se con l'acquisizione di quella partecipazione indiretta l'acquirente ha superato una partecipazione superiore al trenta per cento dei titoli con diritto di voto (c.d. **opa a cascata**).

Può accadere, infine, che vi sia una pluralità di soggetti che operano *"di concerto"*, cosicché nessuno di essi appare aver formalmente superato la soglia predetta. Il legislatore prende in considerazione questa ipotesi, stabilendo una **presunzione assoluta di concerto** e impone un **obbligo solidale di offerta** (art. 109 Tuf).

Il legislatore prevede una serie di **ipotesi** nelle quali all'acquisto a titolo oneroso di una partecipazione superiore al trenta per cento dei titoli che attribuiscono i diritti di voto sulle materie ricordate **non consegue l'obbligo di offerta pubblica**. In primo luogo, l'obbligo non sussiste quando la partecipazione è stata acquistata a seguito di un'offerta pubblica di acquisto (volontaria) diretta a conseguire la totalità di tali azioni (c.d. **opa preventiva facoltativa totale**). L'obbligo non sussiste, inoltre, quando l'acquisto è avvenuto a seguito di un'offerta pubblica avente ad oggetto almeno il sessanta per cento delle azioni ordinarie (c.d. **opa preventiva facoltativa parziale**) purché concorrano le condizioni di cui all'art. 107 Tuf. L'**esonero** dall'opa successiva totalitaria **deve essere autorizzato dalla Consob** previa verifica delle condizioni suindicate.

L'art. 111 Tuf disciplina, inoltre, il c.d. **obbligo di acquisto residuale** dei titoli ancora in circolazione per i casi in cui un soggetto abbia acquisito una partecipazione quasi totalitaria.

Tale obbligo si atteggia diversamente **a seconda della percentuale raggiunta**:

- se l'offerente, a seguito di un'opa totalitaria, detiene una partecipazione almeno pari al **novantacinque per cento** del capitale rappresentato da titoli, ha l'obbligo di acquistare i restanti titoli da chi ne faccia richiesta;
- se un soggetto venga a detenere una partecipazione superiore al **novanta per cento** (a seguito di opa o in altro modo) del capitale rappresentato da titoli ammessi alla negoziazione in un mercato regolamentato, questi ha l'obbligo di acquistare i restanti titoli ammessi

alla negoziazione da chi ne faccia richiesta, se non ripristina entro novanta giorni un flottante sufficiente ad assicurare il regolare andamento delle negoziazioni.

L'art. 111 Tuf, infine, stabilisce che «*l'offerente che venga a detenere a seguito di offerta pubblica totalitaria una partecipazione almeno pari al novantacinque per cento del capitale rappresentato da titoli ha diritto di acquistare i titoli residui entro tre mesi dalla scadenza del termine per l'accettazione dell'offerta, se ha dichiarato nel documento d'offerta l'intenzione di avvalersi di tale diritto*» (c.d. **acquisto coattivo**).

Occorre rilevare, in conclusione, che la **violazione** sia dell'obbligo di lanciare un'opa totalitaria, sia dell'obbligo di acquisto residuale, comporta l'applicazione di **sanzioni civili, amministrative** e **penali**. In particolare, dal punto di vista della responsabilità civile, il diritto di voto inerente all'intera partecipazione detenuta non può essere esercitato e i titoli eccedenti le percentuali di soglia devono essere alienati entro dodici mesi.

SCHEDA DI SINTESI

Sono **prodotti finanziari** gli strumenti finanziari ed ogni altra forma di investimento di natura finanziaria, mentre non costituiscono prodotti finanziari i depositi bancari o postali non rappresentati da strumenti finanziari.
I prodotti finanziari costituiscono l'oggetto dell'attività di intermediazione mobiliare. Tale attività, in particolare, si realizza attraverso i **servizi di investimento**. Questi ultimi sono definiti dal dall'art. 1, comma 5, Tuf e comprendono le **attività aventi ad oggetto valori mobiliari ed altri strumenti finanziari quali ad esempio** la negoziazione per conto proprio, che si traduce nell'attività di acquisto e vendita di strumenti finanziari, svolta in relazione agli ordini dei clienti, con lo scopo di realizzare una differenza fra prezzo di acquisto e prezzo di vendita e l'esecuzione di ordini per conto dei clienti.
La gestione di **portafogli di investimento** (o **patrimoni mobiliari**) è uno dei servizi di investimento che consiste in un'operazione mediante la quale il **cliente affida all'intermediario una determinata somma di denaro affinché questi la investa in strumenti finanziari** secondo criteri concordati tra le parti o, più spesso, secondo modelli standardizzati.
Gli **organismi di investimento collettivo del risparmio** (**Oicr**) sono organismi che investono in strumenti finanziari (come azioni o obbligazioni) o in altre attività il denaro raccolto fra il pubblico dei risparmiatori secondo criteri di gestione ispirati al **principio di ripartizione dei rischi**.
Il Tuf contempla **due** differenti **tipologie** di "*appello al pubblico risparmio*" e per ciascuno di essi detta una distinta disciplina:

- l'offerta al pubblico di prodotti finanziari;
- l'offerta pubblica di acquisto o scambio.

L'offerta al pubblico di prodotti finanziari, che ha sostituito la precedente nozione di "*sollecitazione all'investimento*", è definita dall'art. 1, comma 1, lett. t), Tuf come «*ogni comunicazione rivolta a persone, in qualsiasi forma e con qualsiasi mezzo, che presenti sufficienti informazioni sulle condizioni dell'offerta e dei prodotti finanziari offerti così da mettere un investitore in grado di decidere di acquistare* (**offerta pubblica di sottoscrizione**) *o di sottoscrivere* (**offerta pubblica di vendita**) *tali prodotti finanziari, incluso il collocamento tramite soggetti abilitati*». Per offerta pubblica di acquisto o di scambio si intende «*ogni offerta, invito a offrire o messaggio promozionale, in qualsiasi forma effettuati, finalizzati all'acquisto o allo scambio di prodotti finanziari e rivolti a un numero di soggetti (minimo 100) e per un ammontare pari o superiore a 2.5.00.000 euro*» (art. 1, comma 1, lett. v), Tuf).

QUESTIONARIO

1. Che cosa sono gli strumenti finanziari ed i valori mobiliari? (**Sez. I, 1**)
2. Quali sono le caratteristiche principali delle società di intermediazione mobiliare e qual è l'oggetto principale della loro attività? (**Sez. I, 2**)
3. Qual è la disciplina generale dei servizi di investimento? (**Sez. I, 3**)
4. In che cosa consiste la gestione di portafogli individuali? (**Sez. I, 4**)
5. Come si realizza la gestione collettiva del risparmio? (**Sez. II, 1**)
6. Quali sono i tratti essenziali delle società di gestione e risparmio? (**Sez. II, 2**)
7. Che cosa sono i fondi comuni di investimento? (**Sez. II, 3**)
8. Qual è la disciplina delle società di investimento a capitale variabile? (**Sez. II, 4**)
9. Come avviene l'appello al pubblico risparmio? (**Sez. III, 1**)
10. Qual è la disciplina prevista per l'offerta al pubblico di prodotti finanziari? (**Sez. III, 2**)
11. Qual è la differenza tra offerta al pubblico di prodotti finanziari e offerta pubblica di acquisto e di scambio? (**Sez. III, 3**)
12. Qual è la disciplina delle offerte pubbliche di acquisto volontarie e quali sono i limiti all'esercizio delle tecniche di difesa da parte della società bersaglio? (**Sez. III, 3.1.**)
13. In quali casi è previsto l'obbligo di lanciare un'offerta pubblica di acquisto totalitaria e quali sono, invece, i casi di esonero? (**Sez. III, 3.2.**)
14. Che cosa si intende per "obbligo di acquisto residuale"? (**Sez. III, 3.2.**)
15. A quali condizioni chi ha lanciato un'offerta pubblica di acquisto ha il diritto di acquistare anche i titoli residui? (**Sez. III, 3.2.**)

Capitolo VII
Il mercato mobiliare ed i contratti di borsa

SOMMARIO:
1. Il mercato mobiliare. Premessa. – **2.** I contratti di borsa. Nozione e disciplina comune. – **3.** Contratti a mercato fermo e contratti a premio. Contratti a contanti e contratti a termine. – **4.** Gli strumenti finanziari derivati. – **5.** Il riporto. – **6.** L'*insider trading.* – **7.** La gestione accentrata di strumenti finanziari.

1. Il mercato mobiliare. Premessa.

Il mercato mobiliare può essere definito come il segmento del mercato finanziario nel quale vengono prodotti e scambiati **valori mobiliari** e **strumenti finanziari** (COSTI).

Il legislatore, in considerazione della peculiarità degli strumenti negoziati e della rilevanza degli interessi coinvolti, ha **istituzionalizzato e regolato i mercati nei quali vengono scambiati valori mobiliari e strumenti finanziari**, con il duplice scopo di agevolare le negoziazioni e la formazione di un prezzo ufficiale di mercato, da un alto, e di consentire la vigilanza delle autorità pubbliche, dall'altro (CAMPOBASSO, FERRI).

L'art. 1, comma 1, lett. w-*ter*, infatti, definisce il **mercato regolamentato** come «*sistema multilaterale che consente o facilita l'incontro, al suo interno e in base a regole non discrezionali, di interessi* multipli *di acquisto e di vendita di terzi relativi a strumenti finanziari, ammessi alla negoziazione conformemente alle regole del mercato stesso, in modo da dare luogo a contratti, e che è gestito da una società di gestione, è autorizzato e funziona regolarmente*».

La borsa è l'istituzione che storicamente individuava il mercato deputato alla negoziazione di quelli che attualmente vengono definiti strumenti finanziari (nei termini suindicati). Per questa ragione la borsa è stata disciplinata già nel 1913, con legge del 20 marzo, n. 272 (vigente nel testo più volte modificato). Nell'attuale sistema normativo, tuttavia, la **borsa non costituisce più l'unico mercato regolamentato**. Il Tuf, infatti, agli artt. 61 ss. detta la "*Disciplina dei mercati e della gestione accentrata di strumenti finanziari*".

Vanno innanzitutto individuati i **soggetti deputati all'organizzazione ed alla gestione dei mercati**. Si tratta di un'attività che, per espressa disposizione normativa, ha carattere d'impresa e, pertanto, è esercitata da **società per azioni, anche senza scopo di lucro** (*società di gestione*).
L'istituzione di nuovi mercati regolamentati, pertanto, è oggi affidata all'iniziativa economica privata. Le società di gestione costituite conformemente alle prescrizioni normative sono autorizzate allo svolgimento della loro attività dalla Consob, che esercita anche importanti poteri di vigilanza sia sulla società di gestione che sul corretto funzionamento del mercato (la disciplina dell'autorizzazione e dei controlli è stata recentemente modificata, in attuazione della pertinente normativa dell'Unione Europea, dal d.lgs. 25/2016).
Nel 1998, a seguito della privatizzazione della borsa valori (che era precedentemente un'istituzione pubblica) è stata costituita la **società di gestione Borsa Italiana s.p.a.** che attualmente, **gestisce quattro mercati regolamentati**. Si tratta:

- della **Borsa**, a sua volta organizzata in comparti a seconda degli strumenti finanziari che vengono negoziati;
- del mercato *Expandi*, nel quale sono negoziati titoli che non hanno ancora raggiunto un sufficiente grado di diffusione tra il pubblico, tale da poter essere quotati in Borsa;
- del **Mercato dei derivati** (**Idem**), nel quale vengono negoziati i contratti *futures* ed *options*;
- del **Mercato MTAX**, nel quale sono negoziate le azioni delle società di medie dimensioni e ad alto potenziale di sviluppo.

La società di gestione Monte Titoli s.p.a. è invece deputata all'organizzazione ed alla gestione del mercato all'ingrosso dei titoli di Stato e garantiti dallo Stato.

2. I contratti di borsa. Nozione e disciplina comune.

I contratti di borsa, ad eccezione del riporto, non sono disciplinati dal codice civile. Gli stessi, pertanto, si sono formati nella pratica delle Borse e sono sostanzialmente riconducibili allo schema generale della compravendita.
In particolare i contratti di borsa sono **contratti standardizzati** (i tipi di contratti ammessi ed i quantitativi negoziabili sono stabiliti dal regolamento del mercato), stipulati nel mercato regolamentato della Borsa, che hanno ad **ogget-**

to il trasferimento della **proprietà** di un determinato quantitativo di **valori mobiliari** individuati soltanto nel genere (in passato rappresentati da titoli di credito ed oggi rappresentati, invece, da strumenti dematerializzati, su cui *infra*, par. 7) e la cui **esecuzione** (che postula l'individuazione dei valori da trasferire e la loro consegna, da un lato, ed il pagamento del relativo prezzo, dall'altro) è **differita** ad una scadenza predeterminata (CAMPOBASSO).

Ci si trova, quindi, a fronte di una **vendita generica a termine**, assoggettata a regole peculiari con riferimento alla conclusione ed all'esecuzione del contratto, nonché con riferimento ai rimedi previsti per l'eventuale inadempimento.

Per quanto riguarda la **conclusione** dei contratti di borsa occorre chiarire che:

- l'attività di negoziazione nei mercati regolamentati non è aperta a tutti, ma è per legge riservata soltanto a specifici **soggetti**. L'art. 25 del Tuf, in particolare, individua gli **intermediari professionali** ammessi ad operare nei mercati regolamentati;
- a partire dal 1991 l'**incontro tra domanda ed offerta** non si svolge più con il sistema dell'asta pubblica "alle grida" (definitivamente cessato nel 1996), bensì con il più agile e trasparente **sistema telematico di negoziazione**. Gli intermediari autorizzati, durante gli orari delle negoziazioni, sono collegati a specifici terminali attraverso i quali immettono nel sistema ordini di acquisto e di vendita. Tali ordini vengono abbinati in maniera automatica, in considerazione soltanto del momento e della priorità con la quale sono pervenuti. Dall'abbinamento automatico degli ordini di acquisto e di vendita scaturisce la conclusione dei contratti, che vengono registrati in maniera automatica in un apposito archivio elettronico.

Per quanto concerne l'**esecuzione** dei contratti di borsa, occorre evidenziare che la stessa non avviene "fisicamente", con la consegna materiale di titoli contro prezzo, bensì si realizza con il sistema della **stanza di compensazione**, disciplinato dalla Banca d'Italia d'intesa con la Consob (art. 69, comma 1, Tuf). A scadenze periodiche, differenti a seconda dei contratti che vengono conclusi, gli organi preposti alla gestione del sistema, tramite strumenti informatici, aggregano tutte le posizioni di acquisto e di vendita avvenute su un prodotto o titolo detenuto da un intermediario e calcolano il saldo netto che ogni parte deve dare o prendere, cercando di minimizzare lo scambio finale di denaro. A seguito della compensazione, si procede alla liquidazione: gli strumenti finanziari sono trasferiti sui conti degli intermediari e questi, a loro volta, li annotano sui conti dei propri clienti.

La regolare esecuzione dei contratti è garantita da un'apposita *"Cassa di compensazione e garanzia"*, costituita attraverso versamenti dei vari intermediari operanti nel mercato.

3. Contratti a mercato fermo e contratti a premio. Contratti a contanti e contratti a termine.

Come anticipato i contratti di borsa sono compravendite di cose individuate soltanto nel genere, ad esecuzione differita.

È possibile operare una prima distinzione tra:

- **contratti c.d. a mercato fermo**, in cui la volontà delle parti di dare esecuzione all'accordo raggiunto ed il contenuto delle rispettive obbligazioni sono fissati in maniera definitiva al momento della conclusione del contratto;
- **contratti c.d. a mercato libero o a premio,** in cui si attribuisce ad un contraente, dietro versamento di un corrispettivo (premio), il diritto potestativo di non dare esecuzione al contratto o di modificarne unilateralmente le condizioni.

I contratti a mercato fermo, a loro volta, a seconda del tempo che intercorre tra la conclusione del contratto ed il momento in cui gli si dà esecuzione, possono essere:

- **a contanti (o a pronti)**. In tal caso i contratti devono essere eseguiti entro un termine massimo che decorre dalla conclusione di ciascun contratto e che, attualmente, è fissato dal regolamento di borsa in tre giorni;
- **a termine**. In tal caso per tutti i contratti stipulati in un determinato periodo (mese di borsa) *l'esecuzione avviene in un unico giorno* (giorno di liquidazione mensile).

Effetti speculativi non differenti potevano essere raggiunti con i contratti **a premio** (che venivano stipulati necessariamente a termine).

Queste operazioni speculative, realizzabili tanto con i contratti a termine quanto con i contratti a premio, come è agevolmente comprensibile, si river-

beravano negativamente sulle quotazioni di borsa. Per questa ragione, dal 1996, **i contratti di borsa possono essere stipulati soltanto a contanti e non più a termine**.
Tutti i contratti di borsa, pertanto, devono essere liquidati entro tre giorni dalla loro conclusione. A partire dal 2003, inoltre, è stata **eliminata la possibilità di negoziare in borsa contratti a premio**.
Parallelamente, per le operazioni a carattere meramente speculativo, è stato istituito un distinto mercato regolamentato: si tratta del mercato per la negoziazione degli strumenti finanziari derivati (*Idem*), dove i contratti *futures* ed *options* sostituiscono, rispettivamente, i contratti a termine e quelli a premio.

4. Gli strumenti finanziari derivati.

Nel mercato per la negoziazione di strumenti finanziari derivati non vengono conclusi contratti aventi ad oggetto strumenti finanziari realmente esistenti (come invece accade per i contratti a pronti); in tale mercato, infatti, vengono **concluse operazioni speculative** in sostanza coincidenti con quelle precedentemente realizzate nel mercato di borsa con i contratti a termine e con quelli a premio.
Conseguentemente, **oggetto dei contratti conclusi sono strumenti finanziari collegati alle variazioni delle quotazioni di determinati valori mobiliari oppure di indici di borsa relativi agli stessi (***futures*** ed ***options***)**. Si parla di **prodotti derivati** proprio perché il loro valore dipende dalla variazione delle quotazioni delle attività finanziarie sottostanti, assunte come parametro di riferimento (CAMPOBASSO).
In particolare, con i *futures*, che sono contratti *standard* costruiti sulla struttura dei contratti a termine, le parti si obbligano a scambiarsi, ad una scadenza prestabilita, un certo quantitativo di strumenti finanziari, al prezzo precedentemente fissato, facendo affidamento entrambe su un mutamento a proprio favore dei termini economici dello scambio.
In particolare, il compratore spera che alla scadenza il prezzo dei titoli sia aumentato; il venditore, al contrario, ne auspica una diminuzione.
Alla scadenza non ha luogo la consegna dei titoli assunti come punto di riferimento, ma viene semplicemente liquidata la differenza a favore della parte che, per effetto della variazione del prezzo del titolo durante la pendenza del termine, ha tratto un profitto.
I *futures* possono anche essere **su indici**. In tal caso le parti si obbligano a liquidarsi, alla scadenza, una somma di denaro pari alla differenza tra il valore

dell'indice il giorno della stipula del contratto ed il valore dello stesso indice il giorno della scadenza. In tale ultimo caso si parla di veri e propri **contratti differenziali**.

Con il contratto di **opzione**, invece, una parte, dietro pagamento di un premio, acquisisce la facoltà di acquistare o di vendere, alla scadenza concordata, un certo quantitativo di attività finanziarie. Anche il contratto d'opzione può essere su indici.

Identiche operazioni sono compiute sul mercato monetario e dei cambi.

In particolare, con i contratti **swaps**, le parti si accordano per scambiarsi, alla scadenza, somme di denaro il cui importo è legato alla variazione di uno o più parametri di riferimento. Tali parametri possono essere costituiti da tassi d'interesse, dal cambio di una valuta o dal valore di una merce.

Conclusivamente può osservarsi che i contratti che hanno ad oggetto strumenti finanziari derivati sono contratti che fanno riferimento all'andamento di titoli, di tassi d'interesse e di valute, nell'arco di tempo considerato, al fine di determinare quanto una parte dovrà all'altra.

Per questa ragione, quindi, tali contratti sono **connotati da un'intrinseca aleatorietà**, essendo non diversi, nella sostanza, da autentiche scommesse.

Non a caso, l'art. 23, comma 5, del Tuf precisa che ai contratti che hanno ad oggetto strumenti finanziari derivati **non si applica l'art. 1933 c.c.** Tale norma, appunto, disciplina il contratto di gioco o scommessa, stabilendo che al vincitore non è riconosciuta alcuna azione di pagamento per la vincita.

5. Il riporto.

Il riporto è il contratto con il quale un soggetto (**riportato**) **trasferisce** in proprietà ad un altro soggetto (**riportatore**) **titoli** di credito di una data specie e per un determinato prezzo; il **riportatore**, a sua volta, assume l'obbligo di **trasferire** al **riportato**, alla scadenza del termine stabilito, la proprietà di altrettanti titoli della stessa specie (*tantundem eiusdem generis*), verso il rimborso di un prezzo che può essere aumentato o diminuito nella misura convenuta (art. 1548 c.c.).

Il riporto si presenta come negozio *sui generis*, **unitario** e perciò **inscindibile**, che contiene sempre **due compravendite: la prima**, quella effettuata dal riportato, che è **a pronti**, e **la seconda**, quella effettuata dal riportatore, che è **a termine**. Per questa ragione il riporto produce un trasferimento immediato della proprietà, dal riportato al riportatore (**effetto reale contestuale**) e crea al tempo stesso l'obbligo, in capo al riportatore, di trasferire altrettanti titoli al riportato (**effetto obbligatorio**). Quindi:

- il **riportato** cede i titoli a pronti e si impegna a riacquistarli a **termine** dal riportatore, alle condizioni prestabilite;
- il **riportatore** acquista i titoli a pronti e si obbliga a rivenderli a **termine** al riportato, alle condizioni prestabilite.

Il riporto è un contratto **reale**, che si perfeziona, pertanto, solo con la consegna dei titoli (art. 1549 c.c.). Va chiarito che tale regola, però, non opera nel "**riporto di borsa**".
Lo schema contrattuale astratto del riporto di borsa, infatti, è costituito non solo dal paradigma normativo fissato dal codice civile, ma anche dalle disposizioni in tema di contratti di borsa e dagli usi ad essi relativi. E, come noto, nelle contrattazioni eseguite in borsa manca la materiale consegna dei titoli oggetto del trasferimento.
Con l'attuale liquidazione a contanti di tutti i contratti di borsa il riporto risponde alla diversa funzione dell'autofinanziamento da parte del riportato. Se il contratto di riporto è stipulato nel prevalente interesse del riportatore, che ha necessità di disporre temporaneamente di titoli, si parla di **deporto**.
In tal caso il riportatore assume nei confronti del riportato l'obbligo di ritrasferire altrettanti titoli della stessa specie, **per un prezzo decurtato rispetto a quello corrisposto nella vendita a pronti**. Nel riporto, invece, venendo soddisfatto prevalentemente un interesse del riportato, lo stesso versa, nella vendita a termine, un prezzo per riacquistare i titoli superiore rispetto al prezzo al quale egli stesso li ha venduti a pronti, al riportatore.
Ai sensi dell'art. 1551 c.c., se una delle parti si rende inadempiente l'altra può agire secondo la disciplina di diritto comune (artt. 1515-1516 c.c.) oppure con la liquidazione coattiva di borsa, ove ne ricorrano i presupposti.
Se entrambe le parti non adempiono le proprie obbligazioni nel termine stabilito, il riporto cessa di avere effetti e ciascuna parte ritiene ciò che ha ricevuto al tempo della stipulazione del contratto.

6. L'*insider trading*.

Il Tuf, come modificato dalla legge 18 aprile 2005, n. 62, al fine di adeguare l'ordinamento italiano alle norme comunitarie previste per la repressione dei reati finanziari, agli artt. 180 ss. disciplina l'"*Abuso di informazioni privilegiate e manipolazione del mercato*".
Per **informazione privilegiata** si intende un'informazione di carattere **preciso**, che **non** è stata resa **pubblica**, concernente, direttamente o indirettamente, uno

o più emittenti strumenti finanziari o uno o più strumenti finanziari, **che, se resa pubblica, potrebbe influire in modo sensibile sui prezzi di tali strumenti finanziari** (art. 181 Tuf).

Commette il **reato di abuso di informazioni privilegiate** (*insider trading*) chiunque, **essendo in possesso di informazioni privilegiate in ragione della peculiare qualifica soggettiva e della carica professionale rivestita** (in quanto *"membro di organi di amministrazione, direzione o controllo dell'emittente, della partecipazione al capitale dell'emittente, ovvero dell'esercizio di un'attività lavorativa, di una professione o di una funzione, anche pubblica, o di un ufficio"*) pone in essere operazioni speculative su valori mobiliari che possono alterarne sensibilmente il prezzo futuro.

In particolare, è repressa la condotta di chi:

- acquista, vende o compie altre operazioni, direttamente o indirettamente, per conto proprio o per conto di terzi, su strumenti finanziari utilizzando le informazioni medesime;
- comunica tali informazioni ad altri, al di fuori del normale esercizio del lavoro, della professione, della funzione o dell'ufficio;
- raccomanda o induce altri, sulla base di esse, al compimento di taluna delle operazioni di acquisto o vendita di strumenti finanziari.

Fattispecie differente rispetto all'abuso di informazioni privilegiate è, invece, la **manipolazione del mercato**, sanzionata penalmente dall'art. 185 Tuf.

In tal modo viene repressa la condotta di *"Chiunque diffonde notizie false o **pone in essere** operazioni simulate o altri **artifizi** concretamente **idonei a provocare** una sensibile **alterazione** del **prezzo** di strumenti finanziari"*.

7. La gestione accentrata di strumenti finanziari.

Al buon funzionamento di un mercato regolamentato è strettamente connessa la gestione accentrata degli strumenti finanziari in esso negoziati.

Attraverso tale **gestione accentrata**, infatti, si semplifica l'esecuzione delle **negoziazioni**, che vengono eseguite **senza il materiale trasferimento dei titoli ed attraverso la semplice annotazione dei trasferimenti sulle scritture contabili del depositario centrale,** presso il quale vengono conservati tutti i titoli oggetto di negoziazione (COSTI).

Il Tuf, nella sua versione originaria, aveva dettato una disciplina della gestione accentrata che presupponeva che tutti gli strumenti finanziari fossero incorporati in un documento.

Il legislatore, d'altra parte, con il D.lgs. 24 giugno del 1998, n. 213, aveva introdotto nel nostro ordinamento la **dematerializzazione**, imponendo per tal via che tutti gli strumenti finanziari negoziati in un mercato regolamentato fossero necessariamente dematerializzati.
Con il D.lgs. 27 gennaio 2010, n. 27, attuativo della direttiva 2007/36/CE, il legislatore ha modificato il Tuf, sostituendone il Titolo II della Parte III e facendo convergere nello stesso l'**unitaria disciplina della gestione accentrata di strumenti finanziari, siano gli stessi dematerializzati oppure rappresentati da titoli**.
In particolare, il Capo I è dedicato alla *"Disciplina delle società di gestione accentrata"*.
Ai sensi dell'art. 80 del Tuf, **l'attività di gestione accentrata di strumenti finanziari ha carattere di impresa** ed è esercitata nella forma di **società per azioni**, anche senza fine di lucro.
La Consob, d'intesa con la Banca d'Italia, autorizza la società all'esercizio dell'attività di gestione accentrata di strumenti finanziari quando sussistono i requisiti richiesti dalla legge.
La vigilanza sulle società di gestione accentrata è esercitata dalla Consob.
La **dematerializzazione** opera **necessariamente** per gli **strumenti finanziari negoziati o destinati alla negoziazione sui mercati regolamentati italiani**, che *"non possono essere rappresentati da titoli, ai sensi e per gli effetti della disciplina di cui al titolo V, libro IV, del codice civile"* (art. 83-*bis*). Ad identica disciplina sono sottoposti i titoli di Stato.
La **Consob**, inoltre, con regolamento emanato d'intesa con la Banca d'Italia, **può individuare ulteriori strumenti** finanziari che, in ragione della loro diffusione tra il pubblico, non possono essere rappresentati da titoli.
Infine, gli emittenti possono sottoporre a **dematerializzazione volontaria** gli strumenti finanziari dagli stessi emessi.
L'art. 83-*ter* disciplina la **gestione accentrata di strumenti dematerializzati**, prevedendo un complesso sistema di conti.
In particolare, presso la società di gestione accentrata viene aperto, per ogni emissione di strumenti finanziari, un **conto a nome dell'emittente**.
Inoltre, **presso la medesima società** di gestione accentrata, vengono aperti una pluralità di **conti**, ciascuno **intestato ad un diverso intermediario** e destinato a registrare i movimenti degli strumenti finanziari disposti tramite lo stesso.
Presso ciascun intermediario sono poi aperti una **pluralità di conti**, nei quali vengono registrati **per ogni titolare di conto gli strumenti finanziari di sua pertinenza** nonché il trasferimento, gli atti di esercizio ed i vincoli, disposti dal titolare o a carico del medesimo.

Effettuata la **registrazione**, da parte dell'intermediario sul conto dei propri clienti, il titolare del conto ha la **legittimazione piena ed esclusiva all'esercizio dei diritti relativi agli strumenti finanziari in esso registrati**, secondo la disciplina propria di ciascuno di essi.

La **legittimazione** all'esercizio dei diritti in parola è (semplicemente) **attestata** dall'esibizione di **certificazioni rilasciate** in conformità alle proprie scritture contabili **dagli intermediari e recanti l'indicazione del diritto sociale esercitabile.** Le certificazioni non conferiscono altri diritti oltre alla legittimazione sopra indicata. Sono quindi nulli tutti gli atti di disposizione aventi ad oggetto le certificazioni suddette che, pertanto, non sono documenti che incorporano un diritto.

Si tenga presente che la registrazione sul conto di ciascun cliente dell'intermediario, effettuata da quest'ultimo, rappresenta l'unica modalità percorribile per il trasferimento degli strumenti finanziari dematerializzati.

La **gestione accentrata di strumenti rappresentati da titoli** è disciplinata dagli artt. 84 ss. Tuf.

In tal caso, il titolare di strumenti finanziari deposita gli stessi presso uno dei soggetti ammessi al sistema (si tratta di un deposito regolare presso banche, imprese di investimento e società di gestione del risparmio), ed attribuisce al depositario la facoltà di procedere al subdeposito degli strumenti finanziari stessi presso la società di gestione accentrata.

Anche il tal caso si ha **deposito regolare,** per cui **gli strumenti depositati non passano in proprietà della società di gestione,** benché il deposito assuma le caratteristiche del deposito alla rinfusa.

La **società di gestione accentrata accende un conto per ogni emittente** i cui titoli siano immessi nel sistema, **ed un conto per ogni intermediario** ammesso al sistema.

Ogni intermediario sarà intestatario di un conto per i titoli di sua proprietà e per quelli di proprietà dei terzi, depositati presso lo stesso.

La legittimazione all'esercizio dei diritti incorporati nel titolo depositato è data da certificati che attestano la partecipazione al sistema, rilasciati dai depositari e contenenti l'indicazione del diritto esercitabile.

Il **trasferimento** dei titoli oggetto di gestione accentrata non avviene attraverso la consegna dei titoli stessi e secondo le regole proprie della circolazione cartolare, bensì attraverso delle **scritturazioni contabili,** attraverso le quali **nelle scritture contabili** della società di gestione da un lato, e del depositario dall'altro, viene **variata l'indicazione dell'avente diritto.**

CAPITOLO VII | IL MERCATO MOBILIARE E I CONTRATTI DI BORSA

SCHEDA DI SINTESI

Il mercato mobiliare può essere definito come il segmento del mercato finanziario nel quale vengono prodotti e scambiati **valori mobiliari** e **strumenti finanziari**.
I **contratti di borsa** sono **contratti standardizzati** (i tipi di contratti ammessi ed i quantitativi negoziabili sono stabiliti dal regolamento del mercato), stipulati nel mercato regolamentato della Borsa, che hanno ad **oggetto** il trasferimento della **proprietà** di un determinato quantitativo di **valori mobiliari** individuati soltanto nel genere e la cui **esecuzione** è **differita** ad una scadenza predeterminata.
È possibile operare una prima distinzione tra:
- **contratti c.d. a mercato fermo**, in cui la volontà delle parti di dare esecuzione all'accordo raggiunto ed il contenuto delle rispettive obbligazioni sono fissati in maniera definitiva al momento della conclusione del contratto;
- **contratti c.d. a mercato libero o a premio**, in cui si attribuisce ad un contraente, dietro versamento di un corrispettivo (premio), il diritto potestativo di non dare esecuzione al contratto o di modificarne unilateralmente le condizioni.

Nel mercato per la negoziazione di strumenti finanziari derivati non vengono conclusi contratti aventi ad oggetto strumenti finanziari realmente esistenti (come invece accade per i contratti a pronti); in tale mercato, infatti, vengono **concluse operazioni speculative** in sostanza coincidenti con quelle precedentemente realizzate nel mercato di borsa con i contratti a termine e con quelli a premio.
Conseguentemente, **oggetto dei contratti conclusi sono strumenti finanziari collegati alle variazioni delle quotazioni di determinati valori mobiliari oppure di indici di borsa relativi agli stessi (*futures* ed *options*)**. Si parla di **prodotti derivati** proprio perché il loro valore dipende dalla variazione delle quotazioni delle attività finanziarie sottostanti, assunte come parametro di riferimento. Il riporto è il contratto con il quale un soggetto (**riportato**) **trasferisce** in proprietà ad un altro soggetto (**riportatore**) **titoli** di credito di una data specie e per un determinato prezzo; il **riportatore**, a sua volta, assume l'obbligo di **trasferire** al **riportato**, alla scadenza del termine stabilito, la proprietà di altrettanti titoli della stessa specie (*tandeundem eiusdem generis*), verso il rimborso di un prezzo che può essere aumentato o diminuito nella misura convenuta (art. 1548 c.c.).

QUESTIONARIO

1. Cosa sono gli strumenti finanziari ed i valori mobiliari? (**1**)
2. Cosa si intende per mercato regolamentato? (**1**)
3. Chi può gestire un mercato regolamentato? L'organizzazione e la gestione di un mercato regolamentato, in particolare, è lasciata all'iniziativa economica privata? (**1**)
4. A quale schema contrattuale sono riconducibili i contratti di borsa e quali peculiarità presentano in termini di disciplina? (**2**)

5. Con quale sistema avviene la conclusione dei contratti di borsa? **(2)**
6. Qual è la differenza tra contratti a mercato libero e contratti a premio? **(3)**
7. Cosa sono i contratti a termine e quali effetti si perseguono con gli stessi? **(3)**
8. Cosa sono gli strumenti finanziari derivati? In quale mercato regolamentato vengono negoziati? **(4)**
9. Cos'è il contratto di riporto e quale natura giuridica ha il riporto di borsa? **(5)**
10. Cosa si intende per riporto-proroga? **(5)**
11. In cosa si sostanziano le condotte di abuso di informazioni privilegiate e di manipolazione del mercato? **(6)**
12. Cosa si intende per "gestione accentrata degli strumenti finanziari"? **(7)**

PARTE QUARTA
I TITOLI DI CREDITO

Capitolo I
I titoli di credito

Sommario:
1. Nozione e funzione dei titoli di credito. – **2.** Le caratteristiche fondamentali dei titoli di credito. – **3.** La circolazione dei titoli di credito. Il rapporto fondamentale ed il rapporto cartolare. – **4.** Titoli astratti e titoli causali. Titoli rappresentativi di merci e titoli di partecipazione. Titoli individuali e titoli di massa. – **5.** La circolazione dei titoli di credito. – **6.** La legge che regola la circolazione dei titoli di credito. – **6.1.** Titoli al portatore. – **6.2.** Titoli all'ordine. – **6.3.** Titoli nominativi. – **7.** Legittimazione all'esercizio del diritto cartolare ed il regime delle eccezioni cartolari. – **8.** L'ammortamento dei titoli di credito. – **9.** I documenti di legittimazione ed i titoli impropri.

1. Nozione e funzione dei titoli di credito.

Il titolo di credito è un ***documento*** contenente un ***ordine*** o una ***promessa unilaterale*** di adempiere una determinata prestazione (che normalmente si identifica nella dazione di una somma di denaro), in favore di colui che presenterà il documento al debitore (Torrente-Schlesinger).
I titoli di credito rappresentano lo strumento predisposto dal legislatore al fine di consentire la *mobilitazione della ricchezza* e di agevolare la **circolazione dei crediti**, sottraendo la stessa al regime proprio della cessione dei crediti (di cui agli artt. 1260 ss. c.c.) **ed assoggettandola**, invece, alla disciplina propria della **circolazione dei beni mobili**.
A ben vedere, la cessione del credito è connotata da una serie di rischi propri di tutti gli acquisti a *titolo derivativo* e riconducibili alla regola secondo cui *"nemo plus iuris in alium transferre potest quam ipse habet"*.
Ne consegue che:

- ove in capo al cedente *non sussiste effettivamente la titolarità del credito ceduto* (o perché il credito non è validamente sorto o perché lo stesso ha già formato oggetto di una cessione opponibile), in capo al cessionario *non si produce alcun effetto acquisitivo*;
- al cessionario sono opponibili *tutte le eccezioni che erano opponi-

> *bili al cedente* (tranne l'eccezione di compensazione accettata senza riserve);
> - il cessionario, per ottenere la prestazione dal debitore ceduto, deve *provare di aver acquistato il credito*. Inoltre, premesso che il credito viene acquistato dal cessionario a seguito del contratto di trasferimento intercorso con il cedente, al fine di rendere effettivo l'acquisto anche nei confronti del debitore ceduto e dei terzi, è necessario che la cessione venga notificata al debitore o che sia accettata dallo stesso.

La disciplina relativa alla circolazione dei beni mobili, viceversa, è meno rischiosa ed assoggettata a regole meno formalistiche. Infatti:

> - la *titolarità* del bene mobile si trasferisce nel momento in cui si conclude *l'accordo* con l'alienante, in virtù del principio del consenso traslativo, di cui all'art. 1376 c.c.;
> - l'acquirente del bene mobile è tutelato dal rischio del difetto di titolarità in capo all'alienante, in virtù del principio secondo cui il possesso vale titolo, di cui all'art. 1153 c.c.;
> - nel caso in cui lo stesso bene venga *alienato a più persone*, prevale chi per primo ne consegue il possesso, in buona fede (art. 1155 c.c.).

Per questa ragione, il legislatore, nel dettare la disciplina dei titoli di credito, ha fatto ricorso ad una "**finzione giuridica**"; ha ritenuto, in sostanza, che oggetto della circolazione fosse non il diritto di credito menzionato nel documento, ma il documento stesso, assoggettando per tal via la circolazione dei titoli di credito alle regole previste per la circolazione dei beni mobili.

Questo peculiare collegamento tra documento e diritto in esso contenuto viene definito **incorporazione**: per cui, è possibile affermare che il titolo di credito è *un documento necessario e sufficiente per la costituzione*, *la circolazione e l'esercizio del diritto in esso incorporato* (CAMPOBASSO).

In sostanza, come conseguenza dell'incorporazione, il documento non è più mera prova del diritto, ma assurge esso stesso al rango di diritto.

2. Le caratteristiche fondamentali dei titoli di credito.

La **letteralità** dei titoli di credito implica che il contenuto ed i limiti del diritto di credito sono tutti e soltanto quelli risultanti dal documento, cioè dal tenore letterale del titolo (art. 1993, comma 1, c.c.).

La caratteristica **dell'autonomia** implica che – diversamente da quanto accade in sede di cessione del credito, in cui il cessionario, subentrando nel medesimo diritto del cedente, potrà vedersi opposte tutte le eccezioni opponibili a quest'ultimo – colui al quale il titolo viene trasferito subentra in un diritto del tutto originario ed autonomo rispetto a quello che poteva essere fatto valere dal precedente titolare.

L'autonomia del diritto cartolare (cioè del diritto incorporato nel titolo di credito), inoltre, si manifesta anche **nell'applicabilità del principio secondo cui il *"possesso vale titolo"***, di cui all'art. 1153 c.c.

L'art. 1994 c.c., infatti, ricalcando il contenuto dispositivo di tale norma, fa salvo l'acquisto del diritto cartolare in capo al terzo in buona fede che è entrato nel possesso del titolo di credito, indipendentemente da ogni indagine relativa alla titolarità del diritto di credito in capo a colui che ha trasferito il titolo stesso.

3. La creazione del titolo di credito. Il rapporto fondamentale ed il rapporto cartolare.

La creazione del titolo di credito postula l'esistenza di un rapporto, c.d. **rapporto fondamentale**; le parti di tale rapporto, a mezzo della c.d. **convenzione di rilascio o esecutiva**, convengono di fissare nel titolo di credito la prestazione dovuta dal debitore.

Il **rapporto cartolare** è la dichiarazione risultante dal titolo di credito, che riproduce in forma semplificata, secondo quanto concordato nella convenzione di rilascio, l'obbligazione derivante dal rapporto fondamentale.

Il **diritto cartolare** è il diritto di credito riconosciuto al prenditore del titolo ed incorporato nello stesso; il titolo ed il diritto di credito in esso incorporato circoleranno secondo le regole della circolazione della proprietà delle cose mobili, per cui, al fine di esercitare il diritto cartolare, sarà sufficiente appellarsi al possesso del titolo (BUONOCORE).

Il rapporto fondamentale ed il rapporto cartolare coincidono soltanto nel momento in cui viene emesso il titolo.

Di conseguenza, se l'adempimento è richiesto dal primo prenditore del titolo, il debitore potrà opporre allo stesso anche le eccezioni a lui personali e, cioè, quelle derivanti dal rapporto fondamentale, da cui è scaturita l'emissione del titolo di credito (art. 1993 c.c.).

Nel momento in cui il titolo viene trasferito, invece, si scindono le sorti dei due rapporti; il trasferimento del titolo implica esclusivamente il trasferimento del

rapporto cartolare e non anche di quello fondamentale (a meno che non vi sia anche una cessione dello stesso).
Il terzo prenditore del titolo, pertanto, entra in possesso di un diritto (quello cartolare, appunto) letterale e del tutto autonomo rispetto alle vicende del rapporto fondamentale da cui è stata originata l'emissione del titolo.
Ne consegue che il debitore non potrà opporre allo stesso alcuna eccezione derivante dal rapporto fondamentale con il primo prenditore del titolo, ma soltanto le **eccezioni c.d. reali** (su cui, *amplius*, *infra*, par. 7).

4. Titoli astratti e titoli causali. Titoli rappresentativi di merci e titoli di partecipazione. Titoli individuali e titoli di massa.

Sono **titoli astratti** quelli (come la cambiale e l'assegno) che **non contengono alcun riferimento al rapporto fondamentale** e la cui emissione, pertanto, può essere originata da una gamma indefinita di relazioni tipiche.
Sono **titoli causali**, invece, quelli (come le azioni e le obbligazioni) che possono essere **emessi soltanto in ragione di determinati rapporti fondamentali, predeterminati per legge**.
Si parla, in tal caso, di **letteralità incompleta**; nei titoli astratti, viceversa, si avrà **letteralità completa**, dal momento che – mancando qualsiasi riferimento al rapporto che ha originato l'emissione del titolo – è preclusa in origine la possibilità di far riferimento alla disciplina dello stesso per integrare quanto risulta dalla lettera del documento (CAMPOBASSO).
Tutto ciò chiarito in ordine alla disciplina, è opportuno evidenziare che titoli causali sono i titoli rappresentativi di merci ed i titoli di partecipazione.
Gli uni e gli altri si distinguono in considerazione della tipologia di diritto incorporato nel titolo.
In particolare, i **titoli rappresentativi di merci** incorporano «*il diritto alla consegna delle merci che sono in essi specificate*", ma anche "*il potere di disporne mediante trasferimento del titolo*» (art. 1996 c.c.).
I **titoli di partecipazione**, invece, incorporano non soltanto un diritto di credito, ma una posizione più complessa.
Azioni ed obbligazioni di società, che sono titoli di partecipazione, attribuiscono una serie complessa di diritti o poteri, normalmente connessi alla posizione di socio o di obbligazionista (si pensi, ad esempio, al diritto di riscuotere i dividendi, di prendere parte alle assemblee sociali, di sottoscrivere aumenti di capitale ed emissioni di obbligazioni, ecc.).
Tutti i diritti ed i poteri connessi alla posizione di socio vengono ceduti con la

semplice cessione del titolo; in sostanza, circolano con il documento nel quale sono incorporati.

Va evidenziato, infine, che i titoli di partecipazione sono **titoli di massa**, in quanto gli stessi vengono emessi cumulativamente con un'unica operazione, hanno uguale valore nominale ed attribuiscono i medesimi diritti e poteri.

I titoli di massa si contrappongono ai **titoli individuali** (quali, ad esempio, cambiali e assegni), che vengono emessi, ciascuno, in correlazione ad una specifica operazione economica.

5. La circolazione dei titoli di credito.

Il titolo di credito, dopo essere stato emesso a favore del primo prenditore, ove questi non eserciti il diritto di credito incorporato nel titolo, può circolare e, quindi, entrare nel possesso di terzi, che a loro volta potranno esercitare il diritto cartolare oppure far ulteriormente circolare il titolo.

A) Circolazione regolare

La **circolazione** del titolo può essere **regolare** o **irregolare**.

Si ha **circolazione regolare** (o *volontaria*) ove, al passaggio del possesso del titolo (possesso che, come si chiarirà, è di per sé solo sufficiente a legittimare l'esercizio del diritto cartolare), si accompagna anche il trasferimento della proprietà del documento; tale proprietà, in sostanza, trasla dall'attuale titolare ad un altro soggetto, in forza di un valido negozio di trasmissione intercorso tra tali parti e che, a sua volta, trova fondamento in un preesistente rapporto causale tra le stesse (CAMPOBASSO).

A ben vedere, quindi, in caso di circolazione regolare vi è coincidenza tra la qualità di proprietario e quella di possessore del titolo.

B) Circolazione irregolare

La **circolazione irregolare** (o *involontaria*) dei titoli di credito, viceversa, postula una scissione tra titolarità-proprietà del titolo, da un lato, e possesso del documento, con conseguente legittimazione all'esercizio del diritto cartolare, dall'altro.

Si tratta di un'ipotesi che può verificarsi, ad esempio, nel caso in cui il titolo venga rubato; in tal caso, pur restando la proprietà del documento in capo alla vittima del furto, legittimato all'esercizio del diritto cartolare, nonché a far circolare ulteriormente il titolo, sarà il ladro, in quanto possessore del documento.

Ebbene, finché il titolo non pervenga nelle mani di un terzo in buona fede,

ignaro del fatto che la scissione tra la proprietà ed il possesso del titolo non è sorretta dall'esistenza di un valido negozio di trasmissione, nei confronti di chi ha privato il proprietario del possesso del documento potrà essere esperita l'azione di rivendica o iniziata la procedura di ammortamento (*infra*, par. 8).
Tuttavia, nel momento in cui il titolo entra nel possesso di un terzo in buona fede, in analogia con quanto stabilito dall'art. 1153 c.c., l'art. 1994 c.c. prevede la salvezza dell'acquisto effettuato *a non domino*, e cioè da parte di chi non aveva la proprietà del bene venduto, purché l'acquirente sia in **buona fede** (ai sensi dell'art. 1147 c.c., la buona fede si presume e deve sussistere soltanto nel momento dell'acquisto); il trasferimento sia avvenuto in conformità alle **norme** che disciplinano la circolazione dei titoli di credito (si tratta di norme differenti, a seconda che il titolo sia all'ordine, al portatore o nominativo) e sulla base di un **titolo astrattamente idoneo** al trasferimento della proprietà del documento.
In tal caso, ai sensi dell'art. 1994 c.c., colui che ha effettuato l'acquisto *a non domino* diventa proprietario del documento a titolo originario e *"non è soggetto a rivendicazione"* da parte del precedente proprietario, al quale è data soltanto la possibilità di esperire l'azione di risarcimento del danno nei confronti del soggetto dal quale è stato spossessato.

C) Circolazione impropria

Altro, rispetto alla circolazione irregolare, è invece la **circolazione impropria**. In tal caso, secondo quanto previsto dall'art. 2015 c.c. per i titoli all'ordine (ma si tratta di una regola pacificamente ritenuta di portata generale), i titoli di credito circolano nella forma e con gli effetti propri della cessione del credito, per cui il cessionario non entrerà nel possesso di un diritto letterale ed autonomo, ma resterà soggetto a tutte le eccezioni opponibili al cedente da parte del debitore ceduto.

6. La legge che regola la circolazione dei titoli di credito.

La **legittimazione all'esercizio del diritto cartolare**, come accennato, **prescinde** dall'accertamento della **proprietà** del titolo e **richiede**, invece, il **possesso materiale** dello stesso.
Deve trattarsi, tuttavia, di un **possesso qualificato**, cui si è pervenuti, **cioè, nell'osservanza delle leggi che regolano la circolazione dei titoli di credito**.
L'ordinamento, a tal fine, distingue tra **titoli di credito**:

- al portatore;
- all'ordine;
- nominativi.

Soltanto per i titoli al portatore è necessario e sufficiente il semplice possesso materiale del titolo di credito, mentre, nel caso di titoli all'ordine e nominativi, al possesso del titolo devono accompagnarsi ulteriori indicazioni risultanti dal documento stesso.

6.1. I titoli al portatore.

I **titoli al portatore** sono disciplinati dagli artt. 2003-2007 c.c.
Ai fini del trasferimento del titolo al portatore e dell'esercizio del diritto di credito incorporato nello stesso sono **sufficienti**, rispettivamente, la semplice *traditio* e la **presentazione** del titolo al debitore.
Dal documento, in sostanza, **non** deve risultare alcuna **indicazione nominativa** del prenditore; peraltro, anche nel caso in cui dal documento dovesse risultare l'intestazione ad un nome, il titolo resta in ogni caso al portatore (ove vi è apposita clausola in tal senso).
Ne consegue, pertanto, l'irrilevanza dell'eventuale intestazione ai fini della legittimazione all'esercizio del diritto cartolare.
Benché sia generalmente ammessa la possibilità di emettere titoli di credito atipici, l'art. 2004 c.c. stabilisce il **divieto di emettere titoli contenenti l'obbligazione di pagare una somma di denaro, pagabili al portatore, se non nei casi stabiliti dalla legge.**
Tale norma sancisce, in sostanza, la tipicità dei titoli al portatore, in considerazione della loro facile circolabilità e surrogabilità alla moneta legale.
Per espressa disposizione di legge, possono essere emessi al portatore le obbligazioni di società, gli assegni bancari, le azioni di risparmio, i libretti di deposito, le quote di partecipazione a fondi comuni di investimento, i titoli del debito pubblico.

6.2. I titoli all'ordine.

I **titoli all'ordine**, come anticipato, sono titoli a *legittimazione nominale*, in quanto per la legittimazione all'esercizio del diritto cartolare è necessario ma non è sufficiente il possesso del documento.
Allo stesso deve infatti accompagnarsi l'intestazione ad una persona determinata.

Tale intestazione, necessaria al fine del trasferimento di tutti i diritti inerenti al titolo (art. 2011, comma 1, c.c.), prende il nome di *girata*.
In particolare, «*Il possessore di un titolo all'ordine è legittimato all'esercizio del diritto in esso menzionato in base ad una **serie continua** di girate*» (art. 2008 c.c.).
La girata è una dichiarazione scritta sul titolo, con la quale il possessore attuale dello stesso (***girante***) **ordina** al **debitore** di **adempiere** l'obbligazione cartolare a favore del soggetto al quale è intestata la girata stessa (***giratario***).
La girata, quindi, attribuisce al giratario un ***diritto di credito*** letterale ed autonomo nei confronti del debitore cartolare, nonché il ***diritto di far circolare ancora il titolo***, mediante una nuova girata.
La girata **non ha**, invece, **funzione di garanzia**, a meno che tale funzione non sia espressamente prevista dalla legge o da una diversa clausola risultante dal titolo; il girante, quindi, non è obbligato per l'inadempimento della prestazione da parte dell'emittente (2012 c.c.).
L'ordine di pagamento contenuto nella girata deve avere carattere totale ed incondizionato, dal momento che «*qualsiasi condizione apposta sulla girata si ha come non scritta. È nulla la girata parziale*» (art. 2010 c.c.).
La girata può essere **in pieno o in bianco**.
La girata è in pieno quando contiene l'indicazione del giratario; diversamente la stessa si considera in bianco (art. 2009 c.c.).
Chi riceve un titolo girato in bianco ha diverse alternative.
In particolare, il giratario in bianco può *riempire* la girata con il proprio nome o con quello di un'altra persona; può nuovamente *girare* il titolo, in pieno o in bianco; può, infine, *trasmettere* il titolo ad un terzo, *senza riempire la girata o senza apporne una nuova* (art. 2011, comma 2, c.c.).
In quest'ultimo caso il titolo, analogamente a quanto accade per i titoli al portatore, circola sulla base della sua sola *traditio* manuale e *non*, invece, in forza di una *girata*; tuttavia, non smette di essere un titolo all'ordine, dal momento che *in ogni caso dal titolo è necessario verificare la legittimazione cartolare a favore, almeno, del girante in bianco*.
Ai sensi dell'art. 2008 c.c., nel caso di titoli all'ordine, il possessore attuale del titolo è legittimato all'esercizio del diritto cartolare sulla base di una girata a proprio favore (in pieno o in bianco) e, nel caso in cui il titolo abbia circolato più volte, è necessario che sussista la **continuità delle girate**; ciò implica che ogni girante deve essere a sua volta giratario della girata precedente, fino a risalire al primo prenditore del titolo. Premesso che la funzione propria della girata è quella di trasferire al giratario l'esercizio dei diritti cartolari, alla stessa possono essere riconosciute talvolta funzioni differenti.

La **girata** può infatti essere **per l'incasso o per procura** (art. 2013 c.c.).
Nel caso di girata cui sia apposta una clausola che importa il trasferimento di una procura per incasso, il giratario può esercitare tutti i diritti inerenti al titolo, ma non può girare ulteriormente lo stesso, se non per procura.
La girata per l'incasso, quindi, *non trasferisce la titolarità dei diritti inerenti al titolo di credito, ma soltanto l'esercizio di essi*, abilitando il giratario ad esigere il pagamento in nome e per conto del girante, il quale ne conserva la titolarità; ne consegue che il giratario in tale ipotesi non ha la veste di *accipiens* rispetto al pagamento ricevuto, essendo lo stesso riferibile esclusivamente al girante.
Ed inoltre, proprio in considerazione del fatto che la girata per l'incasso non implica che il girante si spogli della titolarità del diritto di credito, il traente potrà *opporre al giratario tutte le eccezioni personali opponibili al girante stesso e non invece quelle personali al giratario*.
La **girata**, inoltre, può essere **a titolo di pegno** (art. 2014 c.c.).
In tal caso, e cioè quando alla girata si attribuisce *funzione di garanzia reale rispetto ad un debito che il girante vanta nei confronti del giratario*, a quest'ultimo è consentito esercitare il diritto di credito incorporato nel titolo, per il soddisfacimento delle sue ragioni nei confronti del girante.
Il giratario a titolo di pegno acquista un diritto autonomo, dal momento che – al pari della girata pura e semplice – a lui non sono opponibili le eccezioni personali al girante.
Tuttavia, il giratario a titolo di pegno, non essendo proprietario del titolo, non può ulteriormente trasferire lo stesso.
L'eventuale girata, infatti, vale soltanto come girata per procura.
Sono titoli all'ordine la cambiale, l'assegno bancario, l'assegno circolare, i titoli rappresentativi di merci.

6.3. I titoli nominativi.

I **titoli nominativi** sono, al pari dei titoli all'ordine, dei titoli a legittimazione nominale; per l'esercizio del diritto di credito incorporato nel titolo, quindi, non è sufficiente il mero possesso del documento, essendo necessaria anche l'intestazione ad una persona determinata.
In particolare, la legittimazione all'esercizio dei diritti incorporati nel titolo nominativo presuppone una **doppia intestazione a favore del possessore attuale**: una contenuta nel titolo e l'altra risultante dal registro dell'emittente (art. 2021 c.c.). La circolazione dei titoli nominativi può realizzarsi in due diverse forme.

Una prima procedura, c.d. *transfert*, postula l'annotazione contestuale del nome dell'acquirente, sul titolo e nel registro dell'emittente (art. 2022 c.c.).

Una seconda procedura finalizzata alla circolazione dei titoli nominativi è il **trasferimento mediante girata** (art. 2023 c.c.).

In questo caso l'emittente dovrà provvedere soltanto all'annotazione del trasferimento sul suo registro, mentre l'annotazione sul titolo (girata) è fatta dall'alienante.

Il titolo può circolare a mezzo della sola girata, senza che sia contestualmente necessario anche il cambio d'intestazione sul registro dell'emittente.

E, tuttavia, posto che il titolo può circolare a mezzo della sola girata effettuata dall'alienante, **in ogni caso il trasferimento mediante girata non ha efficacia nei confronti dell'emittente, fino a che non sia fatta annotazione nel registro**.

Alla luce di quanto evidenziato, ben si comprende come la **girata** produce **effetti** completamente diversi nel caso di titoli **all'ordine** e di titoli **nominativi**. Mentre nel primo caso, infatti, la girata attribuisce al giratario, di per sé sola, la legittimazione all'esercizio del diritto di credito incorporato nel titolo, oltre che il diritto a trasferire ulteriormente lo stesso, **nel caso di titoli nominativi l'effetto della girata è soltanto quello di consentire all'acquirente del titolo di girare ulteriormente lo stesso**.

La girata, invece, non è in questo caso idonea ad attribuire la legittimazione all'esercizio del diritto di credito cartolare, imponendosi per la stessa l'annotazione nel registro dell'emittente.

Sono titoli di credito nominativi le obbligazioni, le quote di partecipazione a fondi comuni d'investimento, i titoli del debito pubblico e le azioni.

7. Legittimazione all'esercizio del diritto cartolare ed il regime delle eccezioni cartolari.

Come anticipato, la ***legittimazione all'esercizio del diritto cartolare*** (quindi, in sostanza, la possibilità di chiedere l'adempimento al debitore) presuppone soltanto il ***possesso del titolo di credito*** e non anche la prova del valido acquisto della proprietà del documento e della conseguente titolarità del diritto in esso incorporato.

L'art. 1992 c.c. dispone che «*Il possessore di un titolo di credito ha diritto alla prestazione in esso indicata verso la presentazione del titolo, purché sia legittimato nelle forme prescritte dalla legge*» che, come si è visto, sono differenti a seconda che si tratti di titoli al portatore, all'ordine o nominativi.

D'altro lato, «*il debitore, che senza dolo o colpa grave adempie la prestazione nei confronti del possessore, è liberato anche se questi non è il titolare del diritto*».
Ne consegue che il debitore può rifiutare il pagamento a favore del proprietario del documento che ne ha, però, perduto il possesso.
Correrebbe, infatti, il rischio di rimanere esposto alla richiesta di adempimento del soggetto che può vantare il possesso materiale del titolo.
L'art. 1993 c.c. fissa il regime delle eccezioni che il debitore può opporre al portatore del titolo che si presenti per ottenere l'adempimento del credito cartolare.
Occorre **distinguere tra eccezioni reali ed eccezioni personali**.

A) Eccezioni reali
Le **eccezioni reali**, opponibili a qualsiasi portatore del titolo, sono fissate tassativamente dalla legge e vanno rinvenute in:

- eccezioni **di forma**, che si risolvono nella mancanza di taluni requisiti formali che la legge impone per determinati titoli (si pensi, ad esempio, alla cambiale);
- eccezioni **fondate sul** *contesto letterale del titolo*, stante la letteralità del diritto cartolare;
- eccezioni relative alla *falsità della firma*;
- eccezioni relative al **difetto di** *capacità* **o di** *rappresentanza* al momento dell'emissione del titolo;
- eccezioni relative alla **mancanza delle** *condizioni necessarie per l'esercizio dell'azione*.

B) Eccezioni personali
Le **eccezioni personali**, invece, sono tutte le eccezioni diverse da quelle reali e derivano da rapporti personali tra il debitore ed il possessore del titolo.
Tali eccezioni possono essere opposte dal debitore soltanto al creditore al quale siano, appunto, personali. Si tratta di eccezioni che non risultano dal titolo e che sono relative a **rapporti** *extracartolari*.
Si pensi, ad esempio, all'eccezione di compensazione.
Tale regola non opera soltanto nel caso in cui la buona fede manchi.
In particolare, il secondo comma dell'art. 1993 c.c. stabilisce che «*il debitore può opporre al possessore del titolo le eccezioni personali fondate sui rapporti con i precedenti possessori, soltanto se, nell'acquistare il titolo, il possessore ha agito intenzionalmente a danno del debitore medesimo*».

8. L'ammortamento dei titoli di credito.

Il legislatore, tuttavia, attraverso l'"**ammortamento dei titoli di credito**", disciplinato agli artt. 2016-2020 e 2027 c.c., predispone un peculiare strumento che, in caso di perdita involontaria di **titoli all'ordine o nominativi**, consente di "scorporare" il diritto dal documento, in tal modo scindendo la legittimazione all'esercizio del diritto cartolare dal possesso materiale del titolo di credito.
La procedura per l'ammortamento di un titolo di credito tende alla reintegrazione nel possesso del legittimo portatore del titolo e si realizza attraverso **tre fasi** (l'ultima è soltanto eventuale).
Si tratta, in particolare:

- del **ricorso** del possessore del titolo che ha subito lo smarrimento, la sottrazione o la distruzione dello stesso al Presidente del tribunale del luogo in cui il titolo è pagabile, affinché venga emesso il **decreto di ammortamento**;
- dell'emissione del **decreto di ammortamento** da parte del Presidente del tribunale, previa verifica della verità dei fatti esposti dal ricorrente.
- Attraverso il decreto in parola viene giudizialmente dichiarata l'inefficacia del titolo perduto e viene ripristinata, a favore di chi ottiene il decreto, la legittimazione cartolare sussistente all'epoca dello smarrimento, della sottrazione o della distruzione.
- Il decreto di ammortamento deve essere **notificato al debitore** e **pubblicato nella Gazzetta ufficiale**;
- dell'eventuale **opposizione al decreto di ammortamento**, da parte del detentore del titolo di credito.

Come anticipato, **la procedura di ammortamento opera soltanto per i titoli all'ordine e per quelli nominativi**.
Per i **titoli al portatore** valgono, viceversa, **regole differenti** (art. 2006 c.c.).
In particolare, salvo diverse disposizioni di legge, chi denuncia all'emittente lo **smarrimento** o la **sottrazione** del titolo al portatore e gliene fornisce la prova, ha **diritto al pagamento esclusivamente dopo il decorso del termine di prescrizione del titolo**, senza che nessuno sia presentato per l'esercizio del diritto cartolare. Nel caso di **distruzione** dei titoli al portatore, invece, l'art. 2007 c.c. prevede che, ove venga fornita la prova della distruzione stessa (scongiurandosi in tal modo il rischio che il titolo al portatore continui a circolare), il

denunciante ha diritto di chiedere all'emittente il rilascio di un **duplicato** del titolo.
Ove, viceversa, la prova della distruzione non dovesse essere raggiunta, si osservano le disposizioni di cui all'art. 2006 c.c., previste per lo smarrimento o la sottrazione dei titoli al portatore.

9. I documenti di legittimazione ed i titoli impropri.

Dopo aver esaminato la disciplina generale dei titoli di credito, occorre chiarire che, per espressa disposizione normativa, la stessa non si applica né ai documenti di legittimazione, né ai titoli impropri (art. 2002 c.c.).
Mentre i titoli di credito sono destinati alla circolazione – onde il documento possiede i caratteri tali da costituire un mezzo tecnico idoneo ad assolvere detta funzione – i documenti di legittimazione ed i titoli impropri sono caratterizzati dalla **particolare efficacia probatoria** rafforzata che la legge gli riconosce.

A) I documenti di legittimazione
Ai sensi dell'art. 2002 c.c., in particolare, i **documenti di legittimazione** sono *documenti che servono solo al fine di identificare l'avente diritto alla prestazione.*
Gli stessi, pertanto non attribuiscono al titolare alcun diritto letterale ed autonomo incorporato nel documento stesso, ma semplicemente individuano, da un lato, colui che ha diritto a richiedere una determinata prestazione e, dall'altro, il soggetto a favore del quale tale prestazione deve essere effettuata da parte del debitore, affinché lo stesso sia liberato dalla propria obbligazione.
Sono documenti di legittimazione, ad esempio, i biglietti della lotteria, o quelli del teatro o del cinema; le marche per il ritiro dell'auto da un depositario o gli scontrini del deposito bagagli, ecc.

B) I titoli impropri
I **titoli impropri**, invece, *servono a consentire il trasferimento del diritto senza l'osservanza delle forme proprie della cessione del credito* (art. 2002 c.c.).
Tali titoli, pertanto, esonerano il cessionario dalla notifica al debitore e dall'onere di provare la cessione e circolano utilizzando congegni propri della circolazione dei titoli di credito (normalmente mediante la girata; tuttavia, benché i titoli impropri si sottraggano al regime formale proprio della cessione del credito, ne condividono in ogni caso la **natura** di **trasferimento del credi-**

to a **titolo derivativo**, con tutti gli effetti che a tale natura del trasferimento sono connessi.

Ne consegue che il cessionario è in ogni caso esposto a tutte le eccezioni opponibili al cedente; lo stesso cessionario, inoltre, acquista il proprio diritto alla prestazione indicata nel titolo improprio se ed in quanto tale diritto esisteva in capo al suo dante causa.

Costituisce un titolo improprio, ad esempio, la polizza di assicurazione, di cui all'art. 1889 c.c., emessa con clausola all'ordine o al portatore: in questi casi il credito nei confronti della società di assicurazione circola secondo le regole proprie dei titoli di credito all'ordine o al portatore, ma di fatto produce gli effetti della cessione del credito.

Dal momento che sia i titoli impropri che i documenti di legittimazione non incorporano un diritto letterale ed autonomo, agli stessi non è applicabile la disciplina generale dei titoli di credito.

SCHEDA DI SINTESI

Il titolo di credito è un ***documento*** contenente un ***ordine*** o una ***promessa unilaterale*** di adempiere una determinata prestazione (che normalmente si identifica nella dazione di una somma di denaro), in favore di colui che presenterà il documento al debitore.

La **letteralità** dei titoli di credito implica che il contenuto ed i limiti del diritto di credito sono tutti e soltanto quelli risultanti dal documento, cioè dal tenore letterale del titolo.

La creazione del titolo di credito postula l'esistenza di un rapporto, c.d. **rapporto fondamentale**; le parti di tale rapporto, a mezzo della c.d. **convenzione di rilascio o esecutiva**, convengono di fissare nel titolo di credito la prestazione dovuta dal debitore.

Il **rapporto cartolare** è la dichiarazione risultante dal titolo di credito, che riproduce in forma semplificata, secondo quanto concordato nella convenzione di rilascio, l'obbligazione derivante dal rapporto fondamentale.

Il **diritto cartolare** è il diritto di credito riconosciuto al prenditore del titolo ed incorporato nello stesso; il titolo ed il diritto di credito in esso incorporato circoleranno secondo le regole della circolazione della proprietà delle cose mobili, per cui, al fine di esercitare il diritto cartolare, sarà sufficiente appellarsi al possesso del titolo.

Sono **titoli astratti** quelli (come la cambiale e l'assegno) che **non contengono alcun riferimento al rapporto fondamentale** e la cui emissione, pertanto, può essere originata da una gamma indefinita di relazioni tipiche.

Sono **titoli causali**, invece, quelli (come le azioni e le obbligazioni) che possono essere **emessi soltanto in ragione di determinati rapporti fondamentali, predeterminati per legge**.

La **circolazione** del titolo può essere **regolare** o **irregolare**.

Si ha **circolazione regolare** (o ***volontaria***) ove, al passaggio del possesso del titolo si accompagna anche il trasferimento della proprietà del documento; tale proprietà, in sostanza, trasla dall'attuale titolare ad un altro soggetto, in forza di un valido negozio di trasmissione intercorso tra tali parti e che, a sua volta, trova fondamento in un preesistente rapporto causale tra le stesse.

La **circolazione irregolare** (o *involontaria*) dei titoli di credito, viceversa, postula una scissione tra titolarità-proprietà del titolo, da un lato, e possesso del documento, con conseguente legittimazione all'esercizio del diritto cartolare, dall'altro.

La **legittimazione all'esercizio del diritto cartolare**, come accennato, **prescinde** dall'accertamento della **proprietà** del titolo e **richiede**, invece, il **possesso materiale** dello stesso.

Deve trattarsi, tuttavia, di un **possesso qualificato**, cui si è pervenuti, **cioè, nell'osservanza delle leggi che regolano la circolazione dei titoli di credito**.

L'ordinamento, a tal fine, distingue tra **titoli di credito: al portatore; all'ordine; nominativi**.

Ai fini del trasferimento del **titolo al portatore** e dell'esercizio del diritto di credito incorporato nello stesso sono **sufficienti**, rispettivamente, la semplice *traditio* e la **presentazione** del titolo al debitore.

I **titoli all'ordine** sono titoli a *legittimazione nominale*, in quanto per la legittimazione all'esercizio del diritto cartolare è necessario ma non è sufficiente il possesso del documento. Allo stesso deve infatti accompagnarsi l'intestazione ad una persona determinata.

I **titoli nominativi** sono, al pari dei titoli all'ordine, dei titoli a legittimazione nominale; per l'esercizio del diritto di credito incorporato nel titolo, quindi, non è sufficiente il mero possesso del documento, essendo necessaria anche l'intestazione ad una persona determinata.

La *legittimazione all'esercizio del diritto cartolare* (quindi, in sostanza, la possibilità di chiedere l'adempimento al debitore) presuppone soltanto il *possesso del titolo di credito* e non anche la prova del valido acquisto della proprietà del documento e della conseguente titolarità del diritto in esso incorporato.

L'art. 1993 c.c. fissa il regime delle eccezioni che il debitore può opporre al portatore del titolo che si presenti per ottenere l'adempimento del credito cartolare. Occorre **distinguere tra eccezioni reali ed eccezioni personali**: le prime opponibili a qualsiasi portatore del titolo; le seconde sono tutte le eccezioni diverse da quelle reali e derivano da rapporti personali tra il debitore ed il possessore del titolo.

QUESTIONARIO

1. Cosa sono i titoli di credito e per quale ragione il legislatore li sottopone alla disciplina propria della circolazione dei beni mobili piuttosto che a quella prevista per la cessione del credito? **(1)**
2. Quali sono le caratteristiche fondamentali dei titoli di credito? **(2)**
3. Cosa si intende per "rapporto fondamentale" e per "rapporto cartolare"? Quando nasce il rapporto cartolare? **(3)**
4. Cosa sono i titoli astratti ed i titoli causali? **(4)**

5. Quali sono le caratteristiche dei titoli di partecipazione? (**4**)
6. Cosa si intende per circolazione regolare dei titoli di credito e che natura ha il contratto con cui si trasferisce la proprietà del documento? (**5**)
7. Cosa accade quando, in caso di circolazione irregolare, il titolo di credito perviene nelle mani del terzo in buona fede? (**5**)
8. In base a quali regole circolano i titoli al portatore, i titoli all'ordine e quelli nominativi? In quali casi è sufficiente il mero possesso materiale del titolo per poter esercitare il diritto in esso incorporato? (**6**)
9. Quali effetti produce la girata dei titoli all'ordine? (**6.2.**)
10. Cosa si intende per "eccezioni reali"? A chi sono opponibili? (**7**)
11. Che cos'è l'ammortamento dei titoli di credito e per quali titoli opera? (**8**)
12. Cosa accade in caso di smarrimento, di distruzione o di sottrazione di un titolo al portatore? (**8**)
13. Che cosa sono i titoli impropri? (**9**)

Capitolo II
La cambiale

Sommario:
1. La cambiale. Nozione, funzione, struttura e caratteristiche. – **2.** I requisiti formali della cambiale. – **3.** La cambiale in bianco. – **4.** La pluralità di obbligazioni cambiarie. Caratteristiche. – **5.** Le singole obbligazioni cambiarie. – **5.1.** L'accettazione della cambiale tratta da parte del trattario. – **5.2.** La circolazione della cambiale: la girata. – **5.3.** L'avallo. – **6.** Il pagamento della cambiale. – **7.** Il mancato pagamento. L'azione di regresso ed il protesto. – **8.** Il processo cambiario ed il regime delle eccezioni. – **9.** Le azioni extracambiarie. – **10.** Le cambiali finanziarie.

1. La cambiale. Nozione, funzione, struttura e caratteristiche.

La cambiale è un titolo di credito tipico, disciplinato dal R.D. n. 1669 del 1933, noto come legge cambiaria, emanato in attuazione della Convenzione di Ginevra del 1930.
La cambiale è un titolo di credito *all'ordine*, con cui il sottoscrittore assume l'obbligo di effettuare un pagamento di una determinata somma di denaro al legittimo possessore del titolo, nella data di scadenza dello stesso.
La legge cambiaria prevede due diversi tipi di cambiale:

- **il vaglia cambiario** (o pagherò cambiario) contiene una **promessa di pagamento**. In esso figurano due persone: il debitore (emittente) assume personalmente l'obbligo di adempiere il debito cartolare a favore del possessore del titolo;
- **la cambiale tratta**, viceversa, contiene un **ordine di pagamento** e strutturalmente è analoga alla delegazione di pagamento, di cui agli art. 1269 ss. cc. In essa figurano tre persone: in particolare il traente, autore del titolo, ordina ad un altro soggetto (trattario) di adempiere il debito cartolare a favore del possessore del documento, alla scadenza prevista. Il traente garantisce l'accettazione da parte del trattario ed il pagamento del titolo; il trattario, di contro, destinatario dell'ordine di pagamento, diventa obbligato cambiario soltanto se ed in quanto vi sia la sua accettazione.

- Dal punto di vista strutturale, occorre rilevare che la cambiale tratta si fonda su due diversi rapporti sottostanti. Si tratta del rapporto di provvista e del rapporto di valuta.
- Il **rapporto di provvista** è il rapporto intercorrente tra traente e trattario, in funzione del quale il primo, creditore del secondo, impartisce allo stesso un ordine di pagamento a favore di un terzo.
- Il **rapporto di valuta** è invece il rapporto intercorrente tra il traente ed il prenditore della cambiale, in funzione del quale il primo, debitore del secondo, estingue la propria obbligazione nei confronti di quest'ultimo utilizzando il credito che vanta nei confronti del trattario al quale, appunto, ha ordinato di pagare una determinata somma a favore del possessore del titolo.

Pur differenti dal punto di vista strutturale, il vaglia cambiario e la cambiale tratta presentano **caratteristiche** comuni. In particolare, al pari di tutti gli altri titoli di credito, la cambiale, indipendentemente dalla forma nella quale si presenti, è caratterizzata dalla **letteralità** e dall'**autonomia**.
La cambiale ha, inoltre, ulteriori peculiari caratteristiche non necessariamente comuni a tutti i titoli di credito. Si tratta:

- dell'**astrattezza**. L'astrattezza del titolo cambiario in effetti raggiunge la massima espansione, dal momento che non solo è irrilevante il rapporto fondamentale in funzione del quale il titolo è stato emesso, per quanto, addirittura, tale rapporto ben può mancare.
- È quanto si verifica, appunto, nel caso della c.d. **cambiale di favore**;
- dell'**efficacia esecutiva del titolo**;
- della **formalità**. La cambiale è un titolo rigorosamente formale, dovendo perciò rispettare i requisiti prescritti dalla legge.

2. I requisiti di forma della cambiale.

La cambiale è normalmente redatta su moduli prestampati dall'amministrazione finanziaria dello Stato, con l'acquisto dei quali viene anche assolto l'onere relativo all'imposta di bollo.
La *cambiale non bollata* non vale come titolo esecutivo, ma soltanto come *promessa di pagamento*.
La legge prescrive specifici *requisiti formali* per la cambiale (l'art. 1 l. camb. detta i requisiti che devono essere osservati per cambiale tratta; l'art. 100, invece, prevede i requisiti del vaglia cambiario).

Tra i requisiti che la cambiale deve presentare, occorre distinguere tra requisiti essenziali e requisiti naturali (CAMPOBASSO).

A) Requisiti essenziali
Sono **requisiti c.d. essenziali**, in mancanza dei quali il titolo non vale come cambiale:

- la *denominazione di cambiale* inserita nel contesto del titolo ed espressa nella lingua in cui esso è redatto;
- *l'ordine incondizionato* di pagare una somma determinata (nella cambiale tratta), con l'indicazione, inoltre, del nome del trattario, o *la promessa incondizionata di pagamento* (nel vaglia cambiario), con l'indicazione, inoltre, del luogo e della data di nascita dell'emittente;
- il *nome di colui al quale o all'ordine del quale deve farsi il pagamento*;
- l'indicazione della **data di emissione** della cambiale;
- la *sottoscrizione* del traente o dell'emittente. A differenza degli altri requisiti, la sottoscrizione deve essere ***autografa*** e deve contenere il nome e cognome o la ditta di colui che si obbliga.

Va inoltre chiarito che la sottoscrizione deve essere ***apposta da una persona capace di agire al momento dell'emissione del titolo o da un suo rappresentante, munito dei poteri necessari al momento dell'emissione del titolo***.
Per quanto concerne invece la **rappresentanza cambiaria**, l'art. 12 l. camb. stabilisce che il potere di rappresentanza va specificamente conferito per l'assunzione dell'obbligazione cambiaria; infatti «*La facoltà generale di obbligarsi in nome e per conto altrui non fa presumere, salvo prova contraria, la facoltà di obbligarsi cambiariamente*». Regole diverse, invece, valgono per il caso in cui il rappresentato sia un imprenditore commerciale.
In tal caso la facoltà generale di obbligarsi in nome e per conto di un commerciante comprende anche quella di obbligarsi cambiariamente, salvo che l'atto di rappresentanza, pubblicizzato nelle forme idonee, non disponga diversamente. Ancora con riferimento alla rappresentanza cambiaria, infine, occorre evidenziare che la l. camb. introduce – per il caso del **rappresentante senza poteri o che agisca in eccedenza rispetto ai poteri conferitig**li – una vistosa **deroga** rispetto alla disciplina dettata dall'art. 1398 c.c., con riferimento agli atti compiuti dal *falsus procurator*.
L'art. 11 l. camb., infatti, dispone che «*Chi appone la firma sulla cambiale*

quale rappresentante di una persona per la quale non ha il potere di agire, è **obbligato cambiariamente come se avesse firmato in proprio** *e, se ha pagato, ha gli stessi diritti che avrebbe avuto il preteso rappresentato. La stessa disposizione si applica al rappresentante che abbia ecceduto i suoi poteri»*.

B) Requisiti naturali

Accanto ai requisiti essenziali della cambiale, la legge prescrive ulteriori **requisiti c.d. naturali**, in quanto la mancanza degli stessi è colmata dalla legge con specifiche regole suppletive.

Sono requisiti naturali della cambiale:

- *l'indicazione della scadenza*. La cambiale senza indicazione di scadenza si considera pagabile a vista;
- *l'indicazione del luogo di pagamento*. In mancanza, la cambiale tratta è pagabile nel luogo indicato accanto al nome del trattario, mentre il vaglia cambiario è pagabile nel luogo di emissione del titolo;
- *l'indicazione del luogo di emissione*. La cambiale in cui non è indicato il luogo di emissione si considera sottoscritta nel luogo indicato accanto al nome del traente o dell'emittente. Mancando anche questo luogo la cambiale è nulla.

3. La cambiale in bianco.

In mancanza dei requisiti prescritti dalla legge, il titolo non vale come cambiale.

Va tuttavia chiarito che **non tutti i requisiti** – ad eccezione della sottoscrizione autografa, apposta da una persona capace o da un suo rappresentante munito dei poteri necessari – **devono essere presenti nel momento in cui la cambiale viene emessa**.

I requisiti cambiari, infatti, devono essere **necessariamente presenti**, affinché il titolo valga come cambiale, soltanto **nel momento in cui il titolo viene presentato per il pagamento**.

L'art. 14 della l. camb., in particolare, disciplina la **cambiale in bianco** e cioè, la cambiale *emessa in mancanza di alcuni dei requisiti prescritti dalla legge e destinata ad essere completata, prima della presentazione per il pagamento da parte del portatore, secondo quanto pattuito tra i soggetti del negozio cambiario nel c.d. accordo di riempimento*.

In proposito va evidenziato che l'eventuale inosservanza dell'accordo di riempimento, integrando un'**eccezione personale**, non può essere opposta al portatore, a meno che questi abbia acquistato la cambiale in mala fede, ovvero abbia commesso colpa grave acquistandola.

4. La pluralità delle obbligazioni cambiarie. Caratteristiche.

Da una cambiale possono scaturire una **pluralità di obbligazioni**.
All'obbligazione dell'iniziale sottoscrittore (emittente o traente, a seconda che si tratti della cambiale tratta o del vaglia cambiario) possono infatti aggiungersi ulteriori obbligazioni.
Si tratta, in particolare, delle obbligazioni del girante, dell'avallante (cioè del soggetto che garantisce il pagamento di un obbligato cambiario) e, nella sola cambiale tratta, del trattario accettante e dell'accettante per intervento.
Prima di esaminare singolarmente le predette obbligazioni cambiarie, occorre evidenziarne le peculiari caratteristiche comuni. Si tratta, in particolare:

- **dell'indipendenza reciproca di ciascuna obbligazioni cambiaria;**
- **del vincolo della solidarietà passiva esistente tra le obbligazioni cambiarie** (art. 54 l. camb.).

Tutto ciò premesso, occorre altresì rilevare che gli obbligati cambiari non sono posti tutti sullo stesso piano, differenziandosi le loro posizioni tanto nell'ambito dei rapporti esterni (nei confronti, cioè, del portatore del titolo), quanto nell'ambito dei rapporti interni (nell'ambito, cioè, dei rapporti reciproci). Infatti:

- **nell'ambito dei rapporti esterni**, benché il portatore del titolo possa agire indifferentemente nei confronti di ciascun obbligato (solidale) cambiario, occorre distinguere tra **obbligati diretti e di regresso**. Sono obbligati diretti il trattario accettante e l'emittente, nonché i loro avallanti. Tutti gli altri, e quindi il trattario, i giranti ed i loro avallanti, nonché l'accettante per intervento, sono obbligati di regresso. Mentre l'azione nei confronti dei primi, la c.d. **azione diretta**, **non** è subordinata all'esperimento di **particolari formalità**, l'azione nei confronti dei secondi, la c.d. **azione di regresso**, è viceversa subordinata al verificarsi di talune condizioni (mancata accettazione o pagamento) ed **all'esperimento di talune formalità**;

- **nell'ambito dei rapporti interni** gli obbligati cambiari **si dispongono per gradi** e tali gradi non sono connessi cronologicamente al momento in cui è sorta l'obbligazione, ma sono invece collegati alla natura dell'obbligazione cartolare stessa. Obbligati di *primo grado* sono l'emittente, per il vaglia cambiario, ed il trattario accettante, per la cambiale tratta. Obbligato di secondo grado, nella tratta, è il traente; è obbligato di terzo grado il primo girante e così a seguire per i successivi giranti. Nel vaglia cambiario, obbligato di secondo grado è il primo girante e seguono poi gli altri, nell'ordine indicato. Gli avallanti, invece, assumono un grado immediatamente successivo a quello dell'obbligazione cambiaria garantita. Tanto premesso, va chiarito che **soltanto l'adempimento effettuato dall'obbligato di primo grado estingue tutte le obbligazioni cambiarie.** Viceversa, **l'adempimento effettuato da un obbligato di grado differente dal primo libera soltanto gli obbligati cambiari di grado posteriore rispetto a quello del** *solvens*, legittimando invece lo stesso ad agire con un'azione di **regresso nei confronti degli obbligati di grado anteriore** al suo.

5. Le singole obbligazioni cambiarie.

Come evidenziato, da un titolo cambiario possono scaturire una pluralità di obbligazioni ulteriori rispetto a quella del sottoscrittore iniziale (emittente e traente).

5.1. L'accettazione della cambiale tratta da parte del trattario.

La cambiale tratta, come si è visto, ha la struttura di un ordine di pagamento: il traente ordina al trattario di pagare una determinata somma di denaro al prenditore della cambiale.
Il **trattario**, ancorché *personalmente obbligato nei confronti del traente in ragione del c.d. rapporto di provvista* intercorrente con lo stesso, **diventa obbligato cambiario soltanto in seguito all'accettazione della cambiale tratta** e, quindi, dell'ordine di pagamento che gli è stato impartito.
Prima dell'accettazione, il portatore del titolo non ha alcuna azione nei confronti del trattario, dal momento che l'ordine di pagamento impartito da parte del traente non comporta la cessione del credito relativo al rapporto di provvista.
Soltanto con l'accettazione il trattario diventa obbligato cambiario diretto (per

quanto concerne i rapporti esterni) e di primo grado (con riferimento ai rapporti interni). **Dal punto di vista formale**, l'accettazione deve essere apposta sul titolo; non è valida, infatti, un'accettazione contenuta in un atto separato.
Dal punto di vista sostanziale, l'accettazione deve essere **incondizionata** ma ben può essere **parziale**, e cioè limitata al pagamento soltanto di parte della somma.
Qualsiasi altra modificazione apportata nell'accettazione al tenore della cambiale equivale a rifiuto di accettazione; nondimeno l'accettante resta obbligato nei termini della sua accettazione (art. 31 l. camb.).
L'accettazione, infine, è **revocabile**.
La presentazione della cambiale per l'accettazione, prima della scadenza, costituisce invero soltanto una facoltà del portatore del titolo, fermo che quest'ultimo, in mancanza di accettazione, non può vantare alcuna azione cambiaria nei confronti del trattario.
Soltanto in taluni casi la legge prescrive che la cambiale sia presentata per l'accettazione prima della scadenza del titolo. Si tratta, in particolare:

- della cambiale pagabile a certo tempo vista, in quanto dal momento della presentazione si determina la data di scadenza del titolo (art. 28 l. camb.);
- dell'ipotesi in cui la presentazione per l'accettazione prima della scadenza sia stata prescritta dal traente o da un girante, con o senza fissazione di un termine (art. 27 l. camb.).

In ogni caso, la mancata accettazione della cambiale presentata prima della scadenza espone il traente e gli altri obbligati cambiari all'azione di regresso prima della scadenza del titolo (regresso per mancata accettazione).
La legge, tuttavia, per evitare tale conseguenza prevede la c.d. **accettazione per intervento**.
Si tratta, cioè, dell'accettazione fatta da un soggetto diverso dal trattario; può trattarsi tanto di un soggetto già indicata nella cambiale da parte degli obbligati di regresso (il c.d. indicato al bisogno), quanto di un terzo non indicato.
L'accettazione per intervento è apposta sulla cambiale ed è firmata dall'interveniente.
Essa indica per chi è stata data; in mancanza di questa indicazione l'accettazione si reputa data per il traente (art. 76 l. camb.).
L'accettante per intervento, in ogni caso, non assume mai il grado di obbligato principale; sarà sempre un obbligato di regresso, di grado successivo a quello per il quale è intervenuto (art. 77 l. camb.).

5.2. La circolazione della cambiale: la girata.

La cambiale, al pari di ogni altro titolo di credito, può formare oggetto di trasferimento da parte del beneficiario (o del primo prenditore, nel vaglia cambiario); colui al quale la cambiale viene trasferita può far ulteriormente circolare il titolo trasferendolo ad un terzo; quest'ultimo lo trasferirà ad un altro e così via, fin quando il titolo non viene incassato.

La cambiale è un titolo all'ordine e, conseguentemente, **circola tramite girata**; colui trasferisce il titolo è detto **girante**; colui al quale il titolo viene trasferito è detto **giratario**.

Questo, a sua volta, sarà il girante della girata successiva.

La girata può essere fatta anche a favore del trattario, abbia o non abbia accettato, del traente o di qualunque altro obbligato (art. 15, comma 3, l. camb.); si parla, in tal caso, di **girata di ritorno**, che *non produce l'estinzione per confusione* dell'obbligazione cambiaria (CAMPOBASSO).

Il giratario di ritorno può, a sua volta, far ulteriormente circolare il titolo.

La legge cambiaria stabilisce specifici **requisiti di forma** della girata.

In particolare:

- deve essere *scritta sulla cambiale o su un foglio ad essa attaccato (allungamento)* e *sottoscritta* dal girante, in forma autografa;
- deve essere *incondizionata*. Qualsiasi condizione alla quale sia subordinata si ha per *non scritta*;
- deve essere *riferita all'intero credito cartolare*. La girata parziale è *nulla*;
- può essere *piena* o *in bianco*, e cioè senza l'indicazione del giratario.

La girata produce **effetti peculiari**.

In particolare:

- la girata della cambiale trasferisce tutti i diritti inerenti al titolo (art. 18 l. camb.), attribuendo per tal via la **legittimazione all'esercizio dei diritti cartolari**;
- la girata della cambiale, inoltre, diversamente da quanto accade normalmente in seguito alla circolazione dei titoli di credito, **crea in capo al girante un'obbligazione cambiaria di garanzia**. Il girante, infatti, risponde dell'accettazione e del pagamento della cambiale, **in qualità di obbligato di regresso** (art 19, comma 1, l. camb.). Tale effetto può, tuttavia, essere escluso o limitato dal girante.

La girata, infine, può essere effettuata *per procura o a titolo di pegno* (artt. 22 e 23 l. camb.). La disciplina coincide con quella normalmente dettata per i titoli di credito all'ordine.

5.3. L'avallo.

L'obbligazione cambiaria può anche essere contratta anche a scopo di garanzia.
L'avallo costituisce la **garanzia cambiaria tipica**.
L'art. 35 l. camb., infatti, dispone che «*Il pagamento di una cambiale può essere garantito con **avallo** per tutta o parte della somma. Questa garanzia può essere prestata da un terzo o anche da un firmatario della cambiale*».
L'avallo può essere prestato per qualsiasi obbligato cambiario; l'avallante deve indicare quale obbligazione cambiaria garantisce. In mancanza di questa indicazione l'avallo si intende dato per il traente.
L'obbligazione dell'avallante presenta le seguenti caratteristiche sostanziali:

- nell'ambito dei **rapporti esterni, il garante è obbligato nello stesso modo di colui per il quale l'avallo è stato dato** (art. 37, comma 1, l. camb.);
- nell'ambito dei **rapporti interni, il garante è un obbligato di grado successivo rispetto all'avallato** (art. 37, comma 3, l. camb.).

La cambiale può essere garantita anche in via extracambiaria.
In particolare, può essere garantita:

- **da ipoteca**. Si avrà in tal caso una **cambiale ipotecaria**;
- **dalla cessione del credito relativo al rapporto di provvista**.

6. Il pagamento della cambiale.

Il titolo cambiario, come fin qui chiarito, reca con sé una pluralità di obbligazioni.
La legge cambiaria detta specifiche regole relative all'estinzione del debito incorporato nel titolo.
Legittimato a chiedere l'adempimento, conformemente a quanto previsto per i titoli all'ordine, è il *legittimo possessore del titolo*. Ai sensi dell'art. 20 l. camb. «*Il detentore della cambiale è considerato portatore legittimo se giusti-*

fica il suo diritto con una serie continua di girate, anche se l'ultima è in bianco».

Il debitore è tenuto ad accertare la regolare continuità delle girate ma non a verificare l'autenticità delle firme dei giranti.

Adempiuto tale onere, egli è liberato anche se effettua il pagamento a chi non è il legittimo proprietario del titolo, purché non vi siano dolo o colpa grave (art. 46, comma 3, l. camb.).

Il **soggetto al quale va rivolta la richiesta** di adempimento del debito cartolare è innanzitutto l'*obbligato principale* (emittente, trattario accettante e loro avallanti), nel luogo ed all'indirizzo indicato sul titolo.

Con riferimento al **termine per l'adempimento**, la cambiale va presentata per il pagamento nel rispetto della *scadenza indicata sul titolo.*

Il mancato rispetto di questo termine comporta la *perdita soltanto dell'azione nei confronti degli obbligati di regresso* (art. 60 l. camb.); di contro, il *debitore principale* resta in ogni caso obbligato fino alla scadenza del termine di *prescrizione.*

L'art. 46 l. camb., comma 1 e 2, stabilisce che «*Il portatore della cambiale non è tenuto a riceverne il pagamento prima della scadenza*». In ogni caso, il debitore che effettui il pagamento prima della scadenza lo fa a suo rischio e pericolo e non è liberato ove, pur avendo effettuato il pagamento a favore del portatore del titolo, alla scadenza dovesse essere nuovamente richiesto del pagamento da parte del titolare del credito cambiario.

Oggetto del pagamento, di norma, è *l'intera somma* risultante dal titolo. In deroga all'art. 1181 c.c., a norma del quale il creditore non è obbligato ad accettare un pagamento parziale, l'art. 45 l. camb., comma 2, stabilisce che «*Il portatore non può rifiutare un pagamento parziale*»; gli obbligati di regresso, in tal caso, sono tenuti al pagamento soltanto della somma residua.

L'adempimento da **diritto alla restituzione del titolo quietanzato** da parte del portatore.

In caso di pagamento parziale il debitore può esigere che ne sia fatta menzione sulla cambiale e gliene sia data quietanza.

Anche il pagamento della cambiale, al pari dell'accettazione della cambiale tratta, può essere effettuato per intervento.

In particolare, **il pagamento per intervento** può essere fatto ogni volta che il portatore possa esercitare il regresso, al fine di evitare, appunto lo stesso.

Va tuttavia evidenziato che il pagamento per intervento deve essere **integrale** e **tempestivo**.

7. Il mancato pagamento. L'azione di regresso ed il protesto.

In caso di mancato pagamento o, per la cambiale tratta, anche nel caso di mancata accettazione, il portatore del titolo può agire nei confronti degli obbligati cambiari, attraverso l'azione diretta e l'azione di regresso.
L'azione diretta, esperibile nei confronti degli obbligati principali, **non è soggetta all'osservanza di particolari formalità**.
Viceversa, **l'azione nei confronti degli obbligati di regresso è subordinata al verificarsi di peculiari condizioni**. In particolare:

- l'azione di regresso può essere esercitata soltanto alla *scadenza, se il pagamento non ha avuto luogo*;
- deve essere *preceduta dal protesto*. Il protesto è un atto pubblico, in cui un pubblico ufficiale (normalmente un notaio) formalmente constata il mancato pagamento del debito cambiario da parte dell'obbligato in via principale (**protesto per mancato pagamento**), o la mancata accettazione dell'ordine di pagamento nella cambiale tratta (**protesto per mancata accettazione**).
- deve essere *preceduta dagli avvisi specificamente previsti dalla legge* (in particolare dall'art. 52 l. camb.);
- si *prescrive* se non viene esercitata *entro un anno dalla levata del protesto*.

Rispettate le formalità necessarie per l'esercizio dell'azione di regresso, il portatore può agire nei confronti di qualsiasi obbligato cambiario, senza essere obbligato ad attenersi all'ordine nel quale essi si sono obbligati e potendo agire anche congiuntamente nei loro confronti.
L'azione promossa contro uno degli obbligati, inoltre, non impedisce di agire contro gli altri, anche se posteriori a colui contro il quale si sia prima proceduto (art. 54 l. camb.).
La distinzione tra i vari gradi degli obbligati di regresso rileva, tuttavia, nei rapporti interni.
Il pagamento effettuato da un obbligato di regresso, infatti, **libera soltanto gli obbligati cambiari di grado successivo**, ma **non quelli di grado anteriore, nei cui confronti il** *solvens* **ha a sua volta un'azione di regresso**, al fine di ottenere l'integrale ripetizione di quanto pagato.

8. Il processo cambiario ed il regime delle eccezioni.

Tanto in caso di azione diretta, quanto in caso di azione di regresso, al portatore è accordata una particolare tutela sotto il profilo processuale. Il legislatore, infatti, predispone strumenti volti ad assicurare che il credito cambiario venga soddisfatto in tempi celeri.

A tal fine, il portatore della cambiale insoddisfatto può:

- **iniziare l'esecuzione forzata sul patrimonio del debitore**. La cambiale regolarmente bollata vale, infatti, come titolo esecutivo;
- **promuovere un ordinario giudizio di cognizione**;
- **avvalersi del procedimento monitorio**, al fine di ottenere l'emissione di un decreto ingiuntivo.

Tanto in sede di cognizione quanto in sede di esecuzione, il **regime** delle **eccezioni** opponibili da parte del debitore convenuto è **analogo a quello previsto per i titoli di credito in generale** (*supra*, Cap. I, par. 7) (BUONOCORE, CAMPOBASSO).

TI RICORDI CHE...

L'art. 1993 c.c. fissa il regime delle eccezioni che il debitore può opporre al portatore del titolo che si presenti per ottenere l'adempimento del credito cartolare.
Occorre distinguere tra eccezioni reali ed eccezioni personali.
Le **eccezioni reali**, opponibili a qualsiasi portatore del titolo, sono fissate tassativamente dalla legge (ad esempio le eccezioni di forma o di falsità della firma).
Le **eccezioni personali**, invece, sono tutte le eccezioni diverse da quelle reali e derivano da rapporti personali tra il debitore ed il possessore del titolo. Tali eccezioni possono essere opposte dal debitore soltanto al creditore al quale siano, appunto, personali.
Si tratta di eccezioni che non risultano dal titolo e che sono relative a **rapporti extracartolari**.
Anche in tal caso, in particolare, è possibile distinguere tra eccezioni reali o personali, a seconda che le stesse siano opponibili dal debitore a tutti i portatori del titolo o soltanto a colui al quale tali eccezioni siano personali.
Per i titoli cambiari, inoltre, è possibile un'ulteriore distinzione tra *eccezioni assolute e relative* (in tal senso BUONOCORE; CAMPOBASSO parla, invece, di *eccezioni oggettive o soggettive*).
Sono **eccezioni assolute** quelle che possono essere opposte **da ogni obbligato** richiesto del pagamento del debito cambiario.
Sono, invece, **eccezioni relative** quelle che possono essere opposte **soltanto da uno specifico obbligato cambiario**.

9. Le azioni extracambiarie.

L'emissione della cambiale postula l'esistenza di un precedente rapporto debitorio tra chi dà il titolo e chi lo riceve (si pensi al rapporto di dare-avere esistente tra emittente e primo prenditore o tra girante e giratario).
Dal momento che l'emissione della cambiale di regola non comporta la novazione del rapporto sottostante (a meno che questa non sia espressamente prevista), tale rapporto continua ad esistere e determina l'esistenza di un'**azione causale** (esperibile dal portatore del titolo esclusivamente *nei confronti di colui che è parte di tale rapporto*), in aggiunta all'**azione cambiaria** (esperibile dal portatore *nei confronti di qualsiasi obbligato cambiario*) (art. 66 l. camb.).
L'art. 66 l. camb., per l'esperimento dell'azione causale, impone che:

- sia stata accertata, con il **protesto**, la mancata accettazione o il mancato pagamento (se ne deduce quindi che l'esercizio dell'azione causale è subordinato al mancato buon fine della cambiale);
- sia stata offerta al debitore la **restituzione del titolo**, depositando la cambiale presso la cancelleria del giudice competente;
- siano state adempiute tutte le **formalità necessarie** per conservare al debitore le eventuali azioni di regresso.

L'inosservanza di tali condizioni fa decadere dalla possibilità di esercitare l'azione causale.
L'art. 67 l. camb., inoltre, **in via del tutto residuale** prevede che ove il portatore del titolo abbia perduto l'azione cambiaria contro tutti gli obbligati e non abbia contro i medesimi azione causale, può agire contro il traente o l'accettante o il girante per la somma di cui si siano arricchiti ingiustamente a suo danno.

10. Le cambiali finanziarie.

La legge n. 43 del 13 gennaio 1994 disciplina le c.d. **cambiali finanziarie**.
Si tratta di cambiali **emesse in serie**, nella forma del vaglia cambiario, nell'ambito di un'operazione di finanziamento a titolo di mutuo; tali cambiali sono finalizzate ad assicurare alle imprese la disponibilità di credito presso il pubblico, senza ricorrere all'indebitamento bancario.
I titoli in esame presentano le seguenti caratteristiche:

- hanno una **durata** limitata, compresa tra i 3 ed i 12 mesi;
- sono titoli **causali**, in quanto nel titolo deve necessariamente essere inserita la denominazione "cambiale finanziaria", a pena di nullità;
- sono titoli **all'ordine,** girati con la clausola *"senza garanzia"* e senza, quindi, l'assunzione dell'obbligazione cambiaria di regresso da parte del girante.

SCHEDA DI SINTESI

La **cambiale** è un titolo di credito *all'ordine*, con cui il sottoscrittore assume l'obbligo di effettuare un pagamento di una determinata somma di denaro al legittimo possessore del titolo, nella data di scadenza dello stesso.
Sono **requisiti c.d. essenziali**, in mancanza dei quali il titolo non vale come cambiale: la *denominazione di cambiale* inserita nel contesto del titolo ed espressa nella lingua in cui esso è redatto; *l'ordine incondizionato* di pagare una somma determinata (nella cambiale tratta), con l'indicazione, inoltre, del nome del trattario, o *la promessa incondizionata di pagamento* (nel vaglia cambiario), con l'indicazione, inoltre, del luogo e della data di nascita dell'emittente; il *nome di colui al quale o all'ordine del quale deve farsi il pagamento*; l'indicazione della *data di emissione* della cambiale; la *sottoscrizione* del traente o dell'emittente.
Da una cambiale possono scaturire una **pluralità di obbligazioni**.
All'obbligazione dell'iniziale sottoscrittore (emittente o traente, a seconda che si tratti della cambiale tratta o del vaglia cambiario) possono infatti aggiungersi ulteriori obbligazioni. Si tratta, in particolare, delle obbligazioni del girante, dell'avallante (cioè del soggetto che garantisce il pagamento di un obbligato cambiario) e, nella sola cambiale tratta, del trattario accettante e dell'accettante per intervento.
La cambiale, al pari di ogni altro titolo di credito, può formare oggetto di trasferimento da parte del beneficiario (o del primo prenditore, nel vaglia cambiario); colui al quale la cambiale viene trasferita può far ulteriormente circolare il titolo trasferendolo ad un terzo; quest'ultimo lo trasferirà ad un altro e così via, fin quando il titolo non viene incassato.
La cambiale è un titolo all'ordine e, conseguentemente, **circola tramite girata**; colui trasferisce il titolo è detto **girante**; colui al quale il titolo viene trasferito è detto **giratario**.
L'avallo costituisce la **garanzia cambiaria tipica**.
L'art. 35 l. camb., infatti, dispone che «*Il pagamento di una cambiale può essere garantito con **avallo** per tutta o parte della somma. Questa garanzia può essere prestata da un terzo o anche da un firmatario della cambiale*».
Legittimato a chiedere l'adempimento, conformemente a quanto previsto per i titoli all'ordine, è il **legittimo possessore del titolo**. Ai sensi dell'art. 20 l. camb. «*Il detentore della cambiale è considerato portatore legittimo se giustifica il suo diritto con una serie continua di girate, anche se l'ultima è in bianco*».
In caso di mancato pagamento o, per la cambiale tratta, anche nel caso di mancata

accettazione, il portatore del titolo può agire nei confronti degli obbligati cambiari, attraverso l'azione diretta e l'azione di regresso.

QUESTIONARIO

1. Quali tipi di cambiale contempla la legge cambiaria? Struttura e caratteristiche del vaglia cambiario e della cambiale tratta? **(1)**
2. Quali sono le caratteristiche comuni a tutti i titoli cambiari? **(1)**
3. Cosa si intende per cambiale di favore? **(1)**
4. Quali sono i requisiti essenziali della cambiale? **(2)**
5. Cosa si intende per "cambiale in bianco"? In quale momento devono necessariamente essere presenti sul titolo i requisiti prescritti dalla legge come essenziali? **(3)**
6. Quali sono le caratteristiche delle obbligazioni cambiarie? **(4)**
7. Come circola la cambiale? **(5.2.)**
8. Quali i presupposti per poter esercitare l'azione di regresso? **(7)**
9. Quali sono le eccezioni cambiarie? Qual è la differenza tra eccezioni reali e personali, da un lato, ed eccezioni oggettive e soggettive, dall'altro? **(8)**
10. Quali sono le azioni extracambiarie? Verso chi può essere esercitata l'azione causale? **(9)**
11. Cosa sono le cambiali finanziarie? **(10)**

Capitolo III
Gli assegni

Sommario:
1. L'assegno bancario. Struttura, disciplina e funzione. – 2. I requisiti dell'assegno. – 3. La circolazione dell'assegno ed eventuali limiti della stessa. – 4. La posizione della banca trattaria. Il pagamento dell'assegno e l'azione di regresso per mancato pagamento. – 5. L'assegno circolare.

1. L'assegno bancario. Struttura, disciplina e funzione.

L'assegno bancario, la cui disciplina è dettata dal R.D. n. 1736 del 21 dicembre 1933, è un titolo di credito emesso *all'ordine o al portatore*, attraverso il quale un soggetto (*traente*) impartisce ad una banca (*trattaria*), presso la quale dispone di somme, l'ordine incondizionato di pagare una determinata somma di denaro a favore del beneficiario indicato sul titolo.

La *struttura* dell'assegno bancario ricalca, sostanzialmente, quella della *cambiale tratta*; anche nell'assegno bancario sono ravvisabili due rapporti e, specificamente, quello di *provvista* intercorrente tra il cliente-traente e la banca trattaria, e quello di *valuta*, intercorrente tra traente e prenditore del titolo.

Ne consegue che anche la disciplina dell'assegno bancario è in larga parte coincidente con quella della cambiale tratta.

L'assegno bancario è, infatti, un **titolo di credito esecutivo**, **astratto** e **formale**, che incorpora una **pluralità di obbligazioni** (quella del traente, dei giranti e dei loro avallanti) **indipendenti**, **solidali** e **disposte per gradi** (Campobasso).

Mentre la cambiale prevede un adempimento a scadenza dilazionata e, quindi, costituisce uno strumento di credito, la funzione dell'assegno bancario è differente: lo stesso è, infatti, uno strumento di pagamento.

La *funzione* dell'assegno quale **strumento di pagamento** risulta, peraltro, recentemente accentuata dalla normativa antiriciclaggio che impone che gli assegni emessi per un importo superiore ad una determinata somma, da un lato, non possono essere emessi al portatore (dovendo perciò sempre recare un'intestazione nominativa) e, d'altro lato, devono sempre recare la clausola "non trasferibile". In tal modo, il legislatore riconosce all'assegno il ruolo di strumento che sostituisce la materiale consegna del denaro (FERRI).

2. I requisiti dell'assegno.

L'assegno deve presentare alcuni requisiti formali, indicati dagli artt. 1 e 2 l. ass., in mancanza dei quali il titolo è invalido.
Sono invece semplici **condizioni di regolarità**, la cui eventuale mancanza non determina l'invalidità del titolo, **l'esistenza di fondi disponibili presso il trattario** e **l'esistenza di una convenzione di assegno**, in forza della quale al traente è consentito disporre, tramite l'emissione di assegni bancari, dei fondi disponibili presso una banca (art. 3 l. ass.).
Si tratta di condizioni che di regola sono soddisfatte attraverso l'apertura presso la banca trattaria di un contratto di conto corrente bancario.
L'assegno sprovvisto dei requisiti di validità o delle condizioni di regolarità richiesti dalla legge assegni legittima un rifiuto del pagamento da parte della banca trattaria.

3. La circolazione dell'assegno ed eventuali limiti della stessa.

L'assegno bancario è un titolo *all'ordine*, ma può essere emesso anche al *portatore*.
L'assegno al *portatore*, al pari di ogni titolo di credito emesso al portatore, si trasferisce con la semplice *consegna materiale* del titolo.
L'assegno *all'ordine*, invece, si trasferisce attraverso la *girata*, per la quali valgono regole sostanzialmente coincidenti con quelle dettate per la girata della cambiale.
A differenza di quanto previsto dalla l. camb., tuttavia, *la girata alla banca trattaria vale come quietanza ed estingue il titolo* (art. 18, comma 5, l. ass.). La *banca*, in tal modo, non potrà nuovamente girare il titolo e non potrà, perciò, *in nessun caso diventare un obbligato di regresso*.
È possibile limitare la circolazione del titolo attraverso specifiche clausole, apposte dal traente o dal prenditore. A tal fine, l'art. 43 l. ass. disciplina **l'assegno non trasferibile**.
L'assegno bancario emesso con la clausola "non trasferibile" **non può essere pagato se non al prenditore** o, a richiesta di costui, accreditato nel suo conto corrente. Questi, per l'incasso, **non può girare l'assegno** se non ad un banchiere, il quale non può ulteriormente girarlo.

Le *girate* apposte nonostante il divieto si hanno per *non scritte* e l'eventuale cancellazione della clausola si ha per non avvenuta.

L'assegno emesso con clausola "non trasferibile" non può in alcun modo circolare, neanche tramite cessione ordinaria (a differenza dell'assegno emesso con clausola "non all'ordine", che può invece circolare con le forme della cessione ordinaria) (CAMPOBASSO).

Colui che paga un assegno non trasferibile a persona diversa dal prenditore o dal banchiere giratario per l'incasso risponde del pagamento.

Diversamente dall'assegno non trasferibile, con **l'assegno sbarrato** (mediante l'apposizione di due rette parallele sulla faccia anteriore al titolo), invece, non si limita la circolazione dell'assegno ma si riducono i rischi di furto o di smarrimento, nella misura in cui si impedisce che il pagamento sia effettuato a chi non ha già avuto rapporti con il trattario (CAMPOBASSO).

In particolare, nel caso di **sbarratura generale** (che si ha quando tra le due sbarre non vi è alcuna indicazione o vi è la parola banchiere) il pagamento può essere fatto soltanto ad un *banchiere o ad un cliente del trattario;* viceversa, in caso di **sbarratura speciale** (che si ha quando tra le sbarre è indicato il nome di uno specifico banchiere), il pagamento può effettuarsi unicamente al banchiere designato (artt. 40 e 41 l. ass.).

Ove invece all'assegno sia apposta la **clausola "da accreditare"**, il pagamento dello stesso non può essere effettuato in contanti ma postula necessariamente un accredito sul conto del beneficiario. Al pari dell'assegno sbarrato, pertanto, presuppone che il presentatore dell'assegno sia un cliente del trattario.

L'assegno turistico, o *travellers'check*, infine, è l'assegno emesso di regola in valuta estera, tratto da una banca su un'altra banca, di norma dietro il versamento del corrispondente valore in euro da parte del prenditore.

4. La posizione della banca trattaria. Il pagamento dell'assegno e l'azione di regresso per mancato pagamento.

La legge assegni, diversamente da quanto previsto per la cambiale tratta, prevede che **in nessun caso la banca possa accettare l'ordine di pagamento** che le è stato impartito dal traente. Ogni *accettazione* apposta sul titolo da parte del trattario, infatti, si ha per *non scritta* (art. 4, comma 1, l. ass.).

Ne consegue che *in nessun caso* la banca può diventare **obbligato principale** nei confronti del portatore del titolo.

La legge, peraltro, esclude anche che la banca trattaria possa divenire **obbligato di regresso**, in qualità di girante o di avallante.

La banca, pertanto, anche a fronte di un titolo valido e regolare, **non ha in nessun caso un'obbligazione cartolare nei confronti del portatore che si presenta per il pagamento dell'assegno.**
L'assegno bancario è pagabile *a vista*; ogni contraria disposizione si ha per non scritta (art. 31 l. ass.) e la presentazione per il pagamento deve avvenire entro i *brevissimi termini* previsti dall'art. 32 l. ass.
Il mancato rispetto di tali termini comporta la perdita delle azioni nei confronti degli obbligati di regresso, ma non anche nei confronti del traente.
La banca trattaria può pagare anche ove siano scaduti i termini previsti dall'art. 32 l. ass., senza incorrere in alcuna responsabilità; la stessa deve, invece, astenersi dal pagamento ove il traente abbia ordinato di non pagare in seguito allo spirare dei termini per la presentazione dell'assegno (art. 35 l. ass.).
Nel caso di assegno all'ordine trasferibile per girata, la banca è tenuta ad accertare la *regolare continuità delle girate*, ma *non* a verificare la *autenticità delle firme* dei giranti (art. 38 l. ass.); il trattario deve inoltre verificare la corrispondenza tra la firma del traente e quella depositata al momento dell'apertura del conto (*specimen*).
In caso di mancato pagamento da parte della banca trattaria, il portatore dell'assegno potrà esperire **l'azione di regresso** contro il traente, i giranti ed i loro avallanti.
La disciplina di tale azione (artt. 45-65 l. ass.) ricalca quella dettata per la cambiale.
Condizioni necessarie per l'esercizio dell'azione sono la presentazione dell'assegno nei *termini* di cui all'art. 32 l. ass. e la constatazione del mancato pagamento attraverso il *protesto*; si badi però che, a differenza di quanto è previsto per il mancato pagamento della cambiale tratta, il rispetto di tali condizioni è necessario soltanto per legittimare il regresso nei confronti dei giranti e dei loro avallanti.
Di contro, nei confronti del *traente*, sarà *sempre possibile agire in regresso*, pur non avendo presentato l'assegno per il pagamento nei termini di legge e pur non avendo levato il protesto (e fermo che il pagamento deve essere sempre prima richiesto alla banca trattaria).
L'obbligato di regresso che ha pagato l'assegno può a sua volta agire in *ulteriore regresso* nei confronti degli obbligati di grado anteriore.

5. L'assegno circolare.

L'assegno circolare, disciplinato dalla l. assegni (R.D. n. 1736 del 1933), è un titolo di credito **all'ordine** che contiene la **promessa incondizionata** resa dalla banca emittente di pagare **a vista** la somma di denaro specificata, dietro versamento, da parte dell'emittente, della somma di denaro corrispondente.

Al pari dell'assegno bancario, l'assegno circolare è uno **strumento di pagamento**; tuttavia, in considerazione del fatto che, ricalcando la struttura del vaglia cambiario, **incorpora** (diversamente dall'assegno bancario) **un'obbligazione diretta della banca emittente**, l'assegno circolare è uno strumento di pagamento di gran lunga più sicuro rispetto all'assegno bancario.

Per questa ragione, al fine di evitare che gli assegni circolari facciano concorrenza alla moneta legale, la legge assegni prevede che questi titoli non possano *mai* essere emessi *al portatore*.

Al pari dell'assegno bancario, anche in caso di assegno circolare si distinguono condizioni di regolarità e requisiti di validità (art. 83 l. ass.).

Per quanto concerne la **disciplina**, l'assegno circolare viene regolato dalle norme dettate per il *vaglia cambiario* pagabile a vista, in quanto compatibili.

Al tempo stesso, all'assegno circolare si applicano talune norme dettate dalla legge per *l'assegno bancario* (si tratta, in particolare, delle norme relative all'assegno sbarrato, da accreditare, non trasferibile e turistico).

SCHEDA DI SINTESI

L'**assegno bancario** è un titolo di credito emesso *all'ordine o al portatore*, attraverso il quale un soggetto (*traente*) impartisce ad una banca (*trattaria*), presso la quale dispone di somme, l'ordine incondizionato di pagare una determinata somma di denaro a favore del beneficiario indicato sul titolo.

L'assegno bancario è, infatti, un **titolo di credito esecutivo**, **astratto** e **formale**, che incorpora una **pluralità di obbligazioni** (quella del traente, dei giranti e dei loro avallanti) **indipendenti**, **solidali** e **disposte per gradi**.

L'assegno bancario è un titolo **all'ordine**, ma può essere emesso anche al **portatore**.

L'assegno al *portatore*, al pari di ogni titolo di credito emesso al portatore, si trasferisce con la semplice *consegna materiale* del titolo.

L'assegno *all'ordine*, invece, si trasferisce attraverso la *girata*, per la quali valgono regole sostanzialmente coincidenti con quelle dettate per la girata della cambiale.

L'assegno circolare è un titolo di credito **all'ordine** che contiene la **promessa incondizionata** resa dalla banca emittente di pagare **a vista** la somma di denaro specificata, dietro versamento, da parte dell'emittente, della somma di denaro corrispondente.

Al pari dell'assegno bancario, l'assegno circolare è uno **strumento di pagamento**; tuttavia, in considerazione del fatto che, ricalcando la struttura del vaglia cambiario, *incorpora* (diversamente dall'assegno bancario) **un'obbligazione diretta della**

CAPITOLO III | GLI ASSEGNI

banca emittente, l'assegno circolare è uno strumento di pagamento di gran lunga più sicuro rispetto all'assegno bancario.

QUESTIONARIO

1. Qual è la struttura dell'assegno bancario ed in cosa si differenzia dalla cambiale tratta? **(1)**
2. Qual è il regime giuridico dell'assegno al portatore? **(2)**
3. L'assegno bancario può validamente essere emesso in bianco? **(2)**
4. Cosa si intende per "assegno non trasferibile"? **(3)**
5. La banca trattaria assume la qualità di obbligato principale o di regresso? È obbligata in via extracartolare nei confronti del portatore del titolo? **(4)**
6. Qual è la struttura dell'assegno circolare? La banca è obbligata nei confronti del portatore del titolo? **(5)**

PARTE QUINTA
LE PROCEDURE CONCORSUALI

Capitolo I
Le procedure concorsuali. Il fallimento

Sommario:
1. La crisi dell'impresa e le procedure concorsuali. – **2.** Il fallimento: finalità. – **2.1.** I presupposti indefettibili del fallimento. Il presupposto soggettivo. – **2.2.** Il presupposto oggettivo: lo stato d'insolvenza. – **3.** La dichiarazione di fallimento. Aspetti procedurali. – **3.1.** L'iniziativa per la dichiarazione di fallimento. – **3.2.** L'istruttoria prefallimentare. – **3.3.** I provvedimenti del tribunale. – **4.** Gli organi preposti allo svolgimento della procedura fallimentare. – **4.1.** Il tribunale fallimentare. – **4.2.** Il giudice delegato. – **4.3.** Il curatore fallimentare. – **4.4.** Il comitato dei creditori. – **5.** Gli effetti del fallimento. – **5.1.** Gli effetti del fallimento nei confronti del fallito. – **5.2.** Gli effetti del fallimento nei confronti dei creditori. – **5.3.** Gli effetti sugli atti posti in essere dal fallito in pregiudizio ai creditori. – **5.4.** Gli effetti del fallimento sui contratti in corso nel momento della dichiarazione di fallimento e della cessazione dell'attività d'impresa. Regole peculiari in caso di esercizio provvisorio dell'impresa. – **6.** La procedura fallimentare. – **6.1.** L'apposizione dei sigilli e la presa in consegna dei beni del fallito da parte del curatore. – **6.2.** L'accertamento del passivo. – **6.3.** La liquidazione e la ripartizione dell'attivo. – **6.4.** La chiusura del fallimento. L'eventuale riapertura del fallimento. – **7.** L'esdebitazione. – **8.** Il concordato fallimentare. – **8.1.** La proposta di concordato. – **8.2.** L'approvazione del concordato. – **8.3.** L'omologazione del concordato. – **9.** Il fallimento della società. – **10.** L'azione di responsabilità del curatore nei confronti degli amministratori, sindaci, liquidatori e soci di s.r.l. – **11.** Il fallimento dei patrimoni destinati ad uno specifico affare.

1. La crisi dell'impresa e le procedure concorsuali.

La crisi economica dell'impresa e l'incapacità dell'imprenditore commerciale non piccolo di soddisfare regolarmente le proprie obbligazioni sono gestite dal legislatore attraverso la previsione di specifici istituti giuridici.

Si tratta delle procedure concorsuali, attraverso le quali, con l'intervento dell'autorità pubblica (talvolta giudiziaria, talaltra amministrativa), viene regolato il rapporto tra un soggetto e la pluralità dei suoi creditori, perseguendo l'intento del soddisfacimento paritetico degli stessi (Buonocore).

Tutte le procedure in parola sono caratterizzate dalla **concorsualità** e dalla **universalità**.

In particolare, sono **procedure concorsuali** in quanto riguardano tutti i creditori, che concorrono sul patrimonio del debitore, in ossequio al principio della *par condicio creditorum*, di cui all'art. 2741 c.c.

Sono, inoltre, **procedure universali** in quanto non riguardano singoli beni dell'imprenditore, ma hanno invece ad oggetto l'**intero patrimonio** dello stesso.

Per quanto concerne le **finalità**, va chiarito che molto spesso le procedure concorsuali perseguono una finalità liquidativa dell'impresa e satisfattoria dei creditori della stessa; talvolta, tuttavia, soprattutto per le imprese di rilevanti dimensioni, alla finalità di assicurare la *par condicio creditorum* si aggiunge e si sovrappone quella di salvaguardare il patrimonio produttivo dell'impresa e di consentirne, per tal via, la prosecuzione (FERRI).

Con specifico riferimento ai soggetti coinvolti dalle procedure concorsuali, la distinzione che si impone è quella tra **procedure giudiziarie e procedure amministrative**: mentre l'apertura delle prime è disposta da un provvedimento dell'autorità giudiziaria, che ne ha il controllo, le seconde sono invece disposte e gestite dall'autorità amministrativa e, in specie, dal Ministro competente, come individuato dalle leggi speciali.

Il testo normativo fondamentale per la disciplina delle procedure concorsuali era rappresentato, fino a un recente passato, dal R.D. 16 marzo 1942, n. 267, noto come **legge fallimentare**, che contiene la disciplina del fallimento, del concordato preventivo e della liquidazione coatta amministrativa.

Tale testo è stato ormai sostituto dal nuovo **Codice della crisi d'impresa e dell'insolvenza** che, introdotto con il decreto legislativo 12 gennaio 2019, n. 38, dopo una serie di rinvii dovuti anche all'emergenza sanitaria, è entrato in vigore il 15 luglio 2022 (sul contenuto della riforma, e sulle ulteriori modifiche intervenute prima dell'entrata in vigore effettiva del Codice, si rinvia alla lettura del Capitolo VI, Parte V).

2. Il fallimento: finalità.

Il fallimento è una **procedura concorsuale giudiziaria**, alla quale sono assoggettati gli imprenditori commerciali in presenza di indefettibili presupposti di carattere soggettivo e oggettivo.

Attraverso il fallimento il legislatore persegue due scopi. Si tratta:

- della **tutela dei creditori** e, precisamente, di tutti i creditori dell'impresa. Attraverso la procedura fallimentare, infatti, viene liquidato

e ripartito il patrimonio del debitore insolvente, nell'osservanza del principio della *par condicio creditorum* (salva l'esistenza di legittime cause di prelazione);
- della **conservazione, ove possibile, del complesso produttivo** e, quindi, dei mezzi organizzativi dell'impresa.

2.1. I presupposti indefettibili del fallimento. Il presupposto soggettivo.

Sotto il **profilo soggettivo**, è necessario evidenziare che, ove sussista congiuntamente anche il presupposto oggettivo dell'insolvenza, possono essere assoggettate al fallimento soltanto:

- **le imprese che svolgono attività di natura commerciale**, individuate, quindi, ai sensi dell'art. 2195 c.c. (si rinvia sul punto a Parte I, Cap. I, Sez. III, par. 2.2.). Ne consegue che **non possono fallire le società semplici**, dal momento che le stesse non svolgono attività commerciale. Per espressa disposizione legislativa, inoltre, sono sottratti al fallimento **gli enti pubblici** (art. 2221 c.c.) **e le imprese agricole** (art. 2135 c.c.);
- che abbiano, inoltre, nello svolgimento di attività a carattere commerciale, **superato determinati requisiti dimensionali. Possono essere, infatti, sottoposti a fallimento soltanto gli imprenditori che abbiano superato almeno una delle soglie indicate dal secondo comma dell'art. 1 del R.D. n. 267 del 1942.**
- Sono quindi **soggetti al fallimento** tutti gli imprenditori che abbiano superato **anche soltanto uno dei requisiti dimensionali**.
- Il piccolo imprenditore, individuato secondo i parametri dettati dall'art. 2083 c.c., non è automaticamente sottratto al fallimento; esso, infatti, ben potrà essere assoggettato a tale procedura concorsuale ove la sua attività, in considerazione del superamento di almeno una delle soglie indicate dalla norma citata, abbia raggiunto determinati requisiti dimensionali;
- che abbiano, infine, un **ammontare di debiti scaduti e non pagati superiore a 30.000 euro** (art. 15, comma 9, l. fall.).

In presenza di tali requisiti, la dichiarazione di fallimento può intervenire anche con riferimento all'**imprenditore cessato o all'imprenditore defunto**.
In particolare, l'art. 10 della l. fall., rubricato "*Fallimento dell'imprenditore che ha cessato l'esercizio dell'impresa*", dispone che la dichiarazione di fallimento

può comunque intervenire **entro un anno dalla cancellazione dal registro delle imprese, se l'insolvenza si è manifestata anteriormente alla medesima o entro l'anno successivo.** Inoltre, il riferimento ad un anno dalla cancellazione del registro delle imprese non ha valore assoluto: in caso di impresa individuale o di cancellazione di ufficio degli imprenditori collettivi, **è fatta salva la facoltà per il creditore o per il pubblico ministero di dimostrare il momento dell'effettiva cessazione dell'attività da cui decorre il termine** di un anno.

Anche l'imprenditore defunto è assoggettabile al fallimento ai sensi dell'art. 11 l. fall. Tale norma, a tal fine, richiede che l'insolvenza si sia manifestata anteriormente alla morte o comunque nell'anno successivo.

2.2. Il presupposto oggettivo: lo stato d'insolvenza.

La dichiarazione di fallimento è subordinata, in presenza del necessario requisito soggettivo, al riscontro di un ulteriore **presupposto, di carattere oggettivo**.

Secondo quanto disposto dall'art. 5 della l. fall., tale presupposto è rappresentato dallo **stato di insolvenza**, che va inteso quale **sopravvenuta inidoneità del debitore a soddisfare regolarmente le proprie obbligazioni**.

L'insolvenza si identifica, quindi, nella *situazione d'impotenza economica, strutturale e non soltanto transitoria, a soddisfare tempestivamente, regolarmente e con mezzi normali le proprie obbligazioni, valutate nel loro complesso*, essendo venute meno le condizioni di liquidità e di credito nelle quali un'impresa deve operare.

Gli **inadempimenti** e, in generale, l'eventuale eccedenza del passivo sull'attivo patrimoniale, non si confondono con lo stato di insolvenza, ma possono essere **soltanto** uno dei possibili fattori **esteriori** che rivelano l'impotenza dell'imprenditore a soddisfare regolarmente le proprie obbligazioni.

Ciò, quindi, implica che **l'insolvenza non può essere di per sé esclusa dalla circostanza che l'attivo superi il passivo e che non esistano conclamati inadempimenti esteriormente apprezzabili.**

Pur ove manchino inadempimenti, infatti, **l'insolvenza può essere desunta**, ad esempio, dall'incapacità di produrre beni con margine di redditività da destinare alla copertura delle esigenze di impresa, o ancora dall'impossibilità di ricorrere al credito a condizioni normali, senza rovinose decurtazioni del patrimonio. Si pensi, ad esempio, all'imprenditore che, per far fronte ai propri debiti, ricorra a prestiti a condizioni usurarie. In tal caso, pur mancando degli inadempimenti, lo stato di insolvenza si manifesta nel fatto che l'imprenditore sta facendo fronte alle proprie obbligazioni con strumenti anormali.

Quanto fin qui osservato, rende evidente che *può esservi insolvenza senza un inadempimento del debitore*; il che si verifica ogni volta in cui l'imprenditore, pur assicurando un pareggio tra le attività e le passività, in ogni caso non agisce in maniera regolare, ricorrendo, quindi, a strumenti che normalmente non riguardano un'impresa sana (in tal senso, risulta emblematico il già richiamato esempio dei prestiti a condizioni usurarie).

Del pari, *può esservi inadempimento senza insolvenza*. Si pensi, ad esempio, ad una mera dimenticanza, da parte dell'imprenditore, della scadenza di un pagamento, qualsiasi sia l'importo del relativo debito. In tal caso il creditore certamente non potrà richiedere la dichiarazione di fallimento, dovendo agire con l'azione esecutiva individuale.

3. La dichiarazione di fallimento. Aspetti procedurali.

Il fallimento si apre attraverso la **dichiarazione di fallimento** cui si perviene attraverso i seguenti passaggi:

- l'**iniziativa per la dichiarazione di fallimento**;
- l'**istruttoria prefallimentare**;
- i provvedimenti del tribunale.

3.1. L'iniziativa per la dichiarazione di fallimento.

L'iniziativa per la dichiarazione di fallimento da origine al procedimento fallimentare. Ai sensi dell'art. 6 della l. fall., possono richiedere il fallimento dell'imprenditore:

a) **i creditori**, con ricorso. Occorre tener presente che, **diversamente da quanto è previsto dall'art. 474 c.p.c. per poter esperire un'azione esecutiva individuale, il ricorso del creditore** per ottenere la dichiarazione di fallimento **non è condizionato dall'esistenza**, in capo al creditore ricorrente, **di un titolo esecutivo**. Ne consegue che in tema di procedimento per la dichiarazione di fallimento, la qualità di creditore, necessaria ai fini della proposizione del ricorso ai sensi dell'art. 6 l. fall., si estende a tutti coloro che vantano un *credito*, nei confronti del debitore, ancorché *non necessariamente certo, liquido ed esigibile, ovvero non ancora scaduto o condizionale*. Il creditore ricorrente dovrà soltanto provare l'esistenza del credito, necessaria

ai fini della sua legittimazione a richiedere la dichiarazione di fallimento; in caso di accertamento dell'insussistenza del credito in capo al ricorrente, la conseguente carenza di legittimazione attiva impone una pronuncia in rito di inammissibilità;
b) **l'imprenditore stesso**, con ricorso. Quest'ultimo, infatti, potrebbe avere interesse ad evitare azioni esecutive individuali nei suoi confronti. Occorre, inoltre, evidenziare che l'iniziativa del debitore smette di essere facoltativa, divenendo invece un **obbligo penalmente sanzionato** per lo stesso, **ogni qual volta dall'omissione derivi un aggravamento della situazione di dissesto patrimoniale** (si tratta, secondo quanto disposto dall'art. 217, comma 1, n. 4, di un'ipotesi che integra il reato di *bancarotta semplice*);
c) **il pubblico ministero**. Ai sensi dell'art. 7 della l. fall., Il pubblico ministero deve richiedere la dichiarazione di fallimento «*1) quando l'insolvenza risulta **nel corso di un procedimento penale**, ovvero dalla **fuga**, dalla **irreperibilità** o dalla **latitanza** dell'imprenditore, dalla **chiusura** dei locali dell'impresa, dal **trafugamento**, dalla **sostituzione** o dalla diminuzione fraudolenta dell'attivo da parte dell'imprenditore; 2) quando l'insolvenza risulta dalla **segnalazione proveniente dal giudice** che l'abbia rilevata nel corso di un procedimento civile*».

3.2. L'istruttoria prefallimentare.

L'iniziativa dei soggetti precedentemente indicati crea, in capo al tribunale, l'obbligo di procedere all'*istruttoria prefallimentare*, volta a verificare la sussistenza dei presupposti soggettivi e oggettivi del fallimento.
Occorre evidenziare che l'istruttoria in parola ha un **carattere sostanzialmente inquisitorio**: il *giudice*, infatti, nel verificare l'esistenza dei presupposti del fallimento, *non incontra alcuna limitazione di carattere processuale nell'acquisizione delle prove necessarie* (Campobasso).
In questa fase **possono essere disposti**, ad istanza di parte, **provvedimenti cautelari o conservativi** a tutela del patrimonio o dell'impresa oggetto del provvedimento.
Tali provvedimenti hanno efficacia limitata alla durata del procedimento e vengono confermati o revocati dalla sentenza che dichiara il fallimento, ovvero revocati con il decreto che rigetta l'istanza.

3.3. I provvedimenti del tribunale.

L'istruttoria prefallimentare e la pronuncia dei provvedimenti conseguenti postula l'individuazione del giudice competente.
Sul punto, l'art. 9 della l. fall. dispone che la dichiarazione di fallimento deve essere pronunciata dal **tribunale del luogo dove l'imprenditore ha la sede principale dell'impresa**.
Al termine dell'istruttoria prefallimentare, possono intervenire due diverse tipologie di pronuncia da parte del Tribunale:

> a) **decreto motivato di rigetto della domanda**, avverso il quale la parte può proporre **reclamo alla corte d'appello**;
> b) **sentenza dichiarativa di fallimento**. Tale sentenza è **provvisoriamente esecutiva**. Con la sentenza dichiarativa di fallimento, il tribunale provvede alla **nomina il giudice delegato** per la procedura e del **curatore**; ordina al fallito il **deposito** dei bilanci e delle scritture contabili e fiscali obbligatorie, nonché **dell'elenco dei creditori**; stabilisce il luogo, il giorno e l'ora dell'adunanza in cui si procederà all'**esame dello stato passivo**, entro il termine perentorio di non oltre centoventi giorni dal deposito della sentenza, ovvero centottanta giorni in caso di particolare complessità della procedura; assegna ai creditori e ai terzi, che vantano diritti reali o personali su cose in possesso del fallito, il **termine perentorio** di trenta giorni prima dell'adunanza fissata per l'esame dello stato passivo, **per la presentazione in cancelleria delle domande di insinuazione** (art. 16 l. fall.).

Avverso la sentenza dichiarativa di fallimento è ammesso **reclamo alla Corte d'Appello** territorialmente competente.

4. Gli organi preposti allo svolgimento della procedura fallimentare.

La procedura fallimentare impone lo svolgimento di molteplici attività, alcune di carattere "amministrativo", altre di natura giudiziaria, cui sono preposti quattro organi, la cui funzione è specificamente prevista dalla legge. Si tratta del:

- **tribunale fallimentare**;
- **giudice delegato**;
- **curatore**;
- **comitato dei creditori**.

4.1. Il tribunale fallimentare.

L'art. 23 l. fall. è rubricato *"Poteri del tribunale fallimentare"*.
Il tribunale fallimentare è investito dell'intera procedura, con una generale competenza in termini di *programmazione, direzione* e *controllo* del fallimento; tale competenza generale cumula tanto funzioni di natura amministrativa, quanto funzioni di tipo giurisdizionale.
Con riferimento alle **funzioni amministrative**, l'art. 23 prevede che il tribunale che ha dichiarato il fallimento provvede alla nomina, alla revoca ed alla sostituzione degli organi della procedura, quando dalla legge non è prevista la competenza del giudice delegato; può in ogni tempo sentire in camera di consiglio il curatore, il fallito e il comitato dei creditori; decide le controversie relative alla procedura stessa che non sono di competenza del giudice delegato, nonché i reclami contro i provvedimenti del giudice delegato.
I provvedimenti del tribunale nelle materie previste sono pronunciati con **decreto motivato**, salvo che non sia diversamente disposto. Avverso tali provvedimenti è sempre possibile proporre **reclamo alla Corte d'Appello**, con le modalità analiticamente disciplinate dall'art. 26 l. fall.

4.2. Il giudice delegato.

Nominato dal tribunale fallimentare con la sentenza dichiarativa di fallimento, il giudice delegato esercita *funzioni di vigilanza e di controllo sulla regolarità della procedura*.
Tali funzioni sono specificamente individuate dall'art. 25 e si sostanziano, tra l'altro, nel riferire al tribunale su ogni affare per il quale è richiesto un provvedimento del collegio; nell'emettere o provocare dalle competenti autorità i provvedimenti urgenti per la conservazione del patrimonio; nel convocare il curatore e il comitato dei creditori nei casi prescritti dalla legge e ogni qualvolta lo ravvisi opportuno per il corretto e sollecito svolgimento della procedura; nell'autorizzare il curatore a stare in giudizio come attore o come convenuto, in luogo del fallito.
Il giudice delegato, inoltre, procede all'accertamento dei crediti e dei diritti reali e personali vantati dai terzi e **provvede**, nel termine di quindici giorni, sui **reclami** proposti **contro** gli **atti** del **curatore** e del **comitato** dei **creditori**.
I provvedimenti del giudice delegato sono pronunciati con **decreto motivato** e avverso gli stessi è ammesso **reclamo davanti al tribunale** che provvede in camera di consiglio, ai sensi dell'art. 26 l. fall.

4.3. Il curatore fallimentare.

Nominato con la sentenza di fallimento (l'art. 5 del D.L. n. 83/2015 ha modificato l'art. 28 L.F., stabilendo che non può essere nominato curatore fallimentare chi abbia concorso a cagionare il dissesto dell'impresa durante i cinque anni anteriori alla dichiarazione di fallimento), o in caso di sostituzione o di revoca, con decreto del tribunale, il curatore ha un ruolo fondamentale nello svolgimento della procedura fallimentare, in quanto allo stesso *è affidata l'amministrazione dell'intero patrimonio del fallito e, quindi, il compimento di tutte le operazioni della procedura*, che svolge in qualità di pubblico ufficiale (art. 30).

Il curatore, inoltre, non solo agisce nella veste di **organo della procedura** ma, in determinate situazioni, si pone anche nella **posizione processuale e sostanziale del fallito**.

Il curatore deve **esaminare le domande di ammissione al passivo**, contestare quelle tardive, impugnare quelle viziate da falsità, dolo o errore di fatto ed impugnare le ammissioni.

Rientra tra i compiti del curatore **proporre l'affitto dell'azienda o l'esercizio provvisorio** della stessa e proporre il **programma di liquidazione dei beni del fallito**. Il tribunale può in ogni tempo, su proposta del giudice delegato o su richiesta del comitato dei creditori o d'ufficio, revocare il curatore: a tal fine, provvede con decreto motivato (impugnabile, sia in caso di rigetto che di accoglimento, con reclamo innanzi alla Corte d'appello), sentiti il curatore e il comitato dei creditori.

A seguito della recente modifica dell'art. 104-ter, operata dapprima con il d.l. 83/2015, conv. in l. 132/2015, e quindi con il d.l. 59/2016, conv. in l. 119/2016, costituiscono causa di revoca del curatore sia il mancato rispetto dei termini previsti dal programma di liquidazione senza giustificato motivo (cfr. infra, par. 6.3.), sia il mancato rispetto dell'obbligo di redigere, ogni quattro mesi, il progetto di ripartizione, in presenza di somme disponibili.

Sul piano della responsabilità, il curatore deve adempiere ai doveri del proprio ufficio, imposti dalla legge o derivanti dal piano di liquidazione approvato, con la diligenza richiesta dalla natura dell'incarico.

Durante il fallimento, l'azione di responsabilità contro il curatore revocato è proposta dal nuovo curatore, previa autorizzazione del giudice delegato, ovvero del comitato dei creditori.

In ragione della ritenuta assimilazione del rapporto derivante dal conferimento dell'ufficio di curatore a un mandato, nella giurisprudenza più recente, si tende ad affermare la natura contrattuale della responsabilità *ex* art. 38 l. fall., con la conseguente assoggettabilità della relativa azione all'ordinario termine di prescrizione decennale, decorrente dalla sostituzione del curatore revocato

4.4. Il comitato dei creditori.

Nominato dal giudice delegato entro trenta giorni dalla sentenza di fallimento sulla base delle risultanze documentali, sentiti il curatore e i creditori, il comitato è composto di tre o cinque membri scelti tra i creditori, in modo da rappresentare in misura equilibrata quantità e qualità dei crediti, avuto riguardo alla possibilità di soddisfacimento dei crediti stessi ed entro dieci giorni dalla nomina, provvede, su convocazione del curatore, a nominare a maggioranza il proprio presidente. (art. 40).

Con riguardo al procedimento di nomina, dispone il comma 5 dell'art. 40 l. fall., introdotto dal d.l. 59/2016, conv. Il l. 119/2016, che il comitato dei creditori si considera costituito con l'accettazione, anche per via telematica, della nomina da parte dei suoi componenti, senza necessità di convocazione dinanzi al curatore ed anche prima della elezione del suo presidente.

In seguito alla riforma del 2006, sono stati notevolmente ampliati i poteri del comitato dei creditori che, da spettatore passivo della procedura, con **poteri sostanzialmente consultivi** (che si concretizzavano e si concretizzano nell'espressione di pareri), è divenuto invece uno dei protagonisti della stessa, svolgendo importanti **funzioni gestorie** mediante l'esercizio dei **poteri di autorizzazione** o di **approvazione** degli atti posti in essere dal curatore.

L'art. 41 l. fall., infatti, prevede che il comitato dei creditori **vigila sull'operato del curatore**, ne **autorizza gli atti** ed **esprime pareri** nei casi previsti dalla legge, ovvero su richiesta del tribunale o del giudice delegato.

Il comitato dei creditori, alla luce delle recenti modifiche della l. fall. svolge:

- *funzioni consultive,* esprimendo pareri nella maggior parte dei casi non vincolanti;
- *funzioni autorizzatorie,* rispetto agli atti posti in essere dal curatore. Si pensi, in tal senso, all'autorizzazione a compiere atti di straordinaria amministrazione (art. 35 l. fall.); al subingresso nei rapporti contrattuali ancora in corso al momento della dichiarazione di fallimento (artt. 72, 73, 81 l. fall.); all'approvazione del piano di liquidazione (art. 104-ter l. fall.);
- *funzioni ispettive.* L'art. 41, comma 5, l. fall. dispone che «*Il comitato ed ogni componente possono ispezionare in qualunque tempo le scritture contabili e i documenti della procedura ed hanno diritto*

di chiedere notizie e chiarimenti al curatore e al fallito». Ai sensi del secondo comma dell'art. 90 l. fall., inoltre, il comitato dei creditori e ciascun suo componente hanno diritto di prendere visione di qualunque atto o documento contenuti nel fascicolo della procedura fallimentare, tenuto dalla cancelleria del tribunale;

- *funzioni di controllo e di reazione*, intese *lato sensu*, sull'attività del curatore. Il comitato dei creditori, infatti, può chiedere la revoca dello stesso ed esercitare nei suoi confronti l'azione di responsabilità (artt. 37 e 38, comma 2, l. fall.).

Ai penetranti poteri del comitato dei creditori, corrisponde la responsabilità dello stesso, assoggettata dall'art. 41, comma 7, l. fall., alle regole previste dall'art. 2407, commi 1 e 3, c.c.

Si tratta, in sostanza, dell'azione di responsabilità prevista per i sindaci delle società per azioni. Non è viceversa applicabile, a seguito della riforma operata dal D.lgs. 169/2007, il secondo comma dell'art. 2407 c.c., relativo alla responsabilità solidale dei sindaci con gli amministratori, per *culpa in vigilando*. La *ratio* della modifica normativa va ravvisata nell'esigenza di non disincentivare la partecipazione al comitato dei creditori (CAMPOBASSO).

5. Gli effetti del fallimento.

La dichiarazione di fallimento produce una sostanziale modifica della posizione giuridica del fallito, da cui scaturiscono molteplici effetti, che la legge fallimentare riconduce a quattro categorie e che si producono:

- nei confronti del debitore dichiarato fallito (artt. 42 ss. l. fall.);
- nei confronti dei creditori (artt. 51 ss. l. fall.);
- sugli atti posti in essere dal fallito in pregiudizio ai creditori (artt. 64 ss. l. fall.);
- sui rapporti giuridici preesistenti (artt. 72 ss. l. fall.).

5.1. Gli effetti del fallimento nei confronti del fallito.

La dichiarazione di fallimento produce, nei confronti del fallito, tre tipologie di effetti: patrimoniali, personali e penali.

A) Effetti di carattere patrimoniale

Con riferimento agli **effetti di tipo patrimoniale**, la principale conseguenza dell'apertura della procedura è rappresentata dalla **privazione, in capo al fallito, dell'amministrazione e della disponibilità dei suoi beni** esistenti alla data di dichiarazione di fallimento (art. 42 l. fall.).

Contemporaneamente, **il potere di amministrare i beni del fallito si trasferisce in capo al curatore**.

La **conseguenza** diretta dello **spossessamento** è rappresentata dalla **perdita di efficacia**, *ope legis* e rispetto ai creditori, **di tutti gli atti compiuti dal fallito dopo la dichiarazione di fallimento** (art. 44 l. fall., ai sensi del quale sono parimenti inefficaci tutti i pagamenti ricevuti dal fallito dopo la dichiarazione di fallimento).

Occorre evidenziare, tuttavia, che la **perdita della disponibilità dei propri beni**, da parte del fallito, **non implica né la perdita della proprietà** dei beni stessi (finché questi non vengono venduti), **né la perdita di capacità di agire**.

Ne consegue che **gli atti posti in essere** dal fallito dopo la dichiarazione di fallimento, ancorché **inefficaci** rispetto alla massa dei creditori per tutta la durata della procedura, rimangono **comunque perfettamente validi**.

Lo spossessamento si estende anche i beni che pervengono al fallito durante il fallimento (che, quindi, ancora non esistevano nel patrimonio del fallito alla data di apertura della procedura).

In ogni caso, il curatore, previa autorizzazione del comitato dei creditori, può rinunciare all'acquisto di tali beni, qualora i costi da sostenere per il loro acquisto e la loro conservazione risultino superiori al presumibile valore di realizzo degli stessi (si parla, in tal caso, di *derelizione*). Sono, viceversa, esclusi dallo spossessamento taluni beni di natura strettamente personale, ovvero quelli che non possono essere pignorati per espressa disposizione di legge, nonché gli assegni aventi carattere alimentare, gli stipendi, pensioni, salari e ciò che il fallito guadagna con la sua attività, entro i limiti di quanto occorre per il mantenimento suo e della famiglia.

B) Effetti di carattere personale

Il fallimento produce nei confronti del fallito anche **effetti di carattere personale**, suscettibili di essere bipartiti in:

- **limitazioni delle libertà** e, in specie, del *segreto epistolare* e della *libertà di movimento* (CAMPOBASSO). Da un lato, infatti, l'art. 48 l. fall. dispone che il fallito consegni al curatore tutta la propria corrispondenza riguardante i rapporti compresi nel fallimento; d'altro

lato, ai sensi dell'art. 49 l. fall., il fallito è tenuto a comunicare al curatore ogni cambiamento della propria residenza o del proprio domicilio;
- limitazioni delle capacità civili del fallito, previste dal codice civile e da leggi speciali.

Le limitazioni di carattere personale derivanti dal fallimento **vengono meno, de jure, nel momento stesso della chiusura della procedura.**

C) Effetti di carattere penale

Occorre evidenziare, infine, che l'apertura della procedura fallimentare espone il fallito ad **effetti penali.**

Si tratta di eventuali imputazioni penali per reati fallimentari, commessi in un periodo anteriore alla dichiarazione di fallimento, o anche successivamente alla stessa. Le principali figure di reati fallimentari sono la *bancarotta fraudolenta* (di cui all'art. 216 l. fall.), la *bancarotta semplice* (di cui all'art. 217 l. fall.), *il ricorso abusivo al credito* (di cui all'art. 218 l. fall.).

5.2. Gli effetti del fallimento nei confronti dei creditori.

Il fallimento coinvolge tutti i creditori del fallito alla data di dichiarazione del fallimento; le ragioni creditorie di tali soggetti andranno soddisfatte sull'attivo risultante dalla liquidazione dei beni del debitore in ragione del principio della *par condicio credito rum,* così da assicurare a tutti la possibilità di concorrere ugualmente sul patrimonio del debitore.

A presidio del principio appena citato, la legge fallimentare pone due regole fondamentali.

La prima di tali regole consiste nel **divieto di intraprendere o proseguire azioni esecutive o cautelari individuali,** anche per crediti maturati durante il fallimento, a far data dal momento di apertura della procedura e salvo, ovviamente, diversa disposizione di legge (art. 51 l. fall.).

La seconda regola fondamentale concerne l'esigenza che i crediti dei quali si chiede la soddisfazione siano accertati con un procedimento peculiare.

In particolare, premesso che il fallimento apre il concorso dei creditori sul patrimonio del fallito (si parla, perciò, di *creditori concorsuali*), **la possibilità riconosciuta a ciascun creditore di accedere alla ripartizione dell'attivo postula che il credito** di ciascuno di essi, quand'anche munito di diritto di prelazione, **sia accertato secondo le modalità previste dalla legge fallimentare** (art. 52 l. fall.).

I creditori, cioè, devono presentare domanda di ammissione al passivo, ed hanno diritto di partecipare alla ripartizione dell'attivo *se e nella misura in cui* il loro credito è accertato dal giudice delegato o, a fronte di contestazioni, dal tribunale fallimentare (sul punto, più diffusamente, *infra*, par. 6.2.); soltanto a seguito di tale riconoscimento giudiziale del credito, i creditori concorsuali diventano *creditori concorrenti* (che, cioè, effettivamente concorrono alla ripartizione dell'attivo).

Tanto premesso, è opportuno precisare che il principio della *par condicio creditorum* comunque non può giungere a vanificare gli effetti delle garanzie che assistono i crediti.

Ne consegue che dai **creditori chirografari**, che di tali garanzie sono sforniti, vanno distinti i **creditori privilegiati**, il cui credito, cioè, è assistito da ipoteca, pegno o privilegio.

Questi ultimi hanno il diritto di soddisfarsi sul prezzo del bene oggetto del loro privilegio in preferenza rispetto agli altri creditori, e soltanto se non sono soddisfatti integralmente, concorrono, per quanto è ancora loro dovuto, con i creditori chirografari nelle ripartizioni del resto dell'attivo (art. 54 l. fall.).

I creditori chirografari, invece, partecipano soltanto alla ripartizione dell'attivo che residua dopo la vendita dei beni gravati da vincoli (sui quali si soddisfano, in precedenza, i creditori privilegiati), ciascuno in proporzione al credito che giudizialmente è stato accertato. Dai creditori chirografari e da quelli privilegiati vanno infine distinti i **creditori della massa**. Questi vanno **soddisfatti in prededuzione e per l'intero**, cioè prima che l'attivo venga ripartito tra i creditori concorrenti (siano essi chirografari o privilegiati). I crediti della massa sono crediti che nascono dopo l'apertura della procedura concorsuale ed in conseguenza dell'attività svolta dagli organi della stessa. L'art. 111, comma 2, l. fall., in particolare definisce «*crediti prededucibili* quelli così qualificati da una specifica disposizione di *legge*, e quelli sorti **in occasione o in funzione delle procedure** concorsuali di cui alla presente legge».

A questo punto occorre esaminare le **conseguenze sostanziali** che la dichiarazione di fallimento produce sui crediti nei confronti del fallito. La *ratio* della peculiare disciplina dettata dalla legge fallimentare va ravvisata nella necessità di **fissare l'intera situazione debitoria del fallito al momento dell'apertura della procedura** (c.d. *cristallizzazione dei crediti*) (CAMPOBASSO). La dichiarazione d'apertura della procedura concorsuale, in particolare, determina:

- **la scadenza anticipata dei crediti pecuniari.** In particolare, ai sensi dell'art. 55, comma 2, l. fall., i debiti pecuniari del fallito (cioè quelli aventi ad oggetto una somma di denaro) si considerano

scaduti, agli effetti del concorso, alla data di dichiarazione del fallimento. In sostanza, **il debitore insolvente decade dal beneficio del termine**;
- **la stabilizzazione dei crediti pecuniari**. La dichiarazione di fallimento *sospende il corso degli interessi convenzionali o legali fino alla chiusura del fallimento*, a meno che i crediti non siano garantiti da ipoteca, da pegno o privilegio;
- **la compensazione**. In sede di fallimento, infine, è ampliata la possibilità di compensazione, ammissibile anche ove i due crediti non siano scaduti prima della dichiarazione di fallimento (si tratta della compensazione legale, di cui all'art. 1242 c.c.).
Ai sensi dell'art. 56 l. fall., *i creditori hanno diritto di compensare con i loro debiti verso il fallito i crediti che essi vantano verso lo stesso, ancorché non scaduti prima della dichiarazione di fallimento*.

5.3. Gli effetti del fallimento sugli atti posti in essere dal fallito in pregiudizio ai creditori.

In forza dell'art. 2740 c.c. il debitore risponde dell'adempimento delle proprie obbligazioni con tutti i propri beni, presenti e futuri. Al fine di salvaguardare l'integrità patrimoniale del debitore a fronte di atti che possano inficiare la consistenza quantitativa o qualitativa del patrimonio dello stesso, mettendo in pericolo (o rendendo maggiormente difficoltosa) la realizzazione coattiva del diritto del creditore, il codice civile, all'art. 2901, predispone lo strumento dell'azione revocatoria o *"pauliana"*.

A) Azione revocatoria ordinaria
Presupposti per l'esperimento dell'**azione revocatoria ordinaria** sono:

- l'esistenza di un valido *rapporto di credito* tra il creditore che agisce in revocatoria e il debitore disponente, mentre non è richiesto, ai fini della legittimazione attiva, che tale credito sia certo, liquido ed esigibile;
- l'*eventus damni*, inteso come lesività dell'atto dispositivo posto in essere dal debitore, rispetto al creditore. Non è necessario che l'atto dispositivo abbia reso impossibile la soddisfazione del credito, essendo sufficiente che tale atto abbia determinato maggiore difficoltà od incertezza, da valutare alla data dell'atto dispositivo e non a

quella futura della effettiva realizzazione del credito dell'attore in revocazione;
- la *scientia fraudis*, intesa come consapevolezza del pregiudizio che l'atto dispositivo comporta alle ragioni creditorie. Ove ci si trovi al cospetto di *atti a titolo gratuito*, tale consapevolezza deve ricorrere soltanto in capo al debitore; viceversa, ove si tratti di *atti a titolo oneroso*, occorre, per la proponibilità dell'azione, la *partecipatio fraudis* del terzo, intesa come conoscenza o conoscibilità da parte dell'acquirente, in base all'ordinaria diligenza, del fatto che a mezzo dell'atto dispositivo vengono sottratte o diminuite le garanzie patrimoniali del creditore (mentre non è necessario provare l'*animus nocendi*).

L'azione può essere esercitata entro **cinque anni** dal momento in cui è stato posto in essere l'atto pregiudizievole.
L'onere di provare l'esistenza dei presupposti dell'azione incombe in capo al **creditore** che agisce in revocatoria.
Per quanto concerne gli **effetti** di tale azione, ai sensi dell'art. 2902 c.c. la revocatoria comporta **l'inefficacia** dell'atto rispetto al creditore che ha agito per ottenerla (si parla, appunto, di inefficacia **relativa**). In buona sostanza, l'atto assoggettato a revocazione rimane perfettamente valido ed efficace, non determinandosi alcun effetto restitutorio rispetto al patrimonio del disponente, né alcun effetto traslativo nei confronti del creditore, bensì soltanto l'inefficacia e, quindi, l'inopponibilità dell'atto rispetto al creditore procedente. Il bene oggetto dell'atto dispositivo revocato, pertanto, sarà assoggettabile ad azione esecutiva da parte del creditore vittorioso.

B) Azione revocatoria fallimentare

In caso di fallimento, all'azione revocatoria ordinaria, si aggiunge **l'azione revocatoria fallimentare**, esperita dal curatore nell'interesse di tutti i creditori, per tutti gli atti posti in essere prima del fallimento, in un *periodo di tempo c.d. sospetto*, stabilito dalla legge e che varia da sei mesi a due anni, a seconda dell'atto da revocare.
Presupposti per l'esperimento dell'azione revocatoria fallimentare sono:

- **l'iniziativa da parte del curatore.** La legittimazione a far valere, in sede fallimentare, gli strumenti di conservazione della garanzia patrimoniale compete sempre ed esclusivamente al curatore, il quale agisce nell'interesse di tutti i creditori (in sostanza, quindi, l'ineffi-

cacia dell'atto dispositivo revocato si produce a favore di tutti i creditori e non nei confronti soltanto di uno di essi – quello che appunto ha agito in revocatoria – come accade invece ai sensi dell'art. 2902 c.c., nel caso di revocatoria ordinaria);
- **l'aver posto in essere un atto dispositivo nel c.d. periodo sospetto** (che è determinato dalla legge, a seconda dell'atto) in cui, cioè, l'imprenditore già versava in stato di insolvenza, anche se il fallimento non era stato ancora dichiarato. A differenza della revocatoria ordinaria, pertanto, non si richiede l'accertamento dell'*eventus damni*; secondo il prevalente orientamento giurisprudenziale, il danno specifico non costituisce un elemento essenziale della fattispecie in esame, in quanto genericamente si presumono pregiudizievoli tutti gli atti posti in essere dal debitore in stato d'insolvenza, essendo gli stessi idonei, comunque, ad alterare la *par condicio creditorum*;
- **la conoscenza dello stato di insolvenza da parte del terzo,** peraltro talvolta irrilevante (nel caso di atti a titolo gratuito e di pagamenti anticipati). L'onere di provare tale conoscenza incombe sul curatore soltanto ove siano sottoposti a revocatoria atti "normali"; ove si tratti, invece, di atti "anormali" si presume, fino a prova contraria, che il terzo fosse a conoscenza dello stato di insolvenza del debitore. **Non** è invece **necessaria**, per l'esperimento della revocatoria fallimentare, la ***scientia fraudis*** da parte del debitore.

In linea generale, infine, è opportuno precisare che, in caso di revocatoria fallimentare (diversamente dall'azione revocatoria ordinaria) non è sempre necessaria una pronuncia da parte dell'autorità giudiziaria, essendo taluni atti automaticamente inefficaci, per espressa disposizione di legge, in considerazione del solo fatto che sia stato dichiarato il fallimento.
In sostanza, in sede fallimentare, è necessario distinguere tra:
a) **revocatoria di diritto**. Alcuni atti sono automaticamente privati di effetti nei confronti della massa dei creditori in conseguenza della sola dichiarazione di fallimento e **senza che sia necessaria**, quindi, una **pronuncia di natura costitutiva** da parte dell'autorità giudiziaria.
Sono assoggettati alla revocatoria di diritto:

- **gli atti a titolo gratuito**, se **compiuti** dal fallito **nei due anni anteriori alla dichiarazione di fallimento**, «esclusi i regali d'uso e gli atti compiuti in adempimento di un dovere morale o a scopo di pubblica utilità, in quanto la liberalità sia proporzionata al patrimonio

del donante» (art. 64 l. fall.). Il D.L. n. 83/2015 ha introdotto una novità significativa all'interno della legge fallimentare che incide sull'istituto della revocatoria fallimentare stabilendo che gli atti a titolo gratuito compiuti dal debitore nei due anni anteriori alla dichiarazione di fallimento sono acquisiti al patrimonio del fallimento con la trascrizione della sentenza di fallimento. A differenza di quanto accadeva in passato, pertanto, la nuova disciplina fallimentare prevede che alla dichiarazione di inefficacia si può giungere immediatamente mediante la trascrizione della sentenza dichiarativa di fallimento alla quale può provvedere il curatore. Effettuata questa pubblicità, i beni vengono sottratti al debitore fallito e divengono parte della massa fallimentare;
- **i pagamenti anticipati**. In particolare, l'art. 65 l. fall. dispone che sono automaticamente privi di effetto, rispetto ai creditori, i pagamenti di crediti che scadono nel giorno della dichiarazione di fallimento o posteriormente, **se tali pagamenti sono stati eseguiti dal fallito nei due anni anteriori alla dichiarazione di fallimento**;

b) **revocatoria giudiziale, in cui si presume la conoscenza da parte del terzo dello stato di insolvenza, trattandosi di atti anormali.**
Rientrano ad esempio in tale categoria (art. 67, comma 1, l. fall.) gli atti a titolo oneroso compiuti nell'*anno anteriore* alla dichiarazione di fallimento, in cui vi sia una *sproporzione notevole* (di oltre un quarto) tra le prestazioni eseguite o le obbligazioni assunte dal fallito e ciò che a lui è stato dato o promesso e gli atti estintivi di debiti pecuniari scaduti ed esigibili, effettuati con *mezzi anormali di pagamento*.

c) **revocatoria giudiziale, in cui grava sul curatore l'onere di provare la conoscenza dello stato di insolvenza in capo al terzo, trattandosi di atti normali.**
In questa categoria rientrano ad esempio (ai sensi dell'art. 67, secondo comma) i pagamenti di debiti liquidi ed esigibili;

d) **revocatoria ordinaria, fatta valere in sede fallimentare.** Occorre evidenziare le peculiarità dell'azione revocatoria ordinaria esperita in sede fallimentare. Innanzitutto, la **legittimazione attiva** spetta sempre al curatore fallimentare; ne consegue che il vittorioso esperimento dell'azione, diversamente da quanto stabilito dall'art. 2902 c.c., non determina l'inefficacia dell'atto revocato soltanto relativamente al creditore procedente, producendosi in tal caso l'inefficacia dell'atto rispetto a tutta la massa dei creditori (e quindi, anche a vantaggio di coloro il cui credito non era ancora sorto, alla data del compimento dell'atto dispositivo revocato). Inoltre, l'azione ai sensi dell'art. 2901 c.c., in sede fallimentare, dovrà sempre essere proposta dal curatore dinanzi al **tribunale fallimentare**, in deroga alle generali regole sulla competenza. Le ragioni che possono indurre il curatore all'esercizio della revocatoria ordinaria, in sede fallimentare, vanno rintracciate nell'esigenza di colpire atti che non sarebbero aggredibili con la revocatoria fallimentare;

e) **revocatoria di atti compiuti tra coniugi**. Ai sensi dell'art. 69 della l. fall. **è eliminato ogni limite temporale** e sono sempre assoggettati a revocatoria (se il coniuge non prova che ignorava lo stato di insolvenza del coniuge fallito) gli atti compiuti tra coniugi nel tempo in cui il fallito esercitava un'impresa commerciale e quelli a titolo gratuito compiuti tra coniugi più di due anni prima della dichiarazione di fallimento, ma nel tempo in cui il fallito esercitava un'impresa commerciale.

f) **atti sottratti per legge all'azione revocatoria**. L'art. 67, comma 3, l. fall., infine, sottrae tutta una serie di atti all'azione revocatoria.

La ratio di tali esclusioni si ravvisa, talvolta, nella volontà di *evitare* che, per timore di una revocatoria, vengano *interrotti una serie di rapporti necessari alla prosecuzione dell'ordinaria attività di impresa; talaltra nella necessità di non ostacolare intese con i creditori, che potrebbero consentire il risanamento dell'impresa*; da ultimo nella volontà di tutelare soggetti venuti a contatto con l'imprenditore fallito e le cui *esigenze sono ritenute meritevoli di particolare protezione*. Tanto chiarito con riferimento alle peculiarità dell'azione revocatoria fallimentare, occorre evidenziare che la stessa in ogni caso produce i medesimi **effetti** della revocatoria ordinaria e, cioè, **l'inefficacia dell'atto dispositivo revocato** nei confronti della massa dei creditori.

5.4. Gli effetti del fallimento sui contratti in corso nel momento della dichiarazione di fallimento e della cessazione dell'attività d'impresa. Regole peculiari in caso di esercizio provvisorio dell'impresa.

Al momento della dichiarazione di fallimento l'imprenditore si trova, normalmente, ad essere parte di **rapporti giuridici pendenti**, cioè di contratti ancora ineseguiti o comunque non completamente eseguiti da entrambe le parti. La legge fallimentare disciplina tali rapporti con trattamenti giuridici differenziati a seconda della natura del contratto in corso.

- **Alcuni contratti si sciolgono** *ex lege*, al momento della dichiarazione di fallimento (rientrano in tale categoria, ad esempio, il

- contratto di borsa a termine, ai sensi dell'art. 76 l. fall. e l'associazione in partecipazione, in caso di fallimento dell'associante, ai sensi dell'art. 77 l. fall.).
- **Alcuni contratti, in quanto ritenuti vantaggiosi per la massa dei creditori, proseguono con il curatore,** che dovrà adempiere per l'intero ed in *prededuzione* le relative obbligazioni (rientrano in tale categoria, ad esempio, la locazione di immobili, ai sensi dell'art. 80 e l'affitto d'azienda, ai sensi dell'art. 79).
- **Alcuni rapporti infine proseguono con il fallito** (ad esempio il contratto di lavoro subordinato, autonomo o libero professionale, in forza del quale il fallito presta la propria attività a favore di terzi).

Ai sensi dell'art. 72 l. fall., salvo che non sia diversamente disposto, **la dichiarazione di fallimento determina l'immediata sospensione dei rapporti giuridici pendenti** (ivi compresi i contratti preliminari per i quali non siano dettate regole differenti), **fino a quando il curatore non abbia esercitato la scelta tra subentrare** nel contratto in luogo del fallito, assumendo tutti i relativi obblighi, **ovvero sciogliersi** dal medesimo, salvo che, nei contratti ad effetti reali, sia già avvenuto il trasferimento del diritto.

Per porre fine alla situazione di incertezza, il contraente *in bonis* può mettere in **mora** il **curatore,** facendogli assegnare dal giudice delegato un termine non superiore a sessanta giorni, decorso il quale il contratto si intende sciolto.

In caso di scioglimento il contraente ha diritto di far valere nel passivo il credito conseguente al mancato adempimento, senza che gli sia dovuto risarcimento del danno.

In caso di **esercizio provvisorio dell'attività d'impresa,** la regola generale della sospensione dei contratti a far data dalla dichiarazione di fallimento, è sostituita dal **principio della prosecuzione automatica** di tutti i rapporti pendenti da parte del curatore, al quale è data, tuttavia, la possibilità di decidere di sospendere l'esecuzione dei contratti in parola o di sciogliersi dagli stessi.

L'art. 104 l. fall. prevede due diverse ipotesi in cui l'esercizio provvisorio dell'attività d'impresa del fallito può essere disposto.

Innanzitutto, **con la sentenza dichiarativa del fallimento,** il **tribunale** può disporre l'esercizio provvisorio dell'impresa, anche limitatamente a specifici rami dell'azienda, se dalla interruzione può derivare un danno grave, purché non arrechi pregiudizio ai creditori.

In secondo luogo, la continuazione temporanea dell'esercizio dell'impresa, anche limitatamente a specifici rami dell'azienda, può essere disposta **durante lo svolgimento della procedura fallimentare, con decreto motivato del** giudice delegato, su proposta del curatore e previo parere favorevole del comitato dei creditori.

6. La procedura fallimentare.

La sentenza che dichiara il fallimento determina l'avvio della procedura fallimentare, che si realizza attraverso tre fasi fondamentali. Si tratta:

- dell'apposizione dei sigilli e della presa in consegna dei beni del fallito da parte del curatore;
- dell'accertamento del passivo;
- della liquidazione e della ripartizione dell'attivo fallimentare tra i creditori.

6.1. L'apposizione dei sigilli e la presa in consegna dei beni del fallito da parte del curatore.

Ai sensi dell'art. 84 l. fall., dichiarato il fallimento, il curatore procede, secondo le norme stabilite dal codice di procedura civile, all'apposizione dei sigilli sui beni che si trovano nella sede principale dell'impresa e sugli altri beni del debitore.

Devono, invece, essere consegnati al curatore, senza apposizione dei sigilli, il denaro contante, le cambiali e gli altri titoli, compresi quelli scaduti; le scritture contabili e ogni altra documentazione dal medesimo richiesta o acquisita, se non ancora depositate in cancelleria.

Il curatore nel più breve tempo possibile, presenti o avvisati il fallito e il comitato dei creditori (se già formato), redige **l'inventario** dei beni in tal modo sottratti alla disponibilità del fallito ed appresi al fallimento (*spossessamento*).

6.2. L'accertamento del passivo.

Come anticipato, i creditori del fallito hanno il diritto di partecipare alla ripartizione dell'attivo soltanto in seguito **all'accertamento giudiziale dell'***an* e del *quantum* del loro **credito**. All'accertamento del passivo si perviene attraverso un *iter* che si snoda attraverso alcuni momenti fondamentali.

- Il curatore, innanzitutto, in base alle scritture contabili del fallito ed alle notizie che può raccogliere, deve redigere **l'elenco dei creditori**,

con l'indicazione dei rispettivi crediti e diritti di prelazione; egli, inoltre, deve predisporre un **elenco dei titolari di diritti reali e personali, mobiliari e immobiliari, sui beni del fallito**. Tali elenchi sono depositati nella cancelleria del tribunale fallimentare. Ai creditori inseriti nei predetti elenchi il curatore deve **comunicare** (a mezzo posta presso la sede dell'impresa o la residenza del creditore, ovvero a mezzo telefax o posta elettronica), **che possono partecipare al concorso depositando domanda di ammissione al passivo** nella cancelleria del tribunale; la data fissata per l'esame dello stato passivo e quella entro cui vanno presentate le domande; ogni utile informazione per agevolare la presentazione della domanda (art. 89 l. fall.);
- a questo punto, i **creditori** devono presentare (con *ricorso* da depositare presso la cancelleria del tribunale almeno *trenta giorni* prima dell'udienza fissata per l'esame dello stato passivo) la **domanda di ammissione al passivo**. La domanda di ammissione al passivo produce, per tutta la durata della procedura concorsuale, gli effetti di una domanda giudiziale e, in particolare, *impedisce la prescrizione del diritto di credito*;
- il **curatore** esamina le domande di ammissione presentate e sulla base delle stesse predispone un **progetto di stato passivo**, con elenchi separati dei creditori e dei titolari di diritti su beni mobili e immobili di proprietà o in possesso del fallito. Il curatore può eccepire i fatti estintivi, modificativi o impeditivi del diritto fatto valere, nonché l'inefficacia del titolo su cui sono fondati il credito o la prelazione. Il progetto di stato passivo, così redatto, va **depositato nella cancelleria del tribunale almeno quindici giorni prima dell'udienza fissata per l'esame dello stato passivo**. I creditori, i titolari di diritti sui beni ed il fallito possono esaminare il progetto e presentare osservazioni scritte e documenti integrativi fino all'udienza;
- all'udienza fissata per l'esame dello stato passivo, la cui data è indicata nelle sentenza dichiarativa di fallimento, il **giudice delegato**, anche in assenza delle parti, con decreto succintamente motivato **decide su ciascuna domanda di ammissione al passivo** (accogliendola in tutto o in parte, ovvero respingendola o dichiarandola inammissibile), nei limiti delle conclusioni formulate ed avuto riguardo alle eccezioni del curatore, a quelle rilevabili d'ufficio ed a quelle formulate dagli altri interessati. Il giudice delegato può procedere ad atti di istruzione su richiesta delle parti, compatibilmente con le

esigenze di speditezza del procedimento. In relazione al numero dei creditori e alla entità del passivo, il giudice delegato può stabilire che l'udienza sia svolta in via telematica con modalità idonee a salvaguardare il contraddittorio e l'effettiva partecipazione dei creditori, anche utilizzando le strutture informatiche messe a disposizione della procedura da soggetti terzi;
- terminato l'esame di tutte le domande, **il giudice delegato forma lo stato passivo e lo rende esecutivo con decreto depositato in cancelleria**;
- a seguito del deposito del decreto che rende esecutivo lo stato passivo, si apre una fase meramente eventuale. **Contro tale decreto**, infatti, è possibile proporre delle **impugnazioni**, ai sensi dell'art. 98 l. fall.: si tratta dell'opposizione, dell'impugnazione dei crediti ammessi e della revocazione.

Si tenga presente, infine, che **la fase dell'accertamento dello stato passivo può anche mancare**.
Ciò si verifica in caso di **mancata presentazione delle domande** di ammissione al passivo entro il termine di trenta giorni prima dell'udienza di verifica, nonché nel caso di **previsione di insufficiente realizzo**. In tale ultimo caso, in particolare, ai sensi dell'art. 102 l. fall., il tribunale, su istanza del curatore ed acquisito il parere del comitato dei creditori, con decreto reclamabile dinanzi alla Corte d'Appello, dispone non farsi luogo al procedimento di accertamento del passivo «*se risulta che non può essere acquisito attivo da distribuire ad alcuno dei creditori che abbiano chiesto l'ammissione al passivo*».

6.3. La liquidazione e la ripartizione dell'attivo.

La fase della liquidazione è destinata a convertire in denaro, da distribuire poi ai creditori, i beni del fallito.

A) Il programma di liquidazione
Tale liquidazione avviene sulla base di un apposito **programma di liquidazione**, predisposto dal curatore, che costituisce **l'atto di pianificazione e di indirizzo in ordine alle modalità e ai termini previsti per la realizzazione dell'attivo**.
Tale programma deve specificare, tra l'altro, l'opportunità di disporre l'esercizio provvisorio dell'impresa, o di singoli rami di azienda, ovvero l'opportunità di autorizzare l'affitto dell'azienda, o di rami della stessa.

Il programma di liquidazione è **predisposto dal curatore** entro 60 giorni dalla redazione dell'inventario; tale programma va poi **approvato da parte del comitato dei creditori**; l'esecuzione degli atti dallo stesso previsti deve essere **autorizzata dal giudice delegato**.

B) La ripartizione dell'attivo

Nella **fase della ripartizione dell'attivo** i creditori concorrono per il soddisfacimento dei loro diritti, nei limiti di quanto realizzato e nel rispetto delle cause di prelazione.

Il curatore, ogni quattro mesi dall'approvazione dello stato passivo, presenta un **prospetto delle somme disponibili ed un progetto di ripartizione delle medesime**.

Il giudice ordina il **deposito** del progetto di ripartizione in cancelleria, disponendo che ne siano avvisati tutti i **creditori**, i quali – entro il termine perentorio di quindici giorni dalla ricezione della comunicazione – possono proporre **reclamo** al giudice delegato contro il progetto di riparto.

Decorso tale termine, e in assenza di contestazioni, il **giudice** delegato, su richiesta del curatore, **dichiara esecutivo il progetto di ripartizione**.

Se, viceversa, sono proposti reclami, il progetto di ripartizione è dichiarato esecutivo con accantonamento delle somme corrispondenti ai crediti oggetto di contestazione; dispone l'art. 110 l. fall., comma 3, nella formulazione risultante a seguito delle modifiche introdotte dal d.l. 59/2016, conv. in l. 119/2016, che non si fa luogo ad accantonamento qualora sia presentata in favore della procedura una fideiussione autonoma, irrevocabile e a prima richiesta, rilasciata da banche, società assicuratrici o intermediari finanziari che svolgono in via esclusiva o prevalente attività di rilascio di garanzie e che sono sottoposti a revisione contabile da parte di una società di revisione, idonea a garantire la restituzione alla procedura delle somme che risultino ripartite in eccesso. Il provvedimento che decide sul reclamo dispone in ordine alla destinazione delle somme accantonate.

Le somme ricavate dalla liquidazione dell'attivo sono erogate secondo le modalità previste nel piano di ripartizione.

In ogni caso, la ripartizione dell'attivo deve seguire un ordine tassativo e quindi, innanzitutto, deve procedersi al pagamento dei **crediti prededucibili**; poi al pagamento dei **crediti ammessi con prelazione** sulle cose vendute; infine, si provvede al pagamento dei **creditori chirografari**, in proporzione dell'ammontare del credito per cui ciascuno di essi è stato ammesso. Con i creditori chirografari concorrono i creditori privilegiati per la parte di credito non soddisfatta sul ricavato dalla vendita dei beni oggetto di privilegio, pegno o ipoteca. Ai riparti parziali, che non possono in ogni caso superare l'ottanta per cento delle somme disponibili (art. 113 l. fall.), segue il riparto finale delle somme ricavate dalla procedura fallimentare, previa approvazione del "rendiconto" presentato dal curatore, in cui quest'ultimo da atto analiticamente delle operazioni contabili e della attività di gestione della procedura.

Tale conto è approvato con decreto, dal giudice delegato o dal tribunale, a seconda che sullo stesso sorgano o meno contestazioni.

6.4. La chiusura del fallimento. L'eventuale riapertura del fallimento.

La procedura fallimentare si chiude, oltre che in seguito al concordato fallimentare (*infra*, par. 9), nei casi previsti dall'art. 118 l. fall., e cioè:

- se nel termine stabilito nella sentenza dichiarativa di fallimento **non sono state proposte domande di ammissione al passivo**;
- quando, anche prima che sia compiuta la ripartizione finale dell'attivo, **le ripartizioni ai creditori raggiungono l'intero ammontare dei crediti ammessi**, o questi sono in altro modo estinti e sono pagati tutti i debiti e le spese da soddisfare in prededuzione;
- quando è compiuta la **ripartizione finale** dell'attivo;
- quando nel corso della **procedura** si accerta che la sua prosecuzione **non consente di soddisfare**, neppure in parte, i **creditori** concorsuali, né i crediti prededucibili e le spese di procedura.

Ai sensi dell'art. 119 l. fall., la chiusura del fallimento è dichiarata con **decreto motivato del tribunale**, su istanza del curatore o del debitore ovvero di ufficio. Contro il decreto che dichiara la chiusura o ne respinge la richiesta è ammesso reclamo alla Corte d'Appello (avverso il quale è a sua volta esperibile il ricorso per Cassazione).

Con la chiusura del fallimento cessano gli **effetti** del fallimento sul patrimonio del fallito e le conseguenti incapacità personali; cessano, inoltre, gli effetti del fallimento nei confronti dei creditori, che riacquistano il diritto di esperire azioni esecutive individuali non solo per crediti sorti successivamente alla chiusura del fallimento, ma anche per gli stessi crediti fatti valere in costanza di fallimento, per la parte in cui gli stessi sono rimasti insoddisfatti.

Il fallimento rispetto al quale è intervenuto un decreto di chiusura può essere riaperto, quando vi siano dei creditori rimasti insoddisfatti e ricorrano le condizioni individuate dall'art. 121 l. fall. In particolare, i creditori rimangono insoddisfatti quando il fallimento è chiuso o per ripartizione finale dell'attivo o perché, nel corso della procedura, si è accertata l'impossibilità di soddisfare, anche solo parzialmente, i crediti concorsuali e quelli prededucibili.

In tali casi, la **riapertura del fallimento** può essere disposta, su istanza del debitore o di qualunque creditore, purché non siano trascorsi più di cinque anni dal decreto di chiusura, ove risulti che nel patrimonio del fallito esistano attività in misura tale da rendere utile il provvedimento, oppure quando il fallito offre garanzia di pagare almeno il dieci per cento ai creditori vecchi e nuovi.

Il tribunale provvede sull'istanza con sentenza emessa in camera di consiglio, reclamabile al pari di qualsiasi sentenza dichiarativa di fallimento.

Si tenga presente che, in caso di riapertura del fallimento, con i vecchi creditori concorrono i nuovi creditori del debitore nuovamente dichiarato fallito.

7. L'esdebitazione.

La legge fallimentare prevede la possibilità che il debitore sia ammesso al **beneficio dell'esdebitazione**.

Si tratta di un istituto riscritto ad opera del D.lgs. n. 5 del 2006, attraverso il quale al debitore ritornato *in bonis* è accordato il beneficio della **liberazione dai debiti residui nei confronti dei creditori concorsuali non soddisfatti**.

Questi ultimi, pertanto, potranno far valere le loro ragioni soltanto nei confronti di coobbligati, dei fideiussori del debitore e degli obbligati in via di regresso, mentre il loro credito sarà inesigibile nei confronti del fallito beneficiato.

L'esdebitazione, peraltro, produce effetti non solo nei confronti dei creditori concorrenti parzialmente insoddisfatti, ma **anche nei confronti dei creditori anteriori alla apertura della procedura di liquidazione che non hanno presentato la domanda di ammissione al passivo**; in tale caso, però, il beneficio dell'inesigibilità del credito opera per la sola eccedenza rispetto alla percentuale attribuita nel concorso ai creditori di pari grado (art. 144 l. fall.).

La legge richiede due presupposti, soggettivo e oggettivo.

Quanto al profilo soggettivo, sono ammessi all'esdebitazione soltanto i **falliti persone fisiche**, **in caso di "buona condotta"**, valutata sia in considerazione della *condotta tenuta prima* della procedura fallimentare, sia in considerazione della *condotta tenuta durante* lo svolgimento della procedura concorsuale (che deve essere stata collaborativa. Cfr. art. 142, comma 1 e 2 l. fall.).

Per quanto concerne, invece, il **presupposto oggettivo**, l'art. 142 l. fall. richiede che siano **stati soddisfatti almeno in parte i creditori concorsuali**.

L'esdebitazione, verificata la sussistenza delle predette condizioni, è disposta

dal tribunale, con il decreto di chiusura del fallimento o su ricorso del debitore, presentato entro l'anno successivo.
Contro il decreto che provvede sul ricorso, il debitore, i creditori non integralmente soddisfatti, il pubblico ministero e qualunque interessato possono proporre reclamo.

8. Il concordato fallimentare.

Il fallimento può essere chiuso anche attraverso la conclusione del concordato fallimentare. Questo si sostanzia nell'accordo tra il fallito (o un terzo, c.d. *assuntore* del concordato) ed i creditori concorrenti, attraverso il quale si attua il soddisfacimento (spesso soltanto parziale) di questi ultimi, senza ricorrere alla liquidazione giudiziaria del patrimonio del primo.
Attraverso tale istituto si persegue, da un lato, la finalità di salvaguardare l'interesse dei creditori a chiudere in maniera più celere la procedura fallimentare (ancorché rinunciando al proprio completo soddisfacimento, al quale comunque spesso non perverrebbero); d'altro lato, il concordato fallimentare consente al fallito di liberarsi definitivamente dai propri obblighi nei confronti dei creditori.
Il concordato, infatti, è obbligatorio per tutti i creditori anteriori alla apertura del fallimento, compresi quelli che non hanno presentato domanda di ammissione al passivo (art. 135 l. fall.). A questi, tuttavia, non si estendono le garanzie date nel concordato da terzi.
In seguito alla conclusione (ed all'esecuzione) **del concordato, quindi, il fallito è completamente esdebitato.** Nessuna azione esecutiva individuale, pertanto, potrà essere successivamente esperita contro di lui da parte dei creditori anteriori all'apertura del fallimento, per le somme che agli stessi sarebbero state ancora dovute ove il fallimento non fosse stato chiuso in via concordataria.
I creditori, tuttavia, conservano la loro azione per l'intero credito contro i coobbligati, i fideiussori del fallito e gli obbligati in via di regresso.
La conclusione del concordato fallimentare integra una **fattispecie a formazione progressiva** (CAMPOBASSO), che si realizza attraverso **tre fasi essenziali**:

> la **proposta di concordato**;
> l'**approvazione** da parte della maggioranza dei creditori;
> l'**omologazione** da parte del tribunale.

8.1. La proposta di concordato.

La *proposta* di concordato può essere presentata **dal fallito, ma soltanto dopo il decorso di un anno dalla dichiarazione di fallimento e purché non siano decorsi due anni dal decreto che rende esecutivo lo stato passivo.**
La proposta concordataria, inoltre, può essere presentata, anche **prima del decreto che rende esecutivo lo stato passivo, da uno o più creditori o da un terzo.**
Il **contenuto della proposta** può essere variamente articolato e, in seguito alla riforma, è ampiamente rimesso all'autonomia delle parti (art. 124 l. fall.).
La legge consente anche che sia prevista la **suddivisione dei creditori in classi, secondo posizione giuridica** (ad es., creditori chirografari, ipotecari, pignoratizi, privilegiati ecc.) **ed interessi economici omogenei** (distinguendo, ad esempio, tra i creditori chirografari i "piccoli" ed i "grandi" creditori, quali normalmente sono le banche), **con trattamenti differenziati fra creditori appartenenti a classi diverse** (ciò implica, quindi, una parziale attenuazione del principio della *par condicio creditorum*, che opera, in caso di concordato, soltanto per i creditori all'interno della medesima classe).
La proposta di concordato è presentata con ricorso al giudice delegato il quale, acquisito il parere favorevole del comitato dei creditori e del curatore e valutata la ritualità della proposta, ordina che la stessa venga **comunicata ai creditori**, i quali, in un termine non inferiore a venti giorni né superiore a trenta, devono far pervenire nella cancelleria del tribunale eventuali dichiarazioni di dissenso; la mancata risposta sarà considerata come voto favorevole (opera la regola del *silenzio assenso*) (art. 125 l. fall.).

8.2. L'approvazione del concordato.

La proposta di concordato deve essere approvata (anche per *silentium*) **dalla maggioranza dei creditori ammessi al voto.**
Si tenga presente che l'art. 127 l. fall. differenzia i creditori aventi diritto al voto, a seconda della fase in cui viene proposto il concordato e a seconda che si tratti o meno di crediti garantiti.
In particolare, «*se la proposta è presentata* **prima che lo stato passivo venga reso esecutivo**, *hanno diritto al voto* **i creditori che risultano dall'elenco provvisorio** *predisposto dal curatore e approvato dal giudice delegato;* **altrimenti**, *gli aventi diritto al voto sono* **quelli indicati nello stato passivo reso esecutivo**. *In quest'ultimo caso, hanno diritto al voto anche i creditori ammessi provvisoriamente e con riserva*». **I creditori muniti di privilegio**, **pegno o ipoteca**,

dei quali la proposta di concordato prevede l'integrale pagamento, **non hanno diritto** al voto (in quanto ne è previsto l'integrale pagamento), **a meno che non rinuncino** (ai soli effetti del concordato) **al diritto di prelazione**. In tale ultimo caso sono assimilati ai creditori chirografari.

La variazione del numero dei creditori ammessi o dell'ammontare dei singoli crediti, che avviene per effetto di un provvedimento emesso successivamente alla scadenza del termine fissato dal giudice delegato per le votazioni, non influisce sul calcolo della maggioranza (art. 128 l. fall.).

8.3. L'omologazione del concordato.

A questo punto si apre la fase finale, rappresentata dal **giudizio di omologazione, del quale è investito il tribunale fallimentare**.

Questo si apre su istanza del proponente il concordato, ove lo stesso sia stato approvato dalla maggioranza dei creditori.

All'omologazione del concordato possono opporsi il fallito, i creditori dissenzienti e qualsiasi altro interessato, nel termine stabilito dal giudice delegato.

Se nel termine fissato **non vengono proposte opposizioni**, il tribunale, verificata la regolarità della procedura e l'esito della votazione (senza, quindi, alcun controllo di merito in ordine alla convenienza della proposta), **omologa** il concordato **con decreto motivato *non* soggetto a gravame**.

Conclusa la fase dell'omologazione, il concordato deve trovare esecuzione, da parte del fallito o del terzo assuntore.

Se le garanzie promesse non vengono costituite o se il proponente non adempie regolarmente gli obblighi derivanti dal concordato, ciascun creditore può chiederne la **risoluzione** (art. 137 l. fall).

Tuttavia, quando gli obblighi derivanti dal concordato sono stati assunti da un terzo, i creditori possono agire soltanto nei confronti dello stesso (eventualmente provocandone il fallimento) e non nei confronti del fallito rispetto al quale sia intervenuta la completa liberazione.

Gli effetti del concordato cessano anche per **annullamento** dello stesso.

Ai sensi dell'art. 138 l. fall. il concordato omologato può essere annullato dal tribunale, su istanza del curatore o di qualunque creditore, quando si scopre che è stato dolosamente esagerato il passivo, ovvero sottratta o dissimulata una parte rilevante dell'attivo.

La sentenza che annulla il concordato riapre la procedura di fallimento.

9. Il fallimento delle società.

Il fallimento può riguardare non un imprenditore individuale, bensì un imprenditore collettivo; in tal si pongono peculiari problemi di adattamento della disciplina dettata dalla legge fallimentare, avendo come punto di riferimento l'imprenditore persona fisica.

In linea generale, si devono ritenere applicabili al fallimento delle società tutte le norme dettate per l'imprenditore individuale, a meno che la peculiarità del riferimento alla persona fisica non renda concettualmente impossibile tale estensione (BUONOCORE).

La Riforma della l. fall., inoltre, ha introdotto nell'ambito della disciplina del fallimento un capo specifico, di cui agli artt. 146 ss., dedicato al *"Fallimento delle società"*.

Con specifico riferimento agli **effetti del fallimento**, occorre distinguere le vicende che concernono la società, da quelle che riguardano invece i singoli soci.

In quest'ultimo caso, l'art. 149 l. fall. stabilisce che il fallimento di uno o più soci illimitatamente responsabili (nell'ipotesi in cui gli stessi svolgano autonomamente un'attività imprenditoriale), non produce il fallimento della società, che rimane, sostanzialmente, impermeabile alle vicende che colpiscono i singoli soci.

L'unica conseguenza che si produce è che il curatore del fallimento del socio illimitatamente responsabile dovrà chiedere la liquidazione della quota dello stesso.

Una regola inversa vale, invece, per il caso del fallimento della società, i cui effetti si ripercuotono automaticamente nei confronti dei soci illimitatamente responsabili. Ai sensi del primo comma dell'art. 147 l. fall. «*La sentenza che dichiara il fallimento di una società appartenente ad uno dei tipi regolati nei capi III, IV e VI del titolo V del libro quinto del codice civile, produce anche il fallimento dei soci, pur se non persone fisiche, illimitatamente responsabili*», **indipendentemente dalla sussistenza e dall'accertamento, in capo a ciascuno di essi, dei presupposti soggettivi e oggettivi per la dichiarazione di fallimento.**

In particolare, la regola dettata dall'art. 147 l. fall.:

> opera soltanto con riferimento ai **soci illimitatamente responsabili delle società in nome collettivo, in accomandita semplice ed in accomandita per azioni**;
> opera anche nel caso in cui **i soci non siano persone fisiche**;
> opera anche nel caso di **soci occulti (di società palese) o di società occulta**;

opera anche nel caso di **soci che hanno cessato di far parte della società fallita, per morte, recesso o esclusione**;
per il fallimento delle società a responsabilità limitata, non opera la regola di cui all'art. 147 l. fall., stante la personalità giuridica della società e la completa assenza di ogni responsabilità sussidiaria dei soci, rispetto alle obbligazioni contratte dalla prima.

10. L'azione di responsabilità del curatore nei confronti degli amministratori, sindaci, liquidatori e soci di s.r.l.

Dispone l'art. 146, comma 2, l. fall., che sono esercitate dal curatore, previa autorizzazione del giudice delegato, sentito il comitato dei creditori: 1) le azioni di responsabilità contro gli amministratori, i componenti degli organi di controllo, i direttori generali e i liquidatori; 2) l'azione di responsabilità contro i soci della s.r.l., nei casi di cui all'art. 2476, comma 7, c.c. (v. *supra*, Parte II, cap. XI, par. 8.1., lett. d)).

TI RICORDI CHE...

L'art. 2476 c.c. disciplina la **responsabilità degli amministratori nei confronti della società, dei soci e dei terzi**. In particolare, i soci che hanno intenzionalmente deciso o autorizzato il compimento di atti dannosi per la società, i soci o i terzi, sono **solidalmente responsabili con gli amministratori** (art. 2476, comma 7, c.c.). I soci, invero, anche se formalmente non sono amministratori, possono assumere decisioni relative all'amministrazione della società quando tale possibilità sia prevista nell'atto costitutivo.

Per quanto concerne la natura della responsabilità, è costante l'affermazione secondo cui, per effetto del fallimento di una società di capitali, le diverse fattispecie di responsabilità degli amministratori di cui agli art. 2392 e 2394 c.c. confluiscono in un'unica azione, dal carattere unitario ed inscindibile, all'esercizio della quale è legittimato, in via esclusiva, il curatore del fallimento, ai sensi dell'art. 146 l. fall., che può, conseguentemente, formulare istanze risarcitorie verso gli amministratori, i liquidatori ed i sindaci tanto con riferimento ai presupposti della responsabilità (contrattuale) di questi verso la società (art. 2392, 2407 c.c.), quanto a quelli della responsabilità (extracontrattuale) verso i creditori sociali, giovandosi quindi degli aspetti più favorevoli di ciascuna delle azioni.

11. Il fallimento dei patrimoni destinati ad uno specifico affare.

Occorre distinguere le conseguenze dell'insolvenza, a seconda che si tratti di patrimonio destinato c.d. operativo, oppure di finanziamento destinato.

A) Patrimonio destinato
Ove la società abbia costituito un **patrimonio destinato c.d. operativo**:

- se il **patrimonio generale** è *in bonis* e l'**incapienza** (che si verifica nel caso in cui le passività siano superiori alle attività) concerne il **patrimonio destinato**, non viene dichiarato il fallimento della società né viene avviata una procedura concorsuale a tutela dei creditori separatisti. Questi ultimi, pertanto, potranno soltanto **domandare la liquidazione del patrimonio destinato**, cui si applicheranno le norme relative alla liquidazione della società, in quanto compatibili;
- se invece il **patrimonio destinato** è **capiente**, ma viene dichiarato il **fallimento** della **società** (a fronte, si badi, dell'**insolvenza** del **patrimonio generale** della stessa), in ogni caso non viene meno la separazione patrimoniale: ne consegue che **i creditori separatisti non potranno insinuarsi al passivo del fallimento** (salvo i casi in cui sussista, in base alle norme del codice civile, la responsabilità illimitata o sussidiaria della società, che eventualmente potrebbe aver prestato garanzia a loro favore, con il patrimonio generale).
- In questo caso, il **curatore** dovrà procedere alla **cessione** del patrimonio destinato, ponendo in essere, *medio tempore*, le operazioni necessarie al fine di conservarne il valore produttivo.
- Si procederà alla **liquidazione** del patrimonio destinato, e non alla cessione dello stesso, soltanto in due casi e cioè ove la **cessione non sia possibile** (perché, ad esempio, non vi sono acquirenti), oppure ove alla data di dichiarazione di fallimento della società risulti l'**incapienza anche** del **patrimonio destinato**.
- Anche in questo caso la liquidazione è comunque disciplinata dalle norme che regolano la liquidazione della società, in quanto compatibili (artt. 155 e 156 l. fall.).

B) Finanziamento destinato
Regole parzialmente differenti valgono, invece, per il caso in cui la società abbia costituito l'altro tipo di patrimonio destinato, di cui all'art. 2447-*bis*, comma 1, lett. b): il **finanziamento destinato**. In tal caso:

- se il **patrimonio generale** è *in bonis* e l'**incapienza** concerne il **patrimonio destinato**, i finanziatori, analogamente a quanto previsto in caso di patrimonio c.d. operativo, non hanno alcuna azione sul patrimonio generale della società;
- se viene dichiarato il **fallimento** della **società** occorre distinguere a seconda che il fallimento impedisca o meno la realizzazione o la continuazione dell'affare.
- Ebbene, nella prima ipotesi, e cioè **se il fallimento** della società impedisce **la realizzazione o la continuazione dell'affare**, ai sensi dell'art. 72-*ter* l. fall. il contratto di finanziamento si scioglie e, ai sensi dell'art. 2447-*decies* c.c., **il finanziatore ha diritto di insinuarsi al passivo del fallimento per il suo credito**.
- Diversamente nel caso in cui, malgrado il fallimento della società, l'affare non è impedito, possono verificarsi tre diverse ipotesi (art. 72-*ter* l. fall.).
- Innanzitutto, il **curatore** può decidere di **subentrare** nel contratto, assumendone i relativi oneri.
- In secondo luogo, ove il curatore decida di non subentrare nel contratto, il **finanziatore** può chiedere al giudice delegato di **realizzare** o di **continuare** l'**operazione** (in proprio o previo affidamento a terzi);
- Infine, se il curatore decide di non subentrare nel contratto ed il finanziatore non chiede di realizzare o continuare l'operazione, quest'ultimo potrà insinuarsi al **passivo fallimentare** per l'intero importo del credito non rimborsato.

SCHEDA DI SINTESI

La **crisi** economica dell'impresa e l'incapacità dell'imprenditore commerciale non piccolo di soddisfare regolarmente le proprie obbligazioni sono gestite dal legislatore attraverso la previsione di specifici istituti giuridici.
Si tratta delle **procedure concorsuali**, attraverso le quali, con l'intervento dell'autorità pubblica (talvolta giudiziaria, talaltra amministrativa), viene regolato il rapporto tra un soggetto e la pluralità dei suoi creditori, perseguendo l'intento del soddisfacimento paritetico degli stessi.
Il **fallimento** è una **procedura concorsuale giudiziaria**, alla quale sono assoggettati gli imprenditori commerciali in presenza di indefettibili presupposti di carattere soggettivo e oggettivo.
Sotto il **profilo soggettivo**, è necessario evidenziare che, ove sussista congiuntamente anche il presupposto oggettivo dell'insolvenza, possono essere assoggettate

al fallimento soltanto: le imprese che svolgono attività di natura commerciale, individuate, quindi, ai sensi dell'art. 2195 c.c.; che abbiano, inoltre, nello svolgimento di attività a carattere commerciale, **superato determinati requisiti dimensionali.** La dichiarazione di fallimento è subordinata, in presenza del necessario requisito soggettivo, al riscontro di un ulteriore **presupposto, di carattere oggettivo.**
L'insolvenza si identifica, quindi, nella *situazione d'impotenza economica, strutturale e non soltanto transitoria, a soddisfare tempestivamente, regolarmente e con mezzi normali le proprie obbligazioni, valutate nel loro complesso*, essendo venute meno le condizioni di liquidità e di credito nelle quali un'impresa deve operare.
L'iniziativa per la dichiarazione di fallimento da origine al procedimento fallimentare. Tale iniziativa spetta, alternativamente, a tre diversi soggetti. Ai sensi dell'art. 6 della l. fall., possono richiedere il fallimento dell'imprenditore: **i creditori**, con ricorso; **l'imprenditore stesso**, con ricorso; **il pubblico ministero.**
L'iniziativa dei soggetti precedentemente indicati crea, in capo al tribunale, l'obbligo di procedere all'*istruttoria prefallimentare*, volta a verificare la sussistenza dei presupposti soggettivi e oggettivi del fallimento.
Al termine dell'istruttoria prefallimentare, possono intervenire due diverse tipologie di pronuncia da parte del Tribunale: **decreto motivato di rigetto della domanda**, avverso il quale la parte può proporre **reclamo alla corte d'appello; sentenza dichiarativa di fallimento.**
La procedura fallimentare impone lo svolgimento di molteplici attività, alcune di carattere "amministrativo", altre di natura giudiziaria, cui sono preposti quattro organi, la cui funzione è specificamente prevista dalla legge. Si tratta del: **tribunale fallimentare**; **giudice delegato**; **curatore**; **comitato dei creditori.**
Il **tribunale fallimentare** è investito dell'intera procedura, con una generale competenza in termini di *programmazione*, *direzione* e *controllo* del fallimento; tale competenza generale cumula tanto funzioni di natura amministrativa, quanto funzioni di tipo giurisdizionale. Il **giudice delegato** esercita *funzioni di vigilanza e di controllo sulla regolarità della procedura.*
Il **curatore fallimentare** ha un ruolo fondamentale nello svolgimento della procedura fallimentare, in quanto allo stesso è *affidata l'amministrazione dell'intero patrimonio del fallito e, quindi, il compimento di tutte le operazioni della procedura*, che svolge in qualità di pubblico ufficiale.
Il **comitato dei creditori vigila sull'operato del curatore**, ne **autorizza gli atti** ed **esprime pareri** nei casi previsti dalla legge, ovvero su richiesta del tribunale o del giudice delegato.
La dichiarazione di fallimento produce, nei confronti del fallito, tre tipologie di effetti: patrimoniali, personali e penali.
Con riferimento agli **effetti di tipo patrimoniale**, la principale conseguenza dell'apertura della procedura è rappresentata dalla **privazione**, **in capo al fallito**, **dell'amministrazione e della disponibilità dei suoi beni** esistenti alla data di dichiarazione di fallimento.
Il fallimento produce nei confronti del fallito anche **effetti di carattere personale**, suscettibili di essere bipartiti in: **limitazioni delle libertà** e, in specie, del *segreto epistolare* e della *libertà di movimento*; **limitazioni delle capacità civili del fallito**, previste dal codice civile e da leggi speciali.

CAPITOLO I | LE PROCEDURE CONCORSUALI. IL FALLIMENTO

Occorre evidenziare, infine, che l'apertura della procedura fallimentare espone il fallito ad effetti penali. Si tratta di eventuali imputazioni penali per reati fallimentari, commessi in un periodo anteriore alla dichiarazione di fallimento, o anche successivamente alla stessa. Le principali figure di reati fallimentari sono la bancarotta fraudolenta (di cui all'art. 216 l. fall., la bancarotta semplice (di cui all'art. 217 l. fall., il ricorso abusivo al credito (di cui all'art. 218 l. fall.).

Quanto agli effetti del fallimento nei confronti dei creditori, è previsto il **divieto di intraprendere o proseguire azioni esecutive o cautelari individuali**, anche per crediti maturati durante il fallimento, a far data dal momento di apertura della procedura e salvo, ovviamente, diversa disposizione di legge. La seconda regola fondamentale concerne l'esigenza che i crediti dei quali si chiede la soddisfazione siano accertati con un procedimento incidentale.

Al fine di salvaguardare l'integrità patrimoniale del debitore a fronte di atti che possano inficiare la consistenza quantitativa o qualitativa del patrimonio dello stesso, mettendo in pericolo (o rendendo maggiormente difficoltosa) la realizzazione coattiva del diritto del creditore, il codice civile, all'art. 2901, predispone lo strumento dell'azione revocatoria o "*pauliana*".

Presupposti per l'esperimento dell'**azione revocatoria ordinaria** sono: l'esistenza di un valido **rapporto di credito** tra il creditore che agisce in revocatoria e il debitore disponente; l'*eventus damni*, inteso come lesività dell'atto dispositivo posto in essere dal debitore, rispetto al creditore; la ***scientia fraudis***, intesa come consapevolezza del pregiudizio che l'atto dispositivo comporta alle ragioni creditorie. Ove ci si trovi al cospetto di *atti a titolo gratuito*, tale consapevolezza deve ricorrere soltanto in capo al debitore; viceversa, ove si tratti di *atti a titolo oneroso*, occorre, per la proponibilità dell'azione, la ***partecipatio fraudis*** del terzo, intesa come conoscenza o conoscibilità da parte dell'acquirente, in base all'ordinaria diligenza, del fatto che a mezzo dell'atto dispositivo vengono sottratte o diminuite le garanzie patrimoniali del creditore (mentre non è necessario provare l'*animus nocendi*).

In caso di fallimento, all'azione revocatoria ordinaria, si aggiunge **l'azione revocatoria fallimentare**, esperita dal curatore nell'interesse di tutti i creditori, per tutti gli atti posti in essere prima del fallimento, in un *periodo di tempo c.d. sospetto*, stabilito dalla legge e che varia da sei mesi a due anni, a seconda dell'atto da revocare.

Presupposti per l'esperimento dell'azione revocatoria fallimentare sono: l'**iniziativa da parte del curatore**; l'aver posto in essere un atto dispositivo nel c.d. **periodo sospetto** (che è determinato dalla legge, a seconda dell'atto) in cui, cioè, l'imprenditore già versava in stato di insolvenza, anche se il fallimento non era stato ancora dichiarato; **la conoscenza dello stato di insolvenza da parte del terzo**.

La sentenza che dichiara il fallimento determina l'**avvio della procedura fallimentare,** che si realizza attraverso tre fasi fondamentali. Si tratta: dell'apposizione dei sigilli e della presa in consegna dei beni del fallito da parte del curatore; dell'accertamento del passivo; della liquidazione e della ripartizione dell'attivo fallimentare tra i creditori.

I creditori del fallito hanno il diritto di partecipare alla ripartizione dell'attivo soltanto in seguito **all'accertamento giudiziale dell'*an*** e del ***quantum*** del loro **credito**.

La fase della liquidazione è destinata a convertire in denaro, da distribuire poi ai creditori, i beni del fallito.

La legge fallimentare prevede la possibilità che il debitore sia ammesso al **beneficio**

PARTE V | LE PROCEDURE CONCORSUALI

dell'esdebitazione. Si tratta di un istituto riscritto ad opera del D.lgs. n. 5 del 2006, attraverso il quale al debitore ritornato *in bonis* è accordato il beneficio della **liberazione dai debiti residui nei confronti dei creditori concorsuali non soddisfatti**.
Il fallimento può essere chiuso anche attraverso la conclusione del concordato fallimentare.
Questo si sostanzia nell'accordo tra il fallito (o un terzo, c.d. *assuntore* del concordato) ed i creditori concorrenti, attraverso il quale si attua il soddisfacimento (spesso soltanto parziale) di questi ultimi, senza ricorrere alla liquidazione giudiziaria del patrimonio del primo.
La conclusione del concordato fallimentare integra una **fattispecie a formazione progressiva**, che si realizza attraverso **tre fasi essenziali**: la **proposta di concordato**; l'**approvazione** da parte della maggioranza dei creditori; l'**omologazione** da parte del tribunale.

QUESTIONARIO

1. Qual è il presupposto soggettivo del fallimento? Possono fallire gli imprenditori agricoli ed i piccoli imprenditori? (**2.1.**)
2. Cosa si intende per "stato di insolvenza"? (**2.2.**)
3. Quali sono i soggetti legittimati a richiedere la dichiarazione di fallimento? (**3.1.**)
4. Quale rimedio a carattere impugnatorio può essere adottato verso la sentenza dichiarativa del fallimento? (**3.3.**)
5. Quali sono gli "organi" del fallimento? (**4**)
6. Quali effetti produce il fallimento, con specifico riguardo alla sfera patrimoniale del fallito? (**5.1.**)
7. Quando vengono meno le limitazioni personali derivanti dal fallimento? È ancora necessaria la riabilitazione del fallito? (**5.1.**)
8. Cosa si intende per crediti concorsuali, per crediti concorrenti e per crediti prededucibili? (**5.2.**)
9. L'azione revocatoria fallimentare ha funzione indennitaria o preventiva? (**5.3.**)
10. Quali atti sono sottoposti alla "revocatoria di diritto"? (**5.3.**)
11. A quale regime è sottoposta la revocatoria degli atti posti in essere tra coniugi, a fronte del fallimento di uno di essi? (**5.3.**)
12. Quali effetti produce il fallimento sui contratti in corso? (**5.4.**)
13. Attraverso quale procedura vanno accertati i crediti vantati nei confronti del fallito, affinché gli stessi possano essere fatti valere in sede fallimentare? Tale accertamento ha effetto esclusivamente con riferimento alla procedura concorsuale? (**6.2.**)
14. Il fallimento può essere riaperto? A quali condizioni? (**6.4.**)
15. Quali effetti produce l'esdebitazione? (**7**)
16. Quali effetti produce il concordato fallimentare? (**8**)
17. Quali effetti determina il fallimento della società, nei confronti dei soci illimitatamente responsabili? (**9**)

CAPITOLO I | LE PROCEDURE CONCORSUALI. IL FALLIMENTO

MAPPA CONCETTUALE

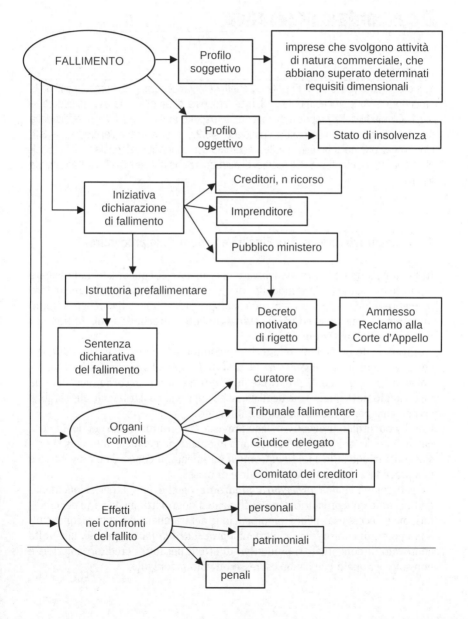

Capitolo II
Il concordato preventivo

Sommario:
1. Il concordato preventivo. Finalità ed effetti della procedura. – **2.** I presupposti della procedura. – **3.** Il procedimento. – **3.1.** La proposta di ammissione alla procedura. – **3.1.1.** Gli effetti della proposta di concordato rispetto ai terzi. – **3.1.2.** Gli effetti della proposta di concordato sui contratti pendenti. – **3.2.** L'approvazione dei creditori. – **3.3.** L'omologazione del tribunale. – **4.** Il concordato con continuità aziendale. – **5.** La disciplina dei finanziamenti. – **6.** Gli accordi di ristrutturazione dei debiti. – **7.** La transazione fiscale.

1. Il concordato preventivo. Finalità ed effetti della procedura.

In linea generale occorre evidenziare che, mentre il concordato fallimentare rappresenta una peculiare modalità di chiusura del fallimento, il **concordato preventivo**, invece, pur presentando analogie procedimentali con tale istituto, rappresenta una **procedura sostanzialmente alternativa al fallimento dell'imprenditore commerciale**.

Attraverso tale procedura, infatti, l'imprenditore che si trova in stato di difficoltà economica può *evitare che la crisi dell'impresa sfoci in fallimento*, regolando i rapporti con i propri creditori *attraverso un accordo*, accettato da una maggioranza qualificata degli stessi ed approvato dal tribunale che sarebbe competente per la dichiarazione di fallimento.

Con il concordato preventivo viene prevista la ristrutturazione dei debiti ed il pagamento dei creditori, anche soltanto in misura percentuale, attraverso qualsiasi operazione utile a tal fine. Come il fallimento, il concordato preventivo è una procedura concorsuale giudiziale e di massa.

In particolare, è una *procedura giudiziale* perché per il perfezionamento dell'accordo concordatario non è sufficiente l'approvazione da parte dei creditori, ma è necessaria anche l'omologazione del tribunale, cui sono riconosciuti ampi poteri di controllo; è, inoltre, una *procedura di massa* perché, una volta approvato, il concordato è produttivo di effetti per tutti i creditori anteriori e non solo per quelli che hanno espresso un voto favorevole.

In seguito al concordato preventivo *l'imprenditore è definitivamente liberato per i debiti eccedenti la percentuale concordataria.*
La procedura in esame, d'altra parte, non si limita a liberare definitivamente il debitore dalle obbligazioni preesistenti, ma gli assicura l'ulteriore beneficio (di rilievo assolutamente fondamentale, proprio nell'ottica del risanamento dell'impresa in stato di crisi) di **evitare gli effetti penali, personali e patrimoniali del fallimento.**

2. I presupposti della procedura.

Sotto il profilo **soggettivo**, può chiedere di essere ammesso al concordato preventivo l'imprenditore commerciale:

- che superi i *limiti dimensionali* previsti dall'art. 1, comma 2, l. fall., per l'assoggettabilità al fallimento;
- che *"si trovi in stato di crisi"* (art. 160, comma 1, l. fall.). Occorre evidenziare che, in seguito alla riforma del 2005, il presupposto necessario ai fini dell'ammissione al concordato preventivo non è più rappresentato esclusivamente **dall'insolvenza**, intesa come crisi economica definitiva ed irreversibile, ma anche da una più generale **difficoltà economica, temporanea e reversibile;**

Con specifico riferimento al **presupposto oggettivo** del concordato preventivo, è necessario che il debitore formuli al tribunale che sarebbe competente per la dichiarazione di fallimento una proposta che, sostanzialmente in qualsiasi forma utile allo scopo, consenta di ripianare le finanze dell'impresa.

3. Il procedimento.

Similmente a quanto evidenziato per il concordato fallimentare, anche il concordato preventivo integra una **fattispecie a formazione progressiva**, che si realizza attraverso **tre fasi essenziali:**

- la **proposta** di ammissione alla procedura;
- l'**approvazione** da parte della maggioranza dei creditori;
- l'**omologazione** da parte del tribunale.

3.1. La proposta di ammissione alla procedura.

La **proposta** di concordato preventivo può essere presentata esclusivamente dall' *"imprenditore che si trova in stato di crisi"* (art. 160 l. fall.), con ricorso al tribunale competente per la dichiarazione di fallimento. Occorre, tra l'altro, che il debitore alleghi al ricorso una aggiornata relazione sulla situazione patrimoniale, economica e finanziaria dell'impresa; l'elenco nominativo dei creditori e l'elenco dei titolari dei diritti reali o personali su beni di proprietà o in possesso del debitore.

Il D.L. 83/2012, conv. in L. 134/2012, ha altresì previsto che al ricorso sia allegato *"un piano contenente la descrizione analitica delle modalità e dei tempi di adempimento della proposta"* e che tale piano, unitamente all'ulteriore documentazione, debba essere **accompagnato** dalla **relazione** di un **professionista**, designato dal debitore ed in possesso di adeguati requisiti di indipendenza, che attesti la veridicità dei dati aziendali e la fattibilità del piano medesimo. Analoga relazione deve essere presentata nel caso di modifiche sostanziali della proposta o del piano.

La legge 134/2012 ha previsto inoltre la possibilità per l'imprenditore di denunciare tempestivamente la propria situazione di crisi attraverso la possibilità di presentare una **proposta di concordato *"in bianco"*** unitamente ai soli bilanci relativi agli ultimi tre esercizi. Il Decreto-legge 21 giugno 2013, n. 69 convertito nella legge del 9 agosto 2013, n. 69 con lo scopo di evitare condotte abusive del cd "concordato in bianco" ha implementato la documentazione necessaria per presentare la domanda di concordato "prenotativo" o in "bianco". L'impresa non potrà più limitarsi alla semplice domanda iniziale in bianco, ma dovrà depositare, a fini di verifica, oltre agli ultimi tre bilanci, l'elenco dettagliato dei suoi creditori (e quindi anche dei suoi debiti). Il Tribunale, dopo la pubblicazione della domanda di concordato "prenotativo" o in "bianco", potrà nominare un commissario giudiziale, per controllare se l'impresa in crisi si stia effettivamente attivando per predisporre il pagamento ai creditori. In presenza di atti in frode ai creditori, il Tribunale potrà chiudere la procedura.

Dalla presentazione della proposta di concordato (sia la stessa completa oppure in bianco), fino al momento in cui il Tribunale non si pronuncia sull'ammissibilità del concordato, il debitore può compiere gli atti di ordinaria amministrazione, mentre necessita dell'autorizzazione del Tribunale per gli atti urgenti di straordinaria amministrazione. I crediti di terzi eventualmente sorti per effetto degli atti legalmente compiuti dal debitore sono prededucibili.

Il *tribunale* svolge, in questa fase, un *controllo relativo alla sussistenza dei presupposti per l'ammissione alla procedura*. Ove tale controllo abbia **esito negativo**, il Tribunale, sentito il debitore in camera di consiglio, con **decreto non soggetto a reclamo dichiara inammissibile la proposta di concordato**. In tali casi il Tribunale, su istanza del creditore o su richiesta del pubblico ministero, può dichiarare, ove ne sussistano i presupposti, il fallimento del debitore (art. 162 l. fall.).

Ove, viceversa, il controllo abbia **esito positivo**, il tribunale, **con decreto non soggetto a reclamo, dispone l'ammissione al concordato** e dichiara, quindi, aperta la procedura.

Con il medesimo provvedimento sono nominati gli organi della procedura (si tratta del giudice delegato e del commissario giudiziale, con funzioni di vigilanza e controllo) e viene ordinata la convocazione dei creditori non oltre trenta giorni dalla data del provvedimento (art. 163 l. fall.).

Il D.L. n. 83/2015 ha previsto la possibilità per i creditori di fare proposte di concordato concorrenti rispetto a quella formulata dal debitore. Il decreto di ammissione è soggetto a registrazione nel registro delle imprese (art. 166 l. fall.).

3.1.1. Gli effetti della proposta di concordato rispetto ai terzi.

Al fine di assicurare la *par condicio creditorum* e di evitare che i creditori, venuti a conoscenza della proposta concordataria, cerchino di sottrarsi agli effetti della stessa (dalla quale deriverà un soddisfacimento soltanto parziale del loro credito), aggredendo il patrimonio del debitore prima del perfezionamento della procedura, la legge fall. (art. 168) prevede che dalla data di presentazione del ricorso e fino al momento in cui il decreto di omologazione diviene definitivo, **i creditori anteriori non possono, a pena di nullità, iniziare o proseguire azioni esecutive individuali nei confronti del debitore**.

La novellata versione dell'art. 168, recependo un orientamento consolidato in dottrina ed in giurisprudenza, dispone che nel medesimo arco temporale restino inibite anche le azioni **cautelari** nei confronti del debitore.

Per lo stesso periodo restano sospese le prescrizioni e non si verificano le decadenze; resta sospeso il corso degli interessi e si producono, per i creditori, gli altri effetti propri del fallimento.

La legge 134 del 2012 è intervenuta anche a chiarire la *vexata quaestio* relativa al **momento** in cui si producono gli **effetti della domanda di concordato rispetto ai terzi**.

Sul punto, infatti, il quinto comma dell'art. 161 l. fall, attualmente prevede che *"la domanda di concordato è comunicata al pubblico ministero ed è* **pubbli-**

cata, a cura del cancelliere, nel **registro delle imprese** entro il giorno successivo al deposito in cancelleria".
In base all'art. 69 *bis*, comma 2, l. fall. dalla **data di pubblicazione della domanda di concordato nel registro delle imprese decorre anche il "periodo sospetto" entro cui proporre l'azione revocatoria fallimentare**, nel caso di consecuzione delle procedure e, quindi, nel caso in cui alla domanda di concordato preventivo segua la dichiarazione di fallimento.

3.1.2. Gli effetti della proposta di concordato sui contratti pendenti.

Fino alla L. 134/2012 il concordato preventivo – a differenza del fallimento – **non incideva sui rapporti contrattuali in corso d'esecuzione**, proprio in considerazione del fatto che l'imprenditore conservava il potere di continuare l'esercizio dell'impresa (CAMPOBASSO).
La legge 134 del 2012 aveva introdotto *ex novo*, nel corpo della legge fallimentare, l'art. **169** *bis*, rubricato *"Contratti in corso di esecuzione"*. Il D.L. 83/2015 ha ulteriormente inciso sulla normativa in commento modificando *in primis* l'art. 169 *bis* ora rubricato *"Contratti pendenti"*.
La norma in parola prevede che, sempre nel ricorso con il quale viene domandata l'ammissione alla procedura, **il debitore potrà domandare al tribunale**, in composizione collegiale, **l'autorizzazione a sciogliersi dai contratti in corso di esecuzione al momento della proposizione della domanda**. Tale facoltà, in seguito alla novella del 2015, può essere esercitata anche successivamente.
L'art. 169 *bis* prevede che l'altro contraente, ove il debitore venga autorizzato allo scioglimento dal vincolo contrattuale, abbia diritto ad un indennizzo.
La facoltà di scioglimento è tuttavia preclusa per i rapporti di lavoro subordinato, per le locazioni e per i contratti preliminari di compravendita d'immobili ad uso abitativo trascritti.
Su richiesta del debitore, inoltre, può essere autorizzata la **sospensione** del contratto per non più di sessanta giorni, prorogabili una sola volta.

3.2. L'approvazione dei creditori.

La proposta di concordato preventivo, dopo essere stata ammessa, deve essere *approvata da parte della maggioranza dei creditori* ammessi al voto.
Diversamente da quanto accade in caso di concordato fallimentare, in caso di concordato preventivo manca un preventivo accertamento dello stato passivo. È per questa ragione che il commissario giudiziale, per poter procedere alla

convocazione dei creditori, deve procedere alla verifica dell'elenco dei crediti sulla scorta delle scritture contabili presentate dall'imprenditore, apportando le necessarie rettifiche (art. 171 l. fall.).
I creditori convocati e tutti quelli che ritengono di vantare un credito anteriore alla presentazione della proposta di concordato e che possono provarlo, devono riunirsi in un'apposita **adunanza presieduta dal giudice delegato**, per votare la proposta di concordato.
In tale contesto, ciascun creditore può esporre le ragioni per le quali non ritiene ammissibili o convenienti le proposte di concordato e sollevare contestazioni sui crediti concorrenti, mentre il debitore può esporre le ragioni per le quali non ritiene ammissibili o fattibili le eventuali proposte concorrenti.
Regole analoghe a quelle previste per il concordato fallimentare valgono sia per quanto concerne l'individuazione dei creditori aventi diritto al voto, sia per quanto concerne le maggioranze necessarie affinché il concordato possa essere approvato (art. 177 l. fall.).
Unica rilevante e fondamentale differenza è che la votazione, nel concordato preventivo, avviene nel contesto di un'apposita udienza (adunanza), mentre nel concordato fallimentare avviene fuori udienza, secondo il particolare meccanismo di silenzio-assenso previsto dal comma 2 dell'art. 128 l. fall. (secondo cui i creditori che non fanno pervenire il loro dissenso nel termine fissato dal giudice delegato si ritengono consenzienti).
A seguito delle modifiche introdotte dal recentissimo d.l. 59/2016, conv. in l. 119/2016, il tribunale può disporre che l'adunanza sia svolta in via telematica: in questo caso, la discussione sulla proposta del debitore e sulle eventuali proposte concorrenti è disciplinata con decreto, non soggetto a reclamo, reso dal giudice delegato almeno dieci giorni prima dell'adunanza.
Ove il concordato **non venga approvato** dai creditori, il tribunale fallimentare, su istanza dei creditori o del pubblico ministero, sussistendone i presupposti, dichiara il **fallimento** dell'imprenditore.

3.3. L'omologazione del tribunale.

Ove la proposta di concordato riceva l'approvazione dei creditori, è necessaria *l'omologazione del concordato* da parte del tribunale, che fissa un'udienza in camera di consiglio per la comparizione delle parti e del commissario giudiziale, disponendo che il provvedimento venga pubblicato e notificato, a cura del debitore, al commissario giudiziale e agli eventuali creditori dissenzienti.
Il debitore, il commissario giudiziale, gli eventuali creditori dissenzienti e qualsiasi interessato devono costituirsi almeno dieci giorni prima dell'udienza

fissata. Nel medesimo termine il commissario giudiziale deve depositare il proprio motivato parere.
Se non sono proposte opposizioni, il tribunale, verificata la regolarità della procedura e l'esito della votazione, *omologa* il concordato con *decreto motivato non soggetto a gravame*.
Se sono state proposte opposizioni, il tribunale *può omologare* il concordato, effettuando un controllo di merito sulla convenienza dello stesso, nel caso in cui la contestazione provenga da un creditore appartenente ad una delle classi dissenzienti. In tal caso il tribunale può decidere comunque di omologare il concordato, qualora ritenga che il credito possa risultare soddisfatto in misura non inferiore rispetto alle alternative concretamente praticabili fuori dalla procedura concordataria. In tal caso si provvede con *decreto motivato* provvisoriamente esecutivo (art. 180 l. fall.).
Ove viceversa il tribunale respinga l'omologazione del concordato, su istanza del creditore o su richiesta del pubblico ministero, accertati i presupposti necessari, dichiara il *fallimento* del debitore, con separata sentenza, emessa contestualmente al decreto.
Contro il decreto del tribunale che omologa o respinge il concordato può essere proposto **reclamo** alla Corte d'Appello, la quale si pronuncia in camera di consiglio.
Con lo stesso reclamo è impugnabile la sentenza dichiarativa di fallimento, contestualmente emessa (art. 183 l. fall.).
Analogamente a quanto previsto per il concordato fallimentare, anche il concordato preventivo omologato è **obbligatorio per tutti i creditori anteriori al decreto di apertura della procedura di concordato.** Tuttavia, essi conservano impregiudicati i diritti contro i coobbligati, i fideiussori del debitore e gli obbligati in via di regresso. Salvo patto contrario, **il concordato della società ha efficacia nei confronti dei soci illimitatamente responsabili** (art. 184 l. fall.). Conclusa la fase dell'omologazione, il concordato deve essere eseguito e può essere annullato o risolto nelle stesse ipotesi previste per il concordato fallimentare (art. 186 l. fall.).

4. Il concordato con continuità aziendale.

Il D.L. 83/2012, conv. in L. 134/2012, ha introdotto nel corpo della l. fall. l'art. 186 *bis*; tale norma, rubricata *"Concordato con continuità aziendale"*, prevede un regime particolarmente favorevole per quel debitore che, tanto con una proposta di concordato completa quanto con una proposta "in bianco", intenda far

uscire dalla crisi la propria impresa non già con la liquidazione del patrimonio, bensì marcatamente con l'obiettivo di imporre una *"continuità aziendale"*.
È lo stesso legislatore a chiarire che, con tale espressione, deve intendersi *"la prosecuzione dell'attività di impresa da parte del debitore, la cessione dell'azienda in esercizio ovvero il conferimento dell'azienda in esercizio in una o più società, anche di nuova costituzione"*.
Ebbene, ove venga presentata una proposta di concordato con continuità aziendale, il legislatore accorda all'imprenditore una serie di benefici.
Tra questi occorre evidenziare che il piano può anche prevedere una moratoria fino a un anno per il pagamento dei creditori muniti di privilegio, pegno o ipoteca, salvo che sia prevista la liquidazione dei beni o diritti sui quali sussiste la causa di prelazione.
Il legislatore, inoltre, è intervenuto sul potere negoziale dell'impresa in crisi, prevedendo che, salvo il potere dell'imprenditore di chiedere lo scioglimento dai vincoli contrattuali pendenti di cui all'art. 169 *bis*, i contratti in corso alla data di deposito del ricorso, anche stipulati con pubbliche amministrazioni, non si risolvano per effetto dell'apertura della procedura. Sono inefficaci eventuali patti contrari. Ma i benefici negoziali non si arrestano a ciò, essendo previsto che l'impresa possa comunque partecipare alle gare pubbliche, laddove venga attestata la conformità del contratto pubblico al piano presentato.

5. La disciplina dei finanziamenti.

Come si è avuto modo di rilevare, il D.L. 83/2012 e il D.L. 83/2015 hanno inciso profondamente sulla disciplina del concordato preventivo, con l'evidente scopo di incentivare il ricorso alla procedura da parte dell'imprenditore in crisi e di promuovere la continuazione aziendale.
In quest'ottica, dunque, ben si comprende l'importanza che possono assumere i finanziamenti e, quindi, l'apporto di nuove risorse finanziarie.
In materia la L. 134 del 2012 è intervenuta su due fronti: da un lato modificando l'art. 182 *quater* l. fall.; dall'altro lato introducendo *ex novo* l'art. 182 *quinquies* nel corpo della stessa legge.
Per quanto concerne l'art. 182 *quater*, va rilevato che la vecchia disciplina accordava la prededuzione ai finanziamenti concessi all'imprenditore solo a condizione che essi fossero **erogati da banche o intermediari** finanziari iscritti negli elenchi di cui agli artt. 106 e 107 d.lgs. 385/1993 e fossero **in esecuzione** del concordato preventivo.
Con la riforma, invece, è stata ampliato l'ambito della prededucibilità dei

finanziamenti a favore dell'imprenditore in crisi e, così facendo, si è agevolato l'accesso al credito da parte di quest'ultimo. In particolare, dall'art. 182 *quater*, attualmente, è eliminato qualsiasi riferimento all'elemento soggettivo, cosicché ad oggi sono **prededucibili i crediti derivanti da finanziamenti in esecuzione del concordato preventivo, da qualunque soggetto esterno siano erogati**.

Ad essi, inoltre, si affiancano i finanziamenti erogati non in esecuzione bensì *in funzione* **dello stesso concordato** e, cioè, sorti ed erogati (e non solo programmati) prima della presentazione della domanda di ammissione.

Per i finanziamenti erogati in funzione del concordato, la legge ha mantenuto il c.d. criterio di parificazione, accordando la prededucibilità solo in presenza di due condizioni e, in particolare, che essi siano stati **previsti** dal **piano** concordatario e che la prededuzione sia stata disposta nel provvedimento di accoglimento della domanda di ammissione al concordato da parte del tribunale.

L'art. 182 *quinquies*, d'altro lato, introduce la **prededucibilità**, ai sensi dell'art. 111 l. fall., dei finanziamenti che da un apposito professionista, verificato il complessivo fabbisogno finanziario dell'impresa sino all'omologazione del concordato, siano effettivamente **riconosciuti** come **funzionali a urgenti necessità relative all'esercizio dell'attività aziendale**. Tale regime dei finanziamenti "funzionalizzati" opera anche nel caso di proposta di concordato "in bianco", nonché nel caso di proposta concordataria senza continuità aziendale.

Soltanto nell'ipotesi di proposta con continuità aziendale, anche nella sua variante "in bianco", è prevista la possibilità che il tribunale autorizzi il pagamento di crediti anteriori per prestazioni di beni o servizi, evidentemente in deroga alla regola della *par condicio creditorum*.

Anche a tal fine sarà in ogni caso necessario che il professionista attesti «*che tali prestazioni sono essenziali per la prosecuzione dell'attività di impresa e funzionali ad assicurare la migliore soddisfazione dei creditori*».

6. Gli accordi di ristrutturazione dei debiti.

Il D.L. n. 35 del 2005, allo scopo di agevolare la soluzione delle crisi aziendali, ha introdotto nella legge fallimentare (art. 182-*bis*) un nuovo istituto.

Si tratta degli **accordi di ristrutturazione dei debiti, conclusi tra l'imprenditore ed una maggioranza di creditori**; tali accordi, una volta *pubblicati* nel registro delle imprese ed *omologati* da parte del tribunale, garantiscono che gli atti posti in essere in esecuzione degli stessi non siano assoggettati a revoca-

CAPITOLO II | IL CONCORDATO PREVENTIVO

toria fallimentare, nel caso in cui la crisi non dovesse essere superata e dovesse sopraggiungere, appunto, il fallimento.
Attraverso tale istituto, evidentemente, il legislatore persegue lo **scopo** di agevolare la concessione di credito all'imprenditore in crisi, proprio al fine di evitare che tale crisi divenga irreversibile.
Ai sensi dell'art. 182-*bis*, l'accordo di ristrutturazione dei debiti può essere stipulato dall'imprenditore in crisi con i creditori rappresentanti almeno il sessanta per cento dei crediti e può avere il contenuto più vario, purché idoneo, appunto, ad assicurare un valido tentativo di risanamento della posizione debitoria. L'omologazione dell'accordo di ristrutturazione può essere domandata previa esibizione della documentazione di cui all'art. 161 l. fall., unitamente ad una relazione redatta da un professionista, designato dal debitore, sulla veridicità dei dati aziendali e sull'attuabilità dell'accordo stesso con particolare riferimento alla sua idoneità ad assicurare l'integrale pagamento dei creditori estranei entro centoventi giorni dall'omologazione, in caso di crediti già scaduti a quella data; oppure entro centoventi giorni dalla scadenza, in caso di crediti non ancora scaduti alla data dell'omologazione.
L'accordo è **pubblicato nel registro delle imprese** e acquista efficacia dal giorno della sua pubblicazione.
Dalla data della pubblicazione e per sessanta giorni, **i creditori** per titolo e causa anteriore a tale data **non possono iniziare o proseguire azioni cautelari o esecutive sul patrimonio del debitore**.
Entro trenta giorni dalla pubblicazione i creditori e ogni altro interessato **possono proporre opposizione**. Il tribunale, decise le opposizioni (ove ve ne siano), procede **all'omologazione** in camera di consiglio con decreto motivato. Il decreto del tribunale è reclamabile alla Corte di Appello, entro quindici giorni dalla sua pubblicazione nel registro delle imprese.
Gli accordi di ristrutturazione dei debiti **non hanno natura giudiziale** dal momento che non vengono conclusi nell'ambito di una procedura giudiziale.
Il giudizio di omologazione è soltanto successivo al raggiungimento dell'accordo ed interviene in funzione di controllo.
Gli accordi di ristrutturazione dei debiti, inoltre, **non hanno natura di accordi di massa**, dal momento che gli stessi, ove conclusi, pubblicati ed omologati, **non obbligano tutti i creditori anteriori, esplicando invece effetto soltanto con riferimento ai creditori aderenti**. I creditori rimasti estranei, pertanto, devono essere soddisfatti regolarmente e per l'intero.
L'art. 182 *septies* l. fall. contempla inoltre gli **accordi di ristrutturazione ad efficacia estesa** che prevedono la possibilità per il debitore di pianificare l'uscita dalla crisi d'impresa, suddividendo i creditori in categorie formate nel

rispetto dell'omogeneità della posizione giuridica e degli interessi economici. Con l'intento di agevolarne la conclusione, è possibile pervenire al perfezionamento dell'accordo nonostante il dissenso o il disinteresse di uno o più dei creditori, purché gli aderenti rappresentino il 75% dei crediti di ciascuna categoria.

La **convenzione di moratoria, invece,** prevista dall'art. 182*octies* l. fall., permette al debitore di concordare con i creditori la dilazione delle scadenze dei crediti, la rinuncia agli atti o la sospensione delle azioni esecutive e conservative e ogni altra misura che non comporti rinuncia al credito. La legge fallimentare la limitava ai crediti delle banche e degli intermediari finanziari. Viene ora estesa a tutti i tipi di creditori e riguarda, circostanza non trascurabile, anche gli imprenditori non commerciali, primi tra tutti le imprese agricole. Occorre che tutti i creditori omogenei appartenenti alla categoria:
1) siano stati informati delle trattative e messi in condizione di partecipare;
2) che i creditori aderenti rappresentino il 75% di quelli della categoria;
3) che un professionista indipendente attesti la veridicità dei dati; l'idoneità della convenzione a disciplinare provvisoriamente gli effetti della crisi; e che i creditori non aderenti «subiscano un pregiudizio proporzionato e coerente con le ipotesi di soluzione della crisi o dell'insolvenza in concreto perseguite».

7. La transazione fiscale.

Con la transazione fiscale, l'imprenditore può concordare un piano di rientro con il Fisco, presentando, nell'ambito del procedimento finalizzato all'ammissione al concordato preventivo ovvero alla stipulazione di un accordo di ristrutturazione *ex* art. 182-*bis* l. fall., una proposta di pagamento parziale o dilazionato del debito tributario ovvero contributivo (art. 182-*ter* l. fall., nella formulazione recentemente modificata dalla legge di bilancio 2017, n. 232/2016).

Prevede il richiamato art. 182-*ter* l. fall. che la proposta deve essere indirizzata all'Ufficio competente in base al domicilio fiscale dell'imprenditore (Agenzia delle Entrate o delle Dogane) e al concessionario della riscossione perché sia ricostituita la complessiva esposizione debitoria dell'imprenditore nei confronti del Fisco. A seguito della recente riforma, resa necessaria dalla pronuncia della Corte di Giustizia 7 aprile 2016, che ha ritenuto l'istituto della transazione fiscale non incompatibile con il diritto dell'U.E., la proposta deve essere accompagnata dalla stima di un professionista indipendente designato dal

debitore, che deve attestare il valore di mercato attribuibile ai beni o ai diritti sul cui ricavato dovrà rivalersi il Fisco.
L'adesione o il diniego alla proposta saranno espressi mediante atto del direttore dell'Ufficio, su conforme parere della competente direzione regionale, e dichiarati con voto favorevole o contrario in sede di adunanza dei creditori. Solo per gli oneri di riscossione, il voto sarà viceversa espresso dal concessionario.
Nel caso della transazione relativa all'accordo *ex* art. 182-*bis*, l'adesione alla proposta è espressa, su parere conforme della competente direzione regionale, con la sottoscrizione dell'atto negoziale da parte del direttore dell'ufficio (o dell'agente della riscossione, per quanto riguarda i relativi oneri). La legge prevede espressamente che la transazione fiscale conclusa nell'ambito dell'accordo di ristrutturazione di cui all'articolo 182-*bis* è risolta di diritto se il debitore non esegue integralmente, entro novanta giorni dalle scadenze previste, i pagamenti dovuti alle Agenzie fiscali e agli enti gestori di forme di previdenza e assistenza obbligatorie.

SCHEDA DI SINTESI

Il **concordato preventivo** è una **procedura sostanzialmente alternativa al fallimento dell'imprenditore commerciale**.
Attraverso tale procedura, infatti, l'imprenditore che si trova in stato di difficoltà economica può *evitare che la crisi dell'impresa sfoci in fallimento*, regolando i rapporti con i propri creditori *attraverso un accordo*, accettato da una maggioranza qualificata degli stessi ed approvato dal tribunale che sarebbe competente per la dichiarazione di fallimento.
Sotto il profilo **soggettivo**, può chiedere di essere ammesso al concordato preventivo l'imprenditore commerciale: che superi i *limiti dimensionali* previsti dall'art. 1, comma 2, l. fall., per l'assoggettabilità al fallimento; che "*si trova in stato di crisi*" (art. 160, comma 1, l. fall.).
Similmente a quanto evidenziato per il concordato fallimentare, anche il concordato preventivo integra una **fattispecie a formazione progressiva**, che si realizza attraverso **tre fasi essenziali**: la **proposta** di ammissione alla procedura; l'**approvazione** da parte della maggioranza dei creditori; l'**omologazione** da parte del tribunale.
Il D.L. n. 35 del 2005, allo scopo di agevolare la soluzione delle crisi aziendali, ha introdotto nella legge fallimentare (art. 182-*bis*) un nuovo istituto.
Si tratta degli **accordi di ristrutturazione dei debiti, conclusi tra l'imprenditore ed una maggioranza di creditori**; tali accordi, una volta *pubblicati* nel registro delle imprese ed *omologati* da parte del tribunale, garantiscono che gli atti posti in essere in esecuzione degli stessi non siano assoggettati a revocatoria fallimentare,

nel caso in cui la crisi non dovesse essere superata e dovesse sopraggiungere, appunto, il fallimento.

Con la **transazione fiscale**, invece, l'imprenditore può concordare un piano di rientro con il Fisco, presentando, nell'ambito del procedimento finalizzato all'ammissione al concordato preventivo ovvero alla stipulazione di un accordo di ristrutturazione ex art. 182-bis l. fall., una proposta di pagamento parziale o dilazionato del debito tributario ovvero contributivo (art. 182-ter l. fall., nella formulazione recentemente modificata dalla legge di bilancio 2017, n. 232/2016).

QUESTIONARIO

1. Per quale ragione il concordato preventivo è una procedura giudiziale e di massa? **(1)**
2. Quali effetti produce il concordato preventivo e sotto quale punto di vista si differenzia profondamente rispetto al fallimento? **(1)**
3. Quali sono i presupposti per potere accedere alla procedura del concordato preventivo? **(2)**
4. Quali sono le fasi procedimentali attraverso le quali si giunge al concordato preventivo? **(3)**
5. Qual è la caratteristica degli accordi di ristrutturazione dei debiti? **(5)**
6. Per quale ragione gli accordi di ristrutturazione dei debiti non integrano né una procedura giudiziale né una procedura di massa? **(5)**

Capitolo III
La liquidazione coatta amministrativa

SOMMARIO:
1. La liquidazione coatta amministrativa. Presupposti e finalità della procedura. – **2**. Il provvedimento di liquidazione e l'eventuale accertamento dello stato di insolvenza. Effetti. – **3**. Il procedimento.

1. La liquidazione coatta amministrativa. Presupposti e finalità della procedura.

Per alcune categorie di imprese la legge non prevede l'assoggettamento al fallimento, bensì una peculiare procedura concorsuale, maggiormente idonea alla gestione della crisi di **imprese pubbliche o sottoposte ad un controllo pubblico**, in considerazione del grande rilievo socioeconomico dell'attività svolta.
Sono assoggettate a liquidazione coatta amministrativa le imprese (non necessariamente impegnate nello svolgimento di un'attività commerciale) che, nel corso della loro esistenza, sono sottoposte a **vigilanza** dell'autorità amministrativa.
Ed è la stessa autorità amministrativa deputata alla vigilanza su una determinata impresa ad essere **competente per la dichiarazione della liquidazione coatta amministrativa** (per questa ragione, diversamente dal fallimento, dichiarato e sostanzialmente gestito dall'autorità giudiziaria, nel caso di specie ci si trova di fronte ad una *procedura amministrativa*).
Diversamente dal fallimento, il **presupposto** della procedura in esame non è necessariamente rappresentato dallo stato d'insolvenza dell'impresa, ben potendo essere costituito, ad esempio, dall'essersi verificate **gravi irregolarità nella gestione**, dalla **violazione di legge** o da **motivi di pubblico interesse**.
Diversa rispetto al fallimento è anche la **finalità** della liquidazione coatta amministrativa; mentre il primo ha, essenzialmente, una funzione *esecutivo-satisfattoria*, la seconda ha invece una funzione principalmente *estintiva*, che risponde all'esigenza di eliminare dal mercato l'impresa che, per varie ragioni, non è più idonea a perseguire l'interesse pubblico alla cui cura era originariamente deputata.
Proprio in considerazione delle differenze esistenti tra fallimento e liquida-

zione coatta amministrativa, le imprese assoggettate a quest'ultima sono di norma sottratte alla procedura fallimentare.
Ove, tuttavia, la legge preveda la possibilità di ricorrere ad entrambe le procedure (come accade, ad esempio, per le società cooperative), il problema la possibile sovrapposizione tra le stesse viene risolto dal legislatore attraverso il c.d. *"criterio della prevenzione"*, secondo cui la dichiarazione di fallimento, possibile solo in caso di insolvenza, preclude la liquidazione coatta amministrativa e viceversa (art. 196 l. fall.).

2. Il provvedimento di liquidazione e l'eventuale accertamento dello stato di insolvenza. Effetti.

La liquidazione coatta amministrativa è disposta con **decreto dell'autorità amministrativa** deputata alla vigilanza dell'impresa, impugnabile dinanzi all'autorità giudiziaria.
Con il provvedimento che ordina la liquidazione vengono nominati gli organi della procedura e cioè il *commissario liquidatore* (che, investito della qualità di pubblico ufficiale, svolge l'attività di liquidazione sotto le direttive dell'autorità di vigilanza) ed il *comitato di sorveglianza* (con funzioni consultive e di controllo; è composto da tre o cinque membri scelti fra persone particolarmente esperte nel ramo di attività esercitato dall'impresa, possibilmente fra i creditori).
Resta invece di **esclusiva competenza dell'autorità giudiziaria l'accertamento dello stato d'insolvenza**, cui si provvede con **sentenza** soggetta agli stessi gravami previsti contro la dichiarazione di fallimento (art. 195, e 202, comma 2, l. fall.).
Premesso che l'accertamento dello stato d'insolvenza è soltanto **eventuale** (non costituendo l'insolvenza un presupposto indefettibile della procedura in esame), occorre precisare che tale accertamento ben può essere **anche successivo all'instaurazione della procedura**.
In particolare, mentre per le *imprese private* l'accertamento dello stato d'insolvenza può *precedere o seguire* il decreto che dispone la liquidazione coatta amministrativa, per gli *enti pubblici*, viceversa, l'accertamento dell'eventuale stato di insolvenza può essere *soltanto successivo* all'apertura della procedura.
Legittimati a richiedere l'accertamento dello stato di insolvenza sono i creditori, l'autorità di vigilanza o l'impresa stessa; ove l'accertamento sia successivo al decreto che dispone la procedura, lo stesso può essere richiesto dal commissario liquidatore o dal pubblico ministero.

Va, infine, precisato che soltanto se c'è l'*accertamento dello stato di insolvenza* si applicheranno le norme dettate per il fallimento in ordine agli *effetti della procedura sugli atti pregiudizievoli ai creditori* (art. 67 l. fall), nonché le norme penali fallimentari. Indipendentemente dallo stato di insolvenza dell'impresa, invece, alla liquidazione coatta amministrativa si applicano sempre le norme che disciplinano gli effetti patrimoniali del fallimento per il debitore (e, quindi, *in primis*, lo *spossessamento*); quelle relative agli *effetti del fallimento per i creditori* e, infine, le norme che disciplinano gli *effetti del fallimento sui contratti in corso d'esecuzione*.

3. Il procedimento.

La liquidazione coatta amministrativa si sviluppa attraverso **tre fasi**: si tratta dell'**accertamento del passivo**, della **liquidazione** e della **ripartizione dell'attivo** tra i creditori concorrenti.
Tali fasi, tuttavia, diversamente dal fallimento, si svolgono **dinanzi all'autorità amministrativa**; l'intervento dell'autorità giudiziaria è soltanto eventuale e previsto a tutela dei diritti soggettivi dei creditori e dei terzi coinvolti dalla procedura. Infatti:

- **l'accertamento dello stato passivo**, a differenza di quanto accade in caso di fallimento, non postula domande di ammissione da parte dei creditori, né un'apposita verificazione in sede giudiziale.
- Alla formazione dello stato passivo provvede **d'ufficio** il **commissario liquidatore**, in ragione dei debiti risultanti dalle scritture contabili e dai documenti dell'impresa, tenendo conto delle eventuali istanze o osservazioni presentate dai creditori; lo stato passivo così formato è successivamente depositato nella cancelleria del tribunale del luogo dove l'impresa ha la sede principale. Ai creditori, a questo punto, è riconosciuta la possibilità di presentare **opposizioni ed impugnazioni al tribunale**. Tale fase eventuale è regolata dalle norme dettate in materia di fallimento;
- **la liquidazione dell'attivo** è interamente affidata al **commissario liquidatore**, che ha tutti i poteri necessari, salve le limitazioni stabilite dall'autorità che vigila sulla liquidazione.
- In ogni caso, per la vendita degli immobili e per la vendita dei mobili in blocco occorrono l'autorizzazione dell'autorità che vigila sulla liquidazione e il parere del comitato di sorveglianza;

- la **ripartizione dell'attivo** è disciplinata in maniera analoga a quanto previsto per il fallimento, ferma la possibilità per il commissario di distribuire acconti parziali, sia a tutti i creditori, sia ad alcune categorie di essi, anche prima che siano realizzate tutte le attività e accertate tutte le passività (art. 212 l. fall.).
- Prima dell'ultimo riparto ai creditori, devono essere sottoposti all'autorità di vigilanza, affinché ne autorizzi il deposito presso la cancelleria del tribunale, il bilancio finale della liquidazione con il conto della gestione e il piano di riparto tra i creditori.

A questo punto può aprirsi una nuova fase di competenza dell'**autorità giudiziaria**, alla quale gli interessati possono proporre le loro **contestazioni**.
Il tribunale provvede con decreto in camera di consiglio.
Decorso il termine senza che siano proposte contestazioni, il bilancio, il conto di gestione e il piano di riparto si intendono approvati, e il commissario provvede alle ripartizioni finali tra i creditori.
Il procedimento si può **chiudere** per **ripartizione dell'attivo** oppure per **concordato**.
In quest'ultimo caso, è l'autorità che vigila sulla liquidazione a dover autorizzare l'impresa in liquidazione, uno o più creditori o un terzo a proporre al tribunale un concordato.
A differenza di quanto accade in caso di fallimento, *non è necessaria l'approvazione del concordato da parte dei creditori*; questi potranno soltanto proporre le loro **opposizioni** avverso la proposta di concordato depositata nella cancelleria del **tribunale**.

SCHEDA DI SINTESI

Sono assoggettate a liquidazione coatta amministrativa le imprese (non necessariamente impegnate nello svolgimento di un'attività commerciale) che, nel corso della loro esistenza, sono sottoposte a **vigilanza** dell'autorità amministrativa. Diversamente dal fallimento, il **presupposto** della procedura in esame non è necessariamente rappresentato dallo stato d'insolvenza dell'impresa, ben potendo essere costituito, ad esempio, dall'essersi verificate **gravi irregolarità nella gestione**, dalla **violazione di legge** o da **motivi di pubblico interesse**. La liquidazione coatta amministrativa è disposta con **decreto dell'autorità amministrativa** deputata alla vigilanza dell'impresa, impugnabile dinanzi all'autorità giudiziaria.
Con il provvedimento che ordina la liquidazione vengono nominati gli organi della procedura e cioè il **commissario liquidatore** (che, investito della qualità di pubblico ufficiale, svolge l'attività di liquidazione sotto le direttive dell'autorità di vigilanza) ed

CAPITOLO III | LA LIQUIDAZIONE COATTA AMMINISTRATIVA

il *comitato di sorveglianza* (con funzioni consultive e di controllo; è composto da tre o cinque membri scelti fra persone particolarmente esperte nel ramo di attività esercitato dall'impresa, possibilmente fra i creditori).

La liquidazione coatta amministrativa si sviluppa, non diversamente dal fallimento, attraverso **tre fasi**: si tratta dell'**accertamento del passivo**, della **liquidazione** e della **ripartizione dell'attivo** tra i creditori concorrenti.

QUESTIONARIO

1. Quali sono le categorie di imprese assoggettabili alla liquidazione coatta amministrativa? **(1)**
2. È possibile che le imprese assoggettabili a liquidazione coatta amministrativa siano assoggettabili anche al fallimento? Qual è il criterio utilizzato dal legislatore per il caso di eventuale sovrapposizione tra le procedure? **(1)**
3. L'accertamento dello stato di insolvenza è un presupposto indefettibile della liquidazione coatta amministrativa? **(2)**
4. La competenza relativa all'apertura della procedura ed alla gestione della stessa è giudiziaria o amministrativa? Quali sono le competenze spettanti all'autorità giudiziaria nella procedura concorsuale in esame? **(2)**
5. In cosa si differenzia la formazione dello stato passivo, in caso di liquidazione coatta amministrativa, rispetto al fallimento? **(3)**

Capitolo IV
L'amministrazione straordinaria delle grandi imprese in stato di insolvenza

Sommario:
1. L'amministrazione straordinaria delle grandi imprese insolventi. Presupposti e finalità della procedura. – 2. La struttura dell'amministrazione straordinaria e le fasi procedurali. – 3. Il gruppo insolvente. – 4. La ristrutturazione industriale delle grandi imprese in crisi.

1. L'amministrazione straordinaria delle grandi imprese insolventi. Presupposti e finalità della procedura.

L'amministrazione straordinaria è la procedura concorsuale della grande impresa commerciale insolvente, introdotta dalla legge 3 aprile 1979, n. 95 e successivamente riformata ad opera del D.lgs. 8 luglio 1999, n. 270, attraverso la quale il legislatore persegue «*finalità conservative del patrimonio produttivo, mediante prosecuzione, riattivazione o riconversione delle attività imprenditoriali*» (art. 1, D.lgs. 270/1999).

Tale procedura si differenzia profondamente rispetto al fallimento; mentre quest'ultimo mira all'estinzione dell'impresa (in funzione del soddisfacimento dei creditori), l'amministrazione straordinaria tende alla *riorganizzazione* ed al *recupero* dei complessi produttivi, per tal via contemperando le esigenze di soddisfazione dei creditori con quelle del "salvataggio" della grande impresa insolvente e, quindi, dei residui valori tecnici, produttivi e, soprattutto, occupazionali, della stessa. L'apertura della procedura concorsuale in esame postula la ricorrenza di due diversi ordini di **presupposti**, di tipo sia soggettivo che oggettivo. In particolare, per quanto concerne i **presupposti di tipo soggettivo**, è necessario (art. 2, D.lgs. 270/1999):

- che si tratti di un'impresa, anche individuale, *soggetta* per sua natura alle disposizioni sul *fallimento*;
- che tale impresa occupi un numero di *lavoratori* subordinati, com-

presi quelli ammessi al trattamento di integrazione dei guadagni, *non inferiore a duecento* da almeno un anno;
- che l'*ammontare complessivo dei debiti* non sia inferiore ai due terzi tanto del totale dell'attivo dello stato patrimoniale che dei ricavi provenienti dalle vendite e dalle prestazioni dell'ultimo esercizio.

Dal punto di vista **oggettivo**, la procedura in esame richiede che l'impresa versi in *stato di insolvenza*.

Ebbene, in presenza di siffatti requisiti di carattere soggettivo e oggettivo, interverrà l'amministrazione straordinaria (e non, invece, l'apertura della procedura fallimentare) soltanto quando le imprese dichiarate insolventi presentino **concrete prospettive di recupero dell'equilibrio economico delle attività imprenditoriali** (art. 27, D.lgs. 270/1999).

Tale risultato deve potersi realizzare, in via alternativa:

- tramite la cessione dei complessi aziendali, sulla base di un programma di prosecuzione dell'esercizio dell'impresa di durata non superiore ad un anno (*"programma di cessione dei complessi aziendali"*);
- tramite la ristrutturazione economica e finanziaria dell'impresa, sulla base di un programma di risanamento di durata non superiore a due anni (*"programma di ristrutturazione"*);
- per le società operanti nel settore dei servizi pubblici essenziali anche tramite la cessione di complessi di beni e contratti sulla base di un programma di prosecuzione dell'esercizio dell'impresa di durata non superiore ad un anno (*"programma di cessione dei complessi di beni e contratti"*).

2. La struttura dell'amministrazione straordinaria e le fasi procedurali.

L'amministrazione straordinaria si atteggia come procedura sia giudiziaria che amministrativa. La stessa, infatti, si articola sostanzialmente in due fasi:

- la *prima fase* della procedura è volta alla dichiarazione dello *stato di insolvenza* ed è demandata interamente all'*autorità giudiziaria*.
- Con la sentenza dichiarativa dello stato di insolvenza il tribunale, tra l'altro, *nomina* il giudice delegato e uno o tre commissari giudiziali; stabilisce se la *gestione dell'impresa* (fino a quando non si

provvede, eventualmente, all'apertura della procedura dell'amministrazione straordinaria) debba lasciarsi all'imprenditore insolvente o debba affidarsi ad un commissario giudiziale; da avvio al procedimento per la *formazione dello stato passivo*.
- Tale sentenza produce *effetti* soltanto parzialmente coincidenti con quelli propri della sentenza dichiarativa di *fallimento*, e sostanzialmente coincidenti, invece, con quelli propri dell'ammissione al *concordato preventivo*, di cui agli art. 167 e 168 l. fall.;
- la *seconda* fase della procedura è relativa all'*apertura dell'amministrazione straordinaria* vera e propria. Si tratta di una fase eventuale, che segue alla dichiarazione dello stato di insolvenza ed è *subordinata al riscontro, da parte di un commissario giudiziale, delle "concrete prospettive di recupero dell'equilibrio economico delle attività imprenditoriali"*.

Ove tali prospettive manchino, non verrà disposta l'amministrazione straordinaria, ma verrà dichiarato il fallimento dell'impresa insolvente.

L'*autorità giudiziaria* interviene soltanto a disporre l'*apertura e la chiusura di questa seconda fase*, mentre la **gestione** concreta della procedura è devoluta all'*autorità amministrativa* (Ministero dello sviluppo economico) e, in specie, ad un commissario straordinario, che dovrà occuparsi del risanamento dell'attività imprenditoriale.

In particolare, il commissario giudiziale nominato con la sentenza dichiarativa dello stato d'insolvenza deve verificare se sussistono, attraverso la predisposizione di uno dei programmi di cui all'art. 27, concrete prospettive di recupero dell'equilibrio economico delle attività imprenditoriali.

A questo punto, sulla base della relazione depositata dal commissario giudiziale e del parere della competente autorità ministeriale, il tribunale può, con **decreto motivato**, dichiarare **l'apertura della procedura di amministrazione straordinaria o il fallimento**, a seconda che le sussistano o meno concrete possibilità di risanamento dell'impresa in stato di insolvenza.

Ove il tribunale disponga l'apertura dell'amministrazione straordinaria, **subentra l'autorità amministrativa**, che concretamente gestisce la procedura.

La procedura di amministrazione straordinaria, infatti, si svolge ad opera di uno o tre **commissari straordinari** (nominati con decreto ministeriale), sotto la vigilanza del Ministero dello sviluppo economico.

Il commissario straordinario ha il compito di **sottoporre all'approvazione ministeriale un programma di risanamento dell'impresa e di dare esecuzione allo stesso**, sotto il controllo del *comitato di sorveglianza*.

La competenza ritorna all'**autorità giudiziaria** per la **cessazione** della procedura.
Questa può avvenire sia per *conversione in fallimento*, sia per *chiusura* dell'amministrazione straordinaria.
In particolare, l'amministrazione straordinaria può essere convertita in fallimento *in qualsiasi momento* nel corso della procedura di amministrazione straordinaria, ove risultai che la stessa non può possa essere utilmente proseguita (art. 69).
La conversione in fallimento, inoltre, è possibile *anche al termine della procedura* e, specificamente, alla scadenza del programma di cessione dei complessi aziendali o di ristrutturazione, rispettivamente quando la cessione non sia ancora avvenuta, in tutto o in parte, oppure l'imprenditore non abbia recuperato la capacità di soddisfare regolarmente le proprie obbligazioni alla scadenza del programma (art. 70).
La conversione della procedura di amministrazione straordinaria in fallimento, a norma degli articoli 69 e 70, è disposta dal **tribunale con decreto motivato**, sentiti il Ministro dello sviluppo economico, il commissario straordinario e l'imprenditore dichiarato insolvente.
Ai sensi dell'art. 74, l'amministrazione straordinaria può essere **chiusa senza conversione in fallimento**: «*a) se, nei termini previsti dalla sentenza dichiarativa dello stato di insolvenza, non sono state proposte domande di* **ammissione al passivo**; *b) se, anche prima del termine di scadenza del programma, l'imprenditore insolvente ha recuperato la capacità di* **soddisfare regolarmente le proprie obbligazioni**; *c) con il passaggio in giudicato della sentenza che approva il* **concordato**. *Se è stato autorizzato un programma di cessione dei complessi aziendali, la procedura di amministrazione straordinaria si chiude altresì: a) quando, anche prima che sia compiuta la ripartizione finale dell'attivo, le ripartizioni ai creditori raggiungono l'intero ammontare dei crediti ammessi, o questi sono in altro modo estinti e sono pagati i compensi agli organi della procedura e le relative spese; b) quando è compiuta la ripartizione finale dell'attivo*». In tutti questi casi, la chiusura della procedura di amministrazione straordinaria è dichiarata con **decreto motivato dal tribunale**, su istanza del commissario straordinario o dell'imprenditore dichiarato insolvente, ovvero d'ufficio (art. 76).

3. Il gruppo insolvente.

Il D.lgs. n. 270/1999, agli artt. 80 ss., attribuisce rilievo unitario al fenomeno del gruppo d'imprese.

In particolare, si prevede che in seguito all'apertura della procedura dell'amministrazione straordinaria per una delle imprese del gruppo, e fino a quando la stessa è in corso, le altre imprese del gruppo soggette alle disposizioni sul fallimento, che si trovano in stato di insolvenza, possono essere ammesse all'amministrazione straordinaria **indipendentemente** dal possesso dei **requisiti specifici** previsti per l'ammissione alla procedura. È necessario, in particolare, che esse presentino **concrete prospettive di recupero** dell'equilibrio economico delle attività imprenditoriali, **ovvero risulti comunque opportuna la gestione unitaria dell'insolvenza** nell'ambito del gruppo, in quanto idonea ad agevolare, per i collegamenti di natura economica o produttiva esistenti tra le singole imprese, il raggiungimento degli obiettivi della procedura (art. 81).

Inoltre, perseguendo l'obiettivo della gestione unitaria della crisi del "gruppo di imprese", la legge prevede che se il decreto che dichiara aperta la procedura madre è emesso dopo la sentenza di fallimento di una impresa del gruppo, il tribunale che ha dichiarato il fallimento, su istanza di chiunque vi abbia interesse o d'ufficio, ne dispone la **conversione in amministrazione straordinaria**.

Le imprese del gruppo, in ogni caso, non perdono la propria autonomia patrimoniale e lo stato di insolvenza va accertato distintamente.

La legge, tuttavia, predispone peculiari strumenti volti a sanzionare forme di responsabilità per danni derivanti dalla politica unitaria del gruppo.

In particolare:

- il commissario giudiziale, il commissario straordinario e il curatore dell'impresa dichiarata insolvente possono proporre la **denuncia prevista dall'art. 2409 c.c. contro gli amministratori e i sindaci delle società del gruppo**;
- nei casi di direzione unitaria delle imprese del gruppo, gli amministratori delle società che hanno abusato di tale direzione **rispondono in solido** con gli amministratori della società dichiarata insolvente dei danni da questi cagionati alla società stessa in conseguenza delle direttive impartite (art. 90);
- infine, sono **allungati i termini per l'esercizio delle azioni revocatorie fallimentari** nei confronti degli atti posti in essere dalle altre imprese del gruppo. Ai sensi dell'art. 91, infatti, il commissario straordinario ed il curatore dell'impresa dichiarata insolvente possono proporre l'azione revocatoria relativamente agli atti compiuti nei cinque anni anteriori alla dichiarazione dello stato di insolvenza.

4. La ristrutturazione industriale delle grandi imprese in crisi.

Con il D.L. 23 dicembre 2003 (c.d. Decreto Marzano), n. 39, convertito in Legge 18 febbraio 2004, n. 347, ed emanato in occasione del collasso economico del gruppo Parmalat, il legislatore ha introdotto una "peculiare forma" di amministrazione straordinaria, caratterizzata, rispetto alla disciplina di cui al D.lgs. 270/1999, da una maggiore flessibilità e celerità, nonché da una accentuazione dei poteri dell'autorità amministrativa.

Si tratta di una procedura riservata alle imprese soggette alle disposizioni sul fallimento, che intendano recuperare le proprie potenzialità produttive, a condizione che le stesse posseggano congiuntamente i seguenti requisiti:

- un **numero di lavoratori subordinati**, compresi quelli ammessi al trattamento di integrazione dei guadagni, **non inferiore a cinquecento**;
- **debiti**, inclusi quelli derivanti dalla concessione delle garanzie rilasciate, per un ammontare complessivo **non inferiore a trecento milioni di euro**.

Legittimata a richiedere l'apertura della procedura è esclusivamente **l'impresa insolvente**; la proposta è rivolta **al Ministero** dello sviluppo economico e contestualmente deve essere richiesto l'accertamento dello stato di insolvenza al tribunale del luogo in cui ha sede l'impresa principale.

Accertata la sussistenza dei presupposti necessari, il Ministro provvede con proprio **decreto** all'*immediata ammissione dell'impresa all'amministrazione straordinaria*, nominando contestualmente il commissario straordinario.

Il decreto ministeriale, diversamente rispetto a quanto previsto dal D.lgs. 270/1999, produce l'immediato *spossessamento* del debitore e l'affidamento della gestione dell'impresa al commissario straordinario.

A differenza di quanto previsto dal D.lgs. 270/1999, inoltre, in questo caso l'apertura della procedura è disposta con decreto ministeriale e non dell'autorità giudiziaria e, soprattutto, prescinde dall'accertamento dello ***stato di insolvenza*** che è soltanto ***successivo*** all'ammissione all'amministrazione straordinaria. Qualora il tribunale ritenga che non sussista lo stato di insolvenza oppure che manchi anche uno solo dei presupposti soggettivi necessari ai fini dell'ammissione alla procedura, cessano gli effetti del decreto ministeriale, salvi gli atti della procedura legalmente compiuti fino a quel momento.

Ove, viceversa, il tribunale dichiari con sentenza lo stato di insolvenza, si producono gli effetti propri della amministrazione straordinaria (come disciplinati

dal D.lgs. 270/1999), che retroagiscono al momento dell'emanazione del decreto di ammissione alla procedura.
In ogni caso, per quanto non diversamente disposto, si applicano le disposizioni di cui al D.lgs. 270/1999.
Va evidenziato che in occasione della crisi economica del gruppo Alitalia il legislatore è nuovamente intervenuto sulla materia, emanando il D.L. 28 agosto 2008, n. 134, convertito in L. 27 ottobre 2008, n. 166, in forza del quale la procedura in esame può avere oggi ad oggetto:

- la cessione dei complessi aziendali, sulla base di un programma di prosecuzione dell'esercizio dell'impresa di durata non superiore ad un anno (**programma di cessione dei complessi aziendali**);
- la ristrutturazione economica e finanziaria dell'impresa, sulla base di un programma di risanamento di durata non superiore a due anni (**programma di ristrutturazione**);
- per le società operanti nel settore dei servizi pubblici essenziali anche tramite la cessione di complessi di beni e contratti sulla base di un programma di prosecuzione dell'esercizio dell'impresa di durata non superiore ad un anno (**programma di cessione dei complessi di beni e contratti**).

Per le società operanti nel *settore dei servizi pubblici essenziali*, nonché ovvero che gestiscono almeno uno stabilimento industriale di interesse strategico nazionale (si tratta di imprese presso le quali sono occupati un numero di lavoratori subordinati, compresi quelli ammessi al trattamento di integrazione guadagni, non inferiore a duecento da almeno un anno, individuate con decreto del Presidente del Consiglio dei Ministri) è stata prevista la legittimazione attiva a disporre l'apertura della procedura anche a favore della Presidente del Consiglio dei Ministri (e più di recente, il potere di disporre una proroga della durata della procedura fino a quattro anni, ma solo in capo al Ministro dello Sviluppo Economico), nonché, tra l'altro, la possibilità di porre in essere operazioni di concentrazione previste nel piano di risanamento e finalizzate alla tutela di interessi generali, malgrado la mancanza delle autorizzazioni previste dalle norme per la tutela della concorrenza e del mercato (ferma, in ogni caso, le disposizioni in materia divieto di intese restrittive della concorrenza e di abuso di posizione dominante).
Con il d.l. 191/2015, conv. in l. 13/2016 e con il d.l. 98/2016, conv. in l. 133/2016, sono state introdotte alcune modifiche alla c.d. "legge Marzano", in occasione della crisi relativa al gruppo industriale ILVA, che prevedono:

a. la prededucibilità dei crediti anteriori all'ammissione alla procedura, vantati da piccole e medie imprese e relativi a prestazioni necessarie al risanamento ambientale, alla sicurezza e alla continuità dell'attività degli impianti produttivi essenziali, nonché i crediti anteriori relativi al risanamento ambientale, alla sicurezza e all'attuazione degli interventi in materia di tutela dell'ambiente e della salute;
b. l'individuazione a trattativa privata, da parte del commissario straordinario, dell'affittuario o acquirente dei complessi industriali relativi a imprese operanti nei servizi pubblici essenziali, ovvero titolari di stabilimenti industriali di interesse nazionale, tra i soggetti che garantiscono, a seconda dei casi, la continuità nel medio periodo del relativo servizio pubblico essenziale ovvero la continuità produttiva dello stabilimento industriale di interesse strategico nazionale, anche con riferimento alla garanzia di adeguati livelli occupazionali, nonché la rapidità ed efficienza dell'intervento, altresì con riferimento ai profili di tutela ambientale e il rispetto dei requisiti previsti dalla legislazione nazionale e dai Trattati sottoscritti dall'Italia. Su autorizzazione del Ministro dello Sviluppo Economico, sentito il comitato di sorveglianza, è possibile riconoscere all'affittuario il diritto di prelazione nell'acquisto dei complessi industriali già oggetto di affitto.

SCHEDA DI SINTESI

L'amministrazione straordinaria è la procedura concorsuale della grande impresa commerciale insolvente, introdotta dalla legge 3 aprile 1979, n. 95 e successivamente riformata ad opera del D.lgs. 8 luglio 1999, n. 270, attraverso la quale il legislatore persegue «*finalità conservative del patrimonio produttivo, mediante prosecuzione, riattivazione o riconversione delle attività imprenditoriali*"» (art. 1, D.lgs. 270/1999).
L'apertura della procedura concorsuale in esame postula la ricorrenza di due diversi ordini di **presupposti**, di tipo sia soggettivo che oggettivo.
In particolare, per quanto concerne i **presupposti di tipo soggettivo**, è necessario (art. 2, D.lgs. 270/1999): che si tratti di un'impresa, anche individuale, **soggetta** per sua natura alle disposizioni sul **fallimento**; che tale impresa occupi un numero di **lavoratori** subordinati, compresi quelli ammessi al trattamento di integrazione dei guadagni, **non inferiore a duecento** da almeno un anno; che l'**ammontare complessivo dei debiti** non sia inferiore ai due terzi tanto del totale dell'attivo dello stato patrimoniale che dei ricavi provenienti dalle vendite e dalle prestazioni dell'ultimo esercizio. Dal punto di vista **oggettivo**, la procedura in esame richiede che l'impresa versi in **stato di insolvenza**. L'amministrazione straordinaria si atteggia come procedura sia giudiziaria che amministrativa e si articola sostanzialmente in due fasi: la

prima fase della procedura è volta alla dichiarazione dello *stato di insolvenza* ed è demandata interamente all'*autorità giudiziaria*; la *seconda fase* della procedura è relativa all'*apertura dell'amministrazione straordinaria* vera e propria. Si tratta di una fase eventuale, che segue alla dichiarazione dello stato di insolvenza ed è subordinata al riscontro, da parte di un commissario giudiziale, delle "*concrete prospettive di recupero dell'equilibrio economico delle attività imprenditoriali*".
Il D.lgs. n. 270/1999, agli artt. 80 ss., attribuisce rilievo unitario al fenomeno del gruppo d'imprese.
In particolare, si prevede che in seguito all'apertura della procedura dell'amministrazione straordinaria per una delle imprese del gruppo, e fino a quando la stessa è in corso, le altre imprese del gruppo soggette alle disposizioni sul fallimento, che si trovano in stato di insolvenza, possono essere ammesse all'amministrazione straordinaria **indipendentemente** dal possesso dei **requisiti specifici** previsti per l'ammissione alla procedura. È necessario, in particolare, che esse presentino **concrete prospettive di recupero** dell'equilibrio economico delle attività imprenditoriali, **ovvero risulti comunque opportuna la gestione unitaria dell'insolvenza** nell'ambito del gruppo, in quanto idonea ad agevolare, per i collegamenti di natura economica o produttiva esistenti tra le singole imprese, il raggiungimento degli obiettivi della procedura.
La ristrutturazione industriale delle grandi imprese in crisi è la procedura riservata alle imprese soggette alle disposizioni sul fallimento, che intendano recuperare le proprie potenzialità produttive, a condizione che le stesse posseggano congiuntamente i seguenti requisiti: un **numero di lavoratori subordinati**, compresi quelli ammessi al trattamento di integrazione dei guadagni, **non inferiore a cinquecento**; **debiti**, inclusi quelli derivanti dalla concessione delle garanzie rilasciate, per un ammontare complessivo **non inferiore a trecento milioni di euro**.

QUESTIONARIO

1. Quali sono i requisiti che un'impresa deve possedere per poter accedere all'amministrazione straordinaria? (**1**)
2. Quali sono i programmi di risanamento attraverso i quali può realizzarsi l'amministrazione straordinaria? (**1**)
3. Com'è strutturata la procedura dell'amministrazione straordinaria ed in quante fasi si ripartisce? (**2**)
4. In caso di "gruppo insolvente", quali strumenti ha predisposto il legislatore per poter assicurare una gestione unitaria della crisi? (**3**)
5. In cosa si differenzia la peculiare forma di amministrazione straordinaria introdotta dal c.d. Decreto Marzano, rispetto a quella disciplinata dal D.lgs. 279/1999? (**4**)

Capitolo V
Le crisi da sovraindebitamento

Sommario:
1. La crisi da sovra indebitamento. Finalità ed ambito di applicazione dell'istituto. – **2.** La struttura della legge. – **3.** Le procedure di composizione della crisi da sovra indebitamento. L'accordo di composizione della crisi del debitore non consumatore: procedimento. – **3.1.** La proposta del debitore. Requisiti sostanziali e di ammissibilità. – **3.2.** Il vaglio giurisdizionale di fattibilità della proposta di accordo. Forme ed effetti. – **3.3.** L'accordo con i creditori. – **3.4.** L'omologazione dell'accordo. La risoluzione e l'annullamento dell'accordo omologato. – **4.** Il piano del consumatore. – **5.** La liquidazione del patrimonio. – **6.** L'eventuale esdebitazione all'esito della procedura liquidatoria.

1. La crisi da sovraindebitamento. Finalità ed ambito di applicazione dell'istituto.

La Legge 27 gennaio 2012, n. 3 detta *"Disposizioni in materia di usura e di estorsione, nonché di composizione delle crisi da sovraindebitamento"* e, al **Capo II**, introduce nell'ordinamento una **procedura concorsuale di nuovo conio**, destinata ad operare in tutte le situazioni non soggette né assoggettabili alle altre procedure concorsuali. Si tratta, in sostanza, di un meccanismo negoziale di estinzione (controllata in sede giudiziale) delle obbligazioni del soggetto sovraindebitato non fallibile.
A distanza di neanche un anno dalla sua entrata in vigore, la l. 3 del 2012 è stata profondamente modificato dall'art. 18 *del "Decreto Crescita"*, detto anche *"Decreto Sviluppo bis"* (d.l. 179/2012, conv. in l. 221/2012), che ha **ampliato l'ambito soggettivo** dei destinatari della procedura e ne ha **modificato la natura**, con l'obiettivo di aumentarne efficacia e capacità operativa. In particolare, la nuova procedura di composizione delle crisi, disciplinata dalla l. 3 del 2012 come recentemente modificata, è destinata:

- agli **imprenditori non assoggettabili alle procedure concorsuali** (o perché non sono imprenditori commerciali – si pensi, appunto, all'imprenditore agricolo – o perché, in ogni caso, non rientrano nei parametri "dimensionali" tracciati dalla l. fall.);
- ai **"debitori civili" in genere**;

- **ai consumatori**, intesi come debitori persone fisiche che hanno assunto obbligazioni *esclusivamente* per scopi estranei all'attività imprenditoriale o professionale eventualmente svolta (art. 1, comma 2, lett. b, l. 3/2012, come da ultimo modificata).

Dal punto di vista del **presupposto oggettivo**, la procedura di nuovo conio presuppone il "**sovraindebitamento**", inteso come una situazione di **perdurante squilibrio tra le obbligazioni assunte e il patrimonio** prontamente liquidabile per farvi fronte, nonché la **definitiva incapacità del debitore di adempiere regolarmente le proprie obbligazioni**.
Anche l'insolvenza, pertanto, è riconducibile al sovraindebitamento.
Ebbene, in tali circostanze, il debitore potrà concludere con i propri creditori **accordi per la composizione delle crisi da sovraindebitamento**, concepiti come una **nuova tipologia di concordato per comporre le crisi di liquidità di debitori** ai quali non si applicano le ordinarie procedure concorsuali e che, per questa via, non potrebbero beneficiare di appositi strumenti all'uopo predisposti dalla legge fallimentare (come, ad esempio, il concordato preventivo, gli accordi di ristrutturazione dei debiti o l'esdebitazione).
Occorre evidenziare che, in seguito alle modifiche operate dalla L. 221/2012, la **natura** del procedimento di composizione della crisi da sovraindebitamento viene definitivamente riscritta in chiave **concordataria**, con importanti implicazioni per i creditori che decidano di non aderire alla proposta di accordo. Questi ultimi, invero, **non sono definibili quali creditori estranei**, come tali titolari del diritto ad essere soddisfatti integralmente, ma sono comunque vincolati dall'accordo raggiunto con il debitore dagli altri creditori, sempre che costoro rappresentino almeno il sessanta per cento dei crediti complessivi.

2. La struttura della legge.

Il capo II della legge n. 3 del 2012, rubricato *"Procedimenti di composizione della crisi da sovraindebitamento e liquidazione del patrimonio"*, è suddiviso in tre sezioni.

- La Sezione prima disciplina le *"Procedure di composizione della crisi da sovraindebitamento"* (artt. 6-14-*bis* della legge).
Il legislatore utilizza il termine *"procedure"*, al **plurale**, in quanto effettivamente sono predisposte due procedure distinte, nella fase dell'omologazione, a seconda che il soggetto sovraindebitato sia un

debitore non consumatore oppure, appunto, un consumatore. Per cui, dopo aver dettato disposizioni generali, vi sono norme specificamente dedicate, da un lato, per l'*"Accordo di composizione della crisi"* (artt. 10-12 della legge)"; d'altro lato per il *"Piano del consumatore"* (artt. 12-*bis*-12-*ter* della legge).
- La sezione seconda disciplina la *"Liquidazione del patrimonio"* (artt. 14-*ter* - 14-*duodecies* della legge), prevedendo che il debitore in stato di sovraindebitamento, in alternativa alla proposta per la composizione della crisi, **può chiedere la liquidazione** di tutti i suoi beni. La procedura di liquidazione è unica, indipendentemente dal fatto che il sovraindebitato sia o meno un consumatore. All'esito della stessa, i creditori rimasti anche parzialmente insoddisfatti riacquistano il diritto di esperire azioni esecutive individuali nei confronti del debitore. Per questa ragione, allineandosi con quanto previsto nell'ambito della disciplina fallimentare in seguito alla riforma del 2006, oggi la legge 3 del 2012 riconosce al sovraindebitato la possibilità di domandare, in esito alla procedura di liquidazione e ricorrendone i presupposti soggettivi e oggettivi, **l'esdebitazione**, e cioè il provvedimento giudiziale cui segue la cancellazione di tutti i debiti residui alla chiusura della procedura concorsuale.
- La Sezione terza, infine, prevede *"Disposizioni comuni"* per le *"Procedure di composizione della crisi da sovraindebitamento"* e per la *"Liquidazione del patrimonio"* (artt. 15 e 16 della legge).

3. Le procedure di composizione della crisi da sovraindebitamento. L'accordo di composizione della crisi del debitore non consumatore: procedimento.

La conclusione dell'accordo può essere suddivisa in fasi:

- la proposta;
- il vaglio giurisdizionale di fattibilità;
- l'accordo con i creditori;
- l'omologazione da parte del giudice.

3.1. La proposta del debitore. Requisiti sostanziali e di ammissibilità.

Il debitore che presenti i *requisiti soggettivi* richiesti dalla legge, ove si trovi in stato di *sovraindebitamento*, può proporre ai creditori **un accordo di**

ristrutturazione dei debiti e di soddisfazione dei crediti che, se idoneo al raggiungimento dello scopo cui è preordinato, può avere qualsiasi forma e può, pertanto, prevedere anche la cessione di crediti futuri. La proposta di accordo deve avere ad oggetto un piano che assicuri il regolare pagamento dei titolari di crediti impignorabili ai sensi dell'art. 545 del c.p.c.; deve prevedere scadenze e modalità di pagamento dei creditori, anche se suddivisi in classi; deve indicare le eventuali garanzie rilasciate per l'adempimento dei debiti e le modalità per l'eventuale liquidazione dei beni. È possibile prevedere che i crediti muniti di privilegio, pegno o ipoteca non siano soddisfatti integralmente.
Nel caso in cui la *proposta* di accordo preveda la *continuazione dell'attività d'impresa*, al debitore è consentita la possibilità di prevedere una *moratoria* fino ad un anno dall'omologazione per il pagamento dei creditori muniti di privilegio, pegno o ipoteca.
A pena di inammissibilità della proposta di accordo, il debitore:

- non deve essere assoggettato a diverse procedure concorsuali;
- non deve aver fatto ricorso, nei precedenti cinque anni, ai procedimenti di cui alla l. 3 del 2012;
- non deve aver subito, per cause a lui imputabili, l'annullamento o la revoca di dell'accordo precedentemente stipulato né, ove si tratti di consumatore, la revoca o la cessazione degli effetti dell'omologazione del piano;
- non deve aver fornito documentazione che non consente di ricostruire compiutamente la sua situazione economica e patrimoniale.

La proposta deve essere **depositata** presso il tribunale del luogo di residenza o sede principale del debitore.
Il debitore, unitamente alla proposta, deposita l'elenco di tutti i creditori, con l'indicazione delle somme dovute, dei beni e degli eventuali atti di disposizione compiuti negli ultimi cinque anni, corredati delle dichiarazioni dei redditi degli ultimi tre anni e dell'attestazione sulla fattibilità del piano.
Occorre altresì depositare l'elenco delle spese correnti necessarie al sostentamento del debitore e della sua famiglia. Il debitore che svolge attività d'impresa deposita altresì le scritture contabili degli ultimi tre esercizi, unitamente a dichiarazione che ne attesta la conformità all'originale.
Il deposito della proposta di accordo sospende, ai soli effetti del concorso, **il corso degli interessi convenzionali o legali**, a meno che i crediti non siano garantiti da ipoteca, da pegno o privilegio, salvo quanto previsto dagli artt. 2749, 2788 e 2855, commi secondo e terzo, c.c.

I requisiti sostanziali e di ammissibilità della proposta del debitore, fin qui esaminati, sono previsti dagli artt. 7, 8 e 9 della l. 3 del 2012; **le medesime disposizioni operano anche per quanto concerne la proposta del piano del consumatore** (salvo specifiche peculiarità contenutistiche in quest'ultimo caso, che saranno esaminate *infra*, par. 4).

3.2. Il vaglio giurisdizionale di fattibilità della proposta di accordo. Forme ed effetti.

Il giudice, ove la proposta di accordo presenti *prima facie* i requisiti formali e sostanziali previsti dalla legge, con **decreto** fissa apposita **udienza** in cui verrà valutata la fattibilità della proposta, dandone comunicazione ai creditori risultanti dagli elenchi depositati dal debitore.
Dalla pronuncia del decreto (idoneamente pubblicizzato) sino al momento in cui il provvedimento di omologazione diventa definitivo, **non possono, sotto pena di nullità, essere iniziate o proseguite azioni esecutive individuali né disposti sequestri conservativi né acquistati diritti di prelazione sul patrimonio del debitore** che ha presentato la proposta di accordo, da parte dei creditori aventi titolo o causa anteriore; la sospensione non opera nei confronti dei titolari di crediti impignorabili. Per lo stesso periodo le prescrizioni rimangono sospese e le decadenze non si verificano.
In questo medesimo arco temporale al debitore è consentito porre in essere soltanto gli atti di ordinaria amministrazione; quelli eccedenti l'ordinaria amministrazione, invece, necessitano di autorizzazione giudiziale e, in mancanza, tali atti sono inefficaci rispetto ai creditori anteriori al momento in cui è stata eseguita la pubblicità del decreto.

3.3. L'accordo con i creditori.

Il raggiungimento dell'accordo con i creditori non avviene nell'udienza finalizzata a vagliare l'ammissibilità della procedura e la fattibilità dell'accordo.
In mancanza di comunicazione da parte dei creditori, come per il concordato preventivo, il legislatore fa ricorso al **silenzio assenso**, per cui ritiene che gli stessi creditori che abbiano prestato consenso alla proposta nei termini in cui è stata loro comunicata.
Ai fini dell'omologazione, è necessario che l'accordo sia raggiunto con i creditori rappresentanti almeno il sessanta per cento dei crediti.
L'accordo non pregiudica i diritti dei creditori nei confronti dei coobbligati, fideiussori del debitore e obbligati in via di regresso e non determina la novazione delle obbligazioni, salvo che sia diversamente stabilito.

Nel caso in cui il debitore **non esegua integralmente**, entro novanta giorni dalle scadenze previste, **i pagamenti dovuti secondo il piano alle amministrazioni pubbliche** e agli enti previdenziali, l'accordo **cessa, di diritto, di produrre effetti**. Non è quindi necessaria, in questo caso, alcuna pronuncia giudiziale.

L'accordo è altresì **revocato**, con decreto emesso d'ufficio, se risultano compiuti durante la procedura **atti diretti a frodare le ragioni dei creditori**. Avverso il decreto di revoca è possibile proporre reclamo innanzi al tribunale, ai sensi dell'artt. 739 c.p.c.; del collegio non può far parte il giudice che ha pronunciato il provvedimento reclamato.

3.4. L'omologazione dell'accordo. La risoluzione e l'annullamento dell'accordo omologato.

Se l'accordo è raggiunto, l'organismo di composizione della crisi **trasmette** a tutti i creditori una relazione sui consensi espressi e sul raggiungimento della percentuale necessaria, allegando il testo dell'accordo stesso.

Nei dieci giorni successivi al ricevimento della relazione, i creditori possono sollevare le eventuali **contestazioni**.

Decorso tale ultimo termine, l'organismo di composizione della crisi trasmette al giudice la **relazione**, allegando le contestazioni ricevute, nonché un'attestazione definitiva sulla fattibilità del piano.

Il giudice omologa l'accordo e ne dispone l'immediata pubblicazione quando, risolta ogni altra contestazione, ha verificato il raggiungimento della **percentuale** di consensi necessaria e l'**idoneità del piano ad assicurare il pagamento integrale dei crediti impignorabili** e di quelli privilegiati (tributari e previdenziali).

L'accordo omologato è obbligatorio per tutti i creditori anteriori alla pubblicazione del decreto con cui il giudice fissa l'udienza per verificare la fattibilità del piano.

In ogni caso, i **creditori** con causa o titolo **posteriori non possono procedere esecutivamente sui beni oggetto del piano**.

D'altro lato va evidenziato che **i pagamenti e gli atti dispositivi** dei beni posti in essere in violazione dell'accordo sono **inefficaci** rispetto ai creditori anteriori al momento in cui è stata eseguita la pubblicità del decreto giudiziale (art. 13).

L'accordo può essere **annullato** dal tribunale su istanza di ogni creditore, in contraddittorio con il debitore, quando è stato dolosamente o con colpa grave aumentato o diminuito il passivo, ovvero sottratta o dissimulata una parte rilevante dell'attivo ovvero dolosamente simulate attività inesistenti.

L'accordo, inoltre, può essere **risolto** su istanza di ciascun creditore se il proponente non adempie agli obblighi derivanti dall'accordo, se le garanzie promesse non vengono costituite o se l'esecuzione dell'accordo diviene impossibile per ragioni non imputabili al debitore; ciascun creditore può chiedere al tribunale la risoluzione dello stesso.
L'annullamento e la risoluzione dell'accordo non pregiudicano i diritti acquistati dai terzi in buona fede.
Ai fini dell'annullamento e della risoluzione dell'accordo omologato si applicano, in quanto compatibili, gli artt. 737 ss. del c.p.c. Il reclamo si propone al tribunale e del collegio non può far parte il giudice che ha pronunciato il provvedimento.
Quando invece l'esecuzione dell'accordo (o del piano del consumatore) diviene impossibile per ragioni non imputabili al debitore, quest'ultimo, con l'ausilio dell'organismo di composizione della crisi, può **modificare la proposta**.
In caso di **fallimento** del debitore, è garantita l'**esclusione dell'azione revocatoria sugli atti posti in essere in esecuzione dell'accordo omologato**. La norma si riferisce all'ipotesi in cui il debitore, anche a causa di circostanze sopravvenute, sia stato dichiarato fallito dal tribunale.

4. Il piano del consumatore.

La legge n. 3/2012, come modificata dalla legge n. 221/2012, agli artt. 12-*bis* e 12-*ter* disciplina il procedimento di omologazione del piano del consumatore e gli effetti dell'omologazione del medesimo piano.
Preliminarmente occorre evidenziare che ai sensi dell'art. 3 del d.lgs. 6 settembre 2006, n. 205 ("*Codice del Consumo*"), il consumatore è "*la persona fisica che agisce per scopi estranei all'attività imprenditoriale o professionale eventualmente svolta*".
L'art. 6, comma 2, lett. b) della legge 3 del 2012, d'altra parte, definisce come consumatore la "*persona fisica che ha assunto obbligazioni **esclusivamente** per scopi estranei all'attività imprenditoriale o professionale eventualmente svolta*".
Dall'utilizzo dell'avverbio "*esclusivamente*" consegue che **le due nozioni non coincidono** perfettamente e che la definizione di consumatore rilevante per la procedura concorsuale in esame è più ristretta rispetto a quella prevista dal Codice del Consumo.
In termini pratici tutto ciò si traduce nel fatto che, mentre ai fini della disciplina dettata dal Codice del Consumo un soggetto può essere considerato consu-

matore anche se svolge attività imprenditoriale e professionale (e contrae, di conseguenza, obbligazioni relative a tale attività), purché la stessa persona fisica abbia altresì concluso contratti (e quindi contratto obbligazioni) anche per la soddisfazione di esigenze della vita quotidiana estranee all'esercizio di dette attività (per tutte cfr. Cass. 25 luglio 2001, n. 10127; in dottrina CARINGELLA, CHINÈ, FRATINI, ZOPPINI), di contro ai fini dell'applicabilità del procedimento speciale dettato dagli artt. 12-*bis* e 13-*ter* della l. 3 del 2012, un soggetto persona fisica non può essere considerato consumatore se ha contratto obbligazioni anche (ma non esclusivamente) per scopi estranei all'attività imprenditoriale o professionale eventualmente svolta.

Ove manchi quel requisito dell'esclusività della fonte obbligatoria, pertanto, il debitore sovraindebitato potrà fare evidentemente ricorso solo alla procedura "ordinaria", di cui alla l. 3/2012.

Tanto chiarito in linea generale, la **peculiarità** della procedura, quando ad attivarla è un consumatore (nel senso suindicato), risiede specificamente nel fatto che in tal caso **manca completamente l'acquisizione delle adesioni o del dissenso dei creditori rispetto al piano proposto**; quando il "sovraindebitato" è un consumatore sarà **necessaria** esclusivamente una **valutazione giudiziale di fattibilità della proposta debitoria e di meritevolezza della condotta** d'indebitamento adottata dal consumatore.

Venendo ora all'analisi specifica del piano del consumatore, occorre evidenziare che, dal punto di vista **contenutistico**, si può riscontrare una piena coincidenza con la proposta di accordo fatta dal debitore civile (cfr. in particolare artt. 7, comma 1 bis ed art. 8, legge 3/2012). Si rinvia, pertanto, *supra*, par. 2.1.

Vanno evidenziate sul punto soltanto due peculiarità.

Innanzitutto, il comma 3 *bis* dell'art. 9 prevede che alla proposta di piano del consumatore è altresì allegata una relazione particolareggiata dell'organismo di composizione della crisi.

In secondo luogo, occorre evidenziare che nel caso in cui sia fatta proposta di un piano da parte del consumatore sovraindebitato, potrà essere **sempre** prevista una **moratoria** fino ad un anno dall'omologazione per il pagamento dei creditori muniti di privilegio, pegno o ipoteca, salvo che sia prevista la liquidazione dei beni o diritti sui quali sussiste la causa di prelazione; si tratta di una possibilità che invece è accordata al debitore non consumatore soltanto allorché venga fatta una proposta di accordo con continuazione dell'attività d'impresa (art. 8, comma 3).

Anche il consumatore deposita la proposta di piano presso il tribunale del luogo ove ha la residenza (art. 9).

Da punto di vista procedurale la disciplina di cui agli artt. 12 *bis* e *ter* della l.

3 del 2012 dispone che il giudice, se la proposta soddisfa i requisiti di forma e di contenuto previsti in linea generale dalla legge (*supra*, par. 3.1.), verificata l'assenza di atti in frode ai creditori, fissa immediatamente con decreto l'udienza, disponendo, a cura dell'organismo di composizione della crisi, la comunicazione, almeno trenta giorni prima, a tutti i creditori della proposta e del decreto. Il giudice dovrà, con riferimento alla proposta del consumatore, effettuare un controllo particolarmente penetrante.
Soltanto ove questa verifica, assente nella procedura "ordinaria", abbia esito positivo, viene omologato il piano disponendo per il relativo provvedimento una forma idonea di pubblicità.
A differenza rispetto a quanto avvenga nella procedura ordinaria, ove gli effetti protettivi del patrimonio debitorio si producono dalla pubblicazione del decreto del giudice (*supra*, par. 3.2.), in questo caso **solo dalla data dell'omologazione del piano i creditori con causa o titolo anteriore non possono iniziare o proseguire azioni esecutive individuali.** Ad iniziativa dei medesimi creditori non possono essere iniziate o proseguite azioni cautelari né acquistati diritti di prelazione sul patrimonio del debitore che ha presentato la proposta di piano.
Il nuovo articolo 12-*ter* della legge regola gli effetti dell'omologazione del piano del consumatore, nonché l'eventuale cessazione di tali effetti, sulla stessa linea di quanto previsto in linea generale per il debitore non consumatore.
In luogo delle già previste ipotesi di revoca, annullamento e risoluzione dell'accordo del debitore, viene specificamente dettata la disciplina della revoca e della cessazione degli effetti dell'omologazione del piano (art. 14-*bis*).

5. La liquidazione del patrimonio.

La legge 221 del 2012 ha inserito nell'impianto originario della legge n. 3/2012 una sezione seconda (artt. 14-*ter*-14-*terdecies* della legge), che introduce un'**alternativa esclusivamente liquidatoria alla proposta di ristrutturazione della crisi**.
L'art. 14-*ter*, infatti, al primo comma specificamente prevede che "*In alternativa alla proposta per la composizione della crisi, il debitore, in stato di sovraindebitamento (...) può chiedere la liquidazione di tutti i suoi beni*".
Anche il deposito della domanda finalizzata ad ottenere la liquidazione sospende, ai soli effetti del concorso, il corso degli interessi convenzionali o legali fino alla chiusura della liquidazione, a meno che i crediti non siano garan-

titi da ipoteca, da pegno o privilegio, salvo quanto previsto dagli artt. 2749, 2788 e 2855, commi 2 e 3, c.c.

Indipendentemente da una richiesta del debitore, l'attivazione della procedura liquidatoria può altresì conseguire alla conversione della procedura "concordataria" di composizione della crisi.

In particolare nelle ipotesi di revoca o di cessazione degli effetti del piano proposto dal debitore, o quando vi sia il fondato timore che siano stati compiuti, dopo l'omologazione, atti in frode ai creditori, ovvero nel caso in cui il debitore non provveda ai regolari pagamenti delle amministrazioni pubbliche o degli enti previdenziali e assistenziali, viene disposta dal giudice, anche quando il debitore sia un consumatore, la conversione della procedura di composizione della crisi in procedura liquidatoria dei beni.

In tal modo si rende operativo il giudizio di *cram down* rimesso al giudice in sede di omologazione. La liquidazione del patrimonio del debitore si articola in una procedura così segmentata:

- viene aperta con **decreto** del giudice con cui può essere disposto che, sino al momento in cui il provvedimento di omologazione diventa definitivo, non possono, sotto pena di nullità, essere iniziate o proseguite azioni cautelari o esecutive né acquistati diritti di prelazione sul patrimonio oggetto di liquidazione da parte dei creditori aventi titolo o causa anteriore. Il medesimo provvedimento, inoltre, stabilisce idonea forma di pubblicità della domanda e del decreto, nonché, nel caso in cui il debitore svolga attività d'impresa, l'annotazione nel registro delle imprese; ordina, quando il patrimonio comprende beni immobili o beni mobili registrati, la trascrizione del decreto, a cura del liquidatore e dispone la consegna o il rilascio dei beni facenti parte del patrimonio di liquidazione, salvo che non ritenga, in presenza di gravi e specifiche ragioni, di autorizzare il debitore ad utilizzare alcuni di essi. **Il provvedimento è titolo esecutivo ed è posto in esecuzione a cura del liquidatore;**
- si sviluppa con l'apertura di una parentesi cognitoria di accertamento del passivo. A tal fine: 1) il liquidatore forma l'inventario dei beni da liquidare e lo comunica ai creditori affinché, nel termine fissato, presentino domanda di partecipazione alla liquidazione; 2) decorso il termine previsto per la presentazione delle domande di partecipazione alla liquidazione da parte dei creditori, il liquidatore predispone un progetto di stato passivo, comunicandolo poi agli interessati. Questi entro un termine di quindici giorni potranno comu-

nicare eventuali osservazioni; 3) *in assenza di osservazioni*, il liquidatore approva lo stato passivo dandone comunicazione alle parti; *quando invece sono formulate osservazioni* e il liquidatore le ritiene fondate, predispone un nuovo progetto e lo comunica nuovamente ai creditori. Ove questi presentino ulteriori contestazioni non superabili, il liquidatore rimette gli atti al giudice che lo ha nominato, il quale provvede alla definitiva formazione del passivo;
- intervenuta la formazione dello stato passivo e l'inventario dei beni del debitore, il liquidatore elabora un programma di liquidazione, che comunica al debitore ed ai creditori, che deposita presso la cancelleria del giudice e che deve attuare con vendite ed altri atti posti in essere in esecuzione del programma stesso;
- la chiusura della procedura viene disposta con decreto del giudice, quando venga accertata la completa esecuzione del programma di liquidazione e, comunque, non prima del decorso del termine di quattro anni dal deposito della domanda. I beni sopravvenuti nel predetto arco temporale sono acquisiti al patrimonio di liquidazione.

6. L'eventuale esdebitazione all'esito della procedura liquidatoria.

Si è detto che **l'accordo omologato è obbligatorio per tutti i creditori anteriori** alla pubblicazione del decreto con cui il giudice fissa l'udienza per verificare l'ammissibilità del piano; gli stessi creditori, pertanto, anche ove (parzialmente) insoddisfatti, non potranno vantare ulteriori pretese nei confronti del debitore. Al medesimo risultato, all'esito della procedura liquidatoria (ove, quindi, manca un accordo con i creditori), è dato prevenire con il procedimento di esdebitazione previsto, dall'art. 14-*terdecies*, esclusivamente per il debitore persona fisica. Analogamente a quanto previsto in ambito fallimentare (*supra*, cap. I, par. 8), l'esdebitazione del debitore presuppone, anche nell'ambito della procedura di cui alla l. 3 del 2012, un presupposto oggettivo ed un presupposto soggettivo. Dal punto di vista soggettivo la legge richiede la "**buona condotta**" del debitore persona fisica ammesso a beneficiarne, valutata sia in considerazione della condotta tenuta **prima dell'attivazione della procedura liquidatoria**, sia in considerazione della condotta tenuta **durante lo svolgimento della procedura** liquidatoria.
Il presupposto oggettivo dell'esdebitazione va invece rintracciato nella **soddisfazione**, almeno **parziale**, dei **creditori** per titolo e causa **anteriore** al decreto di apertura della liquidazione.

Verificata la sussistenza delle predette condizioni, il giudice, con **decreto** adottato su ricorso del debitore interessato e presentato entro l'anno successivo alla chiusura della liquidazione, sentiti i creditori non integralmente soddisfatti, dichiara inesigibili nei suoi confronti i crediti non soddisfatti integralmente.
I creditori non integralmente soddisfatti possono proporre **reclamo** ai sensi dell'art. 739 c.p.c. fronte al tribunale e del collegio non fa parte il giudice che ha emesso il decreto. Il provvedimento di esdebitazione è revocabile in ogni momento, su istanza dei creditori, se risulta che è stato dolosamente o con colpa grave aumentato o diminuito il passivo, ovvero sottratta o dissimulata una parte rilevante dell'attivo ovvero simulate attività inesistenti.

SCHEDA DI SINTESI

La Legge 27 gennaio 2012, n. 3 detta *"Disposizioni in materia di usura e di estorsione, nonché di composizione delle crisi da sovraindebitamento"* e, al **Capo II**, introduce nell'ordinamento una **procedura concorsuale di nuovo conio**, destinata ad operare in tutte le situazioni non soggette né assoggettabili alle altre procedure concorsuali. Si tratta, in sostanza, di un meccanismo negoziale di estinzione (controllata in sede giudiziale) delle obbligazioni del soggetto sovraindebitato non fallibile.
In particolare, è destinata: agli **imprenditori non assoggettabili alle procedure concorsuali**; ai **"debitori civili"** in genere; ai **consumatori**.
Dal punto di vista del **presupposto oggettivo**, la procedura di nuovo conio presuppone il "**sovraindebitamento**", inteso come una situazione di **perdurante squilibrio tra le obbligazioni assunte e il patrimonio** prontamente liquidabile per farvi fronte, nonché la **definitiva incapacità del debitore di adempiere regolarmente le proprie obbligazioni**.
La conclusione dell'accordo può essere suddivisa in fasi: la proposta; il vaglio giurisdizionale di fattibilità; l'accordo con i creditori; l'omologazione da parte del giudice.

QUESTIONARIO

1. Quali sono i soggetti cui può applicarsi la "nuova" procedura concorsuale? (**1.**)
2. Cosa si intende per sovraindebitamento? (**1.**)
3. Qual è la natura della procedura e quali effetti produce rispetto ai creditori? (**1.**)
4. Quali sono i requisiti sostanziali e di ammissibilità della proposta del debitore? (**3.1.**)
5. Quando si producono gli effetti protettivi del patrimonio del debitore? (**3.2.**)
6. Come si raggiunge l'accordo con i creditori? (**3.3.**)

CAPITOLO V | LE CRISI DA SOVRAINDEBITAMENTO

7. Quali effetti produce l'omologazione dell'accordo da parte del giudice? (**3.4.**)
8. Quali sono le peculiarità procedurali nel caso in cui proponente sia il consumatore? (**4.**)
9. In quali casi si attiva la procedura liquidatoria e come è segmentata? (**5.**)
10. Quali sono i presupposti per poter accedere al beneficio dell'esdebitazione? (**6.**)

Capitolo VI
Il codice della crisi d'impresa e dell'insolvenza

SOMMARIO:
1. I principi generali della riforma. – **2.** La composizione negoziata della crisi. – **2.1.** Il procedimento: l'avvio, la trattativa, gli esiti. Le misure protettive e cautelari. – **3.** Le procedure di regolazione della crisi e dell'insolvenza. – **4.** Gli strumenti negoziali stragiudiziali di regolazione della crisi. – **5.** Le procedure di composizione delle crisi da sovraindebitamento. – **6.** Il concordato preventivo. – **7.** La liquidazione giudiziale. – **8.** Il concordato nella liquidazione giudiziale. – **9.** L'esdebitazione. – **10.** La disciplina della crisi nei gruppi di imprese. – **11.** Entrata in vigore e profili di diritto intertemporale.

1. I principi generali della riforma.

La legge delega n. 155 del 19.10.2017 aveva ad oggetto la riforma completa delle discipline della crisi di impresa e dell'insolvenza, con lo scopo di sostituire integralmente la legge fallimentare del 1942.

L'esigenza di una risistemazione complessiva della materia concorsuale era resa ancora più impellente dalle sollecitazioni provenienti dall'UE e in particolare dalla Raccomandazione della Commissione UE 12 marzo 2014, n. 135, oltre che dalla recente rifusione delle pertinenti disposizioni nel Regolamento UE 2015/845 del Parlamento europeo e del Consiglio del 20 maggio 2015, relativo alle procedure di insolvenza.

Occorre inoltre considerare l'incidenza dei principi della *model law*, elaborati in tema di insolvenza dalla Commissione delle Nazioni Unite per il diritto commerciale internazionale (UNCITRAL), cui hanno aderito molti Paesi anche in ambito extraeuropeo (tra cui gli Stati Uniti d'America).

In attuazione della legge delega 19 ottobre 2017, n. 155 è stato dapprima adottato il Decreto Legislativo 12 gennaio 2019, n. 14, recante il **Codice della crisi d'impresa e dell'insolvenza**, seguito dal D.lgs., 26 ottobre 2020, n. 147 (d'ora in poi **decreto correttivo**), che ha introdotto importanti disposizioni integrative e correttive. Infine, il D.lgs. 83/2022, oltre a disporre che il nuovo Codice entrasse in vigore il 15 luglio 2022, dopo plurimi rinvii, ha dato attuazione alla Direttiva europea n. 1023/2019 e attratto all'interno del CCII le disposizioni del D.L.118/2021 in materia di composizione negoziata della crisi.

CAPITOLO VI | IL CODICE DELLA CRISI D'IMPRESA E DELL'INSOLVENZA

Il Codice si propone l'obiettivo di:

- **riformare** in modo organico ed unitario **la materia** delle procedure concorsuali e della crisi da sovraindebitamento, pur conservando l'impianto normativo previsto dalla legge fallimentare;
- **semplificare il sistema normativo** nel suo complesso, al fine di superare le difficoltà applicative oltre che interpretative derivanti dalla formazione di indirizzi giurisprudenziali non consolidati e contrastanti;
- **soddisfare** l'esigenza di **certezza del diritto** e **migliorare l'efficienza del sistema economico** in modo da renderlo più competitivo.

I **principi generali**, imposti dalla legge delega, che connotano la riforma organica della disciplina delle procedure concorsuali sono i seguenti:

- si sostituisce il termine "fallimento" con l'espressione "liquidazione giudiziale";
- si introduce una definizione di "**stato di crisi**", intesa come probabilità di futura insolvenza, e si mantiene, al contempo, l'attuale nozione di "insolvenza" (si rinvia alle definizioni riportate al par. 2);
- si adotta un unico **modello processuale** per l'accertamento dello stato di crisi o di insolvenza del debitore con caratteristiche di **particolare celerità**;
- si assoggetta ai procedimenti di accertamento dello stato di crisi o insolvenza **ogni categoria di debitore**, persona fisica o giuridica, ente collettivo, consumatore, professionista o imprenditore **esercente un'attività commerciale**, agricola o artigianale, con esclusione dei soli enti pubblici;
- si prevede di dare priorità alla trattazione delle proposte che comportano il **superamento della crisi** assicurando la continuità aziendale anche tramite un diverso imprenditore;
- si uniforma e si semplifica, in raccordo con le disposizioni sul processo civile telematico, la disciplina dei diversi **riti speciali** previsti dalle disposizioni in materia concorsuale.
- si armonizzano le procedure di gestione della crisi e dell'insolvenza dl datore di lavoro con le **forme di tutela dell'occupazione e del reddito dei lavoratori.**

2. La composizione negoziata della crisi.

L'aspetto maggiormente innovativo della riforma è senza dubbio rappresentato dall'introduzione di **una disciplina organica volta a consentire l'emersione anticipata della crisi** e scongiurare l'insolvenza vera e propria. In tal senso vanno ricordate le previsioni dell'art. 3 che, in apertura, statuisce: *"L'imprenditore individuale deve adottare misure idonee a rilevare tempestivamente lo stato di crisi e assumere senza indugio le iniziative necessarie a farvi fronte. L'imprenditore collettivo deve istituire un assetto organizzativo, amministrativo e contabile adeguato ai sensi dell'articolo 2086 del Codice civile, ai fini della tempestiva rilevazione dello stato di crisi e dell'assunzione di idonee iniziative."* In sostanza, gli strumenti negoziali e giurisdizionali previsti per il superamento della crisi di impresa si basano tutti sul presupposto che l'imprenditore abbia, a monte, predisposto modelli organizzativi idonei a individuare immediatamente i segnali di allarme e a ricercare prontamente una soluzione. Ai sensi del co. 3 dell'art. 3, tali mezzi e assetti sono idonei se consentono di: *"a) rilevare eventuali squilibri di carattere patrimoniale o economico-finanziario, rapportati alle specifiche caratteristiche dell'impresa e dell'attività imprenditoriale svolta dal debitore;*
b) verificare la sostenibilità dei debiti e le prospettive di continuità aziendale almeno per i dodici mesi successivi e rilevare i segnali di cui al comma 4;
c) ricavare le informazioni necessarie a utilizzare la lista di controllo particolareggiata e a effettuare il test pratico per la verifica della ragionevole perseguibilità del risanamento di cui all'articolo 13, al comma 2."
Al comma 4, infine, si prevede che: *"costituiscono segnali per la previsione di cui al comma 3:*
a) l'esistenza di debiti per retribuzioni scaduti da almeno trenta giorni pari a oltre la metà dell'ammontare complessivo mensile delle retribuzioni;
b) l'esistenza di debiti verso fornitori scaduti da almeno novanta giorni di ammontare superiore a quello dei debiti non scaduti;
c) l'esistenza di esposizioni nei confronti delle banche e degli altri intermediari finanziari che siano scadute da più di sessanta giorni o che abbiano superato da almeno sessanta giorni il limite degli affidamenti ottenuti in qualunque forma purché rappresentino complessivamente almeno il cinque per cento del totale delle esposizioni;
d) l'esistenza di una o più delle esposizioni debitorie previste dall'articolo 25-novies, comma 1. Il citato art. 3, al comma 4, inoltre, prevede ipotesi specifiche di campanelli d'allarme";
Il Codice, nella sua prima stesura, prevedeva le cd. **"procedure di allerta e di**

composizione assistita della crisi" (**Titolo II**), introdotte dal legislatore allo scopo di dare attuazione alle prescrizioni succitate.

Le procedure di allerta, tuttavia, sono state superate con gli ultimi interventi normativi all'esito dei quali trova applicazione, sia pure con le stesse finalità, esclusivamente l'istituto della **composizione negoziata della crisi,** dalla portata applicativa molto ampia, introdotto nel CCII con il D.L. n. 118/2021, convertito nella legge n. 147/2021.

Ai sensi dell'articolo 12 CCII la disciplina della composizione negoziata della crisi è riservata a imprenditori che si trovano *"in condizioni di squilibrio patrimoniale economico finanziario che ne rendono probabile l'insolvenza"* ma che, tuttavia, facciano ritenere perseguibile il risanamento dell'impresa. Con riferimento alle definizioni presenti nel codice, va subito rilevato che **la crisi** di cui all'art. 2 comma 1 lettera a), all'esito delle ultime modifiche legislative, è ora definita come *"lo stato del debitore che rende probabile l'insolvenza e che si manifesta con l'inadeguatezza dei flussi di cassa prospettici a far fronte alle obbligazioni nei successivi 12 mesi".*

Invece, lo **stato di insolvenza è definito,** dall'art. 2 co. 1lettera b) come *"lo stato del debitore che si manifesta con inadempimenti od altri fatti esteriori, i quali dimostrino che il debitore non è più in grado di soddisfare regolarmente le proprie obbligazioni".* Non vi sono dubbi, comunque, sulla possibilità di comprendere nell'ambito di applicazione della composizione negoziata della crisi anche le imprese in stato di insolvenza purché questo appaia reversibile; tale possibilità si desume chiaramente dal secondo presupposto oggettivo necessario per l'accesso al procedimento, ovvero la ragionevole perseguibilità del risanamento dell'impresa.

2.1. Il procedimento: l'avvio, la trattativa, gli esiti. Le misure protettive e cautelari.

Quanto al procedimento di composizione negoziata, sia pure in estrema sintesi, va detto che si tratta di uno **strumento attivabile su base "volontaria"** ovvero **su richiesta dell'imprenditore individuale e collettivo, sia commerciale che agricolo**, senza limiti legati alla dimensione dell'impresa in stato di crisi e anche se la stessa sia stata già posta in liquidazione, che vi provvede con istanza presentata ai sensi degli artt. 12 e 13 CCII. Per le società, inoltre, il percorso di composizione può essere sollecitato dall'organo di controllo societario che deve segnalare all'organo amministrativo della società stessa la sussistenza dei presupposti per la composizione negoziata della crisi (art. 25octies CCII). Infine, obblighi specifici di sollecitazione alla presentazione dell'istanza sono previsti per i creditori pubblici qualificati (INPS, INAIL, Agenzia delle Entrate) e per le banche e gli intermediari finanziari in occasione della revoca degli affidamenti all'imprenditore.

Il procedimento inizia con la presentazione – tramite la **piattaforma telematica nazionale** istituita ai sensi dell'art. 13 del Codice e gestita dalle Camere di Commercio sotto il controllo del Ministero della Giustizia e di quello dello Sviluppo economico – **dell'istanza di nomina di un esperto** (*ex* art. 17).

L'esperto è un soggetto terzo e indipendente – dotato di specifiche competenze in materia di gestione della crisi di impresa e in possesso dei requisiti di professionalità e indipendenza richiesti dagli artt. 13 e 16 CCII e 2399 c.c. – iscritto in apposito elenco istituito sempre presso la Camera di commercio; l'esperto viene poi nominato da una commissione ad hoc, che dura in carica due anni, e assume il ruolo di "agevolatore delle trattative", nel rispetto dei canoni di correttezza, buona fede e leale collaborazione tra le parti, finalizzate al superamento della crisi dell'impresa.

L'imprenditore deve inoltre presentare un piano di rientro e un piano finanziario per i sei mesi successivi nonché esporre le iniziative industriali che intende adottare. L'esperto indipendente, poi, compie una prima delibazione del piano di risanamento dell'impresa, all'esito della quale può avanzare una richiesta di archiviazione della procedura nel caso di prognosi di sua infruttuosità.

Il cuore della procedura è invece costituito dalle **trattative**; esse coinvolgono tutti i soggetti che hanno interesse alla continuità aziendale e quindi l'imprenditore, i creditori (tra cui anche le banche), eventuali finanziatori o soggetti interessati a rilevare l'impresa, i lavoratori e i sindacati coadiuvati dall'esperto. Al termine della trattativa, l'esperto redige una relazione finale che deve contenere obbligatoriamente gli elementi analiticamente previsti dalla sez. III, par. 14 del decreto dirigenziale del Ministero della giustizia (adottato ai sensi dell'articolo 3 del decreto legge 24 agosto 2021, n. 118, convertito, con modificazioni, dalla legge 21 ottobre 2021, n. 147); in sostanza, la relazione deve contenere il resoconto dell'attività compiuta e della condotta tenuta dall'imprenditore e dalle parti che hanno partecipato alle trattative e si deve concludere con le indicazioni sull'eventuale accordo raggiunto con una o più delle parti o con la constatazione che nessun accordo è stato raggiunto.

In base all'articolo 23, al termine delle trattative – se viene individuata una soluzione idonea al superamento della situazione di squilibrio patrimoniale o economico finanziario che rendono probabile la crisi o l'insolvenza – le parti possono:
- stipulare uno degli **accordi o convenzioni** previste dalle lettere da a) a c) del primo comma dell'art.23, ovvero soluzioni negoziali stragiu-

diziali tra cui un contratto con uno o più creditori che sia idoneo ad assicurare la continuità aziendale per non meno di due anni (come si evince dalla generica previsione, tale contratto potrà avere il contenuto più vario purché sia idoneo a consentire la continuità aziendale).
- stipulare una **convenzione di moratoria** ai sensi dell'articolo 62 (che normalmente sarà volta a disciplinare in via temporanea gli effetti della crisi e non a risolverli in via definitiva);
- concludere un accordo sottoscritto dall'imprenditore, dai creditori e dall'esperto che produce gli stessi effetti del piano attestato di risanamento di cui all'articolo 56.

Infine, l'imprenditore può scegliere alternativamente:
- di **predisporre il piano attestato di risanamento**;
- di **richiedere l'omologazione dell'accordo di ristrutturazione dei debiti** ai sensi degli articoli 57, 60 e 61;
- di richiedere **l'accesso ad uno degli strumenti di regolazione della crisi e dell'insolvenza;**
- di richiedere il **concordato semplificato per la liquidazione del patrimonio** ai sensi dell'articolo **25sexies**.

Tale istituto si pone come alternativo alle altre procedure concorsuali nel caso in cui non sia stato possibile effettuare una composizione negoziata stragiudiziale della crisi dell'azienda, purché le trattative si siano svolte secondo correttezza e buona fede. Il concordato ha finalità esclusivamente liquidatorie: è prevista la possibilità di presentare, nei 60 giorni successivi al deposito nella piattaforma della relazione dell'esperto, una proposta di concordato per la cessione dei beni unitamente al piano di liquidazione e ai documenti indicati all'articolo 39, con la possibilità di optare per la suddivisione in classi dei creditori. L'imprenditore chiede l'omologazione del concordato al tribunale competente, con ricorso comunicato al pubblico ministero e depositato immediatamente dalla cancelleria del tribunale nel registro delle imprese. Il tribunale, valutata la ritualità della proposta, nomina un ausiliario e provvede con decreto a fissare l'udienza per l'omologazione non prima di 45 giorni al fine di consentire ai creditori a qualsiasi interessato di proporre opposizione all'omologazione. Sull'omologazione il tribunale provvede con decreto motivato immediatamente esecutivo che può essere oggetto di reclamo alla Corte d'appello; il decreto della Corte d'appello è poi ricorribile per Cassazione entro 30 giorni dalla sua comunicazione. Per la liquidazione del patrimonio conseguente alla presentazione della proposta del concordato semplificato, viene nominato un liquidatore che può anche dare autonoma esecuzione all'offerta e alla vendita del ramo d'azienda o dell'azienda a favore del soggetto già individuato nel piano di liquidazione, qualora sul mercato non possano trovarsi soluzioni migliori.

Quanto agli effetti dell'accesso alla procedura, va innanzitutto premesso che **l'imprenditore in stato di crisi gestisce autonomamente l'impresa potendo compiere sia gli atti di ordinaria che di straordinaria amministrazione,** in modo da evitare ogni pregiudizio alla sostenibilità economico finanziaria dell'attività e nel prevalente interesse dei creditori e rimane libero di adempiere alle proprie obbligazioni con l'unica necessità di rapportarsi all'esperto per gli atti di straordinaria amministrazione; in caso di contrasto, l'esperto può far risultare il proprio dissenso con diversi strumenti e, in particolare, con la segnalazione agli organi amministrativi, al Tribunale nonché con l'iscrizione del dissenso nel registro delle imprese. In questa fase, non è richiesto l'intervento dell'Autorità giudiziaria fatta eccezione per le ipotesi di richiesta di misure protettive e cautelari o di autorizzazioni.

Le **misure cd. protettive e cautelari** (la cui disciplina è contenuta negli artt. 18, 19 e 20) possono essere **richieste** dall'imprenditore **solo nel corso della procedura** di negoziazione e devono essere **confermate o concesse dal Tribunale** (competente *ex* art. 27).

Si tratta di misure (richieste con istanza *ad hoc* che viene iscritta nel registro delle imprese a tutela dei creditori e il cui contenuto è poi riprodotto nel ricorso al tribunale) **poste a tutela del patrimonio dell'imprenditore**, in ottica conservativa secondo la definizione offerta dall'art. 2, co.1 lett. p); pertanto, producono effetti nei confronti di tutti i creditori, o di singole categorie di creditori in base a quanto richiesto dall'istante, con l'esclusione dei lavoratori dell'impresa i cui crediti sono tutelati secondo la disciplina ordinaria.

Con la presentazione dell'istanza, l'imprenditore inserisce nella piattaforma telematica una dichiarazione sull'esistenza di misure esecutive o cautelari iniziate nei suoi confronti; tale istanza viene pubblicata nel registro delle imprese e, dal giorno della pubblicazione, i creditori non possono acquisire diritti di prelazione senza il consenso dell'imprenditore né possono iniziare o proseguire azioni esecutive e cautelari nei suoi confronti. La pubblicazione dell'istanza impedisce, inoltre, fino all'archiviazione della procedura, che sia pronunciata la sentenza di apertura della liquidazione giudiziale o di accertamento dello stato di insolvenza (a meno che il tribunale non disponga la revoca delle misure stesse).

Restano ferme, invece, le eventuali misure cautelari concesse al di fuori della procedura di composizione negoziata della crisi, ad esempio in occasione della

richiesta di apertura della liquidazione giudiziale, prima che il tribunale decida sulla stessa.
Le misure protettive producono effetti significativi in quanto **i creditori interessati non possono – nel corso delle trattative – rifiutare l'adempimento né risolvere o recedere dal contratto in corso di esecuzione**; ai sensi dell'art. 20, inoltre, l'imprenditore può dichiarare che – dalla data di presentazione dell'istanza, fino all'esito della procedura – **non trovano applicazione le ordinarie cause di scioglimento della società in caso di riduzione del capitale sociale**. Le misure cautelari sono, invece, quelle volte a preservare il patrimonio dell'impresa nella prospettiva dell'eventuale accesso alle procedure di regolazione della crisi e dell'insolvenza.
All'istanza, l'imprenditore deve allegare: i bilanci degli ultimi tre esercizi o le dichiarazioni dei redditi e dell'IVA, una situazione patrimoniale e finanziaria aggiornata, l'elenco dei creditori individuati, un progetto di piano di risanamento e l'accettazione dell'esperto nominato ai sensi dell'articolo 13.
La **richiesta di conferma delle misure protettive nonché di rilascio di quelle cautelari** avviene quindi con **ricorso** proposto al tribunale competente e la procedura segue le forme previste per il **rito cautelare uniforme** senza che trovino applicazione, però, le norme specifiche in materia di rapporti fra il giudizio cautelare e il giudizio di merito, non essendo previsto un giudizio di merito per le misure protettive in questione; l'efficacia di tali misure è comunque subordinata alla presentazione del ricorso al tribunale per ottenerne la conferma. Il tribunale adito emette il decreto di fissazione dell'udienza nei successivi 10 giorni; il debitore ha l'onere di instaurare il contraddittorio con i creditori che subirebbero gli effetti delle misure protettive qualora queste venissero confermate. A tal fine, devono essere debitamente individuati i controinteressati al provvedimento di conferma a pena di inammissibilità del ricorso. Una volta instaurato il contraddittorio, il tribunale – senza formalità e anche previa nomina di un ausiliario – procede agli atti di istruzione indispensabili per il la concessione dei provvedimenti cautelari richiesti nonché per i provvedimenti di conferma, revoca o modifica delle misure protettive.
Va, infine, rilevato che il procedimento di conferma delle misure protettive ha **natura cautelare** e impone dunque la **verifica dei requisiti del *fumus boni iuris*** – ovvero la condizione oggettiva rappresentata dallo stato di crisi o di insolvenza in cui versa l'impresa, nonché la prognosi di risanamento – **e del *periculum in mora*** costituito dal rischio che la mancata concessione delle misure possa pregiudicare l'andamento e il buon esito delle trattative.
Il tribunale decide in composizione monocratica con un'ordinanza che può essere oggetto di reclamo al collegio; le misure protettive e cautelari possono

essere disposte per un minimo di 30 giorni sino a un massimo di 120 giorni e possono essere prorogate senza superare i 240 giorni complessivi. In ogni caso, tutte le misure ottenute dall'imprenditore sono revocate dal tribunale al momento della ricezione della relazione finale dell'esperto.
Ulteriore ipotesi di intervento del Tribunale è quella relativa alle **autorizzazioni** che il Tribunale deve rilasciare nei casi previsti dall'art.22 del Codice ovvero in materia di: **finanziamenti concessi** nel corso della procedura, che, con l'autorizzazione, diventano **crediti prededucibili** all'esito della negoziazione e, altresì, nel caso di future procedure concorsuali o esecutive individuali **e non sono soggetti ad azione revocatoria né ordinaria né fallimentare**; si stabilisce, inoltre, che anche i finanziamenti dei soci, in deroga all'art. 2467 c.c., vanno considerati crediti prededucibili. Ancora, è necessaria l'autorizzazione nel caso di **trasferimento dell'azienda** o di ramo d'azienda **al fine di escludere gli effetti di cui all'art. 2560 c.c.** (ovvero il regime di responsabilità solidale per i debiti di impresa risultanti dai libri contabili obbligatori al momento del trasferimento). In tale ultimo caso, il tribunale deve rispettare il principio di competitività nella selezione dell'acquirente pur non essendo prevista una vera e propria gara.
Infine, il Codice prevede, all'art.25, la possibilità per i gruppi di imprese di accedere alla composizione negoziata collettiva della crisi, purché appartengano tutte al medesimo gruppo e abbiano sede legale nel territorio dello Stato; in tale ipotesi può essere presentata un'unica istanza per la nomina dell'esperto indipendente ed è prevista una normativa ad hoc per la relativa procedura. Infine, anche le imprese minori possono – ai sensi dell'articolo 25 *quater* – ricorrere alla procedura di composizione negoziata, con l'osservanza di forme semplificate e più snelle per il suo svolgimento.

3. Le procedure di regolazione della crisi e dell'insolvenza.

Il Titolo III del Codice è dedicato alle cd. "**procedure per la regolazione della crisi e dell'insolvenza**" per l'accesso alle quali è stata prevista una disciplina uniforme.
Nel caso di **cessazione dell'attività** il legislatore, rispetto al sistema vigente, ha previsto un'unica disciplina per l'imprenditore individuale e per quello collettivo. In particolare, la **liquidazione giudiziale** – che concerne, come avveniva per il fallimento, le sole imprese commerciali che superino i requisiti dimensionali ora previsti dall'art. 2 co. 1 lett. d) del Codice – può essere aperta entro un anno dalla cessazione dell'attività del debitore se l'insolvenza si è

manifestata anteriormente alla medesima o entro l'anno successivo. Si ribadisce che per gli imprenditori, **la cessazione dell'attività coincide con la cancellazione dal registro delle imprese** con la precisazione che per i debitori non iscritti la cessazione coincide con il momento in cui i terzi ne acquisiscono la conoscenza.

Come anticipato, in linea con le esigenze di semplificazione poste a fondamento della riforma, è stato introdotto un unico modello processuale per l'accertamento dello stato di crisi o dell'insolvenza del debitore.

- la domanda di accesso ad una **procedura regolatrice della crisi o dell'insolvenza** può essere sempre **proposta dal debitore** (art. 37, comma 1);
- la domanda di apertura della **liquidazione giudiziale** può invece essere presentata da una pluralità di soggetti, tra cui il **debitore** ma, rispetto alla disciplina vigente, anche dagli **organi** e dalle **autorità amministrative** cha hanno **funzioni di controllo e di vigilanza** sull'impresa (art. 37, comma 2);
- la domanda di liquidazione può essere presentata anche da uno o più **creditori** o dal **pubblico ministero**, il quale è legittimato a presentare ricorso per l'apertura della liquidazione giudiziale in ogni caso in cui ha avuto notizia dell'esistenza di uno stato di insolvenza (art. 38).

L'art. 39 contempla gli **obblighi del debitore** che chiede l'accesso a una procedura regolatrice della crisi o dell'insolvenza onerandolo del deposito di documenti, tra cui la certificazione sulla situazione debitoria attinente a debiti come quelli tributari e contributivi o ai premi assicurativi. Il debitore deve inoltre depositare una relazione riepilogativa degli atti di straordinaria amministrazione compiuti nei 5 anni antecedenti (termine non a caso corrispondente a quello di prescrizione dell'azione revocatoria ordinaria).

Il **procedimento unitario per l'accesso alle procedure di regolazione della crisi o dell'insolvenza** è disciplinato dagli artt. 40 e ss. del Codice.

La **domanda di accertamento** dello stato di crisi e di insolvenza si propone con **ricorso** che deve indicare l'ufficio giudiziario, l'oggetto, le ragioni delle domande e le conclusioni e deve essere sottoscritto dal difensore munito di procura.

Per quanto concerne i profili di **competenza dell'autorità giudiziaria**, i procedimenti di regolazione della crisi o della insolvenza, nonché le controversie relative alle imprese in amministrazione straordinaria ed ai gruppi di impresa di rilevante dimensione sono demandati alla cognizione del Tribunale – sede delle sezioni specializzate in materia di imprese – *ex* art. 1 del Dlgs n. 168/2003. Il Tribunale del luogo in cui il debitore ha il proprio centro di interessi è invece competente per tutti gli altri procedimenti. L'art. 27 precisa che la competenza spetta al Tribunale del luogo ove si trova il **centro di interessi principali del debitore,** tenuto conto della sua categoria di appartenenza del debitore, ed individuato attraverso il ricorso a presunzioni. Ai fini dell'individuazione della competenza è ininfluente il trasferimento della sede del centro di interessi principale avvenuto nell'anno antecedente (art. 28).

Con riferimento alla **sentenza di apertura di liquidazione giudiziale,** il giudice può nominare, se lo ritiene utile, insieme al **curatore** anche uno o più **esperti** per l'esecuzione di compiti specifici con l'obiettivo di garantire maggiore efficienza e celerità alla procedura. Il decreto del Tribunale con il quale viene respinta la domanda di apertura della liquidazione giudiziale è impugnabile, con reclamo avanti alla Corte di Appello. È tuttavia opportuno evidenziare che il Giudice d'appello può ora dichiarare aperta la liquidazione giudiziale in caso di accoglimento del reclamo e rimettere gli atti al Tribunale al fine di emettere gli opportuni provvedimenti (a differenza di quanto avviene nel sistema vigente visto che è il Tribunale a dover procedere alla dichiarazione di fallimento). Si sottolinea che il decreto della Corte di appello con il quale viene rigettato il reclamo non è ricorribile per cassazione atteso che la domanda può essere riproposta (art. 50).

4. Gli strumenti negoziali stragiudiziali di regolazione della crisi.

La riforma favorisce la **composizione della crisi** attraverso il ricorso a **strumenti negoziali stragiudiziali** suddivisi in due categorie: da un lato gli accordi in esecuzione di piani attestati di risanamento non soggetti ad omologazione; d'altro lato gli accordi di ristrutturazione dei debiti, gli accordi di ristrutturazione ad efficacia estesa e le convenzioni di moratoria, soggetti, invece, ad omologazione. Ad essi si aggiunge la **composizione negoziata per la soluzione della crisi d'impresa,** di cui si è detto.

Gli **accordi in esecuzione di piani attestati di risanamento** (art. 56) sono riservati alle ipotesi di **continuità aziendale.** L'imprenditore in stato di crisi o di insolvenza può predisporre un piano, rivolto ai creditori, che appaia idoneo a consentire il risanamento dell'esposizione debitoria dell'impresa e ad assicurare il riequilibrio della situazione finanziaria.

Il **piano deve avere data certa e deve indicare**:

- la **situazione economico-patrimoniale e finanziaria dell'impresa**;
- le principali **cause della crisi**;
- le **strategie d'intervento e dei tempi necessari** per assicurare il riequilibrio
- della situazione finanziaria;
- i **creditori e l'ammontare dei crediti** dei quali si propone la rinegoziazione
- e lo stato delle eventuali trattative;
- gli **apporti di finanza nuova**;
- i **tempi delle azioni** da compiersi, che consentono di verificarne la realizzazione,
- nonché gli **strumenti da adottare** nel caso di scostamento tra gli obiettivi e la situazione in atto. È in ogni caso previsto che il piano deve essere attestato da un **professionista indipendente** che deve certificare la veridicità dei dati aziendali e la fattibilità economica e giuridica dell'operazione. Gli atti unilaterali ed i contratti posti in essere in esecuzione del piano devono essere provati per iscritto ed avere una data certa, al fine di evitare condotte opportunistiche o collusive;
- il **piano industriale** e l'evidenziazione dei suoi effetti sul piano finanziario.

Tra gli strumenti negoziali stragiudiziali **soggetti ad omologazione**, l'art. 57 contempla gli **accordi di ristrutturazione dei debiti**.
Tali accordi possono essere stipulati dall'imprenditore con i creditori che rappresentano almeno il 60% dei crediti in continuità con il sistema vigente e devono essere corredati dal **piano economico finanziario** che ne consente l'esecuzione, da redigere secondo le modalità indicate in precedenza per i piani di risanamento *ex* art. 56.
Un professionista indipendente deve attestare la veridicità dei dati aziendali e la fattibilità economica e giuridica del piano.
Si precisa che gli accordi di ristrutturazione dei debiti ed il piano di risanamento possono essere rinegoziati o modificati (art. 58).
È stato introdotto inoltre l'istituto degli **accordi di ristrutturazione agevolati** che possono essere stipulati con creditori che rappresentano almeno il 30% dei crediti a condizione che il debitore: non proponga la moratoria dei crediti estranei agli accordi; non abbia richiesto e rinunci a richiedere misure protettive temporanee (art. 60).

Proseguendo nell'analisi degli strumenti negoziali stragiudiziali soggetti ad omologazione vengono in rilievo gli **accordi di ristrutturazione ad efficacia estesa**.
In base all'art. 61, le disposizioni di cui alla sezione II, dedicata agli strumenti negoziali stragiudiziali in commento, si applicano, in **deroga agli articoli 1372 e 1411 del codice civile**, al caso in cui gli effetti dell'accordo vengano estesi anche ai creditori non aderenti che appartengano alla medesima categoria, individuata tenuto conto dell'omogeneità di posizione giuridica ed interessi economici. A tal fine è necessario che:

- tutti i creditori appartenenti alla categoria siano stati informati dell'avvio delle trattative, siano stati messi in condizione di parteciparvi in buona fede e abbiano ricevuto complete e aggiornate informazioni sulla situazione patrimoniale, economica e finanziaria del debitore nonché sull'accordo e sui suoi effetti;
- l'accordo abbia carattere non liquidatorio, prevedendo la prosecuzione dell'attività d'impresa in via diretta o indiretta ai sensi dell'articolo 84, comma 2, e che i creditori vengano soddisfatti in misura significativa o prevalente dal ricavato della continuità aziendale;
- i crediti dei creditori aderenti appartenenti alla categoria rappresentino il settantacinque per cento di tutti i creditori appartenenti alla categoria, fermo restando che un creditore può essere titolare di crediti inseriti in più di una categoria;
- i creditori della medesima categoria non aderenti cui vengono estesi gli effetti dell'accordo possano risultare soddisfatti in base all'accordo stesso in misura non inferiore rispetto alla liquidazione giudiziale;
- il debitore abbia notificato l'accordo, la domanda di omologazione e i documenti allegati ai creditori nei confronti dei quali chiede di estendere gli effetti dell'accordo.

È fatta salva la **facoltà di opposizione dei creditori** della medesima categoria non aderenti ai quali il debitore chiede di estendere gli effetti dell'accordo.
Con la riforma è stato ampliato l'ambito di applicazione delle **convenzioni di moratoria (art.62 CCII)** non essendo più limitato agli accordi conclusi con banche od intermediari finanziari. La convenzione di moratoria può difatti essere ora conclusa tra un imprenditore, anche non commerciale, ed i suoi creditori, ed essa è diretta a disciplinare in via provvisoria gli effetti della crisi, avendo ad oggetto: la dilazione delle scadenze dei crediti; la rinuncia agli atti

o la sospensione delle azioni esecutive e conservative e di ogni altra misura che non comporti la rinuncia al credito in deroga a quanto previsto dall'art. 1372 c.c. ed art. 1411 c.c. Anche in tal caso sono previste alcune condizioni occorrendo che:

- tutti i creditori appartenenti alla categoria siano stati informati dell'avvio delle trattative o siano stati messi in condizione di parteciparvi in buona fede e abbiano ricevuto complete e aggiornate informazioni sulla situazione patrimoniale, economica e finanziaria del debitore nonché sulla convenzione e i suoi effetti;
- i crediti dei creditori aderenti appartenenti alla categoria rappresentino il settantacinque per cento di tutti i creditori appartenenti alla categoria, fermo restando che un creditore può essere titolare di crediti inseriti in più di una categoria;
- vi siano concrete prospettive che i creditori della medesima categoria non aderenti, cui vengono estesi gli effetti della convenzione, possano risultare soddisfatti all'esito della stessa in misura non inferiore rispetto alla liquidazione giudiziale;
- un professionista indipendente, abbia attestato la veridicità dei dati aziendali, l'idoneità della convenzione a disciplinare provvisoriamente gli effetti della crisi, e la ricorrenza delle condizioni di cui alla lettera c).

Per quanto riguarda, infine, la disciplina della **transazione fiscale**, proposta nell'ambito delle trattative che precedono la stipulazione degli accordi di ristrutturazione di cui agli articoli 57, 60 e 61 l'unica novità sostanziale rispetto alla disciplina vigente è rappresentata dal fatto che l'attestazione del professionista indipendente relativamente ai crediti fiscali e previdenziali deve contenere la valutazione di convenienza del trattamento proposto dal debitore rispetto alla liquidazione giudiziale che è altresì soggetta al giudizio del giudice (art. 63).

5. Le procedure di composizione delle crisi da sovraindebitamento.

Il codice prevede tre **procedure di composizione della crisi da sovraindebitamento** (il piano di ristrutturazione dei debiti del consumatore; il concordato minore; liquidazione controllata) riservate alle seguenti categorie di soggetti: il consumatore, il professionista, l'imprenditore agricolo, l'imprenditore mino-

re, le *start-up* innovative ed ogni altro debitore non assoggettabile alla procedura di liquidazione giudiziale od alla liquidazione coatta amministrativa od ad altre procedure liquidatorie previste dal codice civile o da leggi speciali per il caso di crisi od insolvenza.
Per questo tipo di procedure, il legislatore ha previsto una disciplina *ad hoc*.
L'art. 65 chiarisce, in primo luogo, che la nomina dell'attestatore è facoltativa e che le funzioni proprie del commissario e dei liquidatori sono svolte dall'OCC (**Organismo di composizione della crisi**) regolamentato dal D.M. 24 settembre 2014 n. 202.
È stata introdotta una disciplina innovativa rispetto al sistema vigente per quanto concerne le procedure **familiari**, cioè le procedure di sovraindebitamento che coinvolgano famigliari conviventi oppure un gruppo famigliare. In questi casi è infatti necessaria una **gestione** e una **soluzione unitaria**, donde la normativa consente di presentare un **unico progetto di risoluzione della crisi da sovraindebitamento** ed il giudice è tenuto ad adottare i provvedimenti idonei per assicurare il coordinamento di procedure collegate nel caso in cui pervengano richieste non contestuali (art. 66).
Il successivo art. 67 disciplina la **procedura di ristrutturazione dei debiti** proposta dal consumatore con l'ausilio dell'OCC e avente ad oggetto un piano di ristrutturazione dei debiti che indichi in modo specifico tempi e modalità per superare la crisi da sovraindebitamento.
La proposta ha contenuto libero e può prevedere il soddisfacimento, anche parziale, dei crediti in qualsiasi forma. Sono comunque esclusi dalla procedura i consumatori che sono già stati esdebitati nei cinque anni precedenti la domanda o che hanno già beneficiato dell'esdebitazione per due volte, ovvero che hanno determinato la situazione di sovraindebitamento con colpa grave, malafede o frode. Il piano deve essere omologato dal giudice.
I soggetti che si trovano in una situazione di sovraindebitamento, con l'esclusione del consumatore, possono presentare tramite l'OCC ai creditori una **proposta di concordato minore** quando il piano permette di proseguire l'attività imprenditoriale o professionale. Fuori da questo caso, la proposta di concordato minore può essere fatta quando viene previsto l'apporto di risorse esterne che aumentino in modo apprezzabile la soddisfazione dei creditori. L'OCC in tal caso non solo presenta la domanda, predispone il piano e la proposta di concordato minore (art. 75 – art. 76) ma cura l'esecuzione del procedimento come ausiliario del giudice (art. 78). Il concordato minore è approvato dai creditori che rappresentano la maggioranza dei crediti ammessi al voto. È pertanto richiesta la maggioranza assoluta dei crediti calcolata sulla base dell'elenco dei creditori e dei crediti.

6. Il concordato preventivo.

Anche nel Codice in commento, il **concordato preventivo** rappresenta il principale strumento negoziale che le imprese non piccole hanno a disposizione per tentare di superare la crisi ovvero l'insolvenza. Esso può assumere la forma di concordato in continuità aziendale e concordato liquidatorio (art. 84).

Il **concordato in continuità aziendale** è finalizzato al recupero della capacità dell'impresa di rientrare risanata nel mercato.

La continuità aziendale può essere **diretta** in capo all'imprenditore che ha presentato la domanda di concordato, ovvero **indiretta,** nel caso in cui sia prevista la gestione dell'azienda in esercizio o la ripresa dell'attività da parte di un soggetto diverso dal debitore in forza di cessione, usufrutto, affitto o conferimento di azienda in una o più società o a qualsiasi altro titolo (in questo caso deve essere assunto l'impegno di garantire per almeno 2 anni la conservazione di almeno il 30% dei lavoratori impiegati dal debitore al momento del deposito del ricorso nell'azienda o nel ramo di azienda);

Il piano di concordato preventivo in continuità, diretta o indiretta, deve prevedere che l'attività di impresa sia funzionale ad assicurare il **ripristino dell'equilibrio economico finanziario nell'interesse prioritario dei creditori** oltre che dell'imprenditore. I creditori, invero, devono essere soddisfatti in misura prevalente dal ricavato prodotto dalla continuità aziendale.

La proposta deve indicare **l'utilità specificatamente individuata ed economicamente valutabile che il proponente si obbliga ad assicurare a ciascun creditore.** L'utilità può essere rappresentata dalla prosecuzione o dalla rinnovazione di rapporti contrattuali con il debitore o con il suo avente causa, con l'obiettivo di soddisfare i creditori non con denaro od altri beni, ma con vantaggi sicuri ed economicamente valutabili.

È invece possibile accedere al **concordato liquidatorio**, quando:

- l'apporto di risorse esterne deve incrementare di almeno il 10% il soddisfacimento dei creditori chirografari;
- i creditori chirografari devono, in ogni caso, essere soddisfatti nella misura non inferiore al 20% dell'ammontare complessivo dei creditori chirografario.

La **proposta di concordato** preventivo può dunque essere presentata dall'imprenditore che si trovi in stato di crisi o di insolvenza. La proposta deve essere accompagnata da un **piano di attuazione** che deve essere fattibile da un punto di vista giuridico ed economico, cioè deve avere concrete possibilità di realizzazione.

Il **piano di concordato** deve contenere la descrizione analitica delle modalità e dei tempi di adempimento della proposta, per cui il debitore deve specificare:

- le cause della crisi;
- la definizione delle strategie di intervento ed i tempi necessari per assicurare il riequilibrio della situazione finanziaria nel caso di concordato in continuità;
- gli apporti di finanza nuova, se previsti;
- le azioni risarcitorie e recuperatorie esperibili nonché le prospettive di recupero;
- le ragioni per cui la continuità aziendale è funzionale al miglior soddisfacimento dei creditori;
- l'indicazione dei costi e dei ricavi attesi dalla prosecuzione dell'attività nonché delle risorse finanziarie necessarie e delle modalità di copertura, ove sia prevista la continuità aziendale diretta.

Con riferimento agli **effetti della presentazione della domanda**, il debitore conserva l'amministrazione dei beni e l'esercizio dell'impresa, sotto la vigilanza del commissario giudiziale, dalla data di deposito dell'istanza di accesso al concordato preventivo sino all'omologazione.

Sono pertanto inefficaci rispetto ai creditori anteriori al concordato i mutui, le transazioni, i compromessi, le alienazioni di beni immobili e di partecipazioni societarie di controllo, le concessioni di ipoteche o di pegno, le fideiussioni, le rinunzie alle liti, le ricognizioni di diritti di terzi, le cancellazioni di ipoteche, le restituzioni di pegni, le accettazioni di eredità e donazioni, ed in genere gli atti eccedenti l'ordinaria amministrazione che siano stati compiuti senza autorizzazione scritta del giudice delegato.

Nell'ambito della procedura di concordato preventivo, il Tribunale è tenuto ad aprire, su istanza del creditore o su richiesta del pubblico ministero, vista la comunicazione effettuata dal commissario giudiziale, la **procedura di liquidazione giudiziale** dei beni del debitore nel caso in cui venga accertato che:

- il debitore ha occultato o dissimulato parte dell'attivo;
- il debitore ha dolosamente omesso di denunciare uno o più crediti ovvero ha esposto passività inesistenti o commesso atti di frode;
- il debitore ha compiuto atti non autorizzati o comunque diretti a frodare le ragioni dei creditori.

L'apertura della procedura di liquidazione giudiziale viene altresì disposta nel caso in cui venga accertato, in qualsiasi momento, che non sussistano le condizioni per l'apertura del concordato.

Per quanto concerne i **rimedi concessi ai creditori nel caso di operazioni di trasformazione, fusione o scissione compiute durante la procedura di concordato o dopo l'omologazione**, è prevista la facoltà di contestare la validità delle operazioni soltanto attraverso lo strumento dell'opposizione all'omologazione. Nel caso di risoluzione o annullamento del concordato, gli effetti delle operazioni di trasformazione, fusione o scissione sono irreversibili salvo il diritto al risarcimento del danno eventualmente spettante ai soci o ai terzi *ex* art. 2500 *bis*, comma 1, c.c., art. 2504 *quater*, comma 2, c.c. ed art. 2506 ter, comma 5. c.c. (art. 116). In merito **agli strumenti di controllo ed intervento del Tribunale durante la fase di esecuzione del concordato preventivo** (art. 118) il **commissario giudiziale** ha il compito di sorvegliare l'adempimento del piano secondo le modalità fissate nella sentenza di omologazione e deve riferire al giudice ogni fatto dal quale possa derivare pregiudizio per i creditori.

Nel caso in cui venga rilevato che il debitore non sta provvedendo al compimento degli atti necessari a dare attuazione alla proposta o ne sta ritardando il compimento, il Tribunale può attribuire al commissario giudiziale i poteri necessari a provvedere in luogo del debitore al compimento degli atti richiesti a quest'ultimo. Laddove invece vengano denunciati ritardi o omissioni del debitore da parte del soggetto che ha presentato la proposta di concordato approvata e omologata dai creditori, il Tribunale può attribuire al commissario giudiziale i poteri necessari a provvedere in luogo del debitore o revocare l'organo amministrativo, se si stratta di società, nominando un amministratore giudiziario.

La disciplina prevista per la **risoluzione del concordato per inadempimento** (cui si può addivenire solo per inadempimenti di non scarsa importanza) contiene una rilevante novità poiché la legittimazione proporre la domanda è riconosciuta non solo ai creditori, ma anche al commissario giudiziale quando sia stata fatta richiesta da parte di uno dei creditori (art. 119). Infine, il concordato può essere annullato, su domanda del commissario giudiziale o di un creditore, in presenza di atti posti in essere in frode ai creditori partecipanti (art.120).

7. La liquidazione giudiziale.

La **liquidazione giudiziale** sostituisce il fallimento attraverso l'introduzione di una nuova procedura ispirata ai principi di **rapidità e concentrazione** senza tuttavia stravolgere le caratteristiche del procedimento tuttora in vigore.

Tra gli aspetti maggiormente innovativi si segnalano le disposizioni che regolano gli **effetti della liquidazione giudiziale sugli atti pregiudizievoli ai creditori**, tutte volte a dare concreta attuazione al generale principio della *par condicio creditorum*. È particolarmente rilevante l'individuazione del *dies a quo* per il calcolo del c.d. **periodo sospetto** che ora coincide con la data di presentazione della domanda cui è seguita la procedura di liquidazione giudiziale. Si è voluto così evitare che il tempo occorrente tra il deposito e l'apertura della procedura causi un danno ai creditori rendendo irrevocabili gli atti compiuti dal debitore in un tempo anteriore particolarmente lungo.

È confermata la legittimazione ad agire del curatore per quanto concerne l'**azione di revocazione ordinaria** finalizzata a veder dichiarati inefficaci gli atti compiuti dal debitore in pregiudizio dei creditori secondo le norme del codice civile. La competenza è posta in capo al Tribunale che ha aperto la liquidazione giudiziale sia quando l'azione è diretta nei confronti del contraente immediato sia quando è rivolta contro i suoi aventi causa.

Per quanto concerne invece la questione degli **effetti della liquidazione giudiziale sui rapporti giuridici pendenti**, la regola generale prevede la sospensione per i contratti che alla data di apertura procedura risultano ancora ineseguiti o non compiutamente eseguiti nelle prestazioni principali da entrambe le parti fino a quando il curatore non subentra al posto del debitore oppure decide di sciogliersi dal rapporto a meno che non sia già intervenuto il trasferimento del diritto per i contratti ad effetti reali. In questi casi, il contraente può mettere in mora il curatore, facendosi assegnare un termine non superiore a 60 giorni per l'esecuzione. La prosecuzione nel contratto comporta la prededucibilità dei crediti maturati in corso di procedura e l'altro contraente non ha diritto al risarcimento del danno, ma può presentare domanda di ammissione al passivo per il credito derivante dal mancato adempimento nel caso di scioglimento del contratto (art. 172).

Per quanto riguarda la fattispecie del **contratto preliminare di vendita immobiliare**, il curatore può sciogliersi dal rapporto negoziale anche quando il promissario acquirente abbia proposto e trascritto prima dell'apertura della liquidazione giudiziale domanda di esecuzione in forma specifica ex art. 2932 c.c. Lo scioglimento del rapporto contrattuale non è tuttavia opponibile nei confronti del promissario acquirente nel caso di accoglimento della domanda. Nel caso di scioglimento del contratto preliminare di vendita immobiliare trascritto ex art. 2645 *bis* c.c., il promissario acquirente ha diritto di far valere il proprio credito nel passivo senza che gli sia dovuto il risarcimento del danno (in questo caso il promissario acquirente gode del privilegio ex art. 2775 *bis* c.c. a condizione che gli effetti della trascrizione del contratto preliminare non siano cessati anteriormente alla data di apertura della liquidazione giudiziale) La norma precisa altresì che il contratto preliminare trascritto *ex* art. 2645 *bis* c.c. non si scioglie se ha ad oggetto un immobile ad uso abitativo destinato a costituire l'abitazione principale del promissario acquirente o di suoi parenti ed affini entro il terzo grado ovvero un immobile non abitativo destinato a costituire la sede principale dell'attività di impresa del promissario acquirente, a condizione che gli effetti della trascrizione non siano cessati anteriormente alla data di apertura della liquidazione giudiziale ed il promissario acquirente ne chieda l'esecuzione nel termine e secondo le modalità per la presentazione delle domande di accertamento dei diritti dei terzi sui beni compresi nella procedura. Nei casi di subentro del curatore nel contratto preliminare di vendita, l'immobile è trasferito al promissario acquirente e gli acconti corrisposti prima dell'apertura della liquidazione giudiziale sono opponibili alla massa dei creditori in misura pari alla metà dell'importo che il promissario acquirente dimostra di aver versato. Il giudice delegato ordina la cancellazione delle iscrizioni relative a diritti di prelazione, trascrizioni di pignoramenti, sequestri conservativi o di ogni altro vincolo dopo che è stata eseguita la vendita ed è stato interamente riscosso il prezzo (art. 173).

Nel caso di subentro in un **contratto ad esecuzione continuata o periodica**, la nuova normativa prevede che il curatore debba pagare integralmente il prezzo delle consegne avvenute e dei servizi erogati dopo l'apertura della liquidazione giudiziale. Il creditore, per contro, può chiedere l'ammissione al passivo in base alla disciplina dei crediti concorsuali.

La norma si propone pertanto di limitare le ipotesi di prededuzione (art. 179).

Per quanto concerne invece la disciplina del **contratto di affitto di azienda** sono differenziate le conseguenze derivanti dall'apertura della liquidazione giudiziale a seconda che la procedura investa il locatore o il conduttore concedente o l'affittuario. Se la procedura di liquidazione giudiziale è stata aperta nei confronti del concedente, il contratto di affitto di azienda non si soglie, ma il curatore, previa autorizzazione del comitato dei creditori, può recedere entro 60 giorni, corrispondendo alla controparte un equo indennizzo (che è insinuato al passivo come credito concorsuale), il cui ammontare viene determinato dal giudice delegato in caso di dissenso tra le parti.

Se la procedura di liquidazione giudiziale è stata aperta nei confronti dell'affittuario, il curatore può, in qualsiasi momento, previa autorizzazione del comitato dei creditori, recedere dal contratto corrispondendo al concedente un equo indennizzo (che è insinuato al passivo come credito concorsuale) per l'anticipato recesso, il cui ammontare viene determinato del giudice delegato in caso di dissenso tra le parti. Se viene esercitato il recesso da parte del curatore ed in ogni caso alla scadenza del contratto, si applica la disciplina prevista per la cessazione dell'esercizio provvisorio con conseguente esclusione della responsabilità della procedura per i debiti maturati a fronte della retrocessione alla liquidazione giudiziale di aziende o rami di aziende in deroga rispetto a quanto prescritto dall'**art. 2112 c.c.** ed art. 2560 c.c. (art. 184).

In merito ai **tempi e modalità di presentazione della domanda di ammissione al passivo,** si segnalano le seguenti disposizioni che costituiscono un elemento di novità rispetto al sistema vigente:

- è obbligatoria la presentazione della domanda di partecipazione al riparto delle somme ricavate dalla liquidazione dei beni compresi nella procedura e ipotecati a garanzia di debiti altrui;
- il ricorso deve contenere la determinazione dell'ammontare del credito per il quale si intende partecipare al riparto se il debitore, nei cui confronti è stata aperta la procedura di liquidazione giudiziale, è terzo datore d'ipoteca);
- il ricorso deve inoltre contenere l'indicazione del codice fiscale del creditore e le coordinate bancarie dell'istante ovvero la dichiarazione di voler essere pagato con modalità diversa dall'accredito in conto corrente;
- è stato previsto che il procedimento introdotto con la domanda di ammissione al passivo è soggetto alla sospensione feriale dei termini ex art. 1 Legge n. 742/1969 (art. 201).

Per quanto concerne la **formazione e l'esecutività dello stato passivo**, è stabilita:

- l'efficacia meramente endoconcorsuale del decreto che rende esecutivo lo stato passivo e le decisioni assunte dal Tribunale all'esito delle impugnazioni limitatamente all'accertamento dei crediti;
- l'efficacia di giudicato per le decisioni sulle domande di rivendica o di restituzione (art. 204).

Il legislatore ha inoltre modificato l'istituto dell'**esercizio provvisorio dell'impresa** al fine di incentivare la prosecuzione dell'attività nel corso della procedura di liquidazione giudiziale.

È difatti fissata la regola generale in forza della quale l'apertura della liquidazione giudiziale **non determina la cessazione dell'attività di impresa** quando:

CAPITOLO VI | IL CODICE DELLA CRISI D'IMPRESA E DELL'INSOLVENZA

- il tribunale ha autorizzato, con la sentenza che dichiara aperta la liquidazione giudiziale, il curatore a proseguire l'esercizio dell'impresa, anche limitatamente a specifici rami dell'azienda, se dall'interruzione può derivare un grave danno, a condizione che non arrechi pregiudizio ai creditori;
- il giudice delegato, su proposta del curatore e previo parere favorevole del comitato dei creditori, ha autorizzato con decreto motivato l'esercizio dell'impresa anche limitatamente a specifici rami dell'azienda, fissando la durata della prosecuzione.

Sono inoltre significativi gli interventi di modifica e adattamento, anche lessicale, operati dal legislatore sulle **modalità di liquidazione** visto che:

- i compensi riconosciuti agli esperti nominati dal curatore per la redazione della relazione di stima sono determinati secondo quanto previsto dall'art. 161, comma 3, c.p.c.;
- le modalità di liquidazione sono realizzate con modalità telematiche e con il supporto del portale delle vendite;
- il giudice delegato non solo ha il compito di determinare le modalità di liquidazione dei beni, ma ha anche il potere di ordinare la liberazione di beni immobili occupati dal debitore, a meno che non si tratti della sua abitazione, o da terzi in forza di titolo non opponibile alla procedura di liquidazione giudiziale;
- l'attività di vendita deve essere svolta attraverso il portale delle vendite pubbliche istituto con D.L. n. 83/2015 sotto la sorveglianza del giudice delegato;
- il curatore deve dare notizia, entro 5 giorni, agli organi della procedura mediante deposito del fascicolo informatico dell'avvenuto trasferimento del bene.

Per quanto concerne invece il **procedimento di ripartizione dell'attivo**:

- il curatore deve trasmettere ai creditori, ogni 4 mesi dalla data di deposito del decreto con cui è stato reso esecutivo lo stato passivo o nel diverso termine stabilito dal giudice delegato, un prospetto delle somme disponibili;
- il curatore deve altresì trasmettere ai creditori un progetto di ripartizione nel caso in cui l'entità del passivo accertato consenta una ripartizione in misura apprezzabile;

- il curatore deve indicare nel progetto di ripartizione le somme immediatamente ripartibili soltanto previo rilascio di una fideiussione autonoma, irrevocabile ed a prima richiesta rilasciata da uno dei soggetti previsti ex art. 574, comma 1, c.p.c., idonea a garantire la restituzione alla procedura, nonché le somme che risultino in eccesso oltre ad interessi, anche nel caso in cui sia in corso opposizione contro il decreto che ha reso esecutivo lo stato passivo od impugnazione dei crediti ammessi o revocazione (art. 220).

Con riferimento al **contenuto del rendiconto del curatore,** sono previsti due elementi di diversità rispetto al sistema vigente:

- il curatore deve presentare al giudice delegato l'esposizione analitica delle operazioni contabili dell'attività di gestione della procedura, delle modalità con cui ha attuato il programma di liquidazione ed il relativo esito dopo aver compiuto la liquidazione dell'attivo e prima del riparto finale, nonché in ogni caso in cui cessa dalle funzioni;
- il curatore deve dare immediata comunicazione − con modalità telematiche − al debitore, ai creditori ammessi al passivo, a coloro che hanno proposto opposizione, ai creditori in prededuzione non soddisfatti dell'avvenuto deposito del rendiconto in cancelleria e della fissazione dell'udienza avvisando gli interessati del fatto che possono presentare eventuali osservazioni o contestazioni fino a 5 giorni prima dell'udienza con modalità telematiche (art. 231).

Nel caso di **chiusura della procedura di liquidazione giudiziale** di società di capitali per mancanza di insinuazioni al passivo o per il pagamento dei crediti e delle spese anche prima del riparto finale, il curatore deve convocare l'assemblea ordinaria dei soci ai fini delle deliberazioni necessarie per la ripresa dell'attività o per la sua cessazione ovvero per la trattazione di argomenti sollecitati, con richiesta scritta, da un numero di soci che rappresenti almeno il 20% del capitale sociale. La chiusura della procedura, in questo caso, si estende anche nei confronti dei soci a meno che non sia stata aperta la liquidazione giudiziale nei confronti del socio come imprenditore individuale (art. 256).
Si segnala che **l'esdebitazione non consente la riapertura della liquidazione giudiziale** che può tuttavia essere disposta dal tribunale, su istanza del debitore o di qualunque creditore entro il termine di 5 anni, quanto esiste qualche attività nel patrimonio dell'impresa tanto da rendere utile la riattivazione della procedura (art. 237).

8. Il concordato nella liquidazione giudiziale.

Tra i modi di chiusura della liquidazione giudiziale è confermata anche nella riforma la previsione del concordato.

La **proposta di concordato** può essere richiesta da un creditore o da terzi anche prima che lo stato passivo sia stato reso esecutivo, a condizione che sia stata tenuta dal debitore la contabilità ed i dati risultanti da essa e da altre notizie disponibili in modo tale da consentire al curatore di predisporre un elenco provvisorio dei creditori da sottoporre all'approvazione del giudice delegato. La proposta di concordato può essere avanzata anche dal debitore, da società a cui egli partecipa o da società sottoposte a comune controllo, ma non prima che sia decorso 1 anno dalla sentenza che ha dichiarato l'apertura della procedura di liquidazione giudiziale e purché non siano decorsi 2 anni dal decreto che rende esecutivo lo stato passivo. Tra le novità della riforma si segnala che la proposta di concordato presentata dal debitore è ammissibile soltanto se prevede l'apporto di risorse che incrementino il valore dell'attivo di almeno il 10%.

Proseguendo nell'analisi dei principali aspetti innovativi della riforma, in merito alle **azioni di responsabilità** è adesso previsto che il curatore possa promuovere (o proseguire) separatamente e non dunque in forma necessariamente cumulativa, come invece ritenuto dalla giurisprudenza prevalente, l'azione sociale di responsabilità, l'azione dei creditori sociali ex art. 2394 c.c. e ex art. 2476 comma 6, c.c., l'azione ex art. 2476 comma 2, c.c., l'azione ex art. 2497, comma 4, c.c. e le altre azioni di responsabilità che sono attribuite da singole disposizioni di legge; (art. 255).

9. L'esdebitazione.

Come è noto, i soggetti che non hanno accesso alle procedure concorsuali (imprenditori agricoli, liberi professionisti, consumatori per le obbligazioni contratte fuori dall'eventuale attività di impresa, piccoli imprenditori commerciali e fideiussori che hanno garantito i debiti di un imprenditore sottoposto a fallimento) possono fare ricorso all'**esdebitazione** per rimediare alle situazioni di sovraindebitamento. Una delle principali novità dell'istituto è rappresentata dal fatto che è stata introdotta una **esdebitazione di diritto** per le insolvenze di minore portata, donde l'accesso al beneficio non richiede un apposito provvedimento del giudice, fatte salve le eventuali opposizioni da parte dei creditori. Per le insolvenze di maggiore portata, il debitore deve invece depositare una domanda di accesso all'esdebitazione, il cui accoglimento è subordinato all'accertamento da parte del giudice che deve verificare la sussistenza dei requisiti per poter concedere il beneficio.

10. La disciplina della crisi nei gruppi di imprese.

Con la riforma sono stati disciplinati in modo organico gli istituti di risoluzione della crisi che coinvolge i **gruppi di imprese**.
In base all'art. 284 **più imprese in stato di crisi o di insolvenza** appartenenti al medesimo gruppo ed aventi ciascuna il proprio centro di interessi nello Stato italiano di proporre, con un unico ricorso, la domanda di accesso al concordato preventivo di cui all'articolo 40 con un piano unitario o con piani reciprocamente collegati e interferenti. Parimenti può essere proposta con un unico ricorso, da più imprese appartenenti al medesimo gruppo e aventi tutte il proprio centro degli interessi principali nello Stato italiano, la domanda di accesso alla procedura di omologazione di accordi di ristrutturazione dei debiti, ai sensi degli articoli 57, 60 e 61.
La domanda riguardante le imprese del gruppo non determina tuttavia l'unificazione delle rispettive masse attive e passive che rimangono autonome.
La **domanda di accesso al concordato preventivo od alla procedura di omologazione di accordi di ristrutturazione dei debiti** deve contenere:

- l'illustrazione delle ragioni di maggiore convenienza in funzione del miglior soddisfacimento dei creditori delle singole imprese, della presentazione di un unico piano o di piani collegati ed interferenti rispetto ad un piano autonomo per ciascuna impresa;
- le informazioni sulla struttura del gruppo e sui vincoli partecipativi o contrattuali esistenti tra le imprese.

Deve inoltre essere allegato il bilancio consolidato, ove redatto, al fine di fornire elementi di conoscenza sulla complessiva situazione patrimoniale ed economica del gruppo di imprese.
I soci delle società interessate possono tutelare i propri diritti attraverso l'opposizione alla omologazione del concordato di gruppo.
Il Tribunale omologa, infatti, il concordato o gli accordi di ristrutturazione laddove ritenga, sulla base di una valutazione complessiva del piano o dei piani collegati, che i creditori possono essere soddisfatti in misura non inferiore rispetto a quanto ricaverebbero dalla liquidazione giudiziale della singola società (art. 285).

La **procedura di liquidazione di gruppo** è stata anch'essa unificata, donde è pertanto possibile:

- la presentazione di un unico ricorso avanti ad un unico Tribunale;
- la nomina di un unico giudice delegato e di un unico curatore;
- l'individuazione di un programma unitario di liquidazione giudiziale coordinata dalle singole masse dei creditori;
- l'autonomia delle masse attive e passive riferibili a ciascuna impresa in liquidazione.

Nel caso in cui una delle imprese di gruppo è assoggettata a liquidazione giudiziale, il curatore ha l'onere di segnalare la situazione agli organi di amministrazione e controllo delle altre imprese, in modo da sollecitarli ad accertare l'eventuale stato di insolvenza (art. 287).

Nel caso di procedure di regolazione della crisi o dell'insolvenza presentate autonomamente dalle singole imprese di gruppo, la domanda di accesso deve:

- contenere informazioni analitiche sulla struttura del gruppo e sui vincoli partecipativi esistenti tra le società e le imprese;
- indicare il registro delle imprese in cui è effettuata la pubblicità ex art. 2497 bis c.c.;
- essere corredata dal deposito del bilancio consolidato di gruppo nel caso sia stato redatto.

11. Entrata in vigore e profili di diritto intertemporale.

L'**entrata in vigore** del decreto legislativo recante il Codice della crisi e dell'insolvenza, nel suo complesso, era inizialmente prevista trascorsi **18 mesi decorrenti dalla pubblicazione nella Gazzetta Ufficiale**, avvenuta in data 14 febbraio 2019. L'art. 5 della legge 5 giugno 2020, n. 40 di *"Conversione in legge, con modificazioni, del decreto-legge 8 aprile 2020, n. 23, recante misure urgenti in materia di accesso al credito e di adempimenti fiscali per le imprese, di poteri speciali nei settori strategici, nonché interventi in materia di salute e lavoro, di proroga di termini amministrativi e processuali"* ne aveva differito l'entrata in vigore al 1° settembre 2021, successivamente prorogata al 16 maggio 2022 dalla legge 21 ottobre 2021, n. 147 di *"Conversione in legge, con modificazioni, del decreto-legge 24 agosto 2021, n. 118, recante misure urgenti in materia di crisi d'impresa e di risanamento aziendale, nonché* *ulteriori misure urgenti in materia di giustizia"*. Infine, il D.lgs. 83/2022 ha disposto l'entrata in vigore del Codice per la data del 15 luglio 2022. Sono entrate in vigore trascorsi 15 giorni dalla pubblicazione del decreto correttivo nella Gazzetta ufficiale le disposizioni aventi ad oggetto:

- la competenza per materia e per territorio (art. 27, comma 1);
- le modifiche alla disciplina dell'amministrazione straordinaria (art. 350);
- la certificazione dei debiti contributivi e per premi assicurativi (art. 363);
- la certificazione dei debiti tributari (art. 364);
- la modifica all'articolo 147 del Testo unico in materia di spese di giustizia (art. 366);
- le abrogazioni degli artt. 221, 235 e 241 L.F. (art. 373);
- le modifiche sugli assetti organizzativi dell'impresa (art. 374);
- le modifiche sulla responsabilità degli amministratori (art. 377);
- le modifiche sulla nomina degli organi di controllo (art. 378).

È prevista inoltre una disciplina **transitoria** in base alla quale restano disciplinati dall'attuale legge fallimentare sia i procedimenti di fallimento pendenti alla data di entrata in vigore della riforma sia le procedure aperte a seguito della definizione dei ricorsi o delle domande depositati prima dell'entrata in vigore del decreto legislativo di riforma del sistema delle procedure concorsuali.

SCHEDA DI SINTESI

In attuazione della legge delega 19 ottobre 2017, n. 155 è stato adottato il Decreto Legislativo 12 gennaio 2019, n. 14, recante il **Codice della crisi d'impresa e dell'insolvenza**; scopo della Riforma era superare definitivamente la legge fallimentare del 1942, prevedendo un unico modello processuale, cui sono assoggettate tutte le categorie di debitori esclusi gli enti pubblici, più celere e snello per l'accertamento dello stato di crisi – quale probabilità di futura insolvenza – o dell'insolvenza vera e propria, secondo le definizioni previste dal Codice. La novità più significativa consiste nella previsione di strumenti volti a far emergere in anticipo lo stato di crisi dell'impresa, a tale scopo risponde l'istituto della composizione negoziata della crisi; si tratta di uno **strumento attivabile su base "volontaria"** ovvero **su richiesta dell'imprenditore individuale e collettivo, sia commerciale che agricolo**, senza limiti legati alla dimensione dell'impresa in stato di crisi e anche se la stessa sia stata già posta in liquidazione, nonché degli altri soggetti indicati dal Codice.
Il procedimento inizia con la presentazione – tramite la piattaforma telematica nazionale – dell'istanza di nomina di un esperto ovvero un soggetto terzo e

CAPITOLO VI | IL CODICE DELLA CRISI D'IMPRESA E DELL'INSOLVENZA

indipendente che assume il ruolo di "agevolatore delle trattative" tra creditori e imprenditore, finalizzate al superamento della crisi dell'impresa.
L'imprenditore deve inoltre presentare un piano di rientro e un piano finanziario per i sei mesi successivi nonché esporre le iniziative industriali che intende adottare.
L'imprenditore in stato di crisi gestisce autonomamente l'impresa potendo compiere sia gli atti di ordinaria che di straordinaria amministrazione e può chiedere all'Autorità giudiziaria le **misure cd. protettive e cautelari poste a tutela del patrimonio dell'imprenditore**, in ottica conservativa.
Nel caso di **cessazione dell'attività a seguito dell'accertamento dello stato di insolvenza**, il legislatore ha previsto un'unica disciplina per l'imprenditore individuale e per quello collettivo ovvero la **liquidazione giudiziale** che concerne, come avveniva per il fallimento, le sole imprese commerciali che superino i requisiti dimensionali ora previsti dall'art. 2 co. 1 lett. d) del Codice. L'art. 27 precisa che la competenza spetta al **Tribunale del luogo ove si trova il centro di interessi principali del debitore**. Nella sentenza di apertura di liquidazione giudiziale, il giudice può nominare, se lo ritiene utile, insieme al curatore anche uno o più esperti per l'esecuzione di compiti specifici con l'obiettivo di garantire maggiore efficienza e celerità alla procedura. Il decreto del Tribunale con il quale, invece, viene respinta la domanda di apertura della liquidazione giudiziale è impugnabile, con reclamo avanti alla Corte di Appello. Particolarmente rilevante è l'individuazione del **dies a quo per il calcolo del c.d. periodo sospetto** che ora coincide con la data di presentazione della domanda cui è seguita la procedura di liquidazione giudiziale.
È confermata la **legittimazione ad agire del curatore** per quanto concerne **l'azione di revocazione ordinaria** finalizzata a veder dichiarati inefficaci gli atti compiuti dal debitore in pregiudizio dei creditori secondo le norme del codice civile.
In merito alle azioni di responsabilità è adesso previsto che il curatore possa promuovere (o proseguire) separatamente l'azione sociale di responsabilità, l'azione dei creditori sociali ex art. 2394 c.c. e ex art. 2476 comma 6, c.c., l'azione ex art. 2476 comma 2, c.c., l'azione ex art. 2497, comma 4, c.c. e le altre azioni di responsabilità che sono attribuite da singole disposizioni di legge. Quanto agli **effetti della procedura sui rapporti giuridici pendenti**, la regola generale prevede la **sospensione per i contratti** che alla data di apertura procedura risultano **ancora ineseguiti** o non compiutamente eseguiti nelle prestazioni principali da entrambe le parti fino a quando il curatore non subentra al posto del debitore oppure decide di sciogliersi dal rapporto, a meno che non sia già intervenuto il trasferimento del diritto per i contratti ad effetti reali. Disciplina specifica è posta per i contratti preliminari, l'usufrutto e l'affitto di azienda. Alcune novità riguardano le fasi centrali della procedura, dalle domande di ammissione al passivo, alla formazione del passivo (retto dal principio **dell'efficacia endoprocessuale del decreto che dichiara esecutivo il passivo** ma con l'eccezione relativa all'efficacia di giudicato per le decisioni sulle domande di rivendica o di restituzione) passando per la liquidazione dell'attivo e per la chiusura della procedura concorsuale. Tra i **modi di chiusura** della liquidazione giudiziale è confermata anche nella riforma la previsione del **concordato**. La proposta di concordato può essere richiesta da un creditore o da terzi anche prima che lo stato passivo sia stato reso esecutivo, a condizione che sia stata tenuta dal debitore la contabilità ed i dati risultanti da essa e da altre notizie disponibili in modo tale

da consentire al curatore di predisporre un elenco provvisorio dei creditori da sottoporre all'approvazione del giudice delegato.
La riforma favorisce la composizione della crisi attraverso il ricorso a **strumenti negoziali stragiudiziali suddivisi in due categorie**: da un lato gli accordi in esecuzione di piani attestati di risanamento **non soggetti ad omologazione**; d'altro lato gli accordi di ristrutturazione dei debiti, gli accordi di ristrutturazione ad efficacia estesa e le convenzioni di moratoria, **soggetti,** invece, **ad omologazione**. In entrambi i casi, un professionista indipendente deve attestare la veridicità dei dati aziendali e la fattibilità economica e giuridica del piano.
Il codice prevede, poi, **tre procedure di composizione della crisi da sovraindebitamento** (il piano di ristrutturazione dei debiti del consumatore; il concordato minore; la liquidazione controllata) riservate alle seguenti categorie di soggetti: il consumatore, il professionista, l'imprenditore agricolo, l'imprenditore minore, le start-up innovative ed ogni altro debitore non assoggettabile alla procedura di liquidazione giudiziale od alla liquidazione coatta amministrativa od ad altre procedure liquidatorie previste dal codice civile o da leggi speciali per il caso di crisi od insolvenza.
Anche nel Codice in commento, il concordato preventivo rappresenta il principale strumento negoziale che le imprese non piccole hanno a disposizione per tentare di superare la crisi ovvero l'insolvenza. Esso può assumere la forma di concordato in continuità aziendale e concordato liquidatorio.
I soggetti che non hanno accesso alle procedure concorsuali, infine, possono fare ricorso all'**esdebitazione** per rimediare alle situazioni di sovraindebitamento. Una delle principali novità dell'istituto è rappresentata dal fatto che è stata introdotta una esdebitazione di diritto per le insolvenze di minore portata. Per le insolvenze di maggiore portata, il debitore deve invece depositare una domanda di accesso all'esdebitazione, il cui accoglimento è subordinato all'accertamento da parte del giudice che deve verificare la sussistenza dei requisiti per poter concedere il beneficio.
Con la riforma sono stati disciplinati in modo organico gli istituti di risoluzione della crisi che coinvolge i **gruppi di imprese.**
Più imprese in stato di crisi o di insolvenza appartenenti al medesimo gruppo ed aventi ciascuna il proprio centro di interessi nello Stato italiano di proporre, con un unico ricorso, la domanda di accesso al concordato preventivo di cui all'articolo 40 con un piano unitario o con piani reciprocamente collegati e interferenti. Parimenti può essere proposta con un unico ricorso, da più imprese appartenenti al medesimo gruppo e aventi tutte il proprio centro degli interessi principali nello Stato italiano, la domanda di accesso alla procedura di omologazione di accordi di ristrutturazione dei debiti, ai sensi degli articoli 57, 60 e 61. La domanda riguardante le imprese del gruppo non determina tuttavia l'unificazione delle rispettive masse attive e passive che rimangono autonome.

QUESTIONARIO

1. Quali sono i principi generali della riforma? **(1.)**
2. In cosa consistono le procedure di composizione negoziata della crisi? **(2.)**

3. Chi può proporre domanda di apertura della liquidazione giudiziale? (3.)
4. Che cosa sono gli accordi di ristrutturazione ad efficacia estesa? (4.)
5. Che cosa sono le c.d. procedure familiari? (5.)
6. Quali sono le novità della riforma in tema di concordato preventivo? (6.)
7. Quali sono le principali differenze tra la liquidazione giudiziale ed il fallimento? (7.)
8. Quali sono i presupposti del concordato nella liquidazione giudiziale? (8.)
9. Che cosa si intende per esdebitazione di diritto? (9.)
10. Quale disciplina si applica in caso di crisi del gruppo di imprese? (10.)

INDICE ANALITICO

A

abuso di posizione dominante; Parte I, Cap. VI, pag. 4.2.
accordi di ristrutturazione dei debiti; Parte V, Cap. II, par. 6
affiliazione commerciale o *franchising* (contratto di); Parte III, Cap. I, par. 5
affitto d'azienda; Parte I, Cap. III, par. 4
agenzia (contratto di); Parte III, Cap. III, par. 4
amministrazione straordinaria delle grandi imprese insolventi; Parte V, Ca. IV, par. 1
anticipazione bancaria; Parte III, Cap. V, par. 4.2.
apertura di credito bancario (contratto di); Parte III, Cap. V, par. 4.1.
appalto (contratto di); Parte III, Cap. II, par. 1
appello al pubblico risparmio; Parte III, Cap. IV, Sez. III, par. 1
assegno bancario; Parte IV, Cap. III, par. 1
assicurazione (contratto di); Parte III, Cap. II, par. 5
associazione in partecipazione; Parte I, Cap. VII, par. 4
associazioni: svolgimento attività di impresa; Parte I, Cap. I, par. 6
associazioni temporane e di imprese; Parte I, Cap. VII, par. 3
attività agricole; Parte I, Cap. I, sez. III, par. 2
aumento nominale del capitale sociale; Parte II, Cap. IX, par. 3
aumento reale del capitale sociale; Parte II, Cap. IX, par. 2
autonomia patrimoniale; Parte II, Cap. I, par. 4
avallo; Parte IV, Cap. II, par. 5.3.
azienda; Parte I, Cap. III
azioni; Parte II, Cap. VI, par. 1

B

bilancio consolidato di gruppo; Parte II, Cap. VIII, par. 7
bilancio di esercizio; Parte II, Cap. VIII, par. 2
bilancio in forma abbreviata; Parte II, Cap. VIII, par. 3

C

cambiale; Parte IV, Cap. II
capitale sociale nominale; Parte II, Cap. I, par. 3
cartolarizzazione dei crediti; Parte III, Cap. IV, par. 3
cassette di sicurezza; Parte III, Cap. V, par. 7.2.
codice della crisi d'impresa e dell'insolvenza; Parte V, Cap. VI
commesso; Parte I, Cap.II, par. 3.3.
commissione (contratto di); Parte III, Cap. III, par. 2
commissione di massimo scoperto; Parte III, Cap. V, par. 4.1.
composizione negoziata della crisi (Parte V, Cap. VI, Par. 2)
compravendita (contratto di); Parte III, Cap. I, sez. I
concordato fallimentare; Parte V, Cap. I, par. 8

INDICE ANALITICO

concordato preventivo; Parte V, Cap. II
concorrenza; Parte I, Cap. VI
consorzi; Parte I, Cap.VII, par. 1
contratti bancari; Parte III, Cap. V
contratti di borsa; Parte III, Cap. VII, par. 2
contratto autonomo di garanzia; Parte III, Cap. V. par. 6
contratto di rete; Parte I, Cap. VII, par. 5
crisi da sovra indebitamento; Parte V, Cap. V

D

danno antitrust (risarcimento del); Parte I, Cap. VI, par. 4.3.
deposito (contratto di); Parte III, Cap. II, par. 4
deposito bancario (contratto di); Parte III, Cap. V, par. 3.1.
deposito di titoli in amministrazione; Parte III, Cap. V, par. 7.1.
direzione e coordinamento di società, Parte II, Cap. VI, par. 8.2.
diritto d'autore; Parte I, Cap. V, par. 2
ditta; Parte I, Cap. IV, par. 2

E

esdebitazione; Parte V, Cap. I, par. 7
estimatorio (contratto); Parte III, Cap. I, sez. II, par. 2

F

factoring; Parte III, Cap. IV, par. 2
fair value; Parte II, Cap. VIII, par. 4
fallimento; Parte V, Cap. I
fideiussione omnibus; Parte III, Cap. V, par. 6

finanziamento alle imprese garantito da trasferimento di bene immobile sospensivamente condizionato; Parte III, Cap. IV, par. 4
fondazioni; Parte I, Cap. I, sez. III, par. 6
fondi comuni di investimento; Parte III, Cap. VI, sez. II, par. 3
franchising; Parte III, Cap. I, Sez. II, par. 5
fusione; Parte II, Cap. XIII, par. 2

G

g.e.i.e; Parte I, Cap. VII, par. 2
garanzie bancarie; Parte III, Cap. V. par. 6
gestione accentrata di strumenti finanziari; Parte III, Cap. VII, par. 7
gruppi di società; Parte II, Cap. VI, par. 8
gruppo insolvente; Parte V, Cap. IV, par. 3
gruppo bancario cooperativo, Parte II, Cap. XIV, par. 11
gruppo paritetico corporativo; Parte II, Cap. XIV, 10

H

holding; Parte II, Cap. VI, par. 8.2.

I

imprenditore; Parte I, Cap. I
imprenditore agricolo; Parte I, Cap. I, Sez. III, par. 2.1.
imprenditore commerciale; Parte I, Cap. I, Sez. III, par. 2.2.
impresa artigiana; Parte I, Cap. I, Sez. III, par. 3.2.

impresa familiare; Parte I, Cap. I, Sez. III, par. 5
impresa sociale; Parte I, Cap. I, Sez. III, par. 7
insegna; Parte I, Cap. IV, par. 3
insider trading; Parte III, Cap. VII, par. 6
institore; Parte I, Cap. II, 3.1.
invenzioni industriali; Parte I, Cap. V, par. 3

L

leasing **(contratto di)**; Parte III, Cap. IV, par. 1
liquidazione coatta amministrativa; Parte V, Cap. III
liquidazione giudiziale; Parte V, Cap. VI, par. 7

M

mandato (contratto di); Parte III, Cap. III, par. 1
marchio; Parte I, Cap. IV, par. 4
mediazione (contratto di); Parte III, Cap. III, par. 5
mercato mobiliare; Parte III, Cap. VII, par. 1
modelli industriali; Parte I, Cap. V, par. 4
modificazioni dello statuto; Parte II, Cap. IX
mutue assicuratrici; Parte II, Cap. XIV, par. 11

N

nullità (della società); Parte II, Cap. V, par. 4

O

obbligazioni; Parte II, Cap. VI, par. 9
offerta al pubblico di prodotti finanziari; Parte III, Cap. VI, sez. III, par. 2
offerte al pubblico di acquisto e di scambio; Parte III, Cap. VI, sez. III, par. 3
offerte pubbliche di acquisto obbligatorie; Parte III, Cap. VI, sez. III, par. 3.2.
offerte pubbliche di acquisto volontarie; Parte III, Cap. VI, sez. III, par. 3.1.
operazioni in conto corrente; Parte III; Cap. V, par. 5
opere dell'ingegno; Parte I, Cap. V
opzione (diritto di); Parte II, Cap. IX, par. 2.1.
organismo di composizione della crisi; Parte V, Cap. VI, par. 2

P

patrimoni destinati; Parte II, Cap. V, par. 7
patti parasociali; Parte II, Cap., par. 2
pegno mobiliare non possessorio; Parte III, Cap. IV, par. 4
pegno *omnibus*; Parte III, Cap. V. par. 6
permuta (contratto di); Parte III, Cap. I, sez. I, par. 1
procedure di allerta e di composizione assistita della crisi; Parte V, Cap. VI, par. 2
procuratore; Parte I, Cap. II, par. 3.2.
prospetto informativo; Parte III, Cap. VI, sez. III, par. 2

R

registro delle imprese; Parte I, Cap. I, par. 1

INDICE ANALITICO

revocatoria fallimentare (azione); Parte V, Cap. I, par. 5.3.
riduzione del capitale per perdite; Parte II, Cap. IX, par. 5
riduzione reale del capitale sociale; Parte II, Cap. IX, par. 4
rent to buy **(contratto di)**; Parte III, Cap. IV, par. 1.4.
riporto (contratto di); Parte III, Cap. VII, par. 5

S

scioglimento delle società di capitali; Parte II, Cap. XII, par. 1
scissione; Parte II, Cap. XIII, par. 6
sconto bancario (contratto di); Parte III, Cap. V, 4.3.
scritture contabili; Parte I, Cap. II, par. 4
segni distintivi; Parte I, Cap. IV, par. 1
servizi di pagamento; Parte III, Cap. V, par. 8
società a partecipazione pubblica; Parte I, Cap. I, par. 4
società apparente; Parte II, Cap. I, par. 9
società a responsabilità limitata; Parte II, Cap. XI
società consortili; Parte I, Cap. VII, par. 1.3.
società cooperative; Parte II, Cap. XIV
società di fatto; Parte II, Cap. I, par. 9
società di gestione e risparmio; Parte III, Cap. VI, sez. II, par. II
società di intermediazione mobiliare; Parte III, Cap. VI, sez. I, par. 2
società di investimento a capitale variabile; Parte III, Cap. VI, sez. II, par. 4
società di investimento a capitale fisso; Parte III, Cap. VI, sez. II, par. 4
società in accomandita per azioni; Parte II, Cap. X
società in accomandita semplice; Parte II, Cap. IV
società occulta; Parte II, Cap. I, par. 9
società per azioni; Parte II, Cap. V
società semplice; Parte II, Cap. II
società tra avvocati; Parte II, Cap. I, par. 8.1.
società tra professionisti; Parte II, Cap. I, par. 8
somministrazione (contratto di); Parte III, Cap. I, sez. I, par. 3
spedizione (contratto di); Parte III, Cap. III, par. 3
star del credere; Parte III, Cap. III, par. 2
start-up **innovativa**; Parte II, Cap. I, par. 7
statuto delle imprese; Parte I, Cap. VII
strumenti finanziari derivati; Parte III, Cap. VII, par. 4
strumenti negoziali stragiudiziali di regolazione della crisi; Parte V, Cap. VI, par. 4
strumenti partecipativi finanziari -diversi dalle azioni; Parte II, Cap. VI, par. 4
subappalto (contratto di); Parte III, Cap. II, par. 1.4.
subfornitura (contratto di); Parte III, Cap. II, par. 2
società (e "supersocietà") di fatto; Parte II, Cap. I, par. 9

T

titoli di credito; Parte IV, Cap. I
transazione fiscale, Parte V, Cap. II, par. 7
trasferimento d'azienda; Parte I, Cap. III, par. 2

trasformazione; Parte II, Cap. XIII, par. 1
trasporto (contratto di); Parte III, Cap. II, par. 3

U

usufrutto d'azienda; Parte I, Cap. III, pag. 4

V

vincoli sulle azioni (pergno, usufrutto, sequestro); Parte II, Cap. VI, par. 6

NOTE

NOTE

NOTE

NOTE

NOTE

Completa la tua preparazione con la ns

ESTENSIONE ONLINE

Per accedere al servizio, segui le seguenti istruzioni

1. Registrati **gratuitamente, scegliendo una tua user e una tua password** su **shop.enneditore.it** nell'area

2. Entra nella sezione "**La mia libreria**" e attiva il tuo volume inserendo la seguente password nel **campo** ATTIVA PASSWORD

DDS786XJK

Se vuoi puoi consultare tutti i **contenuti EXTRA** connessi al volume anche sulla nostra **APP**

N-EXT

Scaricandola gratuitamente dal PlayStore o AppleStore potrai avere tutto sempre con te sul tuo smartphone

NOTE

Completa la tua preparazione con la ns

ESTENSIONE ONLINE

Per accedere al servizio, segui le seguenti istruzioni

1. Registrati **gratuitamente, scegliendo una tua user e una tua password** su **shop.enneditore.it** nell'area

2. Entra nella sezione "**La mia libreria**" e attiva il tuo volume inserendo la seguente password nel **campo** ATTIVA PASSWORD

DDS786XJK

Se vuoi puoi consultare tutti i **contenuti EXTRA** connessi al volume anche sulla nostra **APP**

N-EXT

Scaricandola gratuitamente dal PlayStore o AppleStore potrai avere tutto sempre con te sul tuo smartphone